KB146533

예비 교사를 위한

국어 문법 교육 강의

예비 교사를 위한

국어 문법 교육 강의

개정판 1쇄 발행 2013년 8월 30일
신정판 1쇄 발행 2020년 9월 10일

지은이 | 최형기, 조창규
펴낸곳 | (주)태학사
등록 | 제406-2020-000008호
주소 | 경기도 파주시 광인사길 217
전화 | 031-955-7580
전송 | 031-955-0910
전자우편 | thspub@daum.net
홈페이지 | www.thaehaksa.com

값 28,000원

ISBN 979-11-90727-27-3 93710

예 비 교 사 를 위 한

예비 교사를 위한 국어 문법 교육 강의

최형기 · 조창규 저

태학사

신정판 머리말

2013년 개정판을 발간하고 교재로 사용하면서 수정해야 할 곳이 한두 곳이 아니라는 것을 알게 되었다. 그러나 몇 차례 인쇄가 거듭되는 동안에도 수정하지 못하여 책을 이용하는 독자들에게 미안한 마음이 컸다. 이번에 기회를 얻어 전체 내용을 수정 보완하였다. 체재에는 큰 변화가 없으나 내용에서는 많은 수정과 첨삭이 있었다.

강의를 듣고 책의 내용에 대하여 잘못된 점과 부족한 점을 지적해 준 학생들에게 먼저 감사의 말을 전한다. 코로나 19가 만연하는 타는 듯한 여름, 책을 편집하느라 고생하신 조윤형 편집주간님과 편집실 직원 분들께 감사의 말을 전한다.

아무쪼록 이 책을 이용하는 독자들에게 도움이 되었으면 한다.

2020. 7. 22.

개정판 머리말

이 책의 초판은 국어학특강 시간에 중등학교 임용고사를 준비하는 학생들과 함께 학교 문법의 전 영역을 일람할 목적으로 준비한 강의록을 엮은 것이었다. 그래서 체재뿐만 아니라 내용 면에서도 여러 가지로 부족한 점들이 많았다. 이번 개정판에서는 출판사를 옮기면서, 초판의 부족한 부분을 보충하고 잘못된 부분은 바로잡았으며, 불필요한 부분을 빼기도 하였다. 그러나 여전히 부족한 부분들이 많이 있다. 그것은 다음 기회에 보충하겠다.

개정판을 엮으면서 다음 몇 가지 사항을 목표 또는 원칙으로 삼았다. 첫째, 사범대생에게 적절한 깊이와 폭의 학교 문법 지식을 제시하여 그들이 임용고사에 대비함과 동시에 향후 교육 현장에서 중등학교 학생들에게 문법을 가르칠 수 있는 능력을 지니도록 한다. 둘째, 학교 문법의 전 분야를 한 권에 담되, 현직 교사들도 참고할 수 있도록 한다. 셋째, 학교 문법의 범위 안에서 기술하되, 이견도 필요한 경우에 제시한다. 넷째, 어문 규범은 가능한 해당되는 문법 현상과 함께 기술한다. 다섯째, 7차 문법 교과서와 지도서의 내용은 최대한 반영한다. 여섯째, 2007, 2009 교육과정의 내용을 담되, 책의 체재는 2009+2012 교육과정을 따른다. 다만, '국어의 위상, 국어 수난의 역사, 국어의 미래' 등은 이 책에서 다루지 않는다.

이 책에는 저자들의 학문적 견해가 담겨져 있지 않다. 따라서 이 책에서 제시하고 있는 국어 문법 사항은 학계에서 이미 인정되고 있거나 별 이견이 없이 받아들여지고 있는 내용들이다. 그리고 논란의 여지가 있다 하더라도 학교 문법에서 수용되고 있는 입장들이다.

아무쪼록 이 책이 국어과 예비 교사들과 현직 교사들에게 도움이 되었으면 하는 바람이다.

이 책의 출판이 가능했던 것은 여러 분의 도움이 있었기 때문이다. 무엇보다도 선진 학자 분들과 동료 학자 분들의 연구 업적에 전적으로 도움을 받았다. 먼저 그분들께 감사드린다. 다음으로, 상업성이 없는 책의 출판을 선뜻 허락해 주신 태학사 지현구 사장님께 감사드린다. 그리고 안찬웅 부장님, 기록적인 폭염을 기록한 여름날, 편집실에서 땀을 흘리신 한병순 부장님과 편집실 식구들, 품격 있는 표지를 디자인해 주신 이효정 님, 이 모든 분들께 감사드린다.

2013. 8. 16.

최형기 · 조창규

차례

제 3 부

국어사

제 1 부

총론

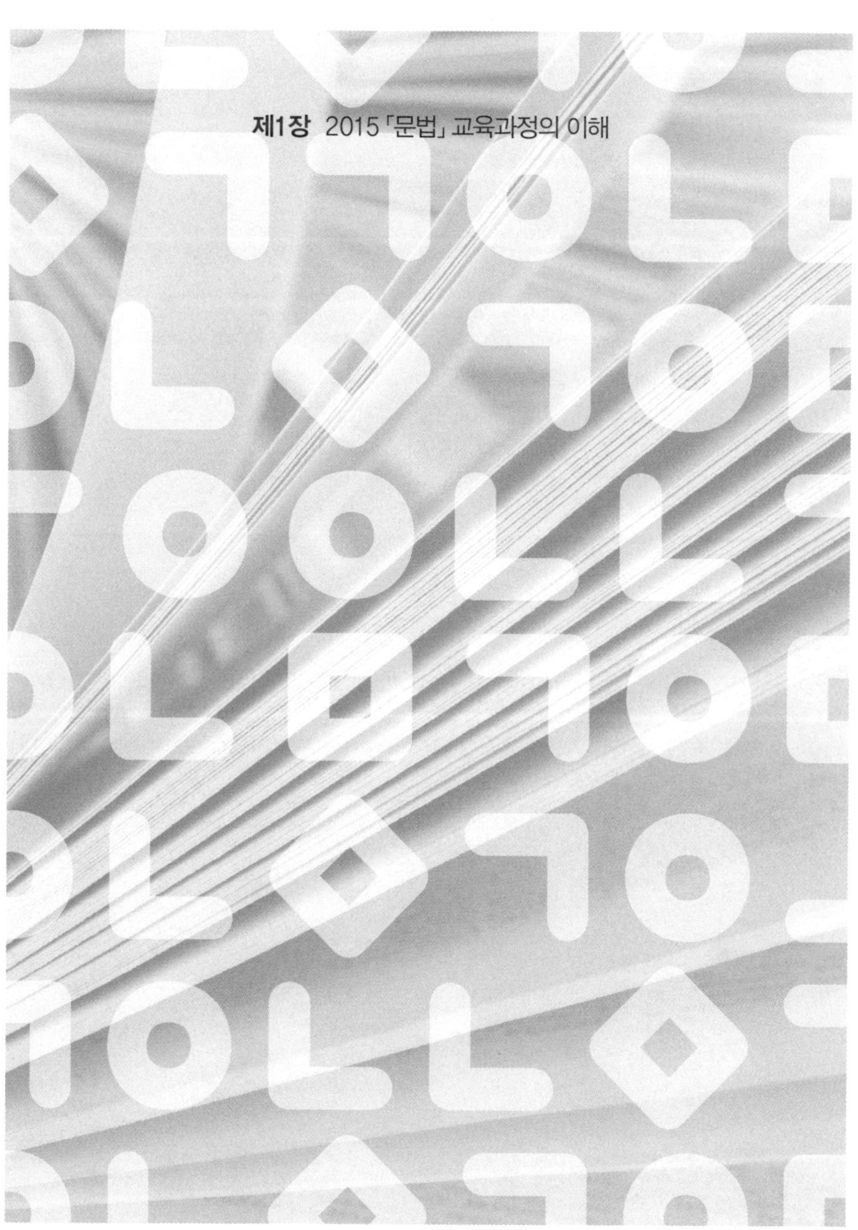

제1장 2015「문법」교육과정의 이해

제1장

2015 「문법」 교육과정의 이해

1.1. 교과목 체재

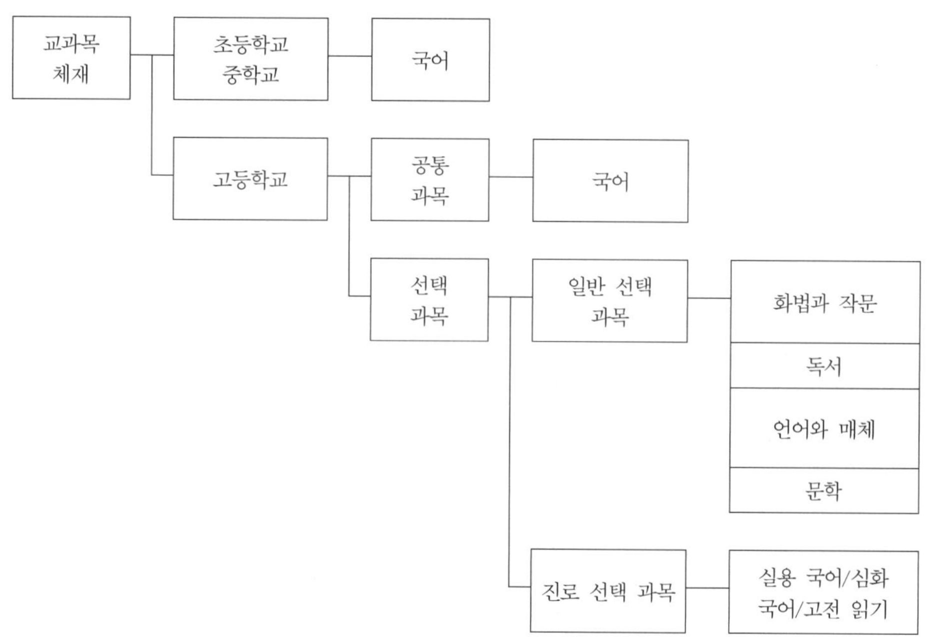

1.2. 중학교와 고등학교 1학년 '국어'의 '문법' 영역

1.2.1. 내용 체계

[국어의 문법 영역 내용 체계][1)]

핵심 개념	일반화된 지식	학년(군)별 내용 요소		기능
		중학교 1~3학년	고등학교 1학년	
▸국어의 본질	국어는 사고와 의사소통의 수단이 되는 기호 체계로서, 언어의 보편성을 바탕으로 하여 고유한 국어문화를 형성하며 발전한다.	· 언어 기호	· 역사적 실체	· 문제 발견하기 · 자료 수집하기 · 비교·분석하기 · 분류·범주화하기 · 종합·설명하기 · 적용·검증하기 · 언어생활 성찰하기
▸국어 구조의 탐구와 활용 · 음운 · 단어 · 문장 · 담화	국어는 음운, 단어, 문장, 담화로 구성되며 이들에 대한 탐구를 통해 국어 지식을 얻고 이를 언어생활에 활용할 수 있다.	· 음운의 체계와 특성 · 품사의 종류와 특성 · 문장의 짜임 · 담화의 개념과 특성	· 음운의 변동 · 문법 요소의 특성과 사용	
▸국어 규범과 국어생활 · 발음과 표기 · 어휘 사용 · 문장·담화의 사용	발음·표기, 어휘, 문장·담화 등 국어 규범에 대한 이해를 통해 국어 능력을 기르고 바른 국어생활을 할 수 있다.	· 단어의 정확한 발음과 표기 · 어휘의 체계와 양상의 활용 · 한글의 창제 원리	· 한글 맞춤법의 원리와 내용	
▸국어에 대한 태도 · 국어 사랑 · 국어 의식	국어의 가치를 인식하고 국어를 바르게 사용할 때 국어 능력이 효과적으로 신장된다.	· 통일 시대의 국어에 대한 관심	· 국어 사랑과 국어 발전 의식	

1) 내용 체계: 영역, 핵심 개념, 일반화된 지식, 내용 요소, 기능으로 구성
 (1) 영역: 교과의 성격을 가장 잘 나타내주는 최상위의 교과 내용 범주
 (2) 핵심 개념: 교과의 기초 개념이나 원리
 (3) 일반화된 지식: 학생들이 해당 영역에서 알아야 할 보편적인 지식
 (4) 내용 요소: 학년(군)에서 배워야 할 필수 학습 내용
 (5) 기능: 수업 후 학생들이 할 수 있거나 할 수 있기를 기대하는 능력으로 교과 고유의 탐구 과정 및 사고 기능 등을 포함

1.2.2. 성취 기준

1. 중학교 1~3학년[2)]

[중학교 1~3학년 문법 영역 성취 기준]

[9국04-01] 언어의 본질에 대한 이해를 바탕으로 하여 국어생활을 한다.

[9국04-02] 음운의 체계를 알고 그 특성을 이해한다.

[9국04-03] 단어를 정확하게 발음하고 표기한다.

[9국04-04] 품사의 종류를 알고 그 특성을 이해한다.

[9국04-05] 어휘의 체계와 양상을 탐구하고 활용한다.

[9국04-06] 문장의 짜임과 양상을 탐구하고 활용한다.

[9국04-07] 담화의 개념과 특성을 이해한다.

[9국04-08] 한글의 창제 원리를 이해한다.

[9국04-09] 통일 시대의 국어에 관심을 가지는 태도를 지닌다.

2. 고등학교 1학년[3)]

[10국04-01] 국어가 변화하는 실체임을 이해하고 국어생활을 한다.

[10국04-02] 음운의 변동을 탐구하여 올바르게 발음하고 표기한다.

[10국04-03] 문법 요소의 특성을 탐구하고 상황에 맞게 사용한다.

[10국04-04] 한글 맞춤법의 기본 원리와 내용을 이해한다.

[10국04-05] 국어를 사랑하고 국어 발전에 참여하는 태도를 지닌다.

---

2) (1) 다양한 문법 단위에 대한 이해와 탐구 활동을 통해 총체적인 국어 능력을 기르는 데 중점을 두어 설정함. (2) 음운, 단어, 문장에 대한 이해와 함께 담화, 어문 규범에 관한 문법 능력을 갖추고, 국어에 대하여 지속적으로 관심을 가지는 데 주안점을 둠.

3) (1) 국어의 특성과 국어 운용 원리에 대한 탐구를 바탕으로 하여 국어를 상황에 맞게 사용하는 능력과 국어를 사랑하는 태도를 기르는 데 중점을 둠. (2) 국어에 관한 지식을 활용하여 다양한 국어 현상과 자료를 이해하고 실제 국어생활을 개선하는 데 주안점을 둠.

1.3. 「언어와 매체」

1.3.1. 성격

(1) 목적: 초 · 중 · 고 공통 '국어'의 문법 영역과 매체 관련 내용을 심화 · 확장한 과목으로, 음성 언어 · 문자 언어 · 매체 언어의 본질을 이해하고 탐구하며 이를 실제 의사소통에 통합적으로 활용하는 능력과 태도를 기르는 데 있다.

(2) 추구하는 역량:

① '언어와 매체'에서 추구하는 역량은 비판적 · 창의적 사고 역량, 자료 · 정보 활용 역량, 의사소통 역량, 공동체 · 대인 관계 역량, 문화 향유 역량, 자기 성찰 · 계발 역량이다.

② 비판적 · 창의적 사고 역량: 다양한 상황이나 자료, 담화, 글을 주체적인 관점에서 해석하고 평가하여 새롭고 독창적인 의미를 부여하거나 만드는 능력.

③ 자료 · 정보 활용 역량: 필요한 자료나 정보를 수집 · 분석 · 평가하고 이를 효과적으로 활용하여 의사를 결정하거나 문제를 해결하는 능력.

④ 의사소통 역량: 음성 언어, 문자 언어, 기호와 매체 등을 활용하여 생각과 느낌, 경험을 표현하거나 이해하면서 의미를 구성하고 자아와 타인, 세계의 관계를 점검 · 조정하는 능력.

⑤ 공동체 · 대인 관계 역량은 공동체의 가치와 공동체 구성원의 다양성을 존중하고 상호 협력하며 관계를 맺고 갈등을 조정하는 능력.

⑥ 문화 향유 역량: 국어로 형성 · 계승되는 다양한 문화를 이해하고 그 아름다움과 가치를 내면화하여 수준 높은 문화를 향유 · 생산하는 능력.

⑦ 자기 성찰 · 계발 역량: 삶의 가치와 의미를 끊임없이 반성하고 탐색하며 변화하는 사회에서 필요한 재능과 자질을 계발하고 관리하는 능력.

1.3.2. 목표

국어 문법과 매체 언어의 특성을 바탕으로 하여 국어와 매체 언어를 정확하고 효과적으로 사용하고 개인적 · 사회적 소통 능력과 태도를 길러 국어문화의 발전에 기여한다.

1.3.3. 「언어와 매체」 중 '언어' 영역 내용 체계 및 성취 기준

1. 내용 체계

영역	핵심 개념	일반화된 지식	내용 요소	기능
언어의 본질	· 언어와 인간	· 언어는 인간의 사고와 문화를 반영하는 기호 체계이며, 국어는 세계 속에서 주요 언어로서의 위상을 지니고 있다.	· 언어와 국어의 특성 · 국어의 위상	· 문제 발견하기 · 맥락 이해·활용하기 · 자료 수집·분석하기 · 자료 활용하기 · 지식 구성하기 · 지식 적용하기 · 내용 구성하기 · 표현·전달하기 · 비평하기 · 성찰하기 · 소통하기 · 점검·조정하기
국어의 탐구와 활용	· 음운·단어·문장·담화 · 국어 자료의 다양성	· 국어는 음운, 단어, 문장, 담화의 체계로 구성된다. · 국어 구조에 대한 이해는 올바른 발음, 단어와 문장의 정확한 사용, 담화의 효과적인 구성에 활용된다. · 다양한 국어 자료에 대한 이해는 국어 자료를 비판적으로 수용하고 창의적으로 자료를 생산하는 데 활용된다.	· 음운의 체계와 변동 · 품사와 단어의 특성 · 단어의 짜임과 새말 형성 · 의미 관계와 어휘 사용 · 문장의 짜임과 활용 · 문법 요소의 효과와 활용 · 담화의 특성과 국어생활 · 시대·사회에 따른 국어 자료 · 매체·갈래에 따른 국어 자료 · 국어의 규범과 국어생활	
언어에 관한 태도	· 국어생활	· 자신의 국어생활을 비판적으로 성찰할 때 국어 능력이 효과적으로 신장된다.	· 국어생활 성찰 · 언어문화의 발전	

2. 성취 기준

1) 언어의 본질[4]

[12언매01-01] 인간의 삶과 관련하여 언어의 특성을 이해한다.

[12언매01-02] 국어의 특성과 세계 속에서의 국어의 위상을 이해한다.

4) '언어의 본질' 성취 기준은 음성 언어 · 문자 언어의 본질과 특성을 이해하는 데 중점을 두어 설정하였다. 인간의 삶과 현대 사회의 소통 현상과 관련하여 언어가 어떤 역할을 하는지, 그 특성과 유형은 무엇인지 이해함으로써 국어의 중요성을 인식하는 데 주안점을 둔다.

2) 국어의 탐구와 활용[5)]

[12언매02-01] 실제 국어생활을 바탕으로 음운의 체계와 변동에 대해 탐구한다.

[12언매02-02] 실제 국어생활을 바탕으로 품사에 따른 개별 단어의 특성을 탐구한다.

[12언매02-03] 단어의 짜임과 새말의 형성 과정을 탐구하고 이를 국어생활에 활용한다.

[12언매02-04] 단어의 의미 관계를 탐구하고 적절한 어휘 사용에 활용한다.

[12언매02-05] 문장의 짜임에 대해 탐구하고 정확하면서도 상황에 맞는 문장을 사용한다.

[12언매02-06] 문법 요소들의 개념과 표현 효과를 탐구하고 실제 국어생활에 활용한다.

[12언매02-07] 담화의 개념과 특성을 탐구하고 적절하고 효과적인 국어생활을 한다.

[12언매02-08] 시대 변화에 따른 국어 자료의 차이에 대해 살피고 각각의 자료에 나타나는 언어적 특성을 이해한다.

[12언매02-09] 다양한 사회에서의 국어 자료의 차이를 이해하고 상황에 맞게 국어 자료를 생산한다.

[12언매02-10] 다양한 갈래에 따른 국어 자료의 특성을 이해하고 적절하게 국어 자료를 생산한다.

[12언매02-11] 다양한 국어 자료를 통해 국어 규범을 이해하고 정확성, 적절성, 창의성을 갖춘 국어생활을 한다.

3) 언어에 관한 태도[6)]

[12언매04-01] 자신의 국어생활에 대해 성찰하고 문제점을 개선하려는 태도를 지닌다.

[12언매04-03] 현대 사회에서 언어의 가치를 이해하고 언어문화의 발전에 참여하는 태도를 지닌다.

---

5) '국어의 탐구와 활용' 성취 기준은 음운 · 단어 · 문장 · 담화와 같은 국어의 구조와 시대 · 사회 · 갈래에 따른 국어 자료의 특성을 탐구하고, 이를 국어생활에 활용하는 데 중점을 두어 설정하였다. 국어의 구조나 다양한 국어 갈래에 대한 이해를 실제 국어 자료의 이해와 생산 과정에 활용하는 데 주안점을 둔다.

6) '언어에 관한 태도' 성취 기준은 현대 사회에서 음성 및 문자 언어가 지니는 가치를 이해하고 이들 언어가 형성하는 문화의 발전에 참여하는 데 중점을 두어 설정하였다. 자신의 국어 사용에 대해 성찰하고 문제점이 있을 때 개선하는 태도를 기르는 데 주안점을 둔다.

1.4. 문법 교수·학습 방법

1.4.1. 문법 교수·학습 모형

1. 설명식 지도법: 문법의 주요 지식을 교사가 설명하여 학생들의 이해를 돕는 방법이다. 교사 의존적이라는 단점이 있으나, 학습 내용이 독서와 문법의 지식과 관련될 때, 학습 내용이 어렵거나 복잡할 때, 또는 학생들의 능력이 떨어지거나 배경 지식이 부족할 때 효과적이다. 교사가 설명식 지도법을 취하더라도 교수·학습 자료를 충분히 활용하면 교사 의존적인 단점을 일정 부분 극복할 수 있다.
2. 직접 교수법: 문법의 기능이나 전략을 지도할 때 주요하게 활용할 수 있는 교수·학습 방법이다. 이 방법은 일반적으로 설명, 시범, 교사 안내에 따른 연습, 독립적인 활동의 단계로 진행되며, 단계가 진행됨에 따라 학생의 역할과 비중이 커지는 특징이 있다. 설명은 교사가 기능이나 전략의 개념, 특징, 필요성, 활용 방법, 유의점 등을 알려주는 단계이며, 시범은 교사가 실제적인 실행을 통해 기능이나 전략 활용을 학생들에게 예시하는 단계이다. 안내에 따른 연습은 교사의 도움이나 안내가 제공되는 가운데 학생들이 기능이나 전략을 적용해 보는 단계이며, 독립적인 활동은 교사의 도움 없이 학생이 스스로 기능이나 전략을 활용하는 단계이다.

※ 사고구술법, 권리이양

3. 소집단 협동 학습: 학생 3~5명을 하나의 모둠으로 편성하고, 학생들이 서로 협력하는 가운데 문법을 교수·학습하는 방법이다. 소집단 협동 학습에서는 문법 교수·학습의 목표 및 내용을 고려하여 전문가 집단 모형 등 다양한 협동 학습 모형을 적용할 수 있다. 일반적으로 학습 결과에 대한 동료 비평 활동, 내용 구성이나 표현 방식을 협동적으로 진행하는 협동 활동, 문법의 과정에서 겪는 어려움을 대화를 통해서 해결을 시도하는 협의 활동 등이 활용된다.
4. 워크숍: 학생들이 당면한 문제를 교사의 도움을 받아 협력적 활동을 중심으로 해결하는 교수·학습 방법이다. 워크숍은 토의·토론, 영상 자료 시청 등 다른 활동과 통합하는 형태로 진행하며, 실제적인 맥락을 반영할 수 있다는 특징이 있다. 그렇지만 워크숍을 적용할 때 교육과정의 운영이 탄력적이지 못하면 실효를 거두기 어려울 수도 있다. 워크숍을 위해 문법 활동 주제를 범교과적으로 확장하고, 활동을

지속적으로 진행할 때 필요한 시간을 충분히 확보하는 것이 바람직하다. 워크숍은 다양한 활동을 통합하는 가운데 한 편의 담화나 글을 완성하는 경험을 강조함으로써 학생들에게 긍정적인 문법 활동의 경험을 쌓도록 하는 데 유리하다.

5. 토의 · 토론 학습: 문법 활동에서 주제에 대한 다양한 의견을 나누거나 문제를 해결하기 위하여 토의나 토론의 과정을 활용하는 학습법이다. 토의 · 토론을 통해 의견을 제시하고, 적절한 합의나 결론을 도출하는 과정은 실제적인 의사소통과 조정의 과정이라고 할 수 있다. 이 과정에서 이루어지는 의사 결정에 따라 실제 언어활동의 내용과 수준이 달라질 수 있다.
6. 언어 통합적 학습: 언어활동을 통합적으로 전개하는 학습 활동이다. 문법 학습 활동 시 학습 내용과 관련된 자료를 읽고 이해하며 탐구하는 활동뿐만 아니라 말하고 쓰는 활동들과 연계하고 병행함으로써 통합적 언어활동을 지향할 수 있다.

1.4.2. 탐구 학습법

1. 탐구 학습이란?

탐구 학습법은 경험 과정을 통하여 의미를 찾아내기 위해 자기 스스로 문제를 해결해 나가는 학습 전략이다[교육인적자원부(2002.ㄱ), 고등학교 『문법』 교사용 지도서, 서울대학교 국어교육 연구소. 이하 [지도서]라 함.]. 이 학습 방법은 어떤 의문이나 문제 상황에 대한 해답을 찾고자 할 때 체계적으로 정보를 처리하는 능력을 길러준다. 따라서 탐구 학습법은 주어진 정보로부터 새로운 의미를 만들어 내고, 새로운 직관을 얻으며, 문제를 해결하고, 질문에 대답하는 것을 주요 목표로 한다. 이 학습법에서 학생들은 스스로 주제를 설정하고, 문제 해결을 위한 계획을 세우며, 문제를 풀어나가는 과정에서 어떤 사실이나 개념, 문제 해결 방법 등을 발견해 나가게 된다.

2. 국어과 교수 · 학습 모형으로서 탐구 학습법의 의의

1) 학습자 스스로 지식을 발견해 내고, 경험을 통해 지식을 만들어 가는 과정을 배우게 된다.

2) 언어 현상을 재료로 하여 그에 관한 의문을 제기하고 답을 구하는 활동을 통해 탐구 능력뿐만 아니라 일반적인 의미의 사고력이나 문제 해결 능력, 고등 정신 기능을 기를 수 있다.
3) 탐구 과정을 통해 습득하게 된 경험 과학의 방법은 다른 상황에서 적용할 가능성이 높아진다.

3. 탐구 학습법의 단점

1) 시간과 노력이 많이 들기 때문에 탐구 방법을 도입할 필요가 있는 지식을 잘 선정해야 한다.
2) 어느 정도 이 방법에 익숙한 학생들에게 적합하며 비교적 학습 능력이 우수한 학생들에게 적합하다.
3) 특정한 지식이나 기능을 명시적으로 가르치는 데에 어려움을 겪을 수 있다.
4) 잘못된 가설을 세우는 학생에 대한 대처가 어렵다.

4. 탐구 학습법의 절차

과정	주요 활동
문제의 정의/제기	· 문제 · 의문 사항의 인식, 문제에 의미 부여, 문제의 처리 방법 모색 · 학습 절차 확인하기
가설의 설정	· 유용한 자료 조사, 추론, 가설 세우기, 가설 진술하기
자료 수집과 가설의 검증	· 관련 자료 수집, 자료 정리, 자료 평가, 자료 분석,
규칙/원리/결론의 도출	· 증거와 가설 사이의 관계 검토, 규칙/원리/결론의 진술
결론의 적용 및 일반화	· 새로운 자료에 결론 적용, 결론의 일반화 시도

※ '결론의 적용 및 일반화' 단계는 실제 수업에서 생략할 수 있다.

<참고>

1. 2007 개정 교육과정 중학교 국어 문법 영역의 학년별 내용

내용 학년	담화의 수준과 범위	성취 기준	내용 요소의 예
7학년	음성 언어와 문자 언어가 사용된 다양한 매체 언어 자료	(1) 다양한 매체에 나타난 언어 사용 방식의 차이점을 파악한다.	·언어의 기능과 특성 이해하기 ·다양한 매체에 나타난 언어 사용 방식 비교하기 ·매체의 특성을 고려하여 음성 언어와 문자 언어 사용하기
	속담, 명언, 관용어 등이 들어 있는 언어 자료	(2) 관용 표현의 개념과 효과를 이해한다.	·속담, 명언, 관용어 등의 개념 이해하기 ·관용 표현 사용의 효과를 알고 적절하게 활용하기 ·관용 표현이 사용되는 상황 이해하기
	품사가 다른 단어가 들어 있는 언어 자료	(3) 품사의 개념, 분류 기준, 특성을 이해한다.	·품사의 개념 이해하기 ·품사의 분류 기준 발견하기 ·품사 분류하기 ·품사의 종류와 특성 설명하기
	사동·피동 표현에 의해 의미 해석 양상이 달라지는 언어 자료	(4) 표현 의도에 따라 사동·피동 표현이 달리 사용됨을 안다.	·사동·피동 표현의 개념 이해하기 ·사동·피동 표현에 따라 의미 해석이 어떻게 달라지는지 이해하기 ·사동·피동 표현을 사용하는 심리적·사회적 특성 이해하기
	여러 가지 지시어가 사용된 언어 자료	(5) 지시어가 글의 구조와 의미에 미치는 영향을 분석한다.	·지시어의 개념 이해하기 ·담화 또는 글에서 지시어가 어떻게 사용되고 있는지 분석하기 ·지시어가 담화 또는 글 전체 구조에 끼치는 의미 관계 파악하기
8학년	남한과 북한의 언어 차이를 보여 주는 언어 자료	(1) 남한과 북한의 언어 차이를 비교한다.	·남한과 북한의 언어 차이를 비교하여 이해하기 ·남한과 북한의 언어 차이의 원인과 실태 파악하기 ·남한과 북한의 언어 차이를 극복하는 방안 찾기
	전문어, 유행어, 은어 등이 들어 있는 언어 자료	(2) 여러 종류의 어휘를 비교하고 그 사용 양상을 설명한다.	·전문어, 유행어, 은어의 개념과 관계 이해하기 ·전문어, 유행어, 은어의 사용 양상 및 특성 이해하기 ·전문어, 유행어, 은어 사용의 효과와 문제점 파악하기
	국어 단어 형성법을 설명하는 언어 자료	(3) 국어 단어 형성법을 이해하고 활용한다.	·단어 형성과 관련된 국어의 특질 이해하기 ·형태소와 단어 개념 이해하기 ·단어의 짜임(단일어, 파생어, 합성어) 이해하기 ·단어 형성법을 알고 창조적으로 활용하기

	여러 가지 의미로 해석할 수 있는 문장이 들어 있는 언어 자료	(4) 문장이 여러 가지 의미로 해석되는 현상을 이해한다	·중의적 표현과 모호한 표현 구별하기 ·중의적 표현을 해석하고 표현의 장단점 이해하기 ·모호한 표현이 된 이유를 지적하고 정확한 표현으로 고치기
	상황 맥락에 따라 의미 해석이 달라지는 언어 자료	(5) 담화나 글의 의미 해석에 상황 맥락이 관여함을 이해한다.	·상황 맥락의 구성 요소 이해하기 ·상황 맥락이 담화나 글의 의미 해석에 미치는 영향 이해하기 ·상황 맥락을 고려하여 효과적으로 의사소통하기
9학년	언어의 특성을 설명하는 언어 자료	(1) 언어의 규칙성, 사회성, 역사성, 기호성, 창조성 등을 이해한다.	·언어의 규칙성, 사회성, 역사성, 기호성, 창조성 등의 개념 이해하기 ·언어의 다양한 특성 이해하기 ·언어와 문화의 관계 이해하기
	국어의 음운 체계를 설명하는 언어 자료	(2) 국어의 음운 체계를 이해한다.	·국어 음운 체계의 개념 이해하기 ·국어 음운의 특성 이해하기 ·국어 음운의 변동을 이해하고 설명하기
	문장의 짜임새를 보여주는 언어 자료	(3) 문장의 짜임새를 설명한다.	·서술어와 자릿수의 기능 이해하기 ·문장의 기본 구조를 바탕으로 문장을 확장하는 방법 이해하기 ·안은 문장과 이어진 문장을 알고 문장의 연결 방식 이해하기
	통일성과 응집성을 설명하는 언어 자료	(4) 담화 또는 글 구성의 기본 개념을 이해한다.	·통일성과 응집성의 개념 이해하기 ·담화 또는 글에서 통일성과 응집성 판단하기
	한국어의 언어문화적 특성과 가치를 이해할 수 있는 언어 자료	(5) 한국어의 언어문화적 특성과 가치를 이해한다.	·언어문화적 특성과 언어의 관계 이해하기 ·한국어에 담긴 언어문화적 특성 파악하기 ·세계화, 국제화 시대에 한국어의 위상 점검하기

2. 2009+개정2012 국어과 교육과정의 '문법' 성취 기준

(교육과학기술부 고시 2012-14호 [별책5])

1. 언어의 본질

1) 언어와 사고, 언어와 사회, 언어와 문화의 관계를 탐구하고 이해한다.

2) 언어가 갖는 특성인 기호성, 규칙성, 창조성, 사회성, 역사성을 탐구하고 이해한다.

2. 국어 구조의 이해

1) 음운

(1) 음성, 음운의 세계를 탐구하고 올바르게 발음 생활을 한다.

(2) 음운의 변동을 탐구하고 올바르게 발음하며 표기하는 생활을 한다.

2) 단어

(1) 품사 분류를 통해서 개별 단어의 특성을 이해한다.

(2) 단어의 형성 과정을 이해하고 새말이 만들어지는 원리를 탐구한다.

(3) 외래어 표기법과 로마자 표기법을 이해하고 국어 생활에서 활용하도록 한다.

(4) 단어의 의미 관계와 의미 변화의 양상을 탐구하고 이해한다.

3) 문장

(1) 문장의 짜임을 탐구하여 이해하고 정확한 문장을 사용한다.

(2) 의미 구성에 기여하는 문법 요소의 개념과 표현 효과를 탐구한다.

4) 담화

(1) 담화의 개념과 특성을 이해하여 적절하고 효과적인 국어 생활을 하도록 한다.

(2) 담화에서 지시, 대용, 접속 표현의 기능과 효과를 이해한다.

3. 국어 자료의 탐구

1) 국어 자료를 읽고 국어의 변천을 탐구한다.

2) 선인들의 삶을 통하여 국어 수난과 발전의 역사를 이해한다.

3) 남북한 언어의 차이점을 이해하고 동질성을 회복하는 방안을 탐구한다.

4) 세계 속의 한국어 위상을 이해하고 국어의 발전 방안을 모색한다.

제 2 부

국어와 앎

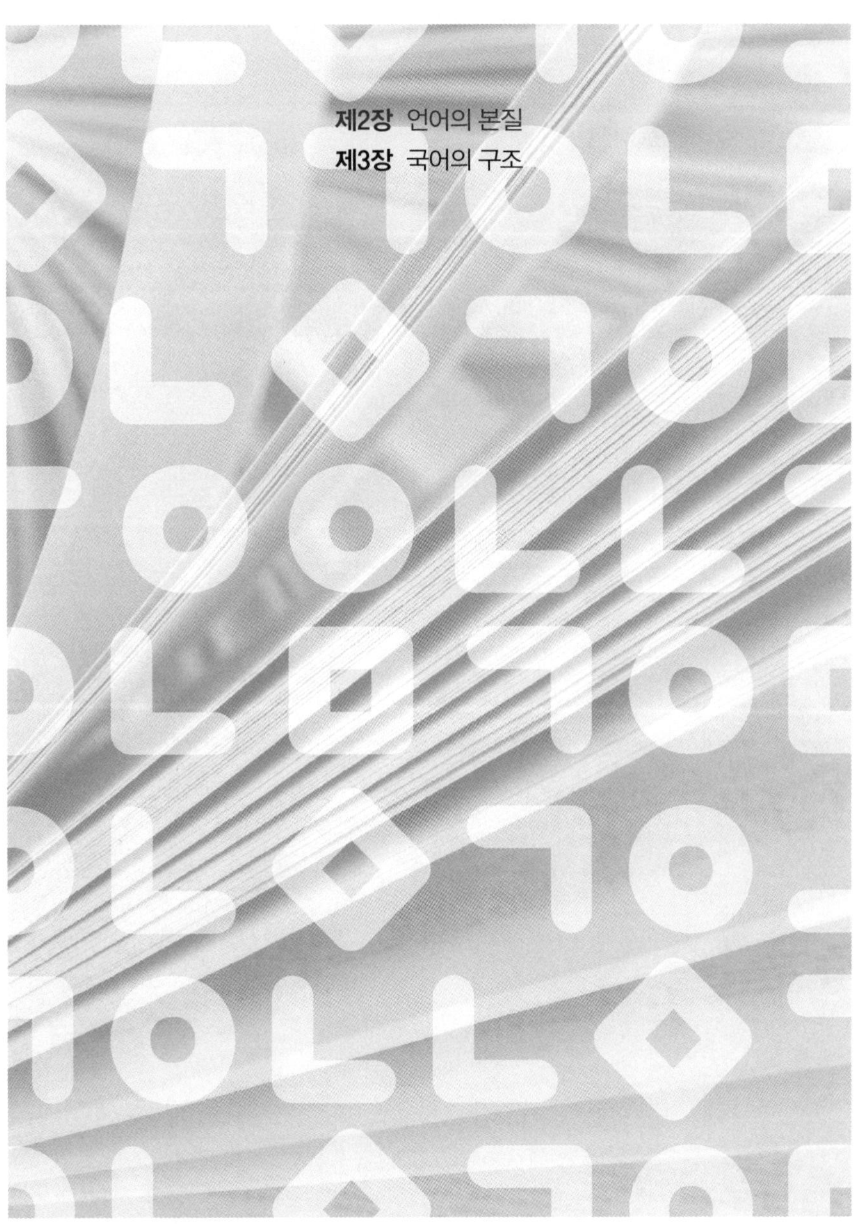

제2장

언어의 본질

[성취 기준]

1. [9국04-01] 언어의 본질(자의성, 사회성, 역사성, 창조성)에 대한 이해를 바탕으로 하여 국어생활을 한다.
2. [12언매01-01] 인간의 삶과 관련하여 언어의 특성을 이해한다.
3. [12언매01-02] 국어의 특성과 세계 속에서의 국어의 위상을 이해한다.

2.1. 언어와 인간

2.1.1. 언어와 사고

1. 언어와 사고는 매우 밀접한 관계를 맺고 있다. 인간은 언어를 도구로 하여 생각을 하고, 그 결과 사고력과 인지 능력이 점점 발달한다.
2. '언어가 없으면 사고가 불가능하다'는 주장(언어의 상대성 이론, A. Sapir와 B. Worf의 가설) (예) 무지개 색깔을 7가지, 3가지, 2가지로 인식하는 경우
3. '언어가 없어도 사고할 수 있다'는 주장
   ㉠ 생각은 있으나 적절한 표현이 없을 때.
   ㉡ 악보나 조각 작품에 자신의 생각을 담을 수 있음.

※ 1. 훔볼트(K. W. Humboldt): "한 민족의 언어는 곧 그 민족의 정신" → 언어가 한 인간의 세계관을 결정한다. → 한 나라의 언어는 그 나라 사람의 사고, 정신, 얼을 담는 그릇이다.
2. 라이프니츠(G. W. Leibniz): 언어는 인간 정신의 반영. 3. 래내커(R. Langacker): 언어와 인지는 동일하다.

2.1.2. 언어와 사회

· 인간은 사회적 동물로서 언어 공동체를 이루고 살아가는데 언어 공동체 내에서 언어 변이가 존재하며, 언어는 사회를 반영하기 때문에 언어를 통해 그 사회의 모습을 이해할 수 있다.
· 언어 변이의 요인: 지역적 요인과 사회적 요인(계층, 직업, 세대, 성별, 환경 등)의 영향을 받는다.

1. 표준어와 방언

(1) 표준어: 한 나라의 표준이 되는 말로, 국가 차원에서 국민 누구나 공통적으로 쓰도록 인위적으로 규정한 공용어이다. 언어의 통일과 규범의 제시를 위하여 방언 중에서 하나를 골라 표준어로 삼는다.

① 표준어(교양 있는 사람들이 두루 쓰는 현대 서울말)는 공식적인 언어생활의 준거이자 교양의 척도 기능을 수행한다.

② 언중들은 표준어 구사를 교양인이 갖춰야 할 필요조건 가운데 하나로 보거나 지나친 방언의 사용에는 부정적 인식을 가지기도 한다.

③ 표준어와 방언은 우열 관계에 있는 것이 아니라 동등한 지위를 갖고, 상호 보완적이다.

④ 현행 언어 정책은 의사소통의 효과를 위해 표준어와 방언의 선택적 사용을 허용한다.

(2) 방언: 일정한 지역에 사는 사람들이 공통적으로 사용하는 지역적, 또는 사회적인 언어 변종으로서 그 자체가 하나의 완전한 언어 체계이다.

· 지역 방언: 한 언어가 지역에 따라 분화를 보인 것.
· 사회 방언: 한 지역 안에서 사회적 요인에 따라 언어가 분화를 보인 것.

※ 사회 방언의 경우 어떤 어형을 사용하고 안 하고의 문제가 아니라 어느 정도 사용하는가의 문제이다. 이런 점은 지역 방언이 사용하고 안 하고의 문제인 것과 구분된다.

(3) 표준어와 방언의 차이

표 준 어	방 언
1. 통합성	1. 분열성
2. 성문화(成文化)[규범성]	2. 비성문화(非成文化)[비규범성]
3. 고정된 변종	3. 고정되지 않은 변종
4. 통용성	4. 비통용성
5. 정교성	5. 비정교성
6. 정치, 사회 중심어	6. 지역성(특정 지역어)
7. 문어, 구어 간 양자의 비중이 비슷함	7. 구어 중심, 문어 약세
8. 권위가 있음	8. 권위가 없음
9. 친밀성이 적음	9. 친밀성이 큼
10. 인위적	10. 자연적

(4) 방언의 가치

① 그 말을 사용하는 구성원들 간에 정신적 유대감, 일체감, 소속감을 형성한다.

② 문학 작품에서 방언을 살려 쓰면 문학적 가치가 높아지고 색다른 맛이 난다.

③ 이미 사라진 말들이 남아 있어 국어 연구를 위한 좋은 자료가 된다.

④ 각 지역의 고유한 역사와 문화적 배경 및 특유의 정서가 담겨 있는 우리의 중요한 언어문화 유산이다.[1)]

[방언의 기능]

(상황: 제주도 도청의 한 은행 창구, 광수 씨는 예금을 인출하던 중 은행 직원이 지폐를 묶어 주지 않자 항의한다.)

광수: (천 원짜리 지폐가 다발로 나오지 않고 낱장으로 나오자) 어, 이건 무사 영 글러절 나왔수가? (이건 왜 이렇게 끌러져서 나왔어요?) 다시 세어 볼 수도 없고 어떻하라고 영(이렇게) 했수가? 묶어 줍서.

은행 직원: 다른 사람들도 있으니까 일일이 묶지는 못합니다게.

광수: (화가 난 듯이 소리를 지른다.) 아니, 일을 이렇게 처리해도 되는 겁니까? 되는 거예요? 과장님께 한번 물어 볼까요? 한번 확인해 볼까요?

1) 지역 방언에 대한 주요 학습 내용은 '표준어와 방언의 가치, 각 지역 방언의 특성, 방언과 국어 문화의 관계, 방언이 사용되는 맥락의 특성, 방언과 이데올로기의 관계' 등이다(2009 고등학교 국어과 교육과정 해설서, p.291).

☞ 1. **광수 씨가 처음에는 방언을 사용하다가 나중에 표준어를 사용하는 이유**

은행 직원과 고객은 같은 고장 사람이다. 따라서 비록 공적인 업무가 이루어지는 은행 안에서도 방언을 사용한다. 이는 방언이 주는 친근감과 소속감 때문이다. 그러나 공식적으로 은행 업무에 대하여 항의를 하는 상황에서 고객은 돌연히 표준어를 사용하는데, 이는 같은 고장에 사는 사람으로서의 친근감과 소속감보다는 고객과 은행 직원 간의 공적인 업무 관계를 강조하기 위해서이다.

☞ 2. **방언과 표준어의 기능**

말하는 이는 자신의 의도나 전략, 또는 상황에 따라서 표준어와 방언 중 적절한 언어를 선택하여 말을 한다. 즉 상대방과의 친근감이나 소속감을 표현하고 싶을 경우에는 방언을 사용하고, 상대방과 거리를 두고 싶거나 공적인 업무를 강조하고 싶은 경우에는 표준어를 사용한다. 이와 같이 표준어와 방언은 각기 고유한 기능을 가지고 있기 때문에 이러한 기능을 적극적으로 활용하면 좀 더 효율적인 언어 생활을 영위하여 나갈 수 있다.

· 표준어: 공식적 언어 생활 기능, 정치 · 사회 · 교육의 표준화 기능

· 방언: 사적 언어 생활 기능, 친교적 기능, 지역 문화의 통합 기능 [지도서, p.300]

2. 사회 방언

사회 계층, 연령, 성(性), 담화 상황[2]에 따라 분화된 언어가 사회 방언이다. 발음, 어휘, 문법 등에서 변이가 일어나는데, 언어적 일치는 '사회적 연계망'(공동체와 관련되며 상호작용하는 개인 차원의 사회적 조직)을 통해 형성되는 경향이 있다.

1) 언어 사용의 차이(이주행, 2005:36~57)[3]

(1) 계층에 따른 언어 사용의 차이

※ 신분, 사회적 지위, 교육 및 경제 수준 등이 언어에 반영된 결과이다.

---

2) Serēbrennikow(1973)는 담화 상황(형식적 발화와 비형식적 발화)도 언어 변이의 요인으로 제시하고 있다.

3) 미국이나 영국의 경우: (1) 일상언어(가장 비형식적) - (중)상류층이 표준 발음을 사용하는 경향이 높다. (2) 단어 목록 읽기(가장 형식적) - (중)상류층보다는 하류층이 표준 발음을 의식적으로 사용한다. (3) 하류층은 자신들이 일상적으로 사용하는 말보다 더 우수하다고 간주되는 (중)상류층의 문체를 통해 신분을 상승시키고자 한다.

영역	변이 유형	계층	비율 (%)	영역	변이 유형	계층	비율 (%)
음운	꽃이[꼬시] 끝을[끄슬] 부엌에 [부어게]	상류 계층	25	문장	문장의 평균 길이 (단위:음절)	상류 계층	77.7
		상위 중류 계층	33.3			상위 중류 계층	47.3
		중위 중류 계층	41.7			중위 중류 계층	32.5
		하위 중류 계층	83.3			하위 중류 계층	27.3
		상위 하류 계층	66.7			상위 하류 계층	21.4
		중위 하류 계층	50			중위 하류 계층	11.3
		하위 하류 계층	41.7			하위 하류 계층	10.5
어휘	외국 어휘를 한국어에 혼용하는 비율	상류 계층	83.3	담화	관련성의 격률을 어기고 말하는 비율	상류 계층	8.3
		상위 중류 계층	66.7			상위 중류 계층	16.7
		중위 중류 계층	50.0			중위 중류 계층	16.7
		하위 중류 계층	50.0			하위 중류 계층	33.3
		상위 하류 계층	25			상위 하류 계층	50.0
		중위 하류 계층	0			중위 하류 계층	75.0
		하위 하류 계층	0			하위 하류 계층	91.7
	비속어 사용 비율 (처먹다, 지랄하다, 빌어먹을, 미친 놈 등)	상류 계층	8.3				
		상위 중류 계층	16.7				
		중위 중류 계층	25.0				
		하위 중류 계층	33.3				
		상위 하류 계층	50				
		중위 하류 계층	75				
		하위 하류 계층	83.3				

(2) 성에 따른 언어 사용의 차이

※ 남성과 여성의 생리적, 심리적, 문화적 기대치의 차이가 언어에 반영된 결과이다.

① 여성은 남성보다 더 동적인 억양 패턴을 보인다. 여성은 자신이 가진 음역 범위 내에서 더 동적인 높낮이를 구사하고, 성량을 신속하게 바꾸고 남성보다 더욱 빠르게 말한다.

② 여성은 남성보다 표준어를 더 선호한다. 방언 화자의 경우 여성은 남성보다 표준어를 구사하기 위해 더 노력하고, 표준어에 대한 적응력도 더 뛰어나다. 역으로, 표준어 화자가 방언 지역에 살게 될 때 남성은 그 방언형에 동화되려고 하는 반면, 여성은 표준어를 고수하는 경향이 강하다.

③ 여성은 남성보다 반복 부사(많이많이, 너무너무, 정말정말 등)나 감탄사(어머머, 아유, 세상에 등)를 더 많이 사용하여 감정을 드러낸다.

④ 여성은 남성보다 상대 높임법의 비격식체를 더 많이 사용한다. '-습니다' 형과 '-요' 형에 대해 방송과 소설에서 남성은 '-습니다' 형을, 여성은 '-요' 형을 더 많이 쓴다.

⑤ 담화에서 남성은 경쟁적 전략을 더 많이 사용하지만, 여성은 협조적 전략을 더 많이 사용한다.

⑥ 남성이 여성보다 말 방해와 말 중복을 더 많이 한다.

⑦ 여성은 청자 지향적인 간접 화법을 남성보다 더 많이 사용한다. 남성은 서술문을, 여성은 의문문을 더 선호하는데, 서술문은 단정이나 선언과 같이 자기 주장이 강한 표현인 반면, 의문문을 이용한 주장은 질문의 표현 방식을 사용하기 때문에 간접 화행이 갖는 효과(공손한 표현)를 얻는다.

⑧ 사회적 요인이 언어에 반영된 예(그 직업에 많이 종사하는 사람의 성별에 따른 것): '의사/여의사, 교사/여교사, 시인/여류 시인'(남성 중심); '간호사/남자 간호사, 미용사/남자 미용사'(여성 중심).

(3) 연령에 따른 언어 사용의 차이:

※ 인간이 사회적 지위나 역할이 달라짐에 따라 그에 맞는 언어를 구사함으로써 발생하는 변이이다. 일반적으로 기성세대는 보수적 성향을, 신세대는 진보적 성향을 띤다.

① 60대 이상은 그 이하 세대보다 한자어를 더 많이 사용한다.

② 10대와 20대는 통신 언어를 많이 사용하고, 중년 이상의 사람들은 대부분 통신 언어를 사용하지 않는다. 특히, 청소년들이 사용하는 통신 언어(수업-섭, 비디오-비됴, 죄송합니다-죄송함다, 안녕하세요-안녕하세여, 강퇴, 안습, 쌩얼)로 인해 세대 간 의사소통이 어려움을 겪기도 한다.

③ 10대와 20대, 퇴직한 50대 이상은 자신의 고향 방언을 공적인 상황에서도 사용하지만, 직장 생활을 하는 30대와 40대는 공적인 상황에서는 가급적 표준어를 사용하려고 애쓴다.

④ 대부분의 여성과 30대 이하의 남성들은 주로 상대 높임법의 비격식체를 사용하는데, 40대 이상의 남성들은 격식체와 비격식체를 혼합하여 사용하는 비율이 높다. 특히, 기성세대는 격식체인 '하십시오, (하오), 하게, 해라'체와 비격식체인 '해요, 해'체가 모두 존재하지만, 젊은 세대에서는 '하오, 하게'체는 거의 사라졌으며, '하십시오, 해라'체도 '해요, 해'체로 변해가고 있다.

2) 사회 방언에 대한 인식

(1) 동일한 언어를 사용하는 한 사회 내에서도 개인이 처한 사회적 환경이나 삶의 방식 등에 따라 언어 사용 방식이 필연적으로 다르게 나타난다.

(2) 사회 방언은 그것이 사용되는 계층이나 조직 내에서의 의사소통의 효율성과 구성원들 간의 친밀감을 높이는 데에 기여한다. 따라서 사회 방언을 언어의 일탈로 인식해서는 안 되고 오히려 우리 사회가 다양한 구성원들에 의해 구성되어 있음을 인식하고 이를 인정하는 자세가 필요하다.

(3) 우리 사회가 다문화 사회로 급속한 변화를 보이는 현대에서는 기존의 사회 방언적 요인 외에도 인종 등에 따른 다양성도 존중되어야 한다.

2.1.3. 언어와 문화

1. 언어는 그 언어를 사용하는 민족의 독특하고 고유한 문화를 반영한다.

1) 에스키모의 말: '내리는 눈, 쌓인 눈, 가루눈, 큰 눈' 등을 구별할 수 있도록 발달하여 있고(정작 우리말의 '눈'처럼 총칭하는 말은 없음), 흰색을 가리키는 말도 십여 개가 된다.

2) 한국어: '모, 벼, 나락, 쌀, 밥'을 구별하여 사용하지만 이 전체를 총칭하는 말은 없는 반면, 영어는 'rice'만으로 이 네 개념을 포괄적으로 사용한다. 필리핀 군도의 이푸게오 언어에는 20여 가지의 쌀 명칭이 있다.

2. 언어는 그 자체로 문화적 산물이다.

대부분의 문화적 산물들은 언어를 도구로 하여 축적되고 전승된다. 한 나라의 문화적 특성은 언어 특히, 어휘 부문에서 가장 두드러지게 반영되어 있다. 우리말의 경우 친족어, 호칭어, 높임말과 낮춤말을 통해 예절에 대한 언어문화가 섬세하게 분화되어 있다. 그리고 관용 표현을 통해 우리 민족의 삶의 태도와 지혜가 오롯이 담겨 있다. 또한, 의성어와 의태어의 발달은 우리 민족이 사물을 섬세하게 관찰하고 그것을 정밀하게 표현하고자 노력하였음을 보여준다. 음소 문자인 한글 또한 사물의 소리, 동작, 상태 등을 묘사하는 데에 적절하였을 것이다.

2.2. 언어의 특성

2.2.1. 언어의 기호적 특성

언어는 자의적 음성 기호의 체계이다. 언어는 생각을 전달하는 기호의 하나로[4], 말소리라는 '형식'과 의미라는 '내용'을 지니고 있다.

1) 자의성(恣意性): 말소리와 의미 사이에는 필연적인 관계가 없다. 의미 변화나 형태 변화 가능. (예) /家/ - [집]/[하우스]/[지아]
2) 사회성(社會性): 말소리와 의미 사이의 관계가 사회적으로 수용된 후에는, 어느 한 개인이 마음대로 그 관계를 바꿀 수 없다. '국어 순화 정책'이 성공하지 못하는 이유이기도 함.
3) 역사성(歷史性): 언어는 시간의 흐름에 따라 단어의 소리와 의미가 변하거나, 문법 요소에 변화가 생기기도 한다.
   (1) 음운
      ① 중세 국어에는 유성 마찰음 /ㅸ/, /ㅿ/, /ㆁ/, 모음 /ᄋᆞ/가 존재하였으며, /ㅈ, ㅊ/은 치음이었다.(근대 국어에서 경구개음으로 바뀜)
      ② 중세 국어에는 성조가 존재하였다.
   (2) 어휘
      ① 중세 국어에는 오늘날 쓰이지 않는 말이 많았다. 온[百], 즈믄[千], ᄀᆞ람[江]…
      ② 고대 국어와 중세 국어 시기에 중국 차용어, 몽골, 여진 등의 외래어 유입.

---

4) 기호는 지시 대상과 맺는 관계에 따라 도상 기호(icon), 지표 기호(index), 상징 기호(symbol)로 나누기도 한다[퍼스(Pierce,C.)].
① 도상 기호: 기호의 형태가 의미의 실질적 특성을 지니는 것으로, 기호의 형태와 의미 간에 유사성이 존재하는 경우. (예) (그림이 있는)교통 표지판. 이모티콘, 한자 一 二 三
② 지표 기호: 기호의 형태가 그 의미를 자연적인 관계에 의해서 연상하는 것. 기호의 형태와 의미 간의 인접성이 존재하는 경우. (예) 얼굴을 찌푸리는 것은 화가 났음을, 연기가 피어 오른 것은 불의 존재를, 제비가 날아오는 것은 봄이 왔음을 알리게 된다.
③ 상징 기호: 기호의 형태가 특정한 의미와 관습적으로 약정된 관계를 맺는 경우. (예) 언어.
요컨대, 기호의 형태와 의미가 맺는 관계에서 도상 기호는 유연성이 가장 높고, 상징 기호는 유연성이 전혀 없으며, 지표 기호는 부분적으로 유연성이 인정된다.

(예) 중국: 붇[筆], 부텨[佛陀]…. 몽골어: 수라[御飯]…. 여진어: 투먼[豆萬]…

(3) 문법

① 중세 국어의 주격 조사 '이, ㅣ, ø'가 현대에는 '이/가'로 바뀜.

② 중세 국어 목적격 조사 'ᄋᆞᆯ/을, ᄅᆞᆯ/를'이 현대에는 '을/를'로 바뀜.

③ 문장 구조의 변화

㉠ (중세) '무엇-을 누구-를 주다' 〉 (현대) '무엇-을 누구-에게 주다'

㉡ (중세) '무엇-이 무엇-이 ᄀᆞᆮ다' 〉 (현대) '무엇-이 무엇-과 같다'

④ 의문형 어미의 변화: 중세 국어에서는 의문형 어미 '-니가'와 '-니고'는 의문사(疑問辭)의 존재 여부에 따라 선택되었고, '-ㄴ다~ㅭ다'는 주어가 2인칭인 경우에만 사용되었다. 그러나 현대 국어에서는 의문형 어미를 구분하여 쓰지 않는다.

(4) 의미

① 의미의 확장: 다리[脚, 유정체의 다리] 〉 무생물(책상 등)의 '다리'도 포함함.

② 의미의 축소: 얼굴[形體] 〉 얼굴[顔], 겨집[여자] 〉 계집[여자의 낮춤말/비속어]

③ 의미의 이동: 어엿브다[憫然] 〉 어여쁘다, 예쁘다[美]

4) 분절성(分節性): (1) 언어음은 자음과 모음으로 나뉜다. (2) 언어는 물리적으로 연속된 실체를 분절적으로 쪼개어 표현한다.

㉠ 감나무(ㄱ ㅏ ㅁ ㄴ ㅏ ㅁ ㅜ)

㉡ 얼굴에서 뺨, 이마, 턱의 경계. 무지개 색의 구분 등.

5) 추상성(抽象性): 많은 구체적인 대상으로부터 공통의 속성만을 추출하는 추상화 과정을 통하여 개념을 형성한다.

㉠ 꽃: 무궁화, 개나리, 진달래, 목련…

㉡ 나무, 책상, 산: 추상화 과정을 거쳤기 때문에 추상성을 지님.

㉢ '세종, 조광조, 김영랑, 주시경' → 고유 명사는 지시 대상이 하나여서 추상화 과정을 거친 것이 아니므로 추상성을 가진다고 하기 어렵다.

6) 창조성(創造性): 한정된 단어를 사용하여 무한한 문장을 만들 수 있다. 처음 들어본 문장을 이해하고, 일찍이 경험하지 않은 새로운 문장을 생성한다. 새말을 만들어 낸다. 기존 단어가 새로운 의미를 얻게 된다.

7) 이원성(二元性): 음성과 의미라는 이원적 체계로 이루어져 있는데, 이 음성 체계와

의미 체계는 독립적으로 분리되어 있다.

㉠ 동음이의어: 배[船], 배[梨], 배[腹]　㉡ 유의어: 시름, 근심, 걱정

2.2.2. 언어의 구조적 특성

언어를 이루는 '음운, 단어, 문장, 담화/글'은 각각의 구조를 가지며, 그 구조는 일정한 규칙과 체계로 짜여 있다.

1. 규칙을 어기는 문장은 비문법적인 문장이 된다. 규칙을 배우지 않은 아이들도 모국어에 대한 언어적 '직관'을 통해 문법적인 문장으로 고칠 수 있다. ☞ 비문법적이라는 것을 알 수 있는 것은 국어 공동체가 음운, 단어, 문장의 구성에 대해 '잠재의식적으로 공유하고 있는 규칙'이 존재함을 가리키며, 그 규칙에 따라 이러한 결합이 허용되지 않는다.
2. 음운, 단어, 문장, 담화 등 모든 문법 단위가 각각의 체계가 있고 그 단위들 간에도 일정한 체계가 존재한다.

2.2.3. 언어의 기능

※ 특정한 언어 표현이 한 가지 기능으로만 사용되는 경우는 매우 드물다.

1. 정보적 기능: 언어를 통하여 말하는 사람은 듣는 사람에게 말하고자 하는 내용에 대하여 알려주는 기능을 함. 지시적, 명제적, 관념적 기능.
2. 표현적 기능: 언어를 통하여 말하는 사람의 개인적인 느낌을 표현함. 감탄사, 욕설.
   (예) ㉠ 아, 정말 아름다운 꽃이군!　㉡ 아이고, 이 일을 어째?
3. 명령적 기능: 언어를 통하여 상대방에게 무엇을 요구하거나 일을 시키는 기능을 함. 명령, 요청.
4. 친교적 기능: 언어를 통하여 상대방과 유대관계를 확인하거나 친교를 돈독히 하기 위한 목적으로 사용함. 의례적 인사말, 출근길에 만난 사람과 하는 날씨에 대한 이야기 등.
5. 메타적 기능: 언어 자체에 관해 이야기하거나 언어를 사용해서 다른 언어를 정의하기도 하고, 평가하기도 하며, 언어를 배우기도 함.

6. 미적 기능(시적 기능): 언어를 사용할 때 아름답고 듣기 좋은 표현을 사용함. (속담) "아 해 다르고, 어 해 다르다."

2.2.4. 음성 언어와 문자 언어

1. 음성 언어와 문자 언어의 비교

음성 언어	문자 언어
· 대개 덜 조직적이다. 주저함이나 잘못된 시작, 반복적인 자기 수정이 많다. (예외: 뉴스)	· 체계적인 구성을 갖추고 있어 매우 조직적이다. (예외: 자동기술법)
· 상호 작용은 '면 대 면'으로 이루어지고, 동시적이다. 상호 교섭적. (예외: 전화 대화)	· 상호 작용은 시차를 두고 일어나 비동시적인 경우가 많다. (예외: 인터넷 채팅, 휴대전화 문자 메시지)
· 별도의 학습 과정 없이 습득 가능하다.	· 별도의 학습 과정을 거쳐야 한다.
· 화자는 자신만의 독특한 억양을 가지고 있다. (변조 가능)	· 필자의 억양을 찾을 수 없다. (필체와 문체는 존재)
· 상황이나 맥락을 통해 여러 정보를 얻을 수 있기 때문에, 정보의 내용이 적고 축약적이며 생략이 많다.	· 상황이나 맥락의 도움을 받을 수 없기 때문에, 정보의 내용이 많고 설명적이며 생략이 적다

2. 특정 담화 유형은 음성 언어와 문자 언어의 특징을 모두 갖는 경우가 있기 때문에(고전 낭독본 소설, 텔레비전 오락 프로그램의 자막, 연설자의 말, TV 논설위원의 논평 등) 매체와 양식을 구분할 필요가 있다. 뉴스 아나운서의 담화는 매체는 음성 언어이나 양식은 문자 언어이다. 컴퓨터상에서 이루어지는 대화(정보통신의 언어)는 매체는 문자 언어이나 양식은 음성 언어이다.

※ 2009 개정 고등학교 교육과정 해설서(p.162)에서 매체는 물리적 형식으로, 양식은 추상적 형식으로 규정한다.

[통신 언어의 특성]

안냐세엽! 간만에,, 글 올리네여,, ^.^음,, 전에 엡데뜨 한거 봤는데 연결이 안 죠아서 그랬나?? 아무 문서도 없다구 나오는거 있져,, 할튼,, 멋이또요,, 쿠쿠,, 이쑤도 집에가믄 언능 업데뜨나 해야게또요,, ^.^ 요즘은 학교땜에 넘넘 바뽀요,, (캬캬,, 찔료ㅣㅣ-.-) 낼두 셤 있는뎅,, 멀 하는 건지,, 보니깐 엑스는 포기 더군요,, -.- 음,, 할튼,, 그냥 인사 올리고 싶오쏘요,, ^.^ 어빠 아래꺼

봐똥?(ㅜ.ㅜ) 잘 나오구 있겠지?? 잘 안나오믄, 안대는댕. 내가 어케 다운 댈때만 여그 오게쏭 (-x-)++ 날 그케 바따니 섭해(__) 삐줨. 난 자주 와땀마랴 (+ _ +). 지금은 저거 맹근고 뿌리구 다니느라 정신읍당,, (+_+). 나중에 또 입뿐고 올릴꿰 (^ - ^)/“” 즐건하루 즐건유리 훼훼,, ☜슝 위~♬☞

1. 이 글은 음성 언어와 문자 언어의 특징을 함께 가지고 있다. 매체는 문자 언어이나 양식은 음성 언어이다.
2. 이러한 표현 방식은 과학의 발달로 텔레비전, 컴퓨터 등의 새로운 매체가 중요한 의사소통의 도구로 이용되면서 늘어나게 되었다.
3. 이러한 표현 방식이 미래의 국어 생활에 어떤 영향을 미칠까?
   컴퓨터상의 언어가 지니는 특징은 첫째, 음성 언어의 특징을 많이 지니고 있다. 둘째, 어문 규범에 어긋난 표현이 많다. 이런 표현이 널리 사용된다면, 첫째, 문자 언어와 음성 언어의 경계가 불분명해지고 이 둘의 특징이 혼합된 표현 방식이 점차 많이 사용될 것이다. 둘째, 어문 규범에 어긋난 표현이 많아지면서 우리말, 우리글의 품위가 떨어질 수 있다. 이 중 첫째는 새로운 매체의 도입 및 사용과 관련한 문제로 객관적인 언어문화 현상의 하나로 다루고 받아들 수 있다. 그러나 둘째 문제는 다소 경계하고 비판적으로 점검해야 할 문제이다. [제7차 문법 교과서(이하 교과서라 함), p.21]

2.3. 국어의 특질

2.3.1. 음운의 특질

1. 국어의 음운에는 다른 언어에는 없는 독특한 음운 대립이 있다. 국어의 파열음, 파찰음은 평음, 경음, 유기음이 대립을 이룬다.5)

※ “파열음 표기에는 된소리를 쓰지 않는 것을 원칙으로 한다.”(외래어 표기법 제4항): 외래어 무성음은 국어의 유기음에, 유성음은 평음에 대응시키면, 경음은 대응하는 외래어 자음이 없다. 외국어는 대부분 파열음이 무성음과 유성음의 대립을 보인다.

(예) 불[火]:뿔[角]:풀[草], 자다[眠]:짜다[鹽]:차다[冷]

---

5) ① 영어, 독일어, 프랑스어 등 대부분의 서양어들이나 일본어에는 유성음과 무성음의 대립이 존재한다. (예) pan[pæn]:ban[bæn]. ② 이런 음운 체계상의 차이는 국어 외래어 표기법에서 된소리는 표기하지 않는 것으로 나타난다(외래어 표기법 제4항). ③ '평음:경음:유기음'의 3지적 대립은 의미의 차이는 물론이고 어감의 차이도 가져온다. (예) 감감하다:깜깜하다:캄캄하다

2. 국어에는 다른 언어에 비해 마찰음이 많지 않다. 국어에는 마찰음의 수가 파열음의 수보다 적은 데 반해, 영어 등 외국어는 파열음의 수가 마찰음의 수보다 적다.

영어 - f, v; ð, Θ; s, z; ʃ, ʒ; h 국어 - ㅅ, ㅆ, ㅎ

3. 국어에서는 음절의 초성 자리나 종성 자리에 둘 이상의 자음이 올 수 없다.

1) 외국어가 우리 국어에 들어올 때에는 우리말의 음운 체계를 따른다.

spring ㅅㅍ링 → 스프링, milk 밁 → 밀크

2) 유기음을 하나의 음소로 설정하는 이유: 'ㅋ'을 음소로 인정하지 않고 'ㄱ+ㅎ'의 결합으로 처리하면, 음소의 수를 줄일 수 있다는 장점이 있다. 그러면 '카'는 'ㄱ하'로 표기해야 하는데, 이럴 경우 초성 자리에 하나의 자음만 올 수 있다는 국어의 음절 구조 제약을 어기게 된다. 국어의 어떤 음운론적 제약보다도 음절 구조 제약은 상위 제약이다.

4. 음절 끝 위치에 오는 파열음들이 파열되지 않는다. 음절말의 위치에서 7개의 대표음(ㄱ, ㄴ, ㄷ, ㄹ, ㅁ, ㅂ, ㅇ)만을 허용한다.

(예) 꽃[꼳], 옷도[옫또], 부엌[부억], 잎[입], 같고[갇꼬]

※ 다만, 외래어 표기법(외래어 표기법 제3항)에서는 'ㄱ, ㄴ, ㄹ, ㅁ, ㅂ, ㅅ, ㅇ'의 일곱 개 자음을 받침 글자로 쓴다. (예) robot: 로봇, out: 아웃, coffee shop: 커피숍

5. 어두에 'ㄹ'이나 'ㄴ'이 오는 데에 제약이 있다.

6. 국어에는 모음 조화 현상이 있다. 의성어와 의태어에서 두드러지게 나타난다. 현대 국어에서 모음 조화는 용언 어간과 어미의 결합에서만 부분적으로 나타난다.

㉠ 살랑살랑, 펄럭펄럭, 깜빡깜빡, 아장아장, 벌렁벌렁; 깡충깡충, 오뚝

㉡ 잡-아, 먹-어, 도와, 무거워; 고마워(*고마와), 가까워(*가까와)

7. 이중 모음의 대부분 상향 이중 모음이다. 현대 국어에서 하향 이중 모음은 '의[ɨy]' 밖에 없다. (예) 야[ya], 여[yə], 요[yo], 유[yu], 예[ye], 얘[yɛ];

와[wa], 워[wə], 웨[we], 왜[wɛ], 위[wi]

8. 교착어로서 형태소 결합 과정에서 다양한 음운 변동이 나타난다.

(예) 안-+-고→[안꼬], 믿-+-는→[민는], 갈-+-니→[가:니]

2.3.2. 어휘의 특질

1. 고유어

1) 전체 어휘의 25.9%를 차지하며, 의미의 폭이 넓고 다의어가 많아서, 고유어 하나에 둘 이상의 한자어들이 폭넓게 대응하는 현상이 존재한다.[6)]

2) 고유어의 기능

(1) 우리 민족 고유의 문화와 정신이 스며들어 있는 우리의 언어 자산으로, 우리 민족 특유의 문화나 정서, 정서적 감수성을 드러내는 데에 꼭 필요한 표현 도구이다.[7)]

(2) 고유어는 새말[新語]을 만들 때 중요한 자원이 된다.

3) 감각어와 상징어, 친족 관계어가 크게 발달되어 있고, 동사, 형용사, 부사 등은 고유어로만 이루어져 있다(아래 표 참조).[8)]

『표준국어대사전』 주표제어의 품사와 어종에 따른 분류(이운영, 2002:50)

품사＼원어	고유어	한자어	외래어	한+외	한+고	외+고	한+외+고	총계
명사	69,995	205,977	20,246	5,173	31,398	824	288	333,901
의명	375	253	359	59	9	5	1	1,061
대명사	219	236	0	0	8	0	0	463
수사	186	91	0	0	0	0	0	277
동사	14,703	0	0	0	427	1	0	15,131
보동	42	0	0	0	0	0	0	42
형용사	5,125	0	0	0	1,272	27	0	6,424
보형	22	0	0	0	0	0	0	22

6) 고유어와 한자어의 일대다(一對多) 현상
쓰다: 書, 用, 苦
생각: 사색, 사유, 명상, 상념; 창안, 고안, 궁리, 연구, 착안, 구상, 구안; 기억, 추억; 착상, 발상, 구상

7) 한 예로, 친족 관계를 나타내는 어휘가 발달하여 있다.
ㄱ. uncle: 백부, 숙부, 큰아버지, 작은아버지, 아저씨, 외삼촌, 이모부, 고모부 등으로 분화.
ㄴ. aunt: 백모, 숙모, 큰어머니, 작은어머니, 이모, 고모 등으로 분화.

8) ㄱ. 고유어를 사용하면 미세한 감각의 차이를 다양하게 표현할 수 있다.
(예) 발갛다, 벌겋다, 빨갛다, 뻘겋다, 새빨갛다, 시뻘겋다, 붉다, 불긋불긋하다, 불그죽죽하다, 불그레하다, 불그스름하다, 붉디붉다, 짙붉다, 엷붉다, 농홍하다(濃紅--), 연붉다(軟--)…
ㄴ. 의성어・의태어의 발달: 짹짹, 퐁당, 풍덩, 달랑달랑, 덜렁덜렁, 어기적어기적, 아장아장…

부사	13,277	533	0	0	283	0	0	14,093
관형사	331	195	0	0	3	0	0	529
조사	357	0	0	0	0	0	0	357
감탄사	737	30	11	0	34	0	0	812
어미	2,526	0	0	0	0	0	0	2,526
접사	339	315	0	0	2	0	0	656
어근	3,017	4,304	0	0	25	0	0	7,346
무품사	906	40,821	3,434	9,248	3,203	466	431	58,509
품사 통용	1,001	477	31	0	46	0	0	1,555
계	111,156	252,278	24,019	14,480	36,618	1,323	720	440,594

2. 한자어

1) 전체 어휘의 58.5%를 차지하며, 이미 귀화가 끝난 우리말이다.
2) 대략 기원전 3세기 무렵에 중국에서 전래되어, 신라가 삼국을 통일한 7세기경에는 이미 광범위하게 사용되었던 것으로 보이며, 고려, 조선 시대를 거쳐 불교와 유학이 융성함에 따라 더욱 많이 유입되었다.
3) 주로 추상어・개념어로서, 정확하고 분화된 의미를 가지고 있어 고유어를 보완하는 긍정적 측면도 있지만, 이미 존재하는 고유어를 위축시킨다는 부정적인 면도 있다.[9]
4) 한자어의 범위(고영근・구본관, 2008:243~244)

(1) 국가(國家), 학생(學生), 사고(思考)

(2) 붓[筆], 먹[墨], 배추[白菜], 상추[常菜], 김치[沈菜], 말[馬]

(3) 자장(炸醬), 난자완스(南煎丸子), 라면(拉麵)

(1)은 한자로 표기할 수 있고, 이를 한국한자음으로 읽는 단어이고 (2)는 한자로 표기할

9) 한자어는 대개 의미가 전문화되고 분화되어 있어서 전문적이고 세부적인 분야에서 정밀한 의미를 나타내는 데 주로 사용되며, 복잡한 개념을 집약하고 있어서 잡지 표제문과 같이 내용을 간단하게 제시하여야 할 경우 많이 사용된다. 또한, 국어에서 한자어는 고유어에 대하여 존대어로 사용되는 경우도 많다(지도서, p.158).

수는 있지만 한국 한자음으로 읽지 않는 단어이며, (3)은 한자로 표기하지도 않고 한국 한자음으로 읽지도 않는 단어이다. 따라서 (1)만을 한자어에 포함시키고 (3)은 외래어로 다룬다. (2)는 고유어화하였다고 할 수 있다.

3. 외래어

1) 전체 어휘의 5.5%를 차지한다.
2) 외국 문화와의 오랜 교류의 결과, 중국어, 몽골어, 여진어, 만주어, 일본어, 서양의 여러 언어들에서 들어왔다.
3) 오래된 외래어 중에는 오늘날 마치 고유어처럼 여겨지는 단어도 있다.
   (예) 김치, 배추, 냄비, 수라, 가방, 두만(강), 오랑캐, 빵 등
4) 최근에는 미국에서 들어온 영어가 범람하고 있다. 외래 문물을 받아들일 때부터 우리말로 바꾸어 쓰는 노력을 기울여야 한다.
5) 외래어의 사용이 지나치면 우리나라의 문화적 자긍심과 자국어의 정체성이 손상될 수 있기 때문에, 외래어가 남용되는 현상에 대해서는 비판적인 안목을 지녀야 할 필요가 있다.

[외래어 사용 양상]

1. 외래어와 외국어 남용 현상의 원인과 해결 방안에 대해 생각하여 보기

(1) 현상: 외래어와 외국어가 너무 많이 사용되고 있다. 심지어 (영어)원어를 직접 노출시키는 경우도 있다. (예) 호텔, High-Society, 시스템, 원스톱 라이프, 아파트, 디럭스, 프론트 데스크, Concierge

(2) 원인: ① 해당하는 우리말이 없어서 어쩔 수 없이 외래어를 사용해야 하는 경우 (예) 아파트, 호텔

② 새로운 서구식 생활 방식의 도입으로 인하여 함께 출현한 경우. 그러나 이 경우에도 가능하면 우리말로 풀어서 쓰는 것이 바람직하다. (예) 원스톱 라이프: 한 곳에 모든 것이 갖추어진 생활 문화(공간).

③ 고급스러운 느낌이나 분위기를 연출하기 위하여 일부러 외래어를 남용하거나, 심지어 원어 그대로 노출시키는 경우. 외래어를 고급스럽다고 인식하는 소비자들의 심리와도 연결되어 있다. (예) High-Society, 건강 시스템, 인테리전트, 디럭스.

2. 외래어 남용의 문제점

(1) 해당하는 우리말이 충분히 존재함에도 불구하고 과도하게 외래어를 섞어 쓰면, 우리의 언어문화를 변질시킬 수 있다. 적절한 국어로 순화하여 사용할 필요가 있다. (예) 로비 → 휴게실/복도, 라운지 → 휴게실, 프론트 데스크 → 접수처, Concierge → 관리인/수위/접객원, High-Society → 상류 사회

(2) 외래어를 사용한 경우에는 외래어 표기법에 맞지 않게 사용하는 경우가 매우 많아서, 어문 규범에 맞지 않는 표현이 양산될 수 있다. (예) 인테리전트 → 인텔리전트, 프론트 → 프런트

※ 고유 명사와 같이 불가피하게 사용되는 외래어도 많이 있으므로 불가피한 경우에 외래어와 외국어를 사용하는 일은 어쩔 수 없다 하더라도, 과시와 허장성세를 위하여 외래어와 외국어를 남용하는 일은 절대로 삼가는 태도를 가져야 한다. 따라서 외래어의 기능적인 장단점을 고루 살펴보도록 하되, 특별한 이유 없이 외래어, 외국어를 남용하는 자세에 대하여는 비판적인 안목을 가질 필요가 있다.

3. 외래어 남용 현상이 우리 언어 사회에 미치는 영향

(1) 긍정적인 영향: 부족한 우리말 어휘 보완, 외국문화의 수용

(2) 부정적인 영향: 국어의 정체성 상실, 문화적 자긍심 손상. [지도서, pp.159~161]

2.3.3. 문법의 특질

1. 어미와 조사가 발달하여 대부분의 문법 기능은 이들에 의해 실현된다.(첨가어/교착어) (예) 철수-***가*** 책-***을*** 읽-***는다***.

※ 교착어[agglutinative language, 膠着語]는 첨가어라고도 하는데, 어근(語根)에 접사(接辭)가 결합되어 문장 내에서의 각 단어의 기능을 나타낸다. 또한 굴절어의 경우와는 달리 어간에서의 어형 교체가 전혀 일어나지 않는다. 한국어, 일본어, 터키어 등.(두산백과사전)

2. 어순: 주어-목적어-서술어. 교착어의 특성(격조사에 의해 문장 성분이 확인됨)으로 문장 성분의 위치 이동이 비교적 자유롭다. 단, 모든 문장 성분의 이동이 다 가능한 것은 아니다.

㉠ 슬혜가 책을 읽는다. ≒ 책을 슬혜가 읽는다. ≒ 책을 읽는다, 슬혜가.

㉡ 我愛你。≠ 你愛我。

㉢ Seulhe loves Hani. ≠ Hani loves Seulhe.

㉣ 하얀 구름이 떠 있다. ≠ *구름이 하얀 떠 있다.

3. 국어는 단어 형성법이 발달하여 있다.

(예) 쌀밥, 돌아가다, 검붉다; 개살구, 울보; 웃음, 부채질, 줄넘기

4. 높임법이 매우 발달하였다.

㉠ 철수가 학교에 오-ㄴ다. /ㄱ'. 김 선생께서 학교에 오시-ㅂ니다.

㉡ ?예진이는 어머니에게 선물을 주었다. / ㄴ'. 예진이는 어머니께 선물을 드렸다.

㉢ 최 교수가 밥을 먹는다. / ㄷ'. 최 교수께서 진지를 드신다.

5. 명사에 성(性)의 구별과 수(數)의 개념이 없고, 관계대명사가 없다.

	I am a boy.	→ 나는 소년이다.
<비교>	He violates the rules. He will be punished.	→ He who violates the rules will be punished.
	그는 규칙을 어겼다. 그는 벌 받을 것이다.	→ 규칙을 어긴 그는 벌 받을 것이다.

6. 형용사는 명사적인 성격이라기보다는 동사적인 성격을 지녀 서술어로 사용되며, 형용사에 비교급과 최상급이 없다. 형용사의 수가 적고 동사의 수가 많다.

㉠ Sky is blue. ㉡ 하늘이 푸르다.

7. 이중 주어, 이중 목적어문이 있다.

㉠ 토끼가 앞발이 짧다.(학교 문법에서는 서술절을 안은 문장으로 처리한다.)

㉡ 소현이가 지수를 손을 잡았다.

기출문제

1. 〈자료〉에서 보듯이 국어 문장은 영어 문장에 비해 어순이 비교적 자유롭다. 이러한 현상이 가능한 이유를 국어의 첨가어[교착어]적 특성으로 설명하시오. [3점] 〈2004〉

〈자료〉

① 영수가 순희를 사랑했다. ≒ 순희를 영수가 사랑했다.
(영어 : Tom loved Mary. ≠ Mary loved Tom.)
② 영수가 순희에게 편지를 썼다.
≒ 순희에게 영수가 편지를 썼다.
≒ 편지를 영수가 순희에게 썼다.
(영어 : Tom wrote a letter to Mary.
≠ Mary wrote a letter to Tom.
≠ *A letter Tom wrote to Mary.)

2. "국어의 특질을 이해한다."라는 학습목표를 성취하기 위한 수업을 하려고 한다. 〈보기〉에 제시한 내용 중 수정·보완해야 할 항목 네 개를 찾아 바르게 고치고, 그 이유를 구체적인 예를 들어 설명하시오. [4점] 〈2006〉

〈보기〉

(1) 국어는 모음 조화 현상이 철저히 적용된다.
(2) 국어는 단모음과 장모음의 대립이 있다.
(3) 국어는 성(性)과 수(數)의 문법 범주가 없다.
(4) 국어는 조사가 매우 발달하였으며, 조사는 항상 문법적인 자격을 부여하는 기능을 한다.
(5) 국어는 문장 성분 간의 자리 옮김에 제약이 없다.
(6) 국어의 활용 어미의 문법적 기능은 문장 전체에 작용한다.
(7) 국어는 주어를 갖추어야 문장으로 성립한다.

제3장

국어의 구조

3.1. 음운

〈성취 기준〉

1. [9국04-02] 음운의 체계를 알고 그 특성을 이해한다.
2. [9국04-03] 단어를 정확하게 발음하고 표기한다.
3. [10국04-02] 음운의 변동을 탐구하여 올바르게 발음하고 표기한다.

3.1.1. 말소리의 생성 과정과 원리

1. 음성

1) 발음 기관을 통하여 만들어진 소리로, 말을 만드는 데 활용되는 분절적인 소리.
2) 음성은 사람에 따라 다르며, 같은 사람이라 하더라도 때와 장소, 상황에 따라 약간씩 다르게 발음된다.
3) 음성은 환경에 따라 다르게 실현되기도 한다.
(예) '가곡'의 'ㄱ'은 표기상으로는 동일하지만 그것이 놓인 환경에 따라 [k˂], [g], [k˃]

로 실현된다.

4) 음성은 물리적으로 다양하며, 구체적인 실체이다.

5) 음성은 말의 뜻을 변별하는 기능이 없다.

※ 음향: 자연에서 존재하는 대부분의 소리로, 비분절적인 소리. 바람소리, 개 짖는 소리, 울음소리, 기침 소리, 재채기 등.

2. 발음 기관[조음기관]

1) 말을 할 때 소리가 나오는 과정: 허파 → 기관 → 목청[성대] → 성문 → 울대마개[후두개] → 목안[인두] → 입안[구강] · 코안[비강]

2) 조음 기관: 허파에서 나온 공기가 입 밖으로 나오는 동안, 말소리를 만드는데 관여하는 모든 기관을 발음기관 또는 조음 기관이라 한다.

   (1) 조음체: 발음 기관 중 능동적으로 움직여 조음하는 부분.

   (2) 조음점: 발음 기관 중 조음체의 상대역만 하는 부분.

3.1.2. 국어의 음운 체계

1. 음운(音韻) = {분절 음운[=음소(音素)], 비분절 음운[=운소(韻素)]}

※ 음운 체계: 음운들이 맺고 있는 친소 관계의 총합

1) 정의: 말의 뜻을 구별해 주는 기능을 가진 소리의 최소 단위. 사람들이 머릿속에서 같은 소리로 인식하는 추상적인 말소리. 구체적으로 실현되는 음성들을 한 부류로 묶어서 추상화한 단위.

(1) '불, 뿔, 풀'은 초성의 '/ㅂ/, /ㅃ/, /ㅍ/' 음의 차이로 의미의 차이를 보인다.

(2) '[말](馬)'과 '[말ː](言)'은 장단에 의해 의미가 변별된다.

※ 1. 영어의 경우 'bus'를 [버스]라고 말하건 [뻐스]라고 말하건 그 의미가 달라지지 않는다. 그러므로 영어에서는 /ㅂ/, /ㅃ/은 서로 다른 음소가 아니라 변이음의 관계에 있다.
2. 국어의 분절 음운에는 '자음, 모음, 반모음'이, 비분절 음운에는 '장단', '억양'이 있다.

2) 최소 대립쌍: 같은 자리에 오는 음운 하나의 차이로 인해 그 뜻이 구별되는 단어의 묶음.

(예) 물:불, 물:말, 마음:마을, 아이:오이, [눈](眼):[눈ː](雪); (비교) 사이:아이(최소 대립쌍 아님)

※ 1. 최소 대립쌍을 이루는 두 단어는 음운의 수가 같아야 하고, 자음은 자음, 모음은 모음, 반모음은 반모음, 운소는 운소끼리 비교되어야 한다.
2. 최소 대립쌍을 가진다면 그 소리들은 서로 다른 음운이다.

3) 변이음과 상보적 분포

(1) 변이음: 한 음소가 환경에 따라 음성적으로 달리 실현된 소리. 이음.

㉠ /ㄱ/ - [k˂]: 가, [g]: 아가, [k˃]: 악

㉡ /ㄹ/ - [l]: 물, 달라; [ɾ]: 노래, 나라; [ʎ]: 달리, 가려, 날자

㉢ /ㅅ/ - [s]: 상, 소리; [ʃ]: 신, 셔; [t]: 옷, 잇다

㉣ /ㄴ/ - [n]: 낙엽; [ɲ]: 님, 녀석

(2) 상보적 분포(배타적 분포): 출현하는 위치가 서로 겹치지 않음. 한 음소의 변이음들은 나타나는 환경이 서로 겹치지 않는다. 즉, 어떤 변이음이 나타나는 자리에는 다른 변이음이 나타나지 않는데, 이때 이들 변이음들은 상보적 분포를 보인다고 말한다.

※ 서로 다른 음소는 상보적 분포를 보이지 않으며, 상보적 분포를 보이면 한 음소의 변이음일 가능성이 높다.
예외) ㅎ[h]:ㅇ[ŋ]

(3) 한 음소의 변이음으로 의심되는 음성들이 한 음소의 변이음이 되기 위해서는 실현되는 음성 환경이 서로 상보적(배타적)이어야 하고 음성적 유사성이 있어야 한다. 예컨대, '무성 파열음 [k˺], 유성 파열음 [g], 무성 미파음 [k˺]'는 각각 어두, 유성음 사이, 음절 종성에서 실현되는데, 이들은 상보적 분포를 보이고, 음성적 유사성이 있으므로 음소 /ㄱ/의 변이음이 된다.

※ '/ㅎ/:/ㅇ/'의 분포를 확인해 보고, 이것들을 서로 다른 음소로 분류하는 이유를 생각해 보자.

2. 분절 음운(=음소)

1) 자음: 목청을 통과한 공기가 목안이나 입안에서 '방해'를 받아 만들어진 소리로 홀로 음절을 이룰 수 없다.

(1) 자음의 분류 기준

① 조음 위치(=방해를 받는 위치): 입술 소리[脣音], 잇몸 소리[齒槽音], 센입천장 소리[硬口蓋音], 여린입천장 소리[軟口蓋音], 목청 소리[喉音]

② 조음 방법(=방해를 받는 방식): 파열음, 마찰음, 파찰음, 비음, 유음; 평음, 경음, 유기음

- 파열음과 파찰음의 소리의 세기에 따른 분류: '예사소리[平音] 〈 된소리[硬音] 〈 거센소리[有氣音]'
- 입 안이나 코 안에서 공명을 얻는 유무에 따른 분류: 공명음(비음, 유음), 장애음(공명음을 제외한 자음)

(2) 자음 체계표

조음 방법 \ 조음 위치 / 조음 방법		순 음	치 조 음	경구개음	연구개음	후 음
		평음 경음 유기음	평음 경음 유기음	평음 경음 유기음	평음 경음 유기음	평음 경음 유기음
장애음	파열음	ㅂ ㅃ ㅍ	ㄷ ㄸ ㅌ		ㄱ ㄲ ㅋ	
	파찰음			ㅈ ㅉ ㅊ		
	마찰음		ㅅ ㅆ			ㅎ
공명음	비 음	ㅁ	ㄴ		ㅇ	
	유 음		ㄹ			

2) 모음: 목청을 통과한 공기가 목안이나 입안에서 별다른 방해를 받지 않고 입안에서 공명되어 나는 소리로, 홀로 음절을 이룰 수 있다.

(1) 단모음: 발음하는 도중에 입술이나 혀가 고정되어 움직이지 않는 모음.[1)]

① 단모음의 분류 기준: 혀의 앞뒤 위치, 혀의 높낮이, 입술의 모양.

② 단모음 체계표

[단모음 체계]

혀의 높낮이 \ 혀의 앞뒤 / 입술 모양	전설 모음		후설 모음	
	평순	원순	평순	원순
고모음[閉母音]	ㅣ(i)	ㅟ(ü=y)	ㅡ(ɨ)	ㅜ(u)
중모음	ㅔ(e)	ㅚ(ö=ø)	ㅓ(ə)	ㅗ(o)
저모음[開母音]	ㅐ(ɛ)		ㅏ(a)	

[다만, 'ㅟ, ㅚ'는 이중 모음으로 발음할 수 있다. (ㅟ → [wi], ㅚ → [we])][2)]

1) 단모음 체계는 현대의 언어 현실과는 다소 차이가 있다. 단모음 'ㅟ, ㅚ'는 이중 모음 위[wi], 웨[we]로 발음되는 성향이 강하고(표준 발음법에서 이 두 개의 단모음을 이중 모음으로 발음할 수 있도록 허용하고 있다.) 'ㅔ'와 'ㅐ'는 거의 모든 세대에서 구분되지 않고 있다. 영남 방언에서는 'ㅡ'와 'ㅓ'도 구분이 잘 되지 않는다.

2) '외'가 이중 모음으로 발음될 때는 [we]로 발음하도록 하고 있어서 'ㅞ'와 같은 발음이 된다. 따라서 단모음은 최소 8개, 최대 10개이며 이중 모음은 최소 11개 최대 12개가 된다.

(2) 반모음과 이중 모음

① 반모음(활음, 과도음) [2개]

- [y]: 혀가 'ㅣ'의 자리에서 다른 자리로 옮겨 갈 때 발음되는 반모음.
- [w]: 혀가 'ㅗ/ㅜ'의 자리에서 다른 자리로 옮겨 갈 때 발음되는 반모음.

※ 반모음은 입안에서 장애를 받지 않으며, 홀로 음절을 이룰 수 없고 반드시 모음과 결합해야 발음될 수 있다.

② 이중 모음: 혀가 일정한 자리에서 시작하여 다른 자리로 옮겨 가면서 발음되는 소리. 소리 나는 동안에 혀가 움직이거나 입술의 모양이 변함. [11개~12개]

- [y] + 단모음: ㅑ[ya], ㅕ[yə], ㅛ[yo], ㅠ[yu], ㅒ[yɛ], ㅖ[ye]
- [w] + 단모음: ㅘ[wa], ㅝ[wə], ㅙ[wɛ], ㅞ[we], (ㅟ[wi], ㅚ[we])
- 단모음 + [y]: ㅢ[ɨy][3)]

[표준 발음법: 자음과 모음의 발음]

제1장 총칙

제1항 표준 발음법은 표준어의 실제 발음을 따르되, 국어의 전통성과 합리성을 고려하여 정함을 원칙으로 한다.

제2장 자음과 모음

제2항 표준어의 자음(19개): ㄱ ㄲ ㄴ ㄷ ㄸ ㄹ ㅁ ㅂ ㅃ ㅅ ㅆ ㅇ ㅈ ㅉ ㅊ ㅋ ㅌ ㅍ ㅎ

제3항 표준어의 모음(21개): ㅏ ㅐ ㅑ ㅒ ㅓ ㅔ ㅕ ㅖ ㅗ ㅘ ㅙ ㅚ ㅛ ㅜ ㅝ ㅞ ㅟ ㅠ ㅡ ㅢ ㅣ

제4항 단모음(單母音)(10개): ㅏ ㅐ ㅓ ㅔ ㅗ ㅚ ㅜ ㅟ ㅡ ㅣ

[붙임] 'ㅚ, ㅟ'는 이중 모음으로 발음할 수 있다.

제5항 'ㅑ ㅒ ㅕ ㅖ ㅘ ㅙ ㅛ ㅝ ㅞ ㅠ ㅢ'는 이중 모음으로 발음한다.

---

3) 'ㅢ'는 하강 이중 모음으로 분류하고 있으나 'ㅡ'가 반모음인지 'ㅣ'가 반모음인지 불분명하다. 'ㅢ'의 분석에는 세 가지 견해가 있는데, [ɨy], [ɯi], [ɨi]가 그것이다. 표준 발음법에서 'ㅢ'는 [ㅢ/ㅣ]로 발음하도록 하여 'ㅣ'가 단모음이고 'ㅡ'가 반모음인 것으로 처리하고 있다. 그러나 전라도 방언에서 'ㅢ'는 어두에서 [ㅡ]로, 비어두에서 [ㅣ]로 발음되며, 조사에서는 [ㅡ/ㅔ]로 발음되어 'ㅡ'가 어두에서는 단모음이고 비어두에서는 반모음이다. 참고로 로마자 표기법에서는 '의'를 'ui'로 표기하도록 규정하고 있다.

다만 1. 용언의 활용형에 나타나는 '져, 쪄, 쳐'는 [저, 쩌, 처]로 발음한다.

가지어 → 가져[가저] 찌어 → 쪄[쩌] 다치어 → 다쳐[다처]

※ 현대 국어에서 'ㅈ, ㅊ'은 경구개음이기 때문에 단모음과 연결되든 y-상향 이중 모음과 연결되든 비변별적이 된다. 즉, '쟈 [ʧya] → tsyya → tsya → ʧa[자]'가 된다. 'ʧ'는 'tsy'로 재음소화할 수 있다.

다만 2. '예, 례' 이외의 'ㅖ'는 [ㅔ]로도 발음한다.

계집[계ː집/게ː집] 계시다[계ː시다/게ː시다]

다만 3. 자음을 첫소리로 가지고 있는 음절의 'ㅢ'는 [ㅣ]로 발음한다.

늴리리 닁큼 무늬 띄어쓰기 씌어

다만 4. 단어의 첫음절 이외의 '의'는 [ㅣ]로, 조사 '의'는 [ㅔ]로 발음함도 허용한다.

주의[주의/주이], 협의[혀븨/혀비], 우리의[우리의/우리에], 강의의[강ː의의/강ː이에]

※ '의'는 관점에 따라 '[ɨy], [ɯi], [ɨi]'로 처리할 수 있다. 이럴 경우 '의→이'에 대한 해석은 각각 다르다. '[ɨy]'로 보는 입장에서는 '축약'으로 처리하며, '[ɯi]'로 보는 입장에서는 '반모음(ɯ) 탈락'으로 처리하고, '[ɨi]'로는 보는 입장에서는 '모음(ɨ) 탈락'으로 처리한다. 우리는 '의'를 '[ɨy]'로 처리한다.

3. 비분절 음운(=운소/초분절소)

1) 비분절 음운은 분절음에 얹혀서 실현되는데, 현대 국어의 비분절 음운에는 단어의 장단과 문말의 억양이 있다.

※ 비분절 음운은 이 외에도 성조(tone), 강약(loudness) 등이 더 있다. 중세 국어는 성조 언어였다. 현대어의 경상·함경 방언은 고저 악센트(pitch-accent) 체계로 남아 있다.

2) 장단

(1) 단어에서 실현되며, 모음의 장단에 따라 의미가 달라지므로 변별성을 지닌다. 국어의 장음은 원칙적으로 단어의 첫 음절에만 나타나는 특징이 있다.[4]

(예) 말이 많다. [마리 만ː타](馬)/ [마ː리 만ː타](言)

(2) 장단에 의해 의미가 구별되는 단어

(예) 눈[眼]/눈ː[雪], 솔[松]/솔ː[刷子], 굽다[屈]/굽ː다[炙], 거리[街]/거ː리(距離), 굴[石

4) 어휘적 변별성을 가지는 장음을 어휘적 장음이라 하는데, 어휘적 변별성을 가지지 않는 장음을 표현적 장음이라 한다. 표현적 장음은 미묘한 어감의 차이를 가져오고 비어두에서도 실현된다. (예) ㄱ. 문을 [살짝] 연다.(살짝) ㄴ. 문을 [사알짝] 연다.(살ː짝) ㄷ. 문을 [사아아알짝] 연다. (살ːː짝)

花]/굴:[窟], 대장(臺帳)/대:장(大將, 隊長), 무력(無力)/무:력(武力), 발[足]/발:[簾], 밤[夜]/밤:[栗], 벌(罰)/벌:[蜂], 성인(成人)/성:인(聖人), 말다[卷]/말:다[禁止], 묻다[埋]/묻:다[問]

(3) 장단은 환경에 따라 변동한다.

㉠ 장음화: 보+아 → [봐:], 두+어 → [둬:], 기어 → [겨:], 새+어서 → [새:서], 마음〉맘[맘:]

㉡ 단음화: 감:+으니→[가므니], 밟:+아→[발바]; 감:+기다→[감기다], 밟:+히다→[발피다]; 거짓+말:→[거진말], 첫+눈:→[천눈]

3) 억양

(1) 억양은 소리의 높낮이에 의해 실현된다는 점에서 성조와 유사하지만, 단어보다 큰 단위인 구나 절, 문장 등에 얹혀서 실현되며 어휘적 변별성을 가지지 않는다는 특성이 있다. 국어에서 문말의 억양은 문장의 종류를 구분하고, 화자의 감정이나 태도를 나타내는 기능을 한다.

㉠ 호선: 우리 언제 만날까?(↘)
원빈: 일요일.(↘)
호선: 일요일?(↗) 일요일은 바쁜데.(↘)

㉡ 어디 가?(↘) [설명 의문]
집에 가?(↗) [판정 의문]
집에 가.(→) [명령, 질책, 추궁]
집에 가.(↘) [평서, 부탁, 청원]
집에 가.(∿►) [청유]

※ 상승조: 판정 의문문, 놀람, 달램의 감정적 의미 전달.
하강조: 부드러운 느낌의 평서문. 설명 의문문.
평탄조: 단정적이고 사무적인 느낌의 평서문, 권위적인 명령문. 청유문.
굴곡조: 부드러운 느낌의 청유문.

(2) 억양은 단어의 의미를 구별하지 못하기 때문에 엄격한 의미에서 음운이라 할 수 없다.

[표준 발음법: 음의 길이]

제6항 모음의 장단을 구별하여 발음하되, 단어의 첫음절에서만 긴소리가 나타나는 것을 원칙으로 한다.

(1) 눈보라[눈 : 보라], 말씨[말 : 씨], 밤나무[밤 : 나무], 많다[만 : 타]

(2) 첫눈[천눈], 참말[참말], 쌍동밤[쌍동밤], 수많이[수 : 마니]

다만, 합성어의 경우에는 둘째 음절 이하에서도 분명한 긴소리를 인정한다.

반신반의[반 : 신 바 : 늬/반 : 신 바 : 니], 재삼재사[재 : 삼 재 : 사]

[붙임] 용언의 단음절 어간에 어미 '- 아/- 어'가 결합되어 한 음절로 축약되는 경우에도 긴소리로 발음한다.

보아 → 봐[봐 :], 기어 → 겨[겨 :], 되어 → 돼[돼 :], 두어 → 둬[둬 :], 하여 → 해[해 :]

다만, '오아 → 와, 지어 → 져, 찌어 → 쪄, 치어 → 쳐' 등은 긴소리로 발음하지 않는다.

※ 장음은 기식군의 경우에도 첫음절에서만 실현된다. [눈 :]: [마:는 누니](많은 눈이) 내린다. [말 :]: [조은 말도](좋은 말도) 한두 번이다. [만:타](많다): [너무 마는 이리](너무 많은 일이) 일어났다.

제7항 긴소리를 가진 음절이라도, 다음과 같은 경우에는 짧게 발음한다.

1. 단음절인 용언 어간에 모음으로 시작된 어미가 결합되는 경우

감다[감 : 따] — 감으니[가므니]　　밟다[밥 : 따] — 밟으면[발브면]

신다[신 : 따] — 신어[시너]　　알다[알 : 다] — 알아[아라]

다만, 다음과 같은 경우에는 예외적이다.

끌다[끌 : 다] — 끌어[끄 : 러]　　떫다[떨 : 따] — 떫은[떨 : 븐]

벌다[벌 : 다] — 벌어[버 : 러]　　썰다[썰 : 다] — 썰어[써 : 러]

없다[업 : 따] — 없으니[업 : 쓰니]

2. 용언 어간에 피동, 사동의 접미사가 결합되는 경우

감다[감 : 따] — 감기다[감기다]　　꼬다[꼬 : 다] — 꼬이다[꼬이다]

밟다[밥 : 따] — 밟히다[발피다]

다만, 다음과 같은 경우에는 예외적이다.

끌리다[끌 : 리다]　　벌리다[벌 : 리다]　　없애다[업 : 쌔다]

[붙임] 다음과 같은 복합어에서는 본디의 길이에 관계없이 짧게 발음한다.

밀 - 물　　썰 - 물　　쏜 - 살 - 같이　　작은 - 아버지

3.1.3. 음운 자질

음소는 몇 가지 음성적 특성을 동시적으로 지니는데, 이러한 음성적 특성을 최소의 음운론적 단위로 보고, 명세(specification)해 놓은 것이 자질이다. 국어의 음운 자질을 제시하면 다음과 같다.

1. 주요 부류 자질: 자음성, 성절성

	자음	모음	반모음
자음성	+	-	-
성절성	-	+	-

2. 자음 분류 자질

1) 조음 위치 자질: 전방성, 설정성

	양순음	치조음	경구개음	연구개음
전방성	+	+	-	-
설정성	-	+	+	-

2) 조음 방법 자질: 공명성, 지속성, 비음성, 치찰성, 긴장성, 유기성

	ㅂ	ㅃ	ㅍ	ㅁ	ㄷ	ㄸ	ㅌ	ㄴ	ㄹ	ㅅ	ㅆ	ㅈ	ㅊ	ㅉ	ㄱ	ㅋ	ㄲ	ㅇ	ㅎ
공명성	-	-	-	+	-	-	-	+	+	-	-	-	-	-	-	-	-	+	-
지속성	-	-	-	-	-	-	-	-	+	+	+	-	-	-	-	-	-	-	+
비음성	-	-	-	+	-	-	-	+	-	-	-	-	-	-	-	-	-	+	-
치찰성	-	-	-	-	-	-	-	-	-	+	+	+	+	+	-	-	-	-	-
긴장성	-	+	+	-	-	+	+	-	-	-	+	-	+	+	-	+	+	-	+
유기성	-	-	+	-	-	-	+	-	-	-	-	-	+	-	-	+	-	-	+

3. 모음 분류 자질: 고설성, 저설성, 전설성, 원순성

	이	에	애	위	외	으	어	아	우	오	y	w
고설성	+	-	-	+	-	+	-	-	+	-	+	+
저설성	-	-	+	-	-	-	-	+	-	-	-	-
전설성	+	+	+	+	+	-	-	-	-	-	+	-
원순성	-	-	-	+	+	-	-	-	+	+	-	+

3.1.4. 음절

1. 개념: 한 번에 발음할 수 있는 발화의 최소 단위 또는 한 뭉치로 이루어진 소리의 낱덩이. 말소리의 단위.

※ 음절의 물리적 정의는 발화의 최소 단위이나 조음 음성학적으로는 하나의 공명성의 핵을 포함하는 짧은 발화로, 음운론적으로는 두 음절 경계 사이의 음들의 연속체로 정의할 수 있다.

2. 음절 구조 제약: 분절음이 음절을 구성하는 규칙

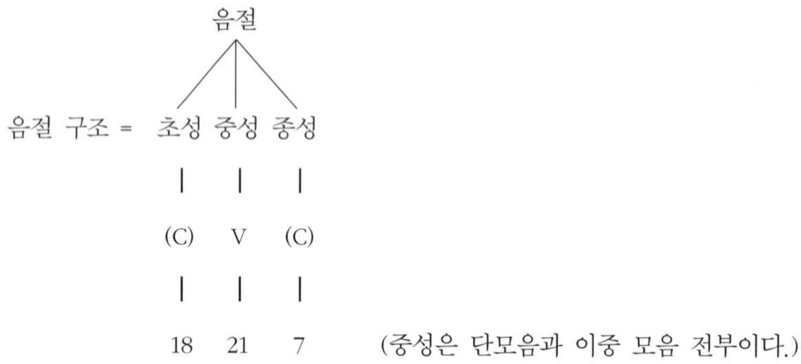

1) 국어 음절의 필수 성분은 모음이다. 국어에서는 모음만이 성절음(成節音)이기 때문에, 모음의 수와 음절의 수는 일치한다.

(예) 저녁이 되자 마당에 있는 닭을 닭장으로 몰아넣었다.

[저녀기 되자 마당에 인는 달글 닥짱으로 모라너얻따]

2) 현대 국어에서 초성과 종성에서 허용되는 자음의 개수는 각각 하나이다. 따라서 두개의 음절이 연결될 때 모음과 모음 사이에는 최대 두 개의 자음이 올 수 있다.[5)]

※ '넓다→[널따]'와 '옳아→[오라]'에서 각각 'ㅂ'과 'ㅎ'의 탈락은 그 동기가 다르다. 전자는 음절 구조 제약을

---

5) 영어의 'milk[mɪlk]'는 1음절로 음절말에 자음군을 허용한다. 그러나 우리말은 음절말의 위치에 하나의 자음만을 허용하는 음절 구조 제약 때문에, 음절말에서 연속되는 둘 이상의 자음을 발음할 수 없다. 이 단어를 굳이 한 음절로 발음하거나 적는다면 [밀] 또는 [믹]이 되어야 한다. 그러나 이렇게 되면 원음과 너무나 달라지기 때문에 모음을 첨가하여 우리말의 음절 구조를 만족시키면서 원음과 비슷하도록 [밀크]라고 발음하고 적는다. 'strike[straɪk], first[fɜːrst]'도 같은 원리에 의해 각각 '스트라이크, 퍼스트'로 발음하고 적는다. 외래어 표기법 참조.

어기지 않기 위한 것으로 자음군 단순화 현상이고, 후자는 공명음과 모음 사이에서 'ㅎ'이 발음되지 않기 때문에 실현된 'ㅎ 탈락' 현상이다.

3) 현대 국어의 경우 'ㅇ[ŋ]'을 제외한 18 가지의 자음이 초성에서 발음될 수 있고, 종성에는 7 가지의 자음(ㄱ, ㄴ, ㄷ, ㄹ, ㅁ, ㅂ, ㅇ)만이 발음될 수 있다.[6)]

3.1.5. 음운의 변동

1. **개념:** 원래의 음운 모습 그대로 발음되지 않고 바뀌어 나는 것으로, 그 자체에서 변하든 다른 음운의 영향을 받아 변하든 바뀌어서 발음되는 것은 모두 여기에 속한다. 음운의 변동이 일어나는 일련의 현상을 음운 현상이라 한다.

2. **음운 규칙**

X와 Y 사이에 있는 음운 A가 B로 바뀌는 현상(XAY → XBY)은 'A → B/X____Y'로 형식화할 수 있다. 이처럼 어떤 음운이 다른 음운으로 바뀐 음운 현상을 형식화한 결과를 음운 규칙이라 한다. 이 규칙이 의미하는 바는 "A가 X와 Y 사이에서 B로 바뀐다"이다.

3. **음운 현상의 유형**[7)]

1) 대치: 한 음운이 다른 음운으로 바뀌는 현상. 음운의 수에는 변화가 없다.

※ 대치 현상을 '교체'와 '동화'로 나누기도 한다.

---

6) ① 현대 국어에서 음절 종성의 자리에는 총 16개의 자음과 11개의 겹받침이 표기에 사용된다. ② 중세 국어에서는 음절 초성과 종성의 위치에서 각각 두 자음까지는 발음이 가능했던 것으로 추정한다. 이것은 시대에 따라 음절의 구조가 다를 수 있음을 뜻한다. 다만, 초성에 두 자음이 올 때에는 첫 자음은 'ㅂ'이어야 하고, 종성에 두 자음이 올 때는 첫 자음이 'ㄹ, ㄴ, ㅁ' 중의 하나이어야 한다는 제약이 있었다. ③ 중세 국어는 종성에서 8자음(ㄱ, ㄴ, ㄷ, ㄹ, ㅁ, ㅂ, ㅅ, ㆁ)이 발음되었고 그것이 표기에 반영되었다.

7) 음운 현상이 일어나는 것은 발음의 편리와 표현의 효과라는 상반된 두 측면에서 기능적인 원리를 찾을 수 있다. 발음의 편리는 음운의 동화와 탈락 등이 해당되고, 표현의 효과는 음운의 이화나 첨가 등이 해당될 수 있다. 자질의 바뀜에 의하여 해당 음운이 다른 음운으로 바뀌는 대치 현상이 가장 많다. 이것은 음운을 탈락시키거나 첨가시키는 획기적인 변이보다 변이의 폭이 상대적으로 크지 않은 대치가 발음의 편리와 함께 표현의 효과도 크게 손상시키지 않기 때문이라 할 수 있다(김광해 외, 2004:115~117).

(예) 꽃 → [꼳], 이기+어 → [이겨], 잡+고 → [잡꼬];

국물 → [궁물], 칼날 → [칼랄], 굳+이 → [구지]

2) 축약: 두 음운이 하나의 음운으로 줄어드는 현상. 음운의 수가 하나 줄어든다.

(예) 놓다 → [노타], 뭐야 → [모야], 아이 → [애:]

※ 음절 축약과는 구분해야 한다.

3) 탈락: 두 음운 중 어느 하나가 없어지는 현상. 음운의 수가 하나 줄어든다.

(예) 흙 → [흑], 돌+니 → [도:니], 않+아 → [아나], 가늘+으니 → [가늘니 → 가느니]

4) 첨가: 음운이 하나 덧붙는 현상. 음운의 수가 하나 증가한다.

(예) 솜+이불 → [솜:니불], 계+날 → [곈날], 귀+밥 → [귇빱]

5) 이화: 다른 성질의 음으로 바뀌는 현상. 음운의 수에는 변화가 없다.

(예) 서르〉서로, 호도〉호두, 거붑〉거북

6) 도치: 음운의 앞뒤 순서가 뒤바뀌는 현상. 음운의 수에는 변화가 없다.

(예) 하야로비〉해오라비, 빗복〉배꼽

※ 음운 현상은 통시적인 것과 공시적인 것이 있다. 통시적인 변화는 '〉'로, 공시적인 변동은 '→'로 표시하여 구분한다. 공시적인 음운 현상은 대체로 '형태소 경계를 사이에 두고' 적용된다. 음운 변화는 조건 변화와 무조건 변화로도 구분한다. 전자는 적용 환경을 지니는 것이고, 후자는 적용 환경을 지니지 않는 것이다.

4. 음운의 변동

1) 대치

(1) 음절말 평파열음화: 국어에서 음절의 끝소리가 될 수 있는 자음은 'ㄱ, ㄴ, ㄷ, ㄹ, ㅁ, ㅂ, ㅇ'의 일곱 개뿐이다. 음절말의 위치에서 모든 장애음이 평파열음인 'ㅂ, ㄷ, ㄱ' 중 하나로 바뀌는 현상으로, 이때 평음화뿐만 아니라 파열음화도 동시에 일어난다.

(예) 낟, 낫, 낮, 낯, 낱 → [낟]

※ 표기상으로는 16개의 자음이 받침자로 사용되지만 음절말의 위치에서 실제로 발음되는 자음은 7가지뿐이다. 표기와 발음이 다른 이유는 한글 맞춤법이 표의적 표기법을 채택하고 있기 때문이다. 음운론은 표기가 아니라 발음을 대상으로 한다.

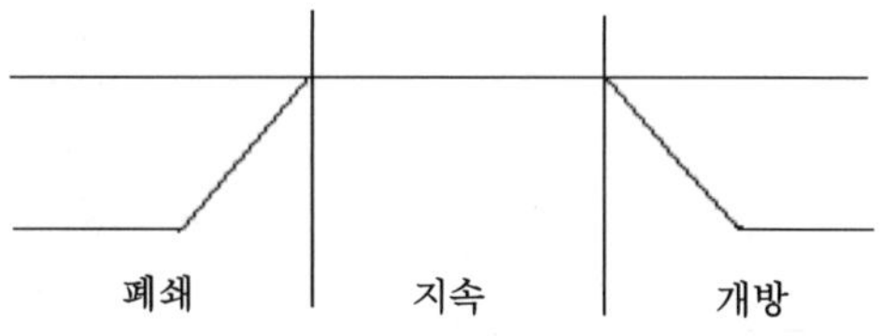

① 원리적으로는 음절말에서 미파화가 일어나기 때문이며, 국어의 음절 구조 제약 때문이기도 하다. 파열음과 파찰음은 '폐쇄 → 지속 → 개방'의 단계를 거쳐 발음되나, 음절말에서는 '개방'이 되지 않고 미파음으로 끝나기 때문에 제 음가대로 실현되지 않고 같은 조음 위치의 평파열음으로 바뀌게 된다.

② 다른 음과의 관계 때문이 아니라 음절말이라는 분절음의 위치 때문에 일어나는 자음 단독의 현상이다.

③ 규칙의 적용 조건

가. 7개 자음 외의 다른 자음[장애음]은 음절말 또는 자음 앞에서 평파열음으로 바뀌어 발음된다.

※ 같은 조음 위치의 평파열음으로 바뀌지만, 파찰음은 이 환경에서 조음 위치와 조음 방법이 모두 바뀐다.

· 규칙: $$\begin{bmatrix} \{\text{ㅋ, ㄲ}\} \\ \{\text{ㅅ, ㅆ, ㅈ, ㅊ, ㅌ}\} \\ \text{ㅍ} \end{bmatrix} \rightarrow \begin{bmatrix} \text{ㄱ} \\ \text{ㄷ} \\ \text{ㅂ} \end{bmatrix} \; / \; \text{—} \; \{\#, C\}$$

(#: 어말, C: 자음)

[표준 발음법: 받침의 발음]

제8항 받침소리로는 'ㄱ, ㄴ, ㄷ, ㄹ, ㅁ, ㅂ, ㅇ'의 7개 자음만 발음한다.

제9항 받침 'ㄲ, ㅋ', 'ㅅ, ㅆ, ㅈ, ㅊ, ㅌ', 'ㅍ'은 어말 또는 자음 앞에서 각각 대표음 [ㄱ, ㄷ, ㅂ]으로 발음한다.

닦다[닥따], 키읔[키윽], 키읔과[키윽꽈], 옷[옫], 웃다[욷 : 따], 있다[읻따]

젖[젇], 빚다[빋따], 꽃[꼳], 쫓다[쫃따], 솥[솓], 뱉다[밷 : 따], 앞[압], 덮다[덥따]

나. 후속 음절이 모음으로 시작하더라도 'ㅏ, ㅓ, ㅗ, ㅜ, ㅟ'로 시작하는 실질 형태소이면 평파열음화와 자음군 단순화가 적용된다.

[표준 발음법: 받침의 발음]

제15항 받침 뒤에 모음 'ㅏ, ㅓ, ㅗ, ㅜ, ㅟ'들로 시작되는 실질 형태소가 연결되는 경우에는, 대표음으로 바꾸어서 뒤 음절 첫소리로 옮겨 발음한다.

밭 아래[바다래] 늪 앞[느밥] 젖어미[저더미]

맛없다[마덥따] 겉옷[거돋] 헛웃음[허두슴] 꽃 위[꼬뒤]

다만, '맛있다, 멋있다'는 [마싣따], [머싣따]로도 발음할 수 있다.

[붙임] 겹받침의 경우에는, 그중 하나만을 옮겨 발음한다.

넋없다[너겁따] 닭 앞에[다가페] 값어치[가버치] 값있는[가빈는]

※ 받침 뒤에 '이'나 'y'로 시작하는 말이 연결되면, 'ㄴ'이 첨가된다. (예) 홑이불 → [(혼이불) → 혼니불], 꽃잎→[(꼰입) → 꼰닙), 직행열차 → [지캥녈차] (ㄴ-첨가 참조.)

④ 규칙이 적용되지 않는 경우: 뒤 형태소가 모음으로 시작하는 형식 형태소이면 앞 형태소의 받침은 연음되어 뒤 형태소의 초성으로 옮겨 발음되고, 겹받침일 경우는 두 번째 자음이 뒤 형태소의 초성으로 옮겨 발음된다. 음절말이나 자음 앞이라는 조건을 만족시키지 못하기 때문이다. 연음이 일어나는 환경에서는 평파열음화가 일어날 수 없고, 연음이 일어나지 않는 환경에서는 평파열음화가 반드시 일어나야 한다.

[표준 발음법: 받침의 발음]

제13항 홑받침이나 쌍받침이 모음으로 시작된 조사나 어미, 접미사와 결합되는 경우에는, 제 음가대로 뒤 음절 첫소리로 옮겨 발음한다.

깎아[까까], 옷이[오시], 있어[이써], 낮이[나지], 꽂아[꼬자], 꽃을[꼬츨]

제14항 겹받침이 모음으로 시작된 조사나 어미, 접미사와 결합되는 경우에는, 뒤엣것만을 뒤 음절 첫소리로 옮겨 발음한다. (이 경우, 'ㅅ'은 된소리로 발음함.)

넋이[넉씨], 앉아[안자], 닭을[달글], 젊어[절머], 곬이[골씨], 핥아[할타]

제16항 한글 자모의 이름은 그 받침소리를 연음하되, 'ㄷ, ㅈ, ㅊ, ㅋ, ㅌ, ㅍ, ㅎ'의 경우에는 특별히 다음과 같이 발음한다.

디귿이[디그시] 디귿을[디그슬] 디귿에[디그세]

지읒이[지으시] 지읒을[지으슬] 지읒에[지으세]

치읓이[치으시]	치읓을[치으슬]	치읓에[치으세]
키읔이[키으기]	키읔을[키으글]	키읔에[키으게]
티읕이[티으시]	티읕을[티으슬]	티읕에[티으세]
피읖이[피으비]	피읖을[피으블]	피읖에[피으베]
히읗이[히으시]	히읗을[히으슬]	히읗에[히으세]

(2) 경음화: 평장애음이 경음으로 바뀌는 현상으로 환경에 따라 몇 가지로 나눌 수 있다.

① 평파열음 'ㅂ, ㄷ, ㄱ' 뒤에 오는 평장애음(ㄱ, ㄷ, ㅂ, ㅅ, ㅈ)의 경음화. 이때 받침 'ㅂ, ㄷ, ㄱ'은 음절말 평파열음화 또는 자음군 단순화가 적용되어 2차적으로 형성된 'ㅂ, ㄷ, ㄱ'인 경우도 해당한다. 이 환경에서는 예외가 없고, 순수 음운론적 현상이다.

[표준 발음법: 평파열음 뒤의 경음화]

제23항 받침 'ㄱ(ㄲ, ㅋ, ㄳ, ㄺ), ㄷ(ㅅ, ㅆ, ㅈ, ㅊ, ㅌ), ㅂ(ㅍ, ㄼ, ㄿ, ㅄ)' 뒤에 연결되는 'ㄱ, ㄷ, ㅂ, ㅅ, ㅈ'은 된소리로 발음한다.

국밥[국빱]	깎다[깍따]	넋받이[넉빠지]
삯돈[삭똔]	닭장[닥짱]	칡범[칙뻠]
뻗대다[뻗때다]	옷고름[옫꼬름]	있던[읻떤]
꽂고[꼳꼬]	꽃다발[꼳따발]	낯설다[낟썰다]
밭갈이[받까리]	솥전[솓쩐]	곱돌[곱똘]
덮개[덥깨]	옆집[엽찝]	넓죽하다[넙쭈카다]
읊조리다[읍쪼리다]	값지다[갑찌다]	

제25항 어간 받침 'ㄼ, ㄾ' 뒤에 결합되는 어미의 첫소리 'ㄱ, ㄷ, ㅅ, ㅈ'은 된소리로 발음한다.

넓게[널께] 핥다[할따] 훑소[훌쏘] 떫지[떨찌]

〈제25항〉의 용언 어간의 받침 'ㄼ, ㄾ' 뒤에서 평장애음으로 시작하는 어미가 된소리로 바뀌는 현상도 평파열음 뒤에서의 경음화에 포함된다. 다만, 경음화 규칙이 자음군 단순화 규칙보다 먼저 적용된 결과이다.

(예) 넓+게 → (경음화) 넓께 → (자음군 단순화) [널께]

핥+다 → (평파열음화) 핥다 → (경음화) 핥따 → (자음군 단순화) [할따]

② 용언 어간말 비음 뒤에 결합하는 평장애음 어미의 경음화. 형태 어휘론적인 현상이다.

[표준 발음법: 용언 어간 말 비음 뒤 어미의 경음화]

제24항 어간 받침 'ㄴ(ㄵ), ㅁ(ㄻ)' 뒤에 결합되는 어미의 첫소리 'ㄱ, ㄷ, ㅅ, ㅈ'은 된소리로 발음한다.

신고[신:꼬] 껴안다[껴안따] 앉고[안꼬] 얹다[언따]

삼고[삼:꼬] 더듬지[더듬찌] 닮고[담:꼬] 젊지[점:찌]

다만, 피동, 사동의 접미사 '-기-'는 된소리로 발음하지 않는다.

안기다 감기다 굶기다 옮기다

※ 1. 같은 음운론적 환경이지만 '체언 내부'와 '체언+조사'에서는 적용되지 않는다. (예) 신고(申告), 인지(認知), 금고(金庫), 금지(禁止); 금(金)+과, 안[內]+과, 지금+도, 신[履]+도

2. '앉고[안꼬], 얹다[언따]'에 대하여 표준 발음법에서는 '앉+고 → 안고(자음군 단순화) → 안꼬(경음화)'로 설명하고 있다. 그러나 이는 '앉+고 → 앉고(평파열음화) → 앉꼬(경음화) → 안꼬(자음군 단순화)'로 설명할 수도 있다.

※ '규칙 활용'은 교체의 양상을 일반화할 수 있는 활용으로, 교체를 보이는 형태소들과 교체의 환경을 범주화할 수 있어야 한다. 용언 어간 말 비음 뒤의 경음화도 교체의 양상을 일반화할 수 있으므로 규칙 활용이다.

③ 'ㄹ'로 끝나는 한자 뒤에 결합하는 'ㄷ, ㅅ, ㅈ'으로 시작하는 한자어의 경음화. 형태 어휘론적인 경음화이다.

[표준 발음법: 한자어 'ㄹ' 받침 뒤 경음화]

제26항 한자어에서, 'ㄹ' 받침 뒤에 결합되는 'ㄷ, ㅅ, ㅈ'은 된소리로 발음한다.

갈등[갈뜽] 발동[발똥] 절도[절또] 말살[말쌀]

불소[불쏘](弗素) 일시[일씨] 갈증[갈쯩] 물질[물찔]

발전[발쩐] 몰상식[몰쌍식] 불세출[불쎄출]

다만, 같은 한자가 겹쳐진 단어의 경우에는 된소리로 발음하지 않는다.

허허실실[허허실실](虛虛實實) 절절-하다[절절하다](切切-)

④ 관형사형 어미 '-(으)ㄹ' 뒤에서 평장애음 체언 또는 '-(으)ㄹ'로 시작하는 어미에서의 경음화. 형태 어휘론적 경음화이다.

[표준 발음법: 관형사형 어미 '–(으)ㄹ' 뒤 경음화

제27항 관형사형 '-(으)ㄹ' 뒤에 연결되는 'ㄱ, ㄷ, ㅂ, ㅅ, ㅈ'은 된소리로 발음한다.

할 것을[할꺼슬]	갈 데가[갈떼가]	할 바를[할빠를]
할 수는[할쑤는]	할 적에[할쩌게]	갈 곳[갈꼳]
할 도리[할또리]	만날 사람[만날싸람]	

다만, 끊어서 말할 적에는 예사소리로 발음한다.

[붙임] '-(으)ㄹ'로 시작되는 어미의 경우에도 이에 준한다.

할걸[할껄]	할밖에[할빠께]	할세라[할쎄라]
할수록[할쑤록]	할지라도[할찌라도]	할지언정[할찌언정]
할진대[할찐대]		

※ 역사적으로 관형사형 어미는 '–ㅭ(ㅭ)'으로 표기되었는데 이때 'ㆆ'는 된소리부호였다. (예) 돌아갏 길 ~ 돌아갈 낄. 현대 국어에서 관형사형 어미 뒤에서 경음화가 일어나는 것은 이런 역사적 배경이 있었기 때문이다.

[한글 맞춤법: 된소리 표기]

제5항 한 단어 안에서 뚜렷한 까닭 없이 나는 된소리는 다음 음절의 첫소리를 된소리로 적는다.

1. 두 모음 사이에서 나는 된소리: 소쩍새, 어깨, 오빠, 으뜸, 아끼다, 기쁘다, 깨끗하다, 어떠하다, 해쓱하다, 거꾸로, 부썩, 어찌, 이따금
2. 'ㄴ,ㄹ,ㅁ,ㅇ'받침 뒤에서 나는 된소리: 산뜻하다, 잔뜩, 살짝, 훨씬, 담뿍, 움찔, 몽땅, 엉뚱하다

   다만, 'ㄱ, ㅂ' 받침 뒤에서 나는 된소리는 같은 음절이나 비슷한 음절이 겹쳐 나는 경우가 아니면 된소리로 적지 아니한다.

   국수, 깍두기, 딱지, 색시, 싹둑(~싹둑), 법석, 갑자기, 몹시

(3) 반모음화: '이, 오/우'로 끝나는 용언 어간에 '아/어'로 시작하는 어미가 결합할 때, 어간의 '이, 오/우'가 각각 'y, w'로 바뀌는 현상.

① y-반모음화: 어간이 다음절이면 필수적으로 일어난다.

(예) 이기+어라→[이겨라] (비교) 피어: [피어] ~ [펴](수의적)

※ '이기+어라→[이겨라]'의 경우 음절이 줄었음에도 보상적 장음화가 나타나지 않는 이유는 장음은 단어의 첫음절에서만 나타나기 때문이다.

② w-반모음화: 다음절 어간 중 마지막 음절이 '우'이면 필수적으로 일어난다.

(예) 배우었다→배웠다 (비교) 주었다→주었다 ~ 줬다(수의적)

· 반모음화가 적용되면 음절이 하나 줄어드는데 여기에 대한 보상으로 장모음화가 일어나기도 한다. 단 '오-[來]'와 같이 모음만으로 이루어진 1음절 어간, '지-, 찌-, 치-'와 같은 어간에서는 장모음화가 나타나지 않는다.

(예) y-반모음화: 피+어서→[펴:서], 끼+어서→[껴:서], 지+어서→져서→[저서]

w-반모음화: 보+아서→[봐:서], 주+어서→[줘:서], 오+아서→[와서]

※ 반모음화가 적용되어 음절 수가 하나 줄어드는 것은 축약이라 할 수 없다. 축약은 두 음소가 하나의 음소로 줄어드는 현상으로 음소 수가 하나 줄어들어야 한다. 그러나 반모음화는 단모음이 반모음으로 바뀔 뿐, 음소 수에는 변화가 없으므로, 축약이 아니라 대치 현상이다.

(4) 비음화(鼻音化)

① 비음 동화: 평파열음이 비음과 만나 비음으로 바뀌는 현상.[8](표준 발음법 제18항)

· 규칙: [ㅂ, ㄷ, ㄱ] → [ㅁ, ㄴ, ㅇ] / ── {ㅁ, ㄴ}

8) 동화: 인접한 두 소리 중 어느 한쪽이 다른 쪽의 소리를 닮아서 그와 비슷한 성질을 가진 소리나 같은 소리로 바뀌는 현상. 비음 동화, 양순음화, 연구개음화, 유음화, (경)구개음화, 이-역행 동화, 모음 조화 등.

(1) 동화의 원인: 발음상의 편리. 조음 위치가 가깝거나 조음 방법이 비슷한 소리가 연속될 때가 그렇지 않을 때보다 발음할 때 힘이 덜 들기 때문이다.

(2) 동화의 유형: 보통 세 가지 기준에 의해 나눈다. '방향, 정도, 거리'

- 동화의 방향: 순행 동화(지연 동화), 역행 동화(예측 동화)
- 동화의 정도: 완전 동화, 부분 동화
- 동화의 거리: 직접 동화(인접 동화), 간접 동화(원격 동화)

(3) 이 외에도 피동화음의 종류에 따라 '자음 동화'와 '모음 동화'로도 나눌 수 있다. 자음끼리의 동화이면 조음 방법 동화와 조음 위치 동화로 나눌 수도 있다.

② 'ㄹ'의 비음화: 'ㄹ'이 자음 뒤에서 'ㄴ'으로 바뀌는 현상(표준 발음법 제19항). 주로 한자어와 외래어에서 나타나는데 동화 현상으로 보기 어렵다.

○ 비음 'ㅁ,ㅇ' 뒤에서 'ㄹ'은 'ㄴ'으로 바뀐다.(표준 발음법 제19항)

○ 'ㅂ, ㄷ, ㄱ' 뒤에서 'ㄹ'은 'ㄴ'으로 바뀐다.(표준 발음법 제19항 [붙임]) 이때는 바뀐 'ㄴ'의 비음성에 동화되어 'ㅂ, ㄷ, ㄱ'이 각각 'ㅁ, ㄴ, ㅇ'으로 바뀐다.

※ 한자어 단어에서 'ㄴ, ㄹ'을 제외한 자음 뒤에서 'ㄹ'은 'ㄴ'으로 발음된다.

[표준 발음법: 비음 동화/비음화]

제18항 받침 'ㄱ(ㄲ, ㅋ, ㄳ, ㄺ), ㄷ(ㅅ, ㅆ, ㅈ, ㅊ, ㅌ, ㅎ), ㅂ(ㅍ, ㄼ, ㄿ, ㅄ)'은 'ㄴ, ㅁ' 앞에서 [ㅇ, ㄴ, ㅁ]으로 발음한다.

먹는[멍는], 국물[궁물], 깎는[깡는], 키읔만[키응만], 몫몫이[몽목씨], 긁는[긍는], 흙만[흥만], 닫는[단는], 짓는[진ː는], 옷맵시[온맵씨], 있는[인는], 맞는[만는], 젖멍울[전멍울], 쫓는[쫀는], 꽃망울[꼰망울], 붙는[분는], 놓는[논는], 잡는[잠는], 밥물[밤물], 앞마당[암마당], 밟는[밤ː는], 읊는[음는], 없는[엄ː는], 값매다[감매다]

[붙임] 두 단어를 이어서 한 마디로 발음하는 경우에도 이와 같다.

책 넣는다[챙넌는다]　흙 말리다[흥말리다]　옷 맞추다[온마추다]

밥 먹는다[밤멍는다]　값 매기다[감매기다]

제19항 받침 'ㅁ, ㅇ' 뒤에 연결되는 'ㄹ'은 [ㄴ]으로 발음한다.

담력[담ː녁], 침략[침냑], 강릉[강능], 항로[항ː노], 대통령[대ː통녕]

[붙임] 받침 'ㄱ, ㅂ' 뒤에 연결되는 'ㄹ'도 [ㄴ]으로 발음한다.

막론[막논 → 망논], 백리[백니 → 뱅니], 협력[협녁 → 혐녁], 십리[십니 → 심니]

제12항 받침 'ㅎ'의 발음은 다음과 같다.

3. 'ㅎ' 뒤에 'ㄴ'이 결합되는 경우에는, [ㄴ]으로 발음한다.

놓는 → (녿는) → [논는]　쌓네 → (쌑네) → [싼네]

※ '막론 → [망논], 협력 → [혐녁]'을 상호 동화로 볼 수는 없다. 먼저, 'ㄹ'이 'ㄴ'으로 바뀐 것이 'ㄱ'이나 'ㅂ'의 어떤 특성에 동화된 것인지 분명하지 않으며, 'ㄱ'이나 'ㅂ'이 각각 'ㅇ'이나 'ㅁ'으로 바뀐 것은 'ㄹ'에 동화된 것이 아니라 'ㄴ'에 동화된 것이다. 이 예들은 'ㄹ의 비음화'와 '비음 동화'가 차례로 적용된 결과일 뿐이다.

(5) 유음화: 'ㄹ'과 인접한 'ㄴ'이 'ㄹ'로 바뀌는 현상.

· 규칙: ㄴ → ㄹ %ㄹ ('ㄴ'은 'ㄹ' 앞뒤에서 'ㄹ'로 바뀐다.)[9) 10)]

[표준 발음법: 유음화]

제20항 'ㄴ'은 'ㄹ'의 앞이나 뒤에서 [ㄹ]로 발음한다.

(1) 난로[날ː로], 신라[실라], 천리[철리], 광한루[광ː할루], 대관령[대ː괄령]

(2) 칼날[칼랄] 물난리[물랄리] 줄넘기[줄럼끼] 할는지[할른지]

[붙임] 첫소리 'ㄴ'이 'ㅀ', 'ㄾ' 뒤에 연결되는 경우에도 이에 준한다.

닳는[달른] 뚫는[뚤른] 핥네[할레]

다만, 다음과 같은 단어들은 'ㄹ'을 [ㄴ]으로 발음한다.

의견란[의ː견난], 임진란[임 ː 진난], 생산량[생산냥], 결단력[결딴녁], 공권력[공꿘녁],

동원령[동ː원녕], 상견례[상견녜], 횡단로[횡단노], 이원론[이 ː 원논], 입원료[이붠뇨]

제12항 받침 'ㅎ'의 발음은 다음과 같다.

3. [붙임] 'ㄶ, ㅀ' 뒤에 'ㄴ'이 결합되는 경우에는, 'ㅎ'을 발음하지 않는다.

않네[안네] 않는[안는] 뚫네[뚤네 → 뚤레] 뚫는[뚤는 → 뚤른]

※ '제20항 다만'에 해당하는 예들은 유음화가 아닌 'ㄹ의 비음화'가 일어나는데, 이런 예들은 분리 가능성이 있는 것들이다. 즉, 의견+란, 임진+란 등. 분리 가능성이 없는 단어들은 역행적 유음화가 일어난다. 제20항 (1).

어간 말 'ㄹ' 뒤에 'ㄴ, ㅅ'으로 시작하는 어미가 연결될 때는 어간의 'ㄹ'이 탈락하므로, 'ㄹ-탈락, 자음군 단순화, 유음화'는 일정한 순서를 가져야 한다.

---

9) '%'은 앞뒤 환경을 나타낸다. 어떤 음소의 앞이나 뒤에서 모두 변화가 일어나는 규칙을 거울영상규칙 또는 경상규칙(鏡像規則, mirror rule)이라 한다.

10) 이진호(2014:171-176)에서는 순행적 유음화와 역행적 유음화가 그 성격이 다르다고 보고 있다. 순행적 유음화는 음소 배열 제약['ㄹ' 뒤에는 'ㄴ'이 올 수 없다]을 어기지 않기 위한 현상이며, 단어 경계에서도 적용되고(부러질 나무 → 부러질라무), 'ㄹ'의 비음화는 적용되지 않는다(칼날 → *칸날, 줄넘기 → *준넘기). 반면, 역행적 유음화는 음절 배열 제약[선행 음절의 종성에 놓인 자음은 후행 음절의 초성에 놓인 자음보다 음운론적 강도가 더 크면 안 된다]을 어기지 않기 위한 현상이고, 단어 내부에서만 적용되며(끓은 라면 → *끓을 라면), 'ㄹ'의 비음화가 적용될 수 있다(청산리 → 청산니, 음운론 → 음운논).

기저형	/울+는/	/닳+는/	/핥+네/	기저형	/울+는/	/닳+는/	/핥+네/
ㄹ-탈락	우는	---	---	단순화	---	달는	할네
단순화	---	달는	할네	ㄹ-탈락	우는	다는	하네
유음화	---	달른	할레	유음화	---	---	---
표면형	[우는]	[달른]	[할레]	표면형	[우는]	*[다는]	*[하네]

※ 설측음화는 설전음이 설측음으로 바뀌는 현상이다. 그런데 설측음은 국어에서 /ㄹ/의 변이음이므로 음운 과정으로서는 설측음화라는 용어보다는 유음화라는 용어가 더 적절하다.
(예) 다르 + 아 → 달라(tarɨ+a → talla), 칼날 → 칼랄(khalnal → khallal)

(6) 구개음화: 경구개음 이외의 자음이 '이' 또는 'y' 앞에서 경구개음으로 바뀌는 현상. '이/y'의 조음 위치는 경구개 부근이기 때문에 구개음화는 비경구개음(非硬口蓋音)이 '이/y'의 조음 위치에 동화되는 현상이라 볼 수 있다.

① ㄷ-구개음화: 'ㄷ, ㅌ'이 '이/y'로 시작하는 형식 형태소 앞에서 'ㅈ, ㅊ'으로 바뀌는 현상. ㄷ-구개음화에 의한 발음은 표준 발음으로 인정하되, 표기는 원형을 밝혀 적는다.

규칙: [ㄷ,ㅌ] → [ㅈ, ㅊ]/___이]형식 형태소

(예) ㉠ 굳이 → [구지], 해돋이 → [해도지], 닫히어 → [다치어 → 다처]
갇이 → [가치], 붙이다 → [부치다]
㉡ 디다〉지다[落], 먹디 → 먹지, 뎔〉졀〉절, 티다〉치다[打],
텬하〉쳔하〉천하, 그티(긑+이)〉씃치(끝+이)

㉡에서 보듯이 근대 국어에서 ㄷ-구개음화는 한 형태소 내부에서도, 형태소 경계에서도 모두 일어났다.([ㄷ, ㅌ] → [ㅈ, ㅊ]/___이/y) 형태소 내부에 구개음화가 적용되었을 때에는 단어의 형태 자체가 바뀐다. 'y' 앞에서 구개음화가 일어나면 'ㅈ/ㅊ'과 'y'의 조음 위치가 겹치기 때문에 'y'는 탈락한다.

② 기타 구개음화

가) ㄱ-구개음화. (예) 기름 → 지름, 겯 → 젇, 김치 → 짐치 (어두에서)

나) ㅎ-구개음화. (예) 힘 → 심, 형님 → 성님, 흉하다 → 숭하다 (어두에서)

다) ㄴ-구개음화. (예) 녀석(nyəsək → ɲyəsək)[11]

라) ㄹ-구개음화. (예) 가리다(karida → kaʎida)

※ 'ㄴ-구개음화'와 'ㄹ-구개음화'는 이음 과정이고, 'ㄱ-구개음화'와 'ㅎ-구개음화'는 남부 방언에서 나타나는 현상으로 비표준 발음이다.

[표준 발음법: 구개음화]

제17항 받침 'ㄷ, ㅌ(ㄾ)'이 조사나 접미사의 모음 'ㅣ'와 결합되는 경우에는, [ㅈ, ㅊ]으로 바꾸어서 뒤 음절 첫소리로 옮겨 발음한다.

곧이듣다[고지듣따], 굳이[구지], 미닫이[미다지], 땀받이[땀바지], 밭이[바치], 벼훑이[벼훌치]

[붙임] 'ㄷ' 뒤에 접미사 '히'가 결합되어 '티'를 이루는 것은 [치]로 발음한다.

굳히다[구치다] 닫히다[다치다] 묻히다[무치다]

[구개음화의 역사성]

1. 중앙어에서 구개음화는 받침 'ㄷ, ㅌ'이 '이' 또는 'y'와 연결되어 각각 'ㅈ, ㅊ'이 되는 현상을 이른다. 이 구개음화는 17세기 말에서 18세기 초에 출현하여 18세기 말에는 거의 완성되었다. 이때의 구개음화는 한 형태소 내부뿐만 아니라 형태소 경계에서도 적용되었다.
   (예) 디나다〉지나다, 먹디〉먹지, 텬디〉쳔지, 긑+이〉긋치
2. 19세기 후반에 출현하여 현대로 이어지고 있는 구개음화는 받침 'ㄷ, ㅌ'이 조사나 접미사의 모음 '이' 또는 'y'와 연결되는 경우, 즉 형태소 경계에서만 적용된다. 다시 말해, 현대 국어의 구개음화는 형식 형태소인 조사나 접사의 '이/y'와 연결된 경우에는 필연적이고 보편적인 현상이지만, 한 형태소 내에서나 합성어 안에서는 구개음화가 일어나지 않는다.
   (예) 밭#이랑 [반니랑] / [*바치랑], 홑#이불 [혼니불] / [*호치불]
   마디(〈마듸) [*마지], 잔디(〈잔듸) [*잔지], 느티나무(〈느틔나무) [*느치나무]
3. 근대 국어에서 한 형태소 내부에서 구개음화를 경험한 어휘들은 그 형태까지 바뀌었다. 현대 국어의 형태소 경계에서 실현되는 'ㄷ/ㅌ' 구개음화는 표준 발음으로 인정하되, 표기는 원형을 밝혀 적는다.

11) 역사적으로 어두에서 '이, y'에 선행한 'ㄴ'의 탈락은 'ㄴ-구개음화'와 관련이 있다(이기문, 1998:208-209).
(예) 임금(〈님금. nimgɨm 〉 ɲimgɨm 〉 imgɨm), 일음이라(〈니름, 謂), 이르히(〈니르히, 至).

(예) 디새〉지새, 디나다〉지나다, 둏다〉죻다〉좋다, 티다〉치다, 고티다〉고치다

4. '마디(〈마듸), 견디다(〈견듸다), 어디(〈어듸)'와 같은 어휘들에 구개음화가 적용되지 않은 이유. ('의〉이'의 변화는 대략 19세기 중엽에 나타난다)

모든 음운 현상은 역사적으로 '생성-성장-소멸'의 단계를 거친다. 구개음화 역시 예외는 아니다. 18세기 중엽에 출현한 구개음화는 형태소 내부와 형태소 경계에 모두 적용되었는데, 이때 '마디, 견디다, 어디' 등은 '마듸, 견듸다, 어듸'와 같은 이중 모음을 지니고 있었기 때문에, 구개음화의 환경을 만족하지 못해서 규칙이 적용되지 않았다. 그런데 19세기 중엽에 있은 '의〉이' 변화에 의해 '마듸, 견듸다, 어듸'가 '마디, 견디다. 어디'로 바뀌었지만, 이때에는 형태소 내부에서 적용되는 구개음화 규칙이 소멸됨으로써 이런 환경에서 구개음화는 존재하지 않게 되었다. 그리고 현대 국어의 구개음화는 형식 형태소 '이'와 연결될 때만 적용되기 때문에 '마디, 견디다, 어디'는 다시 구개음화의 환경을 만족하지 못해 구개음화 규칙을 경험하지 않게 된다. 그 결과 '마디, 견디다, 어디' 등은 구개음화를 경험하지 않은 어형으로 존재하게 되었다.

부연: 17~8세기 교체기에 출현한 구개음화의 결과 '디 댜 뎌 됴 듀', '티 탸 텨 툐 튜' 등의 연결이 국어에서 자취를 감추었다. 그러나 19세기에 들어 이중 모음의 단모음화 현상에 의해, '듸, 틔' 등이 '디, 티'로 변하게 되어 다시 이들 연결이 나타나게 되었다. 무듸다〉무디다, 견듸다〉견디다 등.

5. 구개음화 규칙의 변화

0단계 경구개음의 형성: ㅈ[ts] 〉 ㅈ[ʧ](치음 'ㅈ'이 경구개음 'ㅈ'으로 바뀜)

1단계 구개음화: ㄷ → ㅈ/___{y, 이}

2단계 구개음화: ㄷ → ㅈ/___{y, 이}형식 형태소

(1단계 구개음화와 2단계 구개음화 사이에 이중 모음의 단모음화 규칙이 존재한다.)

(7) 조음 위치 동화: 선행 음절의 종성이 후행 음절 초성의 조음 위치를 닮아가는 현상이다. 이와 같은 동화는 같은 조건에서 수의적으로 일어나므로 표준 발음으로 인정하지 않는다. 여기에는 양순음화와 연구개음화가 있다. [표준 발음법 제21항]

① 양순음화: 치조음이 양순음 앞에서 양순음으로 바뀌는 현상.

(예) 젖먹이[전머기](× [점머기]), 문법[문뻡](× [뭄뻡]), 꽃밭[꼳빧](× [꼽빧])

흔ᄢᅵ〉(흠ᄢᅵ)〉흠쁴, 손ᄡᅵ〉솜씨, 깃브다〉깁브다〉기쁘다

② 연구개음화: 양순음 또는 치조음 등이 연구개음 앞에서 연구개음으로 바뀌는 현상.

(예) 감기[감 : 기](× [강 : 기]), 옷감[온깜](× [옥깜]), 있고[읻꼬](× [익꼬]),

꽃길[꼳낄](× [꼭낄]),

(ㅺ〉ㄲ): 엇게〉억게〉어깨, 밧그로〉박그로〉밖으로, 낛-〉낚-

(8) 이-역행 동화(=움라우트): 후설 모음이 [-설정성]의 자음을 사이에 두고 후행하는 '이/y'의 전설성에 동화되어 전설 모음으로 바뀌는 현상. 예외적으로, 개재 자음이 'ㄹ'인 경우도 이-역행 동화가 적용된다. 혀의 높이나 입술 모양에는 변화가 없이 혀의 앞뒤 위치만 바뀐다. 표준 발음으로 인정하지 않는다.

'후설 모음 → 전설 모음/____[C, -설정성] {이/y}

(예) 손잡이 → [손잽이], 고기 → [괴기], 죽이다 → [쥐기다], 구경 → [귀:경]

먹이다 → [멕이다], 어미 → [에미], 학교 → [핵꾜], 아비 → [애비]

다리미 → [대리미], 어리다 → [에리다], 끓이다 → [끼리다], 도련님 → [되련님]

[표준어 규정: 이-역행 동화]

표준어 규정 제9항 'ㅣ' 역행 동화 현상에 의한 발음은 원칙적으로 표준 발음으로 인정하지 아니하되, 다만 다음 단어들은 그러한 동화가 적용된 형태를 표준어로 삼는다.

내기, 냄비, 동댕이치다, 아지랑이, -장이/쟁이, (불을)댕기다

〈참고〉 이-역행 동화의 역사성

1. 국어사에서 이-역행 동화는 18세기 말엽에서 19세기 초엽에 출현한다. 이-역행 동화가 가능하기 위해서는 목표음인 전설 단모음 '애, 에'가 있어야 한다. 따라서 중세 국어에서 이중 모음이었던 '애[ay], 에[əy]'가 18세기 말엽 이전에 단모음 '애[ɛ], 에[e]'로 바뀌고 난 뒤에 이-역행 동화가 적용되었다. 이-역행 동화의 출현은 전설 단모음 '애, 에'가 형성되었다는 증거로 이용되기도 한다.

(예) 지팡이〉지팽이, 앗기-〉앳기, 기ᄃᆞ리-〉기ᄃᆡ리-

2. 마디(〈마ᄃᆡ), 견디다(〈견듸다), 모기(〈모긔), 조기(〈조긔), 호미(〈호ᄆᆡ), 거기(〈거긔) 등에 이-역행 동화가 적용되지 않는 이유는 ㉠ 이-역행 동화 규칙이 적용되던 시기에는 이런 어휘들

이 이중 모음을 유지하고 있었기 때문에 규칙의 환경을 만족하지 못했고, ㉡ 19세기 중엽에 있은 '의>이' 변화로 이-역행 동화의 환경을 만족하였으나 이때는 이-역행 동화 규칙이 소멸하였기 때문이다.

(9) 모음 조화: 같은 성질의 모음끼리 어울리는 현상. 양성 모음 'ㅏ, ㅗ'는 'ㅏ, ㅗ'와, 음성 모음 'ㅣ, ㅔ, ㅐ, ㅟ, ㅚ, ㅡ, ㅓ, ㅜ'는 음성 모음과 어울리는 현상.[12] 현대 국어에서 모음 조화는 단어 내부, 체언과 조사의 연결에는 적용되지 않으며, 용언과 어미의 연결에서 부분적으로 적용된다.

① 의성어와 의태어는 단어 내부에서도 적용된다.

(예) 알록달록/얼룩덜룩, 졸졸/줄줄, 달랑달랑/덜렁덜렁

(비교) 오뚝이(〈오똑이), 깡충깡충(〈깡총깡총), 호두(〈호도), 장구(〈장고)

② 음운 규칙으로서의 모음 조화는 용언 어간에 연결되는 모음 어미 '-아/-어'에 한정된다. 용언 어간의 마지막 모음이 'ㅏ,ㅗ'이면 뒤에 '-아X'의 어미가 연결되고, 나머지 모음이면 '-어X'의 어미가 연결된다.[13]

③ 참여 어미: '-아/-어', '-아도/-어도', '-아라/-어라', '-았-/-었-'

(예) 가-아(→가), 잡-아라, 먹-어, 비-어, 그-어, 잠그-+-았-→잠갔-

〈참고〉

1. 중세 국어에서 모음은 혀의 오그라듦 정도를 나타내는 축(縮) 자질에 의해 세 부류로 나뉘었다. 설축(舌縮)[ᄋᆞ, 아, 오], 설소축(舌小縮)[으, 어, 우], 설불축(舌不縮)[이]. 이 세 부류는 모음 조화와 직접적인 관련을 맺는다. 그러나 현대 국어는 하나의 자질로 두 부류의 모음이 나뉘지 않는다.

---

12) '아'와 '오'는 같은 양성 모음으로 분류하지만 성격이 약간 다르다. '잡아라~잡어라, 볶아라~*볶어라'에서 보면 받침이 있을 경우 '아'는 중성 모음적 성격을 보이지만, '오'는 양성 모음으로만 행동한다. 그러나 받침이 없을 때는 '아, 오' 모두 양성 모음으로만 행동한다. '가라(←가-아라) ~ *가-어라' 보-아라 ~ *보-어라

13) 중세 국어와 현대 국어의 모음 조화를 비교하면 아래와 같다.

구분	중세 국어	현대 국어
단어 내부	비교적 지켜짐	지켜지지 않음
체언+조사	잘 지켜짐	지켜지지 않음
용언+어미	잘 지켜짐	부분적으로 지켜짐

2. 중세 국어에서는 체언과 조사, 용언의 어간과 어미의 연결시에는 모음 조화가 잘 지켜졌으나, '으'와 대립하던 'ᄋᆞ'가 비음운화하고, '이'가 음성화되면서 현대 국어에 와서 모음 조화는 거의 지켜지지 않는다.

(예) 깡충깡충〉깡충깡충, 오뚝〉오뚝, 장고〉장구, 호도〉호두, 童-이〉-둥이, 아름다워, 가까워, 놀라워

3. 국어에서 양성 모음과 음성 모음의 대립은 어휘 분화에 이용되기도 한다. 졸졸:줄줄, 파랗다:퍼렇다, 노랗다:누렇다, 이런 현상은 중세 국어에서 좀더 광범위하게 확인된다. ᄂᆞᆰ다[古]:늙다[老], 남다[越]:넘다[越], ᄆᆞᆰ다[淸]:믉다[稀], 밧다[脫]:벗다[脫]…

(10) 두음 법칙: 단어의 첫머리에 올 수 있는 음의 종류를 제한하는 현상. 두음 법칙은 자립할 수 있는 한자어 단어의 첫머리에만 적용된다. 따라서 의존 명사와 외래어, 비어두 음절에는 적용되지 않는다.

① 어두에 'ㄹ'이 오지 않는다. (예) 로동(勞動) → 노동, 래일(來日) → 내일

② 어두에 'ㄴ+{이/y}'가 오지 않는다. (예) 녀자(女子) → 여자, 닉명(匿名) → 익명

※ 역사적인 면에서 '리용/량심'은 '리용/량심 〉 니용/냥심 〉 이용/양심'의 변화를 겪은 것으로 보인다.

(11) 원순 모음화: 평순 모음이 양순음 뒤에서 원순 모음으로 바뀌는 현상. 역사적으로는 17세기 말엽에 출현하였다. 현대 국어에서 원순 모음화는 표준 발음으로 인정하지 않는다.

(예) ᄂᆞᄆᆞᆯ〉ᄂᆞ믈〉ᄂᆞ물, 블〉불, 플〉풀, ᄲᅳᆯ〉ᄲᅮᆯ, 프르다〉푸르다

엎-으면 → [어푸면], 밟-으니 → [발부니], 감-으니 → [가무니]

〈참고〉 ᄑᆞ리〉포리, ᄆᆞᆯ〉몰, ᄇᆞᆰ다〉볽다; 나ᄇᆡ〉나븨〉나부, 호ᄆᆡ〉호믜〉호무

2) 축약: 두 개의 음소가 합쳐서 하나의 음소로 되는 현상. 두 음소의 성질을 모두 지닌 음소로 줄어든다.

(1) 유기음화: 평장애음(ㅂ, ㄷ, ㄱ, ㅈ)과 'ㅎ'이 결합하여 'ㅍ, ㅌ, ㅋ, ㅊ'이 되는 현상.

※ '많소 → [만쏘]'의 경우, 'ㅎ'과 'ㅅ'이 결합하여 'ㅆ'이 되었다고도 할 수 있는데, 이것은 축약으로 보기 어려운 면이 있다. 먼저, 다른 경우는 'ㅎ'과 평장애음이 결합하면 유기음으로 바뀌는데, 이 경우는 경음으로 바뀌었기

때문이다. 또 축약은 축약되기 전 두 음소의 성질을 모두 지녀야 하는데, 이 경우는 그렇지 않다. 'ㅎ+ㅅ'은 '많소→만ㅎ소→만ㅆ소→[만쏘]'의 과정을 거쳤다고 하는 것이 더 합리적으로 보인다.

[표준 발음법: 'ㅎ'의 발음]

제12항 받침 'ㅎ'의 발음은 다음과 같다.

1. 'ㅎ(ㄶ, ㅀ)' 뒤에 'ㄱ, ㄷ, ㅈ'이 결합되는 경우에는, 뒤 음절 첫소리와 합쳐서 [ㅋ, ㅌ, ㅊ]으로 발음한다.

    놓고[노코] 좋던[조:턴] 쌓지[싸치] 많고[만:코]

    [붙임 1] 받침 'ㄱ(ㄺ), ㄷ, ㅂ(ㄼ), ㅈ(ㄵ)'이 뒤 음절 첫소리 'ㅎ'과 결합되는 경우에도, 역시 두 음을 합쳐서 [ㅋ, ㅌ, ㅍ, ㅊ]으로 발음한다.

    각하[가카], 먹히다[머키다], 밝히다[발키다], 만형[마텽], 좁히다[조피다]

    넓히다[널피다], 꽂히다[꼬치다], 앉히다[안치다]

    [붙임 2] 규정에 따라 'ㄷ'으로 발음되는 'ㅅ, ㅈ, ㅊ, ㅌ'의 경우에도 이에 준한다.

    옷 한 벌[오탄벌], 낮 한때[나탄때], 꽃 한 송이[꼬탄송이], 숱하다[수타다]

2. 'ㅎ(ㄶ, ㅀ)' 뒤에 'ㅅ'이 결합되는 경우에는, 'ㅅ'을 [ㅆ]으로 발음한다.

    닿소[다쏘] 많소[만 : 쏘] 싫소[실쏘]

[한글 맞춤법: '-하-'의 표기]

제40항 어간의 끝음절 '하'의 'ㅏ'가 줄고 'ㅎ'이 다음 음절의 첫소리와 어울려 거센소리로 될 적에는 거센소리로 적는다.

(본말)	(준말)	(본말)	(준말)
간편하게	간편케	다정하다	다정타
연구하도록	연구토록	정결하다	정결타
가하다	가타	흔하다	흔타

[붙임 1] 'ㅎ'이 어간의 끝소리로 굳어진 것은 받침으로 적는다.

않다	않고	않지	않든지
그렇다	그렇고	그렇지	그렇든지

아무렇다	아무렇고	아무렇지	아무렇든지
어떻다	어떻고	어떻지	어떻든지
이렇다	이렇고	이렇지	이렇든지
저렇다	저렇고	저렇지	저렇든지

[붙임 2] 어간의 끝음절 '하'가 아주 줄 적에는 준 대로 적는다.

(본말)	(준말)	(본말)	(준말)
거북하지	거북지	넉넉하지 않다	넉넉지 않다
생각하건대	생각건대	못하지 않다 못지않다	
생각하다 못해	생각다 못해	섭섭하지 않다	섭섭지 않다
깨끗하지 않다	깨끗지 않다	익숙하지 않다	익숙지 않다

[붙임 3] 다음과 같은 부사는 소리대로 적는다.

결단코	결코	기필코	무심코	아무튼	요컨대
정녕코	필연코	하마터면	하여튼	한사코	

(2) 모음 축약

① 두 단모음이 결합하여 제3의 단모음으로 줄어드는 현상.

(예) 사이〉[새:], 아이〉[애:], 보이다〉[뵈:다], 누이다〉[뉘:다]

② 반모음과 단모음이 결합하여 제3의 단모음으로 줄어드는 현상.

애[ay]〉[ɛ], 에[əy]〉[e], 외[oy]〉[ö], 위[uy]〉[ü], 의[ɨy]→[i]

(방언) 며느리〉메느리, 병〉벵, 뼈〉뻬, 꿩〉꽁, 뭐야 → 모야

※ '꿩〉꽁'과 '뭐 → 모'는 'wə → wo → o'와 같이 'w'가 뒤의 'ə'를 원순 모음으로 동화시킨 뒤에 탈락했다고 설명할 수도 있다.

[한글 맞춤법: 줄어든 말]

제38항 'ㅏ, ㅗ, ㅜ, ㅡ' 뒤에 '-이어'가 어울려 줄어질 적에는 준대로 적는다.

본말	준말	본말	준말
싸이어	쌔어, 싸여	뜨이어	띄어
보이어	뵈어, 보여	쓰이어	씌어, 쓰여
쏘이어	쐬어, 쏘여	트이어	틔어, 트여
누이어	뉘어, 누여		

※ 준말에서 전자(쌔어)는 음운 축약에 의해 형성된 것이고, 후자(싸여)는 '이' 반모음화에 의해 형성된 형태이다. '뜨이어, 쓰이어, 트이어'의 준말은 모두 반모음화에 의한 것이다.

4) 탈락: 두 음운이 만날 때 어느 한 음운이 탈락하는 현상

(1) 자음군 단순화: 음절 말에는 자음이 하나만 올 수 있다는 음절 구조 제약 때문에, 음절 말에 두 자음이 오면 그중 한 자음이 탈락되는 현상. 모음과 모음 사이에는 최대 두 개의 자음이 허용된다. 음절말 평파열음화와 함께 분절음의 위치 때문에 일어나는 자음 단독의 현상이다.

① 체언이나 용언 어간의 음절 말이 자음군일 때:

(예) $C_1C_2 \rightarrow C_1$: 넋 → [넉], 넓다 → [널따], 없다 → [업:따]

$C_1C_2 \rightarrow C_2$: 흙 → [흑], 맑지 → [막찌], 젊다 → [점:따], 읊고 → [읍꼬]

② 'ㄹ'로 끝나는 용언 어간에 '으'로 시작하는 어미가 결합될 때:

(예) 날-+-은 → (낤) → [난:], 날-+-읍니다 → (낣니다) → [납:니다]

날-+-을 → (낥) → [날:], 날-+-음→(낢) → [남:], 살-+-음 → 삶 → [삼:]

※ 학교 문법에서 '음절 끝소리 현상'은 '자음군 단순화'와 '음절말 평파열음화'를 포괄하는 개념으로 사용한다. 그러나 두 현상은 그 성격이 다르다. 전자는 '탈락' 현상이며, 종성에 자음이 하나만 올 수 있다는 음절 구조 제약을 어기지 않기 위해 적용된 현상이다. 반면, 후자는 '대치' 현상이며 음절 구조 제약 중 종성에 올 수 있는 자음의 종류는 7가지(ㄱ, ㄴ, ㄷ, ㄹ, ㅁ, ㅂ, ㅇ)이어야 한다는 제약을 어기지 않기 위해 적용되는 현상이다.

[표준 발음법: 겹받침의 발음]

제10항 겹받침 'ㄳ', 'ㄵ', 'ㄼ, ㄽ, ㄾ', 'ㅄ'은 어말 또는 자음 앞에서 각각 [ㄱ, ㄴ, ㄹ, ㅂ]으로 발음한다.

넋[넉] 넋과[넉꽈] 앉다[안따] 여덟[여덜]

넓다[널따] 외곬[외골] 핥다[할따] 값[갑] 없다[업ː따]

다만, '밟-'은 자음 앞에서 [밥]으로 발음하고, '넓-'은 다음과 같은 경우에 [넙]으로 발음한다.

(1) 밟다[밥ː따] 밟소[밥ː쏘] 밟지[밥ː찌]

밟는[밥ː는 → 밤ː는] 밟게[밥ː께] 밟고[밥ː꼬]

(2) 넓-죽하다[넙쭈카다] 넓-둥글다[넙뚱글다]

제11항 겹받침 'ㄺ, ㄻ, ㄿ'은 어말 또는 자음 앞에서 각각 [ㄱ, ㅁ, ㅂ]으로 발음한다.

닭[닥] 흙과[흑꽈] 맑다[막따] 늙지[늑찌]

삶[삼ː] 젊다[점ː따] 읊고[읍꼬] 읊다[읍따]

다만, 용언의 어간 말음 'ㄺ'은 'ㄱ' 앞에서 [ㄹ]로 발음한다.

맑게[말께] 묽고[물꼬] 얽거나[얼거나]

제12항 받침 'ㅎ'의 발음은 다음과 같다.

3. [붙임] 'ㄶ, ㅀ' 뒤에 'ㄴ'이 결합되는 경우에는, 'ㅎ'을 발음하지 않는다.

않네[안네] 않는[안는] 뚫네[뚤네 → 뚤레] 뚫는[뚤는 → 뚤른]

(2) 유음 탈락

① 'ㄹ'로 끝나는 용언 어간에 'ㄴ, ㅅ' 등과 같은 [+설정성] 자음으로 시작하는 어미가 연결될 때 'ㄹ'이 탈락하는 현상.

(예) 갈-+-느냐 → [가:느냐], 갈-+-으신다 → (갈신다) → [가:신다],

알-+-니 → [아:니], 알-+-세 → [아:세]

(비교) 알-+-으옵고 → (알옵고) → [아:옵꼬], 알-+-으오 → (알오) → [아:오] (숩 〉옵)

알+으마 → (알마) → [아:마], 갈+으마 → (갈마) → [가:마]

② 합성과 파생 과정에서 'ㄹ'이 'ㄷ, ㄴ, ㅅ, ㅈ' 등의 자음 앞에서 탈락하는 현상. 역사적 현상으로 조음 위치가 중복되기 때문에 나타나는 현상이다.

(예) 솔+나무 → 소나무, 불+나비 → 부나비, 쌀+전 → 싸전, 불+삽 → 부삽,
물+자위 → 무자위; 딸+님 → 따님, 바늘+질 → 바느질
이틀+날 → 이틄날〉이틋날(〉이튿날), 설+달 → 섨달〉섯달(〉섣달)

※ 현대 국어에서는 '버들+나무 → [버드나무]/[버들라무] 솔+나무 → [소나무]/[솔라무]'처럼 'ㄹ' 탈락이 적용된 예와 그렇지 않은 예가 둘 다 존재하기도 한다. 그리고 현대에 생성된 단어인 경우는 'ㄹ' 탈락이 적용되지 않는 것이 오히려 일반적이다. '별+님 → [별림], 달+님 → [달림], 글+나라 → [글라라], 달+나라 → [달라라]', 그리고 현대 국어에서는 'ㄷ, ㅅ, ㅈ' 앞에서 'ㄹ'이 탈락하지도 않는다. 돌다리, 돌산, 쌀집, 발길질

(3) 후음 탈락: 'ㅎ'으로 끝나는 용언 어간 뒤에 모음으로 시작하는 형식 형태소가 연결될 때 'ㅎ'이 탈락하는 현상. 'ㅎ'은 어두에서만 위치할 수 있을 뿐, 비어두에 놓이면 다른 자음으로 바뀌거나 탈락한다.

[표준 발음법: 'ㅎ'탈락]

제12항 받침 'ㅎ'의 발음은 다음과 같다.

4. 'ㅎ(ㄶ, ㅀ)' 뒤에 모음으로 시작된 어미나 접미사가 결합되는 경우에는, 'ㅎ'을 발음하지 않는다.

낳은[나은]	놓아[노아]	쌓이다[싸이다]	많아[마 : 나]
않은[아는]	닳아[다라]	싫어도[시러도]	

근대 국어 시기에는 모음과 모음 사이 또는 공명음과 모음 사이에서도 후음 탈락이 일어났다.

(예) 가히〉가이(〉개), 방하〉방아, 다히다〉다이다(〉대다)
올히〉오리, ᄂᆞᆫ호다〉ᄂᆞ노다〉나누다

(4) '으' 탈락: '으'가 모음 또는 유음과 연결될 때 탈락하는 현상.

① '으'로 끝나는 용언 어간에 모음으로 시작하는 어미가 연결될 경우.

(예) 크+어서 → 커서, 쓰+어도 → 써도, 담그+어도 → 담가도,
모으+아라 → 모아라, 따르+아서 → 따라서

② 유음이나 모음으로 끝나는 체언 또는 용언 어간 뒤에 '으'로 시작하는 조사 또는 어미가 연결될 경우.[14]

(예) 알-+-으면 → 알면, 살-+-으면 → 살면, 보-+-으면 → 보면,
가-+-으니 → 가니; 발+으로 → 발로, 머리+으로 → 머리로

〈참고-표기법〉 용언 어간이 'ㄹ'로 끝나는 경우 명사형 전성 어미 '-음'이 연결되면 '으'가 탈락한다(돌-+-음 → 돎, 날-+-음 → 낢). 반면에, 명사 파생 접미사 '-음'이 연결되면, '으'는 탈락하지 않는다. (예) 놀-+-음 → 놀음, 얼-+-음 → 얼음). 다만, 'ㄷ' 불규칙 활용에 의해 2차적으로 생성된 'ㄹ' 뒤에서 명사형 전성 어미의 '으'는 탈락하지 않는다. '으' 탈락은 기원적으로 모음이나 'ㄹ'로 끝난 어간 뒤에서만 나타난다. (예) 듣-+-음 → 들음, 잇-+-으나 → 이으나

(5) 동일 모음 탈락

① '아'나 '어'로 끝나는 용언 어간 뒤에 '아'나 '어'로 시작하는 어미가 와서 동일한 모음이 연속될 때 그중 한 모음이 탈락하는 현상.15)

(예) 가-+-아서 → [가서], 차-+-아서 → [차서]
건너-+-어서 → [건너서], 서-+-었다 → [섣따], 펴-+-어라 → [펴라]

※ 동일 모음 탈락도 용언 어간이 원래부터 모음으로 끝난 경우에만 적용된다.
(예) 낳-+-아→[나아], 넣-+-어라→[너어라], 낫-+-아→[나아], 젓-+어도→[저어도]

② '애, 에'로 끝나는 어간 뒤에서 어미의 모음 '어'가 탈락하는 현상.

(예) 개+어서 → [개:서], 메어라 → [메:라]

이 예들은 동일 모음 탈락과 달리 장음화가 일어난다는 점에서 차이가 있다. 따라

---

14) (1) 체언 뒤에 연결되는 조사 중 '으로'만 '으' 탈락이 일어난다. (2) 어미의 기저형을 '-로, -면'으로 보면 유음 이외의 자음 뒤에서 '으'가 첨가된다고 볼 수도 있으나 이런 첨가 현상이 모든 경우에 일어나는 것은 아니므로 인정하기 어렵다. 즉, '먹는 → *먹으는, 먹세 → *먹으세'에서는 '으' 첨가가 나타나지 않는다. 특히, 연결 어미 '-니'와 의문형 종결 어미 '-니'는 형태가 같지만, 연결 어미 '-니'는 '-으니'의 형태로 나타나고, 종결형 '-니'는 '-니'로 나타난다. (예) 손을 잡으니 좋니?/언제 밥 먹니?. 그런데 '으' 첨가로는 이런 차이를 설명할 수 없다. 그러나 어미의 기저형을 '으'를 지니는 것[매개 모음 어미]과 그렇지 않은 것으로 구분하고, '으'를 가지고 있는 어미는 모음 어간 뒤에서 탈락한다고 설명하면 이런 차이를 설명하는 데에 어려움이 없다. 어미가 '으'를 지니고 있는지를 분별하기 위해서는 'ㄱ, ㅂ' 등으로 끝나는 어간에 어미를 연결시켜 본다. 먹-으며:*먹며, 먹-고:*먹으고, 잡-으니;*잡니, 잡니?:*잡으니?,

15) '가-+-아'에서 어간과 어미의 모음 중 어떤 것이 탈락했는지 분명하지 않다. 다만, 어미 '-아'가 탈락했다고 보면 한 형태소가 흔적도 없이 없어져 버린 결과를 가져오기 때문에, 어간의 'ㅏ'가 탈락했다고 보는 것이 더 일반적이다.

서 이 예들은 어미 모음이 어간 모음에 완전 순행 동화가 되어 동일한 모음이 두 개 중복되기 때문에 표면에서 장음으로 실현된 것으로 보기도 한다. (예) 개+어서 → 개애서 → [개:서], 메+어라 → 메에라 → [메:라]

(6) 'y' 탈락: 경구개음 뒤에서 반모음 'y'가 탈락하는 현상. 경구개음과 'y'의 조음 위치가 비슷하여 두 음이 나란히 놓이면 그 성질이 중복되어 나타나는 현상이다.

(예) 쟝긔〉장기, 젹다〉적다, 죻다〉좋다, 쥭〉죽, 챵자〉창자, 쳔지〉천지

지-+-어 → (져) → [저], 찌-+-어 → (쪄) → [쩌], 치-+-어 → (쳐) → [처]

〈참고〉 외래어 표기법에서도 'ㅈ, ㅊ' 뒤의 'y'는 표기하지 않는다.

(예) vision 비전, juice 주스, chance 찬스

5) 첨가

(1) 반모음 첨가: 모음으로 끝나는 형태소에 모음으로 시작하는 형태소가 연결될 때 반모음이 첨가되는 현상. 단모음과 단모음이 서로 인접하는 것을 막기 위함이다.

① 'y' 첨가: 앞 형태소의 모음이 전설 모음일 때 첨가된다.

(예) 피+어 → [피어/피여], 되+어 → [되어/되여], 뛰+어라 → [뛰어라/뛰여라]

② 'w' 첨가: 앞 형태소의 모음이 후설 모음일 때 첨가된다. 비표준 발음이다.

(예) 쏘+아 → [쏘와], 보+아라 → [보와라], 주+어도 → [주워도], 놓+아 → [노와]

※ 'y' 첨가를 '이' 순행 동화로 다루기도 하나, 이것은 잘못이다. 동화는 대치 현상으로 음소 수에 변화가 없어야 한다. 또한, 동화라고 하려면 'ㅕ'를 하나의 음소로 처리해야 하므로, 'y'는 음소가 아니라고 해야 한다.

[표준 발음법, 한글 맞춤법]

표준 발음법 제22항 다음과 같은 용언의 어미는 [어]로 발음함을 원칙으로 하되, [여]로 발음함도 허용한다. 되어[되어/되여] 피어[피어/피여]

[붙임] '이오, 아니오'도 이에 준하여 [이요, 아니요]로 발음함을 허용한다.

한글 맞춤법 제15항 [붙임2] 종결형에서 사용되는 어미 '-오'는 '요'로 소리나는 경우가 있더라도 그 원형을 밝혀 '오'로 적는다.

이것은 책이오. 이것은 책이 아니오.

이것은 책이요, 저것은 붓이요, 또 저것은 먹이다.

(2) 'ㄴ' 첨가: 복합어 형성 시 앞말이 자음으로 끝나고 뒷말이 '이/y'로 시작하면 그 사이에 'ㄴ'이 첨가되는 현상. 'ㄴ' 첨가는 뒷 형태소가 어휘 형태소이거나 한자어 계열의 접미사일 때 주로 일어나며, 앞말이 'ㄹ'로 끝날 때는 첨가된 'ㄴ'이 유음화되어 'ㄹ'로 실현된다. 'ㄴ' 첨가 현상은 수의적으로 일어나며, 복합어 형성 때 외에도 다양한 환경에서 일어난다.

① 복합어가 형성될 때

(예) 늦+여름 → (늗여름) → [는녀름], 맨+입 → [맨닙], 불+여우→[불려우],
밤+일 → [밤닐], 솜+이불 → [솜:니불], 구급약 → [구:금냑], 물+약 → [물략]
(예외) 야금야금[야그먀금], 책이름[채기름], 밭임자[바딤자], 첫인상[처딘상]
눈인사[누닌사]; 여름이[여르미], 여르미다[여르미다]

② 두 단어를 한 마디로 이어서 발음할 때[기식군]

(예) 옷 입다 → (옫닙따) → [온닙따], 그럴 일이 → 그럴니리 → [그럴리리]
할 일 → (할닐) → [할릴], 못 잊어 → [몬:니저]

※ 기식군(氣息群): 중간에 쉼이 없이 한 호흡에 발음되는 발화 단위(목적어+서술어, 부사어+서술어, 관형어+주어).

③ 그 외 환경에서

(예) 책+요 → [챙뇨], 집+요 → [짐뇨], 김 양 → [김냥]

[표준 발음법: 제7장 음의 첨가]

제29항 합성어 및 파생어에서, 앞 단어나 접두사의 끝이 자음이고 뒤 단어나 접미사의 첫음절이 '이, 야, 여, 요, 유'인 경우에는, 'ㄴ' 음을 첨가하여 [니, 냐, 녀, 뇨, 뉴]로 발음한다.

솜-이불[솜:니불], 홑-이불[혼니불], 막-일[망닐], 삯-일[상닐], 맨-입[맨닙], 꽃-잎[꼰닙], 신-여성[신녀성], 직행-열차[지캥녈차], 담-요[담:뇨], 밤-윷[밤:뉻]

다만, 다음과 같은 말들은 'ㄴ' 음을 첨가하여 발음하되, 표기대로 발음할 수 있다.

이죽 - 이죽[이중니죽/이주기죽], 야금 - 야금[야금냐금/야그먀금], 검열[검 : 녈/거 : 멸],

욜랑 - 욜랑[욜랑뇰랑/욜랑욜랑], 금융[금늉/그뮹]

[붙임 1] 'ㄹ' 받침 뒤에 첨가되는 'ㄴ' 음은 [ㄹ]로 발음한다.

들 - 일[들 : 릴], 솔 - 잎[솔립], 설 - 익다[설릭따], 물 - 약[물략], 불 - 여우[불려우]

서울 - 역[서울력], 물 - 엿[물렫], 휘발 - 유[휘발류], 유들 - 유들[유들류들]

[붙임 2] 두 단어를 이어서 한 마디로 발음하는 경우에도 이에 준한다.

한 일[한닐], 옷 입다[온닙따], 서른여섯[서른녀섣], 3 연대[삼년대], 먹은 엿[머근녇],

할 일[할릴], 잘 입다[잘립따], 스물여섯[스물려섣], 1 연대[일련대], 먹을 엿[머글렫]

다만, 다음과 같은 단어에서는 'ㄴ(ㄹ)' 음을 첨가하여 발음하지 않는다.

6 · 25[유기오], 3 · 1절[사밀쩔], 송별 - 연[송 : 벼련], 등 - 용문[등용문]

6) 사잇소리 현상

(1) 합성 명사를 이룰 때, 그 사이에 사잇소리를 삽입시키는 현상이다.

(2) 사잇소리 현상의 불규칙성: 다음과 같은 사실들을 통해 사잇소리 현상이 뚜렷한 규칙성을 가지지 못한다는 것을 알 수 있다.

① 합성 명사가 형성될 때 사잇소리 현상 자체가 일어나지 않는 경우도 있다.

(예) 고래기름, 기와집, 오리발, 은돈

② 사잇소리 현상이 일어날 수도 있고 일어나지 않을 수도 있다.

(예) 김밥[김:밥]/아침밥[아침빱], 인사말[인사말] · 머리말[머리말]/요샛말[요샌말] · 시쳇말[시첸말], 고무줄[고무줄]/빨랫줄[빨래쭐, 빨랟쭐], 회수(回收)[회수]/횟수(回數)[회쑤, 훽쑤]

③ 사잇소리의 개입 여부에 따라 의미가 분화되기도 한다.

(예) ㉠ 나무+집 → [나무찝]: 나무를 파는 집.

㉠' 나무+집 → [나무집]: 나무로 만든 집.

㉡ 고기+배 → [고기빼]-漁船

㉡' 고기+배 → [고기배]-魚腹

※ 합성 명사를 이룰 때 두 요소의 의미 관계가 '시간, 장소, 용도, 기원/소유주' 등일 때 사잇소리 현상이 주로 일어난다는 견해도 있다. (예) 보름달[보름딸], 들쥐[들쮜], 술잔[술짠], 솔방울[솔빵울]

(3) 유형

① 사잇소리 현상에 의한 경음화

합성 명사가 형성될 때, 앞말이 받침이 없거나 공명음으로 끝나고 뒷말이 평장애음으로 시작할 때 경음화가 실현된다.16)

(예) ㄱ. 촛불[초뿔] 시냇가[시내까], 뱃사공[배싸공](표준 발음법 30항)

ㄴ. 밤길[밤낄], 촌사람[촌싸람], 길가[길까](표준 발음법 28항)

② 'ㄷ' 첨가

ㄱ. 첨가된 사이시옷이 발음되는 현상. 이때는 경음화가 연속적으로 일어난다. 표기상으로는 'ㅅ'이 첨가되었지만, 음운론적으로는 'ㄷ' 첨가 현상이다.

(예) 촛불 → (촏불) → [촏뿔], 뱃사공[밷싸공], 시냇가[시낻까]

ㄴ. 앞말이 모음으로 끝나고 뒷말이 'ㅁ, ㄴ'으로 시작될 때, 'ㄴ'이 첨가되는 경우. 이 경우는 표면적으로는 'ㄴ'이 첨가되었지만, 사실은 'ㄷ'이 첨가된 현상이고, 'ㄷ'이 후행하는 'ㅁ, ㄴ'에 동화되어 'ㄴ'으로 바뀐 것이다.

(예) 잇몸(이+몸) → (읻몸) → [인몸], 콧날(코+날) → (콛날) → [콘날]

[표준 발음법: 제7장 음의 첨가]

第28항 표기상으로는 사이시옷이 없더라도, 관형격 기능을 지니는 사이시옷이 있어야 할(휴지가 성립되는) 합성어의 경우에는, 뒤 단어의 첫소리 'ㄱ, ㄷ, ㅂ, ㅅ, ㅈ'을 된소리로 발음한다.

문 - 고리[문꼬리], 눈 - 동자[눈똥자], 신 - 바람[신빠람], 산 - 새[산쌔], 손 - 재주[손째주]

길 - 가[길까], 물 - 동이[물똥이], 발 - 바닥[발빠닥], 굴 - 속[굴ː쏙], 술 - 잔[술짠],

바람 - 결[바람껼], 그믐 - 달[그믐딸], 아침 - 밥[아침빱], 잠 - 자리[잠짜리],

강 - 가[강까], 초승 - 달[초승딸], 등 - 불[등뿔], 창 - 살[창쌀], 강 - 줄기[강쭐기]

第30항 사이시옷이 붙은 단어는 다음과 같이 발음한다.

1. 'ㄱ, ㄷ, ㅂ, ㅅ, ㅈ'으로 시작하는 단어 앞에 사이시옷이 올 때는 이들 자음만을 된소리로 발음하

---

16) 첨가 현상이라는 면에서 보면 제시한 예들에는 'ʔ'(후두음)이 첨가되었다고 볼 수 있다. 표준 발음법에서는 첨가 현상으로 다루고 있다. 그러나 'ʔ'은 국어의 음소가 아니기 때문에 음운론적 현상으로 처리할 수 없다. 음운론적 현상으로 처리하고자 한다면 사잇소리 현상에 의한 경음화로 처리하여 대치에 포함시킨다.

는 것을 원칙으로 하되, 사이시옷을 [ㄷ]으로 발음하는 것도 허용한다.

냇가[내 : 까/낻 : 까], 샛길[새 : 낄/샏 : 낄], 빨랫돌[빨래똘/빨랟똘], 콧등[코뜽/콛뜽],

깃발[기빨/긷빨], 대팻밥[대 : 패빱/대 : 팯빱], 햇살[해쌀/핻쌀], 뱃속[배쏙/밷쏙],

뱃전[배쩐/밷쩐], 고갯짓[고개찓/고갣찓]

2. 사이시옷 뒤에 'ㄴ, ㅁ'이 결합되는 경우에는 [ㄴ]으로 발음한다.

콧날[콛날 → 콘날], 아랫니[아랟니 → 아랜니], 툇마루[퇻 : 마루 → 퇸:마루],

뱃머리[밷머리 → 밴머리]

3. 사이시옷 뒤에 '이' 음이 결합되는 경우에는 [ㄴㄴ]으로 발음한다.

베갯잇[베갣닏 → 베갠닏], 깻잎[깯닙 → 깬닙], 나뭇잎[나묻닙 → 나문닙],

도리깻열[도리깯녈 → 도리깬녈] 뒷윷[뒫:뉻 → 뒨:뉻]

(4) 참고: 사이시옷의 표기[한글 맞춤법 제30항]

필수 조건을 모두 만족하고 선택 조건 중 하나를 만족하면 사이시옷을 받쳐 적는다.

① 필수 조건

ㄱ. 'X+N'이면서 'X'가 모음으로 끝난다.(X: 어근, N: 명사. 합성 명사를 이룰 때)

ㄴ. 'X'와 'N' 둘 중 하나 이상이 고유어이어야 한다.

② 선택 조건: 다음 조건 중 하나를 만족하면 사이시옷을 받쳐 적는다.

ㄱ. 'N'이 된소리로 발음된다.

ㄴ. 'X'와 'N' 사이에 'ㄴ' 또는 'ㄴㄴ'소리가 첨가된다.

③ 한자어 합성어의 경우 사잇소리 현상이 일어나도 사이시옷을 표기하지 않는다.

(예) 효과(效果)[효:과], 초점(焦點)[초쩜], 대가(代價)[대:까], 개수(個數)[개:쑤], 내과(內科)[내:꽈], 화병(火病)[화:뼝], 소수(素數)[소쑤], 제상(祭床)[제:쌍]

(예외: 숫자, 셋방, 곳간, 횟수, 툇간, 찻간)[17]

17) 여섯 개의 한자어에만 사이시옷 표기를 허용하고 있는 이 규정은 특히 문제가 많은 규정이다. 다음과 같이 사잇소리 현상이 일어나는 데도 사이시옷을 표기하지 않고 있기 때문이다. 호수(湖水)[호수]/호수(戶數)[호:쑤], 대가(大家)[대가]/대가(代價)[대:까], 시가(市街)[시:가]·시가(媤家, 詩歌)[시가]/시가(時價, 市價, 始價)[시:까]

④ 외래어도 사이시옷을 표기하지 않는다.

(예) 핑크빛, 피자집, 호프집

[한글 맞춤법: 사이시옷 규정]

제30항 사이시옷은 다음과 같은 경우에 받치어 적는다.

1. 순 우리말로 된 합성어로서 앞말이 모음으로 끝난 경우

(1) 뒷말의 첫소리가 된소리로 나는 것

귓밥, 나룻배, 나뭇가지, 냇가, 댓가지, 맷돌, 머릿기름, 모깃불, 못자리, 바닷가, 뱃길, 부싯돌, 선짓국, 아랫집, 잇자국, 잿더미, 조갯살, 찻집, 핏대, 햇볕

(2) 뒷말의 첫소리 'ㄴ, ㅁ' 앞에서 'ㄴ' 소리가 덧나는 것

멧나물, 아랫니, 텃마당, 아랫마을, 뒷머리, 잇몸, 깻묵, 냇물, 빗물

(3) 뒷말의 첫소리 모음 앞에서 'ㄴㄴ'소리가 덧나는 것

도래깻열, 뒷윷, 두렛일, 뒷일, 뒷입맛, 베갯잇, 욧잇, 깻잎, 나뭇잎, 댓잎

2. 순 우리말과 한자어로 된 합성어로서 앞말이 모음으로 끝난 경우

(1) 뒷말의 첫소리가 된소리로 나는 것

귓병, 사잣밥, 샛강, 아랫방, 전셋집, 찻잔, 콧병, 탯줄, 텃세, 핏기

(2) 뒷말의 첫소리 'ㄴ, ㅁ' 앞에서 'ㄴ' 소리가 덧나는 것

곗날 제삿날 훗날 양칫물

(3) 뒷말의 첫소리 모음 앞에서 'ㄴㄴ'소리가 덧나는 것

가욋일 사삿일 예삿일 훗일

3. 두 음절로 된 다음 한자어

곳간(庫間) 셋방(貰房) 숫자(數字) 찻간(車間) 툇간(退間) 횟수(回數)

7) 이화: 성질이 비슷한 두 음소가 성질이 달라지는 현상(이질음으로의 교체). 공시적으로는 비규범적인 모음 조화 파괴 현상이 이에 속한다.

(예) 몬져〉먼저, 거붑〉거북, 도로 → 도루, 잡고 → 잡구

3.1.6. 음운 규칙의 순서

1. 규칙순의 필요성

기저형에서 표면형이 도출되는 과정에서, 경쟁하는 규칙이 있을 경우 규칙의 적용 순서가 정해져야 할 때가 있다. 규칙의 적용 순서가 적절하지 않으면 올바른 표면형이 도출될 수 없기 때문이다.

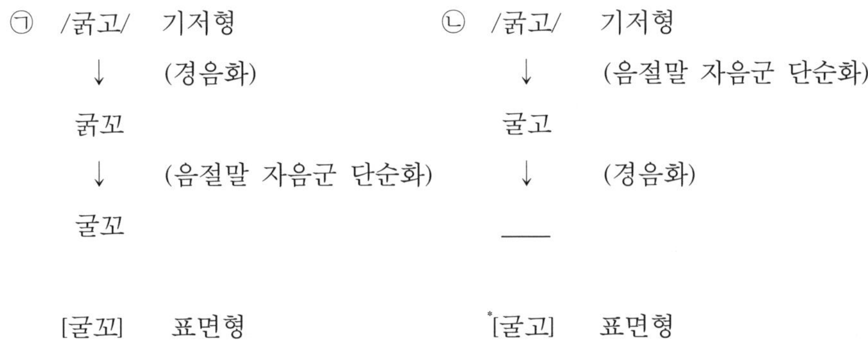

2. 규칙순의 유형

1) 내재적 규칙순: 규칙의 성격상 규칙들 사이의 순서가 자연히 정해지는 순서. 한 규칙이 적용되고 난 뒤에야 다른 규칙이 적용될 수 있는 환경이 될 때를 내재적 규칙순이라 한다. 따라서 별도로 규칙순을 정해 줄 필요가 없다.
   (예) 꽂+도 → 꼳도 → [꼳또] (음절말 평파열음화 → 경음화/*경음화 → 음절말 평파열음화)
2) 외재적 규칙순: 올바른 표면형을 도출하기 위해 규칙들 사이의 순서를 언어학자가 인위적으로 정해 놓은 순서. 대체로 경쟁하는 규칙들이 모두 적용될 수 있는 환경일 때 규칙의 순서를 인위적으로 정하게 된다. 만일 규칙의 순서를 정해 놓지 않으면 올바른 표면형을 얻을 수 없다.

※ 경쟁하는 두 규칙이 순서와 무관할 수도 있다. ① 듣+고 → 듣꼬 → 득꼬 ② 듣+고 → 득고 → 득꼬. 경음화 규칙과 연구개음화 규칙은 순서와 무관하다.

ㄱ. /훑+고/ → ᄒᆍᇎ고 → ᄒᆍᇎ꼬 → 훌꼬 → [훌꼬]

(기저형 → 음절말 평파열음화 → 경음화 → 음절말 자음군 단순화 → 표면형)

ㄴ. /훑+고/ → 훌고 → 훌고 → 훌고 → *[훌고]

(기저형 → 음절말 자음군 단순화 → 음절말 평파열음화 → 경음화 → 표면형)

연습문제

※ 다음 물음에 답하시오.

1. 다음 괄호를 완성하시오.

・음운은 (㉠)의 (㉡)을/를 구분해 주는 최소 단위로, (㉢)와/과 (㉣)으로/로 나뉘는데, 국어 (㉢)에는/는 (㉤), (㉥), (㉦)이/가 (㉣)에는/는 (㉧)과/와 (㉨)이/가 있다.

※ 음운은 변별적 기능이 있고 분절 음운(=음소)과 비분절 음운(=운소)으로 구성되어 있다.

2. 최소 대립쌍의 개념을 쓰고, 예를 3개 이상 쓰시오.

3. 장단과 억양의 공통점과 차이점을 쓰시오.

※ 비분절 음운/길이와 높낮이, 어휘적 변별력과 문장의 구분

4. 변이음과 상보적 분포에 대하여 설명하시오.

 1) 변이음이란?('가곡'을 예로 들면서 설명) ※ /ㄱ/ = [k, g, k˺]

 2) 상보적 분포란?(위의 예를 이용하여 설명)

5. 'ㅎ'과 'ㅇ'이 상보적 분포를 보이지만 별개의 음소로 보는 이유는?

※ 변이음들이 한 음소에 속하기 위해서는 상보적 분포와 음성적 유사성이 있어야 한다.

6. 다음 각 물음에 답하시오.

 1) 자음은 공기가 입안이나 목안에서 (㉠)을/를 받아 만들어지는 소리이고, 모음은 공기가 입안이나 목안에서 특별한 (㉠)을/를 받지 않아 만들어지는 소리이다.

2) 다음의 조음 방식을 예시와 같이 간단히 설명하고 해당 자음을 쓰시오.

〈예시〉 마찰음: 조음기관을 좁혀서 공기가 통과하면서 마찰이 일어나게 발음하는 소리. /ㅅ, ㅆ, ㅎ/

① 파열음 :

② 파찰음 :

③ 비음 :

④ 유음 :

3) ㅇ連書脣音之下 則爲脣輕音者 以輕音脣乍合而喉聲多也 〈훈민정음 제자해〉 (번역: 'ㅇ'을 순음의 아래 이어쓰면 곧 순경음이 되는데, 경음은 입술을 잠깐 합치고 목구멍 소리를 많이 낸다.)

15세기 언어 자료를 통해서 추정한 'ㅸ'의 음가는 유성 양순 마찰음 [β]이다. 이럴 경우 훈민정음 제자해의 '脣乍合(입술을 잠깐 합치고)'은 조음 방법과 관련하여 어떤 문제점이 있는가?

※ 두 입술이 합쳐진다면?

4) 자음을 조음 위치와 조음 방법을 기준으로 분류하는 것은 자음의 어떤 특성 때문인지 쓰고 아래 자음 체계표를 완성하시오.

[현대 국어 자음 체계표]

조음 위치 / 조음 방법 / 조음 방법	순음			치조음			경구개음			연구개음			후음		
	평음	경음	유기음	평음	경음	유기음	평음	경음	유기음	평음	경음	유기음	평음	경음	유기음
파열음															
파찰음															
마찰음															
비음															
유음															

5) (1)과 (2)의 변동이 조음 방법의 변동인지 조음 위치의 변동인지를 말하시오.

(1) 국민 → 궁민, 닫니 → 단니, 입문 → 임문 ( )
(2) 문법 → 뭄법, 감기 → 강기, 손보다 → 솜보다 ( )
(3) 흔쁴 〉 (흠쁴) 〉 흠씌 ( )

7. 현대 국어 모음 체계표를 완성하시오.

[현대 국어 단모음 체계표]

혀의 앞뒤 / 입술모양 / 혀의 높낮이	전설		후설	
	평순 모음	원순 모음	평순 모음	원순 모음
고설				
중설				
저설				

1) '우'가 전설 모음으로 바뀌면 어떤 모음이 되는가? ( ) ※ 모음 체계표 참조
'어'가 원순 모음으로 바뀌면 어떤 모음이 되는가? ( )

2) 현대 국어 2중모음을 쓰시오. ※ 상향 이중 모음과 하향 이중 모음

8. 현대 국어의 음절 구조를 쓰고, 그에 따른 제약을 쓰시오.

음절 구조	음절 구조 제약

9. 다음 예문을 보고 물음에 답하시오.

예문: 붉은 꽃잎이 물위에 떠간다.

1) 위 예문을 음절 단위로 써 보시오.

2) (1)의 결과와 위 예문을 참고하여 표기법과 발음의 차이를 쓰시오.

※ 표의적 표기법에 대한 이해

10. 〈자료〉의 음운 현상을 유형별로 분류하시오.

〈자료〉

① 닭 → 닥 ② 솜+이불 → 솜니불 ③ 잡+지 → 잡찌 ④ 돌+으니 → 도니
⑤ 놓+고 → 노코 ⑥ 쓰+어서 → 써서 ⑦ 이기+어 → 이겨 ⑧ 아이〉애
⑨ 굳+이 → 구지 ⑩ 빗복〉뱃곱〉(배꼽)

음운 현상의 유형	자료 번호	음운 현상의 유형	자료 번호

11. 어떤 형태소 X의 교체형은 〈보기〉와 같다.

〈보기〉

X+은 → 파튼 X+도 → 판또 X+이 → 파치 X+만 → 판만,
X+이다 → 파치다 X+으로 → 파트로

1) 형태소 X의 교체형(이형태)을 모두 적으시오. ※ 교체형에서 조사를 분리해 본다.

2) 위의 교체형 중 어느 것을 기저형으로 설정해야 하는지 그 이유와 함께 구체적 예를 들어 서술하시오. ※ 기저형은 다른 이형태를 모두 음운론적으로 설명할 수 있어야 한다.

12. '뭐 → 모'는 축약으로도 설명할 수 있고, 동화 후 탈락으로도 설명할 수 있다. 동화

후 탈락으로 이 현상을 설명하시오.

13. 〈자료〉를 이용하여 물음에 답하시오.

〈자료〉

가. 훑다→[훌따], 넓다→[널따],

나. 뚫네[뚤레], 훑네[훌레], 알+는→[아는], 갈+는→[가는], 물+네→[무네]

(1) (가) 자료를 이용하여 '자음군 단순화, 평파열음화, 경음화'의 규칙 순서를 정하시오.

(2) (나) 자료를 이용하여, '자음군 단순화, ㄹ-탈락, 유음화'의 순서를 정하시오.

14. 〈자료〉를 이용하여 〈조건〉에 맞게 답하시오. ※ 구개음화의 역사성 참조.

〈조건〉

(가)의 '마디, 견디다'에 ㄷ-구개음화가 적용되지 않은 까닭을 (나)의 음운 규칙을 이용하여 설명하시오. 단, 규칙의 순서를 명확히 밝히고, 필요 없는 규칙은 이용하지 마시오.

〈자료〉

가. 마듸〉마디/ *마지, 견듸다〉견디다/ *견지다 (*: 비문법형. 이하 같음.)

나. 음운 규칙

㉠ ㄷ → ㅈ /____{y, 이} ㉡ ㄷ → ㅈ / ____+{y, 이}

㉢ 의→이 ㉣ ʦ→ʧ / ____{y, 이}

㉤ y→∅ / 경구개음____

15. 〈자료〉를 보고 물음에 답하시오.

〈자료〉

(가) 사이〉새, 며느리〉메느리, 권투〉곤투

(나) 이기+어서→이겨서, 붐비+어서→붐벼서

맞추+어서→맞춰서, 부수+었다→부쉈따

1) (가)는 음운 축약 현상이다. 이것을 참조하여 '음운 축약'을 정의하시오.

※ 음운 축약은 두 음운이 하나의 음운으로 줄어드는 현상

2) 위의 정의를 토대로 (나)를 '음운 축약'으로 처리하면 어떤 문제점이 있는지 서술하시오.

3) (나)에서 음절이 줄었음에도 장음화가 나타나지 않은 이유를 쓰시오.

※ 국어의 어휘적 장음(변별적 장음)은 어두 음절에서만 실현됨

16. 〈자료〉를 보고 물음에 답하시오.

〈자료〉

가. 아기 → 애기, 밥+이 → 배비, 왕+이 → 왱이, 국이 → 귀기, 틈이 → 티미

나. 가지 → *개지, 만지다 → *맨지다, 맛+이 → *매시, 안+이 → *앤이

다. (모ᄀᆡ〉) 모기 → *뫼기, (조ᄀᆡ〉) 조기 → *죄기, (거긔〉) 거기 → *게기

라. 모음 체계상에 전설단모음이 형성된 이후에 움라우트 현상이 가능했다. 움라우트 현상은 18C와 19C 교체기에 일어났다. 그리고 '의〉이' 변화는 대략 19C 중엽에 일어났다.

1) (가) 현상이 동화 현상인지 아닌지를 말하고, 만일 동화 현상이라면 동화의 유형별로 기술하시오.

2) (나)에서는 (가)의 음운 현상이 일어나지 않는 이유를 말하시오.

3) (다)에서 (가)의 음운 현상이 일어날 환경을 만족함에도 불구하고 그 음운 현상이 나타나지 않는 이유를 (라)를 참고하여 설명하시오.

※ 1) 후설 모음이 전설 모음으로 바뀜 2) 개재 자음의 성격 3) 규칙의 순서

17. 〈자료〉를 보고 물음에 답하시오.

〈자료〉

가. 믈〉물, 블〉불, ᄡᅳ리다〉ᄡᅮ리다

나. 외ᄅᆞᆸ+ᄋᆞᆫ → 외ᄅᆞᄫᆞᆫ〉외ᄅᆞ온, ᄇᆞᆲ다〉볿다, ᄑᆞ리〉포리

다. ᄑᆞ리: 포리/파리[蠅], ᄆᆞᆯ: 몰/말[馬], ᄇᆞᆲ다: 볿다/밟다[履]

1) (가), (나)를 참조하여 'ᄋᆞ'가 존재했던 시기의 원순성 대립짝을 설정하시오.

2) (다)에서 각 어형에 대하여 전자는 남부 방언의 어형이고 후자는 중부 방언 어형이다. 이 두 어형의 차이를 음운 규칙의 차이로 설명해 보시오.

※ 1) ᄋᆞ:오, 으:우 2) ᄋᆞ〉오/순음___, ᄋᆞ〉아

18. 〈자료〉를 보고 물음에 답하시오.

〈자료〉

(가) 던지+어 → (던져) → [던저], 다치+었다 → (다쳤따) → [다첟따],

찌+어서 → (쪄서) → [쩌서]

(나) 물+약 → [물략], 별 + 일 → [별릴], 그럴 일이 → [그럴리리]

(다) 귓밥[귀빱/귇빱], 곗날[겐날], 나뭇잎[나문닙]; 솜이불[솜니불], 길가[길까]; 초점(焦點)[초쩜]

1) (가)에서 'y'탈락이 일어나는 이유를 설명하시오.

2) (나)에서 나타나는 음운 현상과 그 환경을 서술하시오.

3) (다)를 참조하여 사잇소리 현상과 사이시옷 표기에 대하여 서술하시오.

※ 1) 경구개음+y, 2) 'ㄴ' 첨가

19. 다음 〈자료〉에서 (가)와 (나)를 같은 음운 현상으로 볼 수 없는 이유를 말하시오.

〈자료〉

가. 꽃 → 꼳, 잎 → 입, 부엌 → 부억

나. 없다 → 업따, 읽고 → 익꼬, 훑지 → 훌찌, 옮는 → 옴는, 넓다 → 널따, 앉는 → 안는

※ 음절 끝소리 규칙, 음절말 자음군 단순화

20. 〈자료〉를 참고하여 국어의 변별적 장음의 특징에 대하여 설명하되, 〈조건〉을 참조하시오.

〈자료〉

ㄱ. 말[馬] vs. 말:[言], 눈[眼] vs. 눈:[雪] (':'은 장음 표시)

ㄴ. 거짓말[거진말], 함박눈[함방눈]

ㄷ. [내 말은] [하얀 눈이] ('[ ]'은 발음 또는 기식군 표시)

〈조건〉

(1) 'ㄱ, ㄴ'을 이용하여 국어 장음의 특징을 설명할 것.

(2) 'ㄷ'이 장음으로 실현되지 않는 이유를 설명할 것.

※ 국어의 어휘적 장음은 어두에서만 실현된다.

21. 〈자료〉를 참고하여 물음에 답하시오. [5점]

〈자료〉

truck[trʌk], stream[strim], film[film], trouble[[trΛbl]

1) 위 자료를 외래어 표기법에 따라 적으시오.

2) 위의 표기를 국어 음절 구조 제약으로 설명하시오.

22. 다음 자료를 〈조건〉에 맞게 서술하시오.

(1) 쪽문[쫑문], 흙 냄새[흥냄새], 맏며느리[만며느리], 뱉는[밴는], 꽃잎[꼰닙], 낮말[난말], 겹말[겸말], 앞날[암날], 값만[감만]

(2) 신문[심문], 디귿만[디금만], 손가락[송까락], 준공[중:공], 감기[강:기]

(3) 결단력[결딴녁], 침략[침냑], 대통령[대통녕], 박람회[박남회→방남회], 십리[십니→심니]

〈조건〉

가. (1)의 자료를 피동화음을 기준으로 유형화하고 음운 과정을 간단히 설명하시오.

나. (1)과 (2)의 음운 과정상의 차이와 표준 발음법에서의 처리에 대하여 설명하시오.

다. (3)의 예는 소위 'ㄹ' 비음화이다. 이 현상을 (1)과 동일한 음운 현상으로 볼 수 없는 이유를 '동화'라는 측면에서 설명하시오.

〈길잡이〉

비음 동화: 비음이 아닌 자음이 후행하는 비음에 동화되어 비음으로 바뀌는 현상.

피동화음: ㄱ, ㄺ; ㄷ, ㅌ, ㅊ; ㅂ, ㅍ, ㅄ →'ㄱ, ㄷ, ㅂ'

밟는, 꽃잎, 낯만, 앞날, 값만: 음절말 평파열음화, 자음군 단순화, 비음 동화

(1)은 조음 방법 동화로 표준 발음, (2)는 조음 위치 동화로 표준 발음으로 인정하지 않음.

(3)은 비음(鼻音)뿐만 아니라 일반 자음 뒤에서도 'ㄹ'이 'ㄴ'으로 바뀜. 바뀐 결과만을 놓고 보면 비음 동화라 할 수 있다. 그러나 동화는 동화주의 성질에 영향을 받는 것인데, 비음이 아님에도 불구하고 'ㄹ'이 'ㄴ'으로 바뀌는 예들이 있는 것으로 보아 비음 동화라 하기 어렵다. 그리고 비음 동화인 (1)과 비교하면, (1)은 파열음 'ㄱ, ㄷ, ㅂ'이 후행하는 비음에 동화되는 역행 동화인 반면, 'ㄹ→ ㄴ'은 유음이 자음 뒤에서 교체되는 현상이다. 그리고 '박람회, 십리'는 'ㄹ' 비음화를 경험하고 난 뒤에 다시 비음 동화를 겪는다.

23. 다음 자료를 읽고 물음에 답하시오.

〈자료〉

(ㄱ) 去聲은 ᄆᆞᆺ노ᄑᆞᆫ 소리라 왼녀긔 ᄒᆞᆫ 點뎜을 더으면 ᄆᆞᆺ노ᄑᆞᆫ소리오 上聲은 처ᅀᅥ미 ᄂᆞᆽ갑고 乃終이 노ᄑᆞᆫ 소리라 點뎜이 둘히면 上썅聲셩이오 平聲은 ᄆᆞᆺᄂᆞᆽ가ᄫᆞᆫ 소리라 點이 업스면 平聲이오 〈훈민정음 언해〉

(ㄴ) :내해 ᄃᆞ:리(← ᄃᆞ리(橋)+ · 이) :업도·다 〈두시언해 25:7〉

부:톄(← 부텨(佛)+ · 이) 어 · ᄂᆞ 고 · 대 · 겨시 · 뇨〈금강경언해〉

(ㄷ) :눈[雪], :말[言], :져비[燕], :많다[多], :알다[知] 〈두시언해 여러 곳〉

(ㄹ) :앗 · 디 → 아 · ᅀᅡ, :돕ᄂᆞᆫ → 도 · ᄫᅡ, :알 · 면 → 아 · 라

(ㅁ) 눈:[雪] 눈[目], 말:[言] 말[馬], 제비[제:비], 많다[만:타], 알다[알:다]

(ㅂ) 알다[알 : 다]-알아[아라], 돕다[돕 : 따]—도와[도와], 감다[감 : 따]—감으니[가므니],

꼬다[꼬 : 다]—꼬이다[꼬이다], 밟다[밥 : 따]—밟으면[발브면],

밟다[밥 : 따]—밟히다[발피다], 끌다[끌 : 다]—끌어[끄 : 러], 끌리다[끌 : 리다]

떫다[떨 : 따]—떫은[떨 : 븐], 없다[업 : 따]—없으니[업 : 쓰니], 없애다[업 : 쌔다]

감다[감 : 따]—감기다[감기다]

(ㅅ) 첫눈[천눈], 거짓말[거진말], 수많은[수:마는]

(ㅇ) 보아 → 봐[봐ː]　기어 → 겨[겨ː]　되어 → 돼[돼ː]　두어 → 둬[둬ː]

오아 → 와[와]　지어 → 져[저]　찌어 → 쪄[쩌]　치어 → 쳐[처]

(ㅈ) 현대 국어의 특징을 파악하기 위해 10대부터 80대까지를 대상으로 우리말 장·단음의 변별 정도를 조사해 보았다. 조사 결과 60세 이상의 연령층에서는 장모음과 단모음이 변별적 기능을 하는 것으로 조사되었다. 그러나 60세 미만의 연령층에서는 대부분의 변별적 기능을 상실한 것으로 밝혀졌다. 60세 미만의 연령층에서는 장모음으로 발음하든 단모음으로 발음하든 음의 길이에 의해서는 그 뜻을 구별하지 못하고 문맥으로만 구분할 뿐이었으며 시간이 흐를수록 이러한 현상은 더욱 뚜렷해질 것으로 예측되고 있다.

연령층	80대	70대	60대	50대	40대	30대	20대	10대
음의 길이의 변별 정도(%)	95.8	94.4	68.8	19.3	8.0	6.9	2.8	0.6

[표 1] 음의 길이의 연령층별 변별 정도(2002)

1) (ㄱ) - (ㄴ)을 이용하여 중세 국어 성조체계를 서술하시오.
2) (ㄴ) - (ㅂ)을 이용하여 중세 국어 성조와 현대 국어 장음과의 관계를 서술하시오.
3) (ㅁ) - (ㅈ)을 이용하여 현대 국어 장음의 특징을 서술하되, (ㅂ)은 자료를 성격에 따라 분류하여 제시하시오.

〈길잡이〉

1) (ㄱ) 훈민정음 언해: 평성(저조, 평판조, 무점), 거성(고조, 평판조, 1점), 상성(저고조, 굴곡조, 2점) (ㄴ) 평성 + 거성 = 상성

중세 국어 성조는 표면적으로는 '평성, 상성, 거성' 셋으로 나타나나 성조소는 저조(평성)와 고조(거성)의 두 평판조로 이루어진 단순한 체계였음.

2) (ㄴ) 중세 국어 상성은 평성과 거성의 복합이기 때문에 소리의 높낮이뿐만 아니라 소리의 길이(장음)까지도 동시에 지니고 있었음. 중세 국어에서 상성이었던 (ㄷ)의 어휘들은 현대 국어에서 (ㅁ)처럼 장음으로 실현됨. (ㄹ)은 상성을 지닌 단음절 어간에 모음으로 시작하는 어미가 연결되면 성조가 평성으로 바뀌는데, 이때 성조뿐만 아니라 장음도 단음으로 바뀌게 된다. 그런데 이런 사실은 (ㅂ)에서 보는 것처럼 현대 국어에서도 장음을 지닌 단음절 어간에 모음으로 시작하는 어미가 연결되면 단음으로 바뀜.

결론: 상성은 소리의 높낮이뿐만 아니라 소리의 길이도 동시에 지니고 있었는데, 성조가 소멸하면서 상성이 지녔던 소리의 높낮이는 소멸하였지만, 소리의 길이는 현대까지 이어지면서 중세 국어에서는 잉여적이었던 장음이 현대 국어에서는 변별적 기능을 수행하는 운소.

3) (ㅁ)에서 어두 음절에서 장음으로 실현되었던 단어들이 단어합성에 의해 비어두음절에 위치하게 되면 (ㅅ)처럼 장음이 실현되지 않음. 국어의 별별적 장음은 어두 음절에서만 실현되는 특징을 지님. 그러나 표준 발음법에서는 [재:삼재:사], [반:신바:늬/반:신바:니]처럼 합성어의 경우에 2음절 이하에서도 분명한 장음은 인정함. (ㅇ) 단음절 어간에 어미 '-아/-어'가 연결되어 반모음화가 일어나는 경우에도 장음이 실현되는데 이런 현상을 보상적 장음화라 함. 그러나 '와, 져, 쪄, 쳐'와 같은 경우에는 축약이 일어났음에도 불구하고 장음화가 나타나지 않는 예외가 있음. (ㅂ)의 분류: 두 가지가 다 가능함. 첫째, 장음을 지닌 용언 어간에 붙는 형태소가 어미인지 접미사인지에 따른 분류. 둘째, 어미나 접미사가 붙을 때 장음을 잃는 것과 늘 장음을 유지하는 것으로 분류.; ① 장음을 지닌 단음절 어간에 모음으로 시작하는 어미가 연결될 때 장음이 실현되지 않는 것이 일반적이지만 예외적으로 늘 장음을 유지하는 것이 있음. (예 생략) ② 장음을 지닌 용언 어간에 사·피동 접미사가 연결될 때도 장음이 실현되지 않는 것이 일반적이나 예외적으로 늘 장음을 유지하는 것이 있음. (예 생략)

24. 아래 〈자료〉는 된소리되기 현상을 탐구하기 위해 수집한 자료이다. ① - ⑥을 완성하되, 다음 조건을 참고하시오.

탐구주제	된소리되기 현상의 유형을 어떻게 나눌 수 있을까?
가설 설정	(ㄱ) ______①______ (ㄴ) 사잇소리 현상 때문에 된소리되기가 실현된다. (ㄷ) ______②______
자료 수집 및 분류	국수[국쑤], 신-고[신:꼬], 법석[법썩], 국밥[국빱], 갈등[갈뜽], 곱돌[곱똘], 꽃다발[꼳따발], 갈등[갈뜽], 할 것을[할꺼슬], 초+불→[초뿔/촏뿔], 문+고리→[문꼬리], 물+동이→[물똥이], 창살→[창쌀], 신고(申告)[신고], 갈고리[갈고리], 배+사공→[배싸공/밷싸공]
자료 검증	③
	④
	⑤
결론 도출	⑥

〈조건〉

(1) '가설 설정'은 자료를 바탕으로 하여 (ㄱ), (ㄷ) 두 가지를 작성하시오.

(2) '자료 수집 및 분류'는 제시된 자료를 위의 '가설'에 따라 분류하시오.

(3) '자료 검증'은 위에서 분류한 자료의 유형에 따라 검증하시오.

(4) '결론 도출'은 탐구주제와 관련하여 작성하시오.

〈길잡이〉

가설 설정: (ㄱ) 평파열음 'ㄱ, ㄷ, ㅂ' 뒤에 연결되는 '평장애음'은 된소리로 실현된다. (ㄷ) 형태 · 어휘론적 원인 때문에 된소리되기가 실현된다.

자료 분류: (ㄱ) - 국수[국쑤], 국밥[국빱]; 법석[법썩], 곱돌[곱똘]; 꽃다발[꼳따발]

(ㄴ) - ⓐ 초+불→[초뿔/촏뿔], 배+사공→[배싸공/밷싸공]; ⓑ 문+고리→[문꼬리], 물+동이→[물똥이], 창살→[창쌀]" 등이다. (ㄷ) - 신-고[신:꼬](비교. 신고(申告)[신고]), 갈등[갈뜽](비교. 갈고리[갈고리]), 할 것을[할꺼슬]

자료 검증: (ㄱ) ~ (ㄷ)을 각각 검증함.

결론 도출: 된소리되기는 '음운론적 원인에 의한 것'과 '사잇소리 현상으로 인한 것' 그리고 '형태 · 어휘론적 원인에 의한 것'으로 유형화할 수 있다.

기출문제

【1~2】 다음 글을 읽고 물음에 답하시오. [총 4점] 〈2005〉

(가) ○월 ○일 날씨 맑음

오늘은 할머니께 또 꾸중을 들어 속상했다. 며칠 전 할머니께선 "너 핵교 가는구나."라고 말씀하셨다. 난 할머니께서 '학교'를 '핵교'라고 잘못 발음하시는 것 같아서 국어 선생님께 배운 대로 표준 발음을 사용해야 한다고 말씀드렸다. 그러나 할머니께선 평생 이렇게 말하며 살아왔어도 불편한 일이 없었다며 핀잔을 주시고, 내 말은 들은 체도 하지 않으셨다. 괜히 말 꺼냈다 싶어 기분이 안 좋았다. 그런데 오늘 아침에도 할머니께선 밥상에서 "에미야, 오늘 저녁엔 괴기 반찬 좀 준비하렴."하고 말씀하시는 것이었다. 이 말씀을 듣고서 난 또 다시 할머니께 '에미', '괴기'가 표준 발음에 어긋난 것 같다고 말씀드렸다. 그런데 할머니께선 오히려 어른들 일에 쓸데없이 참견한다고 내게 꾸중만 하시는 것이었다. 할머니께선 왜 이상하게 발음하시는 것일까? 아무리 생각해도 알 수 없다. 내일 선생님께 여쭤봐야 겠다.

(나) ① 철문이 굳게 닫혀 있다.
② 영수는 함께 가기로 결심을 굳혔다.
③ 친구와 같이 해돋이를 보러 동해안에 갔다.

1. (가)의 학생으로부터 질문을 받은 김 교사는 할머니의 발음 현상에 대해 설명해 주고자 한다. 할머니의 발음 현상과 같은 용례 <u>다섯 개</u>만 들고 설명해야 할 내용을 쓰시오. [2점]

관련 지식	'ㅣ' 모음 역행 동화와 표준 발음
용례	
설명 내용	· 'ㅣ' 모음 역행 동화:

	· 표준 발음과의 관계:

2. 김 교사는 "서로 다른 음운 현상 사이의 연관성을 유추할 수 있다."라는 학습 목표를 세우고, (가)와 (나)를 활용하여 수업을 전개하고자 한다. 이 수업에서 지도해야 할 학습 내용을 쓰시오. [2점]

【3~4】 다음 자료를 보고 물음에 답하시오 〈2007〉

(가) 젖어미[저더미], 닭다[닥따], 깎아[까까],

옆얼굴[여벌굴], 높여[노펴], 낱알[나:달],

쫓지[쫀찌]. 키읔[키윽], 밭에[바테]

(나) 英 <u>곳부리</u> 영 (훈몽자회 하:2)

<u>낫바ᄅᆞᆯ</u> 瑤琴 ᄧᅡᆨᄒᆞ야 뒷다라 日夜偶瑤琴 (두시언해 초간본 15:3)

ᄯᅡ히 <u>놉ᄂᆞᆺ가ᄫᅵ</u> 업시 ᄒᆞᆫ가지로 다ᄒᆞ시며 (월인석보 2:40)

九重에 드르샤 太平을 누리싫 제 이 ᄠᅳ들 닛디 마ᄅᆞ쇼셔 (용비어천가 110장)

네 아기 <u>낟노라</u> ᄒᆞ야 나ᄅᆞᆯ 害ᅘᅵ호려 ᄒᆞᄂᆞ니 (월인석보 10:25)

(다) bookmaker[bukmeikeə] 북메이커,

out[aut] 아웃, film[film] 필름, ring[riŋ] 링,

hint[hint] 힌트, gap[gæp] 갭

3. 다음은 '받침의 발음'과 관련된 표준 발음법의 규칙을 가르치기 위한 표이다. (가)의 자료를 활용하여 〈조건〉에 따라 아래의 빈칸 ㉠~㉤을 채우시오. [3점]

〈조건〉

· '어휘 예'에는 각각에 해당하는 예를 모두 쓸 것.

분류	어휘 예	규칙
A	㉠	받침 'ㄲ, ㅋ', 'ㅅ, ㅆ, ㅈ, ㅊ, ㅌ', 'ㅍ'은 어말 또는 자음 앞에서 각각 대표음 [ㄱ, ㄷ, ㅂ]으로 발음한다.
B	㉡	홑받침이나 쌍받침이 (㉣)와/과 결합되는 경우에는, 제 음가대로 뒤 음절 첫소리로 옮겨 발음한다.
C	㉢	받침 뒤에 모음 'ㅏ, ㅓ, ㅗ, ㅜ, ㅟ'들로 시작되는 (㉤)이/가 연결되는 경우에는, 대표음으로 바꾸어서 뒤음절 첫소리로 옮겨 발음한다.

4. (가)~(다)를 참고하여 현대 국어, 중세 국어, 외래어 표기법에서 받침소리의 발음과 표기의 관계를 〈조건〉에 따라 설명하시오. [3점]

〈조건〉

- 받침소리로 발음된 자음들, 받침을 표기한 글자들을 쓸 것.
- 받침 표기의 원리나 근거에 대한 설명을 포함할 것.

· 현대 국어 :

· 중세 국어 :

· 외래어 표기법 :

5. 다음은 '자음의 조음 음성학적 특징, 자음 분화의 기준과 자음 동화의 음운론적 성격, 자음 체계' 등을 연계하여 지도하기 위해 만든 학습 자료이다. 주제별로 알맞은 탐구 내용을 쓰시오. [4점] 〈2008〉

(가)

국물→[궁물], 먹는→[멍는], 부엌만→[부엉만], 흙만→[흥만]

닫는→[단는], 짓는→[진는], 맞는→[만는], 꽃망울→[꼰망울]

밥물→[밤물], 답만→[담만], 앞마당→[암마당], 밟는→[밤는]

(나)

건강→[겅강],맡기다→[막끼다], 숟가락→[숙까락], 옷감→[옥깜]

문법→[뭄뻡], 신문→[심문], 낮부터→[납뿌터], 꽃밭→[꼽빧]

감기→[강기], 꼼꼼하다→[꽁꼼하다], 밥그릇→[박끄름]

※ (나)의 발음은 수의적인 것으로 표준 발음으로는 인정되지 않음.

(다)

洪ᅘᅩᆼㄱ字ᄍᆞᆼ, 君군ㄷ字ᄍᆞᆼ, 侵침ㅂ字 · ᄍᆞᆼ 〈훈민정음 언해〉

자음의 특징	모음은 목청을 통과한 공기의 흐름이 장애를 받지 않은 상태로 나는 소리인 반면, 자음은 공기의 흐름이 일정한 곳에서 일정한 방식으로 장애를 받아 나는 소리이다.

↓↓

자음 분화의 기준	

↓↓ ↓↓

(가)와 (나)의 음운론적 성격 차이		(다)의 사잇소리 표기 원리	

6. 다음 자료는 여러 개의 음운 변동이 나타난 국어 단어의 발음 과정을 단계적으로 표시한 것이다. 〈보기〉의 ㉠과 ㉡에 들어갈 음운 변동의 유형을 각각 쓰시오. [2점] 〈2014〉

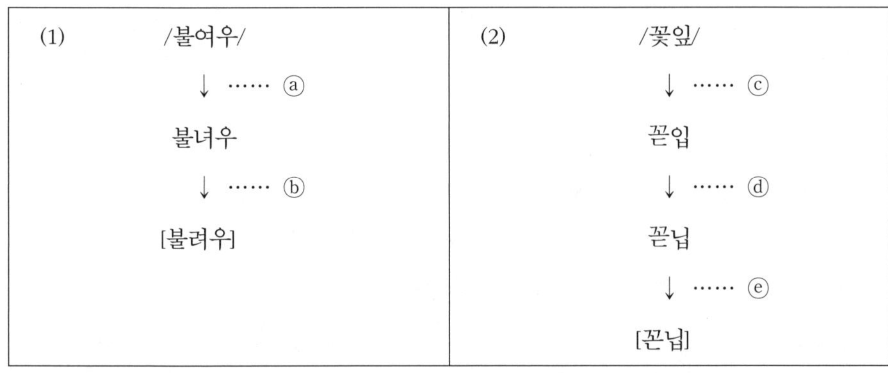

〈보기〉

(1)과 (2)의 음운 변동 중에서 ⓐ와 ⓓ는 음의 (㉠)이고, ⓑ, ⓒ, ⓔ는 음의 (㉡)이다.

7. 다음은 국어의 음운을 설정할 때 고려해야 할 사항이다. ㉠과 ㉡에 들어갈 내용을 각각 쓰시오. [2점] 〈2014〉

고려 사항	예시	설명
최소 대립쌍	· 쌀:살 · 님:남 · 옥:옴	다른 조건이 모두 동일하고, 하나의 소리가 차이 남으로써 두 단어의 의미가 달라지는 단어들의 짝을 말한다.
음성적 유사성	· '하늘'의 'ㅎ'과 '땅'의 'ㅇ'	음성적으로 유사성을 지니고 있지 못한 두 소리는 서로 다른 음운이 된다.
(㉠)	· '바다'의 'ㅂ'[p] · '어부'의 'ㅂ'[b] · '어업'의 'ㅂ'[pㄱ]	두 개 이상의 소리가 동일한 환경에 결코 나타나지 않는 것을 말한다.
동형성	· ㄱ:ㅋ:ㄲ · (㉡)	음운이 체계를 이루는 데 있어서 체계적 대칭 관계를 선호하는 경향을 말한다. 예시에서 평음, 격음, 경음의 대립 양상이 연구개음뿐만 아니라 양순음에서도 나타나는 것을 볼 수 있다.

3.2. 단어

〈성취 기준〉

1. [9국04-04] 품사의 종류를 알고 그 특성을 이해한다.
2. [9국04-05] 어휘의 체계와 양상을 탐구하고 활용한다.
3. [10국04-04] 한글 맞춤법의 기본 원리와 내용을 이해한다.
4. [12언매02-02] 실제 국어생활을 바탕으로 품사에 따른 개별 단어의 특성을 탐구한다.
5. [12언매02-03] 단어의 짜임과 새말의 형성 과정을 탐구하고 이를 국어생활에 활용한다.
6. [12언매02-04] 단어의 의미 관계를 탐구하고 적절한 어휘 사용에 활용한다.
7. [12언매02-11] 다양한 국어 자료를 통해 국어 규범을 이해하고 정확성, 적절성, 창의성을 갖춘 국어생활을 한다.

3.2.1. 형태소와 단어

1. 형태소

1) 개념: 일정한 의미를 지닌 가장 작은 말의 단위(= 최소의 유의미 단위).

※ 의미는 어휘적 의미와 문법적 의미를 모두 포함하는데, 어휘적 의미는 실사(實辭)의 의미이고, 문법적 의미는 조사나 어미, 접사와 같은 허사(虛辭)의 문법적 기능을 뜻한다.

2) 분석: 대치의 원리와 결합의 원리 활용

(예) 들에는 장미꽃이 예쁘게 피었다

(1) 대치의 원리: 같은 성질을 가진 다른 말들로 바꿔 들어갈 수 있는 원리.

(예) 들에는→산에는, 장미꽃→국화꽃, 장미꽃이→장미꽃도, 피었다→피겠다

(2) 결합의 원리: 각각의 단위 앞이나 뒤에 다른 말이 들어갈 수 있는 원리

(예) 들에는 장미꽃이→들에는 붉은 장미꽃이, 피었다→피었겠다

2) 종류

(1) 자립성의 유무에 따라

① 자립 형태소: 다른 형태소와 결합 없이도, 홀로 문장에서 쓰일 수 있는 형태소. 명사, 대명사, 수사, 관형사, 부사, 감탄사

② 의존 형태소: 반드시 다른 형태소와 결합하여야만 문장에 쓰일 수 있고 단어가 되는 형태소. 조사, 용언의 어근과 어미, 접사 등.

(2) 의미에 따라

① 실질 형태소(어휘 형태소): 구체적인 대상이나 구체적인 상태를 나타내는 실질적 의미를 가지고 있는 형태소. 체언, 용언의 어근, 수식언, 독립언 등.

② 형식 형태소(문법 형태소): 문법적 기능만을 나타내는 형태소. 조사, 어미, 접사

(예) 나도 등산을 갈 수 있게 되었다.

자립 형태소: 나, 산(山), 수

의존 형태소: 도, 등(登), 을, 가-, -ㄹ, 있-, -게, 되-, -었-, -다

실질 형태소: 나, 등, 산, 가-, 수, 있-, 되-

형식 형태소: 도, 을, -ㄹ, -게, -었-, 다

〈참고〉

1. 의존 명사는 자립 형태소이면서 실질 형태소이다. 보조 용언은 의존 형태소이면서 실질 형태소이다. 접두사와 접미사는 의존 형태소이면서 형식 형태소이다.

2. 유일 형태소(특이 형태소): 단 하나의 형태소와만 결합하는 형태소.

(예) 오솔길(오솔-, 길), 아름답다(아름-답-다)

3. 한자어: 각 글자가 각각의 형태소이고, 원칙적으로 의존 형태소이다.

· 창(窓), 문(門), 산(山) 등은 자립 형태소.(대응하는 고유어가 없다.)

· '천지(天地)'에서 '천, 지' 각각은 의존 형태소.(대응하는 고유어가 있다.)

· 그 자체로 자립 형태소로 쓰이는 것들은 대응하는 고유어가 없는 경우가 많다.

3) 형태소의 교체

한 형태소가 환경에 따라 달리 실현되는 것을 '교체(alternation)'라 하고, 교체에 의해 달리 실현된 형태들을 '이형태(allomorph)' 또는 '교체형(alternant)'이라 한다. 한 형태소의 이형태이기 위해서는 '상보적 분포'를 보이고 '의미/기능'이 같아야 한다.

(1) 기본형: 이형태가 여러 개 존재할 경우에 이형태들을 대표할 수 있는 형태를 하나 설정하게 되는데 그것이 기본형이다. 기본형을 정할 때, 가장 중요한 기준은 그 기본형

으로부터 나머지 이형태들의 도출을 자연스럽게 설명할 수 있는가이다.

※ 기저형: 기본형과 마찬가지로 형태소의 교체를 설명하기 위하여 정하는 대표형이기는 하지만, 기저형은 형태소의 교체를 음운론적으로 설명할 수 있는지를 최우선적으로 고려한다.

(예 1) X+은 → 바튼, X+도 → 받또, X+만 → 반만, X+이 → 바치
'X'의 이형태/교체형: 밭, 받, 반, 밫
'X'의 기본형: 밭 ⇛ 다른 이형태들의 실현 과정을 설명할 수 있다.

(예 2) X+은 → 바튼, X+도 → 받또, X+만 → 반만, X+이 → 바치, X+에 → 바세
'X'의 이형태/교체형: 밭, 받, 반, 밫, 밧
'X'의 기본형: 밭~밧 ⇛ '밭' 하나만을 기본형으로 설정하면, 교체형 '밧'을 설명할 수 없다. 이런 경우 '복수 기본형'을 설정하게 된다. 주격 조사 '이/가'의 교체도 음운론적으로 설명할 수 없으므로 복수 기본형을 설정하게 된다.

(2) 자동적 교체와 비자동적 교체

자동적 교체는 음운론적 제약으로 인해 형태소의 교체가 필연적으로 일어나는 것이며, 비자동적 교체는 그런 교체가 일어날 필연적 이유가 없는 것이다.

가. 자동적 교체: 흙 → [흑], 흙이 → [흘기], 국물 → [궁물], 잡다 → [잡따]
나. 비자동적 교체: 보아라 → [봐:라]([보아라]), 다듬고 → [다듬꼬](金庫[금고])

(3) 음운론적 교체와 비음운론적 교체

음운론적 교체는 교체를 보이는 형태소 앞뒤에 오는 음운론적 환경에 따라 교체가 결정되는 것이고, 비음운론적 교체는 그 교체가 음운론적으로는 설명되지 않고, 연결되는 형태소 자체에 의해서만 설명되는 교체이다.

가. 음운론적 교체: 꽃 → [꼳], 막고 → [막꼬], 막는다 → [망는다], 알+는 → [아는]
나. 형태 어휘론적 교체:
{-았-~-었-}∝-였-⇒잡-았-다~먹-었-다∝하-였-다
{-아라~-어라}∝-여라∝-너라⇒잡-아라~먹-어라∝하-여라∝오-너라

※ 중세 국어 관형격 조사 '익/의: ㅅ'은 의미 특성에 의한 대립이므로, 의미론적 교체라 해야 할 것이다.

(4) 규칙적 교체와 불규칙적 교체

규칙적 교체는 교체를 보이는 형태소들과 교체의 환경을 범주화할 수 있는 교체이고 불규칙적 교체는 그렇지 못한 교체이다. 대체로 규칙적 교체는 음운 규칙으로 설명할

수 있는 교체이다.

가. 규칙적 교체: 잡고 → [잠는], 굳이 → [구지], 안다 → [안따], 심고 → [심꼬]

나. 불규칙적 교체: 짓다[作]~지어(비교. 웃다~웃어), 하여~해(비교. 가아 → 가)

2. 단어

1) 개념: 자립할 수 있는 말. 또는 자립할 수 있는 형태소에 붙어서 쉽게 분리할 수 있는 말. 단어는 자립적이고 독자적인 문법 단위이며, 의미 단위이다. 다음 세 가지 중 하나를 만족하면 단어로 처리한다.

(1) 최소 자립 형식: 자립 형태소 전부

(2) 자립할 수 있는 형태소에 붙어서 쉽게 분리할 수 있는 말: 조사

(3) 준자립 형식: 의존 명사, 보조 용언

※ 의존 명사와 보조 용언은 자립성이 결여되어 있거나 거의 희박하고 의미에 있어서도 어휘적이기보다는 문법적인 성격이 강하지만, '준자립 형식'으로 간주하여 단어로 분류한다.

(예) 푸른 하늘을 향해 물줄기가 치솟고 있는 것을 바라보았다.

단어: 푸른, 하늘, 을, 향해, 물줄기, 가, 치솟고, 있는, 것, 을, 바라보았다

2) 단어 성립 기준

(1) 자립성 - 다른 요소와의 결합 없이 문장에 나타날 수 있는 성질. 우리말에서 자립성은 감탄사, 체언, 용언, 부사, 관형사 순으로 강하다.

(2) 분리성과 휴지 - 다른 단어가 사이에 끼어들 수 있는 성질. 하나의 단어는 문장 내에서 자리 이동이 자유롭지 못하고 내부에 휴지를 둘 수 없으며 다른 단어를 넣어 분리할 수도 없다. ※ 큰집: ① 맏집 ② 종가(宗家)

㉠ 혁수는 큰아버지를 뵈러 큰집에 갔다. → … 뵈러 *큰 그 집에 갔다.

㉡ 물고기를 잡아서 먹었다. 시간만 잡아먹는다.~*시간만 잡아서 먹는다.

〈예외〉 깨끗하다: '깨끗도 하다, 깨끗은 하다'

(3) 준자립성

3) 조사의 단어 포함 여부(지도서, pp.114~115)

(1) 조사를 단어로 인정하는 견해(학교 문법의 입장): 조사 자체는 자립성이 없어도 이들과 직접 결합되는 형식이 자립형식이기 때문에 준자립성을 가지고 있다고 말할 수 있다. 따라서 조사는 준자립 형식으로 어느 정도 분리성이 인정되므로 단어로 간주할 수 있다. 즉, 조사에 선행하는 체언의 자립성이 어미에 선행하는 용언 어간의 자립성보다 훨씬 높다는 것이 어미와 달리 조사를 단어로 취급하는 중요한 이유다. (예) 이야기책-으로부터-는 배울 것-이 많았다. (단어 7개)[18]

(2) 조사를 단어로 인정하지 않는 견해: 단어는 자립성이 뛰어나지만 조사는 자립성이 없다. 조사는 체언에 자립성이 있기 때문에 자동적으로 분리되는 것이지 조사 자체에 분리성이 있는 것은 아니다. 따라서 체언이 자립 형식이기 때문에 거기에 붙는 조사도 자립성을 가질 수 있다는 이론은 성립되지 않는다. 또한 조사는 어미의 경우처럼 문법적 관계를 표시할 뿐 실질적인 의미를 지니지 못하므로 단어로 인정하기 어렵다.

3.2.2. 품사 분류

1. **개념:** 단어를 문법적인 성질(특성)의 공통성에 따라 나눈 부류(class)

2. **분류 기준:** 형태와 기능을 주요 분류 기준으로 이용하고, 의미는 보조적 기준으로 이용한다. 분류 기준은 대체로 '형태, 기능, 의미'의 순서로 적용하는 것이 가장 자연스럽다.

※ 품사의 수는 분류 기준에 따라 달라질 수 있다.

---

18) (1) ㄱ. 영희는 부산으로부터 전학 왔다.
ㄴ. 영희는 부산으로 전학을 왔다. / ㄷ. *영희는 부산부터 전학을 왔다.
(2) ㄱ. 나는 밥 대신 빵으로만 먹는다.
ㄴ. 나는 밥 대신 빵으로 먹는다. / ㄷ. 나는 밥 대신 빵만 먹는다.
'출발점'을 나타내는 '(으)로부터'는 (1ㄴ)처럼 '부터'를 빼면 '출발점'의 의미를 가질 수 없고, (1ㄷ)처럼 '으로'를 빼면 아예 비문법적인 문장이 된다. 따라서 '(으)로부터'는 합성 조사로 보아야 한다. 이에 비해 (2)의 '으로만'은 전체가 하나의 의미를 이루지 않으며 '으로'나 '만'을 뺀 (2ㄴ, ㄷ)이 성립하므로 조사 연속 구성체로 볼 수 있다. 합성 조사는 통시적인 변화에 의해 한 단어로 굳어진 것이므로 사전에 표제어로 올라 있다. 이에 비해 조사 연속 구성체는 하나의 단어가 아니므로 각각이 표제어로 사전에 올라 있다(고영근 · 구본관, 2008:165, 188).

1) 형태: 단어의 형태 변화 유무. 어미에 의한 활용의 양상.

(1) 불변어: 체언, 수식언, 독립언, 관계언(서술격 조사 제외)

(2) 가변어: 용언, 서술격 조사

2) 기능: 단어가 문장 내에서 담당하는 역할 또는 한 단어가 문장 내에서 다른 단어와 맺는 문법적 관계, 즉 통사적 기능. 품사 분류의 가장 중요한 기준이다.

(1) 주체 기능: 체언 - 주어의 자리에 나타나는 단어.

(2) 서술 기능: 용언 - 문장의 주어를 서술하는 단어.

(3) 수식 기능: 수식언 - 다른 말을 수식하는 기능을 하는 단어.

(4) 독립 기능: 독립언 - 문장 속의 다른 성분에 얽매이지 않고 독립성을 지닌 단어.

(5) 관계 기능: 관계언 - 체언 뒤에 붙어서 문법적 관계를 나타내거나 의미를 더하는 단어.

3) 의미 - 개별 단어의 어휘적 의미를 지칭하는 것이 아니라 품사 부류 전체가 가지는 의미. ※ '관형사, 부사, 조사'는 기능에 의한 분류이고, 다른 말과의 관계 속에서 파악되는 의미이다.

(1) 명사: 사람이나 사물의 이름을 가리키는 말

(2) 대명사: 사람이나 사물을 지시하는 말

(3) 수사: 수량이나 순서를 나타내는 말

(4) 동사: 동작이나 작용을 나타내는 말

(5) 형용사: 성질이나 상태, 존재를 나타내는 말

(6) 관형사: 체언 앞에 놓여서 체언, 주로 명사를 꾸며주는 말(사물의 상태를 수식)

(7) 부사: 주로 용언이나 문장 전체를 꾸며 주는 말(사물의 움직임, 성질, 상태를 한정)

(8) 감탄사: 느낌이나 부름, 대답을 나타내는 말. 다른 성분들에 비해 비교적 독립성이 있다.

(9) 조사: 체언 뒤에 붙어서 문법적 관계를 나타내거나 의미를 더해주는 의존 형태소.

3. 분류의 실제

<table>
<tr><th>형태</th><th>기능</th><th>의미</th><th>연결 관계</th><th>문장 성분1</th><th>문장 성분2</th><th>수식어</th></tr>
<tr><td rowspan="7">불변어</td><td rowspan="3">체언</td><td>명사</td><td rowspan="3">+조사(선택적)</td><td rowspan="3">주어/목적어/보어</td><td rowspan="3">관형어(+의), 서술어(+이다), 부사어(+부사격 조사), 독립어(+호격 조사, 제시어)</td><td rowspan="3">관형어</td></tr>
<tr><td>대명사</td></tr>
<tr><td>수사</td></tr>
<tr><td rowspan="2">수식언</td><td>관형사</td><td>+체언(필수적)</td><td>관형어</td><td rowspan="5"></td><td rowspan="5"></td></tr>
<tr><td>부사</td><td>+용언/부사,
보조사(선택적)</td><td>부사어</td></tr>
<tr><td>독립언</td><td>감탄사</td><td></td><td>독립어</td></tr>
<tr><td rowspan="2">관계언</td><td>조사</td><td>체언뒤(선택적)</td><td></td></tr>
<tr><td rowspan="3">가변어</td><td>서술격
조사</td><td>+어미(필수적)</td><td>서술어</td></tr>
<tr><td rowspan="2">용언</td><td>동사</td><td rowspan="2">+어미(필수적)</td><td rowspan="2">서술어</td><td rowspan="2">관형어(+관형사형 어미), 주어(+명사형 어미), 부사어(+부사형 어미)</td><td rowspan="2">부사어</td></tr>
<tr><td>형용사</td></tr>
</table>

1) 체언(體言): 문장의 주체가 되는 자리에 나타나는 단어의 갈래. 명사, 대명사, 수사

· 특징

· 형태: 체언은 활용할 수 없으며, 어형이 고정되어 있다.

※ 다만, 대명사 '나, 너, 저'는 주격 조사 '가'와 결합할 때, 각각 '내, 네, 제'가 된다. 또한 호격 조사 '아'와 결합할 때도 형태를 바꾸는 예가 있다. (예) 기러기+야 → 기럭아. [아기+야 → (악아) → 아가(야)]

· 기능: 문장에서 주로 주어가 되는 자리에 오며 용법에 따라 체언적 기능(주어, 목적어, 보어), 서술적 기능(체언+이다), 수식적 기능(관형어, 부사어), 독립적 기능(독립어: 체언+호격 조사, 제시어)을 가진다.

· 조사와의 결합: 체언의 모든 기능은 원칙적으로 조사와 결합되어 이루어진다. 또한 조사를 통해 문법적 관계(격 표시)가 이루어진다.

· 관형어의 수식과 제약: 체언 중에서 대명사는 관형사의 수식을 받지 못하며, 수사는 관형사와 형용사의 수식을 받지 못한다.

(1) 명사: 사람이나 사물의 이름을 나타내는 단어들의 묶음. 주어, 목적어, 보어의 자리에 나타날 수 있으며, 관형어의 수식을 받고 조사와 결합하여 여러 문장 성분이 될 수 있다.

① 종류

가. 사용 범위에 따라

가) 고유 명사와 보통 명사

(가) 고유 명사: 낱낱의 특정한 사물이나 사람을 다른 것들과 구별하여 부르기 위하여 고유의 기호를 붙인 이름으로, 변별적 고유성이 있다. (사람, 땅, 나라, 책, 사건, 회사, 강, 상표 등의 이름)

㉮ '이, 모든, 새, 어느, 다른' 따위의 관형사와 결합하기 어렵다.(지시 대상의 유일성 때문) (예) ?이 영자가 저 영자를 때렸다.

㉯ 복수 표현이 어렵다. (예) *영자들이 마구 몰려 왔다. *설악산<u>마다</u>

㉰ 수와 관련된 말과 결합하지 못한다. (예) *<u>두</u> 백제가, *<u>한</u> 서울이

㉱ 복수형을 취하면 보통 명사가 되기도 한다.

㉠ 우리들은 장래의 세종대왕<u>들</u>을 기다린다.

㉡ 해군사관학교는 많은 <u>이순신</u>을 배출했다.

(고유 명사를 비유적으로 표현하여 그런 속성을 가진 보통 명사로 바꾸어 사용한다. 새로운 단어의 형성으로 보기도 한다.)

㉲ 처음에는 하나의 고유한 상표로 시작하였으나, 해당 상품이 아주 유명해진 후 해당 상표가 이와 유사한 상품들을 총칭하는 하나의 보통 명사처럼 사용되는 경우가 있다. (예) 지포(Zippo): 미국 지포사가 제조한 라이터(고유 상품명)로, 일반 라이터를 총칭하는 보통 명사처럼 사용됨. 초코파이, 크리넥스

㉳ 자음으로 끝나는 이름 뒤에 조사가 붙는 경우에는 보통 접미사 '-이'를 붙여 말한다. 다만, 가리키는 사람이 윗사람이거나 친하지 않은 사람일 때, 성과 이름을 붙여 사용할 때는 '-이'를 붙이지 않는다. 그리고 작가가 등장인물에 대하여 서술할 때는 이름 뒤에 '-이'를 붙이지 않는 경우가 간혹 있다(한재영 외, 2008:103).

※ 소설에서 이름 뒤에 '-이'가 붙지 않은 채 사용되는 것은 서술의 객관성 확보를 위한 것으로 이해된다.

㉠ 영범이는 어제 소개팅을 하였다./ 이영범은 어제 소개팅을 하였다.

㉡ 근아는 2월에 결혼한다.

㉢ 권길은 산속 촌락의 방방곡곡을 돌아다니면서 … 장정들을 몰아 가지고 돌아왔다. 〈박종화, 임진왜란〉

㉢' 날이 서리 같은 환도를 빼어 든 한온이가 목도를 든 꺽정이와 달 아래 마주 섰다. 〈홍명희, 임꺽정〉

(나) 보통 명사: 같은 종류의 모든 사물에 두루 쓰이는 명사

· 고유 명사와 보통 명사의 분류 기준 - 고유 명사와 보통 명사의 분류 기준은 절대적인 척도에 의한 것이 아니라, 가리키는 범위가 넓으면 넓을수록 보통 명사에 가깝고, 좁을수록 고유 명사에 가깝다. 그리고 고유 명사가 보통 명사로 변화, 또는 전이되는 경우가 있다.

※ 세상에서 유일하게 존재하는 '해, 달' 따위는 다른 것과 구별할 필요가 없기 때문에 고유 명사에 속하지 않는 반면, '홍길동'과 같은 인명은 동명이인(同名異人)이 있는 경우라도 고유 명사에 속한다. 한편 '홍길동'이 신비한 능력이 있는 사람을 의미하게 되는 경우라면 고유 명사가 아니라 보통 명사화한 것으로 간주되기도 한다. 〈표준국어대사전〉

나) 유정 명사와 무정 명사

(가) 유정 명사: 감정을 나타내는 사람이나 동물을 가리키는 명사.

(나) 무정 명사: 감정을 나타내지 못하는 식물이나 무생물을 가리키는 명사.

(다) 이 두 명사에 처소(낙착점)의 부사격 조사가 통합될 때, 유정 명사 다음에는 '에게, 한테'가 쓰이나 무정 명사 다음에는 '에'만이 쓰인다.

㉠ 소현이는 나그네<u>에게</u> 물을 주었다.

㉡ 소현이는 나무<u>에</u> 물을 주었다.

나. 자립성 여부에 따라

가) 자립 명사: 문장에서 다른 말의 도움을 받지 않고 여러 성분으로 쓰이는 명사

나) 의존 명사(형식 명사: 의미의 형식성): 명사의 성격을 띠면서도 그 의미가 형식적이어서 홀로 문장에 나타나지 못하고 반드시 관형어와 함께 문장에 나타난다.

※ 의존 명사가 쓰이면 그것을 꾸미는 관형어는 생략할 수 없다. 의존 명사는 앞 말과 띄어 쓴다.

(가) 자립성이 없으면서도 명사로 인정을 받는 것은 뒤에 격조사를 취하며 그 앞에 관형어의 수식을 받기 때문이다.

(예) 그게 모두 연극이었다는 <u>것</u>을 간밤에 누님이 말해 주었다. 〈한승원, 해일〉

(나) 그 뒤에 결합되는 조사가 제한되기도 한다.(특정 문장 성분으로만 쓰이기도 한다. 의존 명사의 종류 참조.)

(예) 지가, 뿐이다, 채로, 줄을, 따름이다

(다) 단독으로 쓰이지 못하고 문장의 첫머리에 놓일 수 없기 때문에 불완전하다.

(라) 일반 명사처럼 실질적인 의미를 나타내지 못하고, '일, 곳, 내용, 사람, 경우' 등의 실질적인 의미를 간접적으로 나타낸다.

(마) 의존 명사와 관련하여 안은 문장의 서술어가 제약을 받는 경우도 흔히 발견된다.

㉠ 그야 두말 할 나위가 있나?(나위/ 있다, 없다)

㉡ 그는 그 사람이 돌아온 줄 알았다.(줄/ 알다, 모르다)

(바) 의존 명사의 종류

㉮ 보편성 의존 명사: 문장의 여러 성분에서 두루 쓰이는 의존 명사(것이, 것을, 것에. 것의, 것이다). 것, 분, 데, 따위

ㄱ. 관형어와 조사와의 통합에 있어 큰 제약을 받지 않으며, 의존적 성격 이외는 자립 명사와 큰 차이가 없다.

㉠ 저 분이 우리를 돌보셨다. ㉡ 네가 가져와야 할 것이 많다.

ㄴ. 보편성 의존 명사 중 대표적인 것은 '것'으로 자립 명사의 대용 이외에도 여러 가지 특수한 기능을 가진다.

㉠ 지윤이 집의 백자는 조선 시대 후기의 것입니다.(선행 체언 지시)

㉡ 그들은 나름대로의 행복을 추구하고 있는 것이다.(문장의 뜻을 강조)

㉯ 주어성 의존 명사: 주격 조사와 결합되어 주어로만 쓰이는 의존 명사. 구어체에서는 주격 조사가 흔히 생략된다. 지, 수, 리, 나위

㉠ 이곳에 온 지(가) 벌써 한 해가 가까워 온다.

㉡ 나도 어쩔 수(가) 없었다. ㉢ 그럴 리(가) 없다.

㉰ 서술성 의존 명사: 서술어로 사용되며, '의존 명사+이다'의 형태나 '아니다'의 보어 형태로 나타난다. 뿐, 터, 때문, 따름

㉠ 최선을 다할 뿐(따름)이다. ㉡ 네가 그렇게 하는 터에 난들 어떡해?

※ '터, 때문' + 부사격 조사 '에' → '사정, 형편'의 의미로 해석

㉱ 부사성 의존 명사: 부사격 조사와 결합하여 부사어로 쓰인다. 대로, 만큼, 줄, 듯, 체

ㄱ. '대로, 만큼'은 보조사 '은/는'과 통합되기도 하나, 생략되는 일이 더 많다.

(예) 시키는 대로(는) 못하겠다.

ㄴ. '줄'은 도구 부사격 '로'와 통합되지만 목적격 조사와도 통합한다.

(예) 양보할 줄(을) 모른다

ㄷ. '뻔, 체, 양, 듯, 만' 등은 '~하다'와 결합되어 동사, 형용사처럼 쓰이기도 한다. (예) 비가 올 듯하다.(보조 용언으로 쓰임)

㉮ 단위성 의존 명사: 선행하는 명사의 수량을 단위의 이름으로 지시하는 기능을 가진다. 마리, 자, 평, 섬

ㄱ. 자립 명사와 의존 명사의 기능을 함께 가지는 것도 있다.

㉠ 병이 다섯 개/ 소주 두 병을 마셨다.

㉡ 사발에 담긴 막걸리/ 세 사발의 막걸리를 연달아 마셨다.

ㄴ. 반드시 수 관형사와 결합한다.

② 의존 명사의 판별[19)]

가. 의존 명사와 조사: '만큼, 대로, 뿐, 체, 만' 등은 용언의 관형사형 뒤에 오면 '의존 명사'이지만, 체언 뒤에 오면 '조사'로 취급하여 붙여 쓴다. 시간의 경과를 나타내는 '만'도 의존 명사다.

㉠ 의존 명사: 아는 대로 / 먹을 만큼

그들은 떠난 지 나흘 만에 목적지에 도착했다.(시간의 경과)

한 번쯤 해 볼 만도 하다.(동작이나 행동이 타당하거나 가능함)

㉡ 조사: 나는 나대로 / 너만큼 나도 안다.

나. '하다'가 붙을 수 있는 의존 명사: 뻔, 체, 양, 듯, 척

㉠ 듯: 씻은 듯 깨끗하다./ 구름에 달 가는 듯하다

㉡ 척(양, 체): 아는 척을 한다./ 아는 척한다.

다. 의존 명사와 접미사

(예) 이: 좋은 일을 한 이(명사)/ -이: 때밀이, 신문팔이(접미사)

(2) 대명사: 사람이나 사물의 이름을 대신해서 그것을 직접 가리켜 이르는 단어의 묶

---

19) 학생들은 의존 명사를 구분하는 데에 어려움을 느낀다. 그러므로 의존 명사를 쉽게 찾아내는 방법을 알려줘야 하는데, 다음과 같은 것도 하나의 방법이 될 수 있다. 첫째, 1음절 또는 2음절로 되어 있다. 둘째, 그것 자체만으로는 의미가 불분명하다. 셋째, 앞에 용언의 관형사형이 온다(동사나 형용사 어간에 '-ㄴ' 또는 '-ㄹ'을 결합한 말이 앞에 온다).

음으로 명사를 대신하는 말이다. 대명사의 의미는 대체될 수 있는 단어를 전제로 파악된다.

① 특징

가. 상황지시성이 기본적 특성이다.(장면에 따라 표현이 달라진다.)

(예) 너는 거기서 무엇을 하고 있니?(상황에 따라 다른 의미로 파악됨)

나. 전술 언급의 기능이 있다.(단 '저'는 특수 상황에서)

(예) 어제 산 책 어디에 있니? 서재에 두었는데요. 그럼, 그것(=책) 좀 가져오렴.

다. 단독으로 주어가 될 수 있으며, 조사가 붙어 격표시가 이루어진다.

라. 관형사의 수식을 받을 수는 없지만, 용언의 관형사형의 수식은 받는다.

(예) 즐거운 우리, 젊은 그들, *이 그들

② 종류

가. 지시 대명사: 사물을 가리키는 것과 장소를 가리키는 것이 있다.

	근칭	중칭	원칭	미지칭	부정칭
사물 대명사	이, 이것	그, 그것	저, 저것	무엇, 어느것	아무것
장소 대명사	여기	거기	저기	어느곳, 어디	아무데, 아무곳

가) '관형사+의존 명사'의 합성어인 점이 특징이다. (예) 이것, 그것, 아무것

나) '이, 그, 저'는 조사가 연결되거나 '이것, 그것, 저것'으로 바꿀 수 있으면 지시 대명사이다

다) '여기, 거기, 저기'가 주체 성분으로 쓰였으면 지시 대명사이고, 용언이나 문장 전체를 꾸미면 부사이다.(학교 문법의 입장)[20]

(예) 여기가 어디예요(대명사) / 물건을 여기 놓아라.(부사)

라) '이'는 화자에 가까운 쪽, '그'는 청자에 가까운 쪽, '저'는 화자와 청자에게 모두 먼 쪽을 나타낸다. 따라서 '이것, 그것, 저것'이나 '여기, 거기, 저기'는 화자와 청자로부터의 거리에 의해 구별된다. 근칭, 중칭, 원칭은 화자를 기점으로 선택되는

---

20) '여기, 거기, 저기'는 대명사로만 처리할 수도 있는데, 대명사에는 조사가 통합될 수도 있고 생략될 수도 있기 때문이다. 예컨대, '여기 놓아라'에서 '여기' 뒤에 처소 부사격 조사 '에'가 생략된 것으로 처리하면 '여기'의 품사는 대명사이며, 문장 성분은 부사어이다. 『표준국어대사전』에서도 '여기, 저기, 거기'는 품사의 통용을 인정하지 않고 '대명사'로만 처리하고 있다.

것으로 파악한 것이다.

마) 조사와의 결합형

(가) {이것, 그것, 저것} + 이(주격 조사) → 이게, 그게, 저게

(나) {이것, 그것, 저것} + 을(목적격 조사) → 이걸, 그걸, 저걸

(다) {이것, 그것, 저것} + 은(보조사) → 이건, 그건, 저건

바) '이리, 저리, 그리'는 부사로, 격조사와의 결합이 불가능하다.

(예) *이리가, *저리에, *그리를. 〈예외〉 조사 '로'의 결합은 가능.

나. 인칭 대명사: 사람의 이름을 대신 직접 가리키는 말.

※ 대우법의 발달로 화자와 청자의 관계에 따라 인칭 대명사가 선택된다.

		아주 높임 (극존칭)	예사 높임 (보통 존칭)	예사 낮춤 (보통 비칭)	아주 낮춤 (극비칭)
제1인칭				나, 우리	저, 저희
제2인칭		**어른, 어르신**	**당신, 임자, 그대**	**자네, 그대**	**너, 너희**
제3인칭	근칭	(이 어른)	이분	이이	이애
	중칭	(그 어른)	그분	그이/그, 그녀	그애
	원칭	(저 어른)	저분	저이	저애
	미지칭	(어느 어른)	(어느 분)	누구	
	부정칭	(아무 어른)	(아무 분)	아무	
	재귀칭	당신	자기	자기, 남	저, 남

※ '그, 그녀'는 구어에서는 사용되지 않고 문어에서만 사용된다.

가) 미지칭 대명사: 대상이 정해져 있으나 대상의 이름이나 신분을 정확히 모를 때 쓰는 대명사로, 주로 의문문에 쓰인다. (예) 누구의 얼굴이 먼저 떠오르니?

※ 1. '누구, 무엇, 언제, 어디'는 의문문에 사용되기 때문에 의문 대명사로 분류할 수도 있다. 2. 미지칭에 '(이)나, 도, 든지' 등의 조사가 결합하면 부정칭이 된다. (예) 누구나 올 수 있다.

나) 부정칭 대명사: 특정한 지시 대상이 없을 때 쓰는 대명사.

㉠ 아무라도 응시할 수 있다. ㉡ 누구든지 할 수 있으면 해라!

(가) '누구, 무엇, 언제, 어디, 아무'가 평서문에 쓰여서 아직 모르거나 특정한 하나로

정해지지 않은 것을 가리킬 때는 부정칭 대명사로 분류할 수 있다.

(나) 부정칭 대명사가 의문문에 쓰일 경우에는 억양에 의해 의문 대명사와 구분된다(이익섭 · 채완, 2009)

㉮ 부정칭 대명사: 어디 가세요?(↗) 누가 왔니?(↗) ☞ 판정 의문문

㉯ 의문 대명사: 어디 가세요?(↘) 누가 왔니?(↘) ☞ 설명 의문문

㉰ 미지칭 대명사: 누구 기다리세요?(↘)

㉱ 부정칭 대명사: 누구 기다리세요?(↗)

다) 재귀 대명사:

(가) 한 문장 안에서 앞에 나온 3인칭 체언을 대신하는 기능을 하는 대명사. 자기, 저, 당신, 저희 등.

㉠ 철수도 자기 잘못을 알고 있다. (재귀 대명사는 '자기'가 보편적이다)

㉡ 그분은 당신 딸만 자랑한다. 누구든지 제(저의) 자식은 귀여워한다.

(나) 재귀 대명사는 지시 대상이 문장 안에 있으나 일반 대명사는 지시 대상이 문장 안 또는 밖에 있다.

㉠ 철수$_1$는 영수$_2$를 그$_{1/2}$의 집에서 만났다.

철수$_1$는 영수$_2$를 자기$_1$집에서 만났다.

㉡ 철수$_1$는 영수$_2$를 만났다. 그리고 그$_1$는 순이도 만났다.

철수$_1$는 영수$_2$를 만났다. *그리고 자기$_1$는 순이도 만났다.

(다) 재귀 대명사는 선행 명사구가 3인칭이어야 하고 유정 명사이어야 한다.

㉠ 호랑이도 제 말 하면 온다.

㉡ 이 그림은 그것을{*저를/*자기를} 그린 사람이 아직 밝혀지지 않았다.

(라) 재귀 대명사는 주제와 주어를 모두 가리킬 수 있으나 부사어 명사를 가리키는 것은 부자연스럽다.

㉠ 철수$_1$는 영수$_2$가 자기$_{1/2}$가 잘생겼다고 말하는 것이 우스웠다.

㉡ 철수$_1$는 영수$_2$에게 자기$_{1/*2}$가 이겼다고 우겼다.

(마) 파생적 사동문과 통사적 사동문에서 재귀 대명사가 가리키는 대상에 차이가 있다.

㉠ 석민이$_1$가 학생들$_2$에게 자기$_{1/2}$ 책을 읽히었다.

㉡ 석민이$_1$가 학생들$_2$에게 자기$_{*1/2}$ 책을 읽게 하였다.

※ 화자와 청자의 관계에 따라 인칭 대명사가 달리 사용된다. 그리고 이런 인칭 대명사는 종결 어미에도 영향을 미친다. (예) ㄱ. 내가 갔다.(화자≧청자) / ㄴ. 제가 갔습니다. (화자 〈 청자)

※ 중세 국어에서 '너'는 평칭, '그듸/그듸'는 존칭이었으며, 재귀 대명사로는 평칭에 '저' 존칭에 'ᄌᆞ갸'가 있었다.

[2인칭 대명사 / 1인칭 대명사 '우리']

1. 2인칭 대명사

2인칭 대명사로는 '너, 너희, 자네, 그대, 당신, 임자' 등이 있다. 이외에 '자기'도 요즘 일부 층에서 2인칭 대명사로 자주 쓰이고 있다. 전체적으로 국어에서는 실제로 2인칭 대명사가 쓰이는 일이 많지 않다. 이유는 첫째, 실제 의사소통 상황에서는 2인칭 대명사 대신 친족명을 확장하여 사용하거나(아저씨, 아주머니, 오빠, 언니 등), 직함(선생님, 김 과장님) 등을 사용하는 경우가 더 많다. 둘째, 실질적으로 눈앞에 있는 사람을 구태여 가리킬 필요가 없기 때문에 우리말에서는 2인칭 대명사를 아예 생략하는 일이 많다.

(1) 아주 낮춤 형태

① '너': 화자보다 손아래의 친족이나 미성년 또는 같은 또래의 친한 친구 사이에 쓰인다.

② '너희': 청자가 친구나 아랫사람일 때, 청자를 포함한 여러 사람을 이를 경우에 사용한다.

(2) 예사 낮춤 형태

'자네': '당신'보다는 대우 등급이 낮고, '너'보다는 높은 예사말이다. 청자가 성인이 되면 '너'대신에 '자네'를 사용할 수 있다. '자네'는 윗사람이 친교가 있는 동년배나 손아랫사람에게 쓰는 말이다. 그러나 오늘날에는 점차 쓰이지 않고 있다.

(3) 예사 높임 형태

① '그대': 고어형으로 '당신'과 비슷한 존대어이나 시(詩)와 같은 문예문에서 주로 쓰인다.

② '당신': 부부사이, 몇 살 많은 손윗사람, 또는 그리 가깝지 않은 동년배의 사람에게 쓰인다. 선생, 부모, 상사 같은 아주 높은 분에게는 거의 쓰이지 않는다.

③ '임자': '당신'과 거의 비슷한 등급이나 거의 쓰이지 않는다.

④ '여러분': 청자가 여러 사람일 때 그 사람들을 높여 이를 경우에 사용한다.

(4) 아주 높임 형태

① 국어에서는 아주 높임의 2인칭 대명사의 형태가 본디 발달되어 있지 않고, 그 대신에 친족명이나 직함 따위의 호칭을 사용하여 왔다.

② 어른, 어르신: 아주 높임 대명사로 인정하기도 하나, 이들은 본디 대명사가 아니라 신분

명사이다.

③ 국어에서는 '어른, 어르신, 선생님, 할아버님' 따위 존대 호칭을 상황에 따라 골라 쓰고 있다.

2. '우리'의 의미와 사용 방식

(1) 우리말에서 '우리'라는 말이 많이 사용되는 이유: '우리'는 '말하는 사람을 포함하여 울(집단) 안에 있는 여러 사람'을 뜻한다. '우리 아버지, 우리 학교, 우리나라'에서 '아버지, 학교, 나라'는 모두 둘 이상의 사람에게 공유되는 것이 일반적이다. 국어에는 은연중에 '나' 혹은 '너'를 포함한 공동의 소유임을 나타내는 표현 방식이 발달하였다.

(2) '우리'의 의미: '우리'는 순수한 복수의 의미로 쓰였다기보다 '나'와 '너' 이외에 보이지 않는 관련자까지 은연중에 곁들여 표현하는 특수한 복수의 의미를 나타낸다. (예) ?내 아버지, ?내 집, ?내 학교, ?내 나라 → 우리 아버지, 우리 집, 우리 학교, 우리 나라(가족이나 국가를 한 개인의 소유물로 생각하지 않고 다른 가족과 공유하는 것으로 인식하기 때문.)[21]

(3) '우리'의 사용 방식: '우리'는 상황에 따라 듣는 사람이 포함된 경우도 있고 포함되지 않은 경우도 있는데, 이는 말하는 사람에 의하여 '울'의 경계가 그어지기 때문이다. 그러므로 '우리'는 단순히 '나'의 복수를 가리키는 것은 아니다. '우리'를 단순히 '나'의 복수라고 한다면 '우리 아버지'는 '우리의 아버지'를 뜻하여야 하기 때문이다.

ㄱ. 철수: "야, 우리 저기 놀이 공원에 놀러 가자." (화자와 청자를 모두 포함)

영수: "우리는 안 갈래." (철수를 제외한 나머지 사람)

ㄴ. 우리 모두 힘을 합쳐 살기 좋은 나라를 만듭시다(화자와 청자를 모두 포함하고 제삼자만 배제).

[지도서, pp.126~127]

※'저희'는 상대방에 대해 자신을 낮추는 말이므로 청자를 포함하는 경우에는 사용되기 어렵다.

우리나라 / *저희나라

21) 우리 【인칭 대명사】 (1) 자기와 함께 자기와 관련되는 여러 사람을 다 같이 가리킬 때, 또는 자기나 자기 편을 가리킬 때 쓰는 말. (예) 우리를 믿어 주십시오./ 여기는 우리가 맡겠습니다./ 매주 한 번 우리 전통문화를 가르치고 있다. (2) 일부 명사 앞에서 관형어로 쓰여, 화자와 관련된 사람을 친근하게 가리키는 말. (예) 우리 엄마/ 우리 마누라/ 우리 동네는 산 좋고 물 맑아 정말 살기 좋은 곳이랍니다. 〈고려대 한국어대사전〉

(3) 수사: 사물의 수량이나 순서를 나타내는 단어의 묶음.

① 특징: 관형어의 수식을 받는 데에 제약이 있다는 점, 어떤 대상을 대신 가리킨다는 점은 대명사와 비슷하나, 수사는 상황 지시성을 지니지 못한다는 점에서 대명사와 차이가 있다.

가. 조사가 붙어서 여러 문장 성분이 되며, 앞에 나오는 체언에 의해 지칭하는 대상이 확정된다.

나. 복수 접미사에 의해 복수가 될 수 없다는 점이 명사나 대명사와 다르며, 반복 합성어를 통해서만 복수 표시가 가능하다. (예) 하나하나, 둘둘

다. 특수한 경우를 제외하고는 관형사나 용언의 관형사형에 의해 수식될 수 없다.

라. '첫째, 둘째' 등 차례를 나타내는 말이 특별히 사람을 가리키면 명사가 된다.
(예) 얘가 내 둘째야. 〈참고〉 *하나째, 둘째, 셋째

② 종류

국어계 수사	양수사	정수	하나, 둘, 셋, 스물...	한자어계 수사	양수사	정수	일, 이, 삼, 이십, 백, 천...
		부정수	한둘, 두셋, 예닐곱...			부정수	일이, 이삼, 오륙...
	서수사	정수	첫째, 둘째, 다섯째, 마흔째...		서수사	정수	제일, 제이, 제삼, 일호, 이호...
		부정수	한두째, 서너째, 너덧째...			부정수	없음

③ 수사의 판별

가. 수 개념의 말이 조사를 취하면 수사이고, 취하지 않고 다음에 오는 체언을 수식하면 관형사이다.

㉠ 열 사람이 모였다.(관형사) ㉡ 열에 둘을 더하면 열둘이다.(수사)

나. 수 개념의 말에 조사가 연결되지 않아도 문장에서 주기능을 하면 수사이다.
(예) 장비 하나 없이 등산 가니?

다. 차례를 나타내는 말이 사람을 지칭하면 명사가 된다.
㉠ 그의 성적은 첫째다.(수사)
㉡ 우리집 첫째는 공무원이고, 둘째는 회사원이다.(명사)

라. '두 개째, 세 개째'를 뜻하는 '둘째, 셋째'는 명사이다.
(예) 그 녀석이 깬 유리창이 이걸로 셋째다.

마. '하루, 이틀, 초승, 그믐' 등은 날짜와 시간의 이름이므로 명사이다.

바. 연월일, 요일, 시간의 말은 그 날짜와 시간의 이름이므로 명사이다.

(예) 1919년 3월 1일에 기미 독립 운동이 일어났다.

사. 단순한 기간이나 동안으로서의 횟수를 가리키는 말은 '관형사+의존 명사'이다.

(예) 십 년 동안 다스렸다.

〈참고〉 시간 표현에 고유어와 한자어를 함께 쓰는 이유: 시(時)를 말할 때는 '한, 두, 세, 네'처럼 고유어를 쓰고, '분(分), 초(秒)'를 말할 때는 '일, 이, 삼'처럼 한자어를 쓴다. 관습적인 언어 표현의 결과, '시'는 오래 전부터 쓰던 단위로 고유어와 어울릴 수 있었으나, '분, 초'는 근대 이래 한자어를 쓰는 중국과 일본으로부터 시계 문화가 들어오면서 중국, 일본식으로 쓰인 단위로, '일 분', '일 초' 등이 하나의 단위로 들어왔기 때문이다. [지도서, p.128]

[우리말과 복수 표시]

1. 우리말에서 복수를 표시하는 방법은 복수 접미사에 의한 방법이 가장 보편적이다. 그러나 복수 표시가 접미사에 의해서만 표시되는 것은 아니다.

1) '-네', '-희', '-들' 등의 접미사

(1) -네: 그 사람이 속한 집(우리 동네에서 순이네가 가장 부자다.), 같은 처지에 있는 무리(동갑네, 여인네)의 뜻. 보편적인 복수성을 표현한다고 보기 어렵다.

(2) -희: 저희, 너희와 같은 소수의 대명사 예에서만 나타난다, 생산성이 거의 없는 접미사.

(예) 너희는 지금 어디에 있느냐?

(3) -들: 우리말 복수를 표시하는 대표적인 접미사. (예) 학생들이 모두 어디로 갔느냐?

2) 수량을 표시하는 부사나 형용사를 사용하여 복수를 표시하는 방법

(예) 운동장에 사람이 많이 모였다./ 운동장에는 사람들이 많이 모였다.

3) 수사나 수 관형사가 포함된 구를 사용하여 복수를 표현하는 방법

(예) 두 학생이 찾아왔다./ 학생 둘이 찾아왔다./ 학생 두 명이 찾아왔다./ 두 명의 학생이 찾아왔다.

2. '-들'의 특수성

1) 가산성을 띤 명사와 결합하는 것이 보통(복수 접미사). (예) 학생들이 모두 어디로 갔느냐?
2) 물질명사(질량성을 띤 명사)나 추상명사(추상성을 띤 명사)와는 잘 결합하지 않는다.
(예) *물들이 많이 흐른다. *사랑들은 우리 모두에
3) 체언, 부사, 용언 어간과 어미의 결합형, 체언과 부사격 조사 결합형 등 다양한 환경에서 쓰일 때는 보조사로 처리한다. (예) 일들 부지런히 해라. / 빨리 물들 길어 오너라. / 여기들 잠깐 기다려. / 어서들 오너라. / 우선 먹어들 보아라. / 학교에들 갔느냐?

〈참고〉 여기에 연필, 지우개, 공책 들이 있다. ('들'은 나열할 때 쓰이는 의존 명사)

2) 관계언: 조사 - 체언 뒤에 붙어서 다양한 문법적 관계를 나타내거나(격조사) 특수한 뜻을 더해 주거나(보조사) 두 단어를 이어주는(접속 조사) 의존 형태소.

(1) 특징

① 조사는 자립성을 가지지 못하지만, 자립성을 가진 말과 쉽게 분리될 수 있는 성격을 인정하여 단어로 취급한다.

② 기능: 문법적 관계를 나타내거나(격조사), 특별한 뜻을 더해주거나(보조사), 두 단어를 같은 자격으로 이어주는(접속 조사) 역할을 한다.

③ 조사는 활용하지 않으나, 서술격 조사는 형용사와 비슷한 활용을 한다.

④ 실현: 조사는 대개 체언 뒤에 붙지만, 보조사의 경우 동사, 형용사와 부사 뒤에 붙기도 하고 문장 뒤에 붙기도 한다.

㉠ 이 옷을 한번 입어만 보아라. / 그저 빨리만 오너라, 빨리요? /

㉡ 무엇을 하느냐보다 어떻게 하느냐가 중요하다.

⑤ 조사는 앞에 오는 말의 형태를 바꾸는 경우도 있다(공시적). 주로 대명사가 조사와 결합할 때. (예) 내가, 네가, 제가/ 내(〈나의), 네(〈너의), 제(〈저의), 내게(〈나에게), 네게(〈너에게), 제게(〈저에게).

※ '내가, 네가, 제가'는 중세 국어 이래의 통시적인 변화로 설명할 수 있다. 즉, 중세 국어의 주격 조사 'ㅣ'가 결합한 형태에 다시 '가'가 결합된 형태이다. 또한, '내, 네, 제'는 관형격 조사 'ㅣ'가 화합한 것으로 설명할 수 있다.

(2) 조사 결합의 제약: 일반적으로 체언은 모든 조사와 결합이 가능하나 몇몇 체언은 특정한 조사와만 결합한다.

① 의존 명사의 예

의존 명사	특 징	보 기
지, 수, 리, 나위	주격 조사만 연결	그런 일이 있을 수가 있니?
줄	목적격 조사나 부사격 조사 '로'만을 연결	내 소설이 당선될 줄을/로 알았다.
바람	부사격 조사 '에'만 연결	네가 방해하는 바람에 다 마치지 못했다.
뿐	서술격 조사만 연결	그냥 이야기했을 뿐이야

② 자립 명사의 예

· 불굴-의: '의'와만 결합 (예) 불굴의 투지로 끝내 시험에 합격하고야 말았다.

· 마찬가지: 서술격 조사 '이다', 관형격 조사 '의', 부사격 조사 '로'만 연결. (예) 이것은 저것과 마찬가지이다. 마찬가지의 처리, 마찬가지로

[명사와 조사가 결합할 때의 제약]

· 불굴(不屈) / 미증유(未曾有)

불굴의(○), *놀라운 불굴, *불굴을, *불굴에

· 사고를 미연(未然)에 방지한다.

미연에(○), *그 미연, *미연이, *미연을, *미연의

(1) 이러한 단어들의 특징

'불굴'과 '미연'은 '불굴의'와 '미연에'라는 표현으로만 사용된다. '불굴'과 '미연'은 그 외의 다른 조사와 결합할 수 없으며 단독으로 사용될 수도 없다.

이상의 예들은 자립 명사가 조사와 결합할 때 제약을 받는 경우인데, 이러한 현상은 한자어에서 두드러지게 나타난다. 또한 '에'가 일종의 관용구를 구성하여 그 쓰임이 특이해지는 경우도 있는데, 이때의 '에'는 선행하는 명사(특히 의존 명사)와 거의 분리될 수 없을 정도로 그 쓰임이 굳어져 있다.

(2) 다른 예

· 일부의 제한된 조사만 붙는 한자어: 가관(可觀), 가망(可望), 재래(在來), 무진장(無盡藏), 불가분(不可分) 등.
· '에'가 일종의 관용구를 구성하여 관용적 용법으로 사용되는, 즉 '에'가 선행 형식과 공고히 결합되어 하나의 의미 단위로 기능하는 예: 얼떨결에, 홧김에, 노파심에, 덕분에, 제멋에, 김에, 동시에, 단박에, 순식간에, 밖에, 외에, 졸지에, 차에, 터에, 중에, 만에, 세상에, 천만에, 하에, 반면에, 판국에, 때문에, 바람에, 탓에, 통에, 판에 등. [지도서, pp.145~146]

(3) 조사의 종류

① 격조사: 앞에 오는 체언이 문장 안에서 일정한 자격(문장의 성분)을 갖추도록 하여 주는 조사(= 체언과 다른 말과의 관계를 나타내는 조사)

※ 격조사의 일차적 기능은 서술어와의 관계를 맺어주는 것이다. (예외) 관형격 조사, 서술격 조사, 호격 조사.

가. 주격 조사: 체언 또는 체언 상당어구와 결합하여 그것으로 하여금 문장의 주어가 되게 하는 조사. 다음의 이형태가 있다.

가) 이/가: 보편적 주격 조사. '이~가'는 음운론적 이형태.

나) 께서: 선행 체언이 높임의 대상일 때. (예) 할아버지께서 집에 다녀가셨다.

다) 에서: 선행 체언이 단체 무정 명사일 때 나타나는 것이 일반적이지만, '집에서 놀았다'와 같이 '처소'의 의미를 나타내는 경우도 있기 때문에 완전한 주격 조사로 보기 어렵다. 단체적 의미를 띠는 명사라도 행위성이 없거나 유정 명사이면 '에서'가 쓰일 수 없다.

㉠ 서구청<u>에서</u> 거리 청소를 했다.

㉡ *서구청에서 용봉동에 있다. / *3학년 학생들<u>에서</u> 화단 청소를 했다.

라) 서: 특이한 주격 조사로서, 인수 표시어(사람의 수효를 나타내는 수사) 다음에 사용된다. (예) 둘이<u>서</u> 길을 나섰다.

※ '서'를 주격 조사로 보면, '이'는 인칭 접미사로 처리하고, '이'를 주격 조사로 보면 '서'는 보조사로 처리한다.

['이/가'와 '은/는'의 비교]

1. '이/가'는 주격 조사이고, '은/는'은 대조의 보조사이다.

(예) ㉠ 승미가 학교에 간다./ *승미는 학교가 간다.

㉡ 봉진이는 학교에 간다./ 봉진이가 학교는 간다.

㉢ ?선미가 학교에 가고, 유미가 도서관에 간다./

선미는 학교에 가고, 유미는 집에 간다.

2. '이/가'는 새로운 정보를 전달할 때 쓰이는 반면 보조사 '은/는'은 이미 알려진 정보를 전달할 때 쓰인다.

(예) 명선: 우체국이 어디에 있니? 지혜: 우체국은 이 아래로 쭉 가면 있어.

3. '이/가'가 쓰인 문장은 관심의 초점이 주어에 있지만, '은/는'이 쓰인 문장은 관심의 초점이 서술어 쪽에 있다.

㉠ 저는 이집트 사람입니다.(의미: 저에 대해 말씀드리자면 저의 국적은 이집트입니다.)

㉡ 제가 이집트 사람입니다.(의미: 여기 있는 사람들 중에 누가 이집트에서 온 사람이냐면 바로 저입니다.)

4. 의문문에서 앞에 나온 것이 반복되는 경우가 아니라 새로운 답을 해야 하는 경우에는 반드시 '이/가'를 사용해야 한다.

(예) 교사: 누가 내일 상추와 깻잎을 사오겠어요? 소현: {제가/*저는} 사오겠습니다.

5. '이/가'와 '은/는'을 한 문장에서 사용할 때에는 처음 주어에는 '은/는'을 사용하고 나중 주어에는 '이/가'를 쓰는 것이 자연스럽다. (예) 오늘은 날씨가 어떻습니까?

[3~5는 한재영, 2008:127~128]

6. 안긴절의 주어 자리에는 '은/는'이 쓰이지 않는다(이익섭 · 채완, 1999:207).

(예) ㉠ 가을{이/*은} 오는 소리가 들린다.

㉡ 네 주장{이/*은} 옳았음을 우리는 나중에야 깨달았다.

마) 주격 조사의 보조사적 용법

㉠ 본래가 그런 사람은 아닌데 말이야. ㉡ 봄인데도 꽃이 피지가 않는다.

㉠은 부사에, 'ㄴ'은 본용언 뒤에 주격 조사가 붙어 있는데, 이때는 강조의 의미를 더해 주는 주격 조사의 보조사적 용법으로 볼 수 있다.

나. 목적격 조사: 체언 또는 체언 상당어구와 결합하여 그것으로 하여금 타동사문의

목적어가 되게 하는 조사. (예) 수연이가 종이비행기를 날린다.

가) 목적격 조사의 보조사적 용법

㉠ 혜리가 학교에 간다. ㉠' 혜리가 학교를 간다.

㉡ 태연이는 선물을 정달에게 주었다. ㉡' 태연이는 선물을 정달을 주었다.

학교 문법의 입장에서는 목적격 조사 '을/를'이 붙으면 목적어로 보기 때문에, 밑줄 친 '학교를'과 '정달을'은 목적어이고, '학교에'와 '정달에게'는 부사어이다. 그리고 이때 '을/를'은 보조사적 용법을 지닌 목적격 조사로 처리한다. 따라서 '방향, 처소, 지향점' 등을 나타내는 말 뒤의 목적격 조사는 '지적, 강조'를 나타내는 목적격 조사의 보조사적 용법으로 본다. 그러나 '학교를'이 의미적으로나 기능적으로 부사어 '학교에'와 다를 바가 없고, '정달을' 같은 경우도 필수적 부사어로 보아야만 세 자리 서술어인 '주다'를 만족시킬 수 있다. 따라서 '을/를'을 목적격 조사 '을/를'과 강조 의미를 나타내는 보조사 '을/를'로 나누어 파악해야 한다고 주장하는 학자들도 있다.

나) 목적격을 주격으로 쓰기도 한다. 부사격 조사의 목적격 전용이나 목적격의 주격 전용으로 사용된 조사를 지적이나 강세의 뜻을 앞말에 덧붙인 것이라는 견해도 있다. (예) ㉠ 태영은 물이 마시고 싶다. ㉡ 수지는 음악이 듣고 싶다.

다. 보격 조사: 체언 또는 체언 상당어구와 결합하여 그것으로 하여금 '되다, 아니다'의 보어가 되게 하는 조사. '이/가'

(예) ㉠ 얼음이 물이 되었다. ㉡ 이것들은 문학의 재료가 아니다.

라. 관형격 조사: 체언과 체언 사이에 결합하여 더 큰 체언구로 묶어주는 조사. 앞 체언으로 하여금 뒤 체언을 꾸며주는 기능을 하게 한다. '의'

가) 관형격 조사는 후행 체언과의 관계를 맺어주는 기능만을 가진다. 이때 선·후행 체언은 다양한 의미 관계를 가진다. 주어 - 서술어, 목적어 - 서술어, 전체 - 부분, 소유자 - 대상 관계 등.

(예) 이것은 나의 사진이다. → ㉠ 내가 가진 사진(소유) ㉡ 내가 찍은 사진(행위의 주체) ㉢ 나를 찍은 사진(행위의 객체)

나) 관형격 '의'가 의미상 주격의 기능을 할 수도 있다. 이때 '의'는 생략할 수 없다.

(예) ㉠ 자식의 어버이 생각하는 마음 ㉡ 나의 살던 고향

다) 관형격 조사는 생략되는 경우가 많다. (예) 설악산(의) 비선대, 책(의) 주인

마. 부사격 조사: 체언 또는 체언 상당어구와 결합하여 그것으로 하여금 서술어에 대해 부사어가 되게 하는 조사. '에, 에서, 에게/에, (으)로, 로(써), 보다, 와, 라고/고...'

가) 부사격 조사는 의미 기능에 따라 다양하게 나눌 수 있다. 처소(출발점, 낙착점, 지향점), 수여, 도구, 변성, 인용 등.

나) 부사격 조사 설정에서의 문제

(가) 동일 형태 조사가 여러 기능을 하거나, 여러 형태 조사가 단일 기능을 하는 경우

※ '에'와 '에서'의 쓰임과 의미: '에'는 시간, 장소와 관련하여 사용되는데, 장소와 관련해서는 다음 세 가지의 의미를 지닌다. ① 사람이나 사물이 존재하거나 위치하는 곳. (예) 철수가 집에 있다. ② 행위의 진행 방향이나 목적지. (예) 학교에 간다. ③ 어떤 동작이나 행위의 영향이 미치는 곳. (예) 화분에 물을 주었다. '에서'는 어떤 행위나 동작이 이루어지고 있는 장소를 나타낸다.

(예) ㉠ 그는 서울에서 왔다.(출발점) ㉡ 그는 서울에서 산다.(낙착점)
㉢ 그는 서울에 왔다(낙착점)

(㉠과 ㉡은 형태는 동일하나 의미 기능이 다르고, ㉡과 ㉢은 형태는 다르나 의미 기능이 같다. 이는 부사격 조사가 본질적으로 서술어의 의미와 밀접한 관련이 있기 때문이다. 즉, 문장 안에서 어떤 서술어와 함께 나타나느냐 또 어떤 위치에서 나타나느냐에 따라 일정한 형태의 조사가 다양한 의미 기능을 하는 것이다.)

(나) 부사격 조사 분류에 있어서 의미를 기준으로 할 것인가 형태를 기준으로 할 것인지도 문제가 된다. 학교 문법에서는 문장 안에서의 문맥상 의미를 기준으로 분류하고 있다.

바. 호격 조사: 주로 사람을 가리키는 체언과 결합하여 그것으로 하여금 호칭의 대상이 되게 하는 조사. '야, 아, 여, 이여, 이시여'

※ 청자가 화자와 동등한 지위를 가진 사람이거나 그보다 지위가 낮은 사람일 경우에만 사용되는 것이 일반적.

'여, 이여, 이시여'는 '야, 아'의 존대형으로 상대를 더 높이는 기능이 있다. 대체로 구어

체에서는 쓰이지 않고, 기도문이나 시적 표현에서 쓰인다.

㉠ 선주야, 뭐 하니? ㉡ 한솔아, 집에 가자.

㉢ 부처님이시여, 제 앞길을 밝혀주소서.

〈참고〉 중세 국어에서는 존칭 호격 조사 '하'가 있었다. (예) 님금하 아ᄅᆞ쇼셔

사. 서술격 조사: 체언과 결합하여 그것으로 하여금 서술어가 되게 하는 조사. '이다' [계사(繫辭)]

가) 조사와 용언의 두 가지 속성을 함께 지니고 있다.

나) '이다'가 조사와 같은 점과 다른 점

(가) 같은 점: 격조사는 체언 뒤에 붙어서 그 체언으로 하여금 문장 안에서 일정한 자격을 갖도록 하는데, '이다'도 다른 격조사와 마찬가지로 앞의 체언이 서술어로서의 자격을 갖도록 하여 준다. 체언에 의존한다.

(나) 다른 점: 격조사는 체언에 붙어 문장 안에서 서술어와의 관계를 나타내는 조사로 알려져 있는데 서술격 조사는 그렇지 않다. 또한 다른 격조사들은 그 형태가 고정되어 있으나, 서술격 조사는 활용한다는 점에서 큰 차이를 보인다.

다) 활용 형태는 형용사와 비슷하다.

라) 서술격 조사의 종결 어미는 높임의 등분이 있다.

(예) 이것은 연필이다 / 연필이네 / 연필이오 / 연필입니다

마) '이다'에 대한 적절한 이름 붙이기[지도서, pp.130~131. 이관규(2005, p.110)]

(가) '이다'는 선행 성분을 지정하는 기능을 하기 때문에 소위 '지정사(指定詞)'라 칭할 수 있을 것이다. 즉 조사가 아닌 독립적인 품사로 설정하여 용언의 하나로 처리할 수 있다.

(나) '이다'의 '이-'를 용언 아닌 성분을 용언으로 만들어 주는 소위 용언화 접미사로 본다면, '이다'는 접사로 볼 수 있다. 그러나 '도시다'처럼 '이'가 사라지는 경우가 있다는 점에서 다른 접사와는 차이가 있다. 용언화 접미사 설에서는 이 문제가 설명하기 어려운 난점으로 남는다.

(다) '이다'의 '이-'를 '매개 모음'으로 볼 수 있다. 예컨대 '책이다/도시다'처럼 선행 음운이 자음이냐 모음이냐에 따라 '이-'가 들어가기도 하고 빠지기도 하기 때문이다. 그러나 이러한 견해는 '도시다'와 함께 '도시이다'도 가능하기 때문에 타당

성을 갖기 어렵다.

(라) 현행 학교 문법에서와 같이 '이다'를 '서술격 조사'라고 부를 수 있다. 이는 체언과 관련된다는 점에서 '격조사'라는 주장을 받아들이되, '이다'가 보여주는 용언과 같은 모습을 고려하여 '서술'이라는 말을 넣은 것이다.

② 접속 조사: 체언 및 체언 상당어(구/절)를 같은 자격으로 이어 주는 조사

가. 특징: 체언을 병렬시키는 기능을 하므로 격의 일반적인 정의에서 벗어나는 것으로 보아 격조사가 아닌 특별한 부류로서 '접속 조사'를 설정한다.

나. 종류: '과/와, 하고, (이)랑'

㉠ 봄이 되면 개나리와 진달래가 가장 먼저 핀다.

㉡ 슬기는 연필하고 지우개를 샀다.

㉢ 머루랑 다래랑 먹고 청산에 산다.

다. 대칭 동사(또는 형용사)와 함께 쓰이지 않은 경우.

라. '동반'의 부사격 조사와 접속 조사의 구분

가) '동반'을 나타내는 부사격 조사에는 '과/와, 하고, (이)랑' 등이 있다.

나) '동반'의 부사격 조사는 이른바 대칭 동사(또는 대칭 형용사)들 앞에 쓰여 두 명사가 짝을 이루어 '서로' 또는 '함께' 어떠함을 나타내 주는 구실을 한다.

※ 대칭 동사(또는 형용사): 짝과 함께해야 성립되는 행위의 동사. 결혼하다, 바꾸다, 사이좋게 지내다, 만나다, 헤어지다, 싸우다, 사귀다, 친하다, 악수하다, 어긋나다, 부딪치다, 교환하다, 통화하다, 관계가 있다(없다, 깊다, 많다), 닮다, 함께하다 등.

다) 대칭 동사가 아닌 일반 타동사라도 '함께', '서로' 등의 부사가 쓰이면 '동반'의 부사격 조사로 본다.

㉠ 영범이는 만익이와 함께 학교에 갔다.(체언과 부사 사이: '공동'의 의미)

㉡ 영웅이와 다희는 서로 의지하였다.

㉢ 二儀ᄂᆞᆫ 하ᄂᆞᆯ콰 ᄯᅡ콰ᄅᆞᆯ 니르니라.

라) '동반'의 부사격 조사와 접속 조사의 차이점

(가) 의미: '동반'의 부사격 조사는 '서로 짝이 되거나 짝을 이루어 어떤 상황에 관여함'을 나타내 준다. 반면, '접속 조사'는 '앞뒤의 명사 모두'라는 단순한 병렬 내지 접속을 나타낸다. 따라서 부사격 조사가 쓰인 문장은 홑문장이지만, 접속

조사가 쓰인 문장은 겹문장이다.

(나) 문장 성분의 생략: 동반의 부사격 조사로 쓰인 경우 '명진이와 하늘이는 닮았다.'와 같은 문장에서 '명진이와'를 생략하면 완전한 문장을 이루기 어렵다. 그러나 접속 조사로 쓰인 경우는 '슬기는 연필하고 지우개를 샀다.'에서 '연필하고'를 생략하여도 완전한 문장을 이룬다.

(다) 보조사의 결합: 접속 기능의 '과/와'는 그 다음에 '은/는'이나 '도, 만' 등의 보조사를 결합할 수 없으나 '동반'의 부사격 조사는 결합할 수 있다.

㉠ *나는 국어와도(국어와는) 생물을 좋아하였다.(접속 조사)

㉡ 누구나 옥선이하고{는/만} 사이좋게 지냈다.(부사격 조사)

(라) 어순: 접속 조사의 경우 '명사 + 와'를 그 뒤의 명사 다음으로 옮겨 어순을 바꿀 수 없으나 '동반'의 부사격 조사는 그렇지 않다.

㉠ *나는 생물을 국어와 좋아하였다.(접속 조사)

㉡ 옥선이하고는 누구나 사이좋게 지냈다.(부사격 조사)

③ 보조사: 화자의 태도를 표시하거나 앞의 명사에 특별한 뜻을 더하여 주는 조사

가. 특징

가) 어느 한 가지 격에만 사용되지 않는다. 주격, 목적격, 부사격 자리에 두루 쓰인다. 즉 일정한 격을 갖추지 않고 그 문장이 요구하는 격을 가진다. (예) 소희가 등산은 좋아하지 않는다. ('은'은 의미 기능, 격자리는 목적격)

나) 보조사의 분포: 체언뿐 아니라 부사, 연결형, 다른 격조사 아래에도 쓰이고 심지어 불규칙 어근 뒤에도 쓰인다. (예) 빨리는 간다, 잘은 못한다/ 책을 읽어는/ 이곳에서는/ 이 집은 깨끗은 하지...)

다) 격조사가 나타내는 개념은 연결 관계의 개념인데, 보조사는 다른 말과의 대조 관계의 개념이다.

나. 종류: 보조사는 크게 문장 성분 뒤에 오는 성분 보조사와 문장 끝에 붙는 종결 보조사, 그리고 문장 성분에도 붙고 문장 끝에도 붙는 통용 보조사가 있다.

[한글 맞춤법 제17항]

어미 뒤에 덧붙는 조사 '요'는 '요'로 적는다.

(예) 읽어 / 읽어요, 가시지 / 가시지요, 좋지 / 좋지요

※ 〈사전〉에서는 '-어요'를 어미로 처리한다.

가) 성분 보조사: '만, 는, 도'와 같이 문장 성분에 붙는 보조사. 이들은 주어에도 붙고 부사어에도 붙고 용언에도 붙어 다양한 양상을 보인다.

(가) 은/는: 대조, 화제 표시 (예) 산은 좋지만 왠지 바다는 싫어

(나) 도: 강조, 극단, 양보와 허용

(예) 구름도 쉬어 넘는 헐떡 고개 / 같이 가는 것도 좋습니다.

(다) 만, 뿐: 단독 (예) 나만 몰랐어.

(라) 까지, 마저, 조차: 극단 (예) 브루터스, 너마저도!

(마) 부터: 시작, 먼저 (예) 내일부터 좀 쉬어야겠다.

(바) 마다: 균일 (예) 학교마다 축제를 벌이는구나.

(사) (이)야: 특수 (예) 너야 잘 하겠지.

(아) (이)나, (이)나마: 불만 (예) 애인은 그만두고 여자 친구나 있었으면 좋겠다.

나) 종결 보조사: '마는, 그려, 그래; 요'와 같은 보조사로, 전자는 문장 맨 끝에 와서 '감탄'의 의미를 덧붙인다. 후자는 상대 높임을 나타내며 어절이나 문장의 끝에 결합하는 독특한 성격을 지닌다. 종결 보조사 중에서는 '요'만 활발하게 쓰인다. '요'는 격조사, 부사, 연결형 등과 결합하기도 한다.

(예) ㉠ 지희가 갔다마는. ㉡ 지희가 갔네그려.

㉢ 지희가 갔구먼그래. ㉣ 그걸 어디다 쓰게요.

㉤ 오늘은 학교에서 재미있는 노래를 배웠어요.

㉥ 제가요, 어제요, 학교에요, 가지 않았는데요.

※ 체언에 붙는 '요'는 조사로, 용언에 붙는 '-어요'는 어미로 처리하기도 한다.

[보조사의 의미]

1. 은/는

(ㄱ) 보조사 '은/는'의 의미

① 문두(文頭)의 주어 자리에 쓰여 문장의 화제를 표시한다. 즉 이 때 '은/는'은 주어가 문장에서 설명 내지 언급되는 대상이 되는 부분, 곧 화제가 됨을 가리킨다. (예) 귤은 노랗다

② 대조의 의미를 나타낸다. (예) 여름은 덥고, 겨울은 춥다.

(ㄴ) 보조사 '은/는'의 품사

주어, 목적어 자리에 '은/는'이 첨가될 때 '은/는'은 주어 표지나 목적어 표지를 대치한다. 즉, 격 표지 '이/가' 또는 '을/를'이 안 나타나고 그 자리에 '은/는'만이 드러난다. 그러나 이러한 '은/는'이 주어 표지나 목적어 표지의 구실을 한다고는 할 수 없다. 이유는 ① 동일 형태 '은/는'이 주어 표지와 목적어 표지의 구실을 겸할 수 없으며, ②'여기에서는 그런 일이 없어는 보인다'에서처럼 부사어, 용언 따위에도 첨가될 수 있기 때문이다. 따라서 '은/는'은 격조사가 아닌 대조의 의미를 나타내는 보조사이다.

2. '역시'의 의미를 가지는 보조사의 의미 차이 알아보기

마저	· 하나 남은 마지막임을 뜻한다. ㄱ. 너마저 나를 떠나는 구나. ㄴ. 노인과 아이들마저 전쟁에 동원되고 있다.
까지	· 그것이 극단적인 경우임을 나타낸다. ㄱ. 너까지 나를 못 믿겠니? ㄴ. 이 작은 시골에서 장관까지 나오다니.
조차	· 일반적으로 예상하기 어려운 극단의 경우까지 양보하여 포함함을 나타낸다. ㄱ. 너조차 가지 않겠다는 것이냐? ㄴ. 그렇게 공부만 하던 철수조차 시험에 떨어졌다.
도	· 극단적인 경우까지 양보하여, 다른 경우에는 더 말할 것도 없이 그러하다는 뜻을 나타낸다. ㄱ. 시간이 없어 세수도 못 하고 왔다. ㄴ. 나도 이제는 늙었나 보다.
공통점: '이미 어떤 것이 포함되고 그 위에 더함'의 뜻을 나타내는 보조사.	

[지도서, pp.132~133]

3) 용언(用言)

(1) 성격

① 주 기능은 서술어가 되는 일로, 사물의 동작이나 모양, 상태를 설명한다.

② 쓰임에 따라 어형 변화를 하는 가변어이다.

③ 뜻을 나타내는 어간과 문법적인 관계를 나타내는 어미로 이루어져 있다.

④ 부사어의 한정을 받을 수 있으나, 관형어와 호응하지는 않는다.

(2) 종류

· 형태와 의미 내용에 따라: 동사/형용사

※ 용언을 동사와 형용사로 나누는 것에는 의미의 기준 외에도 형식의 기준이 적용된다. '-는/ㄴ다, -는구나, -느냐, -어/아라, -자, -는' 등의 어미는 주로 동사와만 결합하고 형용사와는 결합하지 않는다.

· 문장 안에서의 쓰임에 따라: 본용언/보조 용언

· 활용의 규칙성 여부에 따라: 규칙 용언/불규칙 용언

① 동사: 주어의 동작이나 작용을 나타내는 단어의 묶음. 사물의 움직임을 주로 과정적으로 표시한다.

가. 특징

가) 시제를 동반하며, 동작상을 나타낸다.

(예) 읽는다(현재), 읽었다(과거), 읽겠다(미래), 읽고 있다(현재 진행상)

나) 조사와의 결합이 가능하다.

다) 관형사와 어울릴 수는 없으나, 부사의 한정을 받는다.

라) 사동, 피동, 강세의 뜻을 나타내는 접미사는 기본형에 넣어서 표제어로 삼는다.

(예) 먹다(타동사, 기본형) → 먹이다(사동사, 기본형)

마) 높임법을 가진다.

나. 종류

가) 기능에 따라

(가) 본동사: 자립성을 가지고 실질적인 의미를 나타내며 단독적으로 서술 능력을 가지는 동사

㉮ 자동사: 움직임이 주어 스스로에만 미치고 다른 대상(목적어)에게는 미치지 않는 동사.

㉯ 타동사: 움직임이 주어 이외에 다른 대상(목적어)에도 미치는 동사. 반드시 목적어를 필요로 한다.

(나) 보조 동사: 본용언 뒤에서 그것의 의미를 도와주는 동사

나) 형태에 따라

(가) 규칙 동사: 어미의 활용이 규칙적으로 이루어지는 동사

(나) 불규칙 동사: 어미 활용에서 어간이 형태를 달리하거나 어미의 형태가 불규칙적으로 변하는 동사

다. 각론

가) 자동사:

(가) 그 움직임이 주체인 주어에만 미치는 동사로, 본래부터 자동사였던 것과 타동사에 피동 접미사가 붙어 자동사로 파생된 것이 있다.

㉠ 강물이 유유히 흐른다.(본래 자동사): 가다, 뛰다, 놀다, 걷다, 살다

㉡ 토끼가 호랑이에게 잡히었다.(타동사 →자동사)

(나) 자동사 중에는 보어나 부사어를 필수적으로 요구하는 것이 있다(불완전 자동사): 되다, 참석하다, 굴다.

㉠ 물이 얼음이 되었다.(보어)

㉡ 나도 그 회의에 참석하였다./아이들이 시끄럽게 굴었다.(필수적 부사어)

나) 타동사: 그 움직임이 주어 이외에 목적어에까지 미치는 동사로, 본래부터 타동사였던 것과, 자동사에 사동 접미사가 붙어 타동사로 파생된 것이 있다.

(가) 본래 타동사: 먹다, 잡다, 놓다...

(나) 자동사 + 사동 접미사 → 타동사: 앉히다, 웃기다...

(다) 타동사 + 사동 접미사 → 타동사: 먹이다, 읽히다...

(라) 타동사는 목적어를 취하는 것이 원칙이나, 때로는 목적어가 생략되어 쓰이는 경우도 있다. (예) 밥을 먹고 잠을 자고 마음껏 쉬었다 → 먹고 자고 마음껏 쉬었다.

(마) 주어, 목적어 이외에 부사어를 꼭 필요로 하는 타동사도 있다(불완전 타동사).

- 3자리 서술어: 삼다, 주다, 여기다, 일컫다, 이르다, 만들다, 넣다…

㉠ 그 분은 철수를 양자로 삼으셨다. ㉡ 이 책을 용철이에게 주어라.

㉢ 이 편지를 우체통에 넣어라. ㉣ 우리는 현성이를 천재라고 일컬었다.

다) 능격 동사(중립 동사, 자타 양용 동사): 자동사와 타동사로 공용되는 동사. 하나의 동사가 형태 변화 없이 자동사와 타동사로 쓰인다. 움직이다, 멈추다, 다치다, 휘다, 뛰다, 쉬다, 놀다, 날다, 불다, 자다, 떨다, 피다, 떠나다, 지나다, 다하다, 노래하다, 웃다, 싸우다 등.

㉠ 차가 움직인다. / 사람들이 차를 움직인다.

㉡ 아이의 눈물이 그쳤다. / 엄마가 아기의 눈물을 그쳤다.

※ 중세 국어에서는 능격문(타동사+-거-)이 피동문을 대신하기도 하였다. (예) 뫼해 살이 박거늘 〈월천 기 41〉

② 형용사: 주어의 성질이나 상태를 나타내는 단어의 부류. 주어 명사구의 성질이나 상태를 상태적, 정지적으로 표시한다. 그러나 명사는 대상으로 파악한다.

㉠ 하늘이 매우 <u>높다</u>. / 저 건물의 <u>높이</u>는 얼마냐?

㉡ 나는 지금 매우 <u>슬프다</u>. / 아무도 타인의 <u>슬픔</u>을 달랠 수 없다.

가. 특징

가) 활용하는 용언으로 사물의 성질, 상태를 표시한다.

나) 목적어의 호응이 없어 자동과 타동, 사동과 피동의 구별이 없다.

다) 부사어의 한정을 받을 수 있으며, 부정법으로 현재 시제를 나타낸다.

라) 조사와의 결합도 가능하다.

㉠ 이 꽃은 <u>몹시 아름답다</u>.(부사 + 형용사 기본형)

㉡ <u>달기가</u> 꿀과 같다.(형용사의 명사형 + 격조사)

㉢ <u>달지도 쓰지도</u> 않다.(형용사의 연결형 + 보조사)

나. 종류

가) 성상 형용사: 성질이나 상태를 나타내는 형용사

(가) 객관성 형용사: 사물의 속성을 나타내는 형용사. 주어의 의미역이 '대상'이거나 '처소'인 경우가 많다.

㉮ 감각적 의미 표현: 밝다, 희다, 달다, 시끄럽다, 거칠다

㉯ 비교 표현: 같다, 다르다, 낫다

㉰ 존재 표현: 있다, 없다

㉱ 화자의 대상에 대한 평가 표현: 모질다, 착하다, 아름답다

㉲ 부정 표현: 아니다 ('이다'의 부정형)

(나) 주관성 형용사: 화자의 심리적 상태를 나타내는 심리 형용사.[22] 주어의 의미역

---

22) ① '좋아하다, 싫어하다'처럼 '-어하다'를 붙여서 동사로 만들 수 있다. 다른 형용사에는 '-어하다'를 붙일 수 없다. ② '지금'과 같이 쓰일 수 있으면 주관성 형용사이고 그렇지 않으면 객관성 형용사.
(예) 나는 지금 배가 고프다, *그는 지금 매우 착하다. (두 시점 비교시는 가능, → 예전에 비해 지금은 착하다.)

이 '경험주'인 경우가 많다.

㉮ 심리 표현: 좋다, 싫다. ㉯ 물리적 요인: 아프다, 고되다, 고프다.

나) 지시 형용사: 사물의 성질, 모양, 상태를 지시하는 형용사

(가) 이러하다(이렇다), 그러하다(그렇다), 저러하다(저렇다), 아무러하다(아무렇다), 어떠하다(어떻다) (예) 모든 일이 그러하구나./ ~이러하구나./ ~저러하구나.

(나) 지시 형용사는 성상 형용사에 앞서는 순서상의 특징을 가진다.

(예) 그렇게 예쁜 얼굴은 처음 본다.

(다) 지시 형용사도 지시 대명사 및 인칭 대명사와 같이 화자와 청자를 축으로 이루어진다.

(3) 동사와 형용사의 구분: ①은 의미, ②~⑥은 형식에 의한 구분이다.

① 동사는 주어의 동작이나 작용(과정)을, 형용사는 성질이나 상태를 나타낸다.

㉠ 지영이는 자리에서 일어난다.(동작) ㉡ 해가 솟는다.(과정)

㉢ 이 감은 맛이 떫다.(성질) ㉣ 아기의 얼굴이 매우 귀엽다.(상태)

② 기본형에 현재 시제 선어말 어미 '-는-/-ㄴ-'이 결합할 수 있으면 동사이고, 결합할 수 없으면 형용사이다. 예외. '있다'(학교 문법에서 형용사)

㉠ 그는 자리에서 일어난다. (유정 명사의 동작)

㉡ 아기의 얼굴이 매우 귀엽다./ *귀엽는다. (상태)

③ 기본형에 현재를 나타내는 관형사형 전성 어미 '-는'이 결합할 수 있으면 동사이지만 그렇지 못하고, '-(으)ㄴ' 결합하면 형용사이다. ('본, 솟은'에 쓰인 '-(으)ㄴ'은 과거 시제를 나타내는 전성 어미로서 형용사에 쓰이는 '-(으)ㄴ'과는 차이가 있다.)

㉠ 산을 {보는(현재) / 본(과거)} 사람 ㉡ {솟는(현재) / 솟은(과거)} 해

㉢ 맛이 {*떫는 / 떫은} 과일 ㉣ 매우 {*귀엽는 /귀여운} 얼굴

④ '의도'를 뜻하는 '-려'나 '목적'을 뜻하는 어미 '-러'와 함께 쓰일 수 있으면 동사, 그렇지 못하면 형용사이다.

㉠ 주연이는 공책을 사러 나갔다. ㉠' *미혜는 예쁘러 화장을 한다.

㉡ 소연이는 영삼이를 때리려 한다. ㉡' *미혜는 아름다우려 화장을 한다.

⑤ 동사는 명령형 어미 '-어라', 청유형 어미 '-자'와 결합할 수 있는 데 반하여, 형용사는 이러한 어미와 결합할 수 없다.23)

㉠ 현성아 일어나라. ㉡ 우리 심심한데 수수께끼 놀이나 하자.

㉤ *윤지야, 오늘부터 착해라. ㉣ *보영아, 우리 오늘부터 성실하자.

⑥ 동사는 감탄형 어미로 '-는구나'를, 형용사는 '-구나'를 취한다.

㉠ 가는구나!/*가구나!(갔구나) ㉡ 예쁘구나!/*예쁘는구나!

[품사 구분]

(1) 있다:없다

'있다, 없다'는 때로는 형용사에 일치하는 활용형을 보여주고 때로는 동사에 일치하는 활용형을 보여 준다.('있는, 없는'은 동사의 방식, '*있는다, *없는다' 대신 '있다, 없다'로 활용은 형용사 방식) 때문에 형식상의 독자성과 '존재'라는 의미상의 특수성을 고려하여 전통 문법에서 '존재사'라고 부르기도 하였다. (현재 학교 문법에서는 형용사로 구분하고 있지만 논란이 많은 부분이다)

① 평서형의 현재형에서는 형용사와 같다. (평서형의 현재형에서 최근 들어 '있는다'가 되는 경향이 강하여 동사로서의 특징이 점점 두드러지고 있는 추세이다.)

② 관형사형에서는 활용 방식이 동사와 같다. 즉 관형사형 어미를 취할 때 '-(으)ㄴ'이 아닌 '-는'이 결합한다.

③ 의문형에서는 동사와 같다. 있느냐, 없느냐

④ 감탄형에서는 형용사와 같은 활용형을 보여준다. 있구나, 없구나 (동사: -는구나: 가는구나)

⑤ '있다'는 명령형과 청유형을 취할 수 있는[(좀 더) 있어라, (잠시만 더) 있자 - 동사로서 기능] 데에 반해, '없다'는 명령형과 청유형(*없어라, *없자)을 취하지 못한다. - '있다'는 화자의 의지가 들어갈 수 있기 때문

이런 점을 고려하면 '있다'는 동사로, '없다'는 형용사로 간주할 수도 있다. 실제로 '있다'는 몇 군데 불규칙한 곳은 있으나 활용형 전반을 채우고 있으며, 평서형의 현재형에서 최근 들어 '있는다'가 되는 경향이 강하여 동사로서의 특징이 점점 두드러지고 있는 추세이다.

---

23) 이 기준은 일반적이지 않다. 동사 가운데서도 사람의 움직임을 나타내는 동작 동사와 형용사에는 이 기준이 잘 적용되지만, 동사 가운데 자연의 움직임을 나타내는 소위 작용 동사에는 적용되지 않는다. 즉, '솟다'는 '*솟아라, *솟자'가 불가능하다. 작용 동사가 사람의 의지대로 할 수 있는 것이 아니기 때문이다. '있다, 없다'도 '여기에 있어라/있자'는 가능하고, '없다'는 '여기에 *없어라/*없자'는 불가능하다. '있다'는 명령문과 청유문에 있어서 화자의 의지가 들어갈 수 있고, '없다'는 들어갈 수 없다. 따라서, 명령형과 청유형 어미 사용 여부 기준은 동사와 형용사의 변별 기준보다 의지 용언과 비의지 용언의 변별 기준이라고 보는 견해도 있다.

(2) 이다:아니다

① '이다'는 서술격 조사로 다른 조사와는 달리 활용을 하며, 체언과 용언의 명사형에 붙어 주어를 설명하는 서술어가 되게 한다.

② '아니다'는 활용 양상만 '이다'와 같을 뿐 자립성을 띠고 있으므로 형용사이다.

[지도서 pp.136~137]

〈참고〉 있다:없다 [이익섭·채완(2009:124-126)]

(1) ㄱ. *능력이 없어라, *능력이 없자.

ㄴ. *능력이 있어라, *능력이 없자.

(1)에서 '있다'와 '없다'는 한 묶음. 이 경우는 형용사에 넣어도 좋을 듯.

동사 '있다'의 존대형은 '계시다', 형용사 '있다'의 존대형은 '있으시다'(*있으신다, *있으시는구나, *있으시는군요, *있으시자). 형용사 '있다, 있으시다'의 부정형은 '없다, 없으시다'. 동사 '있다'의 부정형은 '안 있다, 안 계시다' 또는 '있지 않다, 계시지 않다'.

(2) ㄱ. 나는 차비가 {있다 / 없다 / *안 있다}.

ㄴ. 할머니는 차비가 {있으시군요 / 없으시군요 / *안 계시는군요}.

(3) ㄱ. 여기에 {안 있고 / 있지 않고 / *없고} 어디에 갔니?

ㄴ. 요즈음엔 여기 {안 계시고 / 계시지 않고 / *없으시고} 딸네 집에 가 계세요.

이상을 종합하면, '없다'는 형용사이고, '있다'는 두 품사를 겸하고 있어 형용사인 '있다1'과 동사인 '있다2'가 있다.

(4) 본용언과 보조 용언(補助用言)

① 본용언: 자립적으로 쓰여 실질적인 의미를 나타내는 용언. 단독으로 문장의 서술어가 될 수 있다. (예) 모기를 <u>잡아</u> 버렸다.

② 보조 용언: 자립하여 쓰이지 않고 다른 용언 뒤에 쓰여 문법적인 의미를 더해 주는 용언. 단독으로 문장의 서술어가 될 수 없다.

※ 보조 용언은 서술어의 행위에 대한 화자의 심리 상태를 보이거나 행위의 상적 특성을 나타낸다.

가. 구성

가) 용언 어간 + 보조적 연결 어미(아/어, 게, 지, 고) + 보조 용언

(예) 먹어 보다, 잡아 버렸다, 가지 않는다, 자고 있다

나) 용언 어간 + 명사형 전성 어미 + 보조사 + 보조 용언 (예) 춥+기+도 하다

다) 용언 어간 + -(으)ㄹ/-(느)ㄴ + 보조 용언(것이다, 것 같다, 듯하다, 듯싶다, 성싶다, 만하다) ㉠ 비가 오-ㄹ {듯하다/것 같다}. ㉡ 그러면 안 될 성싶다

나. 종류

가) 보조 동사: 용언 뒤에 기대어 그 말의 문법적 의미를 더해주는 동사로 양태적 의미를 더하며, 동사와 활용 양상이 같다.

(예) 느낌을 적어 두다: 느낌을 적다. / *느낌을 두다.

나) 보조 형용사: 용언 뒤에 기대어 그 말의 문법적 의미를 더해주는 형용사로 양태적 의미를 더하며, 형용사와 활용 양상이 같다.

(예) 나도 좋은 시를 많이 읽고 싶다. 오늘은 날씨가 춥지 않다.

다. 보조 용언은 일정한 어미만을 요구하는 제약도 있다. 보조 동사 '가다' 와 '주다'는 연결 어미 '-아/어' 뒤에서만 나타난다. 다른 연결 어미 아래 쓰이면 두 개의 본용언이 병치된 것으로 보아야 한다.

㉠ 밥이 다 되어 간다. → 밥이 다 된다. *밥이 간다

㉡ 어머니가 바구니를 들고 가셨다.

→ 어머니가 바구니를 들었다. 어머니가 가셨다.

㉢ 은별이가 다솜이에게 예방주사를 놓아 준다

③ 보조 동사와 보조 형용사의 구별

가. 선어말 어미 '-는-/-ㄴ-'이 붙을 수 있으면 보조 동사, 그렇지 못하면 보조 형용사이다.

㉠ 책을 읽어 본다.(보조 동사) ㉡ 책을 읽는가 보다.(보조 형용사)

나. '아니하다, 못하다' 등의 부정 보조 용언은 선행 용언이 동사이면 보조 동사이고, 형용사이면 보조 형용사이다.

㉠ 아직도 꽃이 피지 않는다.(보조 동사)

㉡ 이 꽃이 아름답지 않다.(보조 형용사)

다. 보조 용언으로서의 '있다'의 부정형은 '있지 아니하다(않다)'만 쓰이고 '없다'는 쓰일 수 없다.

㉠ 아직도 꽃이 피어 있지 않다. ㉡ *아직도 꽃이 피어 없다.

④ 보조 용언의 의미

의미	보조 용언	의미	보조 용언
희망	-고 싶다	당위	-아/어야 한다
진행	-고 있다/계시다, -아/어 가다/오다	봉사	-아/어 주다/드리다
시도	-아/어 보다	지속	-아/어 있다/계시다
추측	-(으)ㄴ가/는가/나 보다, -(으)ㄹ까 보다, -았/었으면 싶다	결과/유지	-아/어 놓다, -아/어 두다
종결	-고(야) 말다, -아/어 버리다/내다	반복/강세	-아/어 대다
시인	-기는 하다	부정	-지 않다/못하다/말다
피동	-게 되다	사동	-게 하다

[보조 용언 찾기]

(1) 텔레비전을 보다 **보니** 어느 새 자정이 되었다. - 보조 동사

(2) 그 편지를 누가 볼까 **봐** 그러니? - 보조 형용사

(3) 내가 그런 시시한 영화를 볼까 **보냐**? - 보조 형용사

(4) 우선 얼굴부터 보고 **보자**. - 보조 동사

보조 동사로 쓰인 '보다'는 구체적인 동작이 전제된 '해보기, 시행, 시험삼아 하다'의 뜻을 지니고 있으며, 이와 함께 '동작의 결과에 대한 확인이나 지각, 경험'의 뜻도 담고 있다. 반면, 형용사나 동사의 어미 '-ㄴ가, -는가, -ㄹ까, -을까' 등의 다음에서 보조 형용사로 쓰인 '보다'는 선행 동사의 동작이나 상태에 대하여 화자의 추측이나 추정, 막연한 의향을 나타낸다. 이때의 추정은 문장상의 주어에 의한 것이 아니라 문장의 발화자, 즉 화자의 추정이다. [지도서, p.138]

[한글 맞춤법: 보조 용언의 띄어쓰기]

제47항 보조 용언은 띄어 씀을 원칙으로 하되, 경우에 따라 붙여 씀도 허용한다.[24)]

불이 꺼져 간다. / 불이 꺼져간다. 비가 올 듯하다. / 비가 올듯하다.

내 힘으로 막아 낸다. / 내 힘으로 막아낸다. 잘 아는 척한다./ 잘 아는척한다.

어머니를 도와 드린다. / 어머니를 도와드린다. 일이 될 법하다. / 일이 될법하다.

그릇을 깨뜨려 버렸다. / 그릇을 깨뜨려버렸다. 비가 올 성싶다. / 비가 올성싶다.

그 일은 할 만하다. / 그 일은 할만하다.

다만, 앞말에 조사가 붙거나 앞말이 합성 동사인 경우, 그리고 중간에 조사가 들어갈 적에는 그 뒤에 오는 보조 용언은 띄어 쓴다.

잘도 놀아만 나는구나! / 책을 읽어도 보고… / 네가 덤벼들어 보아라.

강물에 떠내려가 버렸다. / 그가 올 듯도 하다. / 잘난 체를 한다.

(5) 용언의 활용

① 활용: 어간에 여러 어미가 번갈아 결합하는 현상.

가. 활용 대상 - 동사, 형용사, 서술격 조사 '이다'

나. 종류: (형태) 종결형, 비종결형; (규칙) 규칙 활용, 불규칙 활용

※ 어미: 문장에서 용언 어간에 결합하여 여러 가지 문법적인 기능을 더해 주는 요소.

② 어미의 체계

<table>
<tr><td rowspan="12">어미</td><td rowspan="12">어말 어미</td><td rowspan="5">종결 어미</td><td>평서형</td><td colspan="2">-다, …</td></tr>
<tr><td>명령형</td><td colspan="2">-아/어라, …</td></tr>
<tr><td>의문형</td><td colspan="2">-느냐/니, …</td></tr>
<tr><td>청유형</td><td colspan="2">-자, …</td></tr>
<tr><td>감탄형</td><td colspan="2">-구나, …</td></tr>
<tr><td colspan="4"></td></tr>
<tr><td rowspan="6">비종결 어미</td><td rowspan="3">연결 어미</td><td>보조적</td><td>-아/어,-게,-지, -고</td></tr>
<tr><td>대등적</td><td>-고, -든지, -면서, -(으)나, …</td></tr>
<tr><td>종속적</td><td>-면, -니, -자, -어도, …</td></tr>
<tr><td colspan="3"></td></tr>
<tr><td rowspan="2">전성 어미</td><td>명사형</td><td>-(으)ㅁ, -기</td></tr>
<tr><td>관형사형</td><td>-(으)ㄴ, -(으)ㄹ, -던</td></tr>
</table>

24) ㉠ 용언의 어미 '-지' 다음의 부정 보조 동사 '아니하다, 못하다'와 질과 양의 우열을 나타내는 '못하다'는 붙여 쓰고 그 외의 경우는 띄어 쓴다. '-지' 뒤에 조사가 붙더라도 붙여 쓴다.
· 어미 '-지' 뒤: 먹지(를) 못하다, 곱지 못하다; 곱지(는) 아니하다, 먹지 아니하다.
· 질과 양의 우열: 동생만 못하다, 이것보다 못하다, 공부를 못하다(성적이 나쁘다)
· 공부를 못 하다.(불이 나가서), 공부를 아니 하다.
㉡ 명사에 직접 붙어 용언을 만드는 '지다'와 부사형 어미 '아, 어, 와, 워' 등에 붙어 피동을 나타내는 '지다'는 윗말에 붙여 쓴다. 그러나 명사 다음에 조사가 들어갈 경우에는 띄어 쓴다.
· 그늘지다, 기름지다, 등지다, 모지다, 터지다, 떨어지다, 엎어지다, 아름다워지다, 추워지다
· 그늘이 지다, 숨이 지다.

			부사형	-게, -도록, -아(어)서, …
선어말 어미	높임	-시-		
	시제	-는-, -었-, -겠-		
	서법	-느-, -더-, -리-		
	공손	-옵-~-오-		
	강조	-니-, -것-~-엇-		

가. 어말 어미

가) 종결 어미: 용언이 문장의 서술어가 되어 그 문장을 종결시키는 형태로, 이때의 어말 어미를 종결 어미라고 한다. 상대 높임법, 문장의 종류를 결정지어 준다.

· 종류: 평서형, 의문형, 감탄형[25], 명령형, 청유형

상대 높임법 / 문장의 유형	격식체				비격식체	
	해라체	**하게체**	**하오체**	**하십시오체**	**해체**	**해요체**
평서형	-다	-네	-오	-(습)니다	-아/-어	{-아/-어}요
의문형	-느냐, -니, -지	-나, -는가	-오	-습니까, -ㅂ니까	-아/-어	{-아/-어}요
명령형	-아라/-어라	-게	-오, -구려	-(으)십시오	-아/-어, -지	{-아/-어}요
청유형	-자	-세	-ㅂ시다	-시지요	-아/-어	{-아/-어}요
감탄형	-구나, -어라	-구먼	-구려		-군/-네/-어	-군요/-네요

※ 비격식체는 억양에 의해 구분된다.

나) 연결 어미: 활용어가 스스로 문장을 종결시키지 못하고 뒤따르는 절이나 용언을 연결시키는 형식으로 이때의 어말 어미를 연결 어미라 한다.

(가) 대등적 연결 어미: 대등적 연결형은 뒤에 오는 말과 서로 맞섬의 성격을 나타내게 하는 형태로, 이때의 어말 어미를 대등적 연결 어미라 한다. 앞뒤 문장의 의미

---

25) 흔히 '-군'을 해라체의 감탄법어미 '-구나'의 준말로 보고 있으나 그 기능도 다르고, 요-통합형과 짝을 이루고 있다는 점에서 요-결락형으로 보는 것이 좋다.

ㄱ. 지금 밖에 비가 오는군. ㄴ. 지금 밖에 비가 오는군요.

'ㄱ'의 '-는군'은 해라나 하게를 받을 사람에 대하여 쓰인다는 점에서 해라를 받는 사람에게 사용되는 '-는구나'와는 차이가 있으므로 요-결락형이다. 형태는 하게체와 같으면서도 감탄법의 기능을 지니고 있는 어미에 '-네'가 있다.

ㄱ. 벌써 진달래가 피었네. ㄴ. 아빠, 벌써 진달래가 피었네요.

'ㄱ'은 독백에서 사용되는 말이므로 하게체로 해석할 수 없다. 단순한 진술보다는 혼자 확인하면서 감탄하는 의미가 강하게 파악된다. 이 경우 상대방을 의식하면서 '요-통합형'을 사용할 수 있다. 앞의 '-군'과 '-군요'와 사정이 같다. 기능상으로 볼 때 앞의 '-군'과 비슷한 면이 포착된다.[고영근 · 구본관(2008:430)]

가 독립적이고 '나열(동시), 대조, 선택'의 의미로 쓰이면, 대등적 연결 어미가 연결된다.

㉮ 나열: '-고', '-(으)며'

※ '-고'가 순차적 사건을 서술하는 데에 사용되었다면, 종속적 연결 어미로 처리해야 한다. (예) 철수는 밥을 먹고, 학교에 갔다.

㉠ 영삼이는 도서관에 있고, 선재는 기숙사에 있다.

㉡ 윤경이는 음악을 들으며 공부한다.

㉯ 상반: '-(으)나', '-지만', '-다만'

(예) 그는 어렵게 살지만 얼굴에 그늘이 없다.

㉰ 선택: '-든지'(종속적으로 사용되는 경우도 있음)

(예) 산으로 가든지, 바다로 가든지.

※ 어디를 가든지 고향을 잊지는 마라.(종속적-가정, 양보) 비교: 어디를 가더라도 고향을 잊지는 마라.

㉱ 동시에 일어남: '-(으)면서'

(예) 신문을 보면서 밥을 먹는다. / 자기는 놀면서 남만 시킨다.

(나) 종속적 연결 어미: 두 절을 주종 관계로 연결하는 형태의 어말 어미.

의 미	어 미	예
동시	-자(마자)	까마귀 날자 배 떨어진다.
원인 이유	-어(서), -(으)니(까)	머리가 아파 잠을 잤다.
	-(으)므로	열심히 공부했으므로 합격을 했다.
	-느라고	공부하느라고 힘들었다.
양보	-어도, -더라도	아무리 시험이 어렵더라도 문제없다.
	-든지, -(으)나	누가 무엇을 하든지 신경을 쓰지 않는다.
	-거나, -(으)ㄴ들	네가 한들 무슨 수가 있겠니?
목적·의도	-(으)러, -고자	공부를 하러 도서관에 간다.
	-(으)려고	책을 사려고 서점에 갔다.
미침	-게, -도록	공부하게 조용히 해라
필연·당위	-어야	산에 가야 범을 잡지
전환	-다가	웃다가 울었다.
비유	-듯(이)	땀이 비 오듯이 흐른다.
더함	-(으)ㄹ수록	벼는 익을수록 고개를 숙인다.

(다) 보조적 연결 어미: 본용언과 뒤따르는 보조 용언이 어울려 하나의 서술어가

되게 하는 어미로, '-아/-어, -게, -지, -고(야)' 등이 이에 속한다.

a. 마루도 의자에 앉아 있다. / b. 기은이가 전공실에 오지 않았다.

c. 사라는 졸고 있다.

다) 전성 어미: 활용어가 문장의 서술어가 되면서 한편으로는 그 자격을 바꾸어 임시로 다른 품사처럼 쓰이도록 하는 어말 어미이다. 용언으로 하여금 명사, 관형사, 부사의 기능을 할 수 있도록 기능의 변화를 가능하게 해 준다.

(가) 명사형 전성 어미: 한 문장을 명사처럼 만들어 하나의 명사처럼 쓰이게 하는 어미

㉮ 종류: -(으)ㅁ, -기

㉠ 그는 이별이 정신적 성숙을 가져왔음을 알았다.

㉡ 삼희는 공부하기가 너무 힘들다.

㉯ '-(으)ㅁ'은 완료된 사건에, '-기'는 미완의 사건에 쓰인다.

㉠ 민채는 자신이 빨리 도착했음을 깨달았다.

㉡ 농부들은 올해도 농사가 잘 되기를 바란다.

㉰ '-(으)ㅁ'은 용언을 명사로 파생시키기도 하는데, 명사형 앞에는 부사어가 올 수 있으나, 파생 명사 앞에는 대체로 어색하다.

㉠ 모양이 많이 다름(명사형)

㉡ *많이 다름이 있다.(파생 명사) 〈비교〉 많은 다름이 있다.

[파생 명사와 명사형 구분하기]

1. 단어의 짜임에 대하여 알아보기

· 깊은 잠을 자고 나니 피로가 풀렸다.	깊이 잠으로써 피로가 풀렸다.
· 큰 웃음을 웃었다.	크게 웃음으로써 분위기를 바꾸었다.

(1) 밑줄 친 단어를 형태소 단위로 분석하여 보고, 각각의 품사를 밝혀 보자.

'깊은 잠(자-+-ㅁ)'의 '잠'은 동사의 어간에 접사 '-(으)ㅁ'이 붙은 파생 명사이다. 이에 비하여 '깊이 잠(자-+-ㅁ)'의 '잠'은 동사 어간에 명사형 어미가 붙어 동사의 명사형이 되었다. '큰 웃음(웃-+-음)'의 '웃음'은 파생 명사이며, '크게 웃음(웃-+-음)'의 '웃음'은 동사의 명사형이다.

(2) 위 단어들에 붙는 '-(으)ㅁ'의 기능이 무엇인지 알아보자.

'잠'과 '웃음'을 통하여 살펴본 바와 같이 접사로서의 '-(으)ㅁ'은 명사형 어미 '-(으)ㅁ'과 형태가 같아 표면상으로는 구별이 되지 않는다. 그러나 하나는 명사이고, 하나는 동사이다. 동사의 명사형으로 쓰인 '잠'과 '웃음'은 각각 '자는 것'과 '웃는 것'으로 바꾸어 쓸 수 있다. 이는 이 단어들이 동사에 명사형 어미 '-(으)ㅁ'을 붙인 동사의 명사형이기 때문이다. 이와 같은 동사의 명사형은 서술성이 있어 주어를 서술하며, 그 앞에 '깊이', '크게' 등의 부사적 표현이 쓰일 수 있다. 그러나 파생 명사로 쓰인 '잠'과 '웃음'은 파생 명사(어근+접미사)로서 서술성이 없으므로 부사적 표현이 쓰일 수 없고, 대신 명사를 수식하는 관형어가 올 수 있다. 따라서 접사와 어미의 형태가 같을 때, 부사의 수식 여부에 따라 이를 구분할 수 있다. [지도서, p.145]

2. '-음'의 문법적 · 의미적 기능 알기

(1) '-음'의 문법적 · 의미적 기능

"?야, 너 오늘 죽음이야!", "?오늘 축구 경기, 한 마디로 끝내줬음이다.", "?어제 그 둘 말이야, 정말 장난 아니었음이야."와 같은 문장에서 '-음'은 명사형 어미로 보아야 할 것이다. 그 이유는 '죽음'이나 '끝내줬음', '아니었음'은 영어의 동명사와 비슷한 기능을 담당하고 있어서, 서술어의 기능을 하면서 명사의 기능을 동시에 하고 있기 때문이다.

(2) 사용 이유

이러한 말투가 사용되고 있는 현상은 유행어의 측면에서 설명할 수 있을 것이다. 현상을 명사화하여 압축적으로 표현하는 것 또한 이 시대 유행어의 한 현상으로 이해할 수 있다. 그러나 이들은 국어의 정상적인 문장이 아니라는 점에 주의해야 한다. [지도서, p.122]

※ 접미사 '–음'은 'ㄹ' 뒤에서 '으'가 탈락하지 않으나 어미 '–음'은 'ㄹ' 뒤에서 '으'가 탈락한다.
(예) 명철이가 울음을 터트렸다. 민주가 욺은 억울해서다.

(나) 관형사형 전성 어미: 한 문장을 관형사처럼 만들어 하나의 관형사처럼 쓰이게 하는 어미.[26)]

시 제	어 미	동 사	형 용 사
과거	-은(동) -던(형)	온 손님	예쁘던 얼굴

26) 관형사형 전성 어미 가운데 '-ㄴ, -ㄹ, -는'과는 달리 '-던' 같은 경우는 '-더-'와 '-ㄴ'으로 분리될 수 있는 가능성이 있다. 학교 문법에서는 '-던'을 관형사형 전성 어미의 하나로 보고 있으나, '-더-'가 '회상'의 의미를 가지는 형태소이고, '-ㄴ'이 용언으로 하여금 체언을 수식하게 하는 관형사형 전성 어미인 것이 분명한 이상, 관형사형 전성 어미는 '-ㄴ, -ㄹ, -는'만을 설정하는 것이 타당하다.

현재	-는(동) -은(형)	오는 손님	예쁜 얼굴
과거(회상)	-던	오던 손님	예쁘던 얼굴
미래(추측)	-(으)ㄹ	올 손님	예쁠 얼굴

(다) 부사형 전성 어미: 문장을 부사처럼 만들어 하나의 부사처럼 쓰이게 하는 어미.

㉮ 유형: (-이), -게, -(아)서, -도록, -듯이, …

㉠ 산 그림자가 소리도 없이 다가왔다. ㉡ 꽃이 아름답게 피었다.

㉢ 머리가 아파서 잠을 잤다. ㉣ 밤이 새도록 응원을 하였다.

㉤ 나그네가 구름에 달 가듯이 간다.

※ 학교 문법에서 '–이'는 부사 파생 접미사로 처리한다. 그러나 그것이 부사 파생 접미사라면, (a)의 예에서 '없이'는 부사이므로 서술 기능이 없어야 하는데, '소리도'의 서술어로 기능한다. '–이'를 부사형 전성 어미로 처리하면 이런 문제는 없다.는 것이 더 합리적이다.

㉯ 부사형 전성 어미가 사용된 문장은 부사절을 안은 문장으로도 처리할 수도 있고, 종속적으로 이어진 문장으로도 처리할 수 있다.

[부사형 전성 어미 인정]

7차 문법 교과서에서는 종래에 '부사형 어미'가 설정되지 않아 모호하고 불균형하게 기술되었던 활용 어미 체계의 문제점을 개선하여 '꽃이 아름답게 피었다'의 '-게'와 같은 것을 부사형 어미로 보도록 하였다. 더 나아가 '종속적 연결 어미'로 유도된 '종속적으로 이어진 문장(소위 종속절)'도 부사절로 볼 수 있다고 하는 학계 대다수의 태도를 수용하여 종속적 연결 어미도 부사형 어미로 볼 수 있는 점을 명시하였다. 이는 근본적으로 국어에서 부사절과 종속절(더 나아가 대등절)을 구별하는 것이 별 의미가 없다는 것을 뜻한다. 따라서 종속적, 대등적, 보조적 연결 어미는 연결의 방식에 따른 어미 분류 방식으로 보고, 명사형, 관형사형, 부사형 어미는 '명사, 관형사, 부사'와 같은 품사 기능성, 즉 형태·통사론적 관점에서의 어미 분류 방식으로 보아 병존시키되, 국어에서 궁극적으로 연결 어미는 부사형 어미로 볼 수 있다는 특수성을 인정하였다. 이미 이익섭·채완(1999)에서는 연결 어미를 모두 부사형 어미로 보는 기술을 보이고 있다. [지도서, p.134]

나. 선어말 어미: 어간과 어말 어미 사이에 오는 개방 형태소로, '시간, 높임, 공손, 서법'을 표시하는 어미이다.

가) 특성

(가) 그 자체만으로 단어를 완성시키지 못하고 반드시 어말 어미를 요구한다.

(나) 분포 제약이 없이 거의 모든 어간에 결합될 수 있으나, 활용의 일부만 담당할 뿐, 새로운 단어를 파생하는 기능은 갖지 못한다. 따라서 선어말 어미가 결합한 단어는 사전에 표제어로 등재되지 않는다.

(다) 시제와 서법, 경어법을 나타낸다.

(라) 분포에 따라 자리가 고정되어 있어 순서를 함부로 바꿀 수 없으며, 차례는 분포의 넓고 좁음에 비례한다.

나) 종류: 그 분포에 따라 분리적 선어말 어미와 교착적 선어말 어미로 나누기도 한다.

<table>
<tr><th colspan="2">분리적 선어말 어미</th><th colspan="2">교착적 선어말 어미</th></tr>
<tr><td colspan="2">쓰이는 분포가 매우 넓고, 다른 어미들과의 결합에 있어 큰 제약이 없어서, 다른 어미들과 분리될 수 있는 경향이 매우 높다.</td><td colspan="2">쓰이는 분포가 좁고, 분리적 선어말 어미에 비해 결합되는 비율이 낮다.</td></tr>
<tr><td>주체 높임
선어말
어미</td><td>'-시-'는 선어말 어미 가운데 어미와의 결합 비율이 가장 높으며, 위치도 선어말 어미들 가운데 제일 앞에 온다.</td><td>상대 높임
하십시오체
선어말
어미</td><td>'-ㅂ-/-습-'을 설정하기도 한다. 그러나 학교 문법에서 상대 높임법은 종결 어미에 의해 실현되는 것으로 보기 때문에 상대 높임법의 선어말 어미를 따로 설정할 필요가 없다.</td></tr>
<tr><td>시제
선어말
어미</td><td>어간 뒤에 비교적 자유롭게 나타나는 어미 가운데 하나로서, 현재 시제 선어말 어미 '-는-', 과거 시제 선어말 어미 '-었-', 미래 시제 선어말 어미 '-겠-'이 대표적이다.</td><td>서법 표시
선어말
어미</td><td>'-느-, -더-, -리-'를 들 수 있고, '하느니라'의 '-느-'는 직설법, '하더라'의 '-더-'는 회상, '하오리라'의 '-리-'는 추측법으로, 미래 시제의 '-겠-'과 의미가 비슷하나 점차 생명력을 잃고 있다.</td></tr>
<tr><td>공손
선어말
어미</td><td>'-옵-'은 화자가 상대방에게 공손의 뜻을 표시할 때 쓰이는데, 문어체에 주로 쓰인다. '-옵-'은 자음 어미 앞에 주로 쓰이며, 매개 모음을 취하는 어미와 모음 어미 앞에서는 '오'로 실현된다.
(예) 변변치 못한 물건이오나 정성으로 보내드리오니 받아주옵소서.</td><td>강조법
선어말
어미</td><td>'-니-, -것-'을 들 수 있다. '-니-'는 '하느니라'에서 직설법 어미 '-느-' 뒤에서 나타나는 원칙법 선어말 어미이고, '-것-'은 '하것다'의 확인법 선어말 어미이다. '-것-'은 '-리-'뒤에서 '하렷다'에서 보는 것처럼 '-엇-'으로 나타나기도 한다.</td></tr>
</table>

(가) 높임·공손 선어말 어미

㉮ 주체를 높이는 '-시-'는 주체에 연결되는 접미사나 조사와 호응을 이룬다.

㉠ 형님이 오셨다.(오시었다) ㉡ 할아버지께서 오시었다.

㉯ 주체 높임의 '-시-'와 공손의 뜻을 가지는 '-옵-'의 결합 형태는 주체에 대한 아주

높임이 된다. (예) 살포시 즈려밟고 가시옵소서.

㉰ '-시-'의 동반에 따라 동사의 어간이 바뀌는 일도 있다.

㉠ 광두는 낮잠을 <u>잔다</u>. ㉡ 선생님께서는 낮잠을 <u>주무신다</u>.

(나) 시제 선어말 어미

㉮ '-겠-'은 미래에 속하는 일, 아직 미정적인 일을 나타내지만, 내용상으로는 여러 가지 양태적 의미도 나타낸다.

㉠ 내일은 날이 맑겠다.(추측) ㉡ 나도 꼭 가겠다.(의도나 의지)

㉢ 나도 그것쯤은 하겠다.(가능)

㉯ 과거 회상 선어말 어미 '-더-'를 어말 어미의 일부로 간주하는 견해도 있다. '-더-'를 빼고 '-라-'만을 어간에 연결하면 평서형이 되지 않기 때문에, '-더라'를 분리할 수 없다는 견해이다.

종 류	형태	기능	동사의 예	형용사의 예
시제 선어말 어미	-는-/-ㄴ-	현재	먹는다, 간다	*예쁜다(결합불가능)
	-았-/-었-	과거	먹었다, 났다	예뻤다
	-겠-	미래(추측)	먹겠다, (먹었겠다)	(예쁘겠다)
	-더-	과거(회상)	먹더라, 가더라	(예쁘더라)
높임 선어말 어미	-(으)시-	주체 높임	가시고, 보신다	훌륭하시다
	-옵-	공손	가시옵고, 받자옵고	훌륭하시옵고

다) 선어말 어미의 결합 순서: 둘 이상의 선어말 어미가 어울릴 때는 대체로 '높임 → 시제 → 공손'의 순서로 결합한다.

(예) ***하**-<u>시-었-겠-사오</u>-ㅂ **니다** (주체 높임-과거-추측-공손)

다. 어미 결합의 제약: 동사는 모든 어말 어미를 비교적 자유롭게 취할 수 있으나, 형용사와 서술격 조사는 어미와의 결합에 많은 제약을 받는다.

가) 명령형과 청유형, '-러'(목적)와 '-려'(의도)는 동사만이 취할 수 있다.

나) 대등적 연결 어미 중 시간 나열의 어미 '-고서'는 동사만이 취할 수 있다.

다) 서술격 조사는 보조적 연결 어미를 취할 수 없다. 그러나 현재는 허용되는 쪽으

로 변하고 있다.

〈참고〉 ?나는 현명한 아내이고 싶다. → 나는 훌륭한 아내가 되고 싶다.

라) 형용사는 진행 표시의 보조적 연결 어미 '-고 있다'를 취할 수 없다.

(예) *희고 있다.

마) '-ㄹ세, -올시다, -로구나, -로다' 등의 어미는 '이다'와 '아니다'와만 결합한다.

바) '-자'는 시제 선어말 어미와는 결합하지 않는다.

(예) *점심을 먹었자 잠이 쏟아졌다.

사) '-서'는 명령문, 청유문과는 이어질 수 없다. (예) *눈이 와서 공부를 하자.

아) 활용이 온전하지 못하여 일부의 어미만을 취하는 불완전 동사가 있다.

㉠ 가로다: 가로되, 가라사대 / *가로고, *가론, *가로면,

㉡ 데리다: 데리고, 데려왔다 / *데린다, *데려라

㉢ 더불다: 더불고, 더불어, 더불지

㉣ 달다(與): 달라, 다오

〈참고〉 주어라(남에게 건네다): **다오**(자기에게 건네다)(해라체)

주라: **달라** (하라체) - 보충법 / 주게: 주게 (하게체)

[어미를 찾아 종류별로 나누기]

1. 다음 글에서 어미를 찾아내어 종류별로 나누어 보자.

초등 학교 2학년 여름 장마철이었습니다. 겨우 등교는 하였지만 큰비가 계속 내려 집으로 가는 다리가 끊어지고, 학교는 수업을 단축할 정도였습니다. 교실에 남아 집에는 어떻게 가야할지 걱정이 태산 같았는데, 어린 동생을 업고 먼 길을 돌아서 나를 데리러 오신 엄마의 모습이 저 멀리 운동장 너머로 보였습니다. 그 사랑이 아직도 나를 따뜻하게 감싸 줍니다.

장마철이었(시제 선어말)습니다.(평서형 종결), 하였(시제 선어말)지만(대등적 연결), 내려(-어: 종속적 연결), 가는(관형사형), 끊어지고(대등적 연결), 단축할(-ㄹ: 관형사형), 정도였(-었-: 과거 선어말)습니다.(평서형 종결), 남아(종속적 연결), 어떻게(-게: 부사형), 가야할지(-ㄹ지: 종속적 연결), 같았(과거 선어말)는데(종속적 연결), 업고(대등적 연결), 먼(-ㄴ: 관형사형), 돌아서(종속적 연결), 데리러(-러: 종속적 연결), 오신(-시-: 높임 선어말, -ㄴ: 관형사형), 보였(과거 선어말)습니

다.(평서형 종결), 따뜻하게(-게: 부사형), 감싸(-아: 종속적 연결) 줍니다.(-ㅂ니다: 평서형 종결) [지도서, p.136]

③ 규칙 활용과 불규칙 활용

가. 규칙 활용

어간과 어미가 결합하는 과정에서, 어간이나 어미 모두 교체하지 않는 활용. 또는 어간이나 어미가 교체하더라도 그 교체를 보이는 형태소들과 교체의 환경을 범주화할 수 있는 활용. 대체로 규칙 활용은 음운 규칙으로 설명할 수 있다.

(예) 잡+아→[자바], 잡+고→[잡꼬], 잡+는→[잠는]; 꼽-, 좁-;묻-[埋], 닫-;막-, 적-
날+아→[나라], 날+고→[날고], 날+는→[나는]; 돌-, 줄-, 살-
안+아→[아나], 안+고→[안꼬], 안+는→[안는]; 신-, 껴안-;심-, 감-

가) 모음 조화: 어미 '아/어'의 교체 (예) 먹어, 잡아

나) 규칙적 탈락

(가) 어간의 'ㄹ'탈락: 어간의 끝소리 'ㄹ'이 'ㄴ, ㅂ, ㅅ, 오' 앞에서 규칙적으로 탈락되는 용언

㉠ 살다: 사니, 삽니다, 사시오, 사오   ㉡ 놀다: 노는, 놉니다, 노시고, 노오

(나) 어간 모음 '으' 탈락: '-아/-어'로 시작되는 어미 앞에서 규칙적으로 탈락되는 용언

㉠ 쓰다: 써, 썼고(←쓰었고)   ㉡ 잠그다: 잠가, 잠갔고(←잠그+았고)

(다) 모음 또는 'ㄹ'로 끝나는 어간 뒤에서 어미 모음 '으' 탈락.

(예) 보 + 은→[본], 돌 + 으시→[도:시]

(라) 음절말 평파열음화, 비음 동화, 구개음화…

나. 불규칙 활용

가) 어간과 어미의 기본 형태가 유지되지 않을 뿐더러, 교체를 보이는 형태소들과 교체의 환경을 범주화할 수 없는 활용. 형태소의 교체가 특정 형태소에 국한되기 때문에 보편적 음운 규칙으로 설명할 수 없다.

나) 유형

(가) 어간이 교체하는 경우

갈 래	내 용(조건)	용 례	규칙 활용 예
'ㅅ' 불규칙	'ㅅ'이 모음 어미 앞에서 탈락	잇+어 → 이어, 짓+어 → 지어, 낫다[勝, 癒] → 나아, 붓다[注] → 부어, 부으니	벗어, 씻어, 솟으니
'ㄷ' 불규칙	'ㄷ'이 모음 어미 앞에서 'ㄹ'로 교체	듣+어 → 들어[聽], 걷+어 → 걸어[步], 묻+어 → 물어[問], 깨닫다, 싣다[載]	묻어[埋], 얻어
'ㅂ' 불규칙	'ㅂ'이 모음 어미 앞에서 '오/우'로 교체(돕-, 곱-만 '오'로 되고 나머지는 '우'로 교체)	돕+아 → 도와, 곱+아 → 고와, 눕+어 → 누워, 줍+어 → 주워, 덥+어 → 더워, 가깝+어 → 가까워, 고맙+어 → 고마워	굽어, 잡아, 뽑으니
'르' 불규칙	'르'가 모음 어미 앞에서 'ㄹㄹ' 형태로 교체	흐르+어 → 흘러, 이르+어 → 일러[謂,早], 빠르+아 → 빨라, 가르+아 → 갈라, 배부르다	따라, 치러 우러러
'우' 불규칙	'우'가 모음 어미 앞에서 탈락	퍼(푸+어)	주어, 누어 꾸어(꿔)

※ '싣다'는 남부방언에서 '실코, 시러, 시르니'로 활용하여 어간의 형태가 '싫-'로 나타난다.

(나) 어미가 교체하는 경우

갈 래	내 용(조건)	용 례	규칙 활용 예
'여' 불규칙	'하-'뒤에 오는 어미 '-아'가 '-여'로 교체	공부하+아 → 공부하여, 일하+아 → 일하여('하다'와 '-하다'가 붙는 모든 용언)	파다(파)
'러' 불규칙	어간이 '르'로 끝나는 일부 용언에서, 어미 '-어/아'가 '-러'로 교체	이르(至)+어 → 이르러, 노르+어 → 노르러, 누르(黃)+어 → 누르러, 푸르+어 → 푸르러(이 네 개만 존재)	치르+어 → 치러, 따르+아 → 따라
'너라' 불규칙	명령형 어미인 '-거라'가 '-너라'로 교체	오+거라 → 오너라	가거라, 있거라
'오' 불규칙	'달-/다-'의 명령형 어미가 '오'로 교체('주다'의 해라체와 하라체는 '달라, 다오'가 대신 쓰임)	다+아라 → 다오	주어라

※ '줍다'는 방언에서 '줏꼬, 주서, 주스니'로 활용하여 어간의 형태가 '줏-'으로 나타난다.

(다) 어간과 어미가 모두 교체하는 경우

갈 래	내 용(조건)	용 례	규칙 활용 예
'ㅎ' 불규칙	'ㅎ'으로 끝나는 어간에 '-아/-어'가 오면 어간의 일부인 'ㅎ'이 탈락하고 어미도 교체	하얗+아서 → 하얘서, 파랗+아 → 파래 까맣다, 노랗다, 빨갛다, 뽀얗다…	좋+아서 → 좋아서

[불규칙 활용]

'-아라/-어라'와 '-거라', '-너라'의 관계

특별히 불규칙 활용 중에 '-거라'불규칙은 그동안 '가다, 자다, 일어나다'와 같은 일부 자동사에 붙는 것으로 보아 '-아라/-어라' 규칙형에 대응되는 불규칙형으로 보았다. 그러나 이미 이들도 '-아라/-어라'를 취하는 것으로 일반화되어 '-거라' 불규칙은 비현실적 문법 기술의 대표적 사례로 지목되었다. 따라서 '-거라/-너라'는 장년, 노년층에서나 쓰이는 세대(世代) 방언형으로 볼 수 있으며, 오히려 '-거라' 규칙형에 대하여 '오다'만이 '-너라'를 취하는 불규칙으로 보아야 하는 것이 현실이다. [지도서, p.139]

[한글 맞춤법 제18항]

다음과 같은 용언들은 어미가 바뀔 경우, 그 어간이나 어미가 원칙에 벗어나면 벗어나는 대로 적는다.

1. 어간의 끝 'ㄹ'이 줄어질 적: 놀다: 노니, 논, 놉니다, 노시다, 노오
   [붙임] 다음과 같은 말에서도 'ㄹ'이 준 대로 적는다.
   마지못하다, 마지않다, (하)다마다, (하)자마자, (하)지 마라, (하)지 마(아)
2. 어간의 끝 'ㅅ'이 줄어질 적: 긋다 - 그어, 그으니, 그었다
3. 어간의 끝 'ㅎ'이 줄어질 적: 하얗다 - 하야니, 하얄, 하야면, 하야오
4. 어간의 끝 'ㅜ, ㅡ'가 줄어질 적: 푸다 - 퍼, 펐다; 뜨다 - 떠, 떴다
5. 어간의 끝 'ㄷ'이 'ㄹ'로 바뀔 적: 싣다[載] - 실어, 실으니, 실었다
6. 어간의 끝 'ㅂ'이 'ㅜ'로 바뀔 적: 굽다[炙] - 구워, 구우니; 밉다 - 미워, 미우니
   다만, '돕-, 곱-'과 같은 단음절 어간에 어미 '-아'가 결합되어 '와'로 소리나는 것은 '-와'로 적는다. 돕다[助] - 도와, 도와서, 도왔다; 곱다[麗] - 고와, 고와도, 고왔다

7. '하다'의 활용에서 어미 '-아'가 '-여'로 바뀔 적: 하다 - 하여, 하여서, 하여라, 하였다
8. 어간의 끝음절 '르' 뒤에 오는 어미 '-어'가 '-러'로 바뀔 적
   이르다[至] - 이르러; 노르다 - 노르러; 누르다 - 누르러; 푸르다 - 푸르러
9. 어간의 끝음절 '르'의 'ㅡ'가 줄고, 그 뒤에 오는 어미 '-아/-어'가 '-라/-러'로 바뀔 적: 가르다 - 갈라, 부르다 - 불러, 거르다 - 걸러, 이르다 - 일러, 지르다 - 질러

4) 수식언

다른 말을 수식하는 기능을 하는 말로, 관형사와 부사가 있다. 수식언은 활용하지 않는다는 형태상의 공통점이 있다.

※ 수식언을 관형사와 부사로 분류한 것은 의미 기준에 의한 것이라기보다는 기능에 의한 분류로 보아야 한다.

(1) 관형사: 체언 앞에 놓여서 그 뜻을 '어떠한'의 방식으로 꾸며 주는 단어.

① 특성

가. 주로 명사를 꾸며 주며, 수사와는 결합할 수 없다.

나. 문장 안에서 관형어로만 쓰인다.

다. 관형사가 나란히 놓일 때는 뒤의 것을 꾸미는 것처럼 보이나, 궁극적으로는 뒤따르는 명사구를 꾸민다. ※ 관형사는 체언만 꾸민다.

(예) 저 새 **건물**이 너희 학교냐? $[[저]_1[[새]_1\ [건물]_1]_2]_3$

라. 불변어이고, 조사와 결합할 수 없다. (예) 새 옷 / *새가 옷, *새를 옷

※ 보조사와 결합하는 부사와도 차이가 난다.

② 종류: 관형사는 의미를 기준으로 하여 성상, 지시, 수 관형사로 나누어진다. 고유어로 된 것과 한자어로 된 것이 있다.

가. 성상 관형사: 체언의 성질이나 상태를 '어떠한'의 방식으로 꾸며주는 관형사.

※ 정도성을 나타내는 관형사는 학교 문법에서 부사로 보고 있다. ㉠ 오랜만에 만난 친구에게 고작 그게 인사냐?(부사) ㉡ 뼈가 빠지게 일을 해 봤자 입에 풀칠하는 게 고작이다.(명사)

의미	용례
상 태	고유어계: 온갖, 새, 헌, 헛, 윗, 뒷, 온, 뭇, 외딴, 참, 거짓, 갖은 한자어계: 순(純) 주(主), 정(正), 준(準), 대(大), 소(小) …
정 도	고유어계: 고작, 겨우, 진짜 한자어계: 단지(但只), 유독(惟獨), 무려(無慮), 약(若)…

가) '새 신'에서 '새'는 관형사이고, '새로운 뉴스'에서 '새로운'은 '새롭다'는 형용사가 관형사형으로 활용한 형태이다.

나) 접미사 '-的'이 붙는 말은 다음과 같이 품사를 달리한다.

(가) '-的 + 체언' → 관형사 (예) 적극적 활동

(나) '-的 + 조사' → 명사 (예) 적극적인 활동

(다) '-的 + 용언/부사' → 부사 (예) 비교적 빠른 수습/가급적 빨리 와라

나. 지시 관형사: 어떤 대상을 가리키는 관형사

의미	용례
공 간	이, 그, 저, 요, 고, 조, 이런, 그런, 저런, 다른(他), 뭇, 무슨, 아무, …
시 간	옛, 올, 현(現), 신(新), 구(舊), 전(前), 후(後), 내(來), …

가) 화자가 주관적으로 사물의 성질이나 상태 등을 가리켜서 꾸며 주는 구실을 한다.

(예) 이 운동은 마침내 국민들의 호응을 받았다.

나) 발화 현장이나 문장 밖에 존재하는 대상을 가리킨다.

㉠ 틀림없이 저 아이가 가져갔을 거야(발화 현장에 존재하는 아이 지칭)

㉡ 다른 분들도 그렇게 생각합니다.(문장 밖에 존재하는 사람 지칭)

다) 지시, 성상, 수 관형사가 함께 배열될 때에는, '지시 + 수 + 성상 관형사'의 순서에 따른다. (예) 저 모든 새 집을 한 회사가 짓고 있다.

라) '이, 그, 저'가 대명사로 쓰일 때에는 조사를 동반하는데, 비록 조사가 붙지 않았다 해도 내용상 '이것, 그것, 저것'으로 대치할 수 있으면 관형사가 아닌 대명사이다. (예) 이 가운데 → 이것 가운데

마) 관형사와 형용사의 구분

㉠ 성격이 다른 사람과는 사귀기가 힘들다.(형용사, 관형사절)

㉡ 이 옷은 마음이 안 드니 <u>다른</u> 것을 가져와 보세요.(관형사)

※ 관형사 '다른'의 품사는 서술어의 유무로 구분한다. 표면상 주어가 있으면 서술성이 있는 것으로 형용사이다. 반면, 관형사절을 이끌고 있고, 표면상 주어가 없으면 서술성이 없어서 관형사로 본다.

다. 수 관형사: 수량이나 차례를 나타내는 관형사

의 미		용 례
양 수		한, 두, 세(석, 서), 네(넉, 너), 다섯(닷), 엿, 일곱, 여덟, 아홉, 열, 열한, 열두, 열세(석, 서), …스물, 스물한, 스물두…, 한두, 두세, 서너, 너댓…
서수	정 수	첫, 첫째, 둘째, 셋째, …제일(第一), 제이(第二) …
	부정수	한두째, 두어째, 몇째, 여남은째…, 몇몇, 여러 …

가) 수 관형사는 사물의 수나 양을 지시하여 꾸며 주며, 양을 나타내는 양수 관형사와 순서를 나타내는 서수 관형사로 나뉜다.

나) 수 관형사는 대체로 단위를 나타내는 의존 명사와 결합하지만, 자립 명사와도 결합한다.

㉠ 잣나무 <u>열</u> 그루를 심었다. ㉡ <u>모든</u> 학생들이 즐거워했다.

다) 수 관형사와 수사는 조사를 취할 수 있는가에 의하여 구별되는데, 조사를 취하면 수사이다.

㉠ <u>첫째</u> 분이 나의 형이다.(수 관형사) ㉡ <u>첫째</u>로 남에게 친절하라.(수사)

라) 수사가 명사 앞에 놓여 수 관형사가 될 때에는 형태가 같은 것이 보통이지만, 기본적 수 관형사는 형태를 달리하는 일이 많다.

㉠ 수사: 하나, 둘, 셋, 넷, 다섯 ㉡ 수 관형사: 한, 두, 세, 네, 엿

라. 관형사와 접두사의 차이

관형사	접두사
① 체언 앞에서 그 뜻을 분명하게 제한하는 자립 형태소로, 띄어 쓴다. ② 분리성이 있어서 분포의 제약이 거의 없으며, 그 사이에 다른 말이 들어갈 수 있다	① 어근의 앞에 붙어 의미를 제한하는 의존 형태소이다. ② 분리성이 없어서 분포가 제약되고, 명사와의 사이에 제3의 단어를 개입시킬 수 없다.

③ 그 자체가 독립된 단어로서 다른 단어와 결합하여 구를 형성한다. (예) 새 건물, 새 제도(구 형성), 새 학교 건물(분리성); 새사람, 새신랑(합성어근)	③ 새로운 단어를 파생하므로, 접두사가 결합한 단어는 사전에 등재된다. (예) 풋고추, 풋김치, 풋김치, *풋 파란 고추

가) 귀 신문사, 귀 회사(관형사) / 귀공자, 귀금속, 귀부인(접두사) 〈표준국어대사전〉

나) '신(新), 구(舊), 대(大), 장(長), 고(高) …' 등은 사전에서 주로 접두사로 다루고 있지만 연구자에 따라서는 관형사로 다루기도 한다.

(예) (접두사) 구세대, 구제도

(관형사) 구 소련, 구 문교부/ 대(大) 고구려, 대(大) 발해

[수 관형사와 단위 명사의 결합]

표준어 규정 제17항: 비슷한 발음의 몇 형태가 쓰일 경우, 그 의미에 아무런 차이가 없고, 그중 하나가 더 널리 쓰이면 그 한 형태만을 표준어로 삼는다.

(1) 수 관형사와 단위 명사의 결합 양상

· 세/네: 개, 다발, 마리, 번, 사람, 자리, 채, 평

· 석/넉: 냥, 달, 되, 장 · 서/너: 돈, 말, 발, 푼

(2) 수 관형사 사용 규칙에 어긋난 예

· 금 세 돈짜리 반지입니다.(세 → 서) *쌀 네 되만 주세요.(네 → 넉)

· 이 실의 길이는 세 자가 넘습니다.(세 → 석) [지도서, p.145]

(2) 부사: 주로 용언 앞에 놓여서 뒤에 오는 용언의 뜻을 주로 '어떻게'의 방식으로 한정해 주는 단어. 부사, 관형사, 체언을 한정하기도 한다.

㉠ 바로 뒤 / 또 하나의 / 바로 그것 (체언 수식)

㉡ 가장 빨리 / 아주 높이 (부사 수식)

㉢ 아주 새 옷 / 너무 헌 옷 (관형사 수식)

① 특성

가. 불변어이며, 시제나 높임 표시를 못한다.

나. 격조사를 취하는 일은 없으나, 보조사를 취하는 일은 있다.

㉠ 올 겨울은 너무도 춥다. ㉡ 제발 빨리만 가라.

② 종류: 일반적으로 문장에서의 역할에 따라 성분 부사와 문장 부사로 나뉜다.

가. 성분 부사: 문장의 한 성분만을 꾸미는 부사

가) 성상 부사: 상태나 정도를 나타내면서 다른 말을 꾸미는 부사

(가) 종류 ┌ 상태: 빨리, 갑자기, 깊이, 많이, 펄쩍
　　　　 └ 정도: 매우, 퍽, 아주, 너무, 잘, 거의, 가장

(나) 체언을 한정하기도 하는데, 대체로 정도, 위치, 수량을 나타내는 말과 어울린다. (예) 아주 부자(정도) / 바로 앞(위치) / 겨우 셋(수량)

※ 학교 문법에서는 '품사의 통용'을 인정하는 입장이므로 이런 경우에는 관형사로 처리하는 것이 일관성 있는 태도이다.

(다) 의성 부사와 의태 부사도 동사를 꾸미는 기능을 한다.

┌ 의성 부사: 도란도란, 쾅쾅, 철썩철썩, 땡땡
└ 의태 부사: 느릿느릿, 울긋불긋, 사뿐사뿐, 옹기종기, 깡충깡충

나) 지시 부사: 발화 현장을 중심으로 장소나 시간 및 앞에 나온 이야기의 내용을 지시하는 부사

(가) 처소: 이리, 그리, 저리, 이리저리, 요리조리, 여기, 거기, 저기, 어디, 여기저기[27]

(나) 시간: 오늘[28], 어제, 일찍이, 장차, 언제, 아까, 곧, 이미, 바야흐로, 앞서, 문득, 난데없이, 매일

(다) '이리, 그리, 저리'는 처소 이외에 행동의 방식이나 문장 밖의 어떤 사실을 가리키는 데도 사용된다.

㉠ 그리 가면 바로 남대문이다.(처소)

㉡ 누가 이리 장난이 심하냐?(행동 방식)

㉢ 그리 말고 내말을 들어봐.(문장 밖의 어떤 사실)

다) 부정 부사: 꾸밈을 받는 동사나 형용사의 내용을 부정하는 방식으로 꾸며 주는 부사.

---

27) ① 여기, 저기, 거기: 사전에서 대명사로 처리. 그러나 "여기 있던 것을 어디로 치웠니?"처럼 조사가 없이 쓰이면 부사적인 기능으로 쓰인 것으로 볼 수 있다. ② '어제, 오늘, 내일, 모레'도 기본적으로 명사이지만 "그가 어제 이곳에 도착했다."처럼 문맥에 따라 부사로도 쓰인다.

28) 그가 오늘 왔다. (부사)　오늘 날씨가 참 좋다. (명사)

㉠ 그는 안 일어났습니다. / 꽃이 안 예쁘다. ㉡ 오늘 학교에 못 갔다.

※ 성분 부사의 결합 순서: 지시 + 성상 + 부정: (예) 저리 잘 안 우는 아이

나. 문장 부사: 문장 전체를 꾸며 주는 부사. 양태부사를 가리키는 일이 많다. 성분 부사와 달리 위치 이동이 비교적 자유롭다.

가) 양태 부사: 사태에 대한 화자의 태도를 표시하는 부사로, 문장 전체에 대한 판단을 내리는 기능을 한다.

(가) 종류

㉮ 화자의 믿음 또는 단정: 과연, 정말, 실로, 물론, …

(예) 과연 그분은 위대한 정치가였다.

㉯ 화자의 의심 또는 단정 회피: 설마, 아마, 비록, 만일, 아무리, …

(예) 설마 거짓말이야 하겠느냐?

㉰ 화자의 희망: 제발, 부디, 아무쪼록, … (예) 제발 내 말 좀 들어 주세요.

(나) 문장의 첫머리에 오는 것이 일반적이다.

(다) 그 의미에 상응하는 어미와 호응을 이룬다: '단정'은 평서형 또는 감탄형과 '의심'은 의문형이나 조건의 연결 어미와, '희망'은 명령형과 호응하는 일이 많다.

(라) 부정의 범위는 문장의 전 성분에 미치나 문장 부사는 예외적으로 부정되지 않는다. (예) 다행히 유찬이가 유리창을 깨지 않았다.

<table>
<tr><th>부사</th><th>의미</th><th>호응</th><th>부사</th><th>의미</th><th>호응</th></tr>
<tr><td>결코</td><td>꼭</td><td rowspan="4">부정어와 호응</td><td>비록</td><td>주어진 조건 인정하면서 더 나은 상황을 내놓을 때</td><td rowspan="2">~지라도,
~더라도 등</td></tr>
<tr><td>그다지</td><td>별로</td><td>설령</td><td>가정하면서 더 나은 상황을 내놓을 때</td></tr>
<tr><td>별로</td><td>이렇다 할 것 없는</td><td>설마</td><td>아무리 하기로</td><td>의문형 어미</td></tr>
<tr><td>여간</td><td>보통으로-〉 아주, 보통이 아닌</td><td>과연</td><td>빈말이 아니라 정말로</td><td>~했구나</td></tr>
<tr><td>마땅히</td><td>꼭, 반드시</td><td rowspan="2">~해야 한다</td><td>마치</td><td>거의 비슷하게</td><td>~처럼(같이)</td></tr>
<tr><td>모름지기</td><td>당위적 상황</td><td>아마</td><td>추측</td><td>~것이다</td></tr>
<tr><td>비단</td><td>내용 첨가시</td><td>~뿐만 아니다</td><td>왜냐하면</td><td>인과관계</td><td>~때문이다</td></tr>
</table>

나) 접속 부사: 단어와 단어, 문장과 문장을 이어주면서 뒤의 말을 꾸며 주는 부사.

㉠ 연필 또는 볼펜을 사야겠다.(단어 접속)

㉡ 지구는 돈다. 그러나 아무도 그것을 믿지 않았다.(문장 접속)

다) 문장 부사와 성분 부사의 구별: 문장 부사는 위치 이동이 비교적 자유로우나, 성분 부사는 대체로 위치 이동이 자유롭지 못하다.

㉠ 확실히 그는 똑똑한 사람이다/ 그는 확실히 똑똑한 사람이다.

㉡ 그녀는 매우 아름답다/ ?매우 그녀는 아름답다

[품사 통용]

1. 품사 통용

(1) 품사 통용의 예

ㄱ. 이는 우리가 생각하던 바입니다. (대명사) / 이 나무는 모양새가 아주 좋군요. (관형사)

ㄴ. 야구를 좋아하는 사람 다섯이 모였어요. (수사) / 야구를 좋아하는 다섯 사람이 모였어요. (관형사)

ㄷ. 오늘은 아니 온다더라. (부사) / 아니! 벌써 갔어? (감탄사)

ㄹ. 그는 평생을 바쳐 봉사하였다. (명사) / 평생 놀고 먹었다. (부사)

ㅁ. 본 대로 말하십시오. (의존 명사)/ 선생님 말씀대로 하면 좋아. (조사)

ㅂ. 그는 이지적이다. (명사)/ 그는 이지적 인간이다. (관형사)

ㅅ. 오늘은 달이 매우 밝다. (형용사)/ 이제 곧 날이 밝는다. (동사)

ㅇ. 오랜만에 만난 친구에게 고작 그게 인사냐? (부사)

뼈가 빠지게 일을 해 봤자 입에 풀칠하는 게 고작이다. (명사)

※ 품사 통용에 대한 더 자세한 것과 그것의 교육은 최형기(2011) 참조.

(2) 품사 통용을 지지하는 근거

단어들 가운데는 하나 이상의 문법적 성질을 함께 보여 주는 경우가 있는데, 이를 '품사의 통용'이라고 한다. 전통 문법에서는 한 품사에서 다른 품사로 전성되는 것으로 설명하여 왔다. 이러한 현상을 전성으로 처리할 때에는 기본이 되는 품사를 결정해야 하는데 그 기준을 결정하기가 매우 어려워 문제가 된다. 또한 전성의 절차를 형태론적으로 형식화하기가 쉽지 않아서 문제가 된다. 따라서 한 단어가 둘 이상의 품사적 기능을 공유하고 있는 것으로 본다.

(3) 품사 통용을 반대하는 근거

이상적으로 단어는 형태와 기능이 일대일(一對一)로 대응하여야 한다. 품사 통용을 인정할 경우에는 형태와 기능이 일대다(一對多)로 대응되어 오히려 복잡해지므로, 이러한 기술은 언어 현상 기술을 복잡하게 할 수 있다.

2. 체언 수식 부사

'바로, 오직, 다만, 단지, 특히, 겨우, 아주' 등은 주로 용언을 수식하는 기능을 한다. 그러나 명사를 수식하기도 한다. 때문에 관형사로 볼 수도 있겠으나 일반적으로 부사로 인정하면서 체언 수식의 기능을 한다는 품사 고정의 입장을 취하고 있다. 이러한 품사 처리 방법은 형태와 기능의 일대일(一對一) 대응을 의미하므로 기술에 있어 간편할 수 있으나 품사의 통용과 일관성이 없어 문제가 될 수 있다.

[지도서, pp.142~143]

· 그 사람은 바로 떠났다. / 내가 원하는 것이 바로 그것이다.
· 여자를 사귈 때는 특히 조심해라. / 특히 담은이는 생각이 많다.
· 우리는 저녁이 되어서야 겨우 도착했다. / 겨우 셋이 회의에 참석했다.

5) 독립언: 문장 속의 다른 성분에 얽매이지 않고 독립성을 지니는 말.

· 감탄사: 화자의 부름, 대답, 느낌, 놀람 등을 나타내는 데에 쓰이면서 다른 성분들에 비하여 비교적 독립성이 있는 단어.

(1) 특성

① 형태가 변하지 않으며 놓이는 위치가 자유롭다. 그러나 대답하는 말은 문장의 첫머리에만 놓인다.

㉠ 있지, 나 할 얘기가 있어.
㉡ 남편이 어디 어린앤가?
㉢ 실직자 수당이라든가 뭐 그런 게 충분하면 좋으련만.
㉣ 아니요, 모르겠습니다.

② 조사와 결합하지 않는다.

③ 독립어로만 쓰인다.(감탄사는 모두 독립어이나, 독립어가 모두 감탄사는 아니다)

(2) 종류

① 감정 감탄사: 상대방을 의식하지 않고 감정을 표출하는 감탄사. 기쁨, 성냄, 슬픔, 한숨, 놀라움 등: 허허, 에끼, 아이고, 후유, 에구머니, 아뿔사, 어디 …

② 의지 감탄사: 상대방을 의식하며 자기의 생각을 표시하는 감탄사. 단념, 독려, 부름, 긍정, 부정 및 의혹 표시 등.

㉠ 상대방에게 어떻게 행동할 것을 요구: 아서라, 자, 여보, 여보세요, 이봐

㉡ 상대방의 이야기에 대해 긍정이나 부정 혹은 의혹을 표시: 있지, 응, 네, 그래, 천만에

③ 입버릇이나 더듬거리는 의미 없는 소리: 뭐, 말이지, 어, 아, 에, 에헴

〈참고〉 사전에서 얻을 수 있는 정보

(1) 사전에서 얻을 수 있는 단어에 대한 정보

① 단어의 형태론적 정보[단일어, 복합어(파생어/합성어)]: ㉠

② 원어 정보[고유어, 한자어, 외래어]: ㉢

③ 발음 정보: ㉡

④ 문법정보: 활용정보(㉢), 품사(㉣), 문형정보(㉤)

⑤ 단어의 성격(방언, 북한어, 옛말, 전문어): ㉭

⑥ 뜻풀이: ㉥

⑦ 용례: ㉦

⑧ 관련 어휘(본말, 준말, 비슷한 말, 반대말, 높임말, 낮춤말, 참고 어휘): ㉩

⑨ 어원: ㉫, ㉪

⑩ 관용표현: ㉧

(2) 사전에 제시된 단어의 정보

㉠ 놓-치다 ㉡ [놓--] ㉢ [-치어[-어/-여](-쳐[처]), -치니] ㉣ 동 ㉤ (…을) ㉥ ①잡거나 쥐고 있던 것을 떨어뜨리거나 빠뜨리다. ㉦ ¶그는 잡고 있던 밧줄을 놓쳤다. 〈…중략…〉 ㉥ ⑤듣거나 보거나 느껴서 알 수 있는 것들을 지나쳐 보내다. ㉦ ¶딴생각에 잠겨서 잠깐 회의 내용을 놓쳤다./나는 한 마디도 놓치지 않으려고 귀를 기울였다./내객들의 담화는 더러 놓치는 수가 있어도 아내의 높지도 얕지도 않은 말소리는 일찍이 한 마디도 놓쳐 본 일이 없다. ≪이상, 날개≫ ㉧ 놓친 고기가 더 크다[커 보인다] 현재 가지고 있는 것보다 먼저 것이 더 좋았다고 생각된다는 말. ≒놓치고 보니 큰 고기인 것만 같다.

수라2 ㉨ (水剌▽) ㉣ 명 ㉥ 궁중에서, 임금에게 올리는 밥을 높여 이르던 말. ㉦ ¶세자는 효심이 대단했다. 어느 때고 부왕이 수라를 들어야 자기도 밥상머리에 앉고 부왕이 취침해야 자기도 잠자리에 들었다. ≪유주현, 대한 제국≫ ㉩ 참메02. ㉪ [수라〈계축〉/슈라〈계축〉)] ㉫ 【몽골어】 sülen

자석4 ㉨ (磁@石) ㉡ [자ː-] 〔자석만[자ː성-]〕 ㉣ 명 〈…중략…〉 ㉭ 〖물리〗 쇠를 끌어당기는 자기를 띤 물체. 천연적으로는 자철광이 있고, 강철을 인공적으로 자기화하여 만들기도 한다. 외부 자기 마당이 없이도 자기를 띠고 있는 영구 자석과 외부 자기 마당에 의하여 자기를 띠게 되는 일시 자석이 있다. 이들의 특성은 잔류 자화와 보자력으로 나타낸다. ㉩ ≒마그넷 · 자기체 · 지남석 · 지남철① · 현석01(玄石). 〈하략…〉

손기척 명 ㉭ 『북』 ‘노크(knock)①’의 북한어.

(조창규, 2006ㄴ:147-148)

3.2.3. 단어의 구조

1. 단어의 짜임

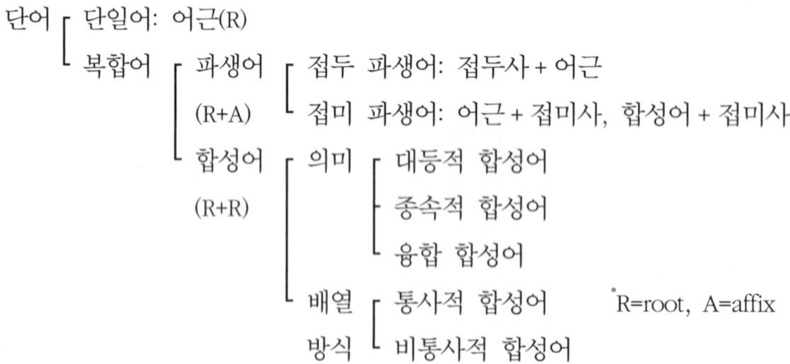

1) 단일어(單一語): 하나의 어근으로 이루어진 단어. (예) 산, 하늘, 높다, …

※ ‘높-+-다’는 두 형태소의 결합이지만 어간 ‘높-’만을 기준으로 하면 하나의 형태소로 이루어진 단어로 볼 수 있다. 국어에서는 동사나 형용사 어간이 항상 어미를 가지고 나타나며 어미는 순수하게 문법적인 기능만 하므로 단어 형성에서는 어미를 배제하고 논의한다.

2) 복합어(複合語): 어근과 파생 접사로 구성되거나 둘 이상의 어근으로 이루어진 단어.

(1) 파생어(派生語): 어근과 파생 접사로 구성된 단어. 접두 파생어와 접미 파생어가 있다. 풋-사랑, 웃-음, 드-높다, [시-[[부][모]]], [[[공][부]]-하-], [[[높][낮]]-이]

(2) 합성어(合成語): 두 개 이상의 어근으로 구성된 단어. 논밭, 학교(學校), 작은아버지

3) 어근과 어간

(1) 어근(語根): 단어를 형성할 때 실질적인 의미를 나타내는 중심이 되는 부분. 잡-, 먹-

(2) 어간(語幹): 용언이 활용할 때 중심이 되는 부분으로 변하지 않는 부분. 또는 활용에서 어미에 선행하는 부분. 잡히-, 먹이-

4) 접사(接辭): 어근에 붙어 그 뜻을 제한하는 주변 부분[29)]

(1) 파생 접사: 단어 형성에 기여하는 접두사와 접미사. 파생 접사에 의해 형성된 단어는 새로운 단어이므로 사전에 표제어로 등재된다.

(2) 굴절 접사: 문법적 기능을 하는 어미로 단어를 형성하는 기능은 없다.

(예) 치솟다 → 치-(파생 접사)/ 솟-(어근)/ -다(굴절 접사:어미)

5) 파생 접사의 종류

(1) 위치에 따라

① 접두사: 어근 앞에 놓이는 파생 접사. '풋-, 드-, 개-, 휘-, 새-, …'

② 접미사: 어근 뒤에 놓이는 파생 접사. '-답-, -뜨리-, -음, -이, -질, …'

(2) 품사의 전성 여부에 따라

① 한정적 접사: 뜻만 첨가해 주는 접사. 어근의 품사와 파생어의 품사가 같다. 즉, 어근과 결합하여 그 뜻을 한정함으로써 새로운 단어를 만들어 내는 접사다. 이런 파생을 어휘적 파생이라 한다. (예) <u>풋</u>사랑, <u>드</u>높다, 잠<u>꾸러기</u>, 가위<u>질</u>

② 지배적 접사: 품사를 바꾸어 주는 접사. 어근의 품사와 파생어의 품사가 다르다. 즉, 어근과 결합하여 품사를 바꿈으로써 새로운 단어를 만들어 내는 접사다. 이런 파생을 통사적 파생이라고도 한다. (예) 웃<u>음</u>, 정<u>답</u>다, 가난<u>하</u>다.

---

29) ① 접사는 좁은 의미로는 파생 접사만 의미하고 넓은 의미로는 굴절 접사와 파생 접사를 모두 포함한다. 단어 형성에서의 접사는 좁은 의미의 파생 접사를 지칭한다.(어근+접사)
② '어근'은 단어 형성론에서 사용되는 용어이고, 어간은 활용론에서 사용되는 용어로, 어근과 '접사'는 의미의 중심 여부에 따른 분류이고, '어간'과 '어미'는 활용 여부에 따른 분류이다.

6) 합성어와 파생어의 구분: 단어를 이루는 형태소가 둘 이상일 경우 직접 구성 성분 분석(IC분석)에 의해 일단 둘로 나누어야 한다.

※ 직접 구성 요소 또는 직접 성분(Immediate Constituent: IC)이란 어떤 구성을 일단 둘로 쪼개었을 때의 그 각각을 말한다.

㉠ 합성어: 코웃음 [[코][[웃] [음]]], 첫날밤 [[[첫][날]][밤]]

㉡ 파생어: 비웃음 [[[비][웃]][음]] (파생어의 파생)

㉢ 합성어의 파생: 해돋이 [[[해][돋]][이]], 고기잡이 [[[고기][잡]][이]], 감옥살이 [[[감옥][살]][이]], 새큼달큼하다 [[[새큼][달큼]][하]]

2. 단어 형성법

한 언어 사회에 새로운 사물이나 개념이 등장하면 새로운 단어가 필요하게 된다. 새로운 단어를 도입하는 방법에는 외래어 차용과 기존 어휘 활용의 방법이 있는데, 기존 어휘를 활용하여 새로운 단어를 만드는 데에 적용되는 대표적 원리는 유추의 원리이다.

1) 파생어: 어근의 앞이나 뒤에 파생 접사(접두사, 접미사)가 붙어서 만들어진 단어.

(1) 접두 파생어

① 접두사의 특징

가. 특정한 뜻을 더하거나 강조하면서 새로운 말을 만들어 낸다.(형식 형태소, 의존 형태소)

나. 한정적 접사로, 품사를 바꿀 수는 없다.

※ 극소수지만 접두사 중에는 품사를 바꾸는 지배적 접사도 존재한다. (예) 메마르다, 강마르다, 숫되다, 알맞다, 엇되다(동사 → 형용사)

다. 접미사에 비해서 그 숫자가 상대적으로 적고, 그 분포에 있어서도 명사, 동사, 형용사에만 존재하고 있다.

라. 이형태가 복잡한 양상을 보이는 것들도 있다.

(예) 올-/오-, 멥-/메-, 휘-/휩-, 새-/샛-/시-/싯-…

② 접두사의 종류

가. 관형사성 접두사 - 체언과 결합하며, 관형사적 기능을 한다.

(예) 군소리, 날고기, 맨손, 돌배, 한겨울

나. 부사성 접두사 - 용언과 결합하며, 부사적 기능을 한다.

(예) 짓누르다, 엿보다, 치솟다 / 새까맣다, 얄밉다, 드높다

다. 접두사 중에는 체언과 용언에 다 결합할 수 있는 통용 접두사도 있다.

(예) 덧신/덧신다, 뒤범벅/뒤섞다, 올벼/올되다, 헛수고/헛되다, 애호박/앳되다

③ 접두사와 관형사/부사의 차이점

가. 분리성 유무: '관형사/부사 + 피수식어' 사이에는 새로운 관형사나 부사가 끼어들 수 있으나, '접두사 + 어근' 사이에는 끼어들 수 없다.

나. 분포의 한정: '관형사/부사'는 거의 모든 피수식어와 연결될 수 있으나, '접두사'는 분포상의 제약이 심해서 몇몇 어근과만 결합한다.

(예) 덧신, 덧버선, *덧책, *덧사람 / 새 신, 새 버선, 새 책, 새 사람

[접두사와 어근의 구별]

㉠ 갖두루마기, 갖신, 갖옷　　　㉡ 날강도, 날계란, 날벼락

원래 의미에서 변하여 접사적인 의미를 얻었는가, 새로운 의미를 가진 채 단어 형성에 활발하게 참여하는가 등이 종합적으로 판단되어야 한다. 실상은 명확하게 구별하기란 매우 어렵다.

㉠ '갗'은 중세 국어에서 '가죽'의 의미. 현대 국어에서는 자립적이지 않고 의존적으로 쓰이므로 접두사로 볼 여지가 있지만, 의미가 원래의 뜻에서 변하지 않았고 새로운 단어를 만드는 데 생산적으로 참여하지 않으므로 접두사로 보기 어렵다. (어근으로 파악하는 것이 나을 듯)

㉡ '날'은 중세 국어에서 '날것'의 의미를 가진 명사로 사용. 현대에는 단어의 구성 요소로만 나타난다. 즉 현대 국어에서 의미가 비유적인 것으로 변화하였고, 새로운 의미를 가지고서 새로운 단어(날강도)를 만드는 데 참여한다(접두사로 보아도 무방). 〈고영근 · 구본관, 2008〉

④ 접두 파생의 분류

가. 명사를 어근으로 하는 접두 파생. (예) 왕-(왕발, 왕뚜껑), 만-(만딸), 숫-(숫처녀), 홀-(홀몸, 홀어미), 참-(참깨), 풋-, 올-, 늦-(늦벼, 늦보리, 늦뽕), 군-, 맨-, 민- 등[30)]

나. 형용사나 동사를 어근으로 하는 접두 파생: 명사를 어근으로 하는 접두 파생법만큼 다양하지 않다. (예) 되-(되감다, 되묻다), 뒤-(뒤섞다, 뒤흔들다), 들-(들까부르다, 들끓다, 들볶다)

다. 둘 이상의 품사를 어근으로 하는 접두 파생

(예) 덧-(덧가지, 덧니/ 덧나다, 덧붙이다), 짓-(짓고생, 짓망신/ 짓누르다, 짓뭉개다, 짓밟다), 치-(치사랑/ 치닫다, 치솟다), 헛-(헛기침, 헛웃음/ 헛되다, 헛디디다, 헛보다)

라. 이형태를 지닌 접두사

(예) 암-/암ㅎ-, 수-/수ㅎ-/숫-, 새-/시-/샛-/싯-(새빨갛다, 시뻘겋다, 샛노랗다, 싯누렇다), 애-/앳-(애호박, 앳되다), 찰-/차-/찹-(찰떡, 차조, 찹쌀), 메-/멥-(메조, 메수수, 멥쌀), 해-/햇-/햅-(해콩, 햇곡식, 햅쌀), 휘-/휩-(휘날리다, 휩싸이다)

※ 중세 국어에서 '암, 수'는 명사였으나 현대 국어에서는 접두사로 바뀌었다. 대체로 접두사는 합성어의 선행 요소가 자립성을 잃어서 형성된다.

[표준어 규정 제7항]

수컷을 이르는 접두사는 '수-'로 통일한다.

다만 1. 다음 단어에서는 접두사 다음에서 나는 거센소리를 인정한다. 접두사 '암-'이 결합되는 경우에도 이에 준한다.

수캉아지, 수캐, 수컷, 수키와, 수탉, 수탕나귀, 수톨쩌귀, 수퇘지, 수평아리

다만 2. 다음 단어의 접두사는 '숫-'으로 한다. 숫양, 숫염소, 숫쥐

⑤ 접두사의 의미

가. 왕-: '보다 큰 종류'(왕개미) 또는 '매우 크거나 굵은'(왕모래), '매우 심한'(왕가뭄)의 뜻을 더하는 말.

30) '늦-'은 학자에 따라 어근으로 처리하기도 하나 〈사전〉에서는 접두사로 처리하고 있다.
'맨-': 다른 것이 없는. 맨눈, 맨다리, 맨땅, 맨발, 맨주먹
'민-': ① 꾸미거나 딸린 것이 없는. 민달팽이, 민가락지, 민머리, 민얼굴, 민저고리
② '그것이 없음', '그것이 없는 것'. 민꽃, 민무늬, 민소매

나. 돌-: '품질이 나쁜 것' 또는 '산과 들에서 저절로 생겨서 사람이 가꾼 것보다 못하게 된 것'을 나타내는 말.

다. 홀-: '짝이 없고 하나뿐'이라는 뜻을 나타내는 말

라. 시-: '시집'의 뜻을 나타내는 말.

마. 양-: '서양 및 동양', 특히 '서양'을 줄여서 이르는 말

바. 올-: '열매가 보통 것보다 일찍 익은'의 뜻을 나타내는 말

사. 풋-: '처음 나온' 또는 '덜 익은'의 뜻을 나타내는 말 (풋고추, 풋나물)
'미숙한', '깊지 않은'의 뜻을 나타내는 말 (풋사랑, 풋잠)

(2) 접미 파생어

① 특징

가. 뜻을 더하는 어휘적 기능(한정적 접사)뿐만 아니라 어근의 품사를 바꾸는 통사적 기능(지배적 접사)도 하면서 새로운 말을 만들어 낸다.

나. 접두사에 비해 숫자에 있어서 뿐만 아니라, 그 분포에 있어서도 매우 다양하다. 접미사가 붙어서 파생어가 되는 품사 유형은 명사, 대명사, 수사, 동사, 형용사, 부사, 조사 등 다양하다.

다. 접미사에 의한 파생어가 많고, 어근의 의미와 파생어의 의미가 유연성이 있을 때는 접미사의 원형을 밝혀 적고(규칙적 접미사), 그렇지 않은 경우에는 소리 나는 대로 적는다.(불규칙적 접미사)

라. 접미사와 어미의 차이

가) 접미사는 새로운 단어를 만들어 내지만 어미는 그렇지 못하다.

나) 접미사는 어근과 결합하면서 많은 제약을 받지만, 어미는 거의 제약이 없이 어간과 결합한다.

다) 접미사는 어근의 품사를 바꾸기도 하지만 어미는 어간의 품사를 바꾸는 일이 없다.

라) 접미사는 의미가 일정하지 않고 불규칙적이지만, 어미는 상대적으로 의미가 일정하여 규칙적이다.

마) 접미사는 대체로 단어 이하의 단위에 결합하고 어미는 단어보다 큰 단위에 결합한다.

[한글 맞춤법: 생산적 접미사의 표기]

제19항 어간에 '-이'나 '-음/-ㅁ'이 붙어서 명사로 된 것과 '-이'나 '-히'가 붙어서 부사로 된 것은 그 어간의 원형을 밝히어 적는다.

1. '-이'가 붙어서 명사로 된 것: 길이, 깊이, 높이, 다듬이, 땀받이, 달맞이, 먹이, 미닫이, 벌이, 벼훑이, 살림살이, 쇠붙이
2. '-음/-ㅁ'이 붙어서 명사로 된 것: 걸음, 묶음, 믿음, 얼음, 엮음, 울음, 웃음, 졸음, 죽음, 앎, 만듦
3. '-이'가 붙어서 부사로 된 것: 같이, 굳이, 길이, 높이, 많이, 실없이, 좋이, 짓궂이
4. '-히'가 붙어서 부사로 된 것: 밝히, 익히, 작히

다만, 어간에 '-이'나 '-음'이 붙어서 명사로 바뀐 것이라도 그 어간의 뜻과 멀어진 것은 그 원형을 밝히어 적지 아니한다.

굽도리, 다리[髢], 목거리(목병), 무녀리, 코끼리, 거름[비료], 고름[膿], 노름(도박)

[붙임] 어간에 '-이'나 '음' 이외의 모음으로 시작된 접미사가 붙어서 다른 품사로 바뀐 것은 그 어간의 원형을 밝히어 적지 아니한다.

(1) 명사로 바뀐 것: 귀머거리 까마귀 너머 뜨더귀 마감 마개 마중 무덤 비렁뱅이 쓰레기 올가미 주검

(2) 부사로 바뀐 것: 거뭇거뭇, 너무, 도로, 뜨덤뜨덤, 바투, 울긋불긋, 비로소, 오긋오긋, 자주, 차마

(3) 조사로 바뀌어 뜻이 달라진 것: 나마 부터 조차

② 접미사에 의한 단어의 파생

가. 명사 파생법

가) 명사 + 접미사(-아지, -님, -꾼, -질…)

(가) -꾼: 그 일을 잘 하는 사람, 어떤 일을 하려고 몰려드는 사람 지칭.

(나) -꾸러기, -보, -아치, -장이/-쟁이(주로 사람, 동물을 나타내는 파생법): '-꾸러기', '-보', '-아치'는 명사에 붙어 '어떤 속성을 가진 사람'을 나타내는 접미사. '-보'의 경우 예외적으로 '먹보, 울보'처럼 동사나 형용사를 어근으로 가지기도 하고, '뚱뚱보, 땅딸보'처럼 의성의태어 요소를 어근으로 가지기도 한다.

(다) -질(가위질, 부채질, 서방질; 딸꾹질, 도리질, 버둥질): 주로 명사나 의성의태어 부사 등과 결합하여 '어떤 것을 하는 행위'를 나타내는데, 이 접미사가 직업과 통합될 때에는 비하(卑下)의 의미를 가지기도 한다.(의사질, 검사질…)

나) 동사/형용사 어근 + 접미사(-개, -보, -이, -음, -기…)

(가) '-개/-게'는 주로 동사 어근과 결합하여 '어떤 일을 하는 수단이 되는 도구'의 의미를 나타내지만 '오줌싸개'처럼 '어떤 속성을 가진 사람이나 사물'의 의미를 나타내게도 한다.

(나) '-음/-기/-이': 주로 동사나 형용사 어근과 결합하여 '어떤 행위나 상태', '어떤 일을 하는 사람이나 동물' 등의 의미를 나타낸다. (웃음, 울음; 기쁨, 부끄러움 / 달리기, 던지기; 크기, 밝기 / 놀이, 신문팔이; 개구리, 깜박이)

나. 동사 파생법

가) 명사/부사/형용사/외래어 + 접미사

(가) -하-: 사랑하다, 공부하다/ 잘하다, 못하다/ 두근두근하다, 중얼중얼하다/ 구하다, 망하다/ 좋아하다, 스마트하다 / 커트하다

※ '하다'는 대동사 또는 형식 동사 등으로 쓰이고 그 어휘적 의미가 뚜렷하지 않고, 중세 국어 이래 단어 형성이 생산적이므로 파생 접미사로 보는 것이 좋다.

(나) -되-: 건설되다, 지배되다.

〈참고〉 '-되-'('-하-'보다는 생산성이 낮지만)와 '-하-'에 의한 파생어는 각각 피동과 능동의 짝을 이루는 경우가 많다. (예) 이룩되다 /이룩하다

나) 상징부사+접미사

(가) -거리-: 꿈지럭거리다, 머뭇거리다, 꿈틀거리다.

(나) -대-: 꿈지럭대다, 머뭇대다, 꿈틀대다.

〈참고〉 으스대다/*으스거리다, 뻗대다/*뻗거리다.

(다) -이-: 글썽이다, 깜박이다. 속삭이다.

다) 강세 접미사(-뜨리-/-트리-): 깨뜨리다, 떨어뜨리다/깨트리다, 떨어트리다.

라) 피동 접미사(-이-, -히-, -리-, -기-, -되-): 쌓이다. 먹히다, 팔리다, 안기다, 침체되다

마) 사동 접미사(-이-, -히-, -리-, -기-, -우-, -구-, -추-, -시키다):

높이다, 굽히다, 돌리다, 남기다, 비우다, 돋구다, 낮추다, 공부시키다

다. 형용사 파생법

가) 명사+접미사

(가) -롭-: 보배롭다, 슬기롭다/ 괴롭다, 까다롭다/ 새롭다, 외롭다

(나) -되-: 참되다, 복되다, 세련되다, 욕되다

(다) -답$_1$-: 정답다, 참답다, 꽃답다

(라) -답$_2$-: 어른답다, 학생답다, 신사답다

(마) -스럽-: 어른스럽다, 바보스럽다, 고집스럽다

나) 기타

(가) -하-: 고요하다, 다정하다/못하다, 가득하다/미끈미끈하다, 반질반질하다.

(나) -지-: 멋지다, 기름지다.

(다) -맞-: 궁상맞다, 능글맞다, 익살맞다.

(라) -쩍-: 괴이쩍다, 미심쩍다, 멋쩍다.

(마) -다랗-: 가느다랗다, 기다랗다, 높다랗다, 좁다랗다.

['-롭-', '-되-', '-답$_1$-'; '-답$_2$-'; '-스럽-'의 비교]

· '-롭-', '-되-', '-답$_1$-'은 중세 국어 단계에서 단일형태소의 이형태였는데, 현대 국어 화자들은 각각 다른 접미사로 이해하고 있다. 이들은 명사나 명사성 어근과 결합하여 형용사를 만드는 접미사들이다. 그 의미도 '어근의 속성이 풍부히 있음' 정도로 유사하다. '-스럽-'도 명사나 명사성 어근과 결합하여 형용사를 만드는 접미사로, 의미상 유사하지만, 이들보다 생산성이 높다.

(1) -롭-: 명사를 어근으로 가지는 것이 일반적. '새롭다'의 경우 '새'가 현대 국어에서 명사로 쓰이지 않지만 중세 국어에는 명사로 쓰였다. 어근의 끝소리가 모음이라는 제약을 갖는다. 가장 많은 어휘에서 나타나지만, 생산성은 높지 않다.

(2) -되-: 명사를 어근으로 갖는 것이 일반적. 자음으로 끝나는 어근 뒤에만 쓰일 수 있다. 현대 국어에서 생산성이 매우 낮아 '-롭-'보다 더 적은 예에서만 나타난다.

(3) -답$_1$-: 명사를 어근으로 하며, 어근의 끝소리가 자음이라는 제약. 현대 국어에서 생산성이 매우 낮음. '정답다, 참답다, 꽃답다'의 예가 거의 전부.

(4) -답$_2$-: 자음과 모음으로 끝나는 어근과 모두 결합하며, 그 의미도 '어근의 자격을 갖춤' 정도여서

'-답$_1$-'과 차이가 난다. 또한, "그 집은 [재벌이 사는 집]답지 않게 평범하게 꾸며져 있었다."에서 보는 것처럼 단어뿐 아니라 구에 결합되기도 한다. 따라서 '-답$_2$-'는 '-답$_1$-'과 다른 요소로 보아야 한다.

(5) -스럽-: 자음과 모음으로 끝나는 어근과 모두 결합하며, 그 의미는 '-롭-', '-되-', '-답$_1$-'과 유사하게 '어근의 속성이 풍부히 있음' 정도이다. 그러나 '-롭-', '-되-', '-답$_1$-'보다 훨씬 다양한 유형의 어근과 결합한다(어른스럽다, 촌스럽다, 자유스럽다, 귀염성스럽다 등.). '-롭-', '-되-', '-답$_1$-'이 특별한 경우를 제외하면 주로 추상명사와 결합하는 것과 대비된다. '-스럽-'은 제약이 적을 뿐만 아니라 현대 국어의 형용사 파생 접미사 중 가장 생산성이 높다. 최근 인터넷 등에서 사람 이름 뒤에 '-스럽-'을 붙여 '○○스럽다'와 같은 표현을 사용하는 것도 '-스럽-'이 인성명사에 붙을 수 있다는 사실과 생산성이 높다는 사실에 기인한다. 생산성이 높기 때문에 저지현상도 나타나지 않는다(자유롭다, 평화롭다: 자유스럽다, 평화스럽다). '-스럽-'의 의미는 '-답$_2$'-와 차이를 보인다. '어른스럽다'(어른이 아니면서 어른의 속성이 풍부히 있음.), '어른답다'(어른이면서 어른으로서의 자격을 갖추고 있음.)

[고영근 · 구본관(2008:221~224)]

라. 부사 파생법

가) -이: 길이, 높이, 같이/ 깨끗이, 느긋이/ 나날이, 집집이/ 일찍이, 더욱이

나) -히: 가만히, 고요히, 조용히

다) -오/-우: 도로, 너무, 자주

마. 조사 파생법: 같이, 부터, 조차, 밖에

바. 특이한 파생어(접두사+접미사): 만이, 외롭다; (관형사+접미사): 새롭다

※ 파생어의 단일어화: 1. 음운론적 단일어화: 파생 접사가 결합할 때 적용되는 음운 규칙이 공시적으로 존재하지 않아 단일어로 인식됨. (예) 아프-(〈알ᄑᆞ-〈앓-+-ᄇᆞ-), 고프-(〈골ᄑᆞ-〈곯-+-ᄇᆞ-) 2. 형태론적 단일어화: 파생어에 참여하는 어근이나 접사가 공시적으로 존재하지 않기 때문에 단일어로 인식됨. (예) 부끄럽-(〈붓그리-+-업-), 기쁘-(〈깄-+-ᄇᆞ-) 3. 의미론적 단일어화: 어근과 파생 접사의 원래 의미로부터 파생어의 의미가 멀어져 단일어로 인식됨. (예) 노름(←놀-+-음), 목거리(←목걸-+-이)

2) 합성어: 두 개 이상의 어근이 결합하여 형성된 단어.

(1) 어근과 어근의 의미 결합방식에 따라

대등적 합성어	두 어근의 결합 방식이 단순 나열 관계인 합성어. (예) 앞뒤, 똥오줌, 논밭, 여닫다
종속적 합성어	앞 어근이 뒤 어근에 대해 관형어 또는 부사어의 기능을 하는 합성어. (예) 돌다리, 도시락밥, 빗물, 갈아입다, 돌아가다, …
융합 합성어	두 어근과는 완전히 다른 제 3의 의미를 지니는 합성어. (예) 춘추, 연세, 입방아, 한번, 안되다, 못되다, …

(2) 합성어의 품사 기준에 따라

① 대체로 합성어의 품사는 가장 나중의 어근이 가지고 있는 품사에 따라 결정된다. (예는 뒤의 표 참조)

② 예외

가. 명사+명사 → 합성 부사: 밤낮

나. 형용사+형용사 → 합성 관형사: 기나긴

다. 관형사+명사 → 합성 감탄사: 웬걸

라. 명사+동사 → 합성 형용사: 맛나다, 줄기차다, 풀죽다

마. 부사+동사 → 합성 형용사: 잘나다, 막되다, 덜되다, 못나다

(3) 어근의 결합 방식에 따라

① 통사적 합성어: 국어의 일반적인 통사적 구성 방식으로 형성된 합성어. 두 어근이 연결된 방식이 우리말의 문장에서 구나 어절의 구성 방식과 일치한다. 국어 문장의 어절 또는 구의 배열 방식은 아래와 같다.

※ 명사 뒤에 조사의 연결은 선택적이지만, 용언에 어미의 연결은 필수적이다.

[국어 문장에서 단어 배열 방식과 합성어]

문장에서 어절의 배열	합성어의 구조	예
주어/목적어+서술어	명사+동사/형용사	낯설다, 본받다
명사+(조사)+명사	명사+조사+명사, 명사+명사	쇠고기, 소고기
수식어+피수식어	관형어+명사, 부사어+용언	새마을, 앞서다
용언+어미+용언/체언	용언+어미+용언, 용언+어미+체언	들어가다, 먹을거리

② 비통사적 합성어: 국어의 일반적인 통사적 구성 방식에서 어긋난 방법으로 형성된 합성어. 두 어근이 연결된 방식이 우리말의 문장에서 구나 어절의 구성 방식과 일치하지 않는다.

가. 용언과 체언이 연결되면서 관형사형 전성 어미가 생략된 합성어

(예) 용언 어간 + 체언 → 꺾쇠, 감발, 덮밥, 접칼, 먹거리

〈비교〉 작은집, 큰집, 갈림길, 빈집

나. 용언과 용언이 연결되면서 연결 어미가 생략된 합성어

(예) 용언 어간 + 용언 → 여닫다, 우짖다, 검푸르다; 뛰놀다, 잡쥐다

〈비교〉 들고나다, 돌아가다

다. 비자립적 어근이 체언 앞에 온 합성어

(예) 부슬비, 헐떡고개, 촐랑새 〈비교〉 못나다, 막되다, 잘하다

라. 우리말 어순과 다른 방식을 보이는 한자어

(예) [비통사적]: 讀書, 給水, 登山 [통사적]: 日沒, 必勝, 古書

(4) 합성어와 구의 변별 기준

① 분리 가능성: 합성어와 구의 가장 중요한 변별 기준은 합성되는 두 어근 사이에 다른 성분이 들어갈 수 있는지 여부이다. 용언끼리의 합성일 경우는 구성 요소 사이에 '-서'를 넣어본다. 합성어에는 다른 성분이 들어갈 수 없고, 구에는 들어갈 수 있다.

㉠ 키가 <u>큰 형</u>이 찾아왔다. / 키가 큰 그 형이 찾아왔다.(구)
집안의 <u>큰형</u>이면 그에 맞는 행동을 해야 한다.(합성어) /
*집안의 큰 그 형이면 그에 맞는 행동을 해야 한다.

㉡ 물고기를 <u>잡아 먹었다</u>. / 물고기를 <u>잡아서 먹었다</u>.(구)
이 의자는 자리만 <u>잡아먹고</u> 쓸모는 없다. /
*이 의자는 자리만 <u>잡아서 먹고</u> 쓸모는 없다.(합성어)

② 의미 변화의 유무: 합성어는 새로운 의미의 단어를 형성하기 때문에 의미 변화가 일어난다.(큰형 → 맏형, 잡아먹다 → 낭비하다)

㉠ 비행기가 <u>날아(서) 가지, 기어(서) 가겠니</u>?(구: 두 동작이 개별적으로 인식됨)

㉡ 비행기가 <u>날아간다</u>.(합성어: 두 동작이 아닌 하나의 동작으로 인식됨)

㉡' 모든 희망이 <u>날아갔다</u>.(→ 없어지다): '㉡'의 의미에서 비유적으로 발달한 의미.

③ 서술성: 합성어는 서술성이 없고, 구는 서술성이 있다.

(예) 집안의 큰형이 간다. / 키가 큰 형이 간다.

※ (1) 파생어와 합성어는 모두 새로운 단어이므로 사전에 표제어로 등재된다. (2) 구는 하나의 단어가 아니므로 사전에 하나의 표제어로 등재되지 못하고 구성 요소 각각이 사전에 표제어로 등재된다. (3) 합성어는 붙여 쓰고 구는 띄어 쓰며, 쉼표를 통해 단어 연결임을 분명히 할 수 있다.

〈참고〉 본용언과 보조 용언 사이에도 다른 요소를 삽입할 수 없다. 본용언 보조 용언의 구성이 구나 합성어와 다른 점은 구의 의미는 구성 요소 의미의 총화이나 합성어의 의미는 구성 요소 의미의 총화와는 다른 새로운 의미이다. 그러나 본용언과 보조 용언은 본용언이 어휘적 의미를 전달하고, 보조 용언은 어휘적 의미가 아닌 양태적 의미를 전달한다. 본용언 보조 용언은 하나의 서술어로 처리하고 띄어 쓸 수도 붙여 쓸 수도 있다. 다만 본용언이 합성어이거나 본용언과 보조 용언 사이에 조사가 결합하면 띄어 써야 한다. (예) 물고기를 먹어 버렸다. / *물고기를 먹어서 버렸다.

(5) 단어 형성과 음운 현상: 단어가 형성될 때 여러 음운 현상이 개입하기도 한다.

① ㄹ-탈락: 소나무, 화살, 마소, 싸전

② 사잇소리 현상: 밤길[밤낄], 촌사람[촌싸람]; 촛불[초뿔/촏뿔]

③ ㄴ-첨가: 솜이불[솜니불], 막일[망닐], 물약[물략]

[합성어의 유형과 예]

<table>
<tr><td rowspan="7">합성 명사</td><td rowspan="4">통사적 합성법</td><td rowspan="2">명사 + 명사</td><td>대등 관계</td><td>손발, 마소, 집집, 까막까치, 소돼지</td></tr>
<tr><td>수식어 + 피수식어</td><td>물결, 산울림, 돌다리, 뱃노래, 젖어미</td></tr>
<tr><td rowspan="2">관형사 + 명사</td><td>관형사 + 명사</td><td>이승, 저승, 새마을</td></tr>
<tr><td>관형사형 + 명사</td><td>작은집, 큰물, 어린이, 빈주먹, 먹을거리</td></tr>
<tr><td rowspan="3">비통사적 합성법</td><td>용언 + 명사</td><td>용언의 어근 + 명사</td><td>꺾쇠, 감발, 덮밥, 먹거리</td></tr>
<tr><td rowspan="2">비자립적 어근/부사 + 명사</td><td>비자립적 어근/부사 + 명사</td><td>부슬비, 산들바람, 헐떡고개, 촐랑새, 얼룩소, 알뜰주부</td></tr>
<tr><td>부사 + 명사</td><td>살짝곰보, 딱딱새</td></tr>
<tr><td rowspan="2">합성 대명사</td><td colspan="2" rowspan="2">통사적 합성법</td><td>지시 관형사 + 의존 명사</td><td>이것, 그것, 저것/이이, 그이, 저이/이분</td></tr>
<tr><td>대명사의 반복</td><td>여기저기, 누구누구</td></tr>
<tr><td rowspan="2">합성 수사</td><td colspan="2" rowspan="2">통사적 합성법</td><td>수사 + 수사</td><td>열하나, 예닐곱</td></tr>
<tr><td>동일한 수사의 반복</td><td>하나하나</td></tr>
</table>

합성 동사	통사적 합성법	체언 + 용언	주어 + 서술어	힘들다
			목적어 + 서술어(타동사)	본받다, 장가들다, 힘쓰다, 힘입다
		용언 + 용언	본동사 + 어미 + 보조 동사	빌어먹다, 돌아가다, 지나가다, 일어서다, 짊어지다, 나오다
		부사어 + 용언	부사 + 용언	가로지르다, 마주서다, 잘하다, 잘되다
			체언(부사어) + 용언	앞서다, 뒤서다, 꽃같다, 불같다, 시집가다
	비통사적 합성법	용언 + 용언	대등 관계	여닫다, 우짖다, 검푸르다, 높푸르다
			주종 관계	뛰놀다, 맞보다, 잡쥐다
합성 형용사	통사적 합성법	체언 + 용언	주어 + 서술어	낯설다, 맛있다, 대중없다, 맛나다, 힘차다
		부사어 + 용언	부사어 + 서술어	남부끄럽다, 못나다, 막되다, 잘나다
		용언 + 용언	형용사/동사+어미+형용사/동사	깍아지르다, 하고많다, 검디검다, 머나멀다
	비통사적	용언 + 용언	형용사 어근 + 형용사	굳세다, 검푸르다, 높푸르다
합성 관형사	통사적 합성법	관형사 + 관형사		한두
		관형사 + 명사		온갖
		수사 + 동사		스무남은
		형용사 + 형용사		기나긴
		부사 + 동사		몹쓸
합성 부사	통사적 합성법	명사 + 명사		밤낮, 구석구석, 하루하루
		대명사 + 부사		제각각
		관형사 + 명사		온종일, 한바탕
		부사 + 부사		곧잘
		부사 + 동사		가끔가다
		동사 + 동사		오다가다, 오락가락, 어둑어둑
		반복 합성어		철썩철썩, 울긋불긋, 구불구불, 느릿느릿
합성 감탄사	통사적 합성법	감탄사 + 감탄사		얼씨구절씨구
		감탄사 + 명사		아이참
		관형사 + 명사		웬걸
		동사 + 동사		자장자장
		대명사 + 동사		여보

3) 한자어의 단어 형성

(1) 한자는 글자마다 뜻을 지니고 있으므로 글자 하나가 하나의 형태소의 자격을 지닌다.

(2) 우리말에 들어와 있는 한자어는 대부분 의존 형태소이기 때문에 서로 결합하여 많은 단어를 만들 수 있다.

(3) 대체로 한문 문장 구조와 일치하는 구성법인 '서술어 + 목적어'의 구성이거나 '서술어 + 부사어'의 구성으로 나타난다.

(4) 한자어는 분명한 접사와의 결합을 제외하고는 2음절 이상의 말은 모두 합성에 속한다.

(5) 주로 네 글자 이상으로 이루어진 한자어는 그중 몇 글자를 따서 약어(略語)를 만들어 쓰는 것이 보통이다.

(6) 고유어적인 한자

① 우리말에 들어와 있는 한자어는 대부분 의존 형태소이었으나, 나중에 자립 형태소로 변한 것들이 있다.

㉠ 보통 명사 - 강, 산, 책, 상, 미(美), 색(色)

㉡ 부사 - 단(旦), 혹(或)

㉢ 의존 명사 - 리(里), 명(名), 분(分)

㉣ 관형사 - 근(近), 총(總), 약(約)

② 자립적인 한자어들은 '강바람, 산비탈, 책꽂이' 등과 같이 고유어와 자연스럽게 결합될 수 있다.

③ 접미사 '-적(的)': 접사의 기능이 가장 분명한 말로 '그 상태로 되거나, 그런 성격을 띠는'이라는 의미를 지닌다.

[접미사의 의미]

- **-적(的)**: '그 상태로 되거나, 그런 성격을 띠는'의 뜻을 나타냄. 고유어엔 붙지 못하고 한자어에만 붙으며 '-스럽-'이 붙는 말엔 붙지 못한다. 또한 구체적 대상을 지시하는 말과는 결합하지 못한다.(*동해적) 조사를 취할 때는 서술격 조사 '이다', 부사격 조사 '으로', 보격 조사 '이'에 한정된다.

  (예) 예술적(예술의 특성을 가진 것), 인간적(사람다운 성질이 있는 것), 과학적(과학의 이치나 체계에 맞는 것)

- **-성(性)**: (일부 명사 뒤에 붙어) '성질, 경향'을 나타냄.

  (예) 도덕성(도덕적인 성품, 또는 그 성품을 갖춤), 인간성(사람다운 성품이나 성질), 민족성(한

민족의 독특한 성질)

• **-답다:** 사람 명사 뒤에 붙어 '~의 자격이 있음, ~의 신분이나 특성에 잘 어울림'의 뜻을 나타냄.

(예) 사람답다(인격이나 언행이 사람의 도리에 어긋남이 없다.), 인간답다(인간으로서의 올바른 품성을 가지고 있다.)

• **-장이:** 명사에 붙어 '그것을 직업으로 만들거나 하는 사람'을 뜻함.

(예) 간판장이(간판을 그리거나 만드는 일을 하는 사람), 땜장이(깨지거나 구멍이 난 그릇이나 기구를 고치거나 때우는 일을 직업으로 하는 사람), 옹기장이(옹기를 만드는 것을 업으로 하는 사람)

• **-쟁이:** ① 사람의 성질이나 특성, 행동, 직업 등을 나타내는 명사 뒤에 붙어 그러한 특성을 가진 사람을 가리키거나 낮추어 이르는 말. ② '담쟁이, 소금쟁이'의 '-쟁이'에서는 생물 명칭으로 쓰이고, '골목쟁이'에서는 '골목에서 좀더 깊숙이 들어간 어느 곳'을 의미함.

(예) 멋쟁이(멋있거나 멋을 잘 부리는 사람), 허풍쟁이(말이나 행동을 믿을 수 없을 만큼 과장하여 쓰는 사람), 무식쟁이(지식이나 식견이 부족한 사람), 요술쟁이(요술을 부리는 재주가 있는 사람), 점쟁이(점을 치는 일을 직업으로 하는 사람)

• **-둥이:** 일부 명사 뒤에 붙어 '그러한 성질이 있거나 그와 긴밀한 관련이 있는 사람'의 뜻을 나타냄.

(예) 귀염둥이(아주 사랑스러운 아이, 또는 매우 사랑을 받는 아이), 막내둥이('막내'를 다소 귀엽게 이르는 말)

• **-내기:** 일부 명사 뒤에 붙어 '그 지역에서 태어나고 자라서 그 지역의 특성을 지니고 있는 사람'의 뜻을 나타내거나, 일부 어간이나 접두사 뒤에 붙어 '그런 특성을 지닌 사람'의 뜻을 나타냄.

(예) 시골내기(시골에서 나서 자란 사람을 낮잡아 이르는 말), 신출내기(어떤 일에 처음 나서서 일이 서투른 사람)

• **-배기:** 어린 아이의 나이를 나타내는 명사구 뒤에 붙어 '그 나이를 먹은 아이'의 뜻을 나타내거나, 몇몇 명사 뒤에 붙어 '그것이 들어 있거나 차 있음, 혹은 그런 물건'을 나타냄.

(예) 두 살배기(두 살 먹은 아이), 나이배기(겉보기보다 나이가 많은 사람을 낮잡아 이르는 말), 진짜배기('진짜'를 속되게 이르는 말), 단 '뚝배기, 학배기(잠자리 애벌레)'는 각각 단일 형태소로 보아 '-배기'를 따로 분리하지 않는다.

• **-빼기:** 몇몇 명사 뒤에 붙어 '그런 특성이 있는 사람이나 물건'의 뜻을 나타냄.

(예) 밥빼기(동생이 생긴 뒤에 샘내느라고 밥을 많이 먹는 아이), 악착빼기(몹시 악착스러운

아이), 곱빼기. [지도서, pp.121-122]

[한글 맞춤법: 된소리 접미사]

제54항 '-군/-꾼', '-갈/-깔', '-대기/-때기', '-굼치/-꿈치'는 각각 '-꾼', '-깔', '-때기', '-꿈치'로 통일하여 적는다.

노름꾼, 나무꾼, 사냥꾼; 때깔, 맛깔, 색깔; 배때기, 나무때기, 손목때기;

발꿈치, 팔꿈치, 발뒤꿈치

〈참고〉 '-배기/-빼기' 적기

① [배기]로 발음되는 것은 '배기'로 적는다.

(예) 귀퉁배기, 나이배기, 대짜배기, 육자배기(六字--), 주정배기(酒酲--), 포배기(한 것을 자꾸 되풀이하는 일), 혀짤배기

② 한 형태소 내부에서, 'ㄱ, ㅂ' 받침 뒤에서 [빼기]로 발음되는 것은 '배기'로 적는다.

(예) 뚝배기, 학배기(잠자리의 애벌레)

③ 다른 형태소 뒤에서 [빼기]로 발음되는 것은 모두 '빼기'로 적는다.

(예) 고들빼기, 그루빼기, 대갈빼기, 머리빼기, 재빼기, 곱빼기, 과녁빼기, 밥빼기, 악착빼기, 억척빼기, 얽둑빼기, 얽적빼기

④ 다만, '언덕배기'는 [언덕빼기]로 발음하지만 '언덕배기'로 적는다.

4) 기타 단어 형성법

(1) 통사적 구성의 어휘화: '체언+조사', '용언+어미'가 어휘화하여 단어가 형성됨. 접사화한 조사/어미가 결합하여 단어가 형성된 것으로 보아 파생어로 처리할 수 있다.

(예) (명 → 부)대체로, 멋대로; (감 → 감)글쎄요, 여보게; (동 → 조)따라, 부터

(2) 약어화: 머리글자를 모아 만드는 단어 형성법. 합성어로 처리할 수 있다.

(예) 노찾사(노래를 찾는 사람들), 생파(생일 파티), 노사모, 아나바다

(3) 혼성어: 두 단어를 대등하게 연결한 뒤 축약으로 단어를 형성하는 방법. 합성어로 처리할 수 있다.

(예) 무추(무우+배추), 아점(아침+점심), 짬짜면(짬뽕+짜장면), 네티켓, 휴게텔

(4) 내적 변화: 자음이나 모음을 교체하여 새로운 단어를 형성하는 방법. 파생어로 다룰 수 있다.

(예) 감감하다-깜깜하다-캄캄하다, 졸졸-줄줄

(5) 영변화: 형태 변화 없이 품사가 달라지는 단어 형성법. 영형태소가 결합한 것으로 처리하여 파생어로 다룰 수 있다.

(예) 신-신다, 배-배다, 오늘(명사/부사), 첫째(수사/명사)

(6) 고유 명사의 보통 명사화: 고유 명사이었던 단어들이 널리 쓰이면서 보통 명사로 바뀌는 경우. (예) 초코파이, 크리넥스, 퐁퐁, 지포, 제록스

(7) 중첩어: 합성어로 처리할 수 있다. (예) 집집, 설렁설렁, 동글동글, 울긋불긋

(8) 역형성: 점잔(←점잔하다〈젊지 아니하다), sculpt(← sculptor; act→actor)

3.2.4. 어휘의 유형

1. 어종에 따른 어휘의 분류: 고유어, 한자어, 외래어
2. 어휘소의 성격에 따른 어휘의 분류: 방언, 은어, 속어, 대우 표현어, 금기어, 완곡어, 관용 표현, 전문어, 새말[新語]

1) 은어와 속어

(1) 은어(비밀어): 어떤 폐쇄된 집단에 속한 사람들이 다른 집단으로부터 자신들을 방어하려는 목적으로 발생한 말. 일반 사회에 알려지면 즉시 변경되는 것이 원칙이다. 속어와 함께 이를 사용하는 언어 사용자들을 강하게 결속시키는 기능을 한다.

· 발생 원인: 대립적 집단을 강하게 인식하고 언어공동체의 관용어를 회피해야 하는 필요성에서 발생한다(최학근 외, 1980:143). 은어는 범죄 집단뿐만 아니라 모든 사회 집단에 존재한다. 언어를 비밀 통신 수단처럼 발달시키게 되면 은어가 된다(김광해 외, 1999:317).

(2) 속어[비속어(卑俗語), 비어(卑語)]: 비속하고 천박한 어감을 주는 말로, 공식적이거나 점잖은 자리에서는 쓰이지 않는다. 장난기 어린 표현, 신기한 표현, 반항적인 표현, 구체성을 강하게 드러내는 사실적인 표현을 위하여 사용한다.

[젊은이들이 사용하는 속어의 양상과 그 기능]

1. 목적: 평범한 표현보다는 자극적인 느낌이 강하며, 속어가 사용될 경우 사용자 간에 동질감이 확보될 수 있다.
2. 사용자: 주로 청소년 집단에서 사용된다.
3. 장소: 주로 청소년들 간에 이루어지는 대화 공간에서 사용된다.
4. 장면: 놀이에 준하는 언어 활동이 주가 되며, 잡담·방담 등이 이루어지는 비격식적 장면에서 주로 사용된다.[방담(放談): 생각나는 대로 거림낌 없이 말함. 또는 그런 말]
5. 기능: (1) 서로 비밀스러운 놀이라든가 불건전한 행위에 동참하였다는 공범자 의식을 가지게 된다. (2) 평범한 일반적인 표현보다 자극적인 느낌이 있어서 말을 통하여 스트레스를 푼다는 느낌도 준다. (3) 이런 과정을 통하여 이런 말을 쓰는 사람들 사이에 동류 의식이 형성될 수 있다. [지도서, p.178]

2) 대우 표현어: 상대에 따라 선택되는 어휘로, 평대어를 중심으로 하여 공대어와 하대어가 대립하기도 하고, 평대어와 공대어 또는 공대어와 하대어가 대립을 보이기도 한다.

(1) 공대어:평대어:하대어 = 잡수시다:먹다:처먹다, 돌아가시다:죽다:뒈지다

(2) 공대어:평대어 = 진지:밥, 드리다:주다

(3) 평대어:하대어 = 입:주둥이, 목:모가지

3) 금기어와 완곡어

(1) 금기어: 불쾌하고 두려운 것을 연상하게 하여 입 밖에 내기를 꺼리는 말.

① 인간 사회는 시대와 사회 그리고 문화에 따라 수많은 금기가 존재한다. 금기시하는 주제는 시대, 나이, 성별, 문화에 따라 달라질 수 있다. 보편적으로는 '죽음, 배설, 신체 기능, 종교, 정치, 성, 질병, 위험한 동물' 등이 있다.

② 국어에는 국어의 금기가 있고 국어를 사용하는 대부분의 사람들은 이 금기를 알며 그 금기 규칙을 지키기 때문에, 일상적인 언어생활에서는 거의 쓰이지 않는다.

③ 언어의 금기는 자신에게 관심을 끌게 하거나 경멸감을 표시하려고 하거나 공격적이거나 약을 올리거나 권위를 지닌 사람을 조롱하는 경우에 종종 어기게 된다.

④ 금기를 어기지 않으려는 언어적 노력은 두 가지로 나타난다.

가. 그것과 관련된 것을 말하지 않기

나. 금기와 관련된 내용을 에둘러 말하거나 암시적으로 표현하기

(2) 완곡어: 금기어를 불쾌감이 덜하도록 대체한 말.

① 언어적 대체 표현에 속하는 완곡어법은 일반적으로 금기와 관련되어 있다. 완곡어와 완곡어법은 우리로 하여금 즐겁지 못한 것에 대해 이야기할 수 있게 해주며, 기분 나쁜 일, 예를 들어 죽음, 실업, 범죄에 대한 주제들을 중화시켜준다. 완곡어(법)은 사물들에 새로운 명칭을 부여하며 이들을 재포장해서 보다 듣기 좋게 만든다(Wardhaugh. 1994:304).

※ 완곡어법의 두 가지 기능(Hannappel & Melenk) (1) 미화적 기능: 상스러운 낱말이나 표현하기 거북한 낱말을 피하거나 대체하는 것 (2) 은폐적 기능: 사실을 대체 낱말로 위장하거나 애매모호하게 감추는 것.

② 금기어는 사물 자체가 가지고 있는 특성이 본질적으로 좋지 않기 때문이다. 따라서 이런 말들을 완곡어로 바꾸면 잠깐 동안 인상이 개선될 수는 있으나 사물의 본질이 변하지 않는 한 그에 대한 인상까지 개선되지 않는다. 이것이 완곡 표현이 갖는 한계이다.

③ 상대방에게 불쾌감을 주지 않기 위해서는 상황과 장면을 고려하여 적절하게 완곡어를 사용할 줄 알아야 하고 이것은 중요한 국어 사용 능력 중의 하나이다.

[금기어와 완곡어]

금기어	완곡어
호랑이	꽃, 산신령, 사또, 영감
뱀	업, 지킴, 긴짐승, 용님
천연두	손님, 손님마마, 시두손님(時痘--), 큰손님, 고운마님
변소	화장실, 측간(厠間), 뒷간
죽음	승천(昇天), 승하(昇遐), 귀천(歸天), 타계(他界), 운명(殞命)
性交	방사(房事), 교합(交合), 관계(關係)

4) 전문어(직업어): 특수한 전문 분야에서 해당 분야의 작업을 능률적으로 하기 위하여 도구처럼 사용되는 어휘. 사회적 의미와 관련됨.

(1) 전문어의 특성(김광해, 1993:171~172)

① 의미가 매우 정밀하고 다의성이 적으며, 그에 대응하는 일반 어휘가 없다.

② 의미가 문맥의 영향을 적게 받는다.

③ 감정적인 의미가 개입되지 않는다.

④ 일반 사회의 기본 어휘로 사용되는 경향이 적다.

⑤ 새말의 생성이 활발하다.

⑥ 의미에 의도적인 규제가 가해져 있는 경우가 많다.

⑦ 외래어로부터 차용된 어휘가 많다.

⑧ 국제성이 강하다.

⑨ 전문 분야에 종사하는 사람들이 일반인들에게 비밀을 유지하기 위한 방편으로 사용할 경우, 은어와 유사한 기능을 한다.

(2) 전문어와 지식: 어떤 사람이 해당 분야의 전문가인지 아닌지를 판단할 때, 해당 분야의 전문어에 대한 지식이 그 기준이 될 수 있다.

(3) 전문어와 은어: 전문어는 은어의 기능도 함께 지니고 있다. 이때는 의도성이 개입되었다기보다는 일반인이 그 전문어를 모르기 때문에 나타나는 현상이다.

(4) 전문가 집단의 언어 사용 문제

① 외국어의 오·남용이 심하다. 전문어도 국어의 일부이므로 순화해서 쓰려는 노력이 필요하다.

② 영어식 표현을 우리말 표현으로 잘못 알고 사용하는 경우가 많다. 특히, 피동 표현.

③ 대화나 글에서 전문어를 남용하고, 외국어를 국어와 혼용하여 사용한다.

④ 전문가 집단은 일반인과의 대화에서 시간의 제약이나 정보의 수준 차이라는 이유로 담화를 일방적으로 끌고 가고, 상대의 반응이나 질문을 수용하지 않는 경향이 있다(임지룡 외, 2010:272~277).

5) 새말[新語]: 새로운 사물이나 개념을 표현하기 위하여 언어 사회에 새로이 등장하는 어휘.

(1) 새말 만들기의 어려움

① 새로운 말소리를 사용할 경우 받아들이기 어렵다.

② 기존의 말을 활용할 경우 기존의 의미가 방해를 하는 경우가 많다.

③ 최근에는 대부분 외래어, 외국어를 그대로 사용하고 있는데, 이는 심각한 국어 문제가 되고 있다.

(2) 새말의 생성 원인

① 사회가 변화·발전함에 따라 새로운 사물이나 개념이 등장할 때, 이것을 지칭하기 위해

② 이미 존재하는 개념이라 하더라도 그것을 표현하던 어휘의 표현력이 감소되었을 때, 그것을 보강하거나 신선한 맛을 내기 위해

[새말의 유형]

1. 고유어로 만들어진 새말의 유형

(1) 새로운 어형을 창조하는 경우: 씩씩이, 똑딱선, 통통배, 차려, 쉬어, 대한민국, 이남, 이북, 남한, 북한

(2) 정부 차원에서 계획적으로 만든 단어: 도시락, 건널목, 덧셈, 뺄셈, 모눈종이, 지름, 반지름, 흰피톨(백혈구), 넘보라살(자외선), 제곱, 세제곱

(3) 누가 만들었는지 알 수 없는 상태에서 저절로 유통된 말들인데, 기존의 단어들을 합성하여 새말에 해당하는 형태를 만든 경우: 통조림, 불고기, 꼬치안주, 가락국수, 손톱깎이, 소매치기, 꼬치, 병따개

2. 최근 생겨난 새말의 형성법과 배경

새 말	뜻	만드는 과정	발생 배경
강퇴	있던 자리에서 강제로 물러나 나가도록 함.	'강제 퇴장(당하다)'의 줄인 말	컴퓨터 통신 대화방
개구리 주차	보도 위에 어느 한쪽에 차바퀴를 올려놓는 주차	'개구리'와 '주차'를 합친 말	주차 공간의 부족
거품론	현상 따위가 일시적으로 생겨 껍데기만 있고	우리말 '거품'과 한자어 '론'을	증권, 경제

	실질적인 내용이 없는 상태에 대한 이론이나 경향	합친 말	
게임방	각종 게임기와 컴퓨터 시설을 갖추고 그 자리에서 게임이나 인터넷을 즐길 수 있도록 공간을 마련하여 둔 곳	외래어 '게임'과 한자어 '방'을 합친 말	문화, 생활, 컴퓨터
골뱅이	컴퓨터 자판의 @를 가리키는 말.	인터넷 주소에서의 'at' 표시로, 그 모양을 본떠 지음	컴퓨터, 인터넷, 전자우편
교통 카드	대중 교통 수단인 시내 버스나 전철을 탈 때 요금 대신 사용하는 카드	한자어 '교통'과 외래어 '카드'를 합친 말	대중 교통 요금 납부 수단의 변화
냄비 투자	쉽게 달구어지고 쉽게 식는 냄비에 빗대어 충분한 지식이나 고려 없이 쉽게 하는 투자를 이르는 말.	우리말 '냄비'와 한자어 '투자'를 합친 말	증권, 경제
라이브 카페	관객들 앞에서 현장감 있게 노래하고 연주하는 음악 공연이 있는 카페	영어 '라이브'와 프랑스어 '카페'를 합친 말	문화
물타기	자기편의 손실이나 위험 요소를 줄이기 위한 일련의 행동을 비유적으로 이르는 말	명사 '물'에 동사 '타다'를 합치고, 이에 접사 '-기'를 붙인 파생어	경제, 정치
블루칩	주식 시장에서 재무 구조가 건실하고 경기 변동에 영향을 받지 않는 대형 우량주를 통틀어 이르는 말	포커 게임에서 사용되는 백색, 적색, 청색의 칩 가운데 청색이 가장 높은 것에서 따온 표현	경제, 주식
사추기(思秋期)	중 · 장년층이 새롭게 정신적, 육체적으로 변화를 겪는 시기를 이르는 말	사춘기의 '춘'대신 '추'를 사용하여 대비적으로 만든 말	생활, 문화
쐐기포	축구나 농구, 야구 경기 따위에서 상대팀이 더 이상 승부를 뒤집을 일이 없도록 하는 데에 결정적인 역할을 하는 골이나 홈런.	우리말 '쐐기'에 한자어 '포'를 합쳐 만든 말	스포츠
아바타	사이버 공간에서 활용되는 애니메이션 캐릭터	고대 인도어로 분신이나 화신을 뜻하는 말을 따온 것	컴퓨터 통신 대화방
트라이아웃	소속 팀 선수로 선발하기 위하여 지원자의 적격성 여부나 실력 따위를 시험하는 일	'시험하여 보기, 적격성 검사' 등의 의미를 가진 영어 단어 '트라이아웃'을 그대로 가져옴.	스포츠

3. 기존의 의미에 새로운 의미가 첨가된 새말

새말	기존의 의미	새로운 의미
교통 정리	교통의 흐름을 원활하게 하고 사고를 방지	어떤 일이 복잡해지지 않도록 뒤에서 손을 씀.

	하기 위하여 사람이나 차의 통행을 규제, 지시, 유도하는 일	
군살빼기	영양 과잉이나 운동 부족 따위 때문에 찐 군더더기 살을 빼는 행위	기업이나 사업체가 효율성을 극대화하기 위하여 낭비적인 요소를 제거하여 자산과 규모를 줄이는 행위
떡값	① 떡을 사고 지불하는 값 ② 설이나 추석 때 직장에서 직원에게 주는 특별 수당을 비유적으로 이르는 말	자신의 이익과 관련된 사람에게 잘 보이기 위하여 바치는 돈을 비유적으로 이르는 말
번개	구름과 구름, 구름과 대지 사이에서 공중 전기의 방전이 일어나 번쩍이는 불꽃	온라인 상에서 만난 사람을 오프라인에서 만나는 것을 이르는 말

[지도서, 174~176]

4. 최근 생겨난 단어들의 구조와 형성 원리

ㄱ. 음-치(音癡), 춤-치(-癡), 길-치(-癡), 방향-치(方向癡)

ㄴ. 문-맹(文盲), 컴-맹(com盲), 넷-맹(net盲)

ㄷ. 햄-버거(hamburger), 새우-버거, 치즈-버거, 김치-버거

ㄹ. 아점(늦은 아침에 먹는 아침 겸 점심 식사), 짬짜면(짬뽕과 자장면을 반씩 담아 한 번에 내는 음식)

ㅁ. 수다-맨, 썰렁-맨, 오토맨(오토바이를 이용하여 배달하는 사람), 슈퍼맨(슈퍼마켓에서 배달하는 사람); 안티-족(어떤 의견에 반대하는 자기 의견을 관철시키기 위하여 인터넷에서 안티 사이트를 열고 맹렬하게 활동하는 집단), 소호-족(small office home office의 머리글자를 모아 만든 단어로, '-족'이 붙어 자기 집에서 자기 일을 하는 사람들을 이름)

ㅂ. 노찾사(노래를 찾는 사람들), 아나바다(아끼고, 나누고, 바꾸고, 다시 쓰기) 운동

(ㄱ), (ㄴ)은 '음치'와 '문맹'이라는 말에 쓰이던 것을 유추하여 '치'와 '맹'을 접미사처럼 활용하여 새로운 말을 만든 것이다. 그러나 한자 형태소를 하나의 어근으로 보면 이들은 합성어로 처리할 수도 있다.

또한, (ㄷ)에서 '버거'는 '고기 등을 구워서 빵에 얹은 것'이라는 의미를 지니고 있으며, 그 앞에 사용된 단어가 빵 속에 들어가는 재료이므로 합성어라 할 수 있다. 즉, 현재 '버거'가 하나의 독립된 의미를 지니는 어근으로 인식되어 쓰이고 있으며, 그 앞에 재료가 되는 여러 단어들이 와서 결합될 수 있다는 점에서 이 단어들은 합성어로 처리할 수 있다. 그러나 '햄버거'가 어원적으로

'함부르크'에서 왔기 때문에 그 구조가 '햄+버거'가 아니었고, '버거'가 자립 어근이 아니고 접미사처럼 쓰인 것으로 보면 파생어로도 볼 수 있다. 따라서 파생어나 합성어 어느 하나로 처리하기 어려운 것들은 상위개념인 '복합어'로 보고 가르치는 것이 바람직하다.

(ㄹ)은 '아침과 점심', '짬뽕과 짜장면'을 대등하게 연결한 뒤 축약하여 표현한 것이므로 합성어이고 (ㅁ)은 '-맨', '-족'을 접미사처럼 활용하여 새로운 말을 만든 것이므로 파생어로 볼 수 있으며, (ㅂ)은 머리글자를 모아 만든 약어이므로 합성어로 볼 수 있다. [지도서, pp.120~121]

※ '무추'는 혼성어로 '무'와 '배추'에서 일부를 떼어 합친 것이므로 합성법에 의한 것이다.

3.2.5. 단어의 의미

1. 의미의 본질

· 언어는 말소리(음성, 기호)와 언어의 내용인 의미로 이루어져 있다.

1) '의미'의 의미

(1) 지시설: 단어가 가리키는 실제 사물, 즉 지시 대상이 곧 언어의 의미라고 보는 입장. 언어 표현의 의미를 지시물과 동일시한다. (예) 사람-人, 나무-木, 달-月 등.

· 한계: '도깨비, 용, 견우, 직녀'처럼 지시 대상이 존재하지 않는 경우, '은/는, 에, 에게, -았-/-었-'처럼 문법적 기능만 가진 말들, '사랑, 평화, 의지, 관계, 추리'처럼 구체적인 지시 대상을 생각하기 어려운 경우, '차, 칠판'처럼 지시물이 변화하는 경우에는 의미 규명이 어렵다.

(2) 개념설: 언어 표현과 사물은 우리의 머릿속에 있는 '개념'을 통해 연결된다는 것으로 한 단어에 관하여 우리의 머릿속에서 만들어지고 저장된 생각, 즉 개념을 언어의 의미로 보는 입장. 사람들이 가지고 있는 공통 의미를 개념(심리적 영상)으로 파악. (예) 꽃/ 개

· 한계: '개념'의 실체가 불확실. 개념이나 영상에 대한 개인적 차이. 영상을 동반하지 않는 단어(또, 그러나, 을, 에게)의 의미 규명이 어려움.

(3) 행동설(자극-반응설): 의미는 발화가 사용되는 상황, 즉 현실적 자극(S)에 의한

언어적 반응(r) 및 언어적 자극(s)의 결과인 현실적 반응(R)으로부터 추론된다는 입장. (예) 겨울에 문을 열어 놓은 채로 들어오는(S)/ 아들에게 "바람 들어온다."라는 발화를 할 때(r...s)/ 아들이 문을 닫는 행위(R)를 의미로 보는 것.

S	→	r .... s	→	R
(화자의 상황)		(발 화)		(청자의 반응)
언어행위 이전		언어행위		언어행위 이후

· 한계: 상황에 대한 화자의 언어적 반응이나 청자의 반응이 항상 동일한 것이 아니어서 의미를 일관성 있게 기술하는 일이 쉽지 않다.

(4) 용법설: 단어가 일정한 의미를 가지고 있다는 견해를 인정하지 않고, 단어가 사용되는 구체적인 맥락에서의 용법이 그 단어의 의미라고 보는 입장. (예) 손(手, 일손, 기술, 수완, 주선, 소유나 권력의 범위)

· 한계: ㉠ 의미 기술의 문제: 단어의 용법이 다양하기 때문에 일일이 열거한다는 것이 불가능하다. ㉡ 학습의 문제: 어떤 단어의 용법이 다양할 때 어느 정도까지 학습해야 단어를 안다고 할 수 있을까? 즉, 해당 단어의 참된 의미를 알기 어렵다. ㉢ 실용적인 면: 사전 편찬은 가능할까?

(5) 원형설: 단어의 의미란 범주이며, 범주의 판정은 참조점인 원형과의 대조를 통하여 결정된다는 입장. 또한, 단어의 의미는 범주 원소의 원형을 통하여 인지되며, 범주는 원형적 구성원과 다양한 주변적 구성원으로 이루어진다고 본다.[31] 원형적 보기는 주변적 보기에 대하여 몇 가지 장점을 지닌다. 첫째, 원형적인 보기는 주변적인 보기에 비해 그 범주의 소속 여부를 판단하는 데 시간이 덜 걸린다. 둘째, 원형적 보기는 범주의 판단이나 추론의 기준이 된다. 셋째, 어린이들은 범주의 원형적 보기를 먼저 습득한다. 넷째, 실어증 환자는 범주의 원형적인 보기보다 주변적인 보기를 발화하는 데 더 많은 오류를 나타낸다.

· 한계: 구체적인 대상의 자연범주를 설명하는 데는 효과적이지만 지시물이 추상적

31) 여기서 '원형'이란 가장 '전형적, 적절한, 중심적, 이상적, 좋은' 보기를 가리킨다. 예를 들어 한국인에게 있어 '새'라고 하면, '참새, 비둘기, 까치'를 떠올리게 되는데, 이때 '참새'는 새의 원형적 보기인 반면, '닭, 타조, 펭귄' 등은 주변적 보기이다. 한국인에게 '꽃'의 원형은 '장미'이며, 과일의 원형은 '사과'인 것으로 알려져 있다.

이거나 지시물 자체가 없는 경우에는 설명에 한계를 지닌다.

(6) 해석설: 의미의 인지주의적 관점으로, 의미란 객관적 대상의 개념적 내용에 국한되는 것이 아니라, 그러한 개념적 내용에 대하여 의미를 부여하는 화자의 '해석'을 포함한다는 관점. 이 관점에서는 '동해'와 '일본해'는 동의적이지 않고, 능동문과 피동문의 진리 조건이 동일하더라도 그 의미는 다르다고 본다.

2) 의미의 속성

(1) 표현과 그 표현이 지시하는 대상 사이의 관계가 반드시 일대일 관계인 것은 아니다.

(2) 한 표현이 지시하는 대상의 의미 영역은 그 경계선이 분명하지 않은 경우가 있을 뿐 아니라, 그 의미의 속성이 고정되어 있지 않고 변하는 경우도 있다.

(3) 어떤 표현은 관습, 상황, 그리고 화자의 의도나 심리적 태도에 따라 기본 의미와 전혀 다른 것을 의미하는 경우도 있다.

[의미의 본질에 대한 생각 정리]

(1) 꽃, 바다, 산, 구름, 나비

(2) 신뢰, 변화, 혼동, 비판, 회귀, 지배, 포함, 논의, 추상

(3) 손이 크다, 손이 작다, 손을 대다, 손을 떼다, 손에 넣다

(4) 세불리기, 흠집내기, 가다서기, 터파기

(5) 새콤달콤, 싱숭생숭, 샛노란, 발그라니, 싱그러운, 낭창낭창

위 표현들의 뜻을 다른 말로 바꾸어 설명하는 데에 어려운 점: (1)은 구체적인 지시 대상이 존재하여 쉽게 설명이 가능하나, (2)는 추상어로 지시 대상이 불분명하고 의미가 다양하며, (3)은 특수한 의미로 굳어져서 사용되는 관용적인 표현으로 단어들의 의미만으로는 전체의 의미를 알 수 없다는 문제가 있다. (4)는 명사화 접미사 '-기'가 사용된 단어들로, 각각 '세를 불리다', '흠집을 내다', '가다가 서다', '터를 파다' 등의 동작을 하나의 명사처럼 포착하여 표현하였다. 이들은 보통 추상적인 의미로 사용되어 정확한 의미를 나타내기가 어렵다. 마지막에 제시된 (5)는 의성어 · 의태어로, 사실적 의미를 갖고 있다기보다는 감각적으로 설명되어야 하는 것이기에 정확히 의미를 설명하기가 어렵다. 지시 대상의 존재 여부가 불확실한 단어를 설명하는 방법은 아래와 같다. ① 쉬운 말로 풀이하여 설명한다. ② 유의어나 반의어를 들어 준다. ③ 여러 가지 사용 예문을 들어 준다. ④

몸짓이나 행동으로 표현한다. ⑤ 낱말 카드를 사용한다. ⑥ 사용 장면을 슬라이드나 비디오로 보여 준다. ⑦ 사전을 찾아보도록 한다. [지도서, pp.238~239]

2. 의미의 유형

1) 중심적/주변적 의미

※ 다의어는 중심적 의미와 하나 이상의 주변적 의미를 가진 단어이다.

(1) 중심적 의미: 언어적 의사소통에서 가장 기본적이고 핵심적인 의미. 감정 가치나 문맥적 쓰임이 배제됨.

(2) 주변적 의미: 중심적 의미에서 확장되어 사용된 의미

(예) 손: ㉠ 중심적 의미 - 아기의 귀여운 손, 손바닥, 손가락

㉡ 주변적 의미 - 손이 모자란다(노동력), 손이 크다(씀씀이, 아량, 배포), 손을 떼다(관계), 손에 넣다(소유), 손윗사람(기준)

※ 손[手] ① 사람의 팔목에 달린, 손가락과 손바닥이 있는 부분. ② 손가락. ③ 일손. 품. ④ 기술. ⑤ 수완. 잔꾀. ⑥ 주선. 돌봐 주는 일. ⑦ 소유나 권력의 범위. ⑧ 힘. 역량. 능력.

2) 사전적/함축적 의미

(1) 사전적 의미(= 개념적 의미): 어떤 낱말이 가지고 있는 가장 기본적이고 객관적인 의미로 언어 전달의 중심되는 요소를 다루는 의미를 가리킴. 외연적 의미라고도 함. 정보 전달이 주가 되는 설명문 같은 경우 주로 사전적 의미로 의사 소통됨.

(예) 부인, 아내, 처, 마누라, 와이프(wife): [+인간, +결혼, -남성, +성숙]

(2) 함축적 의미(= 내포적 의미): 사전적 의미에 덧붙어 연상이나 관습 등에 의하여 형성되는 의미. 사전적 의미에 덧붙은 전달 가치로서, 주변적・가변적・개방적 특성을 지닌다. 개인 또는 사회집단, 문화적 배경에 따라 유동적이고 상대적이다.

※ 시 같은 문예문의 경우, 주로 함축적 의미에 의지하여 작품을 창작하고 이해하며 감상하곤 한다.

(예) 여성: ㉠ 사전적 의미: 사람으로서, 남성과 대립됨

㉡ 함축적 의미: 모성, 연약함, 자상함, 질투심

3) 사회적/정서적 의미

(1) 사회적 의미(= 문체적 의미): 언어를 사용하는 사람의 사회적 환경을 드러내는 의미. 선택된 단어의 종류나 말투, 글의 문체 등에 의해서 화자/필자의 출신지, 교양 수준, 사회적 지위 등을 파악할 수 있다.

(예) 시끄러 봐봐(조용히 해) 그렇게 머달라고 그랬다요.

(2) 정서적 의미(= 감정적 의미): 화자/필자의 태도나 감정 등을 드러내는 의미. 자신의 심리적 상태나 상대에 대한 공손함 등을 표현하기 위하여 문체나 어조를 다르게 선택한다. 대개의 경우, 화자는 무의식적으로 말을 하더라도 청자는 '기분이 좋구나/좋지 않구나' 등의 느낌, 즉 정서적 의미를 읽어낼 수 있다.

(예) 동해 - 일본해, 찰랑찰랑 - 철렁철렁, 아, 기분 좋다., 얼씨구!, 아이구!

4) 주제적/반사적 의미

(1) 주제적 의미: 화자/필자의 의도를 드러내는 의미. 흔히 어순을 바꾸거나 강조하여 발음함으로써 드러낸다.

㉠ 서진이가 바퀴벌레를 잡았다. / 바퀴벌레를 서진이가 잡았다.
(어순에 의해 초점이 달라진다.)

㉡ 성은이는 동생을 때리지 않았어. ('성은이, 동생을, 때리지'의 어느 부분에 강세를 두느냐에 따라 주제적 의미가 달라진다.)

(2) 반사적 의미: 원래의 뜻과는 관계없이 특정 반응을 일으키는 의미. 동일한 지시대상에 대한 둘 이상의 언어 표현에서 개념적 의미는 동일하지만, 어감이 다르다. 완곡어나 금기어의 사용은 반사적 의미가 고려된 것이다.

㉠ 인민, 동무: 기본적인 의미 이외에 다른 정치적, 이념적 의미가 반사적으로 전달된다.

㉡ 아빠(친근감):아버지(중립적):엄친(위엄)

5) 연어적 의미(= 배열적 의미): 어떤 단어의 의미가 다른 단어와 함께 놓이는 방식에 따라 특징적인 모습으로 실현되는 것.

㉠ 귀여운 {아이, 여자, 강아지/ 청년, 아저씨, 늑대}

㉡ 진한 {커피, 색깔, 사랑}

'귀엽다'와 '진하다'의 의미는 단어가 놓이는 주변적 요소에 따라 의미가 달라진다.

〈참고〉 2009 교육과정에서 제시하는 의미의 유형

1. 개념적 의미		· 논리적, 인지적, 외연적 내용으로서 핵심이 되는 의미
연상적 의미	2. 내포적 의미	· 개념적 의미에 덧붙여 어떤 표현이 갖게 되는 전달 가치로서의 의미
	3. 사회적 의미	· 언어 사용의 사회적 환경에 따라 전달되는 의미
	4. 정서적 의미	· 화자/필자의 감정과 태도에 따라 전달되는 주관적, 감정적 의미
	5. 반사적 의미	· 같은 표현이 사람들의 반응에 따라 달리 전달되는 의미
	6. 연어적 의미	· 다른 낱말과의 연합에 의해 연상되는 의미
7. 주제적 의미		· 어순이나 강세의 변화를 사용하여 화자나 필자가 의도한 의미

[의미의 유형]

1. 중심적 의미와 주변적 의미

1) 시어 '맵다'의 의미를 중심적 의미와 비교하기[이육사 '절정(絶頂)']

매운 계절의 채찍에 갈겨/ 마침내 북방으로 휩쓸려 오다.
하늘도 그만 지쳐 끝난 고원/ 서릿발 칼날진 그 위에 서다.
어디다 무릎을 꿇어야 하나/ 한 발 재겨 디딜 곳조차 없다.
이러매 눈 감아 생각해 볼밖에/ 겨울은 강철로 된 무지갠가 보다.

'맵다'의 중심적 의미는 '맛이 알알하다'이고, 주변적 의미는 '몹시 춥다'(맵게 부는 바람), 성미가 사납고 독하다.(맵게 쏘아보는 눈초리), '연기의 기운으로 목구멍이나 눈이 쓰라리다'(매운 냄새)이다. 밑줄 친 '맵다'는 일차적으로 '몹시 춥다'는 의미로 사용되었다고 볼 수 있다. 그러나 이 시가 쓰여진 시대적 상황이 일제 치하임을 감안한다면 '매우 힘들다'의 뜻으로도 풀이할 수 있다.

2) '가다'의 중심적 의미를 말하고, 주변적 의미를 확인할 수 있는 예 찾기

① 집에 갈거야? ② 눈가에 주름이 가다 ③ 혁이는 성적이 중간은 간다.

(1) '가다'의 중심적인 의미는 '한 곳에서 다른 곳으로 장소를 이동하다'이다. 이는 여러 주변적

의미들이 공동으로 가지고 있는 가장 기본적인 의미로, 사전에서 제일 먼저 풀이되는 것이 상례이다. 제시된 예문에서 '집에 갈거야?'의 '가다'는 중심적 의미를 나타내고 있는 반면, '눈가에 주름이 가다.'와 '혁이는 성적이 중간은 간다'의 '가다'는 각각 '생기다'와 '어떤 대상을 기준으로 하여 어느 정도까지 이르다'라는 주변적 의미를 나타낸다.

(2) '가다'의 주변적 의미를 확인할 수 있는 예들

몸에 무리가 가는 운동은 삼가시오.(건강에 해가 되다.) / 농사일에는 품이 많이 간다.(어떤 일을 하는 데 수고가 많이 들다.) 그 설명은 수긍이 간다.(어떤 일에 대하여 납득이나 이해, 짐작 따위가 되다.) / 생선이 물이 갔다.(원래의 상태를 잃고 상하거나 변질되다.) / 이 비누는 때가 잘 간다.(때나 얼룩이 잘 빠지다.)

2. 사전적 의미와 함축적 의미

1) 주어진 단어들의 사전적 의미, 함축적 의미를 살린 표현 만들어 보기

사전적 의미를 사용한 표현	함축적인 의미를 사용한 표현
생물의 몸은 70% 이상이 물로 되어 있다.	그는 서울 물이 들어 멋쟁이가 되었다.
길을 가다 돌을 차면 발부리가 아프다.	황금 보기를 돌같이 하라.
불에 데다.	그들의 사랑에 불이 붙었다.
오늘은 바람이 세게 불겠습니다.	가지 많은 나무 바람 잘 날 없다.
정원에 많은 종류의 꽃이 피어 있다.	꽃은 꽃이라도 호박꽃이라.
인생은 풀 끝의 이슬처럼 덧없고 허무하다.	풀이 눕는다. 바람보다도 먼저 풀이 눕는다.
이 호수의 깊이는 얼마나 될까?	내 마음은 호수요
고향은 언제나 따뜻한 어머니의 품 속 같다.	그대는 나의 마음의 고향입니다.
영희의 어머니는 정말 미인이시다.	필요는 발명의 어머니

2-1) 시어의 사전적 의미와 함축적 의미 설명하기

호박꽃잎 위에는 노랑 구슬 / 가지꽃잎 위에는 보라 구슬
고추잎새 위에는 초록 구슬 / 밤새워 아기별들이
구슬치기하다 / 서둘러 돌아간 / 텃밭 놀이터 / 햇살이
손 뻗어 / 조심스레 주워 담는다.

- 오은영, 〈아기별이 잃어버린 구슬〉

(1) '구슬'의 사전적 의미와 함축적 의미 파악하기: '구슬'의 사전적 의미는 '둥글게 생긴 보석이나 아이들의 장난감'이며, 이 시에서 구슬의 함축적 의미는 '이슬'이라고 볼 수 있다. 이 시의 구슬은 투명하여 호박꽃잎, 가지꽃잎, 고추잎새의 색을 그대로 드러내며, '햇살이/손 뻗어/조심스레 주워 담는다'에서 햇살이 비치면 사라진다는 특성을 지니므로, 이 두 가지 특성에서 구슬의 함축적인 의미를 '이슬'이라고 유추할 수 있다.

(2) 시의 느낌과 사전적, 함축적 의미의 관계: 이 시에서는 자연이 주는 아름다움(호박꽃잎, 가지꽃잎, 고추잎새, 햇살), 어린아이들의 동심, 천진난만함(아기별, 구슬치기)을 느낄 수 있다. 이런 느낌은 각각의 시어가 지니는 사전적인 의미와 함께, 구슬의 함축적인 의미인 '이슬'이 동시에 연상됨으로써 강화된다.

2-2) 시어의 사전적 의미와 함축적 의미 설명하기

귀천(歸天)

천상병

나 하늘로 돌아가리라 / 새벽빛 와 닿으면 스러지는 / 이슬 더불어 손에 손을 잡고,
나 하늘로 돌아가리라 / 노란빛 함께 단둘이서 / 기슭에서 놀다가 구름 손짓하면은,
나 하늘로 돌아가리라 / 아름다운 이 세상 소풍 끝내는 날, / 가서, 아름다웠다고 말하리라.

---

(1) '소풍'의 사전적 의미와 함축적 의미

① 사전적 의미: 운동이나 자연 관찰을 곁들이며 놀이를 삼아 학생들이 단체로 야외로 갔다 오는 일

② 함축적 의미: 작가가 현재 발을 담그고 살고 있는 '이승'(아름다운 여행지)

(2) 함축적 의미와 사전적 의미의 관계: '소풍'을 일상적인 일이 아니고 가끔 정형화된 삶의 틀에서 벗어나는 것이기 때문에 자유로움을 느낄 수 있다. 작자는 이러한 소풍의 자유로운 이미지를 따서 자기의 삶이 정신적으로 자유로웠음을 말하고 있다. 함축적 의미는 사전적 의미에서 덧붙어 연상이나 관습에 의하여 형성된다. 이 때문에 함축적 의미는 시대적, 지역적 차이나 사회적, 문화적 차이에 따라 다를 수도 있고 변할 수도 있으며, 경험 세계의 넓이에 따라서 차이가 날

수도 있다. 따라서 사전적 의미는 본질적, 핵심적, 확정적, 폐쇄적 성격을 띠며, 함축적 의미는 부수적, 주변적, 비확정적, 개방적인 성격을 띤다고 할 수 있다.

(3) 사전적 의미와 함축적 의미가 다른 단어 찾기: '하늘'의 사전적 의미는 '땅이나 바다 위로 아득히 펴져 있는 넓고 높은 공간'이나, 여기에서는 '내가 죽어서 가야 할 곳(천상의 세계)'이라는 함축적 의미를 지닌다. 또 '돌아가리라'는 '죽음'이라는 함축적 의미를 갖는다. '이슬'은 '새벽빛와 닿으면 스러지는' 존재이므로 함축적 의미는 '유한한 모든 생명체'라고 할 수 있으며, '노을빛'은 '노년(老年)'을, '구름'은 '나를 천상의 세계로 이끄는 안내자'로 볼 수 있다.

3. 사회적 의미와 정서적 의미

(1) 그림 속의 '그렇게 할게요'를 대화 상황에 따른 정서적 의미를 살려서 실제로 말하여 보기.

① 상황1: 선생님께서 화장실 청소를 일방적으로 지시하여 어떨 수 없이 하겠다고 대답을 하는 상황 ☞ 썩 내키지 않는 마음이 드러나게 말한다.

② 상황2: 무거운 짐을 들고 있는 할아버지께서 도움을 요청하여 선뜻 응하는 상황 ☞ 남을 도와 주는 상냥한 마음이 나타나게 말한다.

③ 상황3: 재미있는 텔레비전 프로그램을 보고 있는데 어머니가 숙제를 먼저 할 것을 독촉하여 마지못해 그러겠다고 대답하는 상황 ☞ 짜증스러우면서도 아쉬움이 남아 있는 말투를 사용한다.

④ 상황4: 약속을 지키면 제주도로 보내 주겠다는 아버지 말씀에 신이 나서 대답하는 상황 ☞ 좀 들뜨고 기쁜 마음이 드러나게 말한다.

(2) 글의 중심 내용을 알고, 글에서 드러나는 사회적 의미 파악하기

지금 저의 건강 형편으로는 필력도 약해서 가능하시면 뜻을 거두어 주실 것을 바랍니다. 가까이 지내는 분께서 모처럼 부탁하여 오신 뜻을 어기는 것 같아 괴롭습니다만, 저로서는 작자를 잘 알지도 못하는 처지여서 좋은 서문을 써 준다는 것이 매우 어려울 듯합니다.

---

① 글의 중심 내용: 부탁 받은 서문 청탁을 점잖게 거절함.

② 사회적 의미: 이 글을 쓴 사람의 직업은 글을 쓰는 것이며, 다른 사람의 서문을 청탁 받을 정도로 상당히 역량 있는 사람임을 알 수 있다. 또한 최대한 정중하고 완곡하게 상대방의 부탁을 거절하고 수준 있는 단어를 선택한 것으로 보아, 학식과 교양이 상당히 높은 사람임을 알 수 있다.

4. 주제적 의미와 반사적 의미

(1) 주제적 의미를 살려 문장 완성하기

① 선용이가 글짓기 대회에서 금상을 받은 것이 아니라, (철수가 받았다.)

② 선용이가 글짓기 대회에서 금상을 받은 것이 아니라, (미술 대회에서 받았다.)

③ 선용이가 글짓기 대회에서 금상을 받은 것이 아니라, (장려상을 받았다.)

(2) 반사적 의미의 한 예: 최근법원에서 잘못된 이름을 바꿔 줄 것을 요구하는 개명 허가 신청이 크게 늘고 있다. …… 순 우리말인 '포근하다'는 뜻으로 이름지어진 '강포근' 군은 그 발음 때문에 '포주'나 '포악' 같은 엉뚱한 뜻을 불러일으키자 개명을 신청하였다. 또 '분녀', '하막내', '백발녀' 등도 그 발음 때문에 친구들에게 놀림을 받는 경우가 많은 것으로 나타났으며, 우리말 이름짓기 유행에 따라 지은 '매미' 등 동식물의 이름을 다시 한자로 개명하겠다는 요구도 있었다. …… - ○○신문

[지도서, pp.240~245]

3. 어휘의 의미

1) 의미의 계열 관계

(1) 유의 관계

※ 유의 관계의 단어들을 잘 알고 사용하면 학습자 개인의 어휘력이 향상될 수 있으며, 궁극적으로 풍요로운 언어생활이 가능하다.

① 개념

가. 유의 관계와 유의어: 의미가 같거나 비슷한 둘 이상의 단어가 맺는 의미 관계. 그 짝이 되는 말들을 유의어라 한다. 절대적 동의어(의미 차이 없이 모든 문맥에서 교체될 수 있는 경우), 상대적 동의어.

나. 유의 관계의 대부분은 개념적 의미의 동일성을 전제로 한다. 그러나 유의 관계를 이루는 단어들을 어느 경우에나 서로 바꾸어 쓸 수 있는 것은 아니다. 따라서 언어 상황에 적합한 말을 찾아 쓰도록 노력하여야 한다.

(예) 가끔 - 더러 - 이따금 - 드문드문 - 때로 - 간혹 - 자주

다. 유의 관계 또는 동의 관계에 있는 단어들은 상호 함의 관계를 갖는다.

② 형성 배경을 토대로 한 유의어 분류(김광해 외, 2004)

가. 방언의 차이에 따른 유의어: 지리적으로 이질적인 화자 집단이 동일한 대상을 두고 서로 다른 명칭을 사용할 때 형성.

(예) 호주머니: 개아주머니(경북), 개비(전남), 거르마니(함북), 염주머니(강원)

나. 문체의 차이에 따른 유의어: 고유어와 외래어가 공존하는 경우 문체가 다른 유의어가 형성됨. 일반적으로 고유어는 구어/비격식체로, 외래어는 문어/격식체로 쓰임. (예) 소젖:우유:밀크, 술:약주, 이:치아

다. '전문성'의 차이에 따른 유의어: 특정 직업이나 전문 분야에서 사용되는 전문어가 일상어와 접촉하게 될 때 형성되는 유의어.

(예) 암:캔서(의학), 소금:염화나트륨(화학),

라. '내포'의 차이에 따른 유의어: 개념적 가치는 동일하지만, 감정 가치가 다른 유의어. (예) 동무(부정적):친구(중립적), 돌아가시다:죽다:뒈지다

마. 완곡어법에 따른 유의어: 직설표현 또는 금기어와 완곡어법 간의 유의어.

(예) 변소:화장실, 오줌:소변

바. 기타 존비어, 비유어, 비속어, 준말, 유아어 등으로 분류 가능[32)]

③ 유의어의 의미 관계 검증

가. 교체 검증: 단어를 바꾸어 의미 차이 검증.

㉠ 공을 {잡다/쥐다}, 손끝으로 {잡다/*쥐다}, 도둑을 {잡다/*쥐다}, 자리를 {잡다/*쥐다}

㉡ 학교를 향해 {뛰었다/달렸다}. 말이 {뛴다/달린다}.(진행과정은 동일 의미) 물가가 {뛴다/?달린다}.(상하 운동을 뜻할 경우) 기차가 {달린다/*뛴다}.

㉢ 쉴 {틈/겨를}이 없다, 창문 {틈/*겨를}(으)로 바람이 들어온다, 우정에 {틈/*겨를}이 생겼다.

나. 대립 검증: 대립어를 사용하여 의미 차이 검증.

㉠ 맑다-깨끗하다/흐리다-더럽다:맑은 물-흐린 물/깨끗한 물-더러운 물

㉡ 안-속/밖-겉, 옳다-맞다/그르다-틀리다

다. 배열 검증: 단어를 하나의 계열로 배열하여 의미 차이 검증

㉠ '실개천 - 개울 - 시내 - 내 - 하천 - 강'에서 '개울'과 '시내'의 의미 차이가 드러남.

㉡ 볍씨 - 모 - 벼 - 쌀

④ 유의어 경쟁: 형태적 측면에서는 유의 경쟁을 지속하여 한 쪽이 살아남고 다른 한 쪽이 소멸하는 경우와 유의 중복을 이룬 경우가 있고, 의미적 측면에서 의미 영역과 가치 영역이 변화되는 두 부류가 있다.

㉠ 유의 중복: 틈새, 바람벽, 담장, 뺏골, 널판, 걸프만, 유리그라스

㉡ 의미 영역 변화: 백(百) - 온(百 → 체), 형체(形體) - 얼굴(形體 → 顏)

㉢ 가치 영역 변화: 여자 - 계집(낮춤말), 부인 - 마담(유흥업소 주인)

---

32) 이 외에도 다음과 같은 유의어의 쌍을 더 분류할 수 있다.(김광해, 1993:203)

① 높임말: 한 쪽이 높이는 의미를 지니는 말로 공대어 또는 경어. 아버지:부친/춘부장

② 낮춤말: 한 쪽이 낮추는 의미를 지니는 말로 하대어. 할머니:할멈/할미/할망구,

③ 비유적 표현: 한 쪽이 의미를 비유적으로 표현하는 경우. 예쁘다:꽃답다, 깍쟁이:여우

④ 속어: 한 쪽이 속된 용법으로 사용되는 말. 화나다:붓다/골오르다/화딱지나다/골통나다

⑤ 유아어: 유아들이 사용하거나 유아들을 대상으로 사용하는 말. 밥:맘마, 과자:까까

⑥ 준말: 한 쪽이 줄어든 말인 경우. 아파트먼트:아파트, 보증수표(保證手票):보수(保手)

[유의어의 의미 차이]

1. **유의어의 의미 차이 정리하기**

- '아름답다, 예쁘다, 어여쁘다, 곱다'도 유의어이지만 결합할 수 있는 말은 각기 다르다. 이러한 의미의 차이 때문에 꼭 맞는 말을 찾아 쓰려는 노력이 필요하다. 다만, 말의 선택은 개인적으로 차이가 있을 수 있다. 현재, '예쁘다'의 의미는 확장되어 쓰이는 추세에 있다.

· 아름답다: (어떤 대상이 주는 감각적이거나 지적이거나 정서적인 느낌이) 마음 속 깊은 곳에서 기쁨을 느끼고 감동할 정도로 좋다.

· 예쁘다: (주로 사물의 구체적인 모양이) 작고 깜찍하고 귀여워 보기 좋다.

· 어여쁘다: (주로 사람이나 인격화된 대상, 또는 그것의 품성이) 기쁘고 사랑스런 느낌을 준다.

· 곱다: (주로 사물의 색깔이나 촉감이) 부드러운 느낌을 주어 보기 좋다.

단어 / 결합할 수 있는 말	아름답다	예쁘다	어여쁘다	곱다
소녀가	○	○	○	○
마음씨가	X	X	X	○
걸음걸이	X	○	X	X
경치가	○	X	X	X

2. **우리말에서 유의어가 발달한 이유**

① 고유어와 함께 한자어와 외래어가 섞여 쓰인다.

(예) 어머니 - 모친 - 마마, 아내 - 처 - 와이프, 잔치 - 연희 - 파티, 가락 - 율동 - 멜로디

② 높임법이 발달하여 있다.

(예) 너/자네/당신/댁/제군/이 사람, 나/저/본인/이 사람, 이름/성명/존함/함자

③ 감각어가 발달하여 있다.

(예) 노랗다/노르께하다/노르끄레하다/노르무레하다/노르스름하다/노릇하다...

④ 국어 순화를 위하여 정책적으로 말을 만들어 내었다.

(예) 세모꼴 - 삼각형, 쪽 - 페이지, 성탄절 - 크리스마스

⑤ 금기 때문에 생기기도 하였다.

(예) 어린 사내아이를 보고 '고추' 보자고 하는 것, 동물 세계를 설명하면서 '짝짓기'라는 말을 만들어 쓰는 것. [지도서 pp.249~251]

(2) 반의 관계(= 대립 관계)

※ 반의어 사용이 어휘의 양적, 질적 수준의 향상을 가져올 뿐 아니라, 궁극적으로 언어적 감각과 사용을 정교하게 할 수 있다는 점을 알도록 한다.

① 개념: 둘 이상의 단어에서 의미가 서로 짝을 이루어 반대되거나 대립되는 관계에 있을 때 반의 관계에 있다고 하고, 이 반의 관계를 형성하는 단어의 짝을 반의어라 한다. 반의어는 의미의 공통성과 대립성을 특징으로 하는데, 다수의 공통된 의미 성분을 공유하고 단 하나의 의미 성분(의미 자질)에 대해서만 차이를 가진다.

(예) 처녀[+인간, +성숙, +미혼, -남성]:총각[+인간, +성숙, +미혼, +남성]

② 종류

가. 상보 반의어(상보어): 두 단어가 양분적 대립 관계에 있어 상호 배타적인 영역을 가지는 반의어. 모순 대립을 이룬다. 따라서 상보 반의 관계에 있는 두 단어는 일정한 의미 영역을 두 단어가 온전히 나눠 가지며 동일한 의미 영역 안에는 다른 단어가 존재하지 않는다. (예) 남자:여자, 추상:구상, 기혼:미혼, 죽다:살다

상보 반의어의 특징은 다음과 같다.

가) 한 쪽의 단어를 부정하면 다른 쪽의 단어와 동의 관계를 유지하게 된다.

나) 두 단어를 동시에 긍정하거나 부정하면 모순이 발생한다.

다) 정도를 표현하는 부사의 수식을 받을 수 없고 비교 표현에도 쓰일 수 없다.

라) 상보 반의어를 이루는 기준은 객관적이며 절대적이다.

나. 정도 반의어(등급 반의어): 정도성이나 등급성을 가지는 척도에서 대립하는 단어. 한쪽을 부정한다고 해서 다른 쪽을 의미하지 않으며, 두 단어 사이에 중간 상태가 있을 수 있다. 즉 중간 단계를 두고 두 단어가 맞서고 있다. 반대 대립을 이룬다. (예) 크다:작다, 길다:짧다, 뜨겁다:차갑다

정도 반의어의 특징은 다음과 같다.

가) 한쪽 단어의 긍정과 다른 쪽 단어의 부정 사이에 일방향적인 함의 관계가 성립한다. '뜨겁다'와 '차갑지 않다'를 예로 들면, '뜨겁다'는 '차갑지 않다'의 의미를 포함한다. 그러나 '차갑지 않다'가 '참'이라 하여 반드시 '뜨겁다'가 '참'인 것은 아니다.

나) 두 단어를 동시에 부정할 수 있다. 즉, '뜨겁다'와 '차갑다'는 반의 관계에 있지

만, '뜨겁지도 않고 차갑지도 않다'가 성립할 수 있다.

다) 정도 부사의 수식을 받을 수 있고 비교 표현에도 쓰인다.

라) 두 단어 중 하나가 더 기본적이고 무표적인 의미로 쓰이는 것이 일반적이다. 즉, 사용상의 비대칭성을 가진다.

마) 정도 반의 관계를 이루는 기준은 주관적이다. 같은 온도라도 개인에 따라 달리 느낄 수 있다.

다. 상대 반의어(방향 대립어, 관계 반의어): 두 단어가 방향상의 관계적 대립을 나타내거나 맞선 방향으로 이동이나 변화를 나타내는 관계, 즉 두 단어가 상대적 관계를 형성하면서 의미상 대칭을 이룬다. 상대 반의어는 다시 몇 가지로 나누기도 한다.(구본관 외, 2016:32)

가) 역의 관계: A가 B의 C, B가 A의 D인 경우에 C와 D의 관계. (예) 남편:아내, 할아버지:손자, 고모:조카, 부모:자식, 선조:후손

나) 역행 관계: 한 단어가 한 방향으로 이동하는 것을 나타내고, 다른 단어는 반대 방향으로 이동하는 것을 나타내는 관계. (예) 가다:오다, 사다:팔다, 입다:벗다, 오르다:내리다

다) 대척 관계: 두 단어가 방향의 양쪽 끝을 나타내는 관계. (예) 위:아래, 시작:끝, 지붕:바닥, 우등생:낙제생

라) 대응 관계: 표면에서 위상의 차이를 보이는 관계. (예) 볼록:오목, 두둑:고랑

③ 특징

가. 반의어는 대립하는 단어 사이에 공통되는 의미 성분을 공유하면서 단 하나의 의미 성분의 차이에 의해 대립되어야 한다.

※ 의미 성분 분석: 물질을 원자나 분자로 분해하는 방식과 마찬가지로 단어의 의미를 의미 성분의 결합체로 간주하고 이를 분석하는 것이다. 예를 들어, '소년'은 [+사람][−성숙][+남성]과 같이 분석될 수 있다. 음운론의 음운 자질과 성격이 같다.

(예) '소년'과 '소녀'는 '성'을 제외하면 나머지 의미 요소는 공통적이다.

([+사람], [-성숙], [±남성])

나. 반의어는 반드시 한 쌍으로만 존재하는 것이 아니라 한 단어에 여러 개의 단어가 대립하는 경우도 있다. 즉, 어떤 단어가 다의성을 지니면 그에 따라 반의어가 달라질 수 있다.

④ 반의어의 비대칭성: 대립관계의 단어 쌍은 구조적으로나 의미적으로 등가적이지 않고 비대칭적이다(임지룡 외, 2010:176~177).

	의미	반의어
서 다	① 일어나다	앉다
	② 멈추다	가다
	③ (체면이) 서다	깎이다
	④ (날이) 서다	무뎌지다

가. 긍정적인 쪽이 부정적인 쪽보다 빈도수가 높고, 단어 형성에 생산적이며, 합성어나 구에서 앞자리에 놓인다.

㉠ 긍정(+)/부정(-): 길다/짧다, 높다/낮다, 깊다/얕다, 멀다/가깝다, 넓다/좁다, 크다/작다

㉡ 길이/*짧이, 높다랗다/*낮다랗다; 높낮이/*낮높이,

{길고 짧은/*짧고 긴} 것은 대보아야 안다.

나. 상보어의 '남성:여성'의 성별이 대립될 경우 남성이 여성에 우선한다.

㉠ 男이 대표: 청소년/*청소녀, 청소년={(청)소년, (청)소녀}

㉡ 합성어에서 일반적인 경우 남(男)이 앞섬: 남녀/*여남 , 부모/*모부, 소년소녀/*소녀소년

㉢ 비속어, 비천한 신분, 동물의 경우 여(女)가 앞섬: 연놈/*놈년, 비복(婢僕)/*복비(僕婢), 암수[자웅(雌雄)]/*수암[*웅자(雄雌)]

다. 상대 반의어(방향 대립어)에서 '위/아래, 앞/뒤, 오른쪽/왼쪽'의 경우 '위, 앞, 오른쪽'은 긍정적이고, '아래/뒤/왼쪽'은 부정적이다. 착탈(着脫) 반의어의 경우 착(着) 쪽이 다양하고 분화되어 있다.

㉠ 한수 {위/아래}다. 의식수준이 {앞섰다/뒤처진다},

그는 내 오른팔이다. / 왼 고개를 젓다.

㉡ 입다/쓰다/신다/두르다/끼다:벗다,

끼우다/꽂다:빼다, 매다/차다/드리다:풀다

⑤ 반의어의 기능: 반의어는 사람들이 세상에서 일어나는 현상이나 사물을 대립되는 짝으로 나누어 파악하려는 경향에 영향을 받아 생겨난 것이다. 그러므로 반의어는 원 단어의 의미를 좀 더 명확히 파악할 수 있도록 도와주는 기능뿐만 아니라,

사고(思考)를 명확하게 하고 어휘력을 발달시키는 도구가 되기도 한다. [지도서, p.252]

(3) 상하 관계

※ 상하 관계에 대한 지식은 어휘력과 표현력은 물론 논리적 사고력 신장에도 도움을 준다. 그뿐 아니라 상하 관계는 부분-전체의 관계에서처럼 사물이나 대상의 범주나 개념 인식과 관련되기 때문에 인지적 과정을 해명하거나 학습자의 인지 능력을 발달시키는 데에 크게 기여한다.

① 개념: 단어의 의미적 계층 구조에서 한 쪽이 의미상 다른 쪽을 포섭하거나 다른 쪽에 포섭되는 관계.

② 논리적 특성: 상하 관계를 형성하는 단어들은 상위어일수록 일반적이고 포괄적인 의미를 지니며, 하위어일수록 개별적이고 한정적인 의미를 지닌다.

가. '포함'과 관련된 상하 관계의 논리: '외연'의 관점에서 상위어(예. '여자')가 지시하는 부류는 하위어(예. '부인')가 지시하는 부류를 포함한다. 반면, '내포'의 관점에서 하위어는 상위어를 포함한다('부인'의 의미 성분의 수가 더 많음). 따라서, '상위어'는 의미의 외연이 넓고 내포가 좁은 반면, '하위어'는 의미의 외연이 좁고, 내포가 넓다. 따라서 하위어일수록 지시 대상의 범위는 좁아진다.

나. '함의(含意)'와 관련된 상하 관계의 논리: 하위어는 상위어를 의미적으로 함의(含意)하게 된다. 즉 상위어가 가지고 있는 의미 특성을 하위어가 자동적으로 가지게 된다. 다음과 같은 함의 관계가 유지된다면 'B'는 'A'의 하위어이다.

P: 이 사람은 A(여자)이다　　Q: 이 사람은 B(부인)이다.

〈B이면 A이고, ~A이면, B는 거짓이 된다.〉

※ 'B는 A의 일종이다'의 관계가 성립하면, A는 상위어이고, B는 하위어이며, B는 A를 일방적으로 함의한다.

③ 상하 관계는 수직적으로 상위 층위, 중간 층위, 하위 층위의 계층 구조를 이룬다(임지룡 외, 2010:173).

가. 상위 층위: 다른 언어에서 차용되는 경우가 흔하다.

나. 중간 층위(기본 층위)

가) 인지적인 측면에서 사람들이 보편적으로 사물을 지각하고 개념화하는 층위(인식의 기준점)이다. (예) 동물 - 개(기준 층위) - 진돗개 - 네눈박이

나) 기능적인 측면에서 발생 빈도가 높고 언어 습득 단계에서 가장 이른 시기에 습득된다.

다) 언어적인 측면에서 형태가 짧고 고유어인 경우가 대부분이다.

다. 하위 층위: 합성어나 파생어가 많으며, 형태가 길고, 다른 언어에서 차용하는 경우가 많다.

※ 유사 상하 관계: 어떤 단어가 특정한 맥락에서만 다른 단어의 하위어로 인식되는 경우.

(4) 부분 관계

① 개념: 한 단어의 지시 대상이 다른 단어의 지시 대상의 일부분인 관계.

(예) 손:손가락, 얼굴:눈, 집:마루, 컴퓨터:마우스

② 상하 관계와의 차이: 상하 관계는 "B는 일종의 A이다."의 관계가 성립하지만, 부분 관계에서는 이런 관계가 성립하지 않는다.

2) 의미의 결합 관계: 문장 속에서 단어가 횡적으로 맺는 관계

(1) 관용어

① 개념: 둘 이상의 단어들이 결합하여 특별한 의미로 사용되는, 관습적으로 굳어진 말. 즉, 의미가 특수화되고 구성 방식이 고정된 결합 관계.

② 관용어의 의미 및 구조적인 특성

가. 관용어의 의미는 구성 요소의 의미 총화가 아닌 제삼의 새로운 의미를 지닌다.

(예) 시치미(를) 떼다 = {딴청부리다/모르는 체하다}

나. 관용어의 구성은 고정된 표현 형식을 지니며, 의미적으로나 형식적으로 관습화된 의미 단위이다. 하나의 어휘소로 취급한다.

㉠ 소희는 늘 시치미를 뗀다. = {소희는 늘 모르는 체한다.}

㉡ 소희는 늘 [시치미를 덜어 낸다./ 시치미를 뺀다./ 시치미를 뜯는다.]

≠ {소희는 늘 모르는 척한다.}

㉢ 소희는 [가죽 시치미를/시치미를 급하게/발에서 시치미를] 떼었다.

≠ {소희는 늘 모르는 척한다.}

③ 관용어의 형성: 일반적으로 구체적인 상황에 쓰이던 표현이 유사한 일반적인 상황에 적용되면서 점차 그 유래가 잊혀지게 되면 관용어로 정착된다.

(예) 시치미 떼다

④ 의미의 투명성 정도에 따른 유형

가. 불투명: 글자 그대로의 의미에서 유추하기 어려운 경우. (예) 비행기 태우다

나. 반투명: 관용어의 의미를 어느 정도까지는 글자 그대로의 의미로 유추할 수 있거나 관용적 의미를 상당 부분 글자 그대로의 의미로 유추할 수 있는 경우. (예) 손이 크다, 바가지 긁다; 무릎을 꿇다.

〈참고〉 관용어와 속담

1. 관용어: 둘 이상의 단어들이 결합하여 특별한 의미로 사용되는, 관습적으로 굳어진 말.
(예) 비행기 태우다, 손이 크다, 발이 내키지 않다. 발을 끊다, 발을 구르다, 발 벗고 나서다

2. 속담

1) 개념: 우리의 전통적 생활 문화와 농축된 삶의 지혜가 완결된 문장의 형태로 들어 있는 표현

2) 특성

(1) 민족의 전통 생활 문화와 관련된 이야기를 배경으로 가지고 있다.

(2) 완결된 통사 구조와 의미 구조를 갖추고 있다.

(3) 대개 구체적이고 일상적인 생활에서 삶의 교훈을 전달하는 내용으로 되어 있어 특별한 표현 효과를 발휘한다.

(4) 상황을 매우 압축적이고 효과적으로 표현한다.

3. 관용어와 속담의 공통점

1) 다채로운 표현 효과를 지닌다.

2) 민족의 문화나 사고방식을 파악할 수 있는 우리 고유의 언어문화 자산이다.

3) 두 개 이상의 단어가 모여 만들어졌지만, 그 의미가 특수화되어 하나의 단어와 동일하게 취급된다.

4. 관용어와 속담의 차이점

1) 속담은 민족의 전통 생활 문화와 관련된 이야기를 배경으로 가지고 있다.

2) 완결된 통사 구조와 의미 구조를 갖추었다: 속담은 하나의 서술에 다른 하나의 서술이 결합하여 특별한 효과를 거둔다. '가는 방망이 오는 홍두깨'처럼 두 개의 서술 표현이 오곤 한다.

3) 대체로 속담 속에 구체적이고 일상적인 삶의 교훈이 더 들어가 있다. - 말하고자 하는 내용을

직접적으로 전달하지 않고 상징적으로 전달한다는 점을 주목한 것

5. 관용어 교육 절차: (1) 관용어를 문자 그대로 해석 → (2) 관용적으로 사용될 때의 의미 파악 → (3) 관용어를 활용한 짧은 글짓기

(2) 연어

① 개념: 상호 의존적 기대치를 갖는 단어의 결합 관계.

(예) 새빨간 거짓말, 새까만 후배, 기지개를 켜다, 떼를 쓰다

② 선호와 제약:

가. 예측 가능성: 기대되는 어휘. (예) 떼를 (쓰다/부리다/*하다/*드러내다)

나. 의미적 제약(공기 제약)

가) 연어 제약: 관습적 제약.

(예) {두꺼운/두터운} 옷, {*두꺼운/두터운} 우정

나) 선택 제약: 문장의 구성 단위 간에 선호되는 제약.

(예) *우리 고모는 노총각이다. *우리는 밥을 마신다.

〈참고〉 관용구, 연어, 일반구(민현식, 2003)

구분		관용구		연어	일반구
		전체 관용구	부분 관용구(상용구)		
특징		추상적 의미		축자적(문자적) 의미	
		전체 추상 (전체가 추상적 의미화)	부분 추상 (일부만 추상적 의미화)	요소간 선택 제약 (요소간 상호 제약)	요소간 선택 무제약 (요소간 자유 교체)
의미의 구조		A+B=C	(1) Aa+B=AaB, (2) A+Bb=ABb	A+B=AB	A+B=AB
의미의 투명성		불투명	반투명	투명(축자적)	투명(축자적)
비유성		有	有無	無	無
분석		불가능	가능	가능	가능
구성 요소 대치		제약	반제약	반제약	자유 대치
통사제약		强	弱	無	無
용례	체언-용언구	눈을 감다2(死) 비행기 태우다(讚)	(1) <u>손이</u> 크다 <u>쑥대밭이</u> 되다	기대를 걸다 기지개 켜다	눈을 감다1 눈을 뜨다

		바가지 긁다 시치미 떼다 욕을 보다(苦, 强姦) 갈림길에 서다(決) 못을 박다2(心傷/定)	기선을 잡다 탈이 나다 (2) 속이 없다 더위 먹다 마음을 놓다	떼를 쓰다 배가 고프다 감기 걸리다 몸부림을 치다 손뼉을 치다	미역국 먹다1 밥 먹다 국수 먹다1 기차 타다 못을 박다1
	체언구	*	*	막다른 골목 선풍적 인기	좁은 골목 치솟는 인기
	부사구	*	*	결코 ...일 수 없다 ...에도 불구하고	결연히 일어섰다 ...에도 간다

(3) 동음 관계

① 개념: 둘 이상의 단어가 서로 다른 의미를 가지면서도 우연히 음성 형식이 동일한 단어 사이의 관계. 동음이의어는 사전에서 서로 다른 표제어로 등재되며 어깨번호가 붙어 있다.

(예) 쓰다01: 붓, 연필과 같이 선을 그을 수 있는 도구로 종이 따위에 획을 그어서 일정한 글자의 모양이 이루어지다.

쓰다02: 모자 따위를 머리에 얹어 덮다.

쓰다03: 어떤 일을 하는 데에 재료나 도구, 수단을 이용하다.

쓰다04: 시체를 묻고 무덤을 만들다.

쓰다05: 장기나 윷놀이 따위에서 말을 규정대로 옮겨 놓다.

쓰다06: 혀로 느끼는 맛이 한약이나 소태, 씀바귀의 맛과 같다.

② 동음이의어의 형성

가. 언어 기호의 자의성

나. 음운 변화. (예) 쓰다(〈쓰다[用, 冠]):쓰다[書]

다. 다의어의 재해석. (예)

라. 외래어의 유입. (예) 가로[橫]:가로(街路), 북[鼓]:북(book)

마. 줄임말 신어의 생성. (예) 직구(直球):직구[직접 구매]

(4) 다의 관계

① 개념: 한 단어가 서로 유연성을 지닌 둘 이상의 의미 항목을 가지고 있을 때, 의미 항목들 간의 관계. 다의어는 둘 이상의 의미 항목을 가지는 단어. 사전에서는 하나의 표제어 밑에 뜻풀이를 하되, 뜻풀이 번호를 붙이고 있다.

(예) 먹다: ㉠ 음식 따위를 입을 통하여 배 속에 들여보내다. ㉡ 담배나 아편 따위를 피우다. ㉢ 연기나 가스 따위를 들이마시다. ㉣ 어떤 마음이나 감정을 품다. ㉤ 일정한 나이에 이르거나 나이를 더하다. ㉥ 겁, 충격 따위를 느끼게 되다. ㉦ 욕, 핀잔 따위를 듣거나 당하다.

② 다의어의 특성

가. 다의어는 관련된 '의의'를 대표하는 '중심 의미(원형 의미)'와 이에 대응하는 '주변 의미(확장 의미)'로 구성된다. 다의어의 중심 의미와 주변 의미는 비대칭적이며, 중심 의미가 주변 의미에 비해 구체적이고, 인지적 · 구조적 · 빈도적 측면에서 우월성을 띤다.[33]

사다: ㉠ 과일을 사다.

㉡ 病을 사다. 인심을 사다. 공로를 사다.

팔다: ㉠ 과일을 팔다.

㉡ 양심을 판다. 한눈을 팔다. 아버지의 이름을 판다.

'사다'와 '팔다'에서 각각 '㉠'은 중심 의미이고, '㉡'은 주변 의미이다. 그런데 중심 의미로 사용될 때에는 구체적인 상품에 대한 상거래 행위의 의미를 표시하고, '사다'와 '팔다' 사이에 반의 관계가 성립하지만, 주변 의미로 쓰일 때에는 그렇지 않다.

나. 인지적 측면: 중심 의미는 주변 의미에 비해 언어 습득이나 학습의 시기가 빠르며, 우리 머릿속에 뚜렷이 각인됨으로써 일상 언어생활에서 더 쉽게 이해되고 연상된다. 반면에, 주변 의미로 사용되는 경우에는 구체적인 상품을 대상으로 하는 상거래가 아니므로 중심 의미와의 연관성을 맺기가 쉽지 않다.

---

33) 다의어의 의미 확장 양상(중심 의미 기준) (임지룡 외, 2010:199)

① '사람 → 동물 → 식물 → 무생물' (예) 눈: ㉠ 그는 눈이 크다. ㉡ 게 눈 ㉢ 새싹의 눈 ㉣ 그물 · 저울 · 바둑판의 눈

② '공간 → 시간 → 추상' (예) 깊다: ㉠ 계곡이 깊다 ㉡ 밤이 깊다 ㉢ 인연이 깊다.

③ '물리적 → 사회적 → 심리적' (예) 있다: ㉠ 그는 방에 있다. ㉡ 그는 회사에 있다 ㉢ 그 눈동자 입술은 내 가슴에 있다.

④ '문자성 → 비유성 → 관용성' (예) 짧다: ㉠ 토끼는 앞발이 짧다. ㉡ 그는 실력이 짧다. ㉢ 우리 집 양반은 입이 짧다.

⑤ '내용어 → 기능어' (예) 주다: ㉠ 닭에게 모이를 준다. ㉡ 그의 등을 두들겨 주었다.

다. 구조적 측면: 중심 의미로 쓰일 경우 '사다, 팔다'는 통사적 제약이 없으나 주변 의미로 쓰일 경우는 제약을 지녀서 가격 표시나 장소, '(비)싸게, (잘)잘못' 등의 평가 부사어의 꾸밈을 받을 수 없다.

(예) {과일/?인심/?한눈}을 {오천 원에/시장에서/싸게/비싸게/잘/잘못} {샀다/팔았다}.

라. 빈도적 측면: 중심 의미는 주변 의미에 비해 사용 빈도가 높다.

[동음이의 현상을 활용한 웃음 유발]

(가) 넌 이게 물로 보이니? / 날 물로 보지마! -○○회사의 음료수 광고 문구

(나) 난 지성으로 뭉쳤다. / 난 건성으로 살았다. -○○회사의 화장품 광고 문구

(다) 야옹이가 곰돌이네 집에 놀러 갔습니다. 곰돌이는 컴퓨터를 이용하여 숙제를 하고 있는 중이었습니다. 곰돌이가 숙제를 다 하고 저장을 할 때 보니 문서 이름이 모두 '뻐꾸기', '종달새', '독수리' 같은 새 이름이었습니다. 그러더니 이번에는 '참새'라고 저장을 하는 것이었습니다. 야옹이는 너무 궁금해서 왜 그런 새 이름으로 저장을 하느냐고 물었습니다. 그랬더니 곰돌이가 이렇게 말하였습니다.

"컴퓨터에서 새 이름으로 저장하라고 하잖아."

예문 (가)와 (나)는 모두 동음이의 현상을 이용하여 웃음을 유발하는 예이다. '난 지성으로 뭉쳤다. 난 건성으로 살았다.'에서 '지성으로 뭉쳤다'는 '지적으로 매우 우수하다'는 뜻이 아니라 '피부에 기름기가 많다'는 의미이며, '건성으로 살았다'는 '일을 성의 없이 대충하며 살았다'라는 뜻이 아니라, '피부에 수분이 적다'는 의미이다. 이들은 동음이의어를 활용하여 말의 묘미와 신선함을 제공하는 사례이다. 즉 지성과 건성이 각기 '지적 능력[知性]'과 '기름기가 많은 성질[脂性]', '일을 성의 없이 대충함'과 '수분이 적은 성질[乾性]'을 의미하는 동음이의어로서, 이들의 의미를 복합적으로 활용하여 신선한 표현을 만들어 낸 것이다.

한편, '새'는 '새롭다'라는 뜻의 관형사와 '날아다니는 동물'이라는 뜻의 명사가 있는데, 예문 (다)에서 '새 이름'의 '새'는 전자로 쓰인 경우이다. 이 둘을 혼동하여 사용함으로써 웃음이 유발되었다. 이처럼 동음이의어는 일상생활의 피곤함을 웃음으로 바꾸어 주는 해학과 풍자에 주로 쓰인다. 다만 '날 물로 보지마.'는 겉으로는 '물'의 사전적 의미를 드러내면서도 동시에 물과 같이 '하는 짓이 싱겁고 야무지지 못한 사람'이라는 함축적 의미를 내포하고 있으므로, 동음이의 현상이라기보다는 단어의 함축적 의미를 활용한 것으로 설명할 수 있다. [지도서]

3.2.6. 외래어 표기법

· 외래어를 우리말로 적는 규정으로, 국어 생활을 하는 가운데 외래어를 통일되게 표기하기 위한 방법이다.

※ 외래어 표기법은 외국어 발음을 그대로 옮겨 적기 위한 방법이 아니다.

· 외래어는 우리말의 일부이기 때문에 그 발음이나 표기법은 우리말의 음운 체계 및 한글 자모의 체계를 따르되, 원어가 외국어이기 때문에 가능하면 원어의 발음에 가깝게 적어야 한다. 'strip [strɪp], father [fɑːðə(r)], milk [mɪlk]'를 각각 '스트립, 파더, 밀크'로 적는 것은 우리말의 음운 체계를 따르되, 원음에 가깝도록 적은 것이며, '리본(ribbon), 라조기[辣子鷄]'를 두음 법칙에 어긋나게 적은 것은 국어의 음운 체계보다는 원어의 발음에 가깝게 적은 예이다.

1. 표기의 기본 원칙

1) 외래어 표기의 원리

※ 어문 규범을 지켜야 하는 이유

· 언어 규범은 언어 공동체의 구성원 누구나 지켜야 할 사회적 약속이다.

· 언어 공동체 구성원 간의 원활한 의사소통을 위해서 언어 규범을 지켜야 한다.

· 규범을 준수하지 않으면 학업 성취에 애로가 많다.

제 1 항 외래어는 국어의 현용 24 자모만으로 적는다. 최대한 원음을 살려 표기하되, 현용 한글 자모만으로 표기한다.

제 2 항 외래어의 1 음운은 원칙적으로 1 기호로 적는다.

ㄱ. f:ㅍ → fighting 파이팅/*화이팅, film 필름

ㄴ. p:ㅍ, ㅂ → pulp 펄프, shop 숍

제 3 항 받침에는 'ㄱ, ㄴ, ㄹ, ㅁ, ㅂ, ㅅ, ㅇ'만을 쓴다.

국어는 음절말 위치에서 7개의 자음만을 허용하는 강력한 제약을 갖는다. 따라서 이 제약이 없거나 약한 언어로부터 들어오는 외래어는 발음상 원어와 달라질 수밖에 없다. 그런데 한글 맞춤법과 외래어 표기법이 다른 점은, 국어에서는 이 7개 외의 자음이 모음

앞에서는 제 소리값으로 발음되기 때문에 표기에서는 모든 자음을 적어주기로 한 반면, 외래어는 어떤 경우에도 받침소리는 7개 중 하나로만 발음되기 때문에 표기에서도 7개 자음만으로 적는다. 다만, 외래어 표기에서는 7개 자음 중 'ㄷ'은 쓰이지 않고 대신 'ㅅ'이 쓰이는데, 그 이유는 'robot이다 → [로보시다]', 'internet이 → [인터네시]'에서 보는 것처럼 받침소리 't'이 모음으로 시작하는 형식 형태소와 결합할 때, 'ㅅ'으로 발음되기 때문이다.

제 4 항 파열음 표기에는 된소리를 쓰지 않는 것을 원칙으로 한다.

무성음과 유성음의 두 계열로 된 외국어의 파열음이 평음, 경음, 유기음의 세 계열을 가진 국어에 수용되는 양상은 일관적이지 않다. 따라서 유・무성 대립이 있는 언어의 파열음을 한글로 표기할 때에는 경음 글자인 'ㄲ, ㄸ, ㅃ'을 쓰지 않기로 하는 대신, 유성 파열음은 평음 글자 'ㄱ, ㄷ, ㅂ'으로 표기하고, 무성 파열음은 유기음 글자 'ㅋ, ㅌ, ㅍ'으로 적기로 정했다. 음운론적으로 외국어의 무성 파열음에 가장 가까운 것은 국어의 평음 계열이라는 이유로 무성 파열음을 평음 글자로 표기하면 외국어의 유성음을 표기할 글자가 없어지는 결과를 초래한다.

이 규정은 파열음 외에 마찰음, 파찰음에도 확대 적용한다. 따라서 외래어 표기에는 된소리 표기를 하지 않는다.

예외) 짜장, 짬뽕, 빼라, 껌, 빨치산, 히로뽕 등(이미 굳어진 외래어는 관용을 존중한다. 제5항).

제 5 항 이미 굳어진 외래어는 관용을 존중하되, 그 범위와 용례는 따로 정한다.

외래어 표기를 너무 엄격하게 적용하면 오래 전에 들어와 보편화된 외래어의 경우 현실과 동떨어진 표기가 될 수 있다는 점을 고려한 규정이다.

(예) radio *레이디오/라디오, model *모들/모델, camera는 *캐머러/카메라

기타1: 파찰음 'ㅈ/ㅊ'이 yV와 결합할 경우 'ㅈ/ㅊ+V'로 적는다.

(예) juice *쥬스/주스, vision *비젼/비전, joint *죠인트/조인트

기타2: sh[ʃ]는 뒤따르는 모음과 합쳐서 '샤, 섀, 셔, 셰, 쇼, 슈, 시'로 적어야 한다. 어말에서는 '잉글리시, 플래시'처럼 '시'로, 자음 앞에서는 '아인슈타인'처럼 '슈'로 각각 적는다.

2) 외래어 표기의 실제[34]

34) 임동훈(2003)과 임성규(2008)을 참고함.

file: 파일/*화일. [f]를 'ㅍ'으로 표기하느냐, '후'으로 표기하느냐 하는 문제. [f]를 '후'로 표기하면 golf, France를 '골후, 후랑스'로, fan, coffee를 '환, 코휘'로 표기해야 하는 문제가 있음.

battery: 배터리/*빠떼리. 파열음 표기에는 된소리를 쓰지 않음. 백미러, 버스, 달러, 가스, 파리, 르포, 팬츠, 모차르트, 카페, 콩트, 사인, 서클, 서비스, 사우나, 자장면, 잼, 재즈, 자스민.

Cannes: 칸/*칸느/*깐느

encore: 앙코르/*앵콜/*앙콜

coffee shop: 커피숍/*커피숖/*커피샾. 'coffee shop이'는 [커피쇼비]/ *[커피쇼피].

diskette: 디스켓/*디스켙. 'diskette이'는 [디스케시]로 발음하지 [디스케티]로 발음하지 않음.

juice: 주스/*쥬스. 국어에서 'ㅈ'은 구개음이므로 '주/쥬, 저/져' 등으로 구별하여 적지 않고 '주, 저'로 통일하여 적는다.(vision을 '비전'으로 적는 사실 참조). 다만 준말임을 표기할 때에는 '져' 등의 표기를 인정함. '가지어→가져' 참조.

boat: 보트/*보우트. [ou]는 '오'로 적음. 따라서 window도 '윈도우'가 아니라 '윈도'로 적음. 노트, 볼링

towel: 타월. [auə]는 '아워'로 적음.

Greece: 그리스/*그리이스. 국어와 마찬가지로 외국어도 장음 표기를 따로 하지 않음. team이 '티임'이 아니라 '팀'으로 적듯이 Greece도 '그리이스'가 아니라 '그리스'로 적음. 유머, 앙케트, 베토벤, 터키

leadership: 리더십/*리더쉽. 영어에서 어말의 [ʃ]은 '쉬'가 아니라 '시'로 적음. 그러나 프랑스어나 독일어에서는 어말의 [ʃ]를 '슈'로 적는다. Mensch '멘슈', manche '망슈' 참조.

interchange: 인터체인지/*인터췌인지, [ʧ], [ʤ]는 '치, 지'로 적음.

service: 서비스/*써비스. 소리대로 적는다면 '써비쓰'로 적어야 하나 이는 비경제적 표기이다.

cake: 케이크/*케익/*케잌. 장음이나 이중 모음 뒤에서는 무성음을 받침으로 적지 않는다. 파트-타임

doughnut: 도넛/*도너츠. 짧은 모음 뒤의 어말 무성 파열음은 받침으로 적고, 그 외의

소리는 '으'를 붙여 적는다. 이때 받침은 7개만 쓴다. 디스켓, 로켓, 랩(lab), 마르크스

net: 네트/*넷트. 끝소리 자음이 받침으로 소리가 나는 경우가 있으나 그 받침을 적지 않는다. 도트, 피자, 로커(locker)

blues: 블루스/*브루스. 어말 또는 자음 앞의 [l]은 받침으로 적지만(호텔), 어중의 [l]이 모음 앞에 오거나, 모음이 따르지 않는 비음([m, n]) 앞에 올 때에는 'ㄹㄹ'로 적는다. 텔레비전, 슬라이드, 멜로디, 블라인드, 팔레트. 단, '오르간'(organ)은 [r]이어서 '르'로 적는다.

lipstick: 립스틱/*리프스틱. 복합어는 그것을 구성하고 있는 말이 단독으로 쓰일 때의 표기대로 적는다. 메이크업, 선글라스, 하이라이트, 핸드백, 사인펜, 서머타임, 스노 타이어.

trot: 트로트/*트롯. 영어에서 짧은 모음 뒤에 오는 무성음은 받침으로 적는 것이 원칙이나 관용이 뚜렷한 말은 관용을 존중하여 적는다. 따라서 '트로트'가 맞음.

鄧小平: 덩샤오핑/*등소평. 중국 인명은 과거인[신해혁명(1911) 이전에 죽은 사람]과 현대인을 구분하여 과거인은 종전대로 우리 한자음으로 표기하고 현대인은 원칙적으로 원음대로 중국어 표기법에 따라 표기하되 필요한 경우 한자를 병기한다. 다만, 현대인리라 하더라도 '모택동, 장개석'과 같은 표기는 허용할 수 있다. 일본 인명과 지명은 모두 원음대로 적는다. 공자(孔子), 마오쩌둥/모택동(毛澤東), 지지통신(時事通信), 도요토미 히데요시, 다나카, 나리타 공항(成田 공항)

東京: 도쿄/*토쿄/*토오쿄오/동경. 중국 및 일본의 지명 가운데 우리 한자음으로 읽는 관용이 있는 것은 두 가지 표기를 다 인정한다. 상하이/상해, 타이완/대만.

기타: 데이터, 뉘앙스, 로터리, 새시, 센 강, 터미널, 카메라, 비즈니스, 코미디, 휠(wheel), 판타지. 배지(←*뱃지), 액세서리(←*악세서리), 터부(←*타부), 알코올(←*알콜), 뷔페(←*부페), 데뷔(←*데뷰), 깁스(←*기부스), 초콜릿(←*초콜렛), 메시지(←*메세지), 로켓(←*로케트), 호르몬(←*홀몬), 매머드(←*맘모스), 포털 사이트(←*포탈 싸이트), 카페(←*까페), 콩트(←*꽁트)

3.2.7. 국어의 로마자 표기법(2000년 개정안)

· 외국인이 국어 어휘나 지명, 인명 등을 국어 음에 가깝게 읽거나 발음하는 것을

도와주기 위해 마련한 표기 체계의 원칙을 정한 규정.
· 로마자를 이용한 국어 음운의 표기법

1. 표기의 기본 원칙

제1항 국어의 로마자 표기는 국어의 표준 발음법에 따라 적는 것을 원칙으로 한다.

① 전자법(轉字法): 국어 단어의 글자대로 적는 법. 쓰기에 편리하고 로마자 표기를 다시 한글 표기로 복원하기도 쉽다. 그러나 외국인이 국어 원음에 가깝게 발음할 수 없다는 단점이 있다. (예) 독립문: Doklibmun, 꽃: kkoch

② 전음법(轉音法) 또는 표음법, 전사법: 표준 발음을 로마자로 옮기는 법. 현 규정에 적용. 외국인이 국어에 가깝게 발음하기가 쉽다. 그러나 원래의 한글 표기로 복원하기가 어렵고 음운 변동까지 반영해서 표기하기가 쉽지 않다.
(예) 독립문 Dongnimmun, 꽃 kkot

※ 현행 표기법에서는 로마자 표기의 일반적인 목적이 인명, 지명, 상호 등 주로 고유 명사를 표기하는 데 있다고 보아, 외국인들이 읽기에 편리하도록 전음법 방식을 택하였다.

제2항 로마자 이외의 부호는 되도록 사용하지 않는다.

2. 표기 일람

제1항 모음은 다음 각 호와 같이 적는다.

단모음										이중 모음										
ㅏ	ㅓ	ㅗ	ㅜ	ㅡ	ㅣ	ㅐ	ㅔ	ㅚ	ㅟ	ㅑ	ㅕ	ㅛ	ㅠ	ㅒ	ㅖ	ㅘ	ㅙ	ㅝ	ㅞ	ㅢ
a	eo	o	u	eu	i	ae	e	oe	wi	ya	yeo	yo	yu	yae	ye	wa	wae	wo	we	ui

[붙임 1] 'ㅢ'는 'ㅣ'로 소리 나더라도 'ui'로 적는다. (예) 광희문 Gwanghuimun
[붙임 2] 장모음의 표기는 따로 하지 않는다.

제2항 자음은 다음과 같이 적는다.

ㄱ	ㄲ	ㅋ	ㄷ	ㄸ	ㅌ	ㅂ	ㅃ	ㅍ	ㅈ	ㅉ	ㅊ	ㅅ	ㅆ	ㅎ	ㅅ	ㅆ	ㅎ	ㄴ	ㅁ	ㅇ	ㄹ
g,k	kk	k	d,t	tt	t	b,p	pp	p	j	jj	ch	s	ss	h	s	ss	h	n	m	ng	r,l

[붙임 1] 'ㄱ, ㄷ, ㅂ'은 모음 앞에서는 'g, d, b'로, 자음 앞이나 어말에서는 'k, t, p'로 적는다. ([ ] 안의 발음에 따라 표기함.)

구미 Gumi　영동 Yeongdong　백암 Baegam

옥천 Okcheon　합덕 Hapdeok　호법 Hobeop

월곶[월곧] Wolgot　벚꽃[벋꼳] beotkkot　한밭[한반] Hanbat

[붙임 2] 'ㄹ'은 모음 앞에서는 'r'로, 자음 앞이나 어말에서는 'l'로 적는다. 단, 'ㄹㄹ'은 'll'로 적는다.

구리 Guri　칠곡 Chilgok　임실 Imsil　대관령[대괄령] Daegwallyeong

3. 표기상의 유의점

제1항 음운 변화가 일어날 때에는 변화의 결과에 따라 다음 각 호와 같이 적는다.

1. 자음 사이에서 동화 작용이 일어나는 경우: 백마[뱅마] Baengma, 신라[실라] Silla
2. 'ㄴ, ㄹ'이 덧나는 경우: 학여울[항녀울] Hangnyeoul　알약[알략] allyak
3. 구개음화가 되는 경우: 해돋이[해도지] haedoji　같이[가치] gachi
4. 'ㄱ, ㄷ, ㅂ, ㅈ'이 'ㅎ'과 합하여 거센소리로 소리 나는 경우

좋고[조코] joko　놓다[노타] nota　잡혀[자펴] japyeo　낳지[나치] nachi

다만, 체언에서 'ㄱ, ㄷ, ㅂ' 뒤에 'ㅎ'이 따를 때에는 'ㅎ'을 밝혀 적는다.

묵호 Mukho　집현전 Jiphyeonjeon

[붙임] 된소리되기는 표기에 반영하지 않는다.

압구정 Apgujeong, 낙동강 Nakdonggang, 팔당 Paldang, 샛별 saetbyeol

제2항 발음상 혼동의 우려가 있을 때에는 음절 사이에 붙임표(-)를 쓸 수 있다.

중앙 Jung-ang　반구대 Ban-gudae　세운 Se-un　해운대 Hae-undae

제3항 고유 명사는 첫 글자를 대문자로 적는다.　부산 Busan

제4항 인명은 성과 이름의 순서로 띄어 쓴다. 이름은 붙여 쓰는 것을 원칙으로 하되

음절 사이에 붙임표(-)를 쓰는 것을 허용한다. [( )안의 표기를 허용함.]

1. 이름에서 일어나는 음운 변화는 표기에 반영하지 않는다.

한복남 Han Boknam (Han Bok-nam) 홍빛나 Hong Bitna (Hong Bit-na)

2. 성의 표기는 따로 정한다.

제5항 '도, 시, 군, 구, 읍, 면, 리, 동'의 행정 구역 단위와 '가'는 각각 'do, si, gun, gu, eup, myeon, ri, dong, ga'로 적고, 그 앞에는 붙임표(-)를 넣는다. 붙임표(-) 앞뒤에서 일어나는 음운 변화는 표기에 반영하지 않는다.

제주도 Jeju-do, 의정부시 Uijeongbu-si, 양주군 Yangju-gun,
봉천1동 Bongcheon 1(il)-dong, 종로 2가 Jongno 2(i)-ga

[붙임] '시, 군, 읍'의 행정 구역 단위는 생략할 수 있다.

청주시 Cheongju 함평군 Hampyeong 순창읍 Sunchang

제6항 자연 지물명, 문화재명, 인공 축조물명은 붙임표(-) 없이 붙여 쓴다.

남산 Namsan 금강 Geumgang 독도 Dokdo
경복궁 Gyeongbokgung 불국사 Bulguksa 독립문 Dongnimmun
종묘 Jongmyo 다보탑 Dabotap

제7항 인명, 회사명, 단체명 등은 그동안 써 온 표기를 쓸 수 있다.

제8항 학술 연구 논문 등 특수 분야에서 한글 복원을 전제로 표기할 경우에는 한글 표기를 대상으로 적는다. 이때 글자 대응은 제2장을 따르되 'ㄱ, ㄷ, ㅂ, ㄹ'은 'g, d, b, l'로만 적는다. 음가 없는 'ㅇ'은 붙임표(-)로 표기하되 어두에서는 생략하는 것을 원칙으로 한다. 기타 분절의 필요가 있을 때에도 붙임표(-)를 쓴다. ※ 전자법 체계를 따른다.

집 jib 짚 jip 밖 bakk 값 gabs
붓꽃 buskkoch 먹는 meogneun 독립 doglib 문리 munli
물엿 mul-yeos 굳이 gud-i 없었습니다 eobs-eoss-seubnida

[음역 표기와 의역 표기의 장단점]

· 한글(훈민정음): Hangeul(Hunminjeongeum) / The Korean Alphabet

· 김치, 불고기: Gimchi/Korean Pickles, Bulgogi / The Sliced Barbecued Beef

· 판소리: Pansori / The Korean Narrative Musical

(1) 음역 표기

장점: 실제 우리가 사용하는 대로 표시하므로 정확한 의사소통이 가능하다.

우리의 고유 명사를 그대로 사용하여 우리 문화를 잘 드러낼 수 있다.

단점: 이름만 듣고는 구체적으로 지시하는 사물이 무엇인지 알기 어렵다.

(2) 의역 표기

장점: 지시하는 사물이 무엇인지 쉽게 알 수 있다.

단점: 실제 통용되어 불리는 이름과 달라 의사소통에 어려운 점이 있다.

[지도서, p.317]

연습문제

1. 다음 예문을 형태소 분석하고 종류에 따라 분류하시오.

※ 자립 형태소, 의존 형태소, 실질 형태소, 형식 형태소

예문: 전봇대에 참새가 앉을 수 있을까?

2. 〈보기〉의 글을 보고 물음에 답하시오.

〈보기〉

아차! 이때에야 문득 생각이 난 것이다. 난초를 뜰에 내놓은 채 온 것이다. 모처럼 보인 찬란한 햇볕이 돌연 원망스러워졌다. 뜨거운 햇볕에 늘어져 있을 난초 잎이 눈에 아른거려 더 지체할 수가 없었다. 허둥지둥 그 길로 돌아왔다. 아니나 다를까, 잎은 축 늘어져 있었다. 안타까워 안타까워하며 샘물을 길어다 축여 주고 했더니 겨우 고개를 들었다. 하지만 어딘지 생생한 기운이 빠져 버린 것 같았다. 〈법정, 무소유〉

1) 이 글에 쓰인 단어들을 학교 문법의 체계에 따라 품사를 분류하시오.
2) 국어의 어미 분류 체계를 표로 제시하고 〈보기〉에서 어미들을 찾아 배치하시오.

3. 품사 처리와 관련하여 〈보기〉에 쓰인 '있다'의 차이를 설명하시오.

※ 'ㄱ'은 '소유'의 의미로 형용사처럼 활용하며 높임말은 '있으시다'. 'ㄴ'은 '소재'의 의미로 동사처럼 활용, 높임말은 동사 '계시다'.

〈보기〉

ㄱ. 할아버지는 차비가 있다(*있는다/*있는구나/*있어라/*있자/있으시다)

ㄴ. 할아버지는 요즘 지방에 있다(있는다/있는구나/있어라/있자/계시다)

4. 밑줄 친 '다른'의 품사와 그 근거를 말하시오. ※ 서술성, 생략 가능성

〈보기〉

ㄱ. 그는 나와 다른 생각을 하고 있다.

ㄴ. 나는 다른 생각을 하느라 그 얘기를 듣지 못했다.

5. 밑줄 친 '과/와'의 차이점을 설명하시오. ※ 접속 조사, (동반)부사격 조사

〈보기〉

ㄱ. 다혜는 늘 대성이와 함께 다닌다.

ㄴ. 사라는 볼펜과 연필을 샀다.

6. 〈보기〉에서 밑줄 친 '은/는'과 '이/가'의 의미 차이를 설명하시오.

※ 신정보와 구정보

〈보기〉

나에게 최근 발간된 소설책이 있는데, 그 책은 어떤 책이겠니?

7. 국어의 단어 형성법은 (ㄱ)과 같이 나타낼 수 있고, 단어의 예는 (ㄴ)과 같다. 각 물음에 답하시오.

ㄱ. 단어
- ㉠ 단일어
- ㉡ 복합어
  - ㉢파생어
    - ㉤ 접두 파생어
    - ㉥ 접미 파생어
  - ㉣ 합성어
    - ㉦ 통사적합성어
    - ㉧ 비통사적합성어

ㄴ. 주검, 차마, 하늘, 꽃답다, 물결, 올벼, 수컷, 날벼락, 가위질, 검푸르다, 촐랑새, 독서, 어린이, 본받다, 힘들다, 낯설다, 남부끄럽다

ㄷ. 목걸이:목거리, 놀음:노름, 걸음:거름

1) ㉠ - ⓞ 각각에 대하여 구성 방식을 설명하시오.

2) (ㄴ)의 예를 ㉠, ㉤, ㉥, ㉦, ⓞ에 맞게 분류하시오.

3) (ㄷ)에서 표기법의 차이를 설명하시오. ※ 규칙적 접미사와 불규칙적 접미사의 표기

8. 〈보기〉의 밑줄 친 합성어와 구의 판단 기준을 말하고, 사전에 등재 여부, 띄어쓰기와 관련하여 설명하시오.

※ ㄱ: 본용언+보조 용언, ㄴ: 본용언+본용언, ㄷ: 합성동사. 분리 가능성, 의미의 변화 등

〈보기〉

ㄱ. 태풍이 마을을 쓸어 버렸다. / *태풍이 마을을 쓸어서 버렸다.

ㄴ. 기은이가 책을 들고 간다. / 기은이가 책을 들고서 간다.

ㄷ. 보영이가 집에 들어간다. / *보영이가 집에 들어서 간다.

9. 관용어와 속담의 공통점과 차이점을 간단히 서술하시오.

10. 다음 자료를 참고하여 물음에 답하시오.

〈자료〉

(1) ㉠ 언어적 의사소통에서 핵심적 의미. 감정 가치나 문맥적 쓰임이 배제된 의미.

㉡ 개념적 의미에 덧붙은 전달 가치로서, 주변적, 가변적, 개방적 특성을 지닌 의미.

㉢ 언어가 사용되는 사회적 변인이 반영된 의미.

㉣ 언어 표현에서 화자의 감정이나 태도가 부가된 의미.

㉤ 동일한 지시 대상에 대한 둘 이상의 언어 표현에서 개념적 의미는 동일하지만 어감이 다른 의미.

㉥ 어떤 단어가 다른 단어와 함께 놓이는 방식에 따라 특징적인 모습으로 실현되는 의미.

㉦ 화자나 필자에 의해 의도된 의미. 흔히 억양이나 어순 교체를 통해 실현된다.

(2) ⓐ 사회적 의미, ⓑ 연어적 의미, ⓒ 내포적 의미, ⓓ 정서적 의미, ⓔ 개념적 의미, ⓕ 주제적 의미, ⓖ 반사적 의미

(3) ① 동해:일본해, 잘 한다!:잘~ 한다. ② 변소:화장실, 인민:동무 ③ 지난해까지 스포티한 룩이 강세를 보였으나 올해부터는 보다 페미닌하고 내추럴한 스타일이 강세다. ④ 나 하늘로 돌아가리라./ 새벽빛 닿으면 스러지는/ 이슬 더불어 손에 손 잡고.〈천상병, 귀천〉 ⑤ 손을 다쳐서 물건을 잡지 못한다. ⑥ 진한 커피/ 진한 색깔/ 진한 사랑 ⑦ 사냥꾼이 사슴을 쫓는다. - 사슴이 사냥꾼에게 쫓긴다.

(4) (ㄱ) 틈 / 겨를, (ㄴ) 다르다 / 틀리다, (ㄷ) 개울 / 시내

(5) ㄱ. 수희가 보고 싶은 친구들이 많다.
ㄴ. 남편은 아내보다 낚시를 더 좋아한다.
ㄷ. 정화는 어제 고향에서 온 친구를 만났다.
ㄹ. 학생들이 다 출석하지 않았다.
ㅁ. 그때 윤지는 모자를 쓰고 있었다.

1) (1) - (3)은 의미의 종류에 대한 설명과 명칭, 예들로 구성되어 있다. 이것들을 다음 표 속에 채워 넣으시오.

(1) 개념	(2) 의미의 종류	(3) 예
㉠		
㉡		
㉢		
㉣		
㉤		
㉥		
㉦		

2) (4)의 (ㄱ)-(ㄷ)의 유의어 짝들의 의미를 검증하는 방법에 대하여 서술하시오.

※ 교체, 반의어, 배열

3) (5)의 문장들이 보이는 중의성의 원인을 지적하고 중의성을 해소할 수 있는 방안에 대하여 서술하시오.

11. 다음 자료를 이용하여 현대 국어와 중세 국어 맞춤법의 원리를 설명하시오.

※ 표의적 표기법과 표음적 표기법

〈보기〉

가. 그 저•긧 燈照王•이 普光佛•을 請•ᄒᆞᅀᆞ•바 供養•호리•라 •ᄒᆞ야 나•라•해 出令•호•ᄃᆡ :됴ᄒᆞᆫ 고•ᄌᆞ란 •ᄑᆞ•디 :말•오 :다 王•씌 가•져오•라 善慧 드르•시•고 츠기 너•겨 곳 잇ᄂᆞᆫ •짜•ᄒᆞᆯ ᄀᆞᆮ•가 •가•시다가 俱夷•ᄅᆞᆯ 맛•나시•니 〈월인석보 1:9〉

나. 福•과 •힘•과•ᄂᆞᆫ 하•ᄂᆞᆯ•콰 •ᄀᆞ토•ᄃᆡ 하•■ :힝•뎌•기 :업스니 〈월인석보 1:14〉

다. 묵은 가지에 새잎이 나는 봄비 내리는 날, 말 없이 찻잔에 매화꽃을 한 송이 띄운다.

12. 〈보기 1〉과 〈보기 2〉를 활용하여 '몇날'이 '몇+날'로 분석되듯이, '며칠'도 '몇+일'로 분석될 수 있음에도 불구하고 '몇일'이라고 적지 않고 '며칠'로 적는 이유를 설명하시오. [지도서, p.27]

〈보기 1〉	어원	맞춤법	표준 발음	어원	맞춤법	표준 발음
	꽃+잎	꽃잎	[꼰닙]	사람+을	사람을	[사라믈]
	꽃+이	꽃이	[꼬치]	집+웅	지붕	[지붕]
	앞+일	앞일	[암닐]			

〈보기 2〉 '한글 맞춤법' 제1항 한글 맞춤법은 표준어를 소리대로 적되, 어법에 맞도록 함을 원칙으로 한다.

※ 어원이 불분명한 단어. 음운 과정을 고려한다. '어법에 맞도록'의 의미를 생각할 것.

13. 다음 자료를 활용하여 사이시옷 표기의 원리를 설명하시오.

※ 자료를 분석하여 어떤 조건에서 사이시옷을 표기하는지 살필 것. 예외는 무엇인가?

〈자료〉

(1) 귓밥, 나룻배, 나뭇가지, 바닷가, 선짓국, 전셋집, 콧병

(2) 잇몸, 깻묵, 냇물, 빗물, 곗날, 제삿날, 훗날

(3) 깻잎, 나뭇잎, 댓잎, 예삿일, 훗일

(4) 두 음절로 된 다음 한자어:

곳간(庫間), 셋방(貰房), 숫자(數字), 찻간(車間), 툇간(退間), 횟수(回數)

14. 다음은 외래어 표기법의 규정이다. 제3항과 제4항의 규정이 제정된 이유를 예를 들어 설명하시오.

제3항 받침에는 'ㄱ, ㄴ, ㄹ, ㅁ, ㅂ, ㅅ, ㅇ'만을 쓴다.

제4항 파열음 표기에는 된소리를 쓰지 않는 것을 원칙으로 한다.

※ 국어와 외국어의 음운 체계가 다르다는 점을 고려할 것.

15. '노루오줌'은 '식물의 이름'이라는 뜻으로 국어사전에 올라 있다. 그런데 '짐승 노루의 배설물'이라는 뜻으로는 사전에 올라 있지 않다. 그 이유는 무엇이며, 각각의 경우에 어떻게 띄어 써야 하는지 서술하시오.[교과서]

※ 띄어 쓰면 의미가 어떻게 되는가?

기출문제

1. 다음 자료를 보고 물음에 답하시오. [총 6점] 〈2004〉

(가) 아우 : 얼마든지 이 쪽으로 넘어오세요!
형 : 내가 왜 그 쪽으로 가야 하지?
아우 : 그럼, 저 쪽에서 만납시다.
해설자 : 사람들이 아우가 말한 장소에 모여들었습니다. 모두들 관심 있게 그 장소를 둘러보았습니다.

(나) ① 공로를 높이 사다, 병(病)을 사다, 인심을 사다, 학용품을 사다
② 수박을 팔다, 아버지의 이름을 팔다, 양심을 팔다, 한눈을 팔다

1) (가)는 다음 2가지의 학습 목표를 성취하기 위해 수집한 자료이다. 학습 목표를 완성하고 각각의 구체적인 지도 내용을 쓰시오. [3점]

학습 목표	지도 내용
(1) '이, 그, 저'의 용법 차이를 안다.	
(2)	

2) (나)에서 '사다', '팔다'가 중심적 의미로 사용된 용례를 찾아 쓰고, '사다, 팔다'가 중심적 의미로 사용되었을 때의 의미 특성을 설명하시오. [3점]

〈조건〉 '사다'와 '팔다'의 의미 관계를 고려한 설명을 포함할 것.

·중심적 의미의 용례 :

·의미 특성 :

2. 다음 자료를 보고 물음에 답하시오. [총 4점] 〈2004〉

(가) 그가 성공할 수 있었던 첫째 요인은 노력이었고, 둘째 요인은 체력이었다.

(나) ① 영수는 순희에게 선물을 주었다.

② 물이 얼음이 된다.

1) (가)의 밑줄 친 부분을 조사로 볼 경우, 조사의 갈래를 쓰고 그 갈래에 속한다고 볼 수 있는 근거를 설명하시오. [2점]

2) (나)에 대하여 〈보기〉와 같이 주장하는 학생들이 있다. 이들에게 지도해야 할 내용을 쓰시오. [2점]

〈보기〉

· 학생 A : (나)-①에서 '영수는'이 주어이므로, 밑줄 친 '는'은 주격 조사이다.

· 학생 B : (나)-②에서 주어 '물이'의 '이'와 형태가 같으므로, 밑줄 친 '이'는 주격 조사이다.

·학생 A에 대한 지도 내용(예문 (나)-①을 활용할 것) :

·학생 B에 대한 지도 내용 :

3. 다음 〈보기〉는 보조사 '-은/는'의 특성을 학습하기 위해 모은 자료이다. 자료 번호에 해당하는 구체적인 지도 내용을 쓰시오. [2점] 〈2005〉

〈보기〉

① 학교는 공부하는 곳이야!

② 철수가 국어는 잘 하지만 영어는 좀 못해.

③ 뭐니 뭐니 해도 꽃은 장미가 최고야.

④ 옛날 이야기를 해 주마. *아주 먼 옛날에 나무꾼은 살았어.

* 비문 표시

자료 번호	지도 내용
①, ②	
③	
④	

4. 다음의 밑줄 친 보조적 연결 어미 '-게'는 학교 문법에서 부사형 전성 어미로도 인정되고 있다. '-게'를 부사형 전성 어미로 볼 수 있는 근거를 구체적으로 기술하시오. [2점] 〈2005〉

① 장미꽃이 아름답<u>게</u> 피었다.

② 서쪽 하늘에 저녁놀이 화려하<u>게</u> 물들었다.

5. 〈보기〉 (1)~(3)의 밑줄 친 단어의 품사를 밝히고, 각각의 품사를 구분하기 위해 적용해야 할 기준이 무엇인지 설명하시오. [3점] 〈2006〉

〈보기〉

(1) · 그 사람은 허튼 말을 하고 다닐 사람이 아니다.
· 그는 자기 일 밖의 다른 일에는 관심이 없다.
· 그는 갖은 양념을 넣어 정성껏 음식을 만들었다.
· 사람의 그림자조차 보이지 않는 외딴 집이 나타났다.

(2) 쌍둥이도 성격이 다른 경우가 많다.

(3) 이 문제는 조금 어려운 편에 속한다.

품사 이름	(1)		(2)		(3)	
(1)과 (2)의 품사 구분						
(1)과 (3)의 품사 구분						

6. 서술어의 자릿수에 대한 교수 · 학습을 통해 문장의 성분과 구조에 대한 학습자의 이해를 돕고자 한다. 〈보기〉의 서술어 자릿수 기술 방법을 참조하여 아래의 빈칸을 완성하시오. [3점]〈2006〉

〈보기〉

살다 [살ː—] 〔살아, 사니[사ː—], 사오[사ː—]〕 [동]
① 생명을 지니고 있다.
문형정보 → [1]이 살다.
용 례 → 그는 백 살까지 살았다.
② 어느 곳에 거주하거나 거처하다.
[1]이 [2]에 살다.
고래는 물에 사는 동물이다.
③ 어떤 직분이나 신분의 생활을 하다.
[1]이 [2]을 살다.
그는 교통사고로 2년 형을 살았다.

돌다　　[돌ː—] 〔돌아, 도니[도ː—], 도오[도ː—]〕 [동]

① 물체가 일정한 축을 중심으로 원을 그리면서 움직이다.

문형정보 → (　　　　　　　　　　　　　　)

용　　례 → (　　　　　　　　　　　　　　)

② 어떤 기운이나 빛이 겉으로 나타나다.

문형정보 → (　　　　　　　　　　　　　　)

용　　례 → (　　　　　　　　　　　　　　)

③ 방향을 바꾸다.

문형정보 → (　　　　　　　　　　　　　　)

용　　례 → (　　　　　　　　　　　　　　)

④ 무엇의 주위를 원을 그리면서 움직이다.

문형정보 → (　　　　　　　　　　　　　　)

용　　례 → (　　　　　　　　　　　　　　)

7. "문장 속 단어들의 의미관계를 안다."라는 학습목표와 관련하여 아래 유의어들의 의미 차이를 탐구하려고 한다. 〈보기〉의 방식으로 의미 차이를 밝히시오. [2점] 〈2006〉

〈보기〉

· 날씨 / 연구실이(가) — 덥다

· 난로 / 국이(가)　　— 뜨겁다

(1) 참가하다, 참석하다, 참여하다

(2) 길, 도로

8. 다음은 단어의 짜임새를 탐구하기 위한 자료이다. 밑줄 친 단어들을 학교 문법의 관점에 따라 분류하고, 그 근거를 구체적으로 제시하시오. [2점] 〈2007〉

> ① 오늘은 날씨가 춥다.
> ② 늦잠을 자서 지각을 했다.
> ③ 동생은 지금 뭔가를 생각하고 있다.
> ④ 비가 내리던 어느 가을 저녁이었다.
> ⑤ 갑자기 버섯볶음이 먹고 싶다.
> ⑥ 산에는 나들이 인파로 가득했다.
> ⑦ 한겨울인데도 눈이 오지 않는다.
> ⑧ 아침 해가 눈부시게 떠오른다.

분류	자료 번호	분류의 근거
단일어		
파생어		
합성어		

[9~10] 다음 〈보기〉는 '-음'에 의해 만들어지는 파생 명사와 명사형을 탐구하기 위해 수집한 자료이다. 아래의 물음에 답하시오. 〈2008〉

〈보기〉

파생 명사	묶+음 → 묶음　믿+음 → 믿음　얼+음 → 얼음 울+음 → 울음　웃+음 → 웃음　졸+음 → 졸음 죽+음 → 죽음　**살+음 → 삶**　**알+음 → 앎**
명사형	먹+음 → (…을) 먹음　잡+음 → (…을) 잡음 달+음 → (…을) 닮　만들+음 → (…을) 만듦 흔들+음 → (…을)흔듦　**걷+음 → (…하게) 걸음**

9. 다음은 위의 〈보기〉를 보고 제기한 학생의 의문과, 이를 해결하기 위한 교사의 해결 방안 및 수집 자료이다. 이를 통해 알 수 있는 사실과 타당한 결론을 빈칸에 쓰시오. [4점]

학생의 의문	'살다'와 '알다'의 파생 명사는 왜 나머지와 달리 명사형의 모습인가요?
교사의 해결방안	· 공시적으로 설명하기 어려운 현상은 통시적 관점으로 설명되는 경우가 많으므로 통시적 현상을 살펴본다. ·'삶, 앎'이 예전 시기에 발견되는지 찾고 그 용법을 현대 국어와 비교한다.
교사의 수집자료	◇예전 국어 자료 · 너무 셜워ᄒᆞ야 ᄀᆞᆯ오ᄃᆡ 다ᄆᆞᆺ 그 홀로 <u>살ᄆᆞ로ᄂᆞᆫ</u> 출하리 디하의 가 조촐 거시라 〈동국신속삼강행실도(1617) 열녀도2:52〉 · 범을 그리매 가족은 그려도 뼈 그리기 어렵고 사름을 <u>알매</u> ᄂᆞᆺ촌 아라도 ᄆᆞ음은 아디 못ᄒᆞᆫ다 ᄒᆞᄂᆞ니라 〈박통사언해 (1677) 하:40~41〉
	◇현대 국어 자료 · 진정한 <u>앎</u>이 있어야만 올바른 <u>삶</u>을 살 수 있다.

	근대 국어	현대 국어
'삶, 앎'의 품사		명사
품사 판정의 근거	· 삶: · 앎:	· 삶: · 앎:

결론	현대 국어의 '삶, 앎'은, 현대 국어 시기에 '-음'이 붙어서 파생된 명사가 아니라, 근대 국어 시기의 ＿＿＿＿＿＿이다.

10. 위 〈보기〉의 명사형 '걸음'과 '닮, 만듦, 흔듦' 등의 어형상 차이를 설명하고자 한다. 어형상 '걸음'과 같은 특이성을 보이는 명사형을 예와 같은 방식으로 하나만 더 쓰고, 이들을 통해 알 수 있는 사실을 쓰시오. [2점]

어형의 특이성	명사형에서 어간 말음이 'ㄹ'이면, '닮, 만듦, 흔듦'과 같이 실현되는 일이 일반적인데 '걸음'으로 실현되었다.
이러한 특이성을 보이는 다른 명사형	예 걸음 (걷+음) ·
알 수 있는 사실	

11. 다음은 반의 관계에 대한 학습 자료이다. ㉠과 ㉡에 들어갈 말을 각각 쓰시오,. [2점] 〈2014〉

○두 단어가 하나의 의미 성분에서만 대립할 때 반의 관계가 성립한다.

(예) 가. 장끼: [+(㉠)][+꿩][+새]

나. 까투리: [-(㉠)][+꿩][+새]

○어떤 단어가 (㉡)을/를 가질 때, 일대다(一對多)의 반의 관계가 성립한다.

(예)

벗다	[-착용][+몸통]	↔	[+착용][+몸통]	입다
	[-착용][+머리와 얼굴]		[+착용][+머리와 얼굴]	쓰다
	[-착용][+손]		[+착용][+손]	끼다
	[-착용][+발]		[+착용][+발]	신다

12. 다음 자료를 참고하여 〈보기〉와 같이 접미 파생어의 특징을 정리하고자 한다. ㉠과 ㉡에 들어갈 말을 각각 쓰시오. [2점] 〈2014〉

(1) 멋쟁이, 바가지, 불그스름하다, ⓐ 잡히다

(2) 먹이, 얼음, ⓑ 높이다, 정답다

<보기>

○자료 (1)과 (2)를 통해 접미 파생어는 파생어의 (㉠)와/과 어근의 (㉠)이/가 동일한가의 여부에 따라 나눌 수 있음을 알 수 있다.

○ⓐ와 ⓑ를 통해 접미 파생어 중에는 그것이 서술어가 되는 문장의 (㉡)이/가, 그 어근이 서술어가 되는 문장의 (㉡)와/과 다른 경우도 있음을 알 수 있다.

13. 다음 자료는 인칭 대명사 '그'와 재귀 대명사 '자기'의 선행 명사구 조건을 지도하기 위해 선정한 것이고, 〈보기〉는 자료의 (1)과 (2)에 공통적으로 나타나는 선행 명사구 조건을 학생이 정리한 결과이다. 자료의 (1)과 (2)에서 '그'와 '자기'의 선행 명사구가 무엇인지 각각 쓰고, 이를 근거로 〈보기〉의 내용을 수정하시오. [4점] 〈2014〉

(1) 가. 영수는 동수를 <u>그의</u> 사무실에서 봤다.
　　나. 영수는 동수를 <u>자기</u> 사무실에서 봤다.
(2) 가. 영수는 동수를 좋아한다. 그리고 <u>그</u>는 순희도 좋아한다.
　　나. 영수는 동수를 좋아한다. *그리고 <u>자기</u>는 순희도 좋아한다.

〈보기〉

'그'와 그것의 선행 명사구는 동일한 문장 안에 있고, '자기'와 그것의 선행 명사구도 그렇다.

3.3. 문장

[성취 기준]

1. [9국04-06] 문장의 짜임과 양상을 탐구하고 활용한다.
2. [10국04-03] 문법 요소의 특성을 탐구하고 상황에 맞게 사용한다.
3. [12언매02-05] 문장의 짜임에 대해 탐구하고 정확하면서도 상황에 맞는 문장을 사용한다.
4. [12언매02-06] 문법 요소들의 개념과 표현 효과를 탐구하고 실제 국어생활에 활용한다.

3.3.1. 문장의 성격

1. 문장과 문법 단위

1) 문장: 생각이나 감정을 완결된 내용으로 표현하는 최소의 언어 형식이다. 따라서 문장이 아니고서는 머릿속의 생각이나 감정을 완전히 표현할 수 없다.

(1) 문장은 주어와 서술어를 갖추는 것을 기본 원칙으로 한다. 그러나 때로는 "불이야!", "정말?"과 같은 표현을 문장이라고 하기도 하는데, 이는 상황이나 문맥을 통하여 생략되어 있는 주어나 서술어를 추측할 수 있기 때문이다.

(예) 저 코스모스가(주어부) / 아주 아름답다.(서술부)

(2) 문장은 의미상으로는 완결된 내용을 갖추고, 구성상으로는 주어와 서술어의 관계를 갖추며, 형식상으로는 문장이 끝났음을 나타내는 표지가 있다.

(3) 문장을 이루는 문법 단위 - 어절, 구, 절[1]

---

1) 단어를 문장의 문법 단위라고 할 수 없는 이유:
① 단어는 형태론의 문법 단위로서 문장 구성에 직접적인 성분이 되지는 않기 때문이다.
② 단어가 그 자체로서 독립적인 성격을 갖고 있는 데 반하여, '어절, 구, 절'은 문장 전체에서 어떤 역할을 하느냐 하는 관계적 기능을 가지고 있다는 점에서도 차이를 보인다.

2) 문장을 구성하는 기본적인 문법 단위

(1) 어절

① 문장을 구성하는 기본 문법 단위로, 띄어쓰기 단위와 일치한다.

② 조사나 어미와 같이 문법적인 기능을 하는 요소들이 앞의 말에 붙어 한 어절을 이룬다.

(2) 구

① 둘 또는 그 이상의 어절이 어울려 하나의 단어와 동등한 기능을 한다.

② 자체 내에서 주어와 서술어의 관계를 가지지 못한다.

③ 종류

㉠ 명사구: 새 차가 좋다.

㉡ 동사구: 다희는 노래를 잘 부른다.

㉢ 형용사구: 봄인데도 오늘은 매우 춥다.

㉣ 관형사구: 이 책은 아주 새 책이다. / 이 그리고 저 사람이 했다.

㉤ 부사구: 매우 빨리 친해졌다. / 너무 그리고 자주 전화를 했다.

(3) 절

① 두 개 이상의 어절이 모여 하나의 의미 단위를 이룬다.

② 주어와 서술어의 관계를 가지는 단위를 설정할 수 있다는 점에서 구와 구별되고, 더 큰 문장 속에 들어 있다는 점에서 문장과 구별된다.

③ 종류: 명사절, 서술절, 관형사절, 부사절, 인용절

3.3.2. 문장 성분

1. **문장 성분:** 문장 안에서 문장을 구성하면서 일정한 문법적인 기능을 가진 단위.

2. **문장 성분의 종류** - 주성분, 부속 성분, 독립 성분

1) 주성분: 문장을 이루는 데 골격이 되는 필수적인 성분 - 주어, 목적어, 보어, 서술어

2) 부속 성분: 주로 주성분의 내용을 수식하는 수의적인 성분 - 관형어, 부사어

3) 독립 성분: 문장에서 다른 성분과 직접적인 관계를 맺지 않는 성분 - 독립어

3. **문장 성분상의 특징**

1) 서술어의 중요성: 국어를 서술어 중심 언어라고 말할 정도로 서술어를 중요하게 여기는 이유는 서술어의 자릿수에 따라서 나머지 필수 성분들이 결정되기 때문이다.

2) 부속 성분이긴 하지만 소위 필수적인 부사어도 서술어 자릿수에 영향을 끼친다.

3) 관형어도 의존 명사 앞에서와 같이 반드시 필요한 경우가 있으므로 항상 수의적이라고 말하기도 어렵다.

4. 각론

1) 서술어: 원칙적으로 주어의 동작이나 작용, 상태, 성질 등을 서술하는 문장 성분

※ '무엇이 어찌한다. 무엇이 어떠하다. 무엇이 무엇을 어찌한다. 무엇이 무엇이다.'에서 '어찌한다, 어떠하다, 무엇이다'의 자리를 차지한다.

(1) 종류: 동사, 형용사, 체언 + 이다

① 용언의 종결형 (예) 말이 달린다 / 하늘이 푸르다 / 나는 교사이다.

② 용언의 연결형(용언의 어간 + 연결 어미)

(예) 눈이 많이 내리는데, 그리 춥지는 않다.

③ 용언의 전성형(용언의 어간 + 전성 어미)

가. 관형사형 (예) 마음이 고운 여자를 만나라.

나. 명사형 (예) 유경이가 합격했음이 확실해.

다. 부사형 (예) 꽃이 아름답게 피었다.

④ 서술절 (예) 나는 키가 크다.

⑤ 본용언 + 보조 용언: 본용언과 보조 용언이 결합된 형태는 하나의 서술어로 본다. 용언은 두 개다. (예) 유찬이가 일찍 집에 가 버렸다.

※ 안은 문장과 안긴절의 주어가 같아야만 하는 문장만을 보조 용언 구문으로 처리하기도 한다. 이런 입장에서는 통사적 사동문은 보조 용언 구문이 아니다. 안은 문장과 안긴절의 주어가 다르기 때문이다.(㉠은 보조 용언 구문이고, ㉡은 보조 용언 구문이 아니다) ㉠ 철수가 (*진이가) 밥을 먹어 버렸다./나는 (*영희가) 청아를 좋아하지 않는다./혜수가 (*진수가) 가게 되었다/생겼다. ㉡ 수지는 청아가 집에 가게 하였다.

⑥ 서술격 조사 '이다'

가. 체언 + 이다 (예) 이것이 책이다.

나. 체언 + 보조사 + 이다 (예) 시험은 오늘부터 내일까지입니다.

다. 용언의 활용형 + 이다　　　(예) 그가 성공한 것은 서른이 넘어서였다.

라. 부사어 + 이다　　　(예) 인순이를 만난 것은 금일도에서였죠.

마. 문장 + 이다　　　(예) 문제가 되는 것은 내가 좋아하느냐이다.

⑦ 명사(서술성 명사)만으로 된 서술어: 서술격 조사 '이다', 접미사 '하다'의 생략 현상. 주로 신문 기사의 제목, 시적 표현, 구호, 일기문이나 일상적 구어 등에서 말을 줄여 간단히 끝맺으려는 경우.

㉠ 연초에 계획을 수립 ('하다' 생략)

㉡ 우리는 조국의 방패 ('이다' 생략)

⑧ 무주어문: 서술어만으로 이루어진 문장(한재영 외, 2008:209~210)

㉠ 도둑이야./ 불이야./ 윷이야.

㉡ 둘에 셋을 더하면 다섯이다./ 비가 오면 큰일이다./ 아직도 산 너머 산이다.

㉢ 우리나라는 5년 내에 선진국에 진입할 것이다./ 비가 올 것 같다/성싶다.

'㉠'은 새롭게 어떤 사물을 발화 장면 속으로 도입하는 기능을 가진 도입문으로, 주어를 상정하기 어려운 무주어문이다. '㉡'은 주어를 상정하기 어렵고, '㉢' 또한 안은 문장의 주어를 상정하기 어렵다.

※ 재구조화된 서술어: 재구조화는 다른 구조 속에 놓인 둘 이상의 이질적 성분이 합쳐져 하나의 단일 성분처럼 기능하는 것을 설명하기 위한 개념이다. (예)에서 [ ] 부분이 재구조화된 서술어. ㉠ 철수가 영어를 [공부를 한다]. ㉡ 철수는 영희에게 [신경질을 부렸다]. ㉢ 정부에서 미국과 [방위비 협상을 벌인다].

(2) 서술어의 자릿수: 서술어가 문장에서 필요로 하는 필수적인 문장 성분의 개수.

서술어의 종류	구성	서술어의 성격	예
한 자리 서술어	주어	자동사	코스모스가 (아름답게) 피었다.
	주어	형용사	코스모스가 (매우) 아름답다.
두 자리 서술어	주어 + 목적어	타동사	옥선이는 (많은) 책을 읽었다.
	주어 + 보어	되다, 아니다	서형이가 (좋은) 선생님이 되었다.
	주어 + 부사어	자동사	누리는 (빨리) 집으로 향했다.
세 자리 서술어	주어 + 목적어 + 부사어	수여동사, '삼다'류	나는 (착한) 그녀를 딸로 삼았다. 그는 나에게 진실을 말했다. 엄마가 아이에게 젖을 먹였다.

[자릿수의 이동]

한 자리 서술어	두 자리 서술어	세 자리 서술어
소정이가 (즐겁게) 논다	소정이가 윷을 (마당에서) 논다	
차가 (저절로) 멈추었다.	민수가 차를 멈추었다.	
달이 밝다.	나는 익산 지리에 밝다.	
지영이는 노래가 좋다.	대화는 정신 건강에 좋다.	
	나는 그녀를 생각한다.	나는 그녀를 선녀로 생각한다.

[서술어 찾기 및 서술어 자릿수 확인하기]

서술어의 자릿수는 본래 본용언의 성격을 나타내 주는 것이다. 본용언이 완전 서술어라면 한 자리 서술어가 될 것이고, 불완전 서술어라면 두 자리 서술어 내지 세 자리 서술어가 될 것이다.

보조 용언이 화자의 심리적 상태를 드러내는 양태적 기능을 한다고 볼 때, 보조 용언은 본용언의 서술어 자릿수를 그대로 따른다고 하여야 한다. 그러나 이들 중 '주다' 같은 경우는 비록 보조 용언이지만 서술어 자릿수에 영향을 주고 있어 특징적이다.

1. 왜 한글날이 국경일이 되지 않았는가?

서술어: 되지 않았는가?

서술어 자릿수: 두 자리 서술어 (되다/ 되지 않았는가)

서술어가 필수적으로 요구하는 요소: 한글날이(주어), 국경일이(보어)

2. 관악구 보건소에서는 환절기를 맞이하여 독감 예방 접종을 다음과 같이 실시합니다.

서술어: 맞이하여, (같이), 실시합니다

서술어 자릿수: 두 자리 서술어 [맞이하여, (같이), 실시합니다]

서술어가 필수적으로 요구하는 요소 :

- 맞이하여: (관악구 보건소에서는, 우리는[일반적인 주어 생략], 환절기를(목적어)
- 실시합니다: 관악구 보건소에서는(주어, 단체 무정 명사), 독감 예방 접종을(목적어)
- '다음과 같이'는 하나의 굳어진 표현으로 인정하여 부사구로 처리한다.

3. 누군가 나에게 뭔가를 해 주길 기다리지 말고, 내가 먼저 누군가에게 뭔가를 해 주자.

서술어: 해 주길, 기다리지 말고, 해 주자.

서술어 자릿수: 세 자리 서술어 (해 주길, 해 주자), 두 자리 서술어 (기다리지 말고)

서술어가 필수적으로 요구하는 요소 :

- 해 주길: 누군가(주어), 나에게(필수적 부사어), 뭔가를(목적어)
- 기다리지 말고: (내가)(주어생략), 누군가~해 주길(목적어)
- 해 주자: 내가(주어), 누군가에게(필수적 부사어), 뭔가를(목적어) [지도서, pp.190~191]

(3) 서술어 쓰임의 제약

① 선택 제약: 용언이 특정 체언만을 요구하는 제약.

㉠ 규리는 눈을 감았다. ㉠' 규리는 입을 다물었다.

㉡ *재성이는 입을 감았다. ㉡' *재성이는 눈을 다물었다.

② 호응 제약: 일반적으로, 용언이 특정한 유형의 말과만 어울리는 제약.

㉠ 아이가 방실방실 웃는다. - 원칙적으로 유정 명사와만 호응

㉡ 웃어른은 존경해야 한다. - 높임을 나타내는 명사에 대해 쓰임

㉢ 저는 아침마다 우유를 한 잔씩 마십니다. - 원칙적으로 질량 명사와만 결합

③ 높임 표현 제약: 주체의 신분과 등급에 의한 제약.

㉠ 아기가 곤하게 잔다. ㉡ 아버지께서 곤하게 주무신다.

(4) 서술어는 높임법과 시제를 나타낸다.

(5) 서술어는 다른 성분의 격을 결정해 주는 기능을 가진다.

2) 주어: 문장에서 동작이나 작용, 상태, 성질의 주체를 나타내는 문장 성분.

※ '무엇이 어찌한다. 무엇이 어떠하다. 무엇이 무엇이다.'에서 '무엇이'의 자리를 차지한다.

(1) 실현: 주어는 체언 또는 체언 구실을 하는 구나 절(체언 상당어구)에 주격 조사가 붙어 나타나는 데 주격 조사가 생략될 수도 있고 보조사가 붙을 수도 있다.

① 체언 + 주격 조사('이/가, 께서, 에서, 서')

가. 체언 ┐ (예) 나원이가 책을 읽는다./ 하늘이 맑다.
나. 명사구/절 ┤+이/가 (예) 새 책이 좋다./ 마음이 곱기가 비단같다.
다. 문장 ┘ (예) 주영이가 가느냐가 문제이다.
라. 높임 명사 + 께서 (예) 교수님께서 외국에 나가셨다.
마. 단체(무정 명사) + 에서 (예) 교육부에서 임용고사를 주관한다.
바. '인수' + 서 (예) 셋이서 길을 떠났다.

② 체언 + 보조사: 보조사가 주격 조사 대신 결합되어 주어로 실현될 수도 있고, 여기에 주격 조사가 다시 결합할 수도 있다.

(예) 정화는 착하다. 정화도 착하다. 정화만 착하다./ 정화만이 착하다.

(2) 주어의 생략: 일반적으로 일상적이고 관용적인 경우 '주어임이 분명할 때' 주어가 생략되거나 주격 조사가 생략되어 체언 단독으로 주어가 되기도 한다.

① 묻고 답할 때: (너) 어디 가니? (나) 공부하러 학교에 가.

② 명령문인 경우: 열심히 노력해라.

③ 심리 형용사가 서술어일 때: 저 노래를 들으니 참 슬프다.

※ 조사가 생략되면 어순에 의해 문장 성분이 결정된다. (예) 나 너 안 만날 거야.

(3) 이중 주어문: 주어가 겹쳐 사용되는 문장으로, 하나의 서술어에 두 개 이상의 주어가 있다. 이 이중 주어문에는 서술절이 안겨 있다.

[이중 주어문에 대한 접근 방법]

"코끼리는 코가 길다."

① 겹문장으로 보아 서술절을 설정하는 방법(학교 문법의 입장): '코가 길다'를 서술절로 인정하여 전체를 겹문장으로 본다. 서술어 '길다'는 '코가'라는 주어를, '코가 길다'라는 서술어는 '코끼리는'이라는 또 다른 주어를 요구한다고 본다. 그러나 외현적으로 서술어가 하나밖에 없는데 어떻게 겹문장이라고 말할 수 있는가에 대한 문제가 있다.

② 홑문장으로 보아 단순히 주어가 두 개 있다고 본다. 이중 주어는 국어의 한 특성으로 본다.

③ 홑문장으로 보면서 앞의 '코끼리는'을 주제어로 보는 방법: 주제어를 나타내는 표지로 '은/는'이 붙은 말이 문장 맨 앞에 나오는 특성에 근거한다. 문장의 기본 구조를 '주제어 + 주어 + 서술어'

방식으로 보는 방법으로, 국어의 모든 문장에 주제어를 설정해야 한다는 가설을 필요로 한다.

④ 홑문장으로 보면서 어느 하나를 강조하는 초점 기능으로 파악하는 방법: 문장의 일정한 성분에 강조하고자 하는 초점화를 인정하는 견해이다. 초점을 받는 성분은 문장의 맨 앞이든 중간이든 상관없이 나타날 수가 있다. 문장의 첫머리에만 나타나는 주제어가 아니라, 화자가 강조하고자 하는 성분에 '강조'의 보조사 '은/는'을 붙인다는 견해이다.

(4) 주어의 통사적 특징 / 주어의 선택 제약

① 주어가 높임의 명사이면 서술어에 높임법의 선어말 어미 '-시-'가 온다.

(예) 선생님<u>께서</u> 담은이를 부르<u>시</u>었다.

② 주어가 3인칭이고 그것이 반복되면 뒤에 재귀 대명사 '자기'가 온다.

(예) 하연이는 자기가 천재라고 여긴다.

③ 질량성과 추상성을 띤 명사나 부사에 복수 표시의 보조사 '들'이 붙으면 생략된 주어는 거의 예외 없이 복수형이다.

(예) (너희들) 빨리 <u>물들</u> 길어 오너라./ (너희들) <u>어서들</u> 오너라.

3) 목적어: 타동사가 쓰인 문장에서 그 동작의 대상이 되는 문장 성분.

※ '무엇이 무엇을 어찌한다.'에서 '무엇을'의 자리를 차지한다.

(1) 실현: 체언에 목적격 조사 '을/를'이 붙는 것이 일반적이나, 때로 '을/를'이 생략될 수도 있다. 또 '을/를'이 생략되는 대신에 특정한 의미를 더하여 주는 보조사가 붙기도 한다.

① 체언 + 목적격 조사(을/를) (예) 혁락이가 <u>맥주를</u> 마신다.

② 명사 상당어구(명사구, 명사절, 문장 등)

㉠ 종근이는 언제나 <u>그 넥타이를</u> 맨다.

㉡ 나는 <u>정웅이가 공무원 시험에 합격했음을</u> 알았다.

㉢ 나는 <u>지수가 왜 웃는지</u>를 모르겠다.

③ 목적격 조사의 생략: 목적격 조사 '을/를'이 첨가될 수 있어야 목적어이다.

(예) 나는 그 <u>문제</u> 아직 못 풀었어.

※ 초점을 받을 때는 생략할 수 없다.

㉠ 수현이는 무슨 과일을 제일 좋아하니? ㉡ 저는 사과를 제일 좋아합니다.

④ 보조사가 대신 결합하여 목적어로 실현되는 경우도 있고, 보조사와 목적격 조사가 함께 쓰이는 경우도 있다.

㉠ 지연이는 그림도 잘 그린다. ㉡ 나래는 커피만을 좋아한다.

(2) 목적어의 겹침

① 한 문장에 목적어가 두 개 이상 나타나는 경우가 있는데, 이때는 뒷 목적어를 다른 성분으로 바꾸는 것이 일반적이다.

(예) 주영이가 책을 나를 주었다. → 주영이가 책을 나에게 주었다.

② 앞 목적어와 뒷 목적어의 관계는 '전체-부분', '대상-종류/수량'의 관계를 갖는다. 수량을 나타내는 경우에는 두 목적어 중에서 어느 하나가 실현되지 않는 것이 보통이다.

㉠ 민교가 영선이를 손목을 잡았다.

→ '민교가 영선이의 손목을 잡았다.'로 해석됨. (부분)

㉡ 은솔이는 수영복을 작은 것을 골랐다.

→ 수영복의 한 종류로서, '수영복 중에서'로 해석됨. (종류)

㉢ 주이는 조카에게 용돈을 만 원을 주었다.

→ 주이는 조카에게 용돈 만 원을 주었다. (수량)

주이는 조카에게 용돈을 만 원 주었다.

(3) 동족 목적어를 취하는 동사: 자다, 걷다, 추다, 꾸다, …

㉠ 선주는 엊저녁에 잠을 많이 잤다. ㉠' 선주는 엊저녁에 많이 잤다.

㉡ 다진이는 간밤에 꿈을 많이 꾸었다. ㉡' *다진이는 간밤에 많이 꾸었다.

4) 보어: 불완전 용언을 보충해 주는 필수 성분

※ '무엇이$_1$ 무엇이$_2$ 되다. 무엇이$_1$ 무엇이$_2$ 아니다.'에서 '무엇이$_2$'의 자리를 차지한다.

(1) 실현

① 체언 + 보격 조사 '이/가'로 실현된다. (예) 준영이는 교사가 되었다.

② 보격 조사는 보조사가 대신할 수 있다는 점에서 주격 조사와 같다.

(예) 물이 얼음은 아니다.

※ 주격 조사가 모두 보격 조사로 쓰이는 것은 아니며, 존칭의 보격 조사도 없다.

(2) 보어 설정의 논란

(ㄱ) 물이 얼음이 되었다.

(ㄴ) 물이 얼음으로 되었다. (ㄴ') 누리가 학교로 간다.

(ㄷ) 담은이가 지인이와 닮았다. (ㄷ') 담은이가 지은이와 간다.

(ㄹ) 동희가 편지를 우체통에 넣었다. (ㄹ') 동희가 앞에 서 있다.

현행 학교 문법에서는 서술어 '되다, 아니다' 앞에 오면서, 보격 조사 '이/가'와 결합하고 있는 성분을 보어로 보기 때문에, (ㄱ)에서 '얼음이'는 보어이고, (ㄴ)에서 '얼음으로'는 필수적 부사어가 된다. 보어는 불완전 용언을 보충하여 주는 필수 성분인데, 불완전 용언의 범위가 문제가 된다. (ㄷ)에서 "닮다'는 비교되는 명사구가 있어야 하고, (ㄹ)에서 '넣다'는 낙착점을 나타내는 명사구가 있어야 한다. 즉, '되다, 아니다'만이 보충어를 필요로 하는 것이 아니다. 즉, 위의 예 (ㄱ)과 (ㄴ)을 비교해 보면, 둘 다 불완전 용언으로, '얼음이'와 '얼음으로'의 공통점은 서술어 자릿수를 채워주는 기능이며, 차이점은 각각 '이, (으)로'라는 조사가 쓰였다는 점뿐이다. 그러나 (ㄴ'), (ㄷ'), (ㄹ')에서 보는 것처럼 이런 조사들이 다른 서술어와는 부사격 조사로 사용되어 부속 성분이 되어 있다.

※ 학교 문법에서의 변론

① 만약 필수적인 부사어를 모두 보어로 보고, '(으)로, 와, 에'를 모두 보격 조사로 처리한다면, 다른 서술어와 함께 쓰일 때는 이런 조사들이 부사격 조사로 쓰이는데 '보격 조사'와 '부사격 조사'의 구분이 문제가 될 뿐만 아니라, 이런 조사들을 보격과 부사격의 두 가지로 분류하는 결과를 가져온다.

② 문장 성분의 구성은 '주어 + (목적어) + 서술어(자 · 타동사)'인데 필수 부사어를 필요로 하는 불완전 용언을 더 설정하면 문법 체계의 틀이 무너진다.

③ 필수 부사어를 필요로 하는 불완전 용언의 통사적인 공통점을 발견하기 어렵다.

④ 부사격 조사가 붙어서 된 말을 필수적으로 요구하는 용언의 수가 많지 않다.

5) 관형어: 체언으로 실현되는 주어, 목적어, 보어 앞에서 이들을 '어떤'의 방식으로 꾸미는 문장 성분

(1) 실현

① 관형사: 관형사는 관형어로만 쓰인다. (예) 휘종이가 새 옷을 입었다.

② 체언 + 관형격 조사 '의'(관형격 조사 '의'가 없이 '체언+체언'의 구성으로 나타나기도 한다.) (예) 윤하의 직업은 교사 / 은채는 시골(의) 풍경을 좋아한다.

③ 용언의 관형사형 (예) 예쁜 꽃이 피었다.

④ 서술격 조사의 관형사형 (예) 학생인 네가 왜....

(2) 관형격 조사의 구성

① 의미의 다양성: 관형격 조사나 그 구성은 여러 가지 의미로 해석된다.

㉠ 하니의 책: 하니가 지니고 있는 책(소유), 하니가 지은 책(저자)

㉡ 아름이가 어머니의 사진을 가지고 있었다.

→ 어머니를 찍은 사진/ 어머니가 소유했던 사진/ 어머니가 찍은 사진

② 의미상 주어 표시: 관형격 조사 '의'가 사용되어 주어와 서술어의 관계를 나타내기도 한다. (예) 정인이의 어리석음 → 정인이가 어리석다.

③ 의미상 목적어 표시 (예) 평화의 파괴 → 평화를 파괴하다.

④ 은유, 직유를 만들기도 한다.

(예) 낙엽의 산더미 → 낙엽이 산더미다 → 낙엽이 산더미처럼 쌓여 있다.

⑤ '체언+조사' 구성의 부사어가 체언을 수식할 때는 '의'가 반드시 필요하다.

㉠ 서울에서의 생활 / *서울에서 생활

㉡ 성공으로의 길 / *성공으로 길

※ 의존 명사 앞에는 관형어가 반드시 와야 한다.

6) 부사어: 서술어의 의미가 분명하게 드러나도록 '어떻게'의 방식으로 서술어를 꾸며 주는 문장 성분

(1) 실현

① 부사 단독: 지시 부사, 성상 부사, 양태 부사, 부정 부사 등

(예) 바다가 매우/아주 푸르다.

② 체언 + 부사격 조사 (예) 우리들은 방금 도서관에서 돌아왔다.

③ 부사 + 보조사 (예) 저 말이 빨리도 달리는구나.

④ 용언 + 부사형 어미 (예) 꽃이 아름답게 피었다.

⑤ 명사절/관형사절+의존 명사(+부사격 조사)

㉠ 네가 빨리 왔기 때문에 일이 수월해졌다.

㉡ 나는 집에 도착하는 대로 전화를 했다.

(2) 갈래

① 성분 부사어: 문장 속의 특정한 성분을 꾸미는 부사어. 지시 부사, 성상 부사, 부정 부사

· 부사가 그대로 부사어가 되는 것이 기본이나, 체언에 부사격 조사가 결합되어 나타나거나, 용언의 부사형으로 나타나기도 한다. 또 보조사가 결합되어 실현되기도 한다.

㉠ 가을 하늘이 참 높아 보인다. / 이리 와서 앉아라.

㉡ 지원이는 오후에야 여행에서 돌아왔다. / 9가연이는 밀가루로 빵을 만든다.

㉢ 무척이나 맑아 보인다. / 서쪽 하늘이 붉게 물들었다.

② 문장 부사어: 문장 전체를 꾸미는 부사어. 양태 부사, 접속 부사

가. 양태 부사: '과연, 정말, 물론, 아무리, 아무쪼록, 부디, 설마, 모름지기, 설령'같이 말하는 사람의 심리적 태도를 나타내는 부사들이 주류를 이루고 있다. 이러한 부사들은 특별한 말들과 호응 관계를 이루는 경우가 많다.

㉠ 과연 그 아이는 똑똑하구나. (긍정적 평가, 믿음, 단언)

㉡ 모름지기 젊은이는 커다란 포부를 가져야 한다. (당연)

㉢ 만일 네가 계속 이런 식으로 나온다면 더 이상은 참을 수 없어. (조건)

나. 접속 부사: '그러나, 그리고, 그러므로'의 문장 접속 부사나 ' 및, 또는'과 같은 단어 접속 부사

㉠ 그러나 희망이 아주 사라진 것은 아니다.

㉡ 정치, 경제 및 문화가 발달하여야 선진국이다.

다. 문장 부사는 부정의 범위에 포함되지 않는다.

(예) 다행히 경민이가 회의에 안 늦었다.

(3) 부사어의 특징

① 보조사와 비교적 자유롭게 결합한다. (예) 저 개는 빨리도 뛴다.

② 자리 옮김이 비교적 자유로우며, 문장 부사가 성분 부사보다 자리 옮김이 더 자유롭다.

㉠ 역시 석민이도 존경받는 교사가 되었다.

㉡ 석민이도 역시 존경받는 교사가 되었다.

㉢ 석민이도 존경받는 교사가 역시 되었다.

③ 부사가 다른 부사어나 관형어, 체언을 꾸밀 때는 자리 옮김이 불가능하고, 부정 부사와 '잘'은 용언 바로 앞에만 쓰일 수 있다.

(예) ㉠ 반에서 일등은 바로 진원이다. ㉠' *반에서 바로 일등은 진원이다.

㉡ 정환이는 모임에도 {안/잘} 나간다.

④ 부사어는 관형어와 달리 단독으로 쓰일 수 있다.

㉠ 오늘 즐거웠니? 조금. ㉡ 빨리 달려! 빨리!

['바로'와 '여기'의 품사와 문장 성분]

1. '바로'와 '여기'의 품사

(1) '바로 오너라.' (부사 - 부사어) (2) 그건 바로 너의 책임이다. [(체언 수식) 부사 - 부사어]

☞ 그러나 [학교 문법]에서는 '품사의 통용'을 설정하고 있으므로 '바로, 다만, 단지, 오직' 등은 관형사로 통용 처리도 가능하다는 점에서 체언 수식 부사로 처리하는 것에 문제점도 있다. 체언을 수식하는 부사는 품사를 부사로 처리하더라도 문장 성분은 관형어로 처리해야 한다.

(3) 여기 앉아라. (부사 - 부사어) (4) 여기에 놓아라. [지시대명사 - 부사어(여기에)]

☞ 그러나 〈사전〉에서는 '여기, 거기, 저기'를 대명사로만 처리하고 품사 통용을 인정하지 않는다.

2. 수의적 부사어와 필수적 부사어 구별

- **필수적 부사어:** 서술어의 특성에 따라 필수적으로 요구하는 부사어. 서술어의 자릿수를 차지한다.

(가)	(나)
나는 나, 너와는 많이 다르다.	나는 나, 너와는 다르다.
아버지는 일찍이 그 아이를 수양딸로 삼으셨다.	아버지는 그 아이를 수양딸로 삼으셨다.
혜린이는 아빠와 꼭 닮았다.	혜린이는 아빠와 닮았다.

- **문장 성분:** (가)는 수의적 부사어, (나)는 필수적 부사어.
- **수의적 부사어와 필수적 부사어의 차이:** (가)의 밑줄 친 부사어가 파생 부사(많이, 일찍이)이거나 순수 부사(꼭)로 이루어져 있는 데 비하여, (나)의 밑줄 친 부사어는 부사격 조사 '와, 로, 와'를 갖고 있는 것들이다. [지도서, p.193]

☞ 그러나 '꽃이 예쁘게 생겼다.'의 문장에서 '예쁘게'는 체언에 부사격 조사가 결합한 형태가 아니지만 필수적 부사어로 쓰이고 있다.

7) 독립어: 문장의 어느 성분과도 문법적인 관계를 맺지 않는 문장 성분

• 실현

① 감탄사 (예) 아이구, 어머나, 어, 에구머니

② 체언 + 호격 조사 (예) 꽃님이시여, 영수야

③ 제시어나 표제어 (예) 출세, 이것이 삶의 모든 것일까?

3.3.3. 문장의 짜임새

1. 문장의 유형

1) 홑문장[單文]: 주어와 서술어의 관계가 한 번만 나타나는 문장.

(예) 주연이가 과자를 먹는다.

2) 겹문장[複文]: 주어와 서술어의 관계가 두 번 이상 나타나는 문장

(1) 안은 문장[抱有文]: 절을 안고 있는 문장

(예) 효은이가 색깔이 빨간 옷을 입었다.

(2) 이어진문장[接續文]: 둘 이상의 절이 나란히 이어진 문장

(예) 성민이 집으로 가고, 보경이는 도서관으로 간다.

[홑문장과 겹문장 구분]

① **없어.** - 홑문장[온점(.)이 찍혔다는 것은 발화 중에서 사용되었다는 뜻이므로 문장으로 인정됨.]

② **누가 그런 일을 한다고 그래?** - 겹문장('누가 그런 일을 한다' 전체가 하나의 절이고, 밖의 서술어 '그래'와 호응하는 생략된 주어(너는)를 상정할 수 있기 때문에 겹문장으로 인정할 수 있다. 즉 이 문장은 '[(너는)[누가 그런 일을 한다]고 그래]?'처럼 분석할 수 있다. 또한 이 문장은 '[누가[(내가) 그런 일을 한다]고 그래]?'로 분석될 수도 있는데 이 경우에는 겹문장으로 인정할 수 있다.

③ **그런 사람이 어찌 그런 일을 해?** - 홑문장('그런'이 관형사이기 때문에 서술어가 하나인 홑문장)

④ **나는 나만의 삶을 나만의 방식으로 산다.** - 홑문장('산다'만이 서술어이고, '삶'은 파생 명사, 주어는 '나는'이고 '나만의 삶을'이 목적어, '나만의 방식으로'는 부사어).

⑤ **꿈을 꾸자, 날개를 달자!** - 겹문장('꾸자', '달자' 두 개의 서술어가 있으므로 겹문장).
⑥ **그는 부드럽게 나의 손을 잡았다.** - 겹문장 또는 홑문장('부드럽게'를 단순한 부사어로 보면 홑문장. 그러나 '부드럽게'라는 절이 들어가 있는 겹문장으로도 볼 수 있다. 즉 '그가 나의 손을 잡은 상태가'를 일종의 주어로 하였을 때, '부드럽게'는 서술어가 될 수 있다.)
⑦ **철수는 할 수 없이 집을 나섰다.** - 겹문장['할 수 없이'라는 전체 부사절과, 또한 그 속에 '할'이라는 관형사 절이 들어가 있는 겹문장이다. 즉 전체 세 개의 홑문장으로 분석할 수 있는 겹문장. 일단, '(철수가 뭔가를)하다'와 '(~할)수가 없다'로 하위절로 나눌 수 있다.] [지도서 p.198]

2. 문장의 확대

1) 안은 문장과 안긴 문장

※ 안긴 문장이라는 용어보다는 안긴절이라는 용어가 더 적절하다.

· 안은 문장: 안긴 문장을 포함한 문장
· 안긴 문장: 다른 문장 속에 들어가 하나의 성분처럼 쓰이는 절

(1) 명사절로 안긴 문장: 절 전체가 문장에서 명사처럼 쓰이는 문장으로, 조사와 결합하여 여러 문장 성분이 될 수 있다. 명사형 어미 '-(으)ㅁ, -기' 등이 이끄는 절.

① '-(으)ㅁ' 명사절: 완료(完了)의 의미. 개별적이고 정지적이다.

○ 어울리는 서술어: '알다, 밝혀지다, 드러나다, 깨닫다, 기억하다, 마땅하다'
(예) 재황이는 좋은 시절이 다 {지나갔음을/*지나갔기를} 알았다.

② '-기' 명사절: 미완(未完)의 의미. 일반적이고 추상적이며 동작적이다.

○ 어울리는 서술어: '바라다, 기다리다, 쉽다, 좋다, 나쁘다, 알맞다'
(예) 예린이는 비가 {오기를/*옴을} 기다린다.

○ '-(으)ㅁ'과 '-기'의 이런 특성은 '-(으)ㅁ'이 '알다'와 같은 서술어와 어울리고, '-기'가 '기다리다'와 같은 서술어와 어울리는 데에서도 확인할 수 있다. 물론 '-(으)ㅁ'이 '알았다'에서처럼 과거 시제 선어말 어미와 함께 사용되고 '-기'가 그렇지 않은 것도, 이들의 완료와 미완(未完)의 의미 때문이라고 할 수 있다. 이 두 명사절은 극소수의 예외를 제외하고는 서로 바뀌어 쓰이는 일이 없다.

③ '-느냐/-(으)냐, -는가/-(으)ㄴ가, -ㄴ는지/-(으)ㄴ지, -(으)ㄹ지' 등의 종결 어미들은 명사형 어미가 아니면서도 명사절을 형성할 수 있는 특수한 어미들이다. 이러한 명사절을 취할 수 있는 명사절은 '-는 것'을 취하는 서술어와 같다.

㉠ 윤미가 정말 그 일을 해 내느냐가 관심거리였다.

㉡ 우리는 그들이 이런 사실을 믿어줄지를 확인할 수 없었다.

(2) 관형사절로 안긴 문장: 절 전체가 문장에서 관형어의 기능을 한다. 관형사형 어미 '-(으)ㄴ, -는, -(으)ㄹ, -던' 등이 이끄는 절.

① 길이에 따라

가. 긴 관형사절: 문장 종결형 + 관형사형 어미 (예) 그가 애썼다는 사실

나. 짧은 관형사절: 용언의 어간 + 관형사형 어미 (예) 그가 애쓴 사실

다. 짧은 관형사절과 긴 관형사절은 피수식어에 따라 구분되어 쓰인다.

가) '불확실한 정보'의 뜻을 가진 '소문, 인상, 제안, 질문' 등의 명사에는 긴 관형사절만 사용된다. (예) 나는 명진이가 취업했다는 소문을 들었다.

나) '확실한 정보'의 뜻을 가진 '기억, 사건, 경험' 등의 명사에는 짧은 관형사절이 사용된다. (예) 나는 (내가) 주란이를 만난 기억이 없다.

다) '중립적 정보'인 '사실, 목적, 약점' 등의 명사에는 두 가지가 다 사용된다.

㉠ 나는 이제야 광두가 교사가 되었다는 사실을 알았다.

㉡ 나는 이제야 영범이가 합격한 사실을 알았다.

② 성분의 쓰임에 따라

가. 관계 관형사절: 관형사절의 수식을 받는 체언(피수식어)이 관형사절 속의 문장 성분 중 하나와 동일한 경우로, 문장 성분이 생략되어 형성된다. 어떤 명사 앞에서든 쓰일 수 있다.

㉠ 극장에 가는 승원이를 보았니? → 승원이가 극장에 간다: 주어 역할

㉡ 효범이가 부르는 노래가 좋다. → 효범이가 노래를 부른다: 목적어 역할

나. 동격 관형사절(보문): 관형사절의 수식을 받는 체언이 관형사절 전체의 내용을 밝히는 관형사절로, 한 문장의 모든 필수 성분을 다 갖추고 있다. 따라서 피수식어가 관형사절의 문장 성분이 되지 않는다. 특수한 명사 앞에서만 쓰인다.

㉠ 서형가 고등학교로 발령받았다는 소식을 금방 들었다.

(소식 = 서형이가 고등학교로 발령받았다.)

㉡ 해주가 결혼한 사실을 너는 모르니? (사실 = 해주가 결혼했다.)

③ 관형사절 + 것

가. 유형: '긴 관형사절 + 것'과 '짧은 관형사절 + 것'의 두 유형이 있다.

㉠ 정윤이가 예쁘다는 것은 누구나 인정한다.

㉡ 윤아는 호영이가 수업시간에 자는 것을 본 적이 없다.

나. 처리: '관형사절 + 것'은 '-음, -기'와 기능이 유사하고, 대부분 '-음' 명사절이나 '-기' 명사절로 바꾸어 쓸 수 있으며, 구어체에서는 '관형사절 + 것'이 더 자연스러운 경우가 많다. 또한 '것'이 가리키는 대상이 추상적이거나 없는 경우가 있으므로 '-는 것'을 하나의 명사형 어미처럼 다룰 수도 있다. 그러나 그 구조가 '관형사절+것'으로 분석될 수 있으므로 관형사절을 가진 구성으로 처리한다.

(3) 부사절로 안긴 문장: 절 전체가 문장에서 부사어의 기능을 하는 것으로, 서술어를 수식하는 기능을 한다. 부사 파생 접미사 '-이', 부사형 전성 어미 '-게, -도록, -아서/어서, -듯이, -ㄹ수록, -다시피, …' 등이 이끄는 절.

① -이: 수진이가 말도 없이 갔다.

② -게: 꽃이 아름답게 피었다.

③ -도록: 태현이는 다리가 붓도록 걸었다.

④ -아(어)서: 나는 혜선이가 잡아서 하루 더 머물렀다.

⑤ -듯이: 나그네가 구름에 달이 가듯이 간다.

⑥ -ㄹ수록: 혁수는 세월이 흐를수록 아내의 소중함을 느꼈다.

⑦ -다시피: 요즈음 나는 너도 알다시피 어려운 지경에 이르렀다.

⑧ 명사절/관형사절 + (명사) + (조사): 어제 비가 왔기 때문에 길이 미끄럽다./ 당신을 너무도 사랑하기에 떠날 수밖에 없다./ 운전하는 중에는 전화하지 마라./ 혜련이가 간 뒤에 소식이 왔다./ 나는 너무 흥분한 나머지 말을 잇지 못했다.

[부사절의 처리]

1. 부사절은 절 전체가 부사어의 기능을 하여 서술어를 수식한다.

   ① 그들은 <u>우리가 입은 것과 똑같이</u> 입고 있다. ② 그는 <u>아는 것도 없이</u> 잘난 척을 한다.

   ② 그곳은 <u>그림이 아름답게</u> 장식되었다. ③ 철수는 <u>발에 땀이 나도록</u> 뛰었다.

   ③ 길이 <u>비가 와서</u> 질다.

   위 문장들에는 밑줄 친 문장들이 안겨 있는데, '-이', '-게', '-도록', '-(아)서'에 의하여 부사절로 된 것이다. '길이 비가 와서 질다.'의 예에서 알 수 있듯이 국어에서 '-(아)서'와 같은 종속적 연결 어미로 된 절들은 부사절로도 볼 수 있는 면이 있다. [7차 문법교과서, p.164]

2. 6차 문법 교과서에서는 '-와 같이(달리)', '-이 없이'와 같은 '-이' 접사의 경우나 '-게, -도록'만으로 된 예들을 부사절로 보는 태도를 취하였다. 그러나 부사형 어미를 인정하지 않고 부사절도 이러한 일부 경우에만 제한하는 것은 많은 문제점이 있다. 따라서 7차에서는 종속적으로 이어진 문장의 선행절(소위 종속절)을 부사절로 볼 수 있는 면을 인정하여, 결국 종속적 연결 어미를 부사형 어미로 볼 수 있다고 하였다. 더 나아가 대등적 연결 어미에 의한 대등절도 부사절로 볼 수 있고 대등적 연결 어미나 보조적 연결 어미도 결국 부사형 어미로 볼 수 있다. [지도서, p.206]

3. 부사절을 보는 입장차에 따른 겹문장 체계: (1)은 접사 '-이' 유형만을 부사절로 인정하는 입장에서의 겹문장 체계이고, (2)는 종속적 연결 어미를 부사형어미로 허용하는 입장을 반영한 겹문장 체계이다. 또한 (3)은 대등적 연결 어미마저 부사형어미로 인정할 경우의 겹문장 체계이다.

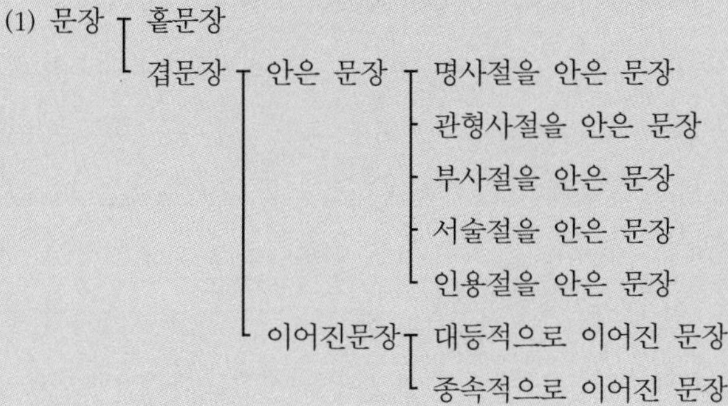

(2) 문장 ┬ 홑문장
　　　　└ 겹문장 ┬ 안은 문장 ┬ 명사절을 안은 문장
　　　　　　　　│　　　　　├ 관형사절을 안은 문장
　　　　　　　　│　　　　　├ 부사절을 안은 문장
　　　　　　　　│　　　　　├ 서술절을 안은 문장
　　　　　　　　│　　　　　└ 인용절을 안은 문장
　　　　　　　　└ 이어진문장 – 대등적으로 이어진 문장

(3) 문장 ┬ 홑문장
　　　　└ 겹문장 – 안은 문장 ┬ 명사절을 안은 문장
　　　　　　　　　　　　　　├ 관형사절을 안은 문장
　　　　　　　　　　　　　　├ 부사절을 안은 문장
　　　　　　　　　　　　　　├ 서술절을 안은 문장
　　　　　　　　　　　　　　└ 인용절을 안은 문장

4. 그러나 2007개정 고등학교 교육과정 해설서(문법, p.346)에서는 '대등적으로 이어진 문장'의 선행절을 부사절로 처리하는 것에 대하여 부정적 견해를 보이고 있다. "현행 학교 문법에서는 대등절까지 부사절로 보는 견해는 무리가 있다고 보는 것이 일반적이다."

5. 부사절에 대하여 더 탐구하기

(가) 비가 소리도 없이 내린다. (나) 그는 형과 달리 말을 잘 한다.

(다) 그곳은 꽃이 아름답게 피었다. (라) 우리는 그녀가 지나가도록 길을 비켜 주었다.

(가), (나)에서 '소리도 없이'와 '형과 달리'가 부사절로 안긴 문장이다. '형과 달리'는 본래 '그가 형과 다르다'에 '-이' 파생 접사가 붙은 것인데, 상위문의 주어 '그는'과 동일하여 하위문의 주어 '그가'가 탈락한 것이다.

(다)와 (라)의 문장에서 '아름답게'와 '그녀가 지나가도록'은 부사절로 볼 수 있는 가능성도 있고, 종속적으로 이어진 문장의 선행절로 볼 수도 있다. 후자의 경우, '아름답게, 꽃이 피었다.'와 '그녀가 지나가도록, 우리는 길을 비켜 주었다.'를 기본 문장으로 보고 '-게'와 '-도록'을 종속적 연결 어미라고 명명할 수 있다. 또한 '아름답게'와 '그녀가 지나가도록'을 부사절로 본다면, '-게'와 '-도

록'은 부사형어미라고 명명할 수 있는 가능성이 있다.

'-도록'이 비교적 긴 절을 유도하고 있음에 비하여, '아름답게'는 일반적으로 짧게 쓰이지만, '소화가 잘 되게, 밥을 천천히 먹어라'처럼 종속절 연결 어미로도 손색이 없다. '-게, -도록'은 '없이, 달리'의 '-이'와는 다른 점이 있다. 즉 '-이'는 완전히 다른 단어로 파생시키는 한정된 기능을 하고 있으나, '-게'는 쓰임이 광범위하여 거의 무제한적 기능을 하고 있기 때문이다. 반대로 만약 '없이'의 '-이'가 '-게', '-도록'과 함께 부사절을 만드는 기능을 한다고 하면, 이들 모두를 부사형어미라고 부를 수 있는 가능성도 배제하지는 못할 것이다. 만약 '-이'를 부사형어미로 본다면 부사 파생 접미사 '-이'와는 구별하여 '-$이_1$', '-$이_2$'를 구별하여야 할 것이다. [지도서, p.202]

(4) 서술절로 안긴 문장

① 개념: 절 전체가 문장에서 서술어의 기능을 하는데, 특정한 절 표지가 따로 없다는 점이 다른 안긴 문장들과는 차이가 있다. 서술어 1개에 주어가 2개 이상 나타난다.

㉠ 진혁이는 키가 크다: [진혁이는$]_{주1}$ [[키가$]_{주2}$ [크다$]_{서2}]_{서1}$ '키가 크다'가 절임.

㉡ 정아가 얼굴이 예쁘다: '얼굴이'의 서술어는 '예쁘다'이고, '정아가'의 서술어는 '얼굴이 예쁘다'이다.

② 특징

가. 이중 주어문으로 보인다. 주어가 둘 이상일 때, 주어 간에는 '전체-부분, 유형-사례, 부류-일원'의 의미 관계로 이뤄진 경우가 많다.

나. 서술절은 그 속에 다시 다른 서술절을 가질 수 있다.

다. 서술절의 주어는 전체 문장의 주어의 일부분이거나, 그 소유물인 경우가 많으며, 서술어는 형용사가 대부분이다.

㉠ 집은 <u>우리 집이 제일 좋다</u>. ㉡ 그 사람은 <u>아들이 의사다</u>.

(5) 인용절로 안긴 문장: 화자의 생각, 느낌, 다른 사람의 말 등을 옮기거나, 의성어·의태어를 인용의 부사격 조사와 결합하여 표현한 문장. 인용의 부사격 조사 '(이)라고/고' 등이 이끄는 절.

※ 통사상으로 서술어를 수식하므로 부사절에 포함시킬 수 있다.

① 직접 인용절: 주어진 문장을 그대로 직접 인용하는 것. '라고, 하고' 등이 이끈다. 문장을 인용하였으면 큰따옴표, 단어나 구절 또는 생각을 가져왔으면 작은따옴표를 앞뒤에 붙이는 것이 원칙이다.

※ 의성어를 인용하는 경우에는 언제나 '하고'만 붙는다.

㉠ 다솜이가 "교수님, 민수가 결혼한대요."라고 말했다.
㉡ 민교는 그 순간 '나는 이제 어떡하지?'라고 생각하였답니다.
㉢ 문 닫는 소리가 "꽝"하고 났다.

② 간접 인용절: 말하는 사람의 표현으로 바꾸어서 인용한 것. '고'에 의해 이끌어진다. 서술격 조사 '이다'로 끝난 간접 인용절에서는 '이다고'가 아니라 '이라고'로 나타난다. 머릿속의 생각은 간접 인용이 원칙이고 더 자연스럽다.

㉠ 밥 먹으러 가자고 하는데 어떻게 할까?
㉡ 나원이가 중학교 국어 교사라고 한다.

[직접 인용절을 간접 인용절로 고치기]

선생님께서 "오늘 수업 끝나고 다 남아!"라고 말씀하셨어.
→ 선생님께서 오늘 수업 끝나고 다 남으라고 말씀하셨어.

직접 인용절을 간접 인용절으로 바꾸기 위해서는 큰따옴표(" ")를 없애고 간접 인용 조사 '고'를 붙인다. 이때 인용절의 종결 표현에 따라 간접 인용절 어미는 달리 선택되며, 상대 높임법은 중화된다. 그리고 화자의 관점에서 기술되기 때문에 인칭 대명사나 시간 표현이 달라진다.

[평서문/감탄문] 서술어의 어미를 '-다'로 바꾸고 '고'를 붙임. -다, -구나 → -다고, -(으)마 → -겠다고
[청유문] 〃 '-자' 〃 '고' 〃 -자 → -자고
[명령문] 〃 '-으라' 〃 '고' 〃 -아라 → -(으)라고
[의문문] 〃 '-느냐' 〃 '고' 〃 -(느)냐고
단, 의문문에서 인용절의 서술어가 형용사이거나 서술격 조사일 경우는 '-냐'로 바꾼다.

2) 이어진문장

둘 이상의 절들이 나란히 이어진 문장. 이어지는 방법에 따라서 대등적으로 이어진 문장과 종속적으로 이어진 문장으로 나뉜다. 두 절은 연결 어미에 의하여 이어지는데, 이 때 선행절과 후행절이 갖는 의미 관계가 중요한 변별 기준이 된다.

※ 본용언과 보조 용언의 구성으로 된 문장은 홑문장으로 본다. (예) 용우는 지금 책을 읽고 있다.

(1) 대등적으로 이어진 문장: 선행절(접속절)과 후행절의 의미 관계가 독립적일 뿐만 아니라, 선행절과 후행절이 문법적으로도 대등하게 별개의 절로 독립되어 있다. 대등적으로 이어진 문장에서 선행절과 후행절은 '나열, 대조, 선택' 등의 의미 관계를 갖는다. 연결 어미 '-고, -며'(나열), '-지만, -나'(대조), '-든지'(선택) 등으로 실현된다.

㉠ 슬혜는 취업하였고, 하니는 대학에 진학하였다. (나열)

㉡ 아형이는 음악을 들으면서 수학 문제를 푼다. (동시)

㉢ 절약은 부자를 만드나, 절제는 사람을 만든다. (대조)

㉣ 산으로 가든지 바다로 가든지 어서 결정합시다. (선택)

※ 선택 관계는 연결 어미가 중첩되는 경우가 많다.

〈참고〉 문장의 이어짐과 단어의 이어짐 비교(접속 조사 참조)

1. 문장의 이어짐(이어진문장)

(1) 주어가 접속 조사로 이어져 있고, 이에 대한 서술어가 하나 밖에 없는 경우

(예) 광현이와 별이는 대학을 졸업하였다.

(2) 목적어가 접속 조사로 이어져 있는 경우

(예) 광현이는 영어와 독일어를 할 줄 안다.

(3) 두 성분이 동시에 접속 조사로 연결될 수 있다.

(예) 서원이와 명선이는 각각 서천과 완도에 산다.

(4) 한 쪽의 서술어가 생략된 경우도 있다.

(예) 인애는 소설을, 진성이는 신문을 읽었다.

2. 단어의 이어짐(홑문장)

· 대칭 동사(=상호동사)일 때가 대부분. 동사(마주치다, 부딪치다, 만나다, 대면하다, 싸우다, 닮다), 형용사(같다, 비슷하다, 다르다) 등.

ㄱ. 준수와 태욱이가 골목에서 마주쳤다.(부사격 조사)

ㄴ. 경현이는 슬기와 닮았다.(부사격 조사)

3. 경우에 따라 '과/와'가 어떤 용법으로 쓰였는지 구별하기 어려울 때는 의미에 따라 구별한다.

ㄱ. 수현이와 희성이가 오늘 아침에 진도로 떠났다.

ㄴ. 다정이와 다감이가 오늘 결혼한다.

ㄱ'. 수현이와 희성이가 오늘 아침에 각각 완도로 떠났다.(이어진문장)

수현이와 희성이가 오늘 아침에 함께 완도로 떠났다.(홑문장)

ㄴ'. 다정이와 다감이가 오늘 각각 다른 사람과 결혼한다.(이어진문장)

다정이와 다감이가 오늘 둘이 결혼한다.(홑문장)

(2) 종속적으로 이어진 문장: 선행절과 후행절의 의미 관계가 독립적이지 못하고 선행절(종속절)이 후행절(주절)에 의존한다.

① 종속적 연결 어미에 의해 이어진 문장

㉠ 봄이 오면, 꽃이 핀다.(조건)

㉡ 내가 먹을진대, 누가 뭐라 하겠는가?(배경)

㉢ 저는 속을지언정 남을 속여서는 못쓴다.(양보)

㉣ 모든 것이 볼수록 들을수록 기가 막힐 뿐이다.(더함)

㉤ 그 누가 그 일을 한다 하더라도 난 전혀 상관 않고 싶다.(양보)

② '-기 때문에, -는 가운데, -는 중에'와 같이 명사절, 관형사절로 된 것.

㉠ 비가 오기 때문에, 길이 질다.

㉡ 비가 오는 가운데, 행사는 예정대로 열렸다.

㉢ 소가 가는 곳에, 말도 간다. / 비가 오는 중에, 가끔 번개가 쳤다.

(3) 이어진문장의 통사적 차이(고영근 · 구본관, 2008:489)

※ 대등적으로 이어진 문장과 종속적으로 이어진 문장의 이런 차이는 선행절과 후행절의 의미상의 독립성과 관련이 있다.

① 대등적으로 이어진 문장은 앞뒤 절의 자리를 서로 바꾸어도 의미상 큰 차이가 없지만 종속적으로 이어진 문장은 자리를 바꾸면 커다란 의미 변화가 일어난다.[2)]

㉠ 인생은 짧고 예술은 길다. ≒ 예술은 길고, 인생은 짧다.

㉡ 봄이 오면 꽃이 핀다. ≠ ?꽃이 피면 봄이 온다.

② 대등적으로 이어진 문장에서는 후행절의 요소를 선행절에서 일반 대명사나 재귀대명사로 나타낼 수 없지만 종속적으로 이어진 문장에서는 가능하다.

㉠ *자기 동생은 열심히 일했고, 서영이는 놀기만 했다.(자기=서영)

㉡ 자기 동생이 열심히 일해서 서영이는 기분이 좋더라.(자기=서영)

③ 대등적으로 이어진 문장에서는 선행절과 후행절에 '대조'나 '주제'의 보조사 '은/는'이 결합될 수 있지만 종속적으로 이어진 문장에서는 가능하지 않다.

㉠ 인생은 짧고, 예술은 길다. ㉡ *봄은 오면 꽃은 핀다.

④ 대등적으로 이어진 문장은 선행절을 후행절 속으로 자유롭게 이동시킬 수 없지만 종속적으로 이어진 문장은 가능하다.

㉠ 인생은 짧고, 예술은 길다. → *예술은, 인생은 짧고, 길다.

㉡ 봄이 오면, 꽃이 핀다. → 꽃이, 봄이 오면, 핀다.

(4) 이어진문장과 문법 현상

① 선행절과 후행절에 같은 말이 있으면, 후행절에서 그 말이 대치되거나 생략된다.

㉠ 나는 은애를 자주 만나지만, 그녀를 좋아하지는 않는다.(대치)

㉡ 나는 은애를 자주 만나지만, 좋아하지는 않는다.(생략)

② 선행절과 후행절의 서술어가 같으면 선행절의 서술어가 생략되거나, 후행절의 서술어가 '그러하다'로 대치된다.

---

2) ㉠ 형이 왔고, 우리는 그제야 안심했다. ≠ 우리는 그제야 안심했고, 형이 왔다.
㉡ *우리는 그제야 형이 왔고 안심했다.
'-고'에 의해 이어진 문장이라 하더라도 시간적인 전후관계의 의미를 가질 때에는 선행절과 후행절의 순서를 바꾸면 의미의 차이가 크게 드러나거나 문장이 성립하지 않는 경우도 있다[㉠의 경우]. 이런 경우는 대등적으로 이어진 문장이 아니라 종속적으로 이어진 문장으로도 분류할 수 있다. 그러나 시간적인 선후관계를 나타내기 때문에 의미의 독립성이 강하지 않다고 하더라도 선행절이 후행절 속으로 이동이 가능하지는 않다[㉡의 경우]. 따라서 '-고'가 사용된 이어진 문장이라 하더라도 전적으로 종속적으로 이어진 문장으로 분류하기가 곤란하다는 것을 보여준다.(고영근 · 구본관, 2008:489~492) 〈참고〉 2000년 임용고사 문제 5-2 '밥을 먹고 집에 간다.'에서 '-고'를 종속적 연결 어미로 처리함.

㉠ 예지는 광주로, 해강이도 광주로 갔다.(생략)

㉡ 예지는 광주로 가고, 해강이도 그랬다.(대치)

③ 원인을 나타내는 '-아서/-어서' 등의 연결 어미는 명령형과 청유형에 결합하지 못한다.

㉠ *피곤해서 좀 쉬자.

㉡ *저 사람을 믿을 만해서 그에게 부탁해라.

④ 선행절과 후행절의 두 사건이 거의 동시에 일어나거나, 선행절 사건이 항상 먼저 일어남을 나타내는 '-고서, -아서, -(으)ㄴ들, -건대, -자, -(으)ㄹ수록' 등은 시제를 나타내는 '-았-, -겠-, -더-' 등의 어미가 붙지 않는다.

(예) *한 시간 동안 일을 했고서 쉬었다.

⑤ '-느니, -지만, -되'는 의문형과 결합하지 못하며, '-거든'은 평서형이나 의문형과 함께 쓰이지 못한다.

㉠ *비가 그쳤지만 아직 날이 개지 않았느냐?

㉡ ?비가 그치거든 떠난다.

⑥ '-느라고, -고서, -고자, -면서, -(으)려고, -아서/-어서'는 선행절과 후행절의 주어가 항상 같아야 하므로 후행절의 주어가 언제나 생략되어 있다.

㉠ 현철이는 어제 그 소식을 듣고서 (*예지는/현철이는) 곧 떠날 준비를 하였다.

㉡ 현숙이는 노래를 들으면서 (*슬하니는/현숙이는) 책을 읽는다.

⑦ '-자'는 선행절과 후행절의 주어가 반드시 달라야 한다.

(예) 경민이가 약속을 지키지 않자 {가연이/*경민이}가 토라졌다.

3.3.4. 문법 요소

1. 종결 표현

※ ① 종결 어미의 기능 ② 문장의 종류와 어미 ③ 각 유형의 문장을 간접 인용절로 바꿀 때의 변화 ④ 의문문의 특성 ⑤ 전형적 청유문

• 종결 어미: 국어의 문장은 종결 표현에 따라 전체 문장의 의미가 좌우된다. 이러한 국어의 종결 표현을 구체적으로 결정하는 것이 종결 어미이다. 이 종결 어미는 상

대 높임법을 표시해 주고, 평서문, 의문문 등 문장 종류를 결정하는 두 가지 기능을 수행한다.

※ 학교 문법에서 국어 문장의 종류: 평서문, 의문문, 명령문, 청유문, 감탄문

1) 평서문: 화자가 청자에게 특별히 요구하는 바 없이 단순하게 정보를 전달하고 문장.

(1) 평서형 종결 어미

격식체				비격식체	
해라체	하게체	하오체	하십시오체	해체	해요체
-다 -(으)마, -(으)ㄹ게	-네 -(으)ㅁ세	-오	-(습/ㅂ)니다	-아/어, -네, -지, -데, -대, -(으)오, -소, -(으)이	-아/어요, -네요, -지요, -데요, -대요

※ -(으)마, -(으)ㄹ게, -(으)ㅁ세: 약속의 평서형, -지: 청자가 알고 있는 사실을 확인할 때 쓰는 종결 어미, -네: 담화 현장에서 새로 알게 된 사실을 나타낼 때 쓰는 종결 어미. -데: 자신이 경험한 것을 나중에 회상하면서 쓰는 종결 어미. -대: 남의 말이나 글을 인용하여 다른 사람에게 전달할 때 쓰는 종결 어미

(2) 성격

① 평서문은 종결 어미 '-다'로 나타나는 것이 일반적이며, '-는-/-ㄴ-, -었-, -겠-' 등의 선어말 어미가 앞서는 것이 보편적이다. 다만, 신문 기사 또는 일기 등의 제목에 '어간+-다' 형태가 쓰이기도 하는데, 이런 문장은 단독적 장면(청자가 발화 맥락상에 존재하지 않음)에서 현장감을 살리고자 할 때 주로 쓰인다.

㉠ 아침 일찍 집에 돌아오다. ㉡ 한라산 정상에 가장 먼저 올라갔다.

② 평서문은 상대 높임의 등분(해라체/하게체/하오체/하십시오체; 해체/ 해요체)을 가진다. (예) 비가 {온다/오네/오오/옵니다;와/와요}.

③ 평서문은 어떤 종결 어미로 종결되었더라도 간접 인용절로 안길 때는 종결 어미가 모두 '-다'('이다'의 경우에는 '-라')로 바뀐다. 다만 약속의 평서형 어미는 간접 인용절로 안길 때 '-겠-'이 삽입된다. '-다고/-라고 하다'와 같은 형식

㉠ (선재) "선생님께서 어제 제주도에 다녀오셨다."

→ 선재는 선생님께서 어제 제주도에 다녀오셨다고 말했다.

㉡ (소현) "지연이는 어제 시골에 다녀왔습니다."

→ 소현이는 지연이가 어제 시골에 다녀왔다고 말했다.

㉢ (예지가 지윤이에게) "내가 대신 가 {줄게/주마}."

→ 예지는 지윤이에게 자기가 대신 가겠다고 말했다.

(3) 종류

※ 원칙, 확인, 약속은 서법과 관련되는데, 서법(敍法, mood)은 화자가 사태를 객관적, 주관적, 강조적으로 파악하는 태도(즉, 화자의 심리적 태도)가 일정한 선어말 어미에 의해 나타남을 뜻한다.

① 원칙 평서문: '-느니라'. 누구든지 승복할 만한 객관적 믿음을 청자에게 일깨워 주고자 할 때에 쓰인다. 원칙법은 평서문에만 나타난다.

(예) 그런 말을 해서는 안되느니라.

② 확인 평서문: '-것-/-(으)렷(←리+엇)다' (해라체의 평서문에서 나타남). 주관적 믿음을 바탕으로 사태를 확정적으로 판단할 때 쓰인다. 독백과 같은 말투에서 많이 쓰이며, 주관적 믿음을 표시할 때에는 '-(으)렷다'가 쓰인다.

※ 중세 국어에서는 확인법(–거–/–어–)이 쓰이면 과거 시제를 나타냈으나, 현대 국어에서 확인법의 시제는 대체로 발화시에 일치한다.

㉠ 그 말이 틀림없으렷다. 〈참고〉 추측: 틀림없으리라.

㉡ 공부도 했것다, 자신감도 있것다, 무슨 걱정이니?

㉢ 지금쯤 성남에는 비가 오것다.

③ 약속 평서문: '-(으)마, -ㄹ게'(해라체), '-(으)ㅁ세'(하게체). 자기의 의사를 상대방에게 베풀어 그 실현을 기꺼이 약속할 때 쓰인다. 오늘날은 '해라'체인 '-(으)마, -ㄹ게'만 실용되고 있다.

※ 학교 문법에서는 평서형 종결 어미의 일종으로 처리하나 학자에 따라서는 약속법을 세우기도 한다.

㉠ 나도 너를 곧 따라가마(해라체) ㉡ 곧 따라감세(하게체)

㉢ 그 일은 내가 해 줄게(해체)

2) 의문문: 화자가 청자에게 질문하여 대답을 요구하는 문장

(1) 의문형 어미

격식체				비격식체	
해라체	하게체	하오체	하십시오체	해체	해요체

-(느)냐/-(으)냐 -니/-(으)니, -더냐 /-디	-나, -는가	-오	-습니까/-ㅂ니까	-아/어, -나, -(으)ㄴ가, -는가, -지, -는지, -(으) ㄹ까, -(으)ㄹ래,	-아/어요, -나요, -(으)ㄴ가요, -는가요, -지요, -(으)ㄹ까요, -(으)ㄹ래요

(2) 종류

※ 중세 국어에서는 어미에 의해 판정 의문문과 설명 의문문이 구분되었고, 인칭에 따라 의문형 어미가 달리 선택되기도 하였으며 체언 의문문이 있었으나 현대 국어에서는 이런 일이 없다.

① 설명 의문문: 의문사가 포함됨. 의문사가 가리키는 내용에 대한 설명을 요구하는 의문문.

(예) 호성이는 언제 오느냐?(↘) 누가 가나요?(↘)

② 판정 의문문: 의문사 없이 단순히 긍정이나 부정의 대답을 요구하는 의문문

(예) 은채가 대학생이니?

〈참고〉 ㉠ 누가 왔어요?(서술어에 초점)(↗) / 네, 왔어요./ 아니요, 안 왔어요.

㉡ 누가 왔어요?('누가'에 초점)(↘) / 철수가 왔어요.

③ 선택 의문문: 둘 또는 그 이상의 선택항 중에서 하나를 골라서 응답하기를 요구하는 의문문. 대답 내용을 말해야 한다는 점에서는 설명 의문문과, 내용의 범위가 한정된다는 점에서는 판정 의문문과 유사하다. (예) 밥 먹었냐, 라면 먹었냐?(⌒)

④ 수사 의문문: 굳이 대답을 요구하지 않고 서술이나 명령의 효과를 내는 의문문. 형태는 의문문이나 의미상으로는 의문문이 아닌 의문문. 간접 화행.

(예) 누가 그것도 모를까?

가. 반어 의문문: 겉으로 나타난 의미와는 반대되는 뜻을 지니는 의문문으로, 강한 긍정 진술을 내포하는 것이 보통이다.

(예) 너에게 그것도 못 해 주겠니?[의문 → 평서(강한 단언. 해 줄 수 있다)]

나. 감탄 의문문: 감탄의 뜻을 지니는 의문문. 긍정적 내용을 더욱 강하게 긍정하는 의문문. 느낌표가 붙는 경우가 많다.

(예) 이 얼마나 아름다운가? / 어쩜 이리도 고울까!(의문/감탄→감탄/평서)

다. 명령 의문문: 명령, 권고, 금지의 뜻을 지니는 의문문

(예) 빨리 가지 못하겠느냐?(명령) / 얘, 그런 짓은 왜 하니?(금지) / 더 기다리지 못하겠니?(강한 권고나 명령)

※ 명령문으로 바꿀 수 있어서 같은 범주에 소속될 가능성도 있다. 각각 '빨리 가라, ~하지 마라, 더 기다려라.'

[확인 의문문과 부가 의문문]

1. 확인 의문문 또는 부가 의문문(평서문을 확인하는 기능)

ㄱ. 남아 있던 떡 네가 먹었지? ㄴ. 찬영이가 토요일에 결혼한다지?

ㄷ. 예지는 대구에 갔지 않니?

2. 요청 의문문: 요청이나 명령의 의도를 전달하는 간접 화행. (예) 문 좀 닫아 주시겠어요?

3. 확인 의문문/부가 의문문의 '-지 않니(-잖니)'와 장형 부정 의문문 '-지 않다'

1) 억양: 확인 의문문은 하강조, 장형 부정 의문문은 상승조.

2) 과거 선어말 어미가 개재될 때 확인 의문문에서는 본동사 어간에 붙지만, 장형 부정 의문문에서는 '아니하(않)-' 뒤에 붙는다.

ㄱ. (확인 의문문) 지윤이는 (벌써) 갔지 않니?(↘)

ㄴ. (장형 부정 의문문) 지윤이는 (아직) 가지 않았니?(↗)

3) 장형 부정 의문문은 평서문으로 쓸 수 있지만 확인 의문문은 의문문으로만 가능하다.

ㄱ. (장형 부정 의문문) 지윤이가 (아직) 가지 않았다.

ㄴ. (확인 의문문) *지윤이가 (벌써) 갔지 않다.

4) 확인 의문의 '-지'와 '-지 않니'

ㄱ. 우리 수학여행 가서 재미있었지?

ㄴ. 우리 수학여행 가서 재밌었지 않니? ('-지'에 비해 '확인'의 의미가 더 강해서 거의 '확신'하고 묻는 형식이다.)

④ 의문문의 성격

가. 대표적인 어미는 '-느냐'이고, '-니(← -느냐)/-디(← -더냐)'는 비격식체이다.
(예) 너도 지금 떠나겠느냐?

나. '-나'가 인쇄물에 사용되어 평서문의 '하라체'에 대응하는 의문문을 구성할 수도 있다. (예) 중등교육 어디까지 왔나?

다. 의문문의 상황적 의미: 의문문은 상황에 따라 물어 보는 것이 아닌, '명령'이나 '권고', '금지' 등의 의미를 나타낼 수 있다.(간접화법)
(예) 빨리 가지 못하겠느냐?(명령, 권고)

라. 의문문과 억양: 의문문은 주로 의문사와 의문형 어미에 의해 표현되지만 억양에 의해 표현되는 경우도 있다. 해체와 해요체는 평서문과 의문문의 어미가

같아서 억양에 의해 구별된다. 원칙적으로는 의문사나 의문형 어미가 사용되어 의문문을 구성하는 것이 일반적이다. 대개 하향이면 평서문이나 청유문, 상향이면 의문문, 수평이면 명령문으로 파악되곤 한다.

(예) 날씨가 좋아(요).(↘평서문)/날씨가 좋아(요)?(↗의문문)/밥 먹어→ (명령)

⑤ '-어'와 '-지'의 비교

가. '-어'는 화자가 모르는 사실을 청자에게 물어보는 일반 의문문에, '-지'는 화자가 이미 알고 있는 사실을 청자에게 '확인'하는 확인 의문문에 쓰인다. 따라서 '-지'는 화자가 이미 알고 있는 지식을 표현한다.

㉠ 너 지금 집에 가? ㉡ 너 지금 집에 가지?

나. '-어'는 선택 의문문에 사용되지만 '-지'는 그렇지 않다. 이것도 이미 알고 있는 지식을 표현한 것이기 때문이다.

㉠ 너는 집에 가, 안 가? ㉡ *너 집에 가지, 안 가지?

다. '-어'에 비해 '-지'는 우호적이고 다정한 어감을 주며(㉠, ㉡), 평서문에서 '-지'는 화자/청자의 미래 행위에 대한 제안(㉢) 또는 청자의 행위에 대한 기원이나 바람(㉣)을 나타내기도 한다.

㉠ 지금 무슨 말 했어(요)? ㉡ 지금 무슨 말 했지(요)?

㉢ 이 일은 우리가 하지. ㉣ 나도 좀 주지.

⑥ '-(으)ㄹ래'와 '-(으)ㄹ까'의 비교

가. -(으)ㄹ래

평서문에서는 화자의 의도를 나타내는데, 1인칭 주어와만 어울린다. 의문문에서는 청자의 행위에 대한 청자의 의도를 물어보는데, 2인칭 주어와만 어울린다.

㉠ {나는/*너는/*준현이} 안 갈래.

㉡ {*나는/너는/*준현이는} 졸업하고 무슨 일을 할래?

나. -(으)ㄹ까

일반 의문문은 청자의 확실한 대답을 요구하나(㉠), '-(으)ㄹ까'는 청자의 추측에 대한 질문으로 확실한 대답을 요구하지 않는다(㉡). 또한 화자의 미래 행위에 대한 청자의 의도나 의견을 물어보는 데에 쓰이는데, 이때에는 1인칭 주어만 가능하다(㉢). 만일 2,3인칭 주어이면 청자의 추측에 대한 질문이 된다.

㉠ 성민이는 언제 졸업하냐?　　　　㉡ 성민이는 언제 졸업할까?

㉢ {내가/*네가/*명철이가} 갈까?

3) 명령문: 화자가 청자에게 어떤 행동을 하도록 요구하는 문장으로 청자가 주어가 되므로 주어가 생략되는 경우가 많다.

(1) 명령형 어미

격식체				비격식체	
해라체	하게체	하오체	하십시오체	해체	해요체
-아라/-어라	-게	-오, -구려	-(으)십시오	-아/-어, -지	-아요/-어요

(2) 성격

① 제약: 주어는 항상 청자가 되고, 서술어로는 동사만이 올 수 있으며, 시간 표현의 '-었-, -더-, -겠-'과 함께 나타나는 일이 없다.

② 명령문의 대표적인 어미는 '-어라/-아라'이고, '-거라'가 쓰이기도 한다. 불완전동사 '달다'에서는 '다오'로 되기도 하며, '오다'에는 '-너라', '하다'에는 '-여라'가 쓰인다.

③ 상대 높임법의 등분을 '해라체, 하게체, 하오체, 하십시오체'로 부르는 것은 바로 명령형 어미에 근거한 것으로 '해체'와 '해요체'는 그 자체가 명령형 어미들이다.

④ 명령문의 의미는 상대 높임법에 따라 의미가 조금씩 달라지는데, '해라체'에서는 '시킴'이나 '지시'의 의미가 있으나, '하게체' 이상에서는 '권고'나 '제의', 나아가 '탄원'의 의미로 해석될 때도 있다. 하지만, 간접 명령문에서는 단순한 '지시'의 의미만 나타난다.

※ 명령은 '-아/어 주다'를 사용함으로써 완곡하게 표현하기도 한다. (예) 환자분, 3번 진료실로 들어가세요. → 환자분, 3번 진료실로 {들어가시지요/들어가 주세요/들어가 주시겠습니까?/들어가 주셨으면 합니다}. 그러나 '-ㄹ게요'는 명령형 어미가 아니다. (예) *환자분 안으로 들어가실게요.

⑤ 명령문은 어떤 종결 어미로 종결되었더라도 간접 인용절로 안길 때에는 종결 어미가 모두 '-(으)라'로 바뀐다. (예) 물음에 알맞은 답의 번호를 고르라고 하셨다.

(3) 종류

① 직접 명령문: 얼굴을 서로 맞대고 하는 명령문. 어미는 '-아라/-어라'

(예) 지체 말고 빨리 가 보아라. (비교. 보라)

② 간접 명령문: 단독적 장면에서 주로 쓰인다. 대면하지 않는 불특정 다수에게 명령하거나, 대면한다고 하여도 청자와 매우 공식적인 거리를 두어 격식적으로 표현하는 명령이다. 청자를 의식하지 않거나 희미하게 의식하는 명령문. 매체를 통한 명령문. 어미는 '-(으)라'

(예) 정부는 난민 대책을 조속히 수립하라. (비교. 수립해라)

③ 허락 명령문: 허락의 뜻을 나타내는 명령문. 어미는 '-(으)려무나, -(으)렴'. 부정적인 말일 때는 안 쓰임. (예) 너도 한 번 읽어 보려무나.

④ 경계 명령문: 청자로 하여금 조심하라고 경계 명령을 전달하는 의미를 지니는 명령문. 어미는 -(으)ㄹ라. (예) 그러다 넘어<u>질라</u>. / 아가, 감기 걸<u>릴라</u>.

※ 경계문을 별로로 설정하기도 하고, 평서문에 포함시키기도 한다.

4) 청유문: 화자가 청자에게 어떤 행동을 함께 할 것을 요청하는 문장.

(1) 청유형 어미

격식체				비격식체	
해라체	하게체	하오체	하십시오체	해체	해요체
-자	-세	-ㅂ시다	-시지요	-아/-어	-아/-어요

(2) 성격

① 제약: 주어에 화자와 청자가 함께 포함되고, 서술어로는 동사만 올 수 있으며, 시간 표현의 '-었-, -더-, -겠-'과 함께 나타나는 일이 없다.

② 청유형의 의미

가. 전형적 청유문: 같이 할 것을 제안하는 의미

(예) 출발 시간이 얼마 안 남았으니 빨리 가자.

나. 비전형적 청유문: 청자의 행동·수행을 제안하는 의미. 간접 화행의 일종이다. 청유형 종결 어미가 쓰였고, 보통의 청유문과 같이 청자에게 어떠한 협조를 부탁한다는 의미를 담고 있기 때문에 청유문에 포함시킨다.

㉠ 차례 좀 지킵시다./얘들아, 조용히 좀 하자.(청자의 행위만 언급: 청유 → 명령)

㉡ 내립시다.(화자의 행위만 언급: 청유 → 평서)

③ 청유문은 어떤 종결 어미로 종결되었더라도 간접 인용절로 안길 때에는 종결

어미가 모두 '-자'로 바뀐다. (예) (성현이가) 차례 좀 지키자고 말했다.

5) 감탄문: 화자가 청자를 별로 의식하지 않고 자신의 느낌을 표현하는 문장.

(1) 감탄형 어미

격식체				비격식체	
해라체	하게체	하오체	하십시오체	해체	해요체
-구나, -어라	-구먼	-구려		-군/-어	-군요

① 동사: '-었-, -는-, -겠-, -더-' + '-구나'

② 형용사: '-었-, -겠-, -더-' + '-구나'

③ 서술격 조사: '-구나/-로구나'

(2) 성격

① 감탄문이 간접 인용절로 안길 때는, 종결 어미가 모두 '-다'로 바뀐다. 이런 면에서 감탄문은 평서문의 한 갈래로 볼 수도 있다.

(예) 현지는 노래도 잘 부르는군! → 나는 현지가 노래도 잘 부른다고 말했다.

② '-어라(-어)' 감탄문

가. 주체가 화자이면서, 서술어가 형용사일 때 '-어라(-어)'가 쓰인다.

(예) 아이고! 추워라!(추워!)

나. 본래 명령형 어미로서의 '-아라/-어라'는 동작 동사의 과거 시제 선어말 어미 '-았-/-었-'과 함께 올 수 없지만 명령의 의미가 아닌 감탄의 의미이면 '-았-'이 쓰일 수 있다.

(예) 함께 살고 같이 누릴 삼천리 강산에, 아아, 우리들은 살았<u>어라</u>.

③ '-네'와 '-구나' 비교

가. 두 어미 모두 지각에 의해 새로 알게 된 사실을 표현하는 데 쓰인다.

㉠ 벌써 가 버렸네. ㉡ 벌써 가 버렸구나.

나. '-네'는 새로운 정보의 획득 방법에 초점이 있는 반면, '-구나'는 새로운 정보를 획득하는 과정에 초점이 있다.

㉠ ??너는 어제 밤샘해서 졸리네. ㉡ 너는 어제 밤샘해서 졸리구나.

다. 두 어미 모두 '-더-'처럼 새로 알게 된 사실에 쓰이기 때문에 1인칭 주어와 함께 쓰이지 못한다(㉠). 그러나 그것이 새로 알게 된 사실이라면 1인칭 주어와 함께 쓰일 수 있다(㉡).

㉠ {*나는/너는/나래는} 학생{이네/이구나}.

㉡ 내가 달리기를 제일 {잘하네/잘하구나}.

※ 억양에 따른 문장 유형

· 밥 먹어 ☞ 밥 먹어 ↘ (평서문, 강한 명령), 밥 먹어 ↗ (의문문), 밥 먹어 → (명령문), 같이 밥 먹어 ↘ (청유문), 드디어 밥 먹어 → (감탄문)

· 집에 가 ☞ 집에 가 ↘ (평서문), 집에 가 ↗ (의문문), 집에 가 → (명령문), 같이 집에 가 ↘ (청유문), 드디어 집에 가 → (감탄문)

6) 간접 화행: 문장 유형과 화행이 일치하지 않는 경우. 수사 의문문이 대표적이며, 비전형적 청유문도 간접 화행의 일종이다. 이 외에도 다음과 같은 예를 더 들 수 있다.

㉠ (연인 사이) 아, 추워.[평서→청유(따뜻한 곳으로 가자.), 명령(옷 벗어 줘.)]

㉡ (겨울에) 바람 들어온다.[평서→명령(문 닫아라.)]

2. 높임 표현(경어법)

※ ① 높임법의 종류 ② 화자와 주체, 청자, 객체의 관계 ③ 상황에 따른 높임법의 변동 ④ 중세 국어와 차이점

· 개념: 화자가 어떤 대상이나 청자에 대하여 그의 높고 낮은 정도에 따라 언어적으로 구별하여 표현하는 방식이나 체계.

※ 높임법은 일차적으로 화자가 청자나 주체, 객체 등을 높이겠다는 의도가 있어야 한다.

· 실현: 문장 종결 표현, 선어말 어미 '-(으)시', 조사 '께, 께서', 특수 어휘 '계시다, 드리다, 진지, 말씀 등'에 의해 실현된다.

· 종류: 상대 높임법, 주체 높임법, 객체 높임법, 어휘적 높임법

1) 상대 높임법 (청자 경어법)

(1) 실현: 청자의 사회적 지위나 나이 등에 따라서 화자가 청자를 높이고 낮추는 방법이다. 종결 어미로 실현되며, 국어 높임법 중 가장 발달하였다.

<table>
<tr><th colspan="3">구분</th><th>평서형</th><th>의문형</th><th>명령형</th><th>청유형</th><th>감탄형</th></tr>
<tr><td rowspan="4">격식체</td><td>아주 높임</td><td>하십시오체</td><td>하십니다</td><td>하십니까</td><td>하십시오</td><td>하시지요</td><td>·</td></tr>
<tr><td>예사 높임</td><td>하오체</td><td>하오</td><td>하오</td><td>하오</td><td>합시다/하십시다</td><td>하구려</td></tr>
<tr><td>예사 낮춤</td><td>하게체</td><td>하네</td><td>하나, 하는가</td><td>하게</td><td>하세</td><td>하구먼</td></tr>
<tr><td>아주 낮춤</td><td>해라체</td><td>하다</td><td>하느냐, 하니, 하지</td><td>해라
(하여라)</td><td>하자</td><td>하구나</td></tr>
<tr><td rowspan="2">비격식체</td><td>두루 낮춤</td><td>해체(반말체)</td><td>해</td><td>해</td><td>해</td><td>해</td><td>해, 하군</td></tr>
<tr><td>두루 높임</td><td>해요체</td><td>해요</td><td>해요</td><td>해요</td><td>해요</td><td>하는군요</td></tr>
</table>

(2) 종류

① 격식체: 공식적이고 청자와 다소 거리를 두고 예의를 갖추는 상황에서 쓰인다. 의례적 용법으로 심리적인 거리감을 나타낸다.

② 비격식체: 사적이고 청자와 가까운 상황에서 쓰인다. 청자와의 친밀감을 나타내며, 정감적이고 격식을 덜 차리는 표현이다.

(예) (손녀가 할아버지에게) 할아버지, 식사하셨어?(해체: 친밀감을 드러냄)

③ 공손법: 화자가 특별히 공손한 뜻을 나타냄으로써, 즉 자기 자신을 낮추면서 상대방에게 공손한 태도를 보이기 위한 표현 방법. 어미 '-(으)옵-/-(으)오-, -사옵-/-사오-; -잡-/-자옵-/-자오-'가 쓰인다. 특수 어휘가 쓰이기도 한다. 저(희), 소자(小子), 졸고(拙稿), 비견(鄙見) 등.

㉠ 변변치 못한 물건이오나, 정으로 보내 드렸사오니, 받아주옵소서.

㉡ 선생님, {저희/*우리}가 가겠습니다.

[상대 높임법]

1. 상대 높임법의 단계

ㄱ. 괜찮습니다, 선생님. 산책 나온 셈 치십시오. ☞ 하십시오체(-십시오, -소서, -나이다, -ㅂ니다, -올시다 등)

ㄴ. 이 얘기를 어째서 계속하여야 하는지 모르겠구려. ☞ 하오체(-오, -소, -구려, -리다 등)

ㄷ. 내가 너무 흥분하였던 것 같네. ☞ 하게체(-게, -네, -나, -ㅁ세, -는가, -세 등)

ㄹ. 가는 대로 편지 보내마. ☞ 해라체(-어라, -느냐, -다, -자, -마, -니, -려무나 등)

ㅁ. 그러면 그렇지. ☞ 해체(-어, -야, -지, -나 등)

ㅂ. 어제는 비가 많이 왔지요? ☞ 해요체(-어요, -지요, -군요, -ㄹ게요, -ㄹ까요)

참고로 '해라체'와 구별되는 '하라체'(간접 명령)도 있다. 하라체는 '교과서 왜곡을 일삼는 일본은 각성하라', '동강 댐 건설 계획을 중단하라'처럼 명령법에서 구호 표현에 제한적으로 쓰인다.

2. 상대 높임법 표현의 다양한 사용 양상

ㄱ. 그런 말씀하시면 안 됩니다. 저에게는 그런 말씀하셔선 안 돼요.

ㄴ. 손을 몹시 떠는군요. 나처럼 두 손을 합장하고 무릎 위에 놓으시오. 얼마간은 괜찮을 겁니다.

위의 예문들은 한 사람이 연속적으로 말을 할 때 여러 단계의 상대 높임법이 사용될 수 있음을 보여 준다. (ㄱ)에서 앞 문장의 종결 표현은 '-ㅂ니다'로 '하십시오체'인데, 뒷문장은 보조사 '요'가 쓰였으므로 '해요체'이다. (ㄴ)에서 첫 문장은 '해요체', 둘째 문장은 '하오체', 마지막 문장은 '하십시오체'로 구성되어 있다. 여기에서는 '하십시오체'와 '하오체' 및 '해요체' 등이 섞여 쓰이는 양상이 드러나 있는데, 화자와 청자 사이에 부드럽고 자연스러운 대화가 이루어질 수 있도록 상대 높임법을 상황이나 의도에 맞게 적절히 사용한 것이다. [지도서, p.213]

2) 주체 높임법: 화자보다 서술어의 주체(주어 명사구가 가리키는 대상)가 나이나 사회적 지위 등에서 상위자일 때, 서술어의 주체를 높이는 방법.

(1) 실현: 주체 높임 선어말 어미 '-(으)시-', 주격 조사 '께서', 접사 '-님', 몇 개의 특수한 어휘(계시다, 잡수시다, 주무시다, 돌아가시다)에 의해 실현되기도 한다. '-(으)시-'는 높여야 할 주체가 주어와 밀접한 관계를 맺을 경우에도 쓰인다.[3)]

(2) 종류

① 직접 주체 높임법: 화자가 문장의 주체가 되는 대상을 직접 높이는 방법.

---

3) 주체 높임의 '-(으)시-'는 나이, 사회적 지위, 신분의 높고 낮음에 따른 사회규범적인 격식 표현 이외에도 화자와 주체 사이의 개별적 혹은 개인적 관계를 표현하는 기능도 가지고 있다(남기심 · 고영근, 1993: 328~331).

가. 용언의 어간에 높임 선어말 어미 '-시-'가 붙고, 문장의 주체는 접미사 '-님'이나 주격 조사 '께서, 께옵서' 등이 붙어 '-시-'와 호응한다.

㉠ 어머니, 선생님께서 오십니다.(주어 = 제삼자)

㉡ 선생님, 선생님께서도 오셨군요.(주어 = 청자)

나. 화자가 문장의 주어가 될 수 있지만 높임의 대상은 되지 않는다.

㉠ *선생님, 제가 노래를 부르시겠습니다.

㉡ (선생님이 제자에게) *나는 젊었을 때 큰 꿈을 가지셨다.

다. 압존법: 주체가 화자보다 높다 하더라도 청자가 주체보다 높을 때에는 '-시-'를 쓸 수 없다. 이때는 주체보다 청자를 대우한 것이다.

㉠ 할아버지, 아버지가 지금 왔어요.(화자=손자, 주체=아버지, 청자=할아버지)

㉡ ?할아버지, 아버지가 지금 오셨어요.

※ ㉡을 더 자연스럽게 느끼는 것으로 보고되어 있기도 하고, 표준 화법에서도 인정하는 표현이다.

라. 주체가 화자보다 낮거나 같지만 청자보다 높을 때에는 청자를 고려하여 '-시-'를 쓸 수 있다. 문장의 주체가 화자에게는 높임의 대상이 되지 않지만, 청자의 입장에서 높여야 할 대상인 경우 주체를 높임으로써 청자를 존중해 줌과 동시에 주체에 대해서도 인격적으로 각별한 관심과 아끼는 뜻을 보인다.

※ 화자≧주체〉청자

㉠ (할아버지가 손자에게) 아빠 들어오셨니?

㉡ (화자의 친구 딸, 동실에게) 동실아, 엄마 어디 가셨니?

마. 높임의 대상이 되는 인물을 화자 자신과의 개인적 관계로 파악하여 '-(으)시-'를 사용하는 경우도 있다.

㉠ 김대중 대통령은 노벨평화상을 수상하였다.(공식적인 역사, 서술 등의 경우)

㉡ 김대중 대통령께서는 노벨평화상을 수상하셨다.(개별적인 친밀 관계의 경우)

바. '-시-'로써 존대를 받는 주체는 '-님'이 첨가되어 주체 자체로도 존대를 받는 수가 있으며, 그 주체에 딸린 대상도 존대형으로 표현하거나, 특수 어휘(말씀, 연세 등)에 의해서도 높임이 표현된다. '계시다, 주무시다, 돌아가시다, 잡수다/잡숫다/잡수시다, 편찮으시다'는 주체를 높이는 데에만 쓰인다. 여기서 '-(으)시-'는 분석하지 않는다.

㉠ 송가인님의 부친께서는 금년에 연세가 어떻게 되십니까?

㉡ 교수님이 연구실에 {계십니다/*있으십니다}.

㉡' 선생님의 말씀이 {있으시겠습니다/*계시겠습니다}.

② 간접 주체 높임법: 주체와 관련된 대상을 통하여 주체를 간접적으로 높이는 표현.

가. 직접적인 주체가 높임의 대상이 되지 않지만, 문장의 전체 주체가 높여야 할 대상일 경우, 높여야 할 대상의 신체 부분, 생활에 필수적인 사물, 개인적인 소유물, 가족 등일 경우에는 '-(으)시-'를 사용하여 간접적으로 높일 수 있다.

㉠ 그분은 아직도 귀가 밝으십니다. / 아버지께서 감기가 드셨다.

㉡ 그분은 시계가 없으시다. / 선생님께서는 댁에 책이 많이 있으시다.

나. 주체에 대한 화자의 관심과 친밀한 관계를 나타낼 때에도 간접 높임이 이루어진다. (예) 선생님 하시는 일이 잘되셔야 하겠습니다.

다. 특수 어휘에 의한 주체 높임법: '계시다, 잡수시다, 주무시다 등'으로 실현. 특히 '있다'의 주체 높임 표현은 '-(으)시-'가 붙은 '있으시다'와 특수 어휘 '계시다'의 두 가지가 있는데, 이 둘의 쓰임이 같지 않다. '계시다'는 화자가 주어를 직접 높일 때 쓰이고, '있으시다'는 주어와 관련된 대상을 통하여 주어를 간접적으로 높일 때 쓰인다.

㉠ 아버지 무슨 고민이 {있으세요./*계세요} (형용사 '있다'의 존대형)

㉡ 아버지께서는 지금 집에 {*있으십니다/계십니다} (동사 '있다'의 존대형)

[높임 표현의 특이성]

(가)		(나)	
ㄱ. 자, 식기 전에 빨리 드셔.		ㄱ. 김 선생, 인사 좀 하시지.	
ㄴ. 자, 안으로 들어가시게.		ㄴ. 들어올 테면 어디 한번 들어와 보시지.	
ㄷ. 할머니, 아침은 잡수셨어?		ㄷ. 자신 있으면 어디 덤벼 보시지.	

자료의 표현들에는 높임의 선어말 어미 '-(으)시-'나 높임의 뜻을 나타내는 어휘(드셔, 잡수셨어)가 사용되었기 때문에 표면상 높임 표현이라고 할 수도 있다. 그러나 그 의미를 자세히 살펴보면, 종결 어미로 낮춤 표현(해체)이 사용되었기 때문에 어색한 높임 표현이거나 아니면 차라리 특이한 낮춤 표현이라고 볼 수도 있다.

(가)의 경우 높임 선어말 어미 '-(으)시-'가 사용되어 주체를 높이고 있으면서 '해체' 종결 어미가 사용되고 있어 어색하다. 이러한 표현은 일상생활에서 가끔씩 사용되는 것으로 일단 높임의 의미는 지니고 있는 것으로 보인다. 첫째 문장의 경우는 동료나 친구들 사이에서 사용되는 친근함의 표현이다. 둘째 문장은 윗사람이 아랫사람에게 이야기하면서 높임 표지를 사용한 것으로 아랫사람을 어느 정도 존중하는 의미가 담겨 있다. 마지막 문장은 할머니에게 친근하게 이야기하면서도 '잡수시다'라는 특수 어휘를 사용하여 조금이나마 높임을 실현하고자 하는 것이다.

(나)의 경우는 모두 높임 선어말 어미 '-(으)시-'가 사용되었으나 종결 어미로 낮춤 표현이 사용되었다. 의미상으로는 높임의 뜻보다 낮춤의 뜻이 강하다. 구체적으로 첫째 문장은 아랫사람인 김 선생이 인사를 하지 않음에 대한 섭섭함과 꾸짖음의 의미를 나타내고 있으며, 둘째 문장은 상대를 얕보고 비꼬는 의미를 드러내고 있다. 마지막 문장도 둘째 문장과 마찬가지로 '-(으)시-'를 통하여 상대방을 높이는 척하면서 오히려 얕보는 의미를 강하게 드러내고 있다.

결국 (가)에서의 '-(으)시-'는 약간이나마 존중의 뜻을 가지면서 친근함을 드러내는 반면, (나)에서는 낮춤과 얕봄, 비꼼의 의미를 더욱 강하게 부각시키고 있다. [지도서, pp.214~215]

3) 객체 높임법(겸손법, 겸양법): 목적어나 부사어가 지시하는 대상을 높이는 방법.

※ 몇 개의 어휘를 제외한 대부분의 어휘는 대응되는 객체 높임 어휘를 가지고 있지 않기 때문에 현대 국어에서는 화석화된 문법 범주이다.

(1) 실현: 주로, 특수 어휘(여쭙다, 모시다, 뵙다, 드리다)를 사용하고, 조사 '에게' 대신 '께'를 사용하기도 한다. 특수 어휘가 없을 경우에는 조사 '께'만으로 실현되기도 한다.

㉠ 지혜는 동생을 데리고 병원으로 갔다. / 지혜는 아버지를 모시고 병원으로 갔다.

㉡ 서원이는 친구에게 과일을 주었다. / 서원이는 선생님께 과일을 드렸다.

㉢ 태옥이는 친구에게 간다. / 태옥이는 집안 어른께 간다.

(2) 객체 높임법의 상관관계는 화자, 청자, 주체, 객체의 신분, 나이 등의 관계로 이루어진다. 주로 주체와 객체의 대비에서 파악(객체의 존대와 주체의 겸양)하나 화자의 의도도 포함한다.

(예) 나래는 그것을 선생님께 여쭈었다 / ??물었다.

(3) 객체 높임은 객체가 주체 및 화자, 청자 모두에게 높은 경우에 실현된다. 그러나

청자가 객체보다 존귀하다면 다음과 같이 쓰이게 된다.(압존법)

(예) 할아버지, 작은아버지가 아버지한테 뭔가 주었습니다. ※ 청자〉객체〉주체〉화자

(4) 현대 국어에서는 어휘적 수단에 의해 객체 높임법이 실현되나, 중세 국어에서는 객체 높임 형태소 '-습-'을 통해 문법적으로 실현되었다.

[객체 높임 표현 확인하기]

- 기차 시간이 좀 남았기에 (선생님께) 그 동안의 안부라도 여쭙고자(= 여쭈고자) 왔습니다.
  → 안부를 여쭙는 대상인 필수적 부사어(선생님께, 어르신께 등)가 생략된 문장으로, '여쭙다(= 여쭈다)'라는 높임의 어휘를 이용하여 생략된 객체를 높이고 있다.
- 제자로서 스승에게 여쭙는 글의 내용이 심히 주제 넘는다는 느낌이 없지 않다.
  → 높임 어휘인 '여쭙다'를 이용하여 객체 대상(부사어)인 '스승'을 높이고 있다. 이 문장의 경우 '스승에게'는 '스승께'로 하면 더 좋다.
- 제가 어른을 뵈옵기는 오늘 새벽이 처음이외다.
  → 높임 어휘인 '뵙다'와 공손 표지인 '-옵-'을 통하여 객체(목적어)인 '어른'을 높이고 있다. '뵈다-뵙다-뵈옵다'나 '여쭈다-여쭙다-여쭈옵다'는 공손의 정도가 다소 다르게 보이나 각각 객체 높임의 어휘로 동등하게 보아도 무방하다.
- 친구분께서 내려가시는 길에 잠시 할아버님을 뵙자고 하십니다.
  → 높임 어휘인 '뵙다'를 통하여 객체(목적어)인 '할아버님'을 높이고 있다. [지도서, pp.215~216]

4) 상황에 따른 높임법의 사용

※ 상황에 따른 높임 표현의 특징을 파악하여 구체적인 의사소통 상황에서 효과적으로 이용할 수 있도록 해야 한다.

(1) 우리말에서 높임 표현은 일반적으로 참여자 사이의 관계, 즉 상하 관계 및 친소 관계를 규정짓는 역할을 한다. 따라서 높임 표현을 잘못 사용하게 되면 오해가 빚어져 의사소통상의 갈등이 생길 수도 있다.

(2) 상황에 적절하게 높임 표현을 구사한다는 것은 참여자 간의 상하 관계 및 친소 관계를 고려하여 말한다는 것을 의미하지만, 구체적인 담화 상황에서 높임 표현의 사용 방식은 매우 복잡해진다. 예컨대, 공식적인 자리에서는 평소 반말을 쓰던 두 친구도 높임 표현을 사용하여야 한다.

(3) 우리말에서 높임 표현은 의사소통을 위한 전략적 도구가 되기도 한다. 예컨대 서로 애인 사이로 지내며 해라체/해체를 썼던 두 사람 중의 한 사람이 갑자기 "그 동안 즐거웠습니다."라고 높임 표현을 사용하는 것은 거리감을 두기 위한 전략이 된다.

3. 시간 표현

※ ① 시제의 개념 ② 사건시, 발화시, 절대적 시제, 상대적 시제, 동작상 ③ 시제 형태소 ④ 미래 시제의 문제점 ⑤ 실현 인식 ⑥ 시제 형태소의 양태적 의미

1) 시제: 어떤 시점을 기준으로 하여 어떤 사건 및 상태의 시간적 위치를 나타내는 문법 범주 ※시간 표현은 대개 시제 선어말 어미나, 관형사형 어미, 시간 부사어 등으로 실현된다.

· 발화시: 화자가 말하는 시점으로, 서술 대상의 동작이나 상태가 전달되는 시점.

· 사건시: 동작이나 상태가 일어나는 시점.

· 동작상: 발화시를 기준으로 동작이 일어나는 모습을 표현.

(1) 시제의 일반성

① 절대 시제와 상대 시제

유형	개념	위치	보기
절대적 시제	발화시를 기준으로 결정되는 문장의 시제	종결형	·나는 어제 삼계탕을 먹었다. ·백조가 지금 공부를 한다.
상대적 시제	주문장의 사건시(종결형의 시제)에 의존하여 상대적으로 결정되는 시제	관형사형, 연결형	·나는 어제 청소하시는 어머니를 도와 드렸다.

(예) 내일 이맘때쯤은 비가 많이 왔겠지.

(절대적 시제 입장에서 보면 '내일'은 미래 표현이고 '-았-'은 과거 표현이어서 서로 상충하는 듯하다. 그러나 상대적 시제 입장에서 보면, 비가 오는 시점 이후를 기준으로 하여 볼 때 비가 온 것이 과거 표현으로 될 수 있다.)

② 시제의 성격

가. 우리말의 시제는 종결형에서 뚜렷이 나타나고, 관형사형이나 연결형에 의해서도 표시될 수 있다.

㉠ 국화는 오늘 아침에 공원에서 달리기를 했다.(종결형 - 과거)

㉡ 공부하는 솔이를 방해했다.(관형사형-과거에 있어서의 현재)

㉢ 보영이는 가방을 메고 학교에 갔다.(연결형 - 과거)

나. 시제의 형태가 의미를 분명히 나타내려면 사건시와 관련된 부사나 부사어와의 호응 관계를 이루어야 한다.

㉠ 진혁이가 지금 등교를 한다.(현재)

㉡ 효원이는 어제 결석을 했다.(과거)

㉢ 내일도 비가 오겠다.(미래)

다. 명령형과 청유형은 시제를 동반할 수 없다.

㉠ 빨리 가! ㉡ *빨리 갔어라. ㉢ *빨리 갔자.

라. '본용언 + 보조 용언'의 형태로 동작의 양상을 나타내는 동작상도 있다.

㉠ 진행상: -고 있다, -는 중이다

㉡ 완료상: -아/어 있다, -아/어 버리다

2) 시제와 동작상

(1) 과거 시제: 사건시가 발화시보다 앞서 있는 시제

① 과거 시제 선어말 어미 '-았-/-었-'

가. 동사와 형용사, 서술격 조사 모두에 '-았-/-었-'으로 표시되는데 어간 '하-' 뒤에서는 '-였-'으로 교체된다.

나. 종결형과 연결형에 모두 나타나며, 시간 부사(어제, 그날, 몇 년 전, ...)에 의해 뒷받침된다. 어미에 따라서는 '-었-'과 결합하지 못하는 경우도 있다.

② '-았었-/-었었-'에 의한 과거 시제

가. 과거 사태와의 단절감을 나타내기 위해 쓰인다. 대체로 과거와 현재의 상황 변화를 함축하며(단순히 과거의 사태임을 강조하기 위해서도 쓰인다), 과거 관련의 시간 부사와 함께 나타나야 의미가 자연스럽다.

(예) 작년 여름휴가는 바닷가에서 보냈었는데, 올해는 코로나19 때문에 집에서 보냈다.

나. 형용사나 서술격 조사에도 쓰이는데, 발화시보다 먼 과거의 일을 나타낼 때

흔히 쓰이며, 주로 문장체에 쓰인다.

㉠ 아버님께서는 젊었을 때 아주 <u>건강하셨었다</u>.

㉡ 중학교 때의 꿈은 아이돌이<u>었었</u>고, 고등학교 때의 꿈은 웹툰 작가이<u>었</u>는데, 지금은 교사가 되는 것이 꿈이다.

다. 결과성을 표시하는 '앉다, 서다' 등에는 단순한 과거 시제의 기능만 표시된다.

(예) 동희도 의자에 앉았었다.

['-았-/-었-'과 실현 인식]

· 일반적으로 '-았-/-었-'은 과거 시제를 표현하는 선어말 어미로 알려져 있다. 그러나 다음 여러 용례를 통하여 볼 때, 기본적으로 과거 시제를 나타내지만 상황에 따라서는 '실현 인식'이라는 다소 추상적인 의미를 띠기도 한다. 즉 미래에 어떤 일이 실현될 것을 인식함을 나타내는 것이다.

1. 너, 누구 닮았니? 저는 엄마를 닮았어요. ☞ 실제 누구를 닮았다는 것은 현재에까지 이어지는 것으로 단순히 과거를 나타낸다고 할 수 없다. 과거에도 닮았고 지금도 닮아 있기 때문이다. 이러한 '-았-/-었-'을 '완료' 또는 '완결 지속'이라고 표현하기도 한다.
2. 나는 조금 전에 왔고 경숙이는 지금 왔어. ☞ 앞 절의 '-았-'은 '조금 전'과 함께 과거 시제를 나타내나 뒤 절의 '-았-'은 그와는 조금 다른 쓰임을 보여 주고 있다. 뒤 절의 '-았-'은 '지금'이라는 현재 시간 부사어와 함께 사용되고 있으며 앞 절보다 약간 뒤의 행동을 표현하고 있다. 이 때의 '-았-/-었-'은 뚜렷하게 과거를 나타낸다기보다 이미 실현된 것을 나타내는 것으로 보인다. 이를 '실현 인식' 또는 '완결'이라고 부르기도 한다. (왕문용 · 민현식, 1993:254~258)
3. (방 안에 막 들어서면서) 늦었어요. 죄송해요. ☞ 여기서 '늦었어요'는 도착과 동시에 발화되는 것으로, 지금의 시점에서 보면 과거로 볼 수 있지만 다소 애매한 개념이다. 이 역시 '실현 인식'이나 '완결'의 의미로 볼 수 있다. 즉 도착이 늦게 실현된 것을 표현하는 것이므로 그것에 대한 인식으로 '-었-'을 사용한 것이다.
4. 숙제를 하나도 안 했네? 넌 내일 학교 가면 혼났다. ☞ 앞 문장의 '-였-'(하였어〉했어)은 과거로 생각할 수 있으나, 뒤의 '-었-'은 엄밀하게 따져 보면 미래의 일이므로 원칙적으로 과거 시제 선어말 어미가 올 수 없다. 그러나 이 때의 '-았-/-었-'은 실현될 것을 확신하는 사건이나 사태에 쓰여, 실현될 것에 대한 '실현 인식'을 의미한다고 볼 수 있다.
5. 또 넘어졌니? 이렇게 흉터가 많으니 너 이 다음에 장가는 다 갔다. ☞ 역시 앞 문장의 '-었-'은

과거를 나타내나, 뒤 문장의 '-았-'은 과거를 나타낸다고 말하긴 어렵다. 이 때 '-았-' 역시 실현될 것에 대한 '실현 인식'이라 할 수 있다. [지도서, pp.217~218]

③ 관형사형에 의한 과거 시제

가. 동사 어간에 '-(으)ㄴ'이 붙으면 사건시 기준의 과거를 표시하거나, 의미가 결과성을 띠고 있으면 완료적 용법을 표시하기도 한다.

나. 관형사형에 의한 과거나 미래의 시제 표시는 현재 시제와 같이 발화시의 시제와 일치하지 않는다.

㉠ 지금까지 읽은 책이 몇 권이냐? (현재에 있어서의 과거)

㉡ 그 이야기를 말해 준 사람이 있었다. (과거에 있어서의 과거)

㉢ 앞으로 읽을 책이 몇 권이냐? (현재에 있어서의 미래)

㉣ 그 이야기를 말해 줄 사람이 있었다. (과거에 있어서의 미래)

④ 회상법 선어말 어미 '-더-'에 의한 과거 시제

가. 화자가 어느 시점에 새로 인식하게 된 사실에 쓰인다. '-더-'가 표현하는 과거는 사태의 시간적 위치가 아니라 '인식'의 시간적 위치이므로 ㉡과 같은 표현이 가능하다.

㉠ 한샘이는 어제 집에서 세차하더라.(과거)

㉡ 내일은 눈이 많이 온다더라.(미래-인식의 시점이 과거)

나. 화자가 겪은 사건에 대해 별로 흥미가 없을 때 흔히 쓰인다.

㉠ 다운이가 그런 말을 했다.(과거 단정)

㉡ 다운이가 그런 말을 하더라.(책임감 결여)

다. '-더-' 앞에는 시제 선어말 어미가 쓰일 수 있다.

(예) 효원이가 어제 가더라/ ~갔더라/ ~가겠더라.(관찰 당시 현재/과거/미래)

라. '-더-'는 하십시오체 선어말 어미 'ㅂ' 뒤에서는 '-디'로 교체한다.

(예) 소연이가 그렇게 말합디다.

마. 직접 경험하지 않은 단순한 과거를 서술할 때에도 쓰인다.

(예) 왜군을 무찔렀던 충무공은 노량에서 전사했다.

바. 제약

가) '-더-'는 화자 자신의 관찰을 통해 새롭게 알게 된 사실을 회상하며 말할 때 사용하므로 평서문에서 1인칭 주어를 쓰지 않으며(일반적 상황에서는 자기 자신을 관찰하지 않기 때문, ㉠), 의문문에서 2인칭 주어를 취하지 않는다(청자가 자신에 대해 새롭게 안다는 것이 일반적이지 않기 때문, ㉡). 그러나 화자나 청자가 새롭게 알게 된 사실이라면 1인칭 주어(평서문, ㉢)나 2인칭 주어(의문문, ㉣)가 가능하다. 그리고 자신을 객관적인 대상물로 인식할 수 있을 때, 또는 '-었-'이나 '-겠-'이 결합되면(㉤, ㉥), 1인칭 주어가 가능하다. 특히, 자신의 심리나 감각은 자신만이 느낄 수 있으므로 오히려 1인칭 주어만이 가능하다(㉦, ㉧).

※ 중세 국어에서는 이런 제약이 없었다. (예) 내 농담ᄒᆞ다라(ᄒᆞ+더+오+라)

㉠ {*내가/네가/서진이가} 어제 집에서 공부하더라.
㉡ {내가/*네가/서진이가} 어제 집에서 공부하더냐?
㉢ 자격 조건을 자세히 읽어 보니 나도 자격이 되더라.
㉣ 정말 네가 1등이더냐?
㉤ 나도 후보에 오르겠더라. 비교) *나도 후보에 오르더라.
㉥ 나도 그 책을 읽었더라. 비교) *나도 그 책을 읽더라.
㉦ (그 광경을 보니) 나도 머리가 매우 <u>아프더라</u>.(심리 형용사)
㉧ (내가) 그분을 뵈니 꼭 아버님을 뵌 듯이 <u>느껴지더군요</u>.(심리자동사)

(2) 현재 시제: 발화시와 사건시가 일치하는 시제

① 종결형에 의한 현재 시제

가. 동사는 선어말 어미 '-는-/-ㄴ-'에 의해 표시되지만, 형용사와 서술격 조사는 부정법으로 표현된다. 다만, 동사도 해(요)체와 하십시오체에서는 부정법으로 실현된다.

㉠ 은성이가 지금 식당에서 밥을 먹는다.
㉡ 수정이는 요즘 매우 바쁘다.
㉢ 승언이는 현재 대학생이다.
㉣ 가연이가 지금 책을 {읽어/읽어요/읽습니다}.

나. 시간 부사와 공존하여 시제를 정확히 나타낸다. 지금, 현재, 요즘 등.

다. 가까운 미래 또는 미래에 일어날 동작이 확실할 때, 보편적 진리, 직업, 습관적 행동을 진술하기도 한다.

㉠ 음정이는 내일 비행기로 서울에 간다.

㉡ 사람은 누구나 죽는다./세영은 광고 디렉터로 일한다./예나는 매일 방 청소를 한다.

라. 과거의 사건이나 상태를 생생하게 표현할 때 쓰이기도 한다. 역사적 현재라 할 수 있다.

(예) 세종은 집현전 학사들에게 명한다.

마. 현재 진행의 의미가 있을 때에는 '-는 중이다'로 바꾸어 쓸 수 있다. 이와 같은 동작의 양상을 동작상이라 한다.

㉠ 성옥이가 의자에 앉아 있다.(완료의 동작상)

㉡ 유완이가 과자를 먹고 있다.(진행의 동작상)

② 관형사형에 의한 현재 시제

· 동사는 직설법의 선어말 어미 '-느- + -ㄴ-'으로 표시되고, 형용사와 서술격 조사는 어미 '-(으)ㄴ-'만으로 표시된다. 관형사형에 의한 시제는 종결형의 시제를 기준으로 결정되는 상대적 시제이므로, 발화시의 시제와 일치하지 않는다.

㉠ 도서관은 책을 읽는 학생들로 붐볐다.(동사, 과거에 있어서 현재)

㉡ 내일 예쁜 꽃으로 장식하겠다.(형용사, 미래에 있어서 현재)

㉢ 학생인 그가 그런 짓을 했을까?(서술격 조사, 과거에 있어서 현재)

※ 서술격 조사에 의한 현재 시제는 시간성이 약하다.

[현재 시제 표현 확인하기]

조수 지나간 자리는 오직 8미터의 개흙으로 물든 황폐한 광야가 놓여 있을 뿐이다. 나는 문득 허탈감을 느낀다. 개흙 밭에 서서 푸른 하늘을 우러러볼 때, 이유 모를 눈물이 돈다. 조수에 밀려 왔다 개흙 밭에 던져 있는 조개들이 물거품을 마신다. 어촌의 부녀들이 종구리를 들고 나와서 조개를 줍고 있다. 방게들은 재빠르게 허둥지둥 개흙에 굴을 파고 숨어

버린다. 그러나 사람들은 굴마다 손으로 뒤져서 방게를 잡고 있다. 조수 나간 뒤의 개발의 풍경이다. 〈윤오영 '밀물'에서〉

앞에서 밑줄 친 부분이 현재 시제를 표현한 것들이다. 동사 어간에 관형사형 어미 '-는'이 오거나 형용사 어간에 '-(으)ㄴ'이 오거나, 또는 동사 기본형에 현재 시제 선어말 어미 '-는-/-ㄴ-'을 넣어 현재 시제를 나타낼 수 있다. '있다'와 '없다'는 비록 형용사이지만 관형사형 어미로 '-는'을 취하는 특이성을 보인다. 또한 '이다, 있다'의 경우 영형태(ø)가 현재 시제를 나타낸다는 점에 주의한다.
[지도서, pp.218~219]

(3) 미래 시제: 사건시가 발화시보다 나중인 시제

① 종결형에 의한 미래 시제

가. 미래 시제 선어말 어미 '-겠-'과 미래 관련 시간 부사로 실현된다.

(예) 내일도 비가 오겠다.

※ '–겠–'이 미래 관련 시간 부사와 함께 쓰이지 않고 과거나 현재 상황에 사용되면 양태적 의미를 나타낸다. 이런 점에서 '–겠–'이 미래의 시간을 표현하기는 하나 미래 시제 형태소라고 하기에는 어려운 점이 있다. 미래 시제가 일정한 형태로 대응되고 있지 않기 때문이다. 그러나 미래의 의미는 필연적으로 '추측, 의도, 가능성' 등의 의미와 관련되어 있다.

나. '-겠-'은 단순한 미래 시제 이외에 화자의 태도와 관련된 추측, 의도, 가능 등 양태적 의미도 나타낸다.

㉠ 내일은 비가 오겠다.(추측) ㉡ 내가 먼저 가겠다.(의지)

㉢ 나도 그 정도의 양은 마시겠다.(가능)

다. 행동 주체의 의도를 나타내는 '-겠-'의 제약

가) '-겠-'이 과거의 의도를 나타낼 수는 없다.

(예) *나는 꼭 교사가 되었겠다.

나) 평서문에서는 1인칭 주어만을, 의문문에서는 2인칭 주어만을 취한다.

㉠ {나는/*너는/*희영이는} 졸업식에 참석하겠다.

㉡ {*내가/네가/*희영이가} 졸업식에 참석해 주겠니?

다) 2인칭 혹은 3인칭 주어의 행위에 대한 화자의 의도

㉠ (라디오 디제이) 소향의 '안아줘'를 감상하시겠습니다.

㉡ (사회자) 주례 선생님의 주례사가 있으시겠습니다.

② 관형사형에 의한 미래 시제

· 어미 '-ㄹ'에 의해 나타나는데, '-ㄹ'에 의한 미래 시제는 양태적 의미는 희박하고 단순한 미래를 나타낸다.

㉠ 나는 도서관에 갈 것이다.(단순 미래) ㉡ 나는 도서관에 가겠다.(화자의 의지)

③ '-겠-'과 '-(으)리', '-ㄹ 것'의 시제와 의미 [지도서, pp.219~220]

가. '-겠-'과 '-(으)리-'

㉠ 어서 가자. 학교에 늦겠다.(미래와 추정) → '었': 실현 인식, '겠': 미실현 인식

㉡ 이곳이 살 만한 곳이 못 된다면 나는 장차 네가 가는 곳으로 따라가겠다.(미래와 의도)

㉢ 이 공연장은 관객이 2천 명은 들어가겠다.(추정, 추측)

㉣ 야, 나라면 그 일 벌써 했겠다.(추측, 추정/의지)

㉤ 출발은 언제나 새로운 것이리라.(확신, 강조)

'-겠-'과 '-(으)리-'는 미래 시제 선어말 어미이다. '-(으)리-'는 중세 국어에서 활발히 사용되다가 현재는 드물게 쓰이고, 근대 국어 시기부터 쓰이기 시작한 '-겠-'은 현재 많이 사용되고 있다. 미래 시제를 나타내는 말 속에는 아직 확실치 않다는 '추정(추측)'의 의미를 포함할 수도 있고, 그렇게 하겠다는 '의지(의도)'의 의미를 포함할 수도 있으며, 분명히 그러리라는 '확신(강조)'의 의미를 포함할 수도 있다.

④ '-(으)ㄹ 것이/-(으)ㄹ 게'의 시제와 의미

㉠ 경수 씨는 야학에 있을 것이다.(추측)

㉡ 나는 이 일을 기어이 해내고야 말 것이다.(의지)

㉢ 내일 낮쯤에는 노고단에 닿을 거요.(추측)

'-(으)ㄹ 것이'와 '-겠-': 이 둘은 미래 시제를 나타낼 수 있고, 추정·추측 의미나 의지 의미를 가지고 있다는 공통점을 가지고 있다. 전자가 화자의 객관적 근거에 의한 판단을 나타낸다면, 후자는 추측에 의한 주관적, 즉 불확실한 근거에 의한 판단을 나타낸다고 할 수 있다.

[잘못된 시제 표현 찾기]

(가) 안녕하세요? 오늘 학급 신문 제작과 관련해서 7교시에 학급 회의를 했었습니다. 물론 여러 이야기가 오갔었지만, 가장 중요한 것은 여기저기서 글을 가져다 싣는 것보다는 실제 우리 반 학생들의 이야기가 중심이 되어야 한다는 것이었습니다. 그래서 방송 취재 형식을 빌려 직접 반 친구들을 인터뷰하고, 그 내용을 신문에 싣는 것이 어떨까 합니다. 자세한 내용은 선생님께서 어서 건강을 회복하셔서 학교에 나오시면 말씀드리도록 하겠습니다. 그럼 안녕히 계세요.

(나) 내일도 푄 현상은 계속되겠습니다. (중략) 아침 기온은 20도 안팎으로 오늘이나 평년과 비슷하여 선선하겠고, 낮 기온도 오늘과 비슷하여서 중서부 지방은 30도 넘는 더위가 이어질 것으로 보입니다. 9월을 여는 이번 한 주 대체로 구름만 다소 끼는 일교차 큰 날씨가 이어지는 가운데 목요일쯤 한때 비가 오면서 늦더위가 잠시 주춤할 것으로 예상되겠습니다. 날씨였습니다.

-○○방송 일기 예보 (2001.9.2)에서-

(다) 자, 신사 숙녀 여러분, 올해의 우승자를 소개합니다. 2001년 유에스 오픈(US OPEN) 테니스 대회 남자 단식 올해의 우승자, 레이튼 휴잇입니다! 자, 휴잇, 앞으로 나와 주시기 바라겠습니다. 오늘 정말 훌륭한 경기를 펼쳤는데요, 소감 한마디 부탁드리겠습니다.

(가)에서 눈에 띄는 잘못된 시제 표현은 '-었었-'이다. '-었었-'은 본래 발화시보다 훨씬 전에 발생한 사건이 현재와는 완전히 단절되었음을 나타내는 선어말 어미이다. 그런데 (가)에서 쓰인 '학급 회의를 했었습니다, 오갔었지만'은 바로 얼마 전인 '오늘'이라는 시간 부사어를 사용하였기 때문에, '-었었-'이 아닌 '학급 회의를 했습니다. 오갔지만'과 같이 쓰는 게 옳다. 단순한 과거 표현에서 '-었었-'을 과도하게 사용하는 일이 없도록 주의한다.

(나)에서는 '-겠-'의 쓰임이 문제가 된다. '-겠-'이 미래 시제 선어말 어미로서 추측이나 추정의 의미를 나타내기는 하나, '예상되겠습니다'는 '예상됩니다'라고 표현하는 것이 좋다. 참고로 마지막의 '날씨였습니다'라는 표현도 문제가 될 수 있다. 물론 문맥상 '날씨 예보였습니다'가 옳다고 할 수 있다.

(다)에서도 '-겠-'의 쓰임이 문제가 된다. '바라겠습니다'는 '바랍니다'로 써야 한다. 지금 현재 '앞으로 나와 주시기'를 바라는 것이기 때문에 굳이 '-겠-'을 사용할 이유가 없다. [지도서, p.229]

(4) 동작상: 발화시를 기준으로 동작이 일어나는 모습을 나타내는 문법 기능.

※ 시제는 시간의 외적 시점을 가리키고, 동작상은 시간의 내적 양상(완료, 진행)을 가리키는 개념이다. 동작상은 주로 일부 보조 용언으로 표현되지만, 때로는 연결 어미를 통하여서도 표현된다.

① 완료상: 어떤 사건이 끝났거나 끝난 후의 결과 상태가 지속되고 있음.

가. '-어/-아 있다'가 결과를 의미하는 동사에 붙어 동작의 완료를 표시. '앉다, 서다, 뜨다'와 같은 결과성 동사와 결합하여 동작의 완료를 나타낸다.

㉠ 현숙이는 의자에 앉아 있다.(현재 완료상)

㉡ 현숙이는 의자에 앉아 있었다.(과거 완료상)

㉢ 현숙이는 의자에 앉아 있겠다.(미래 완료상)

나. '-어 버리다'도 완료상에 해당하는데, 양태적 의미를 지니기도 한다.

(예) 나는 쓰레기를 치워 버렸다.(화자의 마음가짐 표시)

다. '-고서(연결 어미)'에 의해서도 실현된다.

(예) 원심이는 청소를 다 하고서 집을 나섰다.

② 진행상: 어떤 사건이 특정 시간 구간 내에서 계속 이어지고 있음

가. 진행상을 표시하는 형태: '-고 있다', '-어 가다(보조 용언)', '-는 중이다', '-으며/-으면서(연결 어미)'

㉠ 미진이는 피자를 {먹고 있다/먹고 있었다/먹고 있겠다}.

㉡ 현정이는 밥을 다 {먹어 간다/먹어 가는 중이다}.

㉢ 기재는 얼굴에 웃음을 지으면서 대답하였다.

나. '알다(상태성 동사), 안 먹는다(동작성 부정 동사)'는 '-는 중이다'와 결합할 수 없다.

③ 예정상

가. 동작이 예정되어 있음을 보여 준다. 학교 문법에서는 인정하지 않는다.

나. '-게 되다, -게 하다, -려고, -고자, -러'가 있다.

㉠ 우리도 피서를 가게 되었다.(피동적 표현)

㉡ 우리도 피서를 가게 하였다.(사동적 표현)

4. 피동 표현

1) 개념: 주어가 동작을 제 힘으로 하는 것을 '능동(能動)', 주어가 다른 주체에 의해서 어떤 움직임을 하게 된다는 뜻을 문법 요소에 의해 나타내는 것을 '피동(被動)'이라 한다. 대응하는 능동문에 비해 피동문은 서술어의 자릿수가 하나 줄어든다. 피동문의 주어를 '피동주'라 하고, 피동주에 어떤 움직임을 일으킨 행위자를 '동작주'라고 한다. 능동문이 일반적 표현이지만, '당한다'는 의미를 강조하고자 할 때는 피동문을 사용한다.[4)]

※ ① 피동의 개념 ② 능동문을 피동문으로 바꾸는 절차 ③ 피동문의 유형 ④ 능동문과 피동문의 의미 ⑤ 탈행동적 피동

2) 종류

(1) 파생적 피동(짧은 피동): '능동사 + 피동 접미사(-이-, -히-, -리-, -기-); 체언 + -되-'로 실현.

① 능동문을 피동문으로 바뀔 때에는 문장의 여러 성분이 이동하게 된다. 주어는 부사어, 목적어는 주어, 능동사(타동사)는 자동사(피동사)나 '-어지다' 형으로 바뀐다. 이때 부사어는 유정성 여부에 따라 '에게'가 붙거나 '에'가 붙고, 공통적으로 '에 의해서'가 붙기도 한다.

능동문: 주어 + 목적어 + 능동사: 그는 나를 잡았다.
↙ ↘ ↓
피동문: 주어 + 부사어 + 피동사: 내가 그에게 잡혔다.

② 능동문의 주어가 유정 명사이면 피동문에서는 여격이 되어 조사 '에게'나 '한테'가 붙지만, 무정 명사이면 '에'가 붙는다.

㉠ 홍수가 서울을 휩쓸었다. ㉡ 서울이 홍수에 {휩쓸렸다/*휩쓸려졌다}.

③ 어떤 경우에는 조사 대신 '에 의해(서)'가 쓰이기도 한다.

㉠ 예지가 구멍을 뚫었다.

---

4) '당하다', '-게 만들다'에 의해 각각 만들어지는 어휘적 피동・사동은 피동과 사동의 의미를 띠긴 하지만 피동법과 사동법의 차원에서는 제외한다. 그러나 2007 개정 고등학교 교육과정 해설서 '문법'(p.347)에서는 실용적인 학교 문법의 성격상 다양한 어휘적 피동과 사동 유형도 인정할 필요가 있다는 입장을 보이고 있다. '사동 표현, 피동 표현'이라는 용어를 사용하는 이유도 이런 입장 때문이다.

㉡ 구멍이 예지{*에게/에 의해} 뚫렸다.

④ 피동사와 사동사의 형태가 같은 경우가 많다.

(예) 보이다, 잡히다, 업히다, 끌리다, 뜯기다…

⑤ 모든 타동사가 피동사로 파생될 수 있는 것은 아니다. 파생 피동사가 없는 타동사가 더 많다.

가. 대응되는 동사가 없다.

(예) 주다, 받다, 얻다, 잃다, 참다, 돕다, 배우다, 바라다, 느끼다, 닮다...

나. '-하다'로 끝나는 동사는 모두 피동사화하지 않는다.

(예) 좋아하다, 슬퍼하다, 사랑하다, 공부하다

다. 사동사는 피동사화하지 않는다.

⑥ 피동사가 목적어와 결합하여 타동사가 되기도 한다.

(예) 도둑이 경찰에게 발목을 잡히었다.

⑦ 능동문에 대응되는 피동문이 없거나, 피동문에 대응되는 능동문이 없는 경우가 있다. (예) 현지가 칭찬을 들었다. / *칭찬이 현지에게 들리었다.

⑧ 접미사 '-되다'

가. 서술성을 가진 일부 명사 뒤에 붙어 '피동'의 뜻을 더하고 동사를 만드는 접미사로 사용된다.

(예) 가결되다, 관련되다, 사용되다, 연결되다, 진정되다, 체포되다, 형성되다

나. 형용사를 파생하는 접미사로 사용되기도 한다. (예) 거짓되다

['-되다' 피동의 문제점]

· '-되다'를 피동 접미사로 보는 데에는 문제가 있다. '-되다'를 기존의 피동 접미사 '-이-, -히-, -리-, -기-'와 동질적으로 보기 어렵다는 점을 들 수 있다.

① '-되-'도 다른 접미사들처럼 능동사의 어간에 붙는다고 해 놓았지만, '관련되다, 체포되다, 연결되다'에서처럼 명사 뒤에서 나타나는 것이 일반적이다. 그나마도 그 쓰임이 서술성 명사에 한정되어 있어 일반성을 띠고 있지도 못하다.(예: *사랑되다, *추상되다)

② 의미론적으로 '-되다'는 일반 서술어로 사용되는 '되다'와 차이를 발견할 수 없다는 점이 '-이-, -히-, -리-, -기-'와 다르다. 만약 '-게 되다'를 피동 표현으로 본다면 '당하다' 같은 단어도 피동

표현이라고 인정하지 않을 수 없다. 제6차든 제7차든 학교 문법에서는 어휘적 피동은 인정하고 있지 않다. '공부하게 되었다'와 '물이 얼음이 되다'에서 쓰인 '되다'는 의미 차이가 있는지 의문이다. (이관규, 2005)

(2) 통사적 피동(긴 피동): '-어지다', '-게 되다'로 실현

┌ 능동문: 주어 + 목적어 + 능동사 : 그가 진실을 밝혔다.

↙ ↘ ↓

└ 피동문: 주어 + 부사어 + (에 의해) + 어근 + -어지다: 진실이 그에 의해 밝혀졌다.

① '-어지다'의 특징

가. '-어지다'에 의한 피동은 큰 제약이 없이 거의 모든 동사에 쓰이며, 형용사에도 붙을 수 있다.

※ '–어지다'의 경우, '지다'를 보조 용언으로 보면서, 다른 보조 용언들과 달리 '–어지다'를 붙여 쓰게 하여, 띄어쓰기 규범에서 예외적 사례가 되는 문제점이 있다.

나. '-어지다'도 반드시 능동문에 대응되는 것은 아니다.

다. 조사 '에게, 한테, 에'를 취하는 경우. (예) 안기다, 잡히다, 눌리다, …

라. '에 의해'를 취하는 경우. (예) 끊기다, 묻히다, 걸리다, 닫히다, 찢기다, …

② '-게 되다'의 특징: 탈행동적으로 해석되어 동작주를 상정하기 어려운 경우가 많다.(아래 참조)

(3) 탈행동적 피동: 피동문은 피동작주에 초점이 가게 되어 동작주에 의해 나타나는 움직임이 잘 드러나지 않는다. 그 결과 동작주를 상정하기 어렵거나, 주어가 전혀 의지를 가질 수 없기도 하여, 대응하는 능동문이 없는 경우가 있다.

[탈행동적 피동]

1. '-게 되다' 피동의 특징: 탈행동적으로 해석되어 동작주를 상정하기 어려운 경우가 많다. 분명한 동작주를 상정하기 어려운 경우를 탈행동적 피동이라고 한다(이익섭 · 임홍빈, 1983:202).

ㄱ. 날씨가 풀렸다, 옷이 못에 걸렸다, 마음이 진정되었다.

ㄴ. 제가 가게 되었어요. 저절로 먹게 되었어요, 우연히 그를 만나게 되었어요.

위 예문들의 경우 '(하늘이) 날씨를 풀었고, (부주의한 내 동작이) 옷을 못에 걸었고, (어떤 작용 때문에) 마음을 진정하였고, (어떤 상황이나 누군가가) 나를 가게 하였고, (미지의 생리 작용이) 나를 먹게 하였고, (미지의 원인이) 그를 만나게 하였다.'처럼 동작주를 상정할 수 있지만, 일상생활에서는 이를 동작주로 분명히 의식하지 않고 쓴다. 이처럼 구체적 동작주를 상정하거나 의식하기 어려운 경우를 탈행동적 피동이라고 한다. [지도서, p.222]

2. 피동문의 의미 특성(고영근 · 구본관, 2008:347~348)

피동문은 피동작주에 초점이 가게 되어 탈동작성의 의미를 가지는 문장이 된다. 탈동작성이란 문장에서 동작주에 의해 나타나는 움직임이 잘 드러나지 않음을 지칭하는 말인데, 능동문에서 동작주 주어 명사구가 피동문에서 부사어 명사구가 되면서 동작성이 약화되기 때문에 나타나는 특성이다. 탈동작성의 결과 대응되는 능동문이 나타나지 않는 현상이 발견되기도 한다. 아래 예문에서 보는 것처럼 문장의 의미가 상황 의존성을 강하게 가져 동작성을 표현하기 어려운 경우 능동문으로 나타나기 어렵다.

ㄱ. 오늘은 갑자기 날씨가 풀렸다. / ㄴ. 그 책을 읽는 데에 시간이 30분이 걸렸다.

피동문이 탈동작성을 가지게 되는 것은 동작주가 자신의 동작성을 충분히 발휘할 수 있는 주어 명사구의 자리를 떠나기 때문에, 동작성이나 의도성은 약화되고 상황 의존성이나 자연성을 강하게 띠게 되는 것으로 생각된다.

3. 자신의 의도나 의지와 관련이 없고, 어떤 행위주의 행동에 의한 것이 아니라는 의미적 특성을 가지므로 대응하는 능동문이 존재하지 않는 피동문[구본관 외(2015:352). (예) 기가 막힌다, 눈이 뒤집힌다. 말이 안 먹힌다, 법에 걸리다, 일이/차가 밀리다, 마음에 걸리다, 속이 보이다, 맥이 풀리다, 일이 손에 안 잡힌다.

(4) 이중 피동: 파생적 피동에 다시 '-어지다' 피동이 중복되는 피동으로, 이런 이중 피동은 규범에 맞지 않다. '잡혀지다, 쓰여지다, 읽혀지다, 보여지다, 잊혀지다,

찢겨지다' 등등.

(예) 윤지는 지우개를 둘로 나눴다.

→ 지우개가 윤지에 의해 둘로 {나뉜다/*나뉘어진다}.

※ 피동사 파생이 가능한 동사에도 '–어지다'가 연결되는 수가 없지 않고, 또 피동사에 다시 '–어지다'가 결합되는 수도 있다. '나뉘다, 닫히다'가 있는데, '나누어지다, 닫아지다'가 쓰이고, '보이다, 쓰이다, 잊히다, 찢기다'가 엄연히 있는데 '보여지다, 쓰여지다, 잊혀지다, 찢겨지다'가 쓰이는 것이 그것이다. 이들은 대부분의 경우 '–어지다'를 잘못 사용한 경우들인데 그러면서도 '잊혀진 일' 등이 자연스럽게 자리를 잡아 가고, '보여지다'와 '쓰여지다'가 각각 '보이다', '쓰이다'와 다른 용도로 독자적인 영역을 구축하려는 듯한 현상을 보인다. 사태를 좀더 지켜보며 무엇이 이런 현상을 일으키는지 그 원인을 캐 보도록 해야 할 것이다. [이익섭, 채완(1999)]

5. 사동 표현

※ ① 사동의 개념 ② 주동문을 사동문으로 바꾸는 절차 ③ 사동문의 유형 ④ 사동문의 의미 ⑤ 전형적 사동문 ⑥ 부사의 수식 범위

1) 개념: 문장은 주어가 동작이나 행위를 직접 하느냐 아니면 다른 사람에게 하도록 하느냐에 따라 주동문과 사동문으로 나뉜다. 주어가 동작을 직접 하는 것을 주동(主動)이라 하고, 주어가 남에게 동작을 하도록 시키는 것을 사동(使動)이라 한다. 사동문은 대응하는 주동문에 비해 서술어의 자릿수가 하나 증가한다.

※ 사동주: 남에게 시키는 행위를 하는 자, 피사동주: 시킴을 받아 행위를 하는 자

2) 종류

(1) 파생적 사동문(짧은 사동문): '주동사/형용사 어간 + 사동 접미사(-이-, -히-, -리-, -기-, -우-, -구-, -추-); 체언 + -시키다'로 실현.

※ '사동'은 사동주(행위의 주체)가 피사동주(다른 행위의 주체)로 하여금 어떤 일을 하게 하는 의미를 표현하는 문장 구조이므로 사동주나 피사동주가 모두 행위 능력을 가져야 한다. 그런데 형용사문에서 만들어진 사동문이나 무생물 주어인 사동문에서는 피사동주 또는 사동주가 행위 능력을 지니지 않아서 전형적인 사동문과는 차이가 있다.

① 서술어가 자동사나 형용사인 경우

주동문: 주어 + 주동사(자동사/형용사): 얼음이 녹는다.

↘ ↘

사동문: 새로운 주어 + 목적어 + 사동사(타동사): 철수가 얼음을 녹인다.

② 서술어가 타동사인 경우

┌ 주동문: 주어 + 목적어 + 주동사(타동사): 아이가 옷을 입는다.

↘ ↘ ↘

└ 사동문: 새로운 주어 + 부사어 + 목적어 + 사동사(타동사): 어머니가 아이{에게/를} 옷을 입힌다.

③ 일부 자동사는 두 개의 접미사가 연속되어 있는 '-이우-'가 붙어서 사동사가 되기도 한다. (예) 서다: 세우다 자다: 재우다

사동 접미사	보 기		
	자동사 → 사동사	타동사 → 사동사	형용사 → 사동사
-이-	녹이다, 죽이다, 속이다, 줄이다	보이다	높이다
-히-	앉히다, 익히다	입히다, 잡히다, 읽히다, 업히다	좁히다, 밝히다, 넓히다
-리-	날리다, 살리다, 돌리다, 울리다, 얼리다	들리다, 물리다, 들리다(聞)	배를 불리었다.
-기-	웃기다, 남기다, 숨기다	안기다, 뜯기다, 벗기다, 맡기다, 감기다	
-우-	비우다, 깨우다, 세우다, 재우다	지우다, 채우다	
-구-	솟구치다		
-추-	맞추다		늦추다, 낮추다
-시키다		차를 정지시키다	

(2) 통사적 사동문(긴 사동문): 보조적 연결 어미 '-게'에 보조 용언 '하다'가 붙은 '-게 하다'가 붙어 실현된다.

(예) 선민이가 책을 샀다. → 우리는 선민이에게 책을 사게 하였다.

3) 사동문의 의미 해석

(1) 파생적 사동문: 사동주(주어)가 피사동주(객체)에게 직접적 행위를 한 것과 간접적 행위를 한 것 두 가지로 해석될 수도 있고, 사동주의 간접적 행위로만 해석될 수도 있다.

(2) 통사적 사동문: 사동주의 간접적 행위만 파악된다.

[파생적 사동문과 통사적 사동문의 의미 차이]

① 어머니가 딸에게 옷을 입히셨다. / 어머니가 딸에게 옷을 입게 하셨다.

② 선생님께서 철수에게 책을 읽히셨다. / 선생님께서 철수에게 책을 읽게 하셨다.

대개 파생적 사동문은 주어가 객체에게 직접적인 행위를 한 것과 간접적 행동을 한 것을 나타내고, 통사적 사동문은 간접적인 행위를 한 것을 나타낸다. ①의 예가 그것을 잘 보여 준다. '입혔다' 문장은 어머니가 직접 옷을 입혀 주었다는 의미와 간접적으로 '입게 하였다'라는 의미를 모두 나타내나, '입게 하였다'는 문장은 딸로 하여금 입게 하였다는 의미만 드러낸다. 그러나 ②와 같은 경우에는 파생적 사동문이든 통사적 사동문이든 모두 간접적인 행위를 의미하는 것으로 해석된다. 결국 파생적 사동문과 통사적 사동문의 의미 차이는 서술어와 다른 성분들의 특성에 따라 달리 해석되는 것으로 이해할 수 있다. [지도서, p.225]

4) 두 가지 사동법의 통사적 차이점

(1) 부사의 수식 범위가 다르다.

㉠ 어머니가 아이에게 옷을 빨리 입혔다.('어머니의 행위' 수식)

㉡ 어머니가 아이에게 옷을 빨리 입게 했다.('아이의 행위' 수식)

(2) 보조 동사가 쓰이는 자리가 '-게 하다' 사동문에서 더 자유스럽다.

㉠ 나는 용식이에게 책을 읽혀 보았다.

㉡ 나는 용식이에게 책을 읽어 보게 하였다.

㉢ 나는 용식이에게 책을 읽게 해 보았다.

(3) 주체 높임의 어미 '-시-'가 쓰일 수 있는 자리가 사동사에 의한 사동문에서는 한 군데밖에 없으나, '-게 하다' 사동문에서는 두 군데가 있다.

㉠ 선생님께서 시진이에게 책을 읽히시었다.(사동사에 의한 사동문 - 주어만 높임)

㉡ 선생님께서 시진이에게 책을 읽게 하시었다.('-게 하다' 사동문 - 주어 높임)

㉢ 우리들이 선생님께 책을 읽으시게 하였다.(시킴을 받는 사람을 높임)

㉣ 박 선생님께서 우리 선생님께 책을 읽으시게 하시었다.(둘을 동시에 높임)

(4) 파생적 사동문과 통사적 사동문은 재귀 대명사가 지시하는 범위가 다르다.

㉠ 서영이$_i$가 학생들$_j$에게 자기$_{ij}$ 책을 읽히었다.

㉡ 서영이$_i$가 학생들$_j$에게 자기$_j$ 책을 읽게 하였다.

(5) '-게 하다' 사동문에서는 사동사를 다시 사동화할 수 있다.

㉠ 얼음이 녹는다. → 현철이가 얼음을 녹인다.

㉡ 선생님께서 현철이에게 얼음을 녹이게 하신다.

(6) 통사적 사동문은 주동문의 주어를 사동문에서 목적격으로 바꾸지 않고 주격 그대로 쓸 수도 있다.

㉠ 고양이가 죽었다.

㉡ 개가 {고양이를/*고양이가} 죽이었다. / 개가 {고양이를/고양이가} 죽게 하였다.

5) 사동·피동 표현에 담긴 의도

(1) 사동 표현

① 동작을 시키는 주체가 두드러져 보인다.

가. 아라가 공을 받았다. → 아라의 행동에 초점이 있음.

나. 지영이가 아라에게 공을 받게 했다. → 동작을 시키는 지영이에게 초점이 있음.

② 표현 의도

가. 사건의 결과가 외적인 원인에 의해 발생한 것임을 나타내기 위함.

나. 동작이나 행동을 시키는 주체를 나타내기 위함.

(2) 피동 표현

① 당하는 입장인 대상에 초점이 맞춰진다.

가. 준석이가 희성이를 받았다. → 준석이의 행동에 초점이 있음.

나. 희성이가 준석이에게 받혔다. → 당하는 입장인 '희성'에게 초점이 맞춰졌다.

다. 유리창이 깨졌다. → 동작의 주체를 밝히지 않음.

② 표현 의도

가. 동작의 주체를 모르거나 동작의 주체를 밝히지 않기 위함.

나. 동작을 당하는 주어에 초점을 두기 위함.

다. 책임을 회피하기 위함.

[피동문에 담긴 가치관과 태도]

요즘 '-하다' 문으로 사용해야 정상적인 문장을 '-되다'로 표현하는 경향이 많이 보이는데, 이것은 스스로가 지닌 책임을 외부 요인에 전가시키려는 언어심리적 측면과 언어사회적 측면에 연결된다고 할 수 있다. 즉, 이것은 자신이 주체가 되어 단정하는 것보다는 일어나는 상황을 수용한다는 수동적 표현이 책임을 면하게 해주고, 객관성을 높여준다는 심리가 작용한 결과라고 할 수 있다. 특히, 신문, 뉴스 등의 언론 매체에서 주관적 사실을 객관적으로 표현하고자 할 때 많이 사용된다.

(예) 요즈음 환경 문제가 급증되고 있는데, 이것을 해결하는 방법은 국민 모두가 스스로 이 환경 속의 주인이라는 생각을 가져야 할 것으로 보여진다. → (바르게) 요즈음 환경 문제가 급증하고 있는데, 이것을 해결하는 방법은 국민 모두가 스스로 이 환경 속의 주인이라는 생각을 지니는 것이다.

이러한 관용적 '-되다'문은 학생들도 상당히 많이 사용하고 있는데, 특히 문제가 되는 것은 '내(화자 자신)'가 주체가 되는 문장에서조차 인지동사(認知動詞)를 상황 의존적인 '되다'형으로 사용하는 것이다. 그래서 그들은 '생각하다, 기억하다, 판단하다, 짐작하다, 추측하다'를 '생각된다, 기억된다, 판단된다, 짐작된다, 추측된다'로 말한다.

(예) 선생님이란 '가르치는 직업에 종사하는 사람'이란 뜻이지만, 나는 단순히 그것만은 아니라고 생각된다. → (바르게) 선생님이란 '가르치는 직업에 종사하는 사람'이란 뜻이지만, 나는 단순히 그것만은 아니라고 생각한다.(김광해, 1997: 220~221)

6. 부정 표현

※ ① 통사적 부정문 ② 부정문의 종류 ③ 부정의 범위 ④ 부정문의 제약

1) 개념: 부정 표현이란 긍정 표현에 대하여 언어 내용의 의미를 부정하는 문법 기능을 말한다. 국어에서 통사적 부정문은 부정 부사 '안, 못' 또는 부정 용언 '아니하다, 못하다, 말다'를 사용하여 만들어진 문장으로 한정한다. 따라서 '없다, 모르다' 등 부정적 의미를 가진 어휘가 쓰여도 긍정문이며, 이중 부정문도 의미상 긍정문이지만 '안'이 쓰였으므로 부정문이다. 또 '不, 非, 無' 등의 부정적 접두사가 쓰였다 해도

부정문이 아니다.

※ 통사적 부정문은 오직 '안(-지 않-), 못(-지 못), 말다'의 출현 유무에 의해서만 판별된다. 그러므로 '이다'의 부정어 '아니다'는 어휘적 부정이다. '아니다'는 '안/아니+이다'로 분석되지 않는다.

[부정극어]

부정극어는 부정어와만 어울려 부정문에서만 쓰일 수 있는 말이다. "결코, 전혀, 더 이상, 하나도, 한 X도, 그다지, 아무도, 비단, 추호도(~없다)…" 등이 부정극어인데, 이 부정극어와의 호응 여부를 부정문 판정의 기준으로 삼기도 한다.(㉢은 부정문이 아님)

㉠ 윤하는 지금 벌어지고 있는 일에 대하여 전혀 모른다.

㉡ 윤하는 지금 벌어지고 있는 일에 대하여 전혀 알지 못한다.

㉢ *윤하는 지금 벌어지고 있는 일에 대하여 전혀 무지하다.

2) 종류

(1) '안' 부정문: 주체(동작주)의 의지에 의해 어떤 동작이 일어나지 않음을 나타내거나(의지 부정), 어떤 상태가 그렇지 않음(상태 부정), 또는 단순한 사실의 부정(단순 부정)을 나타낸다. (예) 안 입는 옷은 있어도 못 입는 옷은 없게 하자.

① 부정의 방법

가. 명사 + 서술격 조사(이다) → '명사+가/이 아니다'

나. 서술어가 동사/형용사일 때

가) 동사/형용사 어간 + '-지 않다(아니하다)'

나) '안(아니)' + 동사/형용사

② 짧은 부정문과 긴 부정문

※ 짧은 부정문에 비하여 긴 부정문에서는 의미가 간접적으로 드러난다.

가. 짧은 부정문: '안(아니)' + 동사/형용사

나. 긴 부정문: 용언의 어간 + '-지 아니하다'

③ '안' 부정문의 의미 해석

가. 주어가 유정 명사일 때에는 주어의 의지를 나타내기도 하고 단순 부정(중립 부정이라고도 함)을 나타내기도 하지만, 무정 명사가 주어이거나 서술어가 형용사이면 주어의 의지는 암시되지 않고 단순 부정으로 쓰인다. (예) 예름이가

안 간다./ 비행기가 안 난다./ 꽃이 안 예쁘다.

나. 초점에 의한 중의성: '안'이 부정하는 초점에 따라 전체 문장의 의미가 다르다.

※ 문장 부사를 제외하면, 부정의 범위는 문장의 전 성분에 미치기 때문에 부정문은 중의성을 지닌다. 부정문의 중의성을 해소하는 방법은 문맥을 통한 방법, 강세를 통한 방법, 부정극어를 사용하는 방법, 부정하고자 하는 단어에 보조사 '는, 도, 만'을 결합시키는 방법이 있다.

㉠ 수연이는 재완이를 안 때렸다. 수연이는 재완이를 때리지 않았다.

→ 다른 사람이 때렸다. 다른 사람을 때렸다. 좀 떼밀었을 뿐이다.

㉡ 수연이는 재완이를 때리지는 않았다.

→ 보조사가 쓰이면 중의성이 해소된다.

다. '다, 모두, 많이, 조금' 등의 부사어가 쓰이면 '부사'가 '부정'의 범위에 드는지 여부에 따라 중의적으로 해석된다. 부분 부정의 의미라면 보조사 '은/는'을 사용하고, 전체 부정의 의미라면 부정극어를 사용하여 중의성을 해소할 수 있다.

㉠ 학생들이 다 오지 않았다.(중의적=전체 부정/부분 부정)

㉡ 학생들이 다는 오지 않았다./학생들이 다 오지는 않았다.(부분 부정)

㉢ 학생들이 전혀/한 사람도/하나도 오지 않았다.

④ '안' 부정문의 제약

가. '명사 + 하다'로 된 동사의 짧은 부정문은 '명사 + 안 + 하다'의 형태로 쓰인다.

(예) 공부하다 → 공부 안 하다

나. 서술어인 용언이 합성어 · 파생어이면 대체로 짧은 부정문보다 긴 부정문이 어울린다. (예) *안 얕보다 / *안 숙녀답다 / *안 짓밟았다.

다. 음절이 긴 형용사에도 긴 부정문만 쓰인다.

(예) 아름답다, 울퉁불퉁하다, 화려하다, 사랑스럽다, 출렁거리다

라. '견디다'는 긍정적으로만 의지가 작용할 수 있는 말이며, '알다, 깨닫다'는 주어의 의지가 작용할 수 없는 말이기 때문에 '안' 부정문이 쓰이지 못한다.

(예) 알지 못하다 / *안 알다, *알지 않다

마. 평서문, 감탄문, 의문문에만 쓰이고, 명령문, 청유문에는 '말다' 부정문이 쓰인다.

바. '-지 않-'이 연결되면 통사적으로는 부정문이지만, 그 의미는 다르다.

㉠ 정현이 (정말) {귀엽지 않니/귀엽잖니}?(↘) (반어 의문문)

㉡ 경민이는 (이미) 집에 {갔지 않니/갔잖니}?(↘) (확인 의문문)

㉢ 보경이는 (아직) {가지 않았지/가지 않았니}?(↗) (부정 의문문)

(2) '못' 부정문: 주체의 의지가 아닌, 그의 능력상 불가능하거나 또는 외부의 어떤 원인 때문에 그 행위가 일어나지 못하는 것을 표현할 때. 능력 부정

① 짧은 부정문과 긴 부정문과

가. 짧은 부정문: '못' + 동사(서술어)

나. 긴 부정문: 동사의 어간 + '-지 못 하다'

② '못' 부정문의 제약

가. '명사 + 하다'로 된 동사는 '명사 + 못 + 하다'의 형태로 쓰인다.

나. 형용사에는 쓰이지 않는 게 원칙이다. (예) *못 넓다

다. 형용사에 쓰면, '기대에 미치지 못함을 아쉬워할 때'이며 긴 부정문을 쓴다.
(예) 운동장이 넓지 못하다.

라. '고민하다, 노심초사하다, 걱정하다, 후회하다, 실패하다, 망하다, 잃다, 당하다, 변하다'는 의미의 충돌 때문에 '-지 않다' 부정문을 쓴다.

마. '-려고, -러'와 같은 '의도/목적'을 뜻하는 어미와 함께 쓰지 못한다.

㉠ *못 가려고 ㉡ 안 가려고

바. 평서문, 감탄문, 의문문에만 쓰고, 명령문, 청유문에 쓸 수 없다.

③ '못' 부정문의 의미 해석

가. 뜻이 중의적이다.

㉠ 계현이가 예인이를 못 만났다. ㉡ 계현이가 예인이를 만나지 못했다.

(의미) → 예인이를 만나지 못한 것은 계현이다.
계현이가 못 만난 사람은 예인이다.
계현이가 예인이를 만나지만 못했을 뿐이다.

나. 보조사를 쓰면 한 가지 뜻만을 보일 수가 있다.

㉠ 계현이가 예인이<u>는</u> 못 만났다.

㉡ 계현이가 예인이를 만나지<u>는</u> 못했다.

다. 파생적 사동문과 통사적 사동문에서 부정하는 대상은 다르다.

㉠ 어머니가 아이에게 옷을 못 입힌다.(사동주의 행동 부정)

㉡ 어머니가 아이에게 옷을 못 입게 한다.(피사동주의 행동 부정)

라. '안' 부정문과 같이 '다, 모두, 많이, 조금' 등의 부사어가 쓰이면 중의적으로 해석된다. (예) 학생들이 다 못 왔다.

(3) '말다' 부정문

※ '말다' 부정에 대해서는 다음과 같이 구별하도록 한다: –지 말아라 → [준말] –지 마라(해라체), –지 말라(하라체), –지 마(해체), –지 마요, –지 말아요(해요체)

① 명령문과 청유문에 사용됨

㉠ 집에 가지 말아라.(명령문)　　㉡ 학교에 가지 말자.(청유문)

② '-지 말다'의 쓰임

가. 소망을 나타내는 '바라다, 원하다, 희망하다' 등의 동사가 오면 명령문이나 청유문이 아니라도 '-지 말다'를 쓰기도 한다.

㉠ 비가 오지 말기를 바랐다.

㉡ 네가 오지 말고 그대로 있었으면 했다.

나. '말다'가 부정의 뜻으로 쓰이지 않으면 명령문, 청유문이 아니라도 쓰일 수 있다. (예) 어제 하다가 만 일을 오늘 계속해서 했다.

다. 형용사에 '말다'가 쓰이면 명령 · 청유가 아니라 기원의 뜻이 있다.

㉠ 올 겨울은 춥지 말아라.　　㉡ *아름답지 말아라.

[부정 표현의 특이성]

(가) *저도 그 사실을 안 모릅니다.　　(나) 그런 말을 하면 못 써요(→못써요).
저도 그 사실을 모르지 않습니다.　　?그런 말을 하면 쓰지 못해요.

'모르다'나 '없다' 같은 용언은 특수 부정어에 속한다. 이것들은 '*안 모르다, *안 없다; 모르지 않다, 없지 않다'에서 알 수 있듯이 짧은 부정 표현은 불가능하고, 긴 부정 표현만 가능하다. 보조용언 '말다'도 '*안 읽어라, *안 읽자: 읽지 말아라, 읽지 말자'에서 보듯이 명령문과 청유문에서는 긴 부정 표현만 가능하므로, 특수 부정어라 할 만하다. (가)에서처럼 긴 부정문이 가능한 이유는 부정하는 의미가 '모르다'가 아닌 '저도 그 사실을 모르다'라는 문장 전체이기 때문이다.

부정 표현 중에는 짧은 부정문의 형태가 관용 표현으로 굳어진 경우도 많다. (나)에 사용된

'못 쓰다'라는 말도 역시 '바르지 않다'는 의미를 갖고 있는 관용 표현이라고 할 수 있다. 그렇게 때문에 '쓰지 못하다'라는 말을 사용하였을 때는 그 의미가 달라지게 되고, 문장 의미가 분명하지 않게 된다. [지도서, pp.227~228]

이 외에도 짧은 부정문의 형태가 관용 표현으로 굳어진 것으로는 '못되다, 못하다, 안되다' 등이 더 있다.

ㄱ. 못되다: 못된 송아지 엉덩이 뿔부터 난다. 못된 놈.

(비교. 거짓말을 하면 훌륭한 사람이 못 돼요.)

ㄴ. 못하다: 철수는 공부를 못하여서 대학 진학을 포기하였다.

(비교. 정전이 되어서 공부를 못 하였다.)

ㄷ. 안되다: 매우 안된 말이지만 하지 않으면 안 된다. 얼굴이 안돼 보인다.

3.3.5. 문장의 의미

문장의 의미는 문장을 구성하는 내용어의 의미와 기능어의 통사적 규칙에 의한 합성적 의미가 기본이 된다. 그러나 문장의 의미는 통사적 규칙, 문맥이나 상황에 따라 가변성을 지닌다.[5)]

1. **의미 역할**: 문장 내에서 서술어에 의해 기술되는 행위나 사태에 대한 명사구의 의미 몫을 가리킨다. 의미 역할은 서술어와 어울려 문장을 이룰 경우 명사구들이 갖는 의미 내용인데, 이 때 서술어와 함께 쓰이는 표현들을 '논항'이라고 한다.
   1) 필수적 의미 역할
      (1) 행위자: 어떤 행위를 수행하는 주체로 대개 유정물이며 고의성이나 의도성을 가진다. (예) 창석이가 서점에서 책을 산다.
      (2) 도구: 행위의 수단이 되는 것. (예) 아름이가 칫솔로 이를 닦는다.
      (3) 수동자: 어떤 행위에 영향을 받거나 상태 변화를 겪는 것.
      (예) 태완이가 쓰레기를 치웠다.

---

5) '1. 의미 역할, 2. 문장의 동의성'은 임지룡 외(2010:180~183)을 참고하였다.

(4) 경험자: 서술어에 의해 내적인 상태에 영향을 받는 것.

(예) 진용이가 떡을 먹었다.

(5) 수혜자: 어떤 행위가 행해졌을 때 이익을 받는 개체.

(예) 효범이가 지연이에게 명품 지갑을 선물했다.

(6) 출처: 이동 및 상태 변화의 출발점. (예) 정현이가 도서관에서 책을 빌렸다.

(7) 목표: 이동 및 상태 변화의 도착점. (예) 태옥이가 인천에 갔다.

2) 수의적 의미 역할: 장소, 이유, 목적, 경로, 시간, 방법 등과 같이 문장에서 서술어의 의미를 보충하는 역할.

2. 문장의 동의성: 형식을 달리한 둘 이상의 문장이 동일한 의미 값을 갖는 현상

1) 단어나 어구의 의미가 같거나 일상적 표현과 관용적 표현 사이의 동의성

(1) 그분은 나의 고모이시다. / 그분은 내 아버지의 여동생이시다.

(2) 소정이는 씀씀이가 크다. / 소정이는 손이 크다.

2) 문장의 구조적 차이에 의한 동의성

(1) 능동문과 피동문의 동의성

㉠ 대성이가 광희를 쫓았다. ㉡ 광희가 대성이에게 쫓겼다.

㉠과 ㉡은 진리 조건상으로 동의적이지만, ㉠에서는 행동의 주체인 '대성'에게 의미의 초점이 놓이고, ㉡에서는 당하는 입장인 '광희'에게 의미의 초점이 놓인다.

(2) 대립어에 의해 논항이 교체된 경우의 동의성[6)]

㉠ 동생이 형에게 땅을 샀다. ㉡ 형이 동생에게 땅을 팔았다.

㉠' 좋은 값으로/헐값으로, 동생이 형에게 땅을 샀다.

㉡' 좋은 값으로/헐값으로, 형이 동생에게 땅을 팔았다.

㉠과 ㉡은 반의어 '사다/팔다'의 교체에 의한 동의문으로 진리 조건적 의미가 동일하다. 그러나 이 경우도 능동문과 피동문에서처럼 주어가 초점을 받는다. 이것은 ㉠', ㉡'처럼 '좋은 값으로, 헐값으로'와 같은 부사어구를 넣으면 그 의미 차이가 분명해진다.

(3) 처소 논항과 관련하여 주어와 부사어의 교체에 의한 동의성

6) (2)와 (3)은 임지룡 외(2010).

㉠ 강이 물고기로 넘치고 있다.　　　㉠' 물고기가 강에 넘치고 있다.

㉡ 밤하늘이 별들로 반짝인다.　　　㉡' 별들이 밤하늘에 반짝인다.

㉠과 ㉠'는 진리 조건적 의미가 같지만, ㉡과 ㉡'는 진리 조건적으로 의미의 차이가 나타난다. ㉡은 밤하늘 전체에서 별들이 반짝이는 '전체적 효과'를 나타내는 반면, ㉡'는 밤하늘의 일부에서 별들이 반짝이는 '부분적 효과'를 나타낸다.

(4) 파생적 사동문과 통사적 사동문의 동의성

㉠ 영수가 바둑이를 죽였다.　　　㉡ 영수가 바둑이를 죽게 했다.

파생적 사동인 ㉠에서는 주어의 행위에 대한 직접성과 간접성이 함께 나타나지만, 통사적 사동인 ㉡에서는 간접성의 의미만 드러난다. 또한, 바둑이의 죽음에 대한 영수의 책임이 ㉠에서는 직접적이지만, ㉡에서는 간접적이다. 따라서 파생적 사동과 통사적 사동 간에는 부분적인 동의성만 인정된다.

(5) 어순의 교체에 의한 동의성(초점의 이동)

(예) 호성이가 황소개구리를 잡았다. / 황소개구리를 호성이가 잡았다.

3) 문장의 중의성: 하나의 문장이 둘 이상의 의미로 해석되는 현상.(= 중의문)

(1) 어휘적 중의성: 문장에서 사용된 단어가 둘 이상의 의미를 가져서 중의적인 문장이 되는 경우. 동음이의어의 중의성과 다의어의 중의성.

㉠ 당신은 철 없는 여자　　　철={철6(鐵), 철2[分別力]}

㉡ 길을 잘못 들었다.　　　길=길①[道路], ⑤[方向, 目的]

(2) 주어와 목적어의 범위에 따른 중의성.

㉠ 예인이가 보고 싶은 친구들이 많다.　㉡ 영수가 철수와 창수를 때렸다.

(3) 비교의 범위에 따른 중의성.

㉠ 어머니는 아버지보다 아들을 더 사랑한다.

㉡ 남편은 아내보다 낚시를 더 좋아한다.

(4) 수식의 범위에 따른 중의성.

㉠ 추상화로 유명한 이갑동 화백의 부인 김말숙 씨의 개인전이 열렸다.

㉡ 그는 어제 고향에서 온 친구를 만났다.

(5) 부정의 범위에 따른 중의성.

㉠ 동실이가 어제 학교에 오지 않았다.

㉡ 학생들이 다 출석하지 않았다.

(6) 동작과 양태에 따른 중의성.

㉠ 그때 그는 {모자를 쓰고/넥타이를 매고/외투를 입고/장갑을 끼고/구두를 신고} 있었다.

㉡ 그때 그는 {모자・외투・장갑・구두를 벗고/넥타이를 풀고} 있었다.

'착탈'에 관한 '-고 있다' 구문은 동작의 진행과 양태의 두 가지 의미를 지닌다.

4) 문장의 모호성: 의미가 구체적이지 않음을 뜻한다. 모호성은 정도적 개념으로, 단어 사이에서 상대적으로 파악된다.

(1) 의미가 포괄적일수록 모호성은 커지며(㉠), 모호성을 가진 단어는 그 의미가 일정하게 한정되지 않는다(㉡, ㉢).

㉠ 어제는 혼자서 길을 걸었다.

[길: 도로, 인도, 골목길, 오솔길, 비탈길, 산길, 샛길…]

㉡ 금방 갈게. vs. 10분 후에 갈게. ㉢ 언제 만나서 차라도 한잔 하자.

(2) 중의성과 모호성: 중의성이 있는 문장은 그 둘 이상의 의미가 확정적이지만, 모호성이 있는 문장은 그 의미가 확정적이지 않다.

① 중의적 문장: 그는 어제 고향에서 온 친구를 만났다.

={㉠ 고향에서 어제 온 친구를 그가 만났다. ㉡ 고향에서 온 친구를 그가 만난 것은 어제이다.}

② 모호한 문장: 한국은 참 좋은 곳이다.

={㉠ 살기 좋은, ㉡ 경치가 좋은, ㉢ 인심이 좋은, ㉣ 기업하기 좋은}

5) 전제와 함의: 문장의 참과 거짓을 결정하기 위해서는 당면한 정보가 참이라는 조건이 보장되어야 하는데, 이런 조건을 '의미적 전제'라 하고, 주 명제 속에 포함된 부가적 정보를 함의라 한다.

(1) 전제: 발화된 문장의 정보 안에 부수적인 정보가 들어가 있는데, 주문장이 부정이 되어도 문장이 포함하고 있는 부수적 정보가 부정되지 않을 때, 그 부수적 정보를 전제라 한다.

※ p가 참이면 q도 참이고, ~p이더라도 q가 참이면, p는 q를 전제한다. 주문장을 의문문으로 바꾸더라도 전제는 유지된다.

(예) p: 현지가 졸업한 지 2년이 넘었다.

q: 현지가 졸업했다.

~p: 현지가 졸업한 지 2년이 넘지 않았다.

위의 (예)에서 p에는 q의 정보가 포함되어 있으며, p를 부정하더라도 q가 참으로 존재한다. 이럴 때 p는 q를 전제한다. 만일 ~q하면 p는 거짓이 된다. 전제는 홑문장에서는 불가능하고 겹문장에서만 존재한다.

(2) 함의: 어떤 명제가 참이면 그에 따라 당연히 참이 되는 명제를 그 명제의 함의라고 한다. 발화된 문장의 정보 안에 부수적인 정보가 들어가 있는 것은 전제와 공통되나 주문장이 부정되었을 때, 그 문장 안에 내포된 의미도 부정되어 거짓이 된다. ※ p가 참이면 q가 반드시 참이고, q가 거짓이면 p가 반드시 거짓일 때, p는 q를 함의한다.

(예) p: 소영이가 파리를 잡았다.

q: 파리가 잡혔다.

~p: 소영이가 파리를 잡지 못했다.

위의 (예)에서 p에는 q의 정보가 내포되어 있다. 그런데 p가 참이면 q도 참이고, q가 거짓이면 p도 거짓이 되므로, p는 q를 함의한다. 만약, 주문장(p)가 거짓이면, 부수적인 문장(q)의 진리치는 참일 수도 거짓일 수도 있다. 또한, 부수적 문장(q)이 참이면 주문장(p)의 진리치는 참일 수도 거짓일 수도 있다. 이런 논리적 관계를 가지면 주문장(p)은 부수적인 문장(q)을 함의한다.

[함의 관계의 진리표]

일방적 함의 관계			상호 함의 관계		
p		q	p		q
참	→	참	참	→	참
거짓	→	참 또는 거짓	거짓	→	거짓
거짓	←	거짓	거짓	←	거짓
참 또는 거짓	←	참	참	←	참

※ 동의문은 상호 함의 관계에 있다. (예) 영희가 철수를 업었다. 철수가 영희에게 업혔다.

(3) 단어의 함의 관계

상하 관계에 있는 단어들 사이에서도 함의 관계가 성립한다. 하위어는 상위어를 일방적으로 함의한다. (예) 여자:부인

※ '부인'이면 '여자'이고, '부인'이 '거짓'이라면 '여자'는 '참' 또는 '거짓'일 수 있다. '여자'가 '거짓'이라면 '부인'도 '거짓'이 되고, '여자'가 '참'이라면 '부인'은 '참' 또는 '거짓'이 된다.

3.3.6. 좋은 문장 표현 ※ '제7차 고등국어(상) 4. 바른 말 좋은 글'의 내용임.

1. 말 다듬기의 중요성

문법에 맞지 않거나 중언부언하게 되면, 그 말을 듣게 되는 사람들은 무슨 내용인지 얼른 이해하지 못하게 된다. 또한 좋지 못한 말버릇을 자주 사용하여 사람들에게 나쁜 인상을 주기도 한다.

2. 말 다듬기의 자세

1) 청자의 입장에서 객관적으로 자신의 말을 다듬는다.
2) 습관적으로 잘못하고 있는 표현을 고치기 위해 노력한다.
3) 문법에 맞게 말하도록 주의를 기울인다.
4) 청자의 입장을 고려하여 말의 표현을 다듬는다.

3. 말 다듬기에서 고려해야 할 점

1) 성분 갖추기와 성분 생략: 우리말을 어법에 맞게 쓰기 위해서는 필요한 성분을 갖춰 써야 한다. 그렇지만 자연스럽게 성분을 생략할 수도 있다. 의미 소통에 지장이 없는 한, 성분 생략은 국어 문장 구조의 간결성, 함축성, 경제성에 기여하는 긍정적인 효과가 있다. 그러나 앞뒤 문맥을 통하여 의미를 정확하게 알 수 있는 범위 안에서만 생략할 수 있을 뿐 무조건 생략할 수 있는 것은 아니다.

2) 불필요한 성분: 불필요한 성분이 포함된 문장은 형식상으로는 비문(非文)일 확률이 높고, 의미상으로는 내용이 중복되기 쉽다.

(1) 말하듯이 문장을 쓰면 불필요한 성분을 반복하기 쉽다.
(2) 강조나 수식이 지나치면 두 개 이상의 성분이 의미상 겹치기 쉽다.

3) 문장 성분의 호응: 문장 안에서 특정 문장 성분이 뒤에 오는 문장 성분을 제약하는 현상. 문장의 기본 구조 안에서 성분끼리 자연스럽게 어울려야만 올바른 문장이 된다.

(1) 주어와 서술어의 호응: 문장의 기본 구조를 갖추기 위해서는 무엇보다도 주어와 서술어가 호응되어야 한다. 문맥상 의미가 통할 때에는 우리말의 특성상 주어가 생략되거나 이중 주어가 오는 경우도 있다.
(2) 수식어와 피수식어의 호응: 꾸밈을 받는 말과 꾸미는 말이 호응하는 것으로, 그 거리가 가까울수록 좋다.
(3) 부사어와 서술어의 호응: 특정 부사어가 특정 서술어와 호응하는 것으로, 그 관계가 매우 고정적이라는 점이 특징이다.

4) 관형화 구성과 명사화 구성

(1) 관형화 구성 주의점: 꾸미는 말을 중첩하여 쓰거나, 전체 문장의 의미에 비추어 관형화 구성을 하지 않고 무조건 쓰게 되면 비문(非文)이 될 확률이 높다. 그러므로 이 때에는 꾸밈을 받는 말과의 관계를 잘 따져 본 다음 경제성을 살려 관형화 구성을 하는 것이 좋다.
(2) 명사화 구성 주의점: 명사화 구성 자체가 비문의 조건이 되는 것은 아니지만 명사화 구성을 남용하는 것은 문제가 된다. 우리말 어법에 따르면, 명사화하여 표현하는 것보다는 동사나 형용사로 풀어서 설명해 주는 것이 더 자연스러울 때가 많다.

5) 정확한 의미를 알 수 없는 문장의 유형과 바로잡기

(1) 수식의 모호성: 꾸밈을 받는 말과 꾸미는 말의 거리가 가까워야 한다.
(2) 비교 구문의 모호성: 비교 대상을 정확히 알 수 있도록 해야 한다.
(3) 병렬 구문의 모호성: 접속 조사 '과/와'로 묶이는 것들을 서술하는 데 주의해야 한다.
(4) 의존 명사 구문의 모호성: 의존 명사가 가리키는 바를 명확히 해야 한다.

(5) 부정문의 모호성: 부정의 의미를 나타내는 부사어와 꾸미는 말의 관계를 명확히 해야 한다.

6) 외래 어법의 남용: 우리말과 영어, 일본어의 접촉이 활발해지면서 원래 우리말에는 없었던 생소한 어법이 많이 생겨났다. 흔히 이를 두고 번역투라고도 한다.

7) 짜임새 있는 글이 갖추어야 할 요건

(1) 글의 형식

① 지시어, 접속어 등으로 문장이 잘 연결되었는가?

② 문단이 제대로 구분되어 있는가?

(2) 글의 내용

① 글을 쓴 목적에 충실한가?

② 글의 내용에 일관성이 있는가?

③ 주제가 뚜렷하고 주제를 뒷받침해 주는 내용이 탄탄한가?

4. 교과서 학습

1) 바르고 좋은 표현의 요건

(1) 예상 독자에 따라 표현 방법을 달리 한다.

(2) 표현이 간결하고 명료해야한다.

(3) 문장 간, 문단 간 연결이 긴밀해야 한다.

(4) 말하고자 하는 바가 분명하게 드러나야 한다.

2) 말 다듬기의 실제

(1) 높임법의 잘못된 쓰임 고치기

㉠ 너, 선생님이 빨리 오래. ⇒ 너, 선생님께서 빨리 오라셔(오라고 하셔).

㉡ 주례 선생님의 말씀이 계시겠습니다. ⇒ 주례 선생님의 말씀이 있으시겠습니다.(있겠습니다).

(2) 용언의 잘못된 쓰임 고치기

㉠ 리보솜과 리소좀은 서로 틀린 거야. ⇒ 리보솜과 리소좀은 다른 거야

㉡ 내가 친구 한 명 소개시켜 줄게. ⇒ 내가 친구 한 명 소개해 줄게(소개할게).

㉢ 그는 문맹자들에게 한글을 교육시켰다. ⇒ 교육했다.

㉣ 외국에서 들어온 기계를 가동시켰다. ⇒ 가동했다.

(3) 용언의 잘못된 활용 고치기

㉠ 아버님, 올해도 건강하세요. ⇒ 건강하게 지내세요.

㉡ 보세요, 잘 날라가지 않습니까? ⇒ 날아가지

㉢ 거칠은 벌판으로 달려가자 ⇒ 거친

㉣ 현숙이를 볼 생각을 하니 마음이 설레인다. ⇒ 설렌다.

(4) 습관적으로 잘못 쓰는 표현 고치기

㉠ 동작이 매우 재미있는 것 같습니다. ⇒ 재미있습니다.(습관적 추측 표현)

㉡ 기자: 우승하겠다라는 생각을 하신 적이 있습니까? ⇒ 우승하겠다는(간접 인용 조사)

선수: 없었습니다. 하여간 매우 기쁜 것 같습니다. ⇒ 기쁩니다.

3) 문장 다듬기의 실제

(1) 문장 성분 갖추기

① 필요한 성분은 다 갖추고 있는가?

㉠ 문학은 다양한 삶의 체험을 보여 주는 예술의 장르로서 문학을 즐길 예술적 본능을 지닌다. ⇒ ~ 예술의 장르로서 인간은 문학을 즐길 ~

㉡ 인간은 환경을 지배하기도 하고, 때로는 순응하기도 한다. ⇒ ~, 때로는 환경에 순응하기도 한다.

㉢ 본격적인 공사가 언제 시작되고, 언제 개통될지 모른다. ⇒ 본격적인 (도로)공사가 언제 시작되고, 도로가 언제 개통될지 모른다.

② 불필요한 성분은 없는가?

㉠ 그 선수의 장점은 경기 흐름을 잘 읽고 다른 선수들에게 공을 잘 보내 준다는 것이 큰 장점이다.

⇒ 그 선수의 큰 장점은 경기 흐름을 잘 읽고, ~ 준다는 것이다.

⇒ 그 선수는 경기 흐름을 잘 읽고, ~ 준다는 것이 큰 장점이다.

㉡ 방학 기간 동안 축구를 실컷 찼다. ⇒ 방학 동안 축구를 실컷 했다.

㉢ 요즘 같은 때에는 공기를 자주 환기시켜야 감기에 안 걸리는 거야.

⇒ 요즘 같은 때에는 자주 환기해야 감기에 안 걸리는 거야.

⇒ 요즘 같은 때에는 공기를 자주 바꿔야 감기에 안 걸리는 거야.

㉣ 그 문제는 다시 재론할 가치가 없다. ⇒ 그 문제는 재론할 가치가 없다.

㉤ 문득 뇌리 속을 스치는 생각이 있다. ⇒ 문득 뇌리를 스치는 ~

③ 성분끼리 자연스럽게 어울리는가?

㉠ 이 글을 읽는 여러분에게 먼저 당부하고 싶은 것은 만일 여러분이 주변 환경을 탓하고 있다면 그런 생각은 버리시길 바랍니다. ⇒ ~ 그런 생각은 버리시라는 것입니다.

㉡ 현재의 복지 정책은 앞으로 손질이 불가피할 전망입니다.

⇒ ~ 불가피할 것으로 전망되고 있습니다. ⇒ ~ 전망됩니다.

⇒ ~ 불가피할 것으로 전문가들은 전망하고 있습니다.

㉢ 이 지역은 무단 입산자에 대하여는 자연 공원법 제60조에 의거 처벌을 받게 됩니다.

⇒ 이 지역은 자연 공원법 제60조에 의거하여 무단 입산자를 처벌하는 곳입니다.

⇒ 이 지역에 무단 입산하는 자는 자연공원법 제60조에 의거하여 처벌받게 됩니다.

㉣ 한번 오염된 환경이 다시 깨끗하려면, 많은 비용과 노력, 그리고 긴 시간이 소모된다.

⇒ ~ 다시 깨끗해지려면, ~ 노력이 들고, 오랜 시간이 소요된다.(걸린다)

㉤ 동아리에 가입하기 위해서는 절대로 직접 손으로 쓴 작품을 제출해야 한다.

⇒ 동아리에 가입하기 위해서는 반드시 ~

㉥ 한결같이 어려운 이웃을 돕는 사람들이 많습니다. ⇒ 어려운 이웃을 한결같이 돕는 ~

(2) 관형화・명사화 구성을 바르게

① 관형화 구성

㉠ 유구한 빛나는 전통 문화를 단절시킬 가능성이 큰 융통성 없는 문화 정책은 재고해야 한다. ⇒ 유구하고 빛나는 전통문화를 단절시킬 가능성이 큰, 융통성

없는 문화 정책은 재고되어야 한다.

㉡ 이 수술은 후유증이 없는 안전한 고도의 정밀한 수술로 비용도 저렴한 파격적인 저비용이다. ⇒ 이 수술은 고도로 정밀하여 후유증이 없고 안전하며, 비용도 파격적으로 저렴하다.

관형화 구성	관형사형 어미 이용	-(으)ㄴ -(으)ㄹ -는	명사화 구성	명사 나열	명사+ 명사
				'것' 이용	~것
	관형격 조사 이용	의		명사형 어미 이용	-(으)ㅁ -기

② 명사화 구성

㉠ 그가 그 문제를 명쾌하게 해결할 것으로 예상되는 것이다.

⇒ ~것으로 예상된다.

㉡ 여름이 되면 수해 방지 대책 마련에 철저를 기해야 한다.

⇒ 여름이 되면 수해를 방지할 대책을 마련하는 데 철저를 ~

㉢ 은주는 권장 도서 목록 선정이 너무 주관적이라며 불만을 터뜨렸습니다.

⇒ 은주는 권장 도서 목록을 선정한 것이 너무 ~

(3) 의미를 정확하게

① 용감한 그의 아버지는 적군을 향해 돌진했다.(수식의 모호성)

· 이유: '용감한'의 수식 관계

⇒ 그의 용감한 아버지는~. 용감한, 그의 ~

② 남편은 나보다 비디오를 더 좋아한다.(비교 구문의 모호성)

· 이유: '남편과 내가 비디오를 좋아하는 정도'를 비교하는지, '나와 비디오'를 비교하는지 불명확

⇒ 남편은 나를 좋아하기보다 비디오를~.

⇒ 남편은 내가 비디오를 좋아하는 것보다 더 비디오를 좋아한다.

③ 어머니께서 사과와 귤 두 개를 주셨다.(병렬 구문의 모호성)

· 이유: 사과와 귤 한 개인지, 사과 하나와 귤 두 개인지

⇒ 어머니께서 사과 한 개와 귤 한 개/사과 한 개와 귤 두 개를 주셨다.

④ 그가 걸음을 걷는 것이 이상하다.(의존 명사 구문의 모호성)

· 이유: '것'이 가리키는 것이 사실인지 행동인지.

⇒ 그의 걸음걸이가 이상하다. 그가 걸음을 걷는다는 사실이 자체가 이상하다.

⑤ 커피 한 잔은 되지만 한 잔 이상을 마시면 해롭습니다.

· 이유: '이상'의 의미에 주의를 기울이지 않아서 논리적 모순

· 고친 문장 ⇒ 커피는 두 잔 이상 마시면 해롭습니다.

⑥ 그 판매원은 웃으면서 들어오는 손님에게 인사를 건넸다.

· 이유: '웃으면서'의 쓰임이 모호함. 서술어인지, 부사어인지

· 고친 문장 ⇒ 그 판매원은 웃으면서, ~. 그 판매원은, 웃으면서 ~

(4) 우리말답지 않은 표현

① 그 사람은 선각자에 다름아니다.(일본어 직역)

⇒ 그 사람은 선각자나 다름없다. 그 사람은 선각자라 할 만하다.

② 그의 작품은 이러한 주목에 값한다.(일본 관용구 차용) ⇒ 주목할 만하다.

③ 우리 모두 내일 오전 10시에 회의를 갖도록 하자.(영어 직역 표현)

⇒ ~ 회의하자. 회의를 하도록 하자.

④ 불조심하는 것은 아무리 강조해도 지나치지 않다.(영어 직역 표현)

⇒ 불조심은 늘 강조해도 지나침이 없다. 언제나 불조심해야 한다.

⑤ 나는 학생들에 대하여 많은 관심을 기울이고 있다.(일본어 직역)

⇒ 나는 학생들에게 많은 관심을 두고 있다. 나는 학생들에게 관심을 많이 두고 있다.

⑥ 학생회의에 있어 진지하게 참여하는 것이 중요합니다.(일본어 직역)

⇒ 학생 회의에 진지하게~

⑦ 춘향호의 선장과 선원들은 배 침몰과 함께 사망했습니다.(영어 직역, ~with)

⇒ 춘향호가 침몰하자 그 배의 선장과 선원들은 사망했습니다.

⑧ 미국 가수: ~was known by a fan

번역자: ~ 한 팬에 의해 알려졌습니다. ⇒ 한 팬이 알렸습니다.

⑨ 그 소식을 동생으로부터 들었다. ⇒ 그 소식을 동생에게 들었다.(~from)

⑩ 이중 피동 표현: 간주되어지고 있다. ⇒ 간주되고 있다. 간주하고 있다.

⑪ 일본어의 영향을 받은 표현

표현	예	수정	표현	예	수정
-에 있어서	현대적 의미에 있어서	의미에서	-에 다름아니다	생명체에 다름아니다	생명체이다
-으로의	정신으로의 복귀	정신의 복귀	-에 값한다	이름에 값한다	이름에 걸맞다
-에서의	고향에서의 생활은	고향에서	-에 대하여	학생들에 대하여	학생들에게
-어 있는	눈이 상해 있는	눈이 상한			

⑫ 영어의 영향을 받은 표현

표현	예	수정
사물 주어	자료는-말해준다	자료에서-알수있다
피동 표현	실시되어야한다	실시해야한다
전치사 번역투	장애인에 대하여	장애인에게
관용구 번역투	'아무리 ~해도 지나치지 않다, ~에도 불구하고, ~에 위치한다' 등은 사용하지 않는다.	
시제 표현	열심히 놀았었다	놀았다
직역 표현	동생을 갖고 있다	동생이 있다

5. 교과서 보충학습

1) 한자어의 중복

예	수정	예	수정
역전 앞에	역전에	매 시간마다	시간마다
결론을 맺는다	결론 짓는다	가까이 접근하다	가까이 간다
낙엽이 떨어진다	낙엽이 진다	속에 내재한다	속에 있다
뇌리 속에	뇌리에	같은 동포	동포
더러운 누명	누명	미리 예고	예고
결실을 맺는다	결실을 보다	간단히 요약	요약
부담감을 느낀다	부담을 느낀다	유산을 물려주다	유산을 주다
기간 동안	기간에		

2) 조사의 호응

'치고'는 부정어와 호응: *선수치고 공을 잘 친다. / 선수치고 공을 잘 못 친다

6. 문장의 오류 바로 잡기[지도서, pp.245~247, pp.207~209]

1) 부정확한 단어를 사용한 문장 바로잡기

· 교육 환경을 OECD 국가 수준으로 발전시켜 나가겠다고(→ 향상시켜)

- 발전: 더 잘되거나 나아지거나 활발해지거나 하는 일
- 향상: 생활이나 기술, 학습 등의 수준이 나아짐

· 이번 두 회사를 합병한 파장이 어떻게 될 것 같습니까?(→ 여파가)

- 파장: 파동에서, 같은 위상을 가진 사로 이웃한 두 점 사이의 거리/어떤 일이 끼치는 영향 또는 그 영향이 미치는 동안이나 정도를 비유적으로 이르는 말.
- 여파: 큰 물결이 지나간 뒤에 일어나는 잔물결/ 어떤 일이 일어난 뒤에 남아 미치는 영향

· 주민들을 싣기 위하여선……(→ 태우기)

- 싣다: 나를 물건 따위를 차, 배, 수레, 비행기 또는 짐승의 등 따위에 올려놓다.
- 태우다: 탈것, 짐승의 등 따위에 몸을 얹게 하다.

· 이번 사건으로 인한 파문이 빨리 진화되기를 바랍니다.(→ 진정되기를)

- 진화: 불이 난 것을 끔.
- 진정: 요란하던 것이 가라앉음. 흥분이나 아픔이 가라앉음

· 50세를 넘어선 여성의 소뇌 중심부의 크기는 남성과 달리 급격히 줄어들었습니다.(→ 작아졌습니다.)

- 줄다: 본디보다 적어지거나 짧아지거나 좁아지거나 하다.(반의어: 늘다)
- 작다: 부피, 넓이, 길이 따위가 기준 이하이다.(반의어: 크다)

· 최고 백만 원의 과태료가 부과될 전망입니다.(→ 예정입니다.)

- 전망: 바라봄, 내다봄 (예) 미래를 전망하면서 살아간다.
- 예정: 미리 정하거나 예상함

· 이를 위하여선 지속적인 개혁이 조건입니다.(→ 과제입니다)

┌ 조건: 어떤 일을 이루게 하거나 못 이루게 하는 기본적인 상태나 요소
└ 과제: 부과된 일, 처리하거나 해결하여야 할 문제

· 시민으로부터 들어온 폭발물을 설치하였다는 첩보는 허위 사실로 밝혀졌습니다.(→ 제보는)

┌ 첩보: 어떤 실정을 몰래 알아 내어 보고함
└ 제보: 정보를 제공함

· 휴대 전화 요금 때문에 가정 불화까지 경험한 것으로 나타났습니다.(→ 생기는)

┌ 경험: 겪음, 겪어 본 지식이나 능력
└ 생기다: 어떠한 일이 일어나다

· 친선공연이 아니라 20만 달러라는 값을 받은 엄연한 문화 상품인데도 인기가 높습니다.(→ 치른)

┌ 받다: 주거나 보내 오는 것을 가지다.
└ 치르다: 마땅히 주어야 할 돈이나 값을 내주다.

· 전쟁의 공이 오히려 체첸 쪽으로 넘어가 버린 양상입니다.(→ 상황입니다)

┌ 양상: 생김새나 모습
└ 상황: 일이 되어가는 모양, 경로

· 최근 병상을 백 개 이상 과감히 줄였습니다. 그 덕분에 병실 가동률이 현저히 올랐습니다.(→ 결과로)

┌ 덕분: 고마운 베풂
└ 결과: 어떤 원인으로 말미암아 생기는 결말의 상태

2) 문장의 문제점 찾고, 수정한 문장의 타당성 확인하기

(1) 이 때문에 환자들도 무조건 기다리거나 하소연만 할 게 아니라 실종된 환자의 권리를 적극적으로 찾아 나서야 한다는……. ⇒ 환자의 실종된 권리

☞ 본래의 문장은 수식하는 말이 수식 받는 말 바로 앞에 쓰이지 않았기 때문에 두 가지의 의미해석이 가능하다. 따라서 '실종된'이라는 수식어를 피수식어인 '권리' 앞에 놓음으로써 중의성을 해결할 수 있다. 그러나 '환자'라는 말이 반복되었으므로 이를 '자신의 실종된 권리'로 바꾸면 보다 효율적인 문장이 될 수 있을 것이다.

(2) 속옷에서부터 카메라, 시계, 영양제 등이 가득합니다. ⇒ 등까지

☞ '에서부터'라는 말을 사용하였으므로 이와 호응되는 '까지'라는 말을 사용하는 것이 옳다. 여기에 '에'까지 붙여서 '등에까지'로 바꾸면 더 좋은 문장이 될 것이다.

(3) 고인의 숭고한 삶과 뜻을 추모하였습니다. ⇒ 고인의 숭고한 삶과 뜻을 기렸습니다./숭고한 삶을 살았던 고인을 추모하였습니다.

☞ '추모'라는 단어는 '죽은 사람을 사모함'의 뜻을 가진 말이다/ '고인을 추모하다'라는 표현은 가능하나 '삶을 추모하다, 뜻을 추모하다'라는 표현은 어색하다. 따라서 '추모하다'라는 서술어의 주어를 '고인'으로 하거나 '삶과 뜻'에 적합한 '기리다'라는 서술어를 사용하여야 한다.

(4) 의료 사태에 대한 직접적인 해결책보다는 국민 불편을 줄이는 것이 우선이라는 판단입니다. ⇒ 해결책을 마련하는 것보다는

☞ '의료 사태에 대한 직접적인 해결책보다는 국민 불편을 줄이는 것'이라는 주어에서 '해결책'과 '국민 불편을 줄이는 것'은 동일한 층위의 표현이 아니다. '보다'라는 조사를 사용하여 두 표현을 비교하기 위해서는 양쪽의 층위를 동일하게 하여 주는 게 좋다. 따라서 '해결책'을 '해결책을 마련하는 것'으로 바꾸는 것이 바람직하다.

(5) 장 할아버지는 남북 가족이 모두 모여 묘소를 찾을 수 있는 날이 올 수 있을지 마지막 소망을 하여 봅니다. ⇒ 오기를 마지막으로 소망하여 봅니다.

☞ '올 수 있을지'와 같은 불확실한 상황을 나타내는 표현은 '의문이다'또는 '걱정이다'와 같은 표현과 어울리고, 기대하는 바가 이루어지길 바라는 긍정적 의미의 '소망한다'라는 표현과는 호응하지 않는다. 따라서 '올 수 있을지'를 '오기를'로 바꾼다.

3) 부자연스럽거나 잘못된 문장을 바르게 고치기

(1) 풍년 농사를 위한 저수지가 관리 소홀과 무관심으로 올 농사를 망쳐 버렸습니다.

⇒ 풍년 농사를 위하여 만들었던 저수지에 대한 관리 소홀과 무관심으로 올 농사를 망쳐 버렸습니다./ 풍년 농사를 위하여 만들었던 저수지에 대한 무관심으로 관리를 소홀히 하여 올 농사를 망쳐 버렸습니다.

☞ 농사를 망치게 된 원인은 저수지가 아니라 저수지에 대한 관리 소홀과 무관심

이므로 이를 분명히 밝혀 주어야 한다. 그리고 '관리 소홀'은 '무관심'에 원인이 있으므로 동일한 층위의 언어 표현으로 취급하지 않고 인과 관계를 밝혀 주는 것도 좋다.

(2) 국내산으로 속여 팔다 적발된 수입 닭.

⇒ 국내산으로 속여 팔리다 적발된 수입 닭. / 수입 닭을 국내산으로 속여 팔다 적발된 판매자.

☞ '수입 닭'은 팔리다 적발된 것이므로, '팔다'를 피동 표현인 '팔리다'로 고쳐 주어야 한다. 본래 '국내산으로 속여 팔다 적발된'의 주체는 '수입닭'이 아니라 '판매자'이다. 또 '팔다'라는 능동 표현을 쓰기 위해서는 직접 행동을 한 '판매자'를 주체로 하여야 한다.

(3) 이 같은 국내 영어 캠프는 무분별한 학생들의 해외 연수를 줄일 수 있는 …….

⇒ 이 같은 국내 영어 캠프는 학생들의 무분별한 해외 연수를 줄일 수 있는 …….

☞ '무분별한'이 '학생들'과 '해외연수' 둘 다 수식할 수 있어 중의적으로 해석될 수 있다. '무분별한'을 '해외연수' 바로 앞으로 옮기면 중의성이 해소될 수 있다.

(4) 내가 졸업식장에 도착하였을 때에는 이미 모든 것이 끝난 후였다.

⇒ 내가 졸업식장에 도착하였을 때에는 이미 졸업식이 끝난 후였다.

☞ 앞뒤 문장의 시제 호응은 이루어지고 있으나 '모든것'이라는 부정확한 표현으로 모호한 문장이 되었다. '모든것'이라는 표현은 '졸업식'을 가리킬 수도 있고 '필자의 인생 전체'를 가리킬 수도 있다. 따라서 정확한 의미를 전달하려면 표현하고자 하는 바를 구체적으로 밝혀 주어야 한다.

(5) 축구 경기에서 최후방 수비수를 골키퍼라고 하며, 판단력과 순발력이 있어야 한다.

⇒ 축구 경기에서 최후방 수비수 골키퍼라고 하는데, 이들에게는 판단력과 순발력이 있어야 한다.

☞ '-(으)며'는 나열이나 동시성을 보여 주는 경우에 사용하는 연결 어미이고, '-는데'는 후행절에서 어떤 일을 설명하기 위해 그 대상과 관련되는 상황을 미리 말할 때 쓰는 연결 어미이다. 주어진 문장에서 선행절과 후행절은 모두 골키퍼에 대해 설명하고 있으므로, 단순 나열보다는 연결 어미 '-는데'를 사용하는 것이 좋다. 그리고 후행절에서 '판단력과 순발력이 있어야' 하는 주체는 '골키퍼'이

므로, 후행절에 '골키퍼에게는'이 들어가야 한다. 그러나 두 절이 이어져 있고, 선행절에 동일한 요소 ('골키퍼')가 포함되어 있으므로 이를 대명사로 바꾸어 주도록 한다.

(6) 내가 말하고 싶은 것은 겨울에 체력 훈련을 열심히 하여야 지난해와 같은 성적을 올릴 수 있을 것이다.

⇒ 내가 말하고 싶은 것은 겨울에 체력 훈련을 열심히 하여야 지난해와 같은 성적을 올릴 수 있을 것이라는 점이다.

☞ 주어인 '내가 말하고 싶은 것은'과 서술어로 제시된 '성적을 올릴 수 있을 것이다'는 호응이 이루어지지 않아 이를 고쳐 주어야 한다.

(7) 생선의 신선도는 눈보다 아가미를 보고 고르는 것이 요령이다.

⇒ 생선의 신선도는 눈보다는 아가미를 보고(면) 알 수 있다.

☞ '생선의 신선도'라는 주어에는 '신선도의 기준'을 설명하는 서술어가 적절하다. 그러나 이 문장은 '생선을 고르는 요령'을 설명하고 있다. 따라서 '생선의 신선도를 판단하는 기준'에 대하여 설명하는 서술어를 제시하여야 한다.

(8) 우리들의 의견은 앞으로 농촌 보건 문제에 관심을 갖자는 데 뜻을 모았다.

⇒ 우리들은 앞으로 농촌 보건 문제에 관심을 갖자는 데 뜻을 모았다. / 우리들의 의견은 앞으로 농촌 보건 문제에 관심을 {갖자/갖겠다}는 것이다.

☞ '우리들의 의견'이라는 주어는 명사형이므로 서술어 역시 명사형에 서술격 조사 '이다'가 붙은 형태로 제시되어야 한다. 따라서 주어와 서술어의 호응을 위해서는 알맞은 형태의 주어와 서술어를 사용하여야 한다.

(9) 향가의 쇠퇴는 고려 중엽으로 볼 수 있다.

⇒ 향가의 쇠퇴 시기는 고려 중엽으로 볼 수 있다.

☞ '향가의 쇠퇴'라는 표현은 하나의 '현상'이므로 '고려중엽'이라는 시기 개념과 호응하지 않는다. 따라서 주어를 '향가의 쇠퇴시기' 정도로 바꾸어 주는 것이 좋다.

(10) 현대의 민주주의 복지 국가들은 헌법에 국민의 인권을 보장하는 규정이 있다.

⇒ 현대의 민주주의 복지 국가들은 헌법에 국민의 인권을 보장하는 규정을 갖고 있다.

☞ 주어와 서술어가 호응을 이루지 않으므로, 서술어를 '……규정을 갖고 있다' 정도로 고쳐야 한다.

연습문제

1. 다음 〈자료〉에 대한 물음에 답하시오.

〈자료〉

누군가 나에게 뭔가를 해 주기를 기다리지 말고, 내가 먼저 누군가에게 뭔가를 해 주자.

1) 각 어절의 문장 성분을 말하시오.
2) 모든 서술어의 자릿수를 말하시오.
3) 보조 용언이 서술어의 자릿수에 영향을 미치는지를 밝히시오. ※ '하다'는 완전타동사

2. 다음 〈자료〉를 이용하여 〈조건〉에 맞게 답하시오.

〈자료〉

가. 나도 너를 곧 따라가마.
나. 오늘은 돌아오십니까?
다. 어서 손을 잡아라.
라. 이제 그만 가십시다.
마. 아이고, 더워라!
바. 새치기 하지 맙시다.

(화자 = 건호, 청자 = 영만)

〈조건〉

1) (가)-(마)를 문장 종결법에 따라 나누고 종결 어미에 대하여 설명하시오.(학교 문법에 따름)
2) (가)-(라)를 [예시]의 틀을 이용하여 간접 인용절로 바꾸시오. '영만'의 입장에서 기술함.

〈예시〉

(마) 아이고, 더워라! → 건호가 덥다고 말했다.
☞ 간접 인용절 틀: 건호가 ~고 말했다.

3) (바)가 전형적인 청유문과 다른 이유를 설명하시오. ※ 청유문의 개념은?

3. 다음 〈자료〉에서 안긴 문장을 찾고 그것의 안은 문장에서의 문장 성분을 말하시오

〈자료〉

창석이가 집에 가기에 바쁘다.

4. 다음 〈자료〉를 이용하여 〈조건〉에 맞게 답하시오.

〈자료〉

〈자료 1〉

가. 선생님께서 학교에 가신다.

나. 선생님 무슨 고민이 있으세요?

다. 다솜이가 선생님께 과일을 드렸다.

라. 저는 괜찮습니다, 선생님. 걱정하지 마십시오.

마. 저는 괜찮아요, 선생님. 걱정하지 마세요.

바. 나는 괜찮다, 애야. 너무 걱정하지 마라.

〈자료 2〉

가. 할아버지, 엄마가 막 도착했어요. (화자 = 엄마의 딸)

나. (화자는 문장 주어의 은사임.) 자네가 이 학생의 스승이셨군.

다. (손녀가 할아버지에게) 할아버지, 아침은 잡수셨어?

라. (화자는 문장 주어의 선임 교사임) 김 선생 인사 좀 하시지.

마. (봉 과장과 추 과장은 선후배의 관계여서 사석에서 봉 과장은 추 과장에게 해라체를 사용하고, 추 과장은 봉 과장에게 하십시오체를 사용한다.)

(회의실에서)

봉 과장: 그럼 회의를 시작하겠습니다. 추 과장님께서 이번 시장 조사 결과를 보고하여 주시겠습니다.

추 과장: 영업부의 추○○입니다. 이번 시장 조사는 10대 후반의 청소년층을 대상으로

한 것입니다. 일단 화면을 보면서 말씀드리겠습니다. 봉 과장님께서는 화면 조정하는 것을 좀 도와주시기 바랍니다.

봉 과장: 네. 신호를 보내시면 제가 여기에서 스위치를 작동하겠습니다.

〈조건〉

1) 〈자료 1〉을 이용하여 국어 높임법의 종류에 대하여 서술하되, '화자, 청자, 주체, 객체'의 관계를 포함시키시오.

2) 〈자료 2〉의 (가) - (마)에 실현된 높임법을 제시된 상황과 관련하여 설명하시오.

5. 〈보기〉를 참조하여 물음에 답하시오.

〈보기〉

(ㄱ) 수희가 책을 읽는다.

(ㄴ) 어머니가 딸에게 옷을 입히셨다.

(ㄷ) 어머니가 딸에게 옷을 입게 하셨다.

(ㄹ) 선생님께서 철수에게 책을 읽히셨다.

(ㅁ) 선생님께서 철수에게 책을 읽게 하셨다.

1) (ㄱ)을 사동문으로 바꾸고 주동문을 사동문으로 바꾸는 절차에 대하여 간단히 설명하시오.

2) (ㄴ)-(ㅁ)을 이용하여 파생적 사동문과 통사적 사동문의 의미 차이를 설명하시오.

6. 〈자료〉는 이어진문장들의 통사적 차이를 살펴보려고 수집한 자료다. 각 자료를 검토하고, 이러한 차이가 어떤 이유에서 나타나는지를 결론으로 제시하시오. 서술방법은 〈예시〉를 참조하시오.

〈자료〉

(ㄱ) ⓐ 인생은 짧고 예술은 길다. ≒ 예술은 길고 인생은 짧다.

ⓑ 봄이 오면 꽃이 핀다. ≠ ??꽃이 피면 봄이 온다.

(ㄴ) ⓒ *자기 동생은 열심히 일했고 철수는 놀기만 했다.

ⓓ 자기 동생이 열심히 일해서 철수는 기분이 좋더라.

(ㄷ) ⓔ 인생은 짧고 예술은 길다.

ⓕ *봄은 오면 꽃은 핀다.

(ㄹ) ⓖ 인생은 짧고 예술은 길다. *예술은, 인생은 짧고, 길다.

ⓗ 봄이 오면 꽃이 핀다./ 꽃이, 봄이 오면, 핀다.

〈예시〉

(ㄱ)에서, 대등적으로 이어진 문장인 ⓐ는 앞뒤 절의 자리를 서로 바꾸어도 의미상 큰 차이가 없지만, … ⓑ는 …

⁞

결론적으로, 대등적으로 이어진 문장과 종속적으로 이어진 문장의 이러한 차이는 …

〈길잡이〉 (ㄱ): 대등적으로 이어진 문장은 앞뒤 절의 자리를 서로 바꾸어도 의미상 큰 차이가 없지만, 종속적으로 이어진 문장은 자리를 바꾸면 커다란 의미 변화가 일어난다.

(ㄴ): 대등적으로 이어진 문장에서는 후행절의 요소를 선행절에서 일반대명사나 재귀칭 대명사로 나타낼 수 없지만, 종속적으로 이어진 문장에서는 가능하다.

(ㄷ): 대등적으로 이어진 문장에서는 선행절과 후행절에 '대조'나 '주제'의 보조사 '은/는'이 결합될 수 있지만 종속적으로 이어진 문장에서는 가능하지 않다.

(ㄹ): 대등적으로 이어진 문장은 선행절을 후행절 속으로 자유롭게 이동시킬 수 없지만 종속적으로 이어진 문장은 가능하다.

(ㄱ)-(ㄹ)을 통해, 대등적으로 이어진 문장과 종속적으로 이어진 문장의 이러한 차이는 선행절과 후행절의 의미상의 독립성 여부와 관련이 있다.

7. 다음 자료를 읽고 〈조건〉에 맞게 답하시오.

〈자료〉

(ㄱ) 철수가 회의에 안 가지 않았다.

(ㄴ) 철수가 설마 그런 곳에 가겠습니까?

(ㄷ) 영수는 비생산적인 논쟁에 반대한다.

(ㄹ) 네가 서울에 갔지 않아?

(ㅁ) 철수가 빵을 안 먹었다.

(ㅂ) 철수가 책을 못 읽었다.

〈조건〉

1) (ㄱ) ~ (ㄹ) 각각에 대하여 통사적 기준의 부정문 여부를 판정하고 그 결과를 바탕으로 통사적 기준의 부정문을 정의하시오.

2) '(ㅁ), (ㅂ)'을 이용하여 '안' 부정문과 '못' 부정문의 차이점을 밝히시오.

3) (ㅁ)을 이용하여 부정문의 중의성에 대하여 기술하고 그것을 해결하기 위한 방안을 밝히시오.

〈길잡이〉

〈조건 1〉 (ㄱ) 부정문 (ㄴ) 부정문이 아니다 (ㄷ) 부정문이 아니다

(ㄹ) '않아'가 빠져도 의미에 본질적으로 차이를 주지 않으며, 시제 선어말 어미가 본용언에 붙어 있으므로 확인의문문이다. 그러나 학교 문법에서는 '-지 않다'가 들어가면 모두 통사적 부정문으로 처리하므로 부정문이다.

결론: 부정문이란 긍정표현에 대하여 언어 내용의 의미를 부정하는 문법 기능으로, 통사적 기준의 부정문은 부정부사 '안, 못', 부정 용언 '아니하다, 못하다'의 출현 여부에 의해 판별한다.

〈조건 2〉 '안' 부정문: 단순 부정과 의지 부정에 모두 사용. '못' 부정문: 능력부정

〈조건 3〉: 부정문의 의미는 부정의 범위에 따라 다양하게 해석될 수 있다.

8. 다음 자료를 읽고 〈조건〉에 맞게 답하시오.

달이 밝기가 대낮과 같다.

향기가 고운 꽃이 많이 피었다.

저 아이가 얼굴이 예쁘게 생겼다.

누구나 인간은 존엄하다고 믿는다.

토끼가 앞발이 짧다.

지금 몇 시인지 알고 싶습니다.

그렇게만 된다면 얼마나 좋을까요?

빨리 먹지 못하겠니?

조용히 좀 합시다.

〈조건〉

1) (ㄱ)~(ㅁ) 각각의 문장에 안겨 있는 절과 그 종류를 지적하고 어떤 표지가 사용되었는지 서술하시오.
2) (ㅂ) ~ (ㅈ)을 종결 표현을 기준으로 문장의 유형을 말하고, 각 문장의 실제 기능은 무엇인지 서술하시오.
3) 종결 표현을 기준으로 한 문장의 유형과 문장의 실제 기능 사이의 관계에 대해 서술하시오.

〈길잡이〉

〈조건 가〉 생략

〈조건 나〉 (ㅂ) 평서문, (ㅅ) 의문문 (ㅇ) 의문문 (ㅈ) 청유문

각 문장의 실제 기능: (ㅂ) 시간을 알려 달라는 '명령'의 기능, (ㅅ) 소망을 드러내는 '평서'의 기능, (ㅇ) 빨리 먹으라는 '명령'의 기능, (ㅈ) 조용히 하라는 '명령' 또는 '요청'의 기능

〈조건 다〉 종결 표현의 유형과 문장의 실제 기능이 반드시 일치하지는 않는다. 청자와의 관계나 심리적 거리, 문장의 내용에 따라 의도적으로 실제 기능과 다른 종결 표현을 사용하여 표현의

효과를 얻을 수 있다. 실제로 사용된 문장의 최종적인 기능은 실제 사용되는 맥락에 의해 결정된다.

9. 다음 자료를 보고 물음에 답하시오.

---

(1) ㄱ. 학생들이 지금 운동장에서 축구를 한다.

ㄴ. 우리들은 어제 단풍구경을 다녀왔다.

ㄷ. 내일은 날씨가 맑겠다.

(2) ㄱ. 도서관은 책을 <u>읽는</u> 학생들로 붐볐다.

ㄴ. 우리는 내일 채원이와 <u>만난다</u>.

ㄷ. 지구는 태양의 주위를 <u>공전한다</u>.

(3) ㄱ. 그 소식을 <u>전해준</u> 사람이 있었다.

ㄴ. 현지야, 전화 <u>왔어</u>. 전화 받아라.

ㄷ. 아버님께서는 젊었을 때 아주 건강하<u>셨었</u>다. *오늘 1교시에 학급회의를 <u>했었</u>다.

ㄹ. 영웅이는 어제 집에서 공부하더라. *나는 어제 학교에 가더라.

(4) ㄱ. 책을 <u>읽을</u> 사람 있니?

ㄴ. 내일은 비가 <u>올 겁</u>니다.

ㄷ. 지금쯤이면 선발대는 이미 목적지에 도착했<u>겠</u>다.

ㄹ. 나도 그 정도의 양은 마시<u>겠</u>다.

ㅁ. 그 일은 제가 꼭 하<u>겠</u>습니다.

(5) ㄱ. 그는 이미 잠들<u>어 있</u>었다.

ㄴ. 운동장에서 많은 학생들이 놀<u>고 있</u>다.

(6) 자, 신사 숙녀 여러분, 올해의 우승자를 소개합니다. 2001년 유에스 오픈(US OPEN) 테니스 대회 남자 단식 올해의 우승자, 레이튼 휴잇입니다! 자, 휴잇, 앞으로 나와 주시기 바라겠습니다. 오늘 정말 훌륭한 경기를 펼쳤는데요, 소감 한마디 부탁드리겠습니다.

---

1) (1)~(5)의 자료를 참고하여 국어 시제의 체계를 세우고 각 시제의 특징에 대하여 서술하되, 〈조건〉을 참고하시오.

〈조건〉

국어 시제의 유형은 (1)을 이용하고, 각 시제의 특징에 대하여는 (2)-(4)를 이용하시오. 시제의 특징을 서술할 때는 상(aspect)과 양태(modality)까지 포함하되, (5)는 상과 관련하여 논의하시오.

2) (6)에서 문제가 되는 시간 표현을 찾아서 그 이유를 설명하시오.

〈길잡이〉

시제: 발화시를 기준으로 사건시의 앞뒤를 제한하는 문법 기능

(1) 현재(발화시=사건시), 과거(발화시〈사건시), 미래(발화시〉사건시)

(2) ㄱ. 상대적 시제: 과거에 있어서 현재　　ㄴ. 확실한 미래에 현재 시제가 쓰임.

ㄷ. 불변의 진리나 역사적 사건을 생생하게 기술할 때 현재 시제가 쓰임.

(3) ㄱ. 상대적 시제: 과거에 있어서 과거

ㄴ. 과거 시제가 완료상을 나타냄. '-았-'은 사건이 지금보다 앞선 사건임을 나타냄과 동시에 전화가 온 결과가 지금까지 지속되어서 지금 전화가 와 있는 상태임을 나타냄.

ㄷ. '-었었-'은 발화시보다 훨씬 전에 발생한 사건이 현재와는 완전히 단절되었음을 나타내는 선어말 어미.

ㄹ. '-더-'는 과거의 사건에 나타내는 데에 회상법 선어말 어미 '-더-'가 쓰이기도 한다. 회상이란 과거에 있었던 사건을 과거 당시의 시점으로 돌아가 이를 기억하여 보고하듯이 알려주는 것으로, 발화자는 회상하는 사건을 사건 밖에서 객관적으로 관찰하여 보고한다. 따라서 발화자 자신의 일에 대해 회상하는 것은 꿈속과 같은 경우가 아니면 불가능하다.

(4) ㄱ. 상대적 시제: 현재에 있어서의 미래.

ㄴ. '-겠-'과 '-ㄹ 것'은 모두 미래 시제나 추정, 의도 등을 나타내는데, 전자는 판단의 근거가 강할 때 쓰이고, 후자는 판단의 근거가 약할 때 쓰인다. 후자가 전자보다 다소 간접적인 의미를 나타낸다. 미래 시제 형태소 '-겠-'은 미래의 시간뿐만 아니라 'ㄷ. 추정, ㄹ. 가능, ㅁ. 의지'와 같은 양태적 의미를 지니기 때문에 '-겠-'이 늘 미래의 시간을 표현한다고 하기 어렵다. 물론 '-겠-'에 의해 표시되는 '미래'도 현재를 바탕으로 한 다음 사건에 대한 '추정'의 성격이 있다.

(5) 동작상은 동작이 일어나는 양상을 표현하는 것으로 시간의 내적 양상을 가리키는 개념.(완료, 진행). 양태는 화자가 사건의 내용을 시간과 관련하여 서술하는 태도가 문법적으로 표현된 것. (직설, 회상, 추측) ㄱ. '-어 있-': 완료상, ㄴ. '-고 있-': 진행상

(6) '-겠-'의 쓰임

10. 다음 자료를 읽고 물음에 답하시오.

---

(1) 가. 내가 동생을 문 뒤에 숨겼다.

　나. 인부들이 마당을 넓혔다.

(2) 가. ㄱ. 그 사람은 자손들에게 유산을 남겼다.

　　ㄴ. 아버지가 아이에게 공부를 시킨다.

　나. ㄱ. 아버지가 아이에게 공부시킨다.

　　ㄴ. 아버지가 아이에게 공부하게 시킨다.

---

1) (1)의 (가)와 (나)를 비교하여 그 차이점을 서술하시오.

2) (2)의 (가)와 (나)를 사동문으로 볼 수 있는지 여부를 검증하시오.

〈길잡이〉

1) (가): 접미사에 의한 파생적 사동으로 주어의 행동은 직접적일 수도 있고 간접적일 수도 있다. (나): 피사동주가 무정물이므로 피사동주가 어떤 일을 할 수가 없다는 면에서 전형적인 사동문과는 차이가 있다.

2) 가. 'ㄱ'에서 '남기다'의 경우 피・사동 사건을 상정하기 어려우나 형태론적으로 사동사와 동일한 서술어를 포함하고 있어 사동문으로 볼 여지가 있고, 'ㄴ'에서 '시키다'의 경우 사동사 파생이나 통사적 파생과 같은 장치가 없어서 형식적으로 보면 타동문으로 볼 수 있으나, 사동의 의미를 가지고 있어 어휘적 사동의 예로 볼 수 있다.

　나. 'ㄱ'은 접미사 '-시키다'에 의한 파생적 사동으로, 'ㄴ'은 통사적 사동인 '-게 하다'의 '하다' 대신에 '시키다'를 사용하여 통사적 사동문을 형성한 예이다. 두 예 모두 대응하는 주동문이 있고, '아이에게'를 '아이를'로 해석할 수 있어 사동문의 통사적 조건을 만족하고 있다. 이 사동문은 대체로 사동주와 피사동주가 유정물이어야 한다는 제약을 갖는다.

기출문제

1. 정 교사는 (가)와 같은 학생의 질문을 받았다. (나)를 이용하여 학교 문법 체계 내에서 적절한 답변을 제시하시오. [3점] 〈2005〉

> (가) 학생: 보어는 문장의 주성분이고 필수적 부사어는 부속 성분이라고 배웠습니다. 그런데 필수적 부사어는 아래의 예에서처럼 밑줄 친 성분을 생략하면 비문이 되므로 문장의 주성분이 되니 보어로 봐야 하지 않습니까?
>
> ㉠ 철수는 영희를 친구로 여겼다. → *철수는 영희를 여겼다.
> ㉡ 피망은 고추와 다르다. → *피망은 다르다.
> * 비문 표시
>
> (나) ① 이 고생도 오늘로 끝이야.
> ② 영호가 철호와 여행을 떠났다.

2. 다음은 문장을 바르게 쓰도록 지도하기 위한 학습 자료이다. 어법에 맞지 않는 부분을 바르게 고치고, 그 이유를 쓰시오. [3점] 〈2006〉

> (1) 정부는 사고 원인 파악과 재발 방지 대책을 조속히 마련하여야 한다.
> (2) 시민 단체들은 이번 사건에 대한 책임 있는 답변을 정부 관계자에 요구한다.
> (3) 양국은 김 대통령의 첫 일본 방문이 새로운 양국 관계를 내외에 보여 줄 수 있는 중요한 전기로 보고 회담 결과를 공동 문서 형식으로 발표하기로 했다고 이 방송은 밝혔다.

3. 다음은 안긴 문장의 종류와 특성을 지도하기 위한 자료와 교수학습 과정안의 일부이다. 자료의 안긴 문장을 모두 골라 빈칸에 (예)와 같은 형식으로 서술하시오. [3점] 〈2007〉

① 어제 산 책을 읽고 있다.
② 동생이 자기도 같이 가겠다고 말했다.
③ 농부들은 비가 오기만을 기다린다.
④ 우리는 다른 사람의 도움 없이 그 일을 했다.
⑤ 여름에는 비가 내리고 겨울에는 눈이 내린다.
⑥ 형과 동생이 같이 학교에 간다.
⑦ 그가 얼굴에 미소를 띠었다.
⑧ 나는 이 책이 재미있다.

단계 1	안긴 문장이란?	다른 문장 속에 들어가 하나의 성분처럼 쓰이는 홑문장

단계 2	안긴 문장 고르기	예 ① 어제 산

⇩

단계 3	안긴 문장의 표지	예 ① 관형사형 어미 '-ㄴ'

⇩

단계 4	안긴 문장의 종류	예 ① 관형사절

4. 다음은 부정 표현의 기능과 의미를 이해하기 위한 학습 자료이다. ①~⑦을 통사론적 기준에 따라 부정문과 긍정문으로 분류하고, 분류의 근거를 구체적으로 기술하시오. [2점] 〈2007〉

① 나는 친구를 못 만났다.
② 그 일은 하지 마라.
③ 철수가 설마 거기에 갔겠어?
④ 그는 신문에 보도된 사실을 부정했다.
⑤ 동생이 밥을 안 먹지는 않았다.

⑥ 비생산적인 논쟁은 그만두자.

⑦ 나는 철수를 만나지 못했다.

분류	문장번호	분류의 근거
부정문		
긍정문		

5. 다음 밑줄친 ㉠, ㉡에서 ⓐ,ⓑ와 같은 부수적 정보를 파악할 수 있다. ㉠과 ⓐ, ㉡과 ⓑ의 관계를 토대로 하여 ⓐ,ⓑ를 '전제'와 '함의'로 구별하고 각각의 특성을 설명하시오. [2점] 〈2007〉

철수 : 은영아, 오랜만이다.

은영 : 그래, 반가워.

철수 : 네 동생 언제 제대하니?

은영 : ㉠영민이 제대한 지 한 달이 넘었어.

철수 : 벌써? 어, ㉡민수 저 친구, 바닥에 지갑을 떨어뜨렸네!

문장	부수적 정보	구별	특성
㉠	ⓐ 영민이가 제대를 했다		
㉡	ⓑ 민수의 지갑이 바닥에 떨어졌다		

6. 다음은 참여자 간의 높임 표현이 변화된 예이다. 이 변화를 설명하기 위해 작성한 표를 채우시오. [2점] 〈2007〉

〈대화 1〉

 # 신입 사원 연수회장에서(입사할 때)

김영희 : 처음 뵙겠습니다. 저는 김영희라고 합니다.

오주연 : 네, 반갑습니다. 저는 오주연입니다.

김영희 : 우리 입사 동기니까 앞으로 잘해 봐요.

 # 회사 식당에서 (입사 5년 후)

김영희 : 오 대리, 요즘 기획실 분위기 어때?.

오주연 : 어, 김대리. 분위기? 좋지.

김영희 : 다음에 시간나면 밥이나 같이 먹자.

오주연 : 그래. 나중에 전화하자.

〈대화 2〉

 # 대학교에서(10년 전)

이민수 : 어, 선배님 먼저 오셨네요.

박진우 : 응, 좀 전에 왔어.

이민수 : 이번에 우리 답사 어디로 갈까요?

박진우 : 글쎄, 고민 좀 해보자.

 # 회사에서(현재)

박진우 : 부장님께서 한 말씀 해 주십시오.

이민우 : 네, 조금 전에 박진우 과장이 말했듯이 요즘 우리 회사 영업 실적이 좋지 않습니다. 자료는 박과장이 좀 나눠주세요.

대화	변화의 요인	높임 표현의 변화에 대한 설명
1		
2		

7. 〈보기〉의 내용을 확인하기 위해, 어떤 판정 의문문의 서술어 '읽으셨느냐?'를 대상으로 만든 탐구 학습 자료를 〈조건〉에 따라 완성하시오. [4점] 〈2008〉

〈조건〉

1. 화자, 청자, 주체의 상하 관계는 서로 다르다고 가정할 것.
2. 3단계의 대답 문장은 필수 성분을 갖춘 긍정문으로 쓰되, 화자, 청자, 주체는 그 상하 관계가 명확하게 드러나는 명사를 사용할 것.

〈보기〉

우리말에서 문법 기능은 특정한 형태소의 첨가에 의해 표시되는 경우가 많다. 화자의 느낌이나 생각은 선택되는 종결 어미에 따라 다양한 방식으로 실현되고 시제나 높임 표현과 같은 문법 요소도 해당 기능을 담당하는 형태의 첨가에 의해 실현된다. 이런 형태들은 대개 용언의 어간과 결합하여 서술어를 이루는데 하나의 서술어에 둘 이상의 문법 형태들이 첨가되는 일도 흔하다. 따라서 한 문장의 서술어를 이루고 있는 형태소들을 분석하여 그 기능을 따져 보면 문장의 구조는 물론, 그 문장이 발화되는 담화 상황까지도 알 수 있다.

· 1단계: '읽으셨느냐?'에 실현된 문법적 정보 확인하기

<table>
<tr><th colspan="3">문법적 정보</th><th>판단 근거</th></tr>
<tr><td>화자의 의향
(심리적 태도)</td><td colspan="2">질문하여 대답을 요구함.</td><td>의문형 종결 어미‘-느냐’</td></tr>
<tr><td rowspan="3">화자, 청자, 주체의 상하 관계</td><td>화자와
청자</td><td>·</td><td>·</td></tr>
<tr><td>화자와
주체</td><td>·</td><td>·</td></tr>
<tr><td>청자와
주체</td><td>주체가 청자보다 높다.</td><td>화자와 주체의 상하 관계를 종합적으로 고려</td></tr>
<tr><td colspan="2">·</td><td>·</td><td>·</td></tr>
<tr><td colspan="2">서술어의 자릿수</td><td>2개</td><td>‘읽다’는 타동사이다.</td></tr>
</table>

· 2단계: 담화 상황 구성하기

(　　　　　)이/가 (　　　　　)에게 (　　　　　) 여부를 물어보는 상황이다.

· 3단계: 대답 문장

____

8. 다음 자료를 보고 교사와 학생이 〈보기〉와 같이 대화를 나누었다. ㉠과 ㉡에 들어갈 말을 각각 쓰시오. (단, ㉠에는 문장 성분의 종류를 쓸 것.) [2점] 〈2014〉

> (1) 영수는 <u>내가 아는</u> 사실을 모른다.
> (2) 영수는 <u>내가 결석한</u> 사실을 모른다.

〈보기〉

교사: 자, (1)과 (2)의 두 문장을 비교해서 말해 보세요. 특히 밑줄 친 부분에 대해서 뭐 생각나는 것 없나요?

민정: 혹시 두 문장 모두 관형사절을 가지고 있지 않나요?

교사: 맞아요. 그렇지만 두 관형사절은 달라요. (1)에서는 관형사절이 수식하는 피수식어가 관형사절 내에서 문장 성분이 되지만 (2)에서는 그럴 수가 없어요.

민정: 아하! (1)의 관형사절에 (㉠)이/가 없는데 그것이 피수식어와 같군요. 그렇다면 (1)과 같은 유형의 관형사절에서는 (㉡)이/가 일어난다고 할 수 있겠네요.

교사: 그래요. 잘 생각해 냈어요. 그것이 (2)와 같은 유형의 관형사절과 다른 점이지요.

9. 다음은 대칭 동사의 특성을 이해하기 위한 학습 자료이다. 이 자료에서 알 수 있는 대칭 동사의 특성을 대칭 동사가 아닌 경우와 비교하여 〈보기〉의 지시에 따라 서술하시오. [3점] 〈2014〉

(1) 가. 영수가 동수와 공원에서 만났다.
    나. 영수가 동수와 공원에서 놀았다.
(2) 가. 영수와 동수가 공원에서 만났다.
    나. 영수와 동수가 공원에서 놀았다.

〈보기〉

1. 자료의 (1)을 참고하여 필수적 부사어가 어떤 것인지 판단하고 그것의 특성을 언급할 것.
2. 자료의 (2)를 참고하여 문장의 중의성 여부를 언급할 것.
3. 문맥에 의한 문장 성분 생략은 고려하지 말 것.

3.4. 담화

[성취 기준]

1. [9국04-07] 담화의 개념과 특성을 이해한다.
2. [12언매02-07] 담화의 개념과 특성을 탐구하고 적절하고 효과적인 국어생활을 한다.
3. [12언매02-09] 다양한 사회에서의 국어 자료의 차이를 이해하고 상황에 맞게 국어 자료를 생산한다.
4. [12언매02-10] 다양한 갈래에 따른 국어 자료의 특성을 이해하고 적절하게 국어 자료를 생산한다.
5. [9국04-09] 통일 시대의 국어에 관심을 가지는 태도를 지닌다.
6. [10국04-05] 국어를 사랑하고 국어 발전에 참여하는 태도를 지닌다.
7. [12언매04-01] 자신의 국어생활에 대해 성찰하고 문제점을 개선하려는 태도를 지닌다.

1. 개념:

1) 생각: 아직 입 밖으로 나오지 않은 상태의 추상적인 말.

2) 발화: 어떤 생각이 말로 표현된 것. '문장'이 음성적으로 실현된 것으로, 인용 부호(" ")가 붙은 것.

3) 담화: 발화들이 모여서 이루어진 유기적인 통일체. 사물을 말이나 글로 나타내는 행위가 둘 이상의 연속된 문장으로 이루어진 통일체. 문장이 음성 언어로 실현된 발화들의 구성체.[1)]

※ 단순한 발화의 집합이 담화가 될 수 있는 것은 아니다. 발화의 의미는 화자, 청자, 장면에 따라 그 의미가 결정된다.

4) 문장의 의미와 발화의 의미: 문장의 의미는 구체적인 상황 맥락이 고려되지 않은 문장 자체의 의미이다. 반면, 발화의 의미는 구체적인 상황 맥락이 고려된 의미로,

1) 2007년 개정 국어과 교육과정에서는 의사소통의 최소 발화 단위로 '텍스트'란 말을 쓰지 않기로 하고, 그 대체 용어로 말하기 · 듣기에서는 '담화'로, 읽기 · 쓰기에서는 '글'로, 문법에서는 '언어 자료'로, 문학에서는 '작품'으로 하였다. 그리고 음성 언어와 문자 언어의 발화를 모두 포괄하는 용어로서 '담화와 글', '담화나 글', '담화 · 글'이란 표현을 사용하였다. 선택 과목인 문법 과목에서도 언어 실체 자료를 가리키는 것으로는 '언어 자료'를 쓰고 추상적 단위 개념으로는 구어 자료와 문어 자료를 아울러 '담화 · 글'을 일일이 써야 하나 편의상 이하 '담화'로만 써서 구어 담화와 문어 담화를 아우르는 개념으로 쓴다.

맥락적 의미 또는 화용론적 의미라 한다. 메시지의 주제, 담화 상황, 발화 의도, 상대와의 관계 및 상대의 처지와 기분 등을 파악하는 것은 통일성 있는 담화를 가능하게 하고, 발화의 의미/기능을 파악할 수 있게 해 준다.

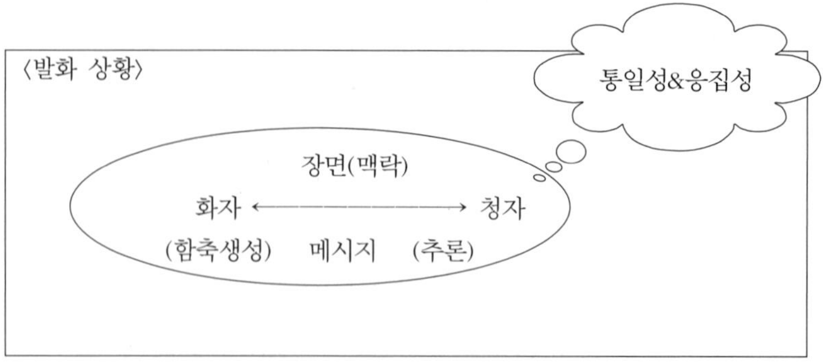

[문장의 의미와 발화의 의미]

1. "지금 몇 시입니까?"

· 상황을 고려하지 않는다면 이 말은 현재의 시각을 묻는 말이다. 따라서 "열 시입니다."라고 대답하는 것이 자연스럽다.

· 그러나 말하는 이와 듣는 이, 그리고 장면을 고려한다면 이 말은 여러 가지 의미로 해석될 수 있다. 만약 이것이 직장 상사가 지각한 부하 직원에게 하는 말이라면, 이 말은 "왜 이렇게 늦었느냐."는 꾸지람을 의미할 것이다. 이 때 부하직원이 "열 시입니다."라고 대답한다면, 그는 정상적인 사회생활을 하기가 무척 어려울 것이다.

2. "자, 내립시다."

· 보통의 경우라면 "우리 다 함께 내립시다."라는 청유의 의미겠지만,

· 만원 버스나 전동차에서 빼곡히 서 있는 사람들을 향하여 말하였다면 이것은 "내리게 길 좀 비켜 주세요."라는 완곡한 명령이다. [교과서 p.220]

3. 상황: 여자가 버스 안에서, 옆에 있는 모르는 남자가 마음에 들어 말을 걺.

여자: (부끄럽게) 저 다음에서 내려요.

남자: (이상하다는 듯) 그래서요?

(여자, 당황해서 뛰어 내림)

(1) 여자가 버스에서 내린 이유: 여자가 남자에게 한 발화의 의미를 정확하게 파악하는 것이 중요한데, 정확한 발화의 의미는 상황 맥락을 구체적으로 살펴봄으로써 가능하다. 여자는 남자가 자기와 함께 내려 주기를 원하였는데 남자가 여자의 발화 의도를 이해하지 못하였기 때문에(경우에 따라서는 거부한 것일 수도 있음.) 얼굴이 빨개져서 버스에서 내린 것이다.

(2) 문장의 의미와 발화의 의미 구분하기

① 문장의 의미와 발화의 의미가 서로 다르다는 것을 정확하게 이해하여야 한다. 구체적인 상황 맥락을 고려하지 않을 때, '저 다음에 내려요.'가 갖는 의미가 문장 의미인데, 이 때 이 말은 화자가 '곧 (버스에서) 내린다.'는 정보를 제공하고 있다. 그러나 이 말이 구체적인 상황 맥락에서 행해지면 그 의미가 달라질 수도 있는데, 위의 예가 바로 그런 예이다. 즉 두 사람이 서로 모르는 관계이고[만일 서로 아는 관계라면 남자(청자)는 위 발화에 대하여 "그래, 잘 가."와 같은 대답을 하였을 것이다.], 위 발화가 버스 안에서 이루어졌으며, 여자가 잘 모르는 남자에게 자신에 관한 정보를 제공하고 있다는 점(화자의 발화 의도)을 고려하면, 위 발화는 '저와 함께 이번 정거장에서 내리시지 않을래요?'라는 뜻을 갖게 된다. 위의 예에서 남자가 '그래서요?'라고 되묻는 것은 말하는 이의 말을 단순히 문장의 의미로만 이해하고 발화의 의미는 제대로 파악하지 못하였기 때문으로 볼 수 있다.

② 그런데 만일 남자가 여자가 마음에 들지 않아 함께 내리고 싶은 마음이 전혀 없었다고 가정하여 보자. 그럴 경우, '그래서요?'라는 발화는 남자가 자기의 뜻을 관철시키기 위한 훌륭한 전략이 될 수 있다. 즉 남자는 의도적으로 여자의 발화 의도를 모르는 체함으로써 대화의 맥을 끊을 수 있고, 이는 곧 의사소통의 단절을 불러옴으로써 '거절'의 의미를 전달할 수 있다. [지도서, pp.264~265]

2. 담화의 짜임과 텍스트성

· 담화는 일정한 의도를 표현하기 위해 하나의 의미 덩어리를 구축해야 하므로, 어떤 담화가 온전한 담화로서 인정을 받으려면 몇 가지 조건을 갖추어야 하는데, 이 조건을 텍스트성이라 한다.

· 담화는 발화의 유기적 통일체이므로, 내용 구조와 형식 구조를 갖추어야 한다. 이것을 텍스트성이라 할 수 있다.[2] 내용 구조는 담화가 하나의 주제를 중심으로 통일적

2) 문장의 진술 방식이 달라지더라도 변하지 않는 공통의 내용을 명제라고 부른다. (예. '도둑이 경찰에게

으로 짜여 있음을 의미하며, 형식 구조는 담화의 형식이 주제가 잘 드러날 수 있도록 유기적으로 조직되어 있음을 의미한다.

· 텍스트성으로는 '통일성, 응집성'이 가장 중요하다. 이 외에도 임지룡 외(2010)에서는 의도성, 수용성, 정보성, 상황성, 상호텍스트성 등을 더 들고 있다.

1) 통일성(=응결성): 발화 전체가 통일된 주제를 중심으로 결집되어 있어야 한다는 텍스트의 성질. 내용의 일관성 또는 주제의 일관성. 담화가 갖추어야 할 의미적 요건이다.

(예) 철강 미래를 주도할 참신한 인재를 찾습니다. 그리고 19세기 말과 20세기 초에 이루어진 산업 혁명은 농업의 기계화를 촉진하였습니다. 그러면 이 아이의 미래를 움직이는 힘은 무엇일까요? 이제 밥 먹으러 가자. [교과서, p.238. 접속어는 저자 삽입]

위의 예는 네 개의 발화를 하나의 덩어리로 모아 놓은 것이다. 그리고 각 발화 사이에 접속어가 사용되고, 지시어도 있지만, 이를 담화로 볼 수는 없다. 그 이유는 여기 들어 있는 각각의 발화가 개별적인 의미만을 갖고 있을 뿐, 유기적인 통일체로서의 이야기를 만들어 내지 못하고 있기 때문이다. 따라서 한 편의 담화가 담화답기 위해서는 지시 표현이나 대용어, 접속어 등의 사용과 상관없이 의미적 일관성을 확보해야 한다. 통일성은 담화 또는 글의 심층적 연결 관계를 가리키는 개념으로 주제적 일관성이라고도 볼 수 있다.3)

잡혔다'와 '경찰이 도둑을 잡았다.') 명제는 보통 하나의 서술어와 논항으로 이루어진다. 이야기에서 명제들은 서로 일정한 관계를 맺기 마련인데, 이야기의 구조란 바로 이러한 명제들의 관계에서 비롯된다. 이야기는 명제들의 합으로 이루어졌기 때문에 내용 구조, 즉 의미 구조를 갖는다. 보통 이야기의 내용 구조는 하나의 통일된 주제를 중심으로 수렴된다. 우리가 어떤 이야기를 읽고 이야기의 내용을 간단하게 요약할 수 있는 것도 이야기가 하나의 주제를 중심으로 유기적으로 짜여 있기 때문이다.[지도서, p.285]

3) 통일성(coherence)이 담화 또는 글의 심층적 연결 관계를 가리키는 개념이라면 응집성(cohesion)은 표면적 연결 관계를 가리키는 개념이다. 통일성은 주로 의미적 연결 관계에 의해 드러나므로 글에 담긴 내용의 논리성이나 일사불란함을 따지는 과정에서 드러나게 되는 데 비해 응집성은 주로 접속어나 지시 대명사 등과 같은 통사적인 장치에 대한 분석을 통해 밝혀지기 쉽다. 그런데 통일성과 응집성은 사실 동전의 양면과 같아서 상호 의존적인 성격이 강하다. 따라서 둘을 명확하게 선으로 그어 구분하기는 어렵다.(2007

[담화의 성립 조건]

1. 우리 반 친구들은 하루에 텔레비전을 한 시간 정도 봅니다. 우리 동네 사람들은 일주일에 운동을 몇 시간이나 할까요? 할아버지 댁에는 한 달에 몇 번 가면 좋겠어요? 그런데 사람들이 왜 나를 좋아하지 않을까요?

☞ 발화들이 어떤 통일된 주제 아래 결집되어 있는 것이 아니기 때문에 하나의 이야기로 인정하기 어렵다.

2. 우리가 매일 마시는 물은 어떤 성질을 가지고 있을까요? 물은 흐를 수 있어서 다른 그릇에 옮겨 담을 수 있습니다. 모양이 서로 다른 투명한 유리 그릇에 같은 양의 물을 넣어 보면, 물은 그릇의 모양대로 그 형태가 변하지만 부피는 변하지 않고 똑같죠. 이처럼 흐를 수 있으며 담긴 그릇에 따라 모양이 변하지만 부피가 일정한 물질을 액체라고 합니다.

☞ 액체의 개념에 대하여 설명하고 있는 이야기이다. 이야기 전체가 '액체의 개념'이라는 통일된 주제를 향하여 결집되어 있으며, 각각의 발화에 담겨 있는 내용들이 모두 이 주제를 보충하여 주는 구실을 하고 있다. [교과서, pp.239~240]

2) 응집성: 담화 또는 글의 표면적 연결 관계를 가리키는 개념으로 언어적 결속 장치. 담화가 갖추어야 할 형식적 요건이다.

(1) 응집성 장치(2007 중학교 교육과정 해설Ⅱ, p.147)

① 대용어: 인칭 대명사(이이, 이분, 그이, 그분, 저이, 저분)와 지시 대명사(이것, 그것, 저것), 수사[하나, 둘……(기수), 첫째, 둘째……(서수)], 동사(이리하다, 그리하다, 저리하다), 형용사(이러하다, 그러하다, 저러하다), 관형사(이런, 그런, 저런), 부사(이리, 그리, 저리)

② 접속 부사: 그리고, 그러므로, 그래서, 그러나 등.

(예) 내가 원하던 회사에 취직이 되었다. <u>그래서</u> 나는 환호성을 질렀다.

(2) 응집성 장치의 유형(임지룡 외, 2010: 205~206).

① 음운론적 응집 장치: 음운론적 문법 형태를 통해 텍스트의 결속을 유지하는 장치. 시에서 운율 활용이나 광고에서 같은 음상을 사용.

교육과정 해설서 '【9-문법-(4)】 담화 또는 글 구성의 기본 개념을 이해한다.')

㉠ 신학기에 새 운동화를 신는다는 건〈학생화 광고〉

㉡ 손이 가요 손이 가 새우깡에 손이 가〈새우깡 광고〉

② 형태론적 응집 장치: 형태론적인 문법 형태를 통해 텍스트의 결속을 유지하는 장치. 동일한 형태소나 유사한 형태소들을 사용.

㉠ 보이는 건 연산력, 숨은 실력은 창의력

㉡ 불휘 기픈 남ᄀᆞᆫ ᄇᆞᄅᆞ매 아니 뮐ᄊᆡ 곶 됴코 여름 ᄒᆞᄂᆞ니
ᄉᆡ미 기픈 ᄆᆞ른 ᄀᆞᄆᆞ래 아니 그츨ᄊᆡ 내히 이러 바ᄅᆞ래 가ᄂᆞ니

③ 통사론적 응집 장치: 접속어나 대용어와 같이 문장을 연결하기 위해 사용하는 통사 요소.

가. 접속어나 대용어를 사용하여 응집성을 보인다.

㉠ 나랏 사ᄅᆞ미 굴그니여 혀그니여 우리 아니ᄒᆞ리 업더라. 그ᄢᅴ 부텻 成光 이 더욱 顯ᄒᆞ샤 一萬 ᄒᆡ 혼ᄢᅴ도ᄃᆞᆫ ᄃᆞᆺᄒᆞ더라

㉡ "영어단어 '깊이 생각하다'(consider)는 '별과 함께'(con sidere)라는 의미다. 그래서 '다시 생각하다'(reconsider)는 천체와 생명의 순환에 '다시 참여한다'(rejoin)는 의미를 지닌다."

나. 동일 단어를 반복적으로 사용하여 응집성을 보이기도 한다.

(예) 德望이 뎌러ᄒᆞ실ᄊᆡ 가다가 도라옳 軍士 ᄌᆞ갸긔 黃袍 니피ᅀᆞᄫᆞ니
忠誠이 이러ᄒᆞ실ᄊᆡ 죽다가 살언 百姓이 아ᄃᆞ님ㅅ긔 袞服 니피ᅀᆞᄫᆞ니

다. 대용어나 유의어, 상하의어 등과 같이 의미의 등가성에 기대어 문장을 연결하기도 한다.

(예) 연실이의 고향은 평양이었다. 연실이의 아버지는 옛날 감영의 **吏屬**이었다. 양반 없는 평양서는 **營吏**들이 가장 행세하였다. 연실이의 집안도 평양서는 한때 자기로라고 뽐내던 집안이었다.〈김동인, 김연실전〉

라. 문맥에 의해 추론 가능할 경우 의미의 함축에 기대어 문장을 응집하기도 한다.

(예) 내 **벗**이 몇이라 하니 **수석**과 **송죽**이라
동산에 **달** 오르니 그 더욱 반갑고야
두어라 이 **다섯**밖에 더하여 무엇하리〈윤선도, 오우가〉

'오우가'에서는 물, 돌, 소나무, 대나무, 달이 벗이고 다섯이다. 어휘의 의미상 등가적

이지 않지만 윤선도의 자연관에 따라 이들이 벗으로 응집되어 있다.[4)]

〈참고〉

임지룡 외(2010)에서는 텍스트성으로 통일성, 응집성 외에 다음과 같은 것들 더 들고 있다.

(1) 의도성: 텍스트가 표현자의 의도에 따라 구성되어야 한다.

ㄱ. 山에
山에
피는 꽃은
저만치 혼자서 피어 있네

ㄴ. 산에 산에 피는 꽃은
저만치 혼자서 피어 있네

'ㄱ'에서 '산유화'의 1행과 2행의 행 구분은 작가의 의도를 드러내고 있다. 행 구분을 하지 않은 'ㄴ'의 경우 '산'의 의미는 평면적인 반면, 행 구분을 할 경우에는 '산'의 입체성을 시각적으로 부여하게 된다.

(2) 수용성: 텍스트가 대상에게 수용 가능한 것이어야 한다.

ㄱ. 生死路隱 此矣有阿米次肸伊遣 吾隱去內如辭叱都 毛如云遣去內尼叱古 〈제망매가〉

ㄴ. 生死길흔 이에 이샤매 머뭇거리고 나는 가ᄂᆞ다 말ᄉᆞ도 몯다 니르고 가ᄂᆞ닛고 〈고등 문학교과서〉

ㄷ. 생사(生死) 길은 예 있으매 머뭇거리고 나는 간다는 말도 못다 이르고 어찌 갑니까.〈중국어교과서〉

(3) 상황성: 텍스트가 사용하고 있는 상황에 적합해야 한다.

(예) 학교 앞. 천천히!

(해석: 이곳은 학교 앞이므로 운전자들은 차를 천천히 운전하기 바랍니다. 왜냐하면, 어린 학생들은 주위 상황을 인식하는 능력이 어른에 비해 상대적으로 떨어져서 언제 도로로 뛰어들지 모르기 때문입니다. 차를 천천히 움직일 때 정지시키기가 더 쉽고, 큰 사고로 연결되지 않습니다.)

☞ 이 도로 표지판은 운전자에게 차를 천천히 운행할 것을 요청하고 있다. 만일 '해석'과 같은 표지가 붙어 있다면, 차를 운전 중인 운전자에게는 부적절한 표지판이 될 것이다. 따라서 이

---

4) 이 외에도 자소론적 응집성도 있다. 예컨대, 훈민정음에서 '기본자에 획을 더하거나 형태를 조금 바꿈으로써 차청, 전청, 불청불탁의 음운 자질을 더한 창제 원리'가 여기에 해당한다.

표지판은 학교 앞에서 운전자의 상황성을 고려하여 경제적인 방식으로 텍스트를 표현한 것이다.)

(4) 상호 텍스트성: 텍스트들의 형태나 의미가 다른 텍스트들에 대한 지식에 의존해야 한다.

ㄱ. 이런들 어떠하리 저런들 어떠하리
만수산 드렁칡이 얽어진들 어떠하리
우리도 이같이 얽어져 백년까지 누리리라 〈단심가〉

ㄴ. 이 몸이 죽고 죽어 일백 번 고쳐 죽어
백골이 진토되어 넋이라도 있고 없고
님 향한 일편단심이야 가실 줄이 이시랴 〈하여가〉

한 담화의 의미를 이해하기 위해서는 그 담화의 언어적 의미뿐만 아니라 그 담화의 의미에 영향을 미치는 장면을 이해해야 한다. 담화는 화자와 청자는 물론 장면과 같은 언어 외적인 요소들이 의미에 영향을 미치기 때문이다. 위의 두 텍스트는 묻고 답하는 텍스트로서 '단심가'의 의미를 이해하기 위해서는 역사적인 배경은 물론이고 '하여가'의 의미를 이해해야 한다.

의미뿐만 아니라 텍스트의 형식에서도 상호텍스트성을 확인할 수 있다. '사느냐 죽느냐 그것이 문제로다.〈햄릿〉'라는 기존 텍스트에 대한 경험이 '갈 것인가 말 것인가 그것이 문제로다.'와 같은 표현을 생성하게 한다. 상호텍스트성은 '패러디'의 근원이 되기도 한다.

이 외에도 텍스트의 내용이 수용자에게 새로운 정보로서의 가치가 있는가 하는 요건인 '정보성'을 더 들기도 한다.

[담화의 성립 요건]

〈자료1〉

올해 세계 최고의 부자는 마이크로소프트사의 사장 빌 게이츠이다. 우리 나라에는 어려운 경제 여건 속에서도 희망을 잃지 않고 열심히 노력하는 중소 기업인이 많다. 그러기 위해서는 자신과의 고독한 싸움에서 이긴 황영조 같은 마라톤 선수가 존경을 받아야 한다.

〈자료 2〉

사과는 맛있다. 맛있는 건 바나나. 바나나는 길다. 긴 것은 기차.

〈자료 3〉

국빈: 지금 몇 시니?

석현: 우리 아들은 참 말 잘 듣는데.

국빈: 요즘 현호와 정아가 잘나간다며?

석현: 여긴 도서관이야.

국빈: 오늘 점심은 내가 샀다.

석현: 죄송합니다. 제가 폐만 끼쳐 드렸군요.

[자료 1] 담화가 될 수 없다. 왜냐하면 각 발화들이 하나의 주제를 중심으로 유기적으로 구성되어 있지 않기 때문이다.

[자료 2] (1) 담화가 될 수 없다. 왜냐하면 이야기의 내용적 통일성, 즉 주제를 찾기 어렵기 때문이다.

(2) 담화가 될 수 있다. 왜냐하면 첫째, 각 발화들이 연쇄적으로 연결되어 있어 형식적인 유사성을 보이기 때문이다. 둘째, 이야기 생산의 목적 자체가 일정한 목적에 따라 누군가에게 무엇(내용)인가를 전달하려는 데 있는 것이 아니라, 형식적인 유사성에서 오는 즐거움을 맛보기 위한 것이기 때문이다. [지도서, pp.284~285]

[자료 3] 적절한 의사 소통을 위한 발화의 요건: '담화'는 발화들이 모여서 이루어진 통일체이다. 각 발화들이 주제를 향하여 통일성 있게 짜여 있지 않으면 담화가 될 수 없다. 담화를 통일성 있게 구축하기 위해서는 ① 주어진 상황을 고려하고, ② 말하는 이와 듣는 이가 서로의 처지나 발화 의도를 고려하며, ③ 내용을 상황에 맞게 조직하여야 한다. 주어진 자료의 경우, 개별 발화들의 의미는 명확함에도 불구하고 각 발화들이 주제를 중심으로 통일성 있게 짜여 있지 못하기 때문에 대화의 의미가 드러나지 않고 있다.

따라서, 대화가 원만하게 이루어지기 위해서는 대화를 통일성 있게 진행시키려는 태도가 요구된다. 통일성 있게 대화하려면 주제는 무엇이며 상대방의 발화 의도는 무엇인지 정확하게 포착하는 것뿐만 아니라, 이야기가 이루어지고 있는 시간적, 공간적 배경은 어떠하며 상대방과 나와의 관계 및 상대방의 처지나 기분은 어떠한지에 대해서도 충분히 고려하여야 한다. 그렇지 않으면 대화의 맥이 끊기기 쉽고, 통일성 있는 대화는커녕 대화 자체가 불가능하게 될 수도 있다. [지도서, p.270]

2. **주어진 자료를 통일된 담화로 재구성하기**

> 그는 끊임없이 동요하여 한순간도 한곳에 머무르지 않는다. 그에게는 고향이라는 것이 없다. 진정한 마음이 고향을 진실로 갈구한다. 따라서 그에게는 유년기가 없다. 아스팔트 위에서만 호흡하고 걸어 다녀 온 그였다.

그는 끊임없이 동요하여 한순간도 한곳에 머무르지 못한다. 그에게는 고향이 없기 때문이다. 그래서인지 그는 늘 자기에게는 유년기도 없다고 생각한다. 그는 늘 아스팔트 위에서만 호흡하고 걸어 다녔다. 그러나 그는 늘 진정한 마음의 고향을 진실로 갈구하고 있다.

3. **연결어를 넣어 통일된 담화 만들기**

1) "지난 일요일에 시골에서 사촌 동생이 놀러 왔어요. (그래서/곧 등) 사촌 동생과 함께 미술 전시회를 보러 갔어요. (그런데/그곳에는 등) 사람이 무척 많았어요. (거기에는 등) 20세기 추상 화가들의 작품이 많이 전시되어 있었어요. (그중에/그런데 등) 몬드리안의 그림이 눈에 띄었어요. (그리고 등) 버스를 타고 집으로 돌아왔어요."

☞ 그래서/곧 등; 그런데/그곳에는 등; 거기에는 등; 그중에/그런데 등; 그리고 등

2) 한자는 글자 하나하나가 일정한 뜻을 나타내는 표의 문자이다. (　　) 한자어를 표기할 때에는 한자 하나에 대응하는 우리말 표기를 정하고 환경에 따라 다소 음운 변동이 일어나더라도 대체로 그 표기를 유지하게 된다. '史蹟'을 '[사:적]'으로, '私的'을 '[사쩍]'으로 발음하더라도 이 둘을 한글로 표기할 때에는 모두 '사적'으로 적어야 한다. (　　) 음운 규칙의 적용을 받아 된소리가 나는 것 외에 단어 내부에서 일정한 규칙 없이 나는 한자어의 된소리는 예측하기가 어렵다. (　　) 형태만으로 그 발음을 예측하기 어려운 한자어는 사전에 된소리 유무를 일일이 표시해 주어 화자들이 표준 발음을 할 수 있도록 하여야 한다. 예컨대, '0보다 크고 1보다 작은 수'는 '[소:수](小數)'로, '2, 3, 5처럼 1보다 크고, 1과 그 자체 외의 정수로는 나누어지지 않는 수'는 '[소쑤](素數)'로 표시를 해 주어야 한다. '기'는 '공기(空氣), 생기(生氣), 사기(士氣)'에서 예사소리로, '경기(驚氣), 광기(狂氣), 인기(人氣)'에서는 된소리로 난다는 것을 사전에서 구분해 주어야 한다.

(　　) 표준어가 그렇듯이 표준 발음 또한 완전히 정립된 상태가 아니어서 일부 한자어의 발음 중에는 사전끼리도 일치하지 않는 경우가 있다. 이와 관련하여 일반인들이 국립 국어 연구원에 적지 않은 문의를 하여 오곤 하는데, 대표적인 것이 '효과(效果)'의 발음에 관한 것이다. 요즘은 발음의 된소리화가 지나치게 진행되어 '건수(件數)', '과사무실(科事務室)' 등의 첫 음절에서까지 '[껀수], [꽈사무실]'과 같이 된소리로 발음하는 것을 쉽게 들을 수 있다.

(　　) '[효:꽈]'로 발음하는 것이 귀에 익고 오히려 더 자연스럽게 들린다고 하는 사람들이 많다. (　　) 이는 표준 발음이 아니며 '[효:과]'로 발음하는 것이 옳다.

〈최혜원, '효꽈적인 방뻡'에서〉

☞ 따라서, 그래서, 그러므로; 이 때문에, 그래서, 따라서, 그 결과; 이 때문에, 그래서, 따라서, 그러므로; 그런데; 때문에, 그래서; 그러나, 하지만

4. 연결어를 활용하여 주어진 언어 자료를 일관된 담화로 재구성하기

① 밀가루 수제비를 뜨기 위해서다.
② 그러자 침이 꿀꺽 넘어갔다.
③ 어머니는 또 한 번 휴우 한숨을 쉬면서 함지박을 들고 부엌으로 들어 갔다.
④ 곧 수제비는 어머니 손끝에서 똑똑 떨어져서 부글부글 끓어오르는 물 속으로 들어갔다.
⑤ 이미 새 조립 로봇 생각 같은 것은 사라져 버리고 없었다. ☞ ③①④②⑤

[지도서, pp.286~288]

3. 담화의 유형

1) 담화의 유형: 화자/필자가 담화를 생산하는 의도에 따라 담화의 유형을 다섯 가지로 나눈다.[5)]

5) 2009 개정 교육과정에서는 담화의 유형을 언어활동의 목적에 따라 '정보 전달 담화, 설득 담화, 사회적 상호 작용 담화, 정서 표현 담화'로 나누고 있다. 여기서 제시한 담화의 유형은 2007개정 교육과정 '화법'에서 제시하고 있는 화법의 목적에 따른 담화의 유형이다.

담화의 유형	기능	예
정보 제공 담화 (제보 담화)	어떤 정보를 제공하는 기능	강의, 뉴스, 보도, 보고서, 안내문
호소 담화 (요청 담화)	상대를 설득하고자 하는 기능	광고, 설교, 연설
약속 담화	해당 약속을 수행하겠다고 다짐하는 기능	맹세, 선서, 계약서, 합의서
사교 담화 (친교 담화)	사회적 상호 작용에서 주로 심리적 정서를 전달하여 관계를 원활하게 하기 위한 기능	잡담, 인사말, 환영 인사, 문안 편지
선언(宣言) 담화	어떤 집단이 자기의 방침, 의견, 주장 따위를 외부에 정식으로 표명하여 새로운 사태를 불러일으키는 담화	계엄령, 선포, 선전 포고, 유언장, 임명장, 판결문
감동 담화	문학 작품 텍스트를 염두에 둔 텍스트이 기능 분류. 문학적 감동 기능.	문학 작품

어떤 담화든 이 중 하나의 기능이 중심이지만, 대개 하나의 담화가 하나의 기능만 수행하기보다는 몇 개의 기능을 동시에 수행한다. 따라서 담화의 기능을 이해할 때에는 세부적인 기능보다는 중심 기능이 무엇인지 파악하여 이해하여야 한다. 또 각 기능을 별개의 기능으로 인식하기보다는 일종의 연속체로서 인식할 필요가 있다.

※ 광고에는 정보제공과 약속, 사교 등의 기능이 섞여 있지만, 광고의 주된 기능은 호소(설득) 담화이다.

2) 발화의 행위: 발화가 어떤 행위를 수행하는 것이다. 발화 행위는 표현 행위(발화 행위), 표현 내적 행위(발화 수반 행위), 표현 달성 행위(발화 효과 행위)로 나눌 수 있다.

(방문객을 향해) 문이 열려 있습니다.

(1) 표현 행위: 형식과 의미를 지닌 문장을 발화하는 행위.

(예) 문이 열려 있다.

(2) 표현 내적 행위: 표현 행위에 수반되는 행위 또는 표현 행위에 수행되는 발화의 효력. 진술(정보 전달), 지시(명령, 청유, 질문, 경고), 약속, 표현(감정 표현, 인사말, 감탄), 선언(해고, 임명) 등.

(예) 문을 닫으라는 경고나 명령.

(3) 표현 달성 행위: 표현 행위와 표현 내적 행위의 효력이 달성된 결과.

(예) 방문객이 문을 닫게 됨.

3) 발화를 행위로 실현하는 방법

① 직접 발화(직접 화행): '선언, 명령, 요청, 질문, 제안, 약속, 경고, 축하' 등의 단어를 직접 사용하여 발화의 의도를 직접 드러내는 방법. 즉, 발화의 형태와 기능이 일치하는 발화 행위로, 의문·명령·청유·평서형 종결 어미가 쓰인 발화는 각각 의문문·명령문·청유문·평서문의 기능을 수행한다. (예) 1년 후에 꼭 다시 올 것을 약속할게. / 이 안건을 본회의에 상정하여 줄 것을 요청합니다. / 경찰서가 어디 있는지 알려 주시기 바랍니다.

② 간접 발화(간접 화행): 위와 같은 단어를 직접 사용하지 않고 자신의 의도를 간접적으로 달성하는 방법. 문장의 형태와 다른 기능을 수행한다.

가. 의문 형식의 발화를 통한 요청의 표현. (예) 문 좀 열어 주시겠습니까?

나. 진술의 형식을 통한 요청, 질문, 축하의 표현

(예) 돈 가진 것 있니?(돈 좀 빌려 다오. 요청) / 이 책이 얼마인지 알고 싶습니다.(질문) / 영웅이가 합격했다니 기쁘다.(축하) / 조용히 들어 봅니다.(조용히 들어보아라. 명령) / 내일까지 보고서를 작성해 옵니다.(내일까지 보고서를 작성해 오세요. 명령) / 교실에서 떠들면 되겠니?(교실에서 떠들지 마라. 명령)

다. 간접 발화를 사용하는 이유: 대화 참여자에 대한 상호 배려

가) 청자에 대한 화자의 배려: 간접 발화행위는 청자 측에 부담을 덜어준다.

나) 화자 자신에 대한 배려: 명령문을 사용하여 명령이나 요청을 했는데도 그에 대한 청자의 반응이 불성실하거나 거절하게 될 경우 화자 스스로의 위신이나 체면에 손상을 입기 때문이다.

라. 간접적인 표현은 흔히 공손한 표현을 하고자 할 때 사용된다. 특히, 요청하고자 할 경우에는 간접적인 표현이 더 공손하다.

(예) 창문을 열어 주세요 → 창문 좀 열어 {주시겠어요?/주시면 고맙겠습니다./달라고 부탁드려도 될까요?/주시면 안 될까요?}

마. 간접적인 발화의 구체적인 의미는 장면에 따라 결정된다.

(예) 우리 집에 진돗개 두 마리가 있다. ☞ 진돗개를 좋아하는 사람에게는 자랑하는 행위로, 개를 무서워하는 사람에게는 위협하는 행위로 받아들여질 수 있다.

[발화의 기능]

1. 발화의 상황

(가) 빨리 문을 못 닫겠느냐?

(나) 민수, 너 자꾸 그런 장난할 거야?

(다) 빨리 가지 못하겠느냐?

• 위의 각 발화가 일어날 수 있는 상황과 그에 가능한 대답

(가) 문을 닫지 않고 들어온 사람에게 문을 닫아 달라고 청유 내지는 명령을 하는 경우, 무거운 철제문의 무게 때문에 문을 빨리 닫지 못하고 있을 때, 문을 빨리 닫지 못하겠느냐고 묻는 경우 등을 생각하여 볼 수 있다. 전자의 경우에는 '알았어요.', '지금 닫고 있잖아요.' 등과 같은 대답이 나올 수 있고, 후자의 경우에는 '네'나 '아니요'와 같은 대답이 나올 수 있다.

(나) 민수가 장난을 하고 있는 상황에서 짜증을 내면서 한 말이라면 '그런 장난하지마.'의 의미로 청유 내지는 명령의 의미를 가질 수 있고, 이미 장난이 끝난 상황에서 위와 같이 말하였다면 '앞으로 또 이와 유사한 장난을 할 것이냐?'를 묻는 경우가 될 수 있다. 전자의 경우에는 '알았어.' 나 '싫어.'와 같은 대답이 나올 수 있으며, 후자의 경우에는 '응. 재밌잖아?'나 '아니. 이제 안 할게.'와 같은 대답이 나올 수 있다.

(다) 어딘가를 급히 가야 하는데 꾸물거리고 있는 사람에게 한 말이라면 '빨리 가라.'는 청유 내지는 명령의 의미를 가질 수 있고, 이미 가고 있기는 한데 천천히 움직이고 있는 사람에게 한 말이라면 '빨리 가기가 힘이 드니?'를 함축한 의문의 뜻을 가질 수 있다. 전자의 경우에는 '알았어요.'나 '지금 가요.'와 같은 대답이 나올 수 있으며, 후자의 경우에는 '네.'나 '아니요.'와 같은 대답이 나올 수 있다.

• 각 발화의 기능: 위 발화들은 모두 의문문의 형태를 취하고 있다. 문장 의미만을 고려한다면

이 말들은 모두 의문의 뜻만을 갖고 있는 것이 되지만 구체적인 상황 맥락에서 발화되는 순간 이 발화들은 의문 이외에 다른 기능을 가질 수 있다. 즉 이 예들은 모두 청유 내지는 명령의 기능을 동시에 하고 있다. 청유나 명령은 다른 사람에게 무엇인가를 요구하는 의미를 함의하고 있는데, 상대방의 입장이나 기분 등을 고려하여 무엇인가를 정중하게 요구하고 싶을 때에는 이와 같이 의문문의 형태를 취하는 것이 상대방에게 공손한 인상을 준다. 이 때문에 청유나 명령을 의문문의 형태로 표현하는 것은 전세계적으로 널리 사용되는 대표적인 공손 표현 방식이다.

2. 상황에 따른 발화의 기능 및 의미

상황 1. 밤 늦게 들어오는 딸에게
아버지: 지금이 도대체 몇시니?
딸: (아무렇지도 않게) 새벽 두시인데요.

상황 2. 길을 헤매고 있는 외국인이 남자 행인에게
외국인: 경찰서가 어디 있는지 아세요?
남자 행인: 네, 아는데요.

- 상황 1에서 아버지가 딸에게서 받을 수 있는 느낌: 늦게 들어온 딸에게 아버지가 '지금이 도대체 몇 시니?' 라고 묻는 것은 현재 시각을 알고자 함이 아니라(아버지는 이미 현재 시각을 알면서 이와 같이 물었을 가능성이 크다), '왜 이렇게 늦게 들어오느냐?'를 묻는 것이다. 따라서 아버지의 말을 딸이 문장의 의미대로 이해한 후 '새벽 두시인데요'라고 대답한 것은 아버지의 발화 의도와 전혀 상관 없는 대답을 한 것이 된다. 아마도 아버지는 황당함이나 버릇없음 등의 느낌을 받을 가능성이 크다.
- 상황 2에서 외국인이 남자 행인에게서 받을 수 있는 느낌: 상황 1과 유사하다. 외국인의 발화는 '경찰서가 있는 위치를 알려 달라.'는 요청의 기능을 하는데 남자 행인은 이를 단순한 의문의 의미로 이해하고 있다. 아마도 외국인은 황당함, 불친절함 등의 느낌을 받을 가능성이 크다.
- 딸이나 남자 행인처럼 대답하면 문제가 되는 이유: 의사소통에서 상대방의 발화 의도를 제대로

파악하지 못하였을 경우에는 갈등이나 오해가 빚어질 수 있다. 따라서 발화의 기능을 제대로 파악하는 것이 매우 중요한데, 이를 위해서는 발화 상황(화자, 청자, 장면, 내용)을 고려하여야 한다. [지도서, pp.266~269]

- 상황 1, 2가 재담이라면 기대에 반하는 대답으로 인해 유발되는 웃음이라 할 수 있다.

3. 발화의 기능 종합

우물 속에 빠진 여우가 빠져 나갈 방안을 골똘히 궁리하고 있는데, 염소가 물을 마시려고 우물을 찾아왔습니다. 우물 속을 들여다본 염소는 여우를 보고는 깜짝 놀랐습니다.

"아니, 여우 아니냐? 너 거기서 무얼 하고 있는 거니?"

여우는 얼른 꾀를 내어 대답하였습니다.

"응, 물이 하도 맛있어서 조금 더 먹을까 말까 생각하고 있는 중이야."

"물이 그렇게 맛있니?"

"그럼! 세상에서 가장 시원하고 맛있는 물이야."

염소는 앞뒤 생각 없이 우물 속으로 첨벙 뛰어들었습니다. 그리고 물을 실컷 마셨습니다.

"아, 시원하다! 목이 말라 죽을 지경이었는데 이제야 살겠군."

염소는 기분이 좋아서 히힝 웃었습니다.

"물맛 좋지? 그런데 너는 이 우물에서 어떻게 나갈 참이냐?"

여우의 말에 염소는 깜짝 놀랐습니다.

"정말 그 생각을 못 했네! 어떡하면 좋지?"

염소가 겁을 먹으며 묻자 여우는 빙긋 웃었습니다.

"걱정 마. 네가 앞발을 번쩍 들어 벽에 기대면 내가 네 등을 타고 나갈 수 있어. 그런 다음 내가 너를 끌어올리면 되잖니?"

염소는 안심이 되어 앞발을 우물 벽에 대고 몸을 기댔습니다.

여우는 염소의 등을 타고 손쉽게 우물 밖으로 빠져 나왔습니다.

"이제 살았다! 염소야, 고맙다."

---

1) 간접적인 발화와 직접적인 발화 구분

(1) 직접적으로 표현하는 발화: ① 아니, 여우 아니냐? 너 거기서 무얼 하고 있는 거니? / ② 물이 그렇게 맛있니? / ③ 그런데 너는 이 우물에서 어떻게 나갈 참이냐?

(2) 간접적으로 표현하는 발화: ① 응, 물이 하도 맛있어서 조금 더 먹을까 말까 생각하고 있는 중이야. / ② 그럼! 세상에서 가장 시원하고 맛있는 물이야. / ③ 걱정 마. 네가 앞발을 번쩍 들어 벽에 기대면 내가 네 등을 타고 나갈 수 있어. 그런 다음 내가 너를 끌어올리면 되잖니?

(3) 상황에 따라 직접적, 간접적 발화가 모두 될 수 있는 것: 물맛 좋지? / 염소야, 고맙다.

(4) 다음 발화들은 구체적인 행위를 수행한다고 보기 어렵다. 그러나 아래 발화들 역시 이 동화를 어떻게 해석하느냐에 따라 특정 행위를 수행하고 있는 발화가 될 수도 있다. 특히 '어떡하면 좋지?'의 경우는 염소가 여우에게 직접 질문을 제기한 것으로도 볼 수 있는데, 그렇다면 이 발화는 '의문'의 기능을 갖는 셈이 된다. "정말 그 생각을 못했네! / 아, 시원하다! 목이 말라 죽을 지경이었는데 이제야 살겠군. / 어떡하면 좋지? / 아, 그렇구나! 넌 정말 똑똑하구나. / 이제, 살았다!"

2) 각 발화의 기능: 위 각 발화의 기능 또한 동화의 주제나 인물들의 성격을 어떻게 규정하느냐에 따라 그 기능이 달라질 수 있다. '직접적으로 표현하는 발화'들은 요청이나 질문의 기능을 하고 있으며 '간접적으로 표현하는 발화'에서 ①과 ②는 '염소야, 빨리 우물 속으로 내려와라.'라는 청유 내지는 명령의 기능을 수행하고 있는 것으로 볼 수 있으며, ③의 발화 또한 '염소야, 얼른 내가 우물 밖으로 나갈 수 있게 앞발을 벽에 대고 몸을 기대라.'라는 청유 내지는 명령의 기능을 수행하고 있는 것으로 볼 수 있다. 그 외 나머지 발화들도 해석 여부에 따라 여러 기능을 수행할 수 있다. 예컨대 여우가 한 '물맛 좋지?'라는 말은 직접적으로는 의문의 기능을 수행하고 있는 것으로 볼 수도 있지만, 간접적으로 '경고'(혹은 비웃음이나 비난)의 기능을 수행하고 있다고도 볼 수 있다. 즉 '이 바보야, 우물 밖에 나갈 방법도 생각하지 않고 우물 속에 들어와서는 물맛이 좋다고 하냐? 너는 이제 이 우물 밖으로 나가기 어려울 거야. 조심해.'의 의미를 담을 수도 있다. 이 경우에 '염소야, 고맙다.'는 반어적 표현이 된다. [지도서, pp.256~271]

4. 담화의 장면과 표현

1) 담화의 구성 요소: 화자, 청자, 발화(전언), 장면(맥락).[6]

(1) 화자와 청자: 담화에서 반드시 있어야 하는 요소.

※ 독백은 화자와 청자가 동일하다고 볼 수 있다.

(2) 발화(전언): 화자와 청자가 주고 받는 정보. 주로 발화로 실현된다. 화자의 느낌, 생각, 믿음 등이 포함된다.

(3) 장면: 장면은 아래와 같이 다시 나눈다.

장면	언어 내적 장면	한 담화 내에서 발화를 둘러싼 앞뒤 발화	담화의 흐름이나 의미 해석에 결정적인 역할을 한다. 청자와 화자의 관계에 따른 높임 표현, 지시 표현, 심리적 태도, 생략표현, 등.
	언어 외적 장면	담화가 일어나는 시간적 공간적 배경	

2) 장면에 따라 표현 방식이 결정되는 표현

(1) 지시 표현[직시(直示) 표현]: 사물이나 사람, 사건을 지시하는 표현으로, 대화를 나누는 시간적, 공간적 장면이 고려되어야 지시 표현의 정확한 의미를 해석할 수 있다.[7]

① 종류: 화자와 청자의 거리에 따라 선택되는 말이 달라진다.

가. 지시대명사: 이것, 그것, 저것, 여기, 저기, 거기 등 (상황지시성이 대명사의 특징)

나. 지시관형사: 이, 그, 저

다. 지시 부사: 이렇게, 그렇게, 저렇게 등

라. 지시형용사: 이렇다, 그렇다, 저렇다 등

'이'는 화자에게 좀 더 가까운 물건을, '그'는 화자에게는 멀지만 청자에게는 가까운 물건을, '저'는 화자와 청자에게 모두 멀리 떨어져 있는 물건을 가리킬

---

6) 중요한 것은 이 네 가지 요소가 이야기를 구성한다는 단순한 사실 외에 이들의 결합이 빚어내는 담화의 역동성을 이해하는 것이다. 화자와 청자의 관계 및 우리 사회 내에서 그러한 관계가 갖는 의미, 각각의 관계에 따라 하여야 할 말과 할 수 없는 말, 그 말을 전달하는 방법, 장면에 따른 말의 적절성 등에 대해서도 생각하여야 한다.

7) 지시란 '언어 기호가 언어 외적 현실의 대상체를 가리키는 기능' 또는 '언어 기호와 그것이 나타내는 대상체를 연관지어 주는 것'이다. 이 때, 지시 대상을 지시체라고 하고, 지시를 나타내는 표현을 지시 표현이라고 한다. 지시 표현은 지시체의 정체를 한정하느냐 그렇지 않느냐에 따라 한정적 표현과 비한정적 표현으로 분류할 수도 있다. 일반적으로 지시 표현으로 지시 대명사, 지시 관형사, 지시 형용사, 지시 부사 등만을 생각하기 쉬우나, 지시 표현이라는 개념에 충실하다면 고유 명사나 한정 명사구 또한 지시 표현에 포함될 수 있다.

때 사용한다. 따라서 '이것, 그것, 저것'이나 '여기, 거기, 저기'는 화자와 청자로부터의 거리에 의해 구별된다.

※ '그것'은 화자와 청자의 기억 속에 있는 어떤 것을 가리키기도 한다.

② 기능

가. 전술(前述) 언급 기능: 이야기 속에 이미 나온 대상을 지시. 대화 상황에서 각 지시 표현이 가리키는 대상이 무엇인지 정확하게 파악하지 못하면 대화를 원활하게 진행하기 어렵다.

㉠ 윤교가 결혼하였다. 너, 이 사실을 알고 있었니? / 영이야, 그런 말 하면 못쓴다.

㉡ 영이가 예쁜 꽃병을 깨뜨렸다. 그것(이것)은 그가 생일 선물로……

㉢ 철수는 매일 새벽에 신문을 배달한다. 그는 대단히 성실한 청년이다.

나. 응집성 장치: 지시 표현은 담화를 문법적으로 결속시키기 때문에 대표적인 형태론적 응집성 장치이다.

(2) 높임 표현: 높임 표현은 담화 장면에서 참여자(화자, 청자, 제3자)들의 상하 관계와 친소 관계에 의해 상대적으로 결정된다.

① 상하 관계

② 친소 관계: 처음에는 높임 표현을 사용하던 사람들도 어느 정도 가까워지면 더 이상 높임 표현을 사용하지 않는 경우가 많으며, 비록 윗사람과 아랫사람의 관계일지라도 화자와 청자의 가까움 정도에 따라 높임 표현의 정도가 달라질 수도 있다.

(예) (처음 만났을 때)

마루: 처음 뵙겠습니다. 만나서 반갑습니다.

석민: 네, 저도 만나서 반갑습니다.

(오랜 시간이 흐른 후)

마루: 이번 일요일에 뭐 해?

석민: 뭐, 별 일 없는데.

③ 의사소통의 전략적 도구: 우리말에서 높임 표현은 의사소통을 위한 전략적 도구가 되기도 한다. (예) 서로 애인 사이로 지내며 반말을 썼던 두 사람 중의 한

사람이 갑자기 '그 동안 즐거웠습니다.'라고 높임 표현을 사용하는 것은 거리감을 두기 위한 전략이 된다.

(3) 심리적 태도: 화자가 사태를 바라보는 태도를 심리적 태도라 하는데, 주로 용언 어미에 의하여 실현된다.

① 화자가 가지고 있는 다양하고 섬세한 의미를 전달하는 표현으로, 동일한 정보를 가지고도 다양한 심리적 태도를 드러낼 수 있다.

② 문장은 명제를 나타내는 부분과 그 명제에 대한 화자의 심리적 태도를 나타내는 '양태(modality)' 부분으로 나뉜다. 양태는 발화 장면에 있는 화자의 태도에 의해 결정되는데, 이를 '서법(mood)'이라 한다.8)

내가 반드시 다시 오 +	겠 +	다.
명제	명제에 대한 화자의 심리적 태도(의지)	표현 의도

• '서현이가 지금 숙제를 하고 {있어/있지/있네/있는데/있겠어/있는 모양이야/있는 것 같아/ 있을 거야.}'라는 표현들은 모두 '서현이가 숙제를 하고 있다.'는 동일한 정보가 있다. 그러나 이들 각각의 문장이 전달하는 느낌은 모두 다르다. '단정, 확인, 감탄, 사실의 전달, 사실의 추정' 등 다양한 느낌이 전달되고 있다.

---

8) 서법은 화자가 사태를 바라보는 태도(단정, 사실의 전달, 추정, 의심, 놀라움, 확인, 감탄 등)가 문법적 절차에 의해 표현된 것이다. 선어말 어미, 종결 어미를 통해 실현되며, 보조 용언이나 보조사, 억양 등에 의해서도 실현된다.

㉠ 어디 갔느냐? ㉡ 벌써 떠났을까? ㉢ 빨리 가거라.

'㉠, ㉡' 은 시제가 과거, 종결법이 의문형이란 공통점. 그러나 화자가 사태를 보는 태도가 다르다. '㉠'에서는 현실적으로 보았고, '㉡'에는 비현실적, 즉 추측이나 상념의 태도로 보았다. '㉠'은 서실법(敍實法), '㉡'은 서상법(敍想法)이라 한다. 한편 '㉢'은 화자가 청자의 행동을 실현시키려는 의지가 나타나 있는 서의법(敍意法)이다.

① 직설법: 형태가 체계적으로 나타나지 않음. 화자가 발화시점에서 사태를 단순히 파악할 때 쓰임. 하느냐〈해라체의 의문형〉, 합니다, 합니까〈하십시오체의 평서형과 의문형〉, 하는〈관형사형〉

② 회상법: '-더-'/'-디-' -하더냐, 합디다, 합디까, 하던

③ 추측법: 화자가 발화시의 사태나 그 이후의 사태를 추측하는 것. 하리라, 하리, 하리다, 하오리다. (예) 내일은 비가 오리다.(미래, 추측) / 내일은 비가 오겠다.(미래에 대한 불확실한 추측의 의미. '겠'이 쓰인 것은 사건시가 발화시 이후)

④ 원칙법: 화자가 사태를 불변적, 기정적인 것으로 파악하여 알림으로써 그것에 주의가 집중되기를 바랄 때 쓰임. 하느니라, 하더니라 등. (예) 거짓말을 해서는 못쓰느니라.

⑤ 확인법: 화자가 주관적 믿음을 토대로 하여 자신의 지식의 상태를 확인하는 것이다. 독백 같은 말투에서 많이 쓰임. 분포가 제약되어 있고, 해라체의 평서법에서만 나타난다. 하것다, 하렷(←리+엇)다 등. 오후에는 비가 오렷다. 건강도 하것다, 공부도 잘하것다, 무엇이 걱정이니?

(4) 생략 표현: 장면을 통해 복원 가능한 표현들을 생략하는 현상.

① 개념: 문장의 표면 구조에서 일정한 성분이 누락되는 현상.

가. 담화 장면이 주어지면 일정한 성분이 될 수 있다.

나. 국어에서는 주어가 자주 생략되는 경향이 있다.

다. 글보다 담화에 생략이 많은 것은 전달하고자 하는 정보가 장면이나 맥락의 도움을 받아 충분히 보충될 수 있기 때문이다.

라. 생략된 성분은 맥락을 참고하여 언제든지 다시 복구할 수 있다.

② 생략 현상이 일어나는 이유

가. 경제성: 문맥상 이해할 수 있는 말을 생략함으로써 노력을 줄이려는 심리.

나. 정보성: 중요한 말은 살리고 그렇지 않은 말은 생략함으로써 중요한 정보와 그렇지 않은 정보를 구별하려는 심리.

③ 특징

가. 문맥 의존성: 문맥에 의존하여 생략될 요소와 그렇지 않은 요소가 결정된다.

나. 복원 가능성: 문맥에 의하여 생략된 요소는 복원될 수 있다.

다. 동일성: 생략된 요소들의 복원이 지시적 혹은 통사적 동일성에 의하여 수행된다.

라. 선택성: 문맥이나 담화 상황에서 복원 가능한 요소라고 하여 모든 요소들이 다 생략될 수 있는 것이 아니다. 즉 복원 가능한 요소라 하더라도 중요한 정보를 담고 있거나 강조하고 싶은 요소, 통사적 요인 등에 의해 생략되지 않기도 한다.

(예) *인간은 자연을 지배하기도 하고 복종하기도 한다.(성분생략 불가)

※ 말의 의미를 정확하게 이해하기 위해서는 첫째, 구체적인 상황 맥락을 고려하여 발화하여야 한다. 둘째, 대상을 바라보는 자신의 심리적 태도를 분명히 해야 한다. 셋째, 어떤 정보를 제공하고 생략할 것인지를 명확하게 하여야 한다. 넷째, 전체적으로 형식이나 내용이라는 측면에서 통일성을 가져야 한다.[지도서, p.262]

[장면에 따라 표현이 달라지는 표현]

1. 지시 표현(상황에 적절한 지시 표현 찾아 넣기)

① 귀촉도를 아세요? (이/그/저) 새는 전설 속에 자주 나와요.

② 철이: 영호 못 봤니?

영희: 못 봤어.

철이: 내 어디 (이/그/저)놈을 잡기만 해 봐라.

③ 용호가 회사에 취직이 되었대. (이/그/저)것은 참으로 잘 된 일이야.

④ 자네는 틀림없이 성공할 거야. (이/그/저) 희망을 버리지 말게.

①에서는 이/그/저 모두 가능하다. '이'와 '그'는 일반적인 상황에서 가능하지만, '저'는 특수한 상황에서만 가능하다. '저'가 가능한 상황의 예: 두 사람이 귀촉도가 보이는 곳에서 서로 이야기를 나누고 있는데 한 사람은 귀촉도라는 새를 알고 있고 다른 한 사람은 모르는 경우, 한 사람이 '귀촉도를 아세요?'라고 물은 뒤, 새를 손을 가리키면서 '저 새는 전설 속에 자주 나와요.'라고 말할 수 있다.

②에서는 '저'만 불가능하다. 두 사람이 이야기를 나누고 있는 공간에 '영호'가 없기 때문에 두 사람과 멀리 떨어져 있는 존재를 가리킬 때 사용하는 '저'는 불가능하다.

③에서는 '저'만 불가능하다. '용호가 취직이 되었대' 라는 '문장'을 받고자 한다면 '이것'으로 받는 것이 가장 자연스럽다. 그러나 용호가 취직이 되었다는 (기억 속의) '사실'을 받아 '그것'을 사용할 수도 있다.

④에서는 '저'만 불가능하다. '자네는 틀림없이 성공할 거야' 라는 '문장'을 받고자 한다면 '이'나 '그'로 받는 것이 자연스럽다.

2. 높임 표현

1) 상황에 따른 높임 표현

(1) 식당에서

김 과장: 승진 축하해. 지금 속도라면 나보다 빨리 부장 되겠어.

박 과장: 아이 선배님두. 이번엔 운이 좋아서 된 거지 항상 이렇겠어요?

김 과장: 그나저나 한턱 근사하게 내야지.

박 과장: 그럼요. 저도 기분 한 번 내야지요.

(2) 회의실에서

김 과장: 그럼 회의를 시작하겠습니다. 박 과장님께서 이번 시장 조사 결과를 보고하여 주시겠습니다.

박 과장: 영업부의 박○○입니다. 이번 시장 조사는 10대 후반의 청소년층을 대상으로 한 것입니다. 일단 화면을 보면서 말씀드리겠습니다. 김 과장님께서는 화면 조정하는 것을 좀 도와 주시기 바랍니다.

김 과장: 네. 신호를 보내시면 제가 여기에서 스위치를 작동하겠습니다.

(1) [대화문 1]에서 박 과장이 김 과장을 높이고 있는 이유: 김 과장은 박 과장의 선배로, 김 과장이 박 과장보다 연장자이다. 따라서 박 과장은 김 과장을 높이고 있다.

(2) [대화문 2]에서는 높이는 관계가 달라진 이유: 개인적으로는 김 과장이 박 과장보다 연장자이지만 공식적인 자리이기 때문에 두 사람은 서로를 동등한 수준에서 높이고 있다. 또한 회의라는 공식적인 모임에서는 두 사람의 사회적 지위가 매우 중요한데, 두 사람은 '과장'이라는 동일한 지위를 갖고 있기 때문에 이와 같은 표현이 사용되었다.

2) 높임 표현의 전략적 사용

(자룡이와 은성이는 애인 사이이다.)

자룡: 자, 이거 받아.

은성: 이게 뭔데?

자룡: 오늘이 네 생일이잖아.

은성: 그럼, 이거 생일 선물이야? 웬일이야, 생일 같은 걸 다 기억하고? 뭔데? 풀어

봐도 돼?

자룡: 별거 아니야. 왜, 지난번에 동대문 갔을 때, 그 모자 있잖아, 네가 하도 예쁘다고 해서…….

은성: (갑자기 얼굴 표정 바뀌며) 동대문? 나 너랑 동대문 간 적 없는데? (잠시 침묵) 아하, 그랬군요, 누구랑 같이 보러 다녔는지 모르지만, 그 여자에게나 가져다 주시죠!

(1) 은성이가 자룡이에게 계속 낮춤 표현을 사용하다가 밑줄 친 부분에서 갑자기 높임 표현을 사용한 이유: 이는 일종의 '거리 두기 전략'이라고 볼 수 있다. 낮춤 표현이 '비격식성'과 '친근감'을 함의한다면 높임 표현은 '격식성'과 '비친근감'을 함의한다. 따라서 낮춤 표현을 사용하다가 갑자기 높임 표현을 사용한 것은 두 사람 간에 설정된 관계를 변화시키는 요인이 된다. 은성이는 자룡이와의 '거리 두기'를 위한 효과적인 전략의 도구로 높임 표현을 사용한 것이다.

(2) 높임 표현의 기능 및 의의: 우리는 높임 표현이나 낮춤 표현을 대화자들의 상하 관계에 따라 구별해서 사용하여야 한다. '상하 관계'는 높임 표현의 사용 여부를 결정하는 가장 보편적인 요소이다. 여기에는 두 가지 경우가 있을 수 있는데, 연령에 의하여 결정된 상하 관계와 사회적 지위에 의하여 결정된 상하 관계가 그것이다. 전자의 경우에 높임 표현을 사용하는 것은 상대에 대한 존경을 나타내며, 후자의 경우에 높임 표현은 사회생활의 윤리와 격식을 표현한다. 그러나 우리는 높임 표현을 대화자들의 친소 관계에 따라 구별하여 쓰기도 한다. 서로의 관계가 멀기 때문에 높임 표현을 사용한다면 높임 표현은 일종의 격식성과 예의를 함의하는 기능을 가지며, 반대로 가깝기 때문에 낮춤 표현을 사용한다면 비격식성과 친근감 등을 함의하는 기능을 가진다.

(3) 높임 표현을 사용하는 여러 가지 상황: 우리는 수많은 사람들과 상하 관계 및 친소 관계를 이루고 있다. 따라서 높임 표현은 매우 다양한 방식으로 사용될 수 있다. 높임 표현이 사용되는 상황은 매우 복잡하다. 상하 관계 내에서도 연령, 사회적 지위, 사람의 수 등에 따라 매우 복잡한 관계가 설정될 수 있는데, 이들 사이의 친소 관계에 따라 높임 표현은 또 달라질 수 있다.

① 연령차가 나는 두 사람이 매우 친한 경우: 친하게 지내는 선배와 후배 사이가 이와 같은 경우인데, 이럴 경우 나이 어린 사람의 높임 표현은 매우 유동적일 수 있다. 또 높임 표현

자체도 아주 높임보다는 예사 높임 정도로 쓰기 쉽다. 그러나 같은 상황에서 사람들의 관계가 멀 경우에는 높임 표현을 철저하게 지킬 필요가 있다. 얼굴만 아는 동네 어른을 길거리에서 만났을 경우가 그러하다. 나이 많은 사람 둘이 나이 어린 한두 사람을 만나는 경우도 있을 수 있다. 이때도 이들의 관계가 가까운가 혹은 먼가에 따라 높임 표현은 달라질 수 있다. 서로의 관계가 가까울 경우가 멀 경우보다 높임 표현이 유동적으로 사용된다. 경우에 따라서는 두 사람은 매우 친한데 한 사람은 서먹서먹한 관계일 수도 있다. 이럴 경우에는 비교적 엄격하게 높임 표현이 사용되곤 한다.

② 높임 표현의 사용 여부는 나이뿐만 아니라 사회적 지위에 따라서도 달라진다. 흔히 화제거리가 되는것 중의 하나가 며느리들 사이의 높임 표현이다. 만일 큰며느리가 작은며느리보다 나이가 어릴 경우, 두 사람만의 관계를 고려한다면 큰며느리가 높임 표현을 사용하는 것이 자연스러우나 이 둘 사이의 관계는 그들의 남편들과의 관계와 얽혀 있기 때문에 작은며느리가 큰며느리에게 반말을 쓰기 어렵다. 때문에 만일 네 사람이 모여서 서로 대화를 하게 되면 큰며느리가 작은며느리에게 높임 표현을 사용하는 것이 예의이다. 그러나 두 며느리가 매우 친해지면 두 사람 사이의 높임 표현 사용 양상은 달라질 수도 있다. 직장에서 자신보다 어린 상사에게 높임 표현을 사용하는 것도 두 사람의 사회적인 지위가 다르기 때문이다.

③ 이처럼 높임 표현이 사용되는 양상은 매우 다양하다. 실제 의사 소통 상황을 살펴보면 위보다 훨씬 더 복잡한 상황이 발생한다. 이는 바로 구체적인 장면이 개입되기 때문이다. 이들이 어디에서 만나고 있는가는 높임 표현을 규정하는 중요한 요소가 된다. 친하게 지내는 두 사람이 사적인 자리에서는 반말을 쓰다가 공식적인 장소에서는 높임 표현을 사용하는 이유도 이 때문이다. 이들이 운동 경기장이나 콘서트장과 같은 장소에서 만났는지, 일을 하기 위해 만났는지 등에 따라 높임 표현의 사용 양상이 달라지는 것도 같은 이유에서이다.

④ 지도 방법: 높임 표현과 같은 딱딱한 국어 규칙도 구체적인 상황 맥락에서는 매우 유동적으로 사용될 수 있다는 점을 살펴봄으로써, 학습자들이 국어 규칙과 구체적인 상황 맥락의 관련성을 깊이 인식하고 항상 구체적인 삶 속에서 국어의 쓰임과 기능 등을 살피는 태도를 기를 수 있도록 한다.

3. 심리적 태도

1) 발화에 드러난 심리적 태도

철이: 어, 어디 갔지? 이상하다. 분명 여기다 뒀는데……

발화 1: 진경아, 여기 있던 빵 네가 먹었어?

발화 2: 진경아, 여기 있던 빵 네가 먹었지?

(1) 발화 1에서 '-어'는 명령, 청유, 의문, 서술 등 다양한 기능을 수행하는 종결 어미로서, 여기서는 의문의 기능을 한다. 따라서 '진경아, 여기 있던 빵 네가 먹었어?'는 단순히 진경이가 빵을 먹었는지 안 먹었는지 그 사실 여부에 대한 화자의 단순한 의문을 나타내고 있다.

(2) 발화 2 에서는 '-지'는 화자의 주관적 상념, 믿음이나 알고 있던 사실에 대한 환기, 혹은 환언, 이미 확신하고 있는 명제 내용의 전달의 의미를 표현하는 종결 어미이다. 따라서 '진경아, 여기 있던 빵 네가 먹었지?' 라는 발화에서는 진경이가 빵을 먹었을 것이라고 확신하고, 이를 확인하고자 하는 화자의 태도가 드러난다.

2) 감정 기호(이모티콘)의 의미와 기능

은주: 안녕! 방가방가! ^^

혜지: 〈(*^^*)〉 나도 방가! 근데, 어제는 뭐 하느라 동아리 방에 안 나온 거야?:-(

은주: 앗, 그게 말이지, (-,-;;) 저녁에 제사상 준비하는 거 도와 드리느라 바빴어. 무지 힘들었다구. 헉헉 (';';;)

혜지: 그래두 그렇지!-.-+++

은주: 용서해 줘, 힝. (^=^;)

혜지: 글쎄,(--a) 다음에 또 그러면 알지?('.') 웅, 졸려. 나 잘래. (-.-)Zzz 빠이빠이(^O^)

은주: 그래, 내일 보자. 안뇽! (*.^)

---

(1) 여러 가지 감정 기호의 의미

^^: 웃고 있는 얼굴을 형상화하여 반가움, 즐거움 등을 나타냄.

〈(*^^*)〉: 귀, 눈, 코 등 얼굴 전체를 형상화함. 통통한 아이의 귀여운 웃음을 떠올리게 함으로써 기쁨, 귀여움, 반가움 등을 형상화함.

:-(: 삐짐.

(-,-;;): 미안함. 상황에 따라서는 '생각 중, 고민 중'을 형상화하기도 함.

(',';;): 힘듦, 바쁨.

-.-+++: 눈총을 줌.

(^=^;): 애교, 귀여움.

(--a): 생각 중.

('.'): '혼날 줄 알아!' 정도의 의미로 경고.

(-.-)Zzz: 잠을 자는 모습, 혹은 잠을 자며 내는 소리를 형상화함.

(^O^): 귀엽게 인사하는 모습.

(*.^): 우이크하며 인사하는 모습

(2) 컴퓨터 통신상에서 감정 기호가 활발하게 사용되는 이유:

국어 생활은 문자 언어 생활과 음성 언어 생활로 나뉜다. 전자와 후자의 가장 큰 차이는 '면대면 대화이냐 아니냐'이다. 문자 언어는 직접 얼굴을 마주 본 상태에서 소통되는 것이 아니기 때문에 뜻을 전달하기가 쉽지 않다. 따라서 이 경우에는 '장면'의 부재를 메우기 위하여 많은 정보를 제공하고, 정교하게 조직된 표현을 사용하게 된다. 그러나 음성 언어는 서로 얼굴을 마주 보며 소통되기 때문에, 상황 맥락을 통하여 이해할 수 있는 정보들이 많이 생략되고, 그 결과 문자 언어에 비하여 상대적으로 불완전한 문장이나 생략 및 축약 표현이 많다.

그런데 컴퓨터 통신은 '문자 언어 대 음성 언어'라는 기존의 일반적인 틀로는 설명할 수 없는 특이한 언어 소통 공간이다. 컴퓨터 통신 언어는 문자 언어와 음성 언어의 특성을 모두 갖고 있다. 컴퓨터 통신에서 사용되는 언어는 참여자가 서로 얼굴을 마주 보고 있는 것도 아니고 장면을 공유하고 있는 것도 아니라는 점에서는 문자 언어의 특성이 짙지만, 참여자가 서로의 발화에 대하여 즉각적인 반응을 보일 수 있고, 머릿속에 떠오르는 생각을 특별한 정제나 계획의 과정을 거치지 않고 바로바로 표현한다는 점에서는 음성 언어의 특성이 짙다. 컴퓨터 통신 언어가 문자 언어로 표현되면서도 음성 언어의 특성을 많이 갖는 것도 이 때문이다.

감정 기호의 경우에는 컴퓨터 통신이 갖고 있는 한계 중에 '서로 얼굴을 마주 볼 수 없다(이야기의 장면을 공유하고 있지 못함)'는 측면을 보완하기 위한 도구로 해석할 수 있다. 감정 기호는 이야기의 구성 요소 중 '장면'이 차지하는 비중을 역설적으로 보여 주는 요소인 셈이다. 컴퓨터 통신이 비교적 학술적, 전문적인 내용보다는 서로 간의 친목을 도모하기 위한 목적으로 주로 사용되고 있다는 점 또한 감정 기호의 사용을 부추기는 요소가 된다.

(3) 컴퓨터 밖의 일상생활에서 감정 기호가 사용되는 경우 및 이유

넓게 보면 감정 기호는 일종의 도상 기호(icon)이다. 감정 기호는 사물이나 사람의 모습을 그대로 가져오기 때문에 실제 세계와 그 모습과 느낌 등이 유사하다. 이 때문에 우리는 서로 약속을 하거나 기억하지 않아도 각각의 감정 기호가 무엇을 의미하는지 금방 알아볼 수 있다. 그래서 컴퓨터 통신에서는 감정 기호를 사용하여 그 순간의 느낌을 즉각적으로 표현하곤 한다. 근래에는 광고 등에서도 감정 기호를 이용하여 인물의 표정이나 느낌 등을 전달한다. 이는 감정 기호 자체가 하나의 언어이면서도 본질적으로는 그림, 즉 이미지이기 때문에 편안하고 친근한 느낌을 주기 때문이다.

4. 생략 표현

1) 생략된 성분을 채워 넣기

아내: 뱃섬 좀 치워 달라우요.

남편: 남 졸음 오는데, 님자 치우시관.

아내: 내가 치우나요?

남편: 이십 넌이나 밥 처먹구 그걸 못 치우?

아내: 에이구, 칵 죽구나 말디.

남편: 이넌, 뭘! (김동인, 감자)

---

(1) 생략 성분 복원

아내: **(여보, 당신이)** 뱃섬**(을)** 좀 치워 달라우요.

남편: 남(은) 졸음(이) 오는데, 님자(가) (뱃섬을) 치우시관.

아내: 내가 (뱃섬을 어떻게) 치우나요?

남편: (너는) 이십 년이나 밥(을) 처먹구 그걸 못 치우?

아내: 에이구, (내가) 칵 죽구나 말디.

남편: 이년(아), 뭘 (말했어)!

(2) 지도 방법: 먼저 아내와 남편이 함께 있는 시간과 장소 및 이러한 대화가 진행되기 전과 후의 상황을 추측하여 본다. 이러한 활동은 주어진 장면과 맥락을 고려함으로써 생략된 성분을 복원하는 데에도 도움을 줄 뿐만 아니라 생략 현상과 상황 맥락과의 관계를 이해하는 데에도 도움을 줄 수 있다.

2) 신문 기사에 적절한 표제어를 만들고, 이를 바탕으로 생략 표현의 특성 탐구

조선 시대 최대 규모의 사찰이었던 경기 양주 회암사. 그러나 안타깝게도 16세기에 사라져 버린 사찰. 그 회암사가 400여 년 만에 신비를 벗고 위용을 드러내고 있다. 국내 최초의 완벽한 구들 건축물 확인, 세계 건축 사전에 오를 만한 독특한 건축 구조물 확인, 초대형 청동 풍탁 출토 등 아직 절반도 발굴하지 않았는데, 국내의 고고학계 불교 미술 사학자들을 흥분하게 하는 조사 결과가 줄줄이 나오고 있다.

학계의 가장 큰 주목을 받고 있는 것은 참선 수행 공간인 서승당 건물터. 마치 군대의 막사를 연상케 하는 구조로 되어 있다. 이는 이미 세계 건축 사전에 이름이 올라 있는 경남 하동 칠불사의 아자방과 그 구조가 유사하다. 그러나 서승당은 칠불사보다 구조가 더 정교하고 규모가 커 학계를 놀라게 하고 있다. - ○○신문

(1) 신문 기사 참조하여 표제어 만들기: 표제어는 기사 전체 내용을 요약하여 줄 수 있어야 한다. 따라서 그것은 기사문의 주제나 화제와 긴밀하게 연관되어야 한다. 이 기사문의 화제는 '회암사 발굴'이며, 주제는 회암사에서 미술사적으로 의미 있는 유물 및 유적이 발굴되어 학계

를 놀라게 하고 있다는 점이다. 따라서 표제어는 이와 같은 화제나 주제가 명시적으로 드러나도록 작성되어야 한다.

한편 표제어를 도와 의미를 보충하여 주는 말을 부제어라고 한다. 표제어에 비하여 부제어는 글자 크기가 좀 더 작기 마련이며 표제어의 아래나 위에 제시되곤 한다. 만일 표제어만으로 화제나 주제가 효과적으로 드러나지 않을 경우에는 부제어를 사용할 수 있다. 표제어는 주로 직설적으로 내용을 드러내지만, 최근에는 독자의 흥미를 끌기 위하여 비유나 상징 등과 같은 수사법도 적극적으로 활용하고 있다.

(2) 가능한 표제어의 예

① 회암사 발굴 시작, 불교 미술학자들 흥분! - 경남 칠불사의 아자방보다 더 정교하고 규모가 커

② 조선 시대 최대 규모의 사찰, 드디어 베일을 벗다! - 회암사 발굴 시작

③ 국내 최초의 완벽한 구들 건축물 확인 - 드디어 회암사 발굴

(3) 표제어를 만들 때 생략할 수 없는 요소와 생략하여도 되는 요소: 기사문의 주제를 드러내는 요소를 생략할 수 없다. 경우에 따라 강조하고 싶은 요소가 있다면 이 또한 표제어로 제시될 수 있다. 기사문의 경우에는 보통 정보 전달이 목적이기 때문에 화제가 곧 주제가 되는 경우도 많다. 이 기사문의 경우도 그러한데, 이 때문에 이 기사문의 핵심어인 '회암사 발굴'은 생략되어서는 안 된다.

(4) 활동 목표: 생략 현상의 특징 중 하나인 '선택성'과 관련된 활동이다. 장면이나 문맥에 따라 복원될 수 있는 요소라 할지라도 중요한 정보를 담고 있거나 강조하고 싶은 요소는 생략되지 않는다. 여기에서는 신문 기사의 표제어를 만드는 활동을 통하여 생략 현상의 선택성을 이해하도록 한다.

5. 대화에서 심리적 태도와 생략 표현

(준형은 선우가 소개하여 준 여학생이 마음에 들었다. 그 애가 자신을 어떻게 생각하는지가 너무나 궁금하여 아침부터 선우에게 전화를 걸었다.)

준형: 라면 먹냐? 아침부터 라면이야?

선우: 쌀 한 말에 만오천 원이야.

준형: 그건 그렇고, 어제 걔가 나 어떻게 생각해?

선우: 야, 내일 소개팅 해 줄게.

준형: (잠시 침묵) 나 오늘 강릉 갈란다.

선우: 걔가 멍청한 거야.

준형: 됐어. 그래도 참 걔 괜찮더라.

선우: 그래 괜찮지, 남자 친구가 있긴 해도. 사실은 나도 오늘 알았어.

---

(1) 담화의 내용: 이 대화는 크게 두 부분으로 나뉜다. 첫 번째 부분은 '그건 그렇고' 앞까지이다. 이 부분의 화제는 '아침을 라면으로 먹는 것'이다. 이후 대화에서는 '소개받은 여자가 준형이를 어떻게 생각하고 있는지'가 화제이다. 그러나 준형이의 의도를 고려하면 대화의 초점은 후자에 놓여 있는 것이므로, 앞부분은 이야기를 시작하기 위한 가벼운 인사말에 해당한다. 결국 준형이와 선우의 대화는 일관되게 '준형이가 소개받은 여자 친구'와 관련되어 있다.

(2) 대화가 부자연스러워 보이는 이유: 두 사람이 자신의 발화 의도를 고도의 함축과 암시를 사용하여 간접적으로 드러내고 있기 때문이다. 또한, 생략 표현이 많이 사용되어, 많은 성분을 복원시켜야 하는 인지적 부담이 따르기 때문이다.

(3) 쉽게 의미가 통하도록 대화를 재구성할 때 고려하여야 할 요소: 생략 표현이나 간접 표현의 적절성 여부는 구체적인 상황 맥락에 의하여 결정된다. 즉 경우에 따라서는 모든 성분을 생략하고 한 마디 말만 하거나 자신의 발화 의도를 간접적으로 드러내는 방식이 장황하게 또는 직설적으로 자신의 뜻을 전하는 것보다 더 분명하게 의미를 전달할 수 있다. 따라서 '말하는 이와 듣는 이는 누구인가? 두 사람은 어떤 관계인가? 말하는 이와 듣는 이의 발화 의도와 처지는 어떠한가? 어떤 상황에서 대화가 이루어지고 있는가? 구체적인 장면은 어떠한가?' 등과 같은 질문을 통하여 상황을 명료하게 할 필요가 있다. 이처럼 구체적인 상황 맥락을 설정하고 나서 주어진 대화를 재구성하여 보도록 한다.

재구성 시에는 주제나 강조하고 싶은 것이 무엇인지를 명확히 하여야 한다. 또한 상황 설정이 어떻게 되든 간에 준형이가 낙심할 수 있는 상황임을 고려하여 이를 위로하는 태도도 필요하다. 화법은 본질적으로 삶을 공유하는 것이다. 서로가 서로의 삶을 이해하고 공유할 수 있는 태도를 기르는 것이 중요하다. 다음은 재구성의 예이다.

선우: 준형아, 웬일로 전화를 했니?

준형: 응, 물어볼 게 있어서. 그런데 너 라면 먹냐? 아침부터 왜 라면을 먹어?

선우: 쌀보다 라면이 경제적이잖아? 쌀은 한 말에 만오천 원이나 해.

준형: 그래. 그건 그렇고, 어제 걔가 나 어떻게 생각해? 걔 참 괜찮던데. 나는 걔가 마음에 들거든.

걔는 네가 마음에 안 드나 봐. 그런데 그도 그럴 것이 걔 남자 친구가 있었나 봐. 사실은 나도 오늘 알았어. 준형아, 미안하다.

준형: (잠시 침묵) 그랬었구나. 걔 참 괜찮던데. 기분도 우울한데 아무래도 오늘은 강릉이라도 가야겠다. 가서 바람이라도 쐬고 와야지.

선우: 그래. 그렇게 해. 너 돌아오면 내가 또 소개팅 시켜 줄게. 너 같은 남자가 어디 있니? 걔는 좋은 남자 놓친 거야. 틀림없이 더 좋은 여자가 나타날 거야.

(4) 지도 방법: 자신의 발화 의도를 간접적으로 드러내거나 지나친 생략 표현 등을 사용하는 것이 이야기 상황에서 갖는 의의를 생각하여 본다. 이때에는 간접 표현이나 생략 표현이 무조건 나쁜 것이라든가 그렇지 않다라는 이분법적 사고방식을 취하지 않도록 주의한다.

[지도서, pp.272~283]

5. 대화의 원리

1) 언어 사용 양상의 두 변인

※ 사용역과 매체

(1) 사용역: 의사소통의 영역과 장면. 화자/필자와 청자/독자 사이에 의사 전달 행위가 일어날 때, 다양한 언어 변이가 일어나는 장면.

(2) 매체: 음성 언어, 문자 언어, 통신 매체 등.

(3) 사용역(register)과 매체에 따른 의사소통 방식의 차이와 그러한 의사소통 방식의 차이가 언어화되는 방식 등을 알 필요가 있다.

2) 일상 언어의 소통 원리

※ 상대, 상황과 장소, 매체 등에 따라 언어 활동 조절

(1) 일상의 여러 장면에 어울리는 의사소통의 목적과 기능을 파악하여 언어 활동을 조절해야 한다. 예컨대, 사회언어학적 관계(친분, 성별, 계층, 연령, 인종, 지역 등)를 고려하여 의사소통 활동을 하여야 한다.

(2) 일상 언어는 주로 음성 언어를 이용하므로, 반언어적 요소와 비언어적 요소를 적절하게 사용하고, 청자의 반응에 적절하게 대응해야 한다.

(3) 인터넷이나 휴대전화와 같은 매체를 이용할 경우에는 매체의 속성을 파악하고 그에 맞는 소통 방식을 택하여 언어 활동을 조절해야 한다.

3) 생활 담화의 문법적 특성

※ 생활 담화: 일상 언어로 이루어진 담화

(1) 어휘: 평이한 어휘 사용. 생활 담화는 정보성이 높지 않다.

(2) 문장 구조: 간단한 문장 구조. 장면의 도움이 있기 때문에 문장 성분의 생략이 잦고, 주술 호응이 완전히 갖추어지지 않은 경우가 많다. 또한, 잦은 반복, 앞에 한 말의 취소, 군말의 삽입 등도 나타난다.

(3) 담화의 틀: 규정된 형식이나 내용의 틀이 존재하지 않는다.

(4) 문법적 장치를 의사소통 전략으로 이용하기도 한다.(높임 표현이 대화 전략으로 사용된 예 참조.)

4) 일상 언어의 소통에서 오해를 피하기 위한 방법 :

(1) 의사소통의 참여자, 상황, 화제 등에 대해 미리 분석하고 점검하여 적절하게 표현하고 이해해야 한다.

(2) 자신의 문법 지식을 이용하여 정확한 발음, 맥락에 맞는 어휘 선택, 쉬운 문장 구성 등을 함으로써 효과적으로 표현해야 한다.

5) 대화의 원리(2007 개정 교육과정 '화법')

(1) 협력(협동)의 원리: 대화 참여자가 대화의 목적에 성공적으로 도달하기 위해 지켜야 할 네 가지 격률(규칙 혹은 명제). 대화 참여자는 언제나 대화에서 필요한 만큼의 내용을 자기가 진실하다고 믿는 대로, 전후 대화 맥락에 맞도록 간단명료하게 말해야 한다.

① 양의 격률: 대화의 목적에 필요한 만큼의 정보를 제공하여야 한다.

② 질의 격률: 타당한 근거를 들어 진실을 말하여야 한다.

③ 관련성의 격률: 대화의 목적이나 주제와 관련된 것을 말하여야 한다.

④ 태도의 격률: 모호성이나 중의성이 있는 표현을 하지 말며, 간결하고 조리 있게 말하되 언어 예절에 맞게 말을 하여야 한다.

(2) 정중어법(=공손의 원리): 상대방에게 정중하지 않은 표현은 최소화하고 정중한 표현은 최대화하라.

① 요령의 격률: 상대방에게 부담이 되는 표현은 최소화하고 상대방의 이익을 극대화하라. 상대방이 듣기 싫어하는 말을 하는 것보다는 상대방이 듣기 좋은 말을 하는 쪽이 훨씬 더 예의를 잘 갖춘 것이 되며, 상대방에게 수고로움이나 손해를 끼치는 말을 하는 것보다는 상대방에게 도움이나 이익이 되는 말을 하는 편이 훨씬 더 정중성을 높이는 방법이 된다.

② 관용의 격률: 요령의 격률을 화자의 관점에서 말한 것으로 화자 자신에게 혜택을 주는 표현은 최소화하고 자신에게 부담을 주는 표현을 최대화하라.

③ 찬동의 격률: 다른 사람에 대한 비방을 최소화하고 칭찬을 극대화하라.

④ 겸양의 격률: 자신에 대한 칭찬은 최소화하고 자신에 대한 비방을 극대화하라. 찬동의 격률을 화자의 관점에서 말하는 것이다.

⑤ 동의의 격률: 자신의 의견과 다른 사람의 의견 사이의 다른 점을 최소화하고 자신의 의견과 다른 사람의 의견 사이의 일치점을 극대화하라.

(3) 대화 함축: 대화는 일반적으로 이러한 협력의 원리에 따라 '시작 — 펼침 — 맺음' 등 세 부분으로 구조화되어 나타난다. 그런데 때로는 전술한 협력의 원리를 의도적으로 어김으로써 발화 의도를 함축적으로 전달하기도 하는데, 이를 대화 함축이라고 한다. 대화 함축은 발화가 발화 내용의 표면적 의미를 넘어서 화자가 어떤 의도를 암시하거나 함의하고 있다는 전제에서 의미 해석이 이루어지게 한다.

㉠ 연료가 다 떨어졌습니다. ㉡ 어, 모퉁이를 돌아가면 주유소가 있습니다.

㉢ 누나, 매형 차 산다는데 진짜야? ㉣ 국 식는다. 얼른 밥이나 먹어

㉤ 영현이가 요즘 여친이 없어 외로운 것 같아. ㉥ 영현이? 요즘 가정대 앞에서 살던데.

㉦ 야, 너 정말 시험 공부 안 할 거야? ㉧ 날씨 한번 좋다. 어디 바람이나 쐬러 갈까?

㉠과 같은 진술문도 '주유소의 위치를 알려 달라.'는 요청문으로 받아들이며, ㉣과 같이 표면적으로는 '관련성의 격률'을 어기고 있는 발화의 경우도 의도적으로 협력의 원리를 위배함으로써 그 내용에 대해 더 이상 이야기하고 싶지 않다는 대화 함축을 전달하고 있다고 해석할 수 있다. ㉥의 예 역시 표면적인 의미로만 본다면, 관련성의 격률을 어기는 것이 되지만 영현이가 요즘 가정대생이랑 사귀고 있다는 의미를 함축하고 있으므로 해서 실제적으로는 대화의 결속성에 기여하고 있다. 문장 표면에서는 ㉥이 가정대생을 사귀고 있다는 사실을 언급하고 있지 않지만 ㉤은 ㉥이 협력의 원리에 따라서 이야기하고 있다고 전제함으로써 영현이에게 여자 친구가 생겨서 외롭지 않다는 대화 함축을 어렵지 않게 추론할 수 있게 된다. ㉦도 표면적으로 관련성의 격률을 위배하고 있지만, '시험'에 대해서는 더 이상 이야기하기 싫다는 대화 함축을 전달하고 있다.

위 예문들의 경우에 대화 참여자들이 대화의 격률을 의도적으로 위배함으로써 의도한 발화 내용이 오히려 더 의미 있고 정확한 문장으로 표현되고 있다. 이러한 예에서 볼 수 있듯이 어떤 면에서 대화를 움직이는 진짜 힘은 각 문장의 표면적인 의미가 아니라 함축적인 의미라고 할 수 있다. 문장의 함축적인 의미란 대화 상황, 앞뒤 문맥, 이야기 전체의 배경적 지식, 상대방에 대한 축적된 지식 정도 등의 제반 요인이 모두 작용해서 표현되고 전달되는 것이다.(이창덕 외, 2000. ※ '협동의 원리'를 '협력의 원리'로 바꾸고, 일부 내용도 수정함.)

제 3 부

국어사

제4장 국어의 변천
제5장 남북의 언어
제6장 국어와 규범

성취 기준

1. 선인들의 삶을 통하여 국어 수난과 발전의 역사를 이해한다.
2. 남북한 언어의 차이점을 이해하고 동질성을 회복하는 방안을 탐구한다.

제4장

국어의 변천

[성취 기준]

1. [9국04-08] 한글의 창제 원리를 이해한다.
2. [12언매02-08] 시대 변화에 따른 국어 자료의 차이에 대해 살피고 각각의 자료에 나타나는 언어적 특성을 이해한다.

4.1. 한국어의 계통[1)]

4.1.1. 한국어와 알타이어 계통설

일반적으로 한국어는 알타이 계통의 언어들과 친족 관계가 있는 것으로 알려져 있다.

1) 4장에서 4.1, 4.2는 이기문(1998:20-118)을 요약적으로 제시하였다. 용어는 학교 문법의 용어로 바꾸었다.

1. 알타이어에서 한국어의 위치

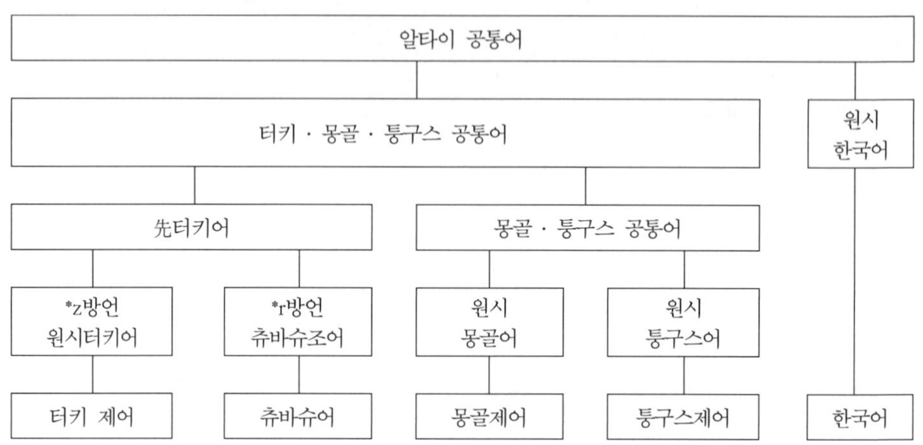

[Poppe의 가설(이기문, 1971:57)]

2. 한국어와 알타이어의 공통 특징

1) 모음 조화가 있다.
2) 어두의 자음이 제약을 받고 있다(어두 자음군이나 유음 회피).
3) 교착성(膠着性)을 보여 준다.
4) 모음 교체 및 자음 교체가 없다.(교체가 문법적 기능을 갖지 않는다.)
5) 관계대명사 및 접속사가 없다.
6) 부동사가 있다.

※ 교착어: 어근에 접사가 결합되어 문장 내에서 각 단어의 기능을 나타내며, 어간에서의 어형 교체가 전혀 일어나지 않는다. 국어는 격조사에 의해 문장의 기능이 확인된다. 한국어, 터키어, 일본어

※ 부동사: 한 문장 속에서 그 문장 전체의 진술을 스스로 완결하지 못하고 다만 다른 구절이나 용언에 대하여 부사적 역할만 하는 서술어. 즉, 용언이 부사형 어미를 가진 어형을 이른다. 그 결과 용언과 용언이 연결될 때 접속사 대신 어미에 의해 연결된다.

4.1.2. 국어의 형성

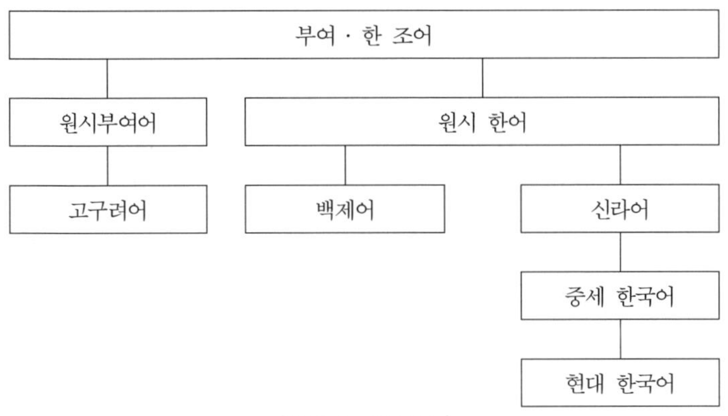

〈이기문, 1998:53〉

1. 부여계(夫餘系) 제어

   부여어, 고구려어, 옥저어 및 예어

2. 한계(韓系) 제어

   마한어 → 백제어, {진한어 → 신라어, 변한어 → 가야어} ⇒ 신라어(6C)

3. 고구려어

   오늘날까지 자료가 전하는 유일한 부여계 언어.

- 고구려어의 계통적 위치: 퉁구스제어와 가까운 일면이 있으면서 신라어 및 일본어와는 각별한 친족 관계를 보인다.

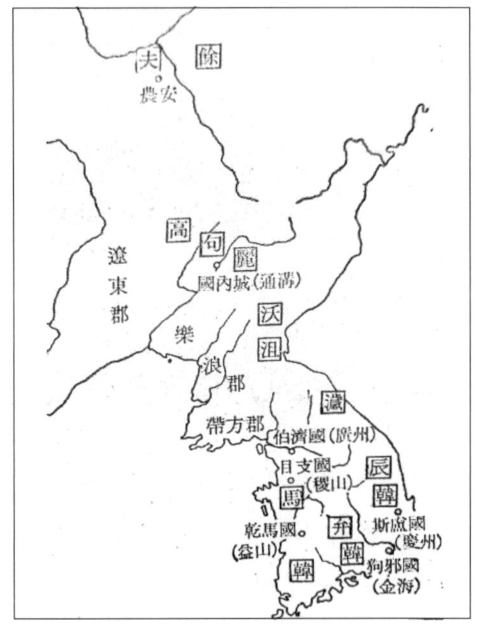

[이기문(1972:245)에서 인용]

4. 백제어

   마한어의 계속으로 부여계 언어의 상층을 가지고 있었고, 신라어와는 매우 가까웠음. 백제어 어휘는 신라어 어휘와 대체로 일치함.

※ 상층: 지배족의 언어, 저층: 피지배족의 언어.

• 지배족은 부여계 언어[上層]를, 피지배족은 한계의 언어[底層]를 사용한 것으로 보임. (예) 王: 於羅瑕(지배족), 鞬吉支(피지배족)

5. 신라어

백제어와 함께 한계(韓系) 언어. 서라벌(진한)이 성장하면서 6세기에 가야(변한)를 합병(신라어 중심의 한반도 언어 통일 과정의 최초 사건). 7세기 후반 통일 신라의 성립으로 신라어[더 정확히는 경주(金城)]를 중심으로 한 한반도의 언어적 통일이 이루어짐.

※ 통일 신라가 10세기 초까지 계속되는 동안 경주 중심의 신라어가 고구려와 백제의 고토에 영향력을 미쳤을 것임.

6. 고려어

신라어의 한 방언. 10세기 초에 건국한 고려는 도읍지를 개성[開京]으로 삼았기 때문에 경주에서 개성으로 언어의 중심지가 이동하게 된다. (전기)중세 국어의 시작.

7. 조선의 한양어

고려 중앙어의 계속이고, 현대 국어는 직접적으로 조선 한양어의 계속이므로, 현대 국어는 고려 중앙어의 계속이다. 그러나 고려 중앙어는 신라어의 한 방언이었기 때문에 중세 국어는 신라어를 근간으로 형성되었다.

4.1.3. 국어사 시대 구분

1. 고대 국어 시기: ~ 신라 멸망(935년)
2. 중세 국어시기
   1) 전기 중세 국어 시기: 고려어[고려 건국(918년)~고려 멸망(1392년 조선 건국)]
   2) 후기 중세 국어 시기: 15C ~ 16C[임진왜란(1592~1598)]
3. 근대 국어 시기: 17C ~ 19C
4. 현대 국어 시기: 20C ~

4.1.4. 역사적 사건의 국어사적 의의

1. 신라의 삼국 통일: 한반도의 동남부(경주)를 중심으로 하는 언어적 통일을 가져왔다.
2. 고려 건국: 언어의 중심지가 한반도의 중앙(개성)으로 이동하였고 그것이 현대까지 계속되고 있다.
3. 조건 건국: 국어사에서 특별한 의의를 갖지 못한다. 다만, 훈민정음 창제는 우리 민족이 문자 언어를 갖게 되었다는 의의가 있다.
4. 남북 분단과 북한의 문화어 제정: 신라의 삼국 통일 이래 약 1,500여 년 지속돼온 하나의 언어 중심지가 두 개로 분화되는 계기가 되었다.

※ 북한의 문화어는 남한의 표준어에 해당

4.2. 고대 국어

4.2.1. 고구려어

1. 고구려어: 오늘날까지 자료가 전하는 유일한 부여계 언어

※ 삼국사기(三國史記): 고려 인종 23년(1145)에 김부식이 왕명에 따라 펴낸 역사책. 고구려, 백제, 신라 세 나라의 역사를 기전체(紀傳體)로 엮음.

2. 고구려어 자료: 삼국사기(三國史記) 지리지(地理志)의 지명 표기(地名表記)
3. 삼국사기 권37의 음독 표기(音讀表記)와 훈독 표기(訓讀表記) 사이의 대응을 검토함으로써 고구려어의 어휘 추정 가능

- 買忽(음독표기) 一云 水城(훈독표기) (권37) [믜≒믈]
- 水城郡 本高句麗 買忽郡 景德王改名 今水州(권35)

  (水城郡: 신라지명, 買忽郡: 고구려지명, 今水州: 고려지명)

4. 고구려어의 계통적 위치: 알타이 제어(특히 퉁구스어)와 신라어 사이. 일본어와 친족 관계.

4.2.2. 백제어

1. 백제어 자료: 삼국사기 지리지(권37)의 지명 표기
2. 백제어 지명의 특징: 신라어와 달리 어말 모음을 보존하는 경향이 있음.
   ㉠ [백제어] 夫里(부리) = [신라어] 火(블)
   ㉡ 〈용가〉 熊津 - 고마ᄂᆞᄅᆞ, 고마 → 곰[熊](중세 국어)의 고형
3. 백제어 어휘와 신라어 및 중세 국어의 일치:
   (예) 石山縣 本百濟 珍惡山縣　　〈참고〉 馬突郡 一云 馬珍
   (신라어)石:(백제어)珍惡(돌악). ※ 전남 방언: 독팍[石]

4.2.3. 훈민정음 창제 이전의 차자 표기(借字表記)

- 한자의 전래: 중국과의 언어 접촉의 결과. 대략 기원전 3세기 무렵
- 한자 차용 표기법: 고유 명사 표기, 서기체, 이두, 향찰, 구결
- 한자 차용 표기법의 원리: 첫째, 한자가 지니고 있는 표의적 기능을 버리고 표음적 기능만을 취함. 가차(假借)의 원리와 통한다. 둘째, 한자의 표음적 기능을 버리고 표의적 기능만을 살리되, 이 표의성을 자국어의 단어로 고정시킴.

1. 고유 명사 표기(固有名詞表記): 인명, 관직명, 지명 등을 한자를 이용하여 표기하는 방식. 고대 삼국에서의 사서의 편찬도 고유 명사의 표기를 전제로 한다. 고유 명사 표기는 우리나라 한문의 일부이면서 동시에 자국어 표기의 제일 단계이기도 했다.

※ 남풍현(1981:15)은 차자법의 원리를 다음과 같은 4가지로 정리하였다[민현식(1995:472～473)에서 재인용]. 학교 문법에서는 음독, 훈독 두 가지로만 구분하고 있다.

- 음독(音讀): 한자의 음도 살리고 새김도 살린 것[표의성+표음성] → 주로 어휘 형태소
- 음가(音假): 한자의 음만 살린 것 [표음성] → 주로 문법 형태소. 음차(音借)
- 훈독(訓讀): 한자의 새김만 살린 것 [표의성] → 주로 어휘 형태소
- 훈가(訓假): 한자 새김의 음만을 살린 것 [표음성] → 주로 문법 형태소. 훈차(訓借)

㉠ 永同郡 本吉同郡　(음독자:　　훈독자:　　) 吉, 永
㉡ 密城郡 本推火郡　(음독자:　　훈독자:　　) 密, 推
㉢ 居柒夫 或云 荒宗　(음독자:　　훈독자:　　) 居柒, 荒

㉣ 異斯夫 或云 苔宗 (음독자: 훈독자:) 異斯, 苔[잇]

㉤ 波珍飡 或云海干 (음독자: 훈독자:) 波, 珍海

㉥ 絲浦 今蔚州 谷浦也 (음독자: 훈독자:) ×, 絲谷

㉦ 得烏失 一云 得烏谷 (음독자: 훈독자:) 失, 谷

㉧ [赫居世王] 蓋鄕言也 或作 弗矩內王 言光明理世也[2)]

〈삼국유사 권1 '赫居世王' 註〉 赫世, 居弗矩內

㉨ [厭髑] 或作異次 或云伊處 方音之別也 譯云厭也 髑頓道覩獨等 皆隨書者之便 乃助辭也 今譯上不譯下 故云厭髑 又厭覩等也 〈삼국유사 권3 '厭髑' 註〉[3)]

2. 이두(吏讀)

1) 초기 이두 - 서기체 표기(誓記體表記): 한자를 이용하여 문장을 표기하려는 초기 방식(552년 또는 612년)으로, 한자를 우리말 어순에 맞게 배열하였다. 서기체란 임신서기석(壬申誓記石)에서 딴 명칭이다.

"壬申年六月十六日 二人幷誓記 天前誓 今自三年以後 忠道執持 過失无誓 若此事失天大罪得誓 若國不安大亂世 可容行誓之 又別先辛未年七月卄二日大誓 詩尙書禮傳倫得誓三年"

〈현대어 역〉 임신년 유월 십육일에 두 사람이 함께 맹서하여 기록한다. 하느님 앞에 맹서한다. 지금으로부터 삼 년 이후에 충도를 집지하고 과실이 없기를 맹서한다. 만일 이 일을 잃으면 하늘에 큰 죄를 얻을 것이라고 맹서한다. 만일 나라가 편안치 않고 크게 세상이 어지러우면 가히 모름지기 (충도를) 행할 것을 맹서한다. 또 따로 앞서 신미년 칠월 이십이일에 크게 맹서하였다. 시, 상서, 예기, 좌전을 차례로 습득하기를 맹서하되 삼 년으로써 하였다. 〈임신서기석〉

---

2) 아마 우리나라 말일 것이다. 혹은 弗矩內王이라고도 하니 밝게 세상을 다스린다는 말이다. '赫居'와 '弗矩'는 같은 음의 이표기라 볼 수 있다. '赫'은 훈독자이고 나머지는 음독자로 본다. '世'와 '內'도 전자는 훈독자 후자는 음독자로 본다. 따라서 '赫居世'는 '*perkenüi'로 읽을 수 있다(김동소, 1998:37).

3) 혹은 '異次'라 하고 혹은 '伊處'라고도 하니 방음(方音)이 다르기 때문이다. 그 뜻은 厭(염, 싫어하다)이다. 髑, 頓, 道, 覩, 獨 등은 모두 글 쓰는 사람의 편의에 다른 것으로 곧 조사(助辭)이다. 이제 앞 글자는 뜻으로 풀고 뒤 글자는 뜻으로 풀지 않았기 때문에 '厭髑'이라 하고 또는 '厭覩' 등으로도 쓴 것이다. 厭-훈독, 髑-음독 → 잋-. (고대 국어)잋-(厭. 싫다) 〉 (중세 국어) 잋-(困. 괴롭다).

(1) 이 글은 신라어의 어순에 따라 한문을 배열한 것으로 신라화된 한문이라고 할 수 있다. 고대 국어의 어순을 알려준다.

(2) '之'자가 동사의 종결형을 표시하지만, 문법 형태의 표시는 나타나 있지 않다.

(3) 실사부의 표기는 그런 대로 처리되었지만 허사부의 표기는 아직 해결하지 못하고 있다.

(4) 한자를 이용한 문장 표기의 초기적 방법을 반영하고 있다.

2) 본격적 이두: 서기체 표기에 문법 형태를 보충하여 그 문맥을 더욱 분명히 한 한자 차용 표기법이다. 서기체처럼 한자를 우리말 어순으로 배열하되, 실사는 한자를 그대로 가져다 쓰고 허사는 주로 한자의 음을 빌려 표기하였다.

(1) 이두는 이토(吏吐), 이도(吏道)〈대명률직해〉, 이서(吏書)〈제왕운기〉 등의 명칭으로도 나타난다.

(2) 초기 이두 자료 중에는 서기체에서 이두로 발전하는 과도기적인 것도 보인다.

(3) 본격적인 이두를 잘 보여 주는 것으로는 갈항사 조탑기(葛項寺 造塔記)가 있다. 남산 신성비(南山 新城碑)와 갈항사 조탑기를 통해 볼 때 대체로 7세기에 이두가 체제를 갖춘 것으로 보인다.

㉠ 〈慶州南山新成碑, 591年〉

辛亥年二月卄六日 南山新城作節 如法以 作後三年 崩破者 罪教事爲聞 教令誓事之…

〈현대어 역〉 辛亥年二月卄六日 남산에 새로 城을 지을 때 법대로 지은 뒤 삼년 안에 무너지면 죄를 내리실 일이라 함을 듣고 내리신 분부에 맹세하는 일이다.

㉡ 〈農書輯要 3〉

凡秋耕乙良(으란) 深厚起耕爲齊(ᄒᆞ져) 春耕乙良(으란) 不深亦(이) 使內乎矣(브리호ᄃᆡ) 牛甫乙良(으란) 安徐 駈耕爲良沙(ᄒᆞ야사) 牛隻置(도) 疲困 不冬爲旀(안들ᄒᆞ며) 耕地不驫爲齊(ᄒᆞ져)

〈현대어 역〉 무릇 秋耕은 깊고 두껍게 갈고 春耕은 깊지 않게 하되 소를 천천히 몰아 갈아야 소도 疲困하지 않으며 耕地가 거칠어지지 않는다.

㉢ 〈明律〉

凡僧道聚妻妾者 杖八十還俗 女家同罪離異 寺觀住持 知情與同罪

〈大明律直解〉

凡僧人等亦(이) 聚妻妾爲在乙良(ᄒᆞ견으란) 杖八十遣(고) 還俗爲弥(ᄒᆞ며) 女家罪同遣(고) 離異爲乎矣(ᄒᆞ호ᄃᆡ) 寺院住持亦(이) 知情爲在乙良(ᄒᆞ견으란) 罪同齊(저)

〈현대어 역〉 무릇 중이 처첩을 취하면 매 80대를 때리고 환속하며, 여자의 집도 같은 죄를 주고, 떼어 버리되, 절의 주지가 그 사정을 알았다면 또한 죄가 같다.

(4) 이두(吏讀)는 고려, 조선을 통하여 19세기말까지 사용되었다. 기형적인 문어라고 할 수 있는 이두가 이처럼 오래 사용된 이유는 첫째, 이두가 이서(吏胥)들 사이에 깊은 뿌리를 박고 있었고, 둘째, 우리나라 문자생활의 상층부를 이루었던 한자의 후광을 입고 있었기 때문이다.

(5) 고려와 조선에서 이두는 주로 공사문서(公私文書)에 사용되었는데, 이것은 거의 이서 전용의 특수 문어로서의 기능을 가지고 있었다.

(6) 훈민정음 창제 이전에 이두는 한문의 번역에 사용되기도 하였다. 대명률직해(大明律直解)와 양잠경험촬요(養蠶經驗撮要)가 그 대표적 예다. 훈민정음 창제 이후 언해가 성행하였는데 이것은 이두 번역의 전례를 따른 것이다.

3. 향찰(鄕札): 한자의 음과 훈을 빌려 우리말의 문장을 표기한 한자 차용 표기법이다. 대체로 실사 부분은 한자의 훈을 빌렸고, 허사 부분은 한자의 음을 빌렸다.

1) 향찰의 원리: 고유 명사 표기와 이두의 확대라고 할 수 있다. 실질적 의미를 가진 부분(어간)은 훈독 표기(訓讀表記)로, 문법적 요소는 음독 표기(音讀表記)로 하는 것을 원칙으로 했다.

2) 향찰 소멸 이유: 향찰 체계는 지극히 복잡했었고 국어의 음절 구조 또한 복잡하고 그 수가 많아서 한자로서는 도저히 만족스럽게 표기할 수 없었다.

3) 고려 초엽까지 존속하고 소멸되었다.

4) 향가 문학의 발전이 향찰의 성립을 촉진한 것으로 생각된다. 그리고 향가집 삼대목(三代目, 888)에 이르러 이 표기법이 완성된 것으로 여겨진다.

※ 일반적으로 향가에서는 훈주음종(訓主音從)의 표기법이 많이 쓰인다. 국어는 교착어이기 때문에 '실사+허사'로 단어가 구성되어 있다. 향찰에서 훈독자와 음독자를 구분할 때는 다음의 방법을 따르는 것이 좋다. (1) 향가 해독문을 보고 먼저 실질 형태소와 형식 형태소를 구분한다. (2) 실질 형태소에 해당하는 한자를 향찰에서

찾는다. (3) 실질 형태소에 대응하지 않는 향찰자들은 일단 음독자로 처리한다. (4) 점검: 실질 형태소에 해당하는 향찰자 중 한자의 훈과 달리 쓰인, 즉 음독자가 있는지 확인해 본다.

〈서동요〉

善化公主主隱　　　　善化公主니림은
他密只嫁良置古　　　ᄂᆞᆷ 그ᅀᅳᆨ 어러 두고
薯童房乙　　　　　　薯童 방ᄋᆞᆯ
夜矣卯乙抱遣去如　　바매 알ᄒᆞᆯ 안고 가다. 〈김완진〉

〈처용가〉

東京明期月良　　　　동경 ᄇᆞᆯ기 ᄃᆞ라라
夜入伊遊行如可　　　밤드리 노니다가
入良沙寢矣見昆　　　드러ᅀᅡ 자리 보곤
脚烏伊四是良羅　　　가로리 네히러라
二肹隱吾下於叱古　　두ᄫᅳ른 내해엇고
二肹隱誰支下焉古　　두ᄫᅳ른 누기핸고
本矣吾下是如馬於隱　본ᄃᆡ 내해다마ᄅᆞᄂᆞᆫ
奪叱良乙何如爲理古　아ᅀᅡᄂᆞᆯ 엇디ᄒᆞ릿고 〈김완진〉

〈제망매가〉

生死路隱　　　　　　生死路ᄂᆞᆫ
此矣有阿米次肹伊遣　예 이샤매 저히고
吾隱去內如辭叱都　　나ᄂᆞᆫ 가ᄂᆞ다 맔도
毛如云遣去內尼叱古　몯다 닏고 가ᄂᆞ닛고
於內秋察早隱風未　　어느 ᄀᆞᅀᆞᆯ 이른 ᄇᆞᄅᆞ매
此矣彼矣浮良落尸葉如　이에 뎌에 ᄠᅥ딜 닙다이
一等隱枝良出古　　　ᄒᆞᄃᆞᆫ 가재 나고
去奴隱處毛冬乎丁　　가논 곧 모ᄃᆞ온뎌
阿也 彌陀刹良逢乎吾　아으 彌陀刹애 맛보올 내
道修良待是古如　　　道 닷가 기드리고다 〈양주동〉

4. 구결(口訣): 한문을 읽을 때 문법적 관계를 표시하기 위하여 삽입하는 요소

1) 구결이란 '입겿'의 한자 차용 표기이다. 흔히 토(吐)라고 한다. 이 말들은 모두 15세기의 세종실록 및 초기의 언해본들에 나타난다.

2) 한문 원문에 문법적 관계를 나타내는 형식 형태소를 음차(音借)하여 삽입하였기 때문에 구결을 제외시키면 한문 원문이 남게 된다.

㉠ 天地之間萬物之中厓 唯人伊 最貴爲尼 〈동몽선습〉

㉡ 信行乙 具足ソニㄱ· 復ソㄱ 有七ナㄱ 五道七 一切衆生刂· 復ソㄱ 有七ナㄱ 他方七 不失刂ㅌ七 可七ソㄱ· 量ノ朩· 衆· 〈舊仁 二 1-2〉

3) 吏讀에서 쓰이는 것들(伊, 爲, 尼, 隱, 羅)이 구결에서도 발견되는데 처격을 표시하는 '厓'는 구결에 독특한 것이다. 구결이 이두와 다른 점은 한자의 약체를 사용했다는 점이다.

(예) 广(厓), ソヒ(爲尼), 阝(隱), 厶(羅) 등

4.2.4. 고대 국어 주요 내용

1. 자료

1) 삼국사기(지리지 권 34, 권35)의 지명 자료

2) 삼국유사(1285년경) - 향가 14수, 균여전(1075) - 보현십원가 11수

3) 이두 자료: 광개토왕 비문(414년)-'鄒牟(朱蒙)', '模盧 · 牟婁(모로=山)'

중원 고구려 척경 비문(449년) 영일 냉수리 비문(503년)

단양 신라 적성 비문(551년?) 임신 서기석명(552년?)

남산 신성 비명(591년)

2. 표기

음독자: 良('라', '아/어'), 旀(彌:-며), 遣(-고), 尸(ㄹ), 叱(ㅅ), 只(기,ㄱ)

3. 음운

1) 폐쇄음에는 평음(ㅂ ㄷㄱ ㅈ)과 유기음(ㅍ ㅌ ㅋ ㅊ)의 양 계열이 존재. 된소리 계열은 존재하지 않은 것으로 추정.

(예) "居柒夫 或云 荒宗"〈삼국사기 권44〉[거츨-], '伊處, 異次'(잋-), '佛體'(부텨)

2) 고대 국어에서 *바ᄃᆞᆯ(海), *ᄒᆞᄃᆞᆯ(一 日), *가ᄃᆞᆯ(脚) 등은 모음간의 *t를 가지고 있었는

데 중세 국어에서 'ㄹ'로 변함.(*는 재구형의 표시)

3) 음절말 자음들의 미파화는 고대 국어 시기에는 아직 일어나지 않았던 것으로 보임.

(예) 獻花歌의 '折叱可'(것거), 彗星歌의 '城叱'(잣), 讚耆婆郞歌의 '枝次'(갗), 慕竹旨郞歌의 '蓬次'(다봊)등

4) 모음은 7모음 체계였던 것으로 추정

i(ㅣ)		ű(ㅜ)		u(ㅗ)
	ɔ̈(ㅡ)		ɔ(ㆍ)	
	ä(ㅓ)		a(ㅏ)	

5) 모음 조화의 확실한 증거를 보여주지 않지만 모음 조화가 없었다고 단정하기는 어려움. 후설 모음과 전설 모음의 양 계열로 된 '구개적 조화'였던 것으로 추정.

※ 알타이제어의 모음 조화는 구개적 조화임.

4. 문법

1) 고대 국어 자료들이 보여주는 조사

① 주격: 伊, 是(-이) ② 관형격: 矣, 衣(-의/ᄋᆡ), 叱(-ㅅ)

③ 부사격: (처소) 中, 良中 등, (도구) 留(-루) 등

④ 목적격: 乙(-ㄹ), 肸(-흘) ⑤ 보조사: 隱(ㄴ), 置(두) 등

2) 대명사류 중에서 자칭(自稱)의 대명사인 '矣' '矣徒'가 특기할 만하다. 이들은 근세의 독법에 의하면 '의', '의ᄂᆡ'로 '徒(ᄂᆡ)'는 중세 문헌의 '어마님내, 夫人내'의 '내'다.

3) 동사 활용 체계는 고대에 이미 완성되어 있었다. 동사의 활용 어미에는 보조적 연결 어미, 종결 어미, 동명사 어미의 세 가지가 있었다.

(1) 동명사 어미는 '尸'(-ㄹ), '隱'(-ㄴ), '音'(-ㅁ) 등이 있었다.[4]

(예) 慕竹旨郞歌의 "慕理尸心"(그릴 ᄆᆞᅀᆞᆷ), "行乎尸道尸"(녀올길), "去隱春"(간봄).

(2) 보조적 연결 어미는 '良'과 '米'(-매)등이 있었으며 후자의 경우 동명사 어미 '-ㅁ'과 처소 부사격 조사가 화석화한 것이고, '旀'(-며) 역시 동명사 어미 '-ㅁ'과 열거를

4) '尸'(-ㄹ), '隱'(-ㄴ) 등은 관형사형 어미인데, 이들을 동명사 어미라 하는 것은 이들이 후대의 명사 기능과 관형사 기능을 동시에 갖고 있기 때문이다(김동소, 1998:68).

나타내는 보조사 '여'와의 결합이다.

(예) 處容歌 "夜入伊遊行如可"의 "如可"(-다가), 祭亡妹歌 "一等隱枝良出古" 등의 '遣', '古'(-고), 獻花歌 "花肹折叱可"의 '可'에 들어있는 '-아' 등이 있다.

(3) 종결 어미의 경우 설명문의 어미 '如'(-다), 의문문의 어미 '古'(-고)가 사용되었다.

4) 높임법 체계는 중세 국어와 다름이 없었다. 향가에서 분명히 확인되는 것은 존경법과 겸양법으로 이들은 각가 '賜'(시), '史'와 '白'(숣)에 의해서 표시되었다. 공손법의 경우는 향가에서 잘 확인되지 않는다. 아마도 獻花歌의 '獻乎理音如'(바치오리음다:바치겠습니다.) '音'자가 중세 국어의 공손법 어미 '-이-'에 해당하는 것으로 보이나 확실하지 않다.

5) 어휘

(1) 신라어의 수사(數詞)는 중세 국어의 수사와 일치한다. 1은 祭亡妹歌의 "一等沙"를 통하여 'ᄒᆞᄃᆞᆫ'을 재구할 수 있다. 중세 국어의 'ᄒᆞᄅᆞ'는 "ᄒᆞᄅᆞᆯ"에 소급하는 것인데 이것은 'ᄒᆞᆫ'과 '올(日)'의 결합이다. 2는 처용가의 '二肹', 도천수관음가의 '二尸'를 통하여 '*두블' 또는 '*두ᄫᅳᆯ'을 재구할 수 있다. 도천수관음가의 '千隱'은 중세 국어의 '즈믄(千)'과 일치하는 것으로 보인다.

(2) 차용어: 국어와 중국어의 접촉에 따른 차용어들은 '붇(筆), 먹(墨), 잫(尺), 숗(俗)' 등이 있다.

4.3. 중세 국어

4.3.1. 전기 중세 국어

1. 자료

1) 계림유사(1103~1104)

송나라 손목이 편찬한 책. "天曰漢捺"처럼 국어 단어 어구 350여항 기록.

2) 향약구급방(13세기 중엽)

가장 오래된 의약서(醫藥書) 중의 하나. 대장경(大藏經)을 찍은 대장도감(大藏都監)에서 간행. "桔梗鄕名道羅次", "桔梗俗云刀亽次"와 같이 한자 차용 표기된 약재명을 비롯한 180여 종의 식물, 동물, 광물 등에 대한 요약된 설명이 들어 있음.

3) 고려사(1454)

인명, 지명, 관명 등에 대한 광범위한 자료가 들어 있고, 몽고 차용어 등도 있음. 몽고 차용어는 말[馬], 매[鷹] 및 군사(軍事)에 관한 것들로 국한되어 있음.

2. 음운

1) 계림유사는 12세기 초엽의 상태, 향약구급방과 몽고어 차용어는 13세기 중엽 상태의 음운을 보여 준다.

2) 경음 계열의 등장: 계림유사나 향약구급방에서 어두 경음의 증거가 확인되지 않는다. 후기 중세 국어 자료에 광범위하게 확인되는 사실에서 존재를 의심하기는 어렵다.

3) 어두 자음군은 아직 형성되지 않았다

(예) "白米曰漢菩薩"〈계림유사〉 -菩薩(*ᄇᆞ ᄉᆞᆯ): 15세기의 'ᄡᆞᆯ'(米)

4) 파찰음의 경우 13세기에는 [ts] [dz]였다. 중세 몽고어인 ǯa[dʒa], ǯe[dʒe]가 국어에서 '쟈, 져'로 표기되었다.

5) 'ㅿ(z)'의 존재(어두 및 음절말): 14세기에 y, r, n과 모음 사이의 환경에서 s〉z로의 변화가 있었다.

(예) "弟曰了(丫)兒" (아ᅀᆞ), "四十曰麻刃"(마ᅀᆞᆫ)

6) 'ㅸ'은 존재했지만 그것이 표기에 반영되지 않은 것으로 본다.

(예) 二曰途孛(두을, 둘), 酒曰酥孛(수을, 술), 匱曰枯孛(골) 등

7) 15세기에서 얼마 앞서지 않은 시기에 y, ㄹ과 모음 사이에서 [b]〉[β]의 변화가 있었던 것으로 추정한다.

(예) 글발(文, 龍飛御天歌 26장) 갈웜(虎, 訓蒙字會 上 18),
대받(竹田, 龍飛御天歌 5.26) 대범(大虎, 龍飛御天歌 87장) 등

8) 모음 체계: 몽고어 차용어와 계림유사 자료를 검토한 결과 7모음 체계

i(ㅣ)	ű(ㅜ)	u(ㅗ)
e(ㅓ)	ə(ㅡ)	ɔ(ㆍ)
	a(ㅏ)	

9) 후기 중세 국어의 'ᄋᆞ' 에 대응하는 한자음은 [o]나 [a]의 음가를 가진 한자들로 12세기에 있어 'ᄋᆞ'는 [o]보다는 원순성이 약한 [ɔ]였을 것으로 보인다.

(예) 鷄林類事: "一日河屯"(ᄒᆞᄃᆞᆫ), "胡桃日渴來"(ᄀᆞ래), "馬日末"(ᄆᆞᆯ), 面日榛翅(ᄂᆞᆾ)

3. 어휘

1) 몽고어 차용어: 말과 매, 군사, 음식 관련 어휘

(예) 달루화치, 송골매, 슈라(修剌), 아기바톨(ba'atur: 중세몽고어-용사)

2) 여진어 차용어

(예) 용비어천가의 '豆漫 투먼 江'의 註에 '萬爲豆漫'이라 함. 여진어 '토만(tûmen, 萬)

3) 光宗 9년(958)에 과거 제도(科擧制度)를 시행한 것이 하나의 자극이 되어 고려시대에는 구어로서는 우리말을 사용하고 문어로서는 한문을 사용. 중세 국어에 와서 한자어가 격증하였다.

4.3.2. 후기 중세 국어

1. 훈민정음(訓民正音)

1) 명칭

(1) 문자 체계의 명칭: 訓民正音(백성을 가르치는 바른 소리) → 한글

(2) 책 이름 『訓民正音』 = 해례본(한문본): 문자 훈민정음에 대한 해설서[5)]

2) 연대

(1) 창제: 세종 25년(1443) 음력 12월

(2) 반포: 세종 28년(1446) 음력 9월 상한(대략 양력 10월 9일경) - 훈민정음 해례본

---

5) 전 세계 6,000여 언어 가운데 400여 문자가 있다고 하지만 실제로 널리 쓰이는 문자는 30여 개 수준인데, 그중에 한글은 창제 원리를 기록한 훈민정음 해례본이라는 문헌이 존재하고 창제자, 창제 연대가 기록으로 남아 있는 문자이다. 훈민정음은 국보 제70호이고, 1997년 10월에 유네스코 세계기록문화유산으로 등재되었다.

간행

3) 창제자: 세종

4) 창제의 배경

(1) 借字表記法(향찰, 이두, 구결)의 불편함.

(2) 국어 음절 구조의 복잡성(특히 종성이 복잡해서 차차 표기법으로는 국어를 충실히 적을 수 없었음)

5) 창제의 목적

(1) 자주, 애민, 실용 정신

(2) 국어의 전면적 표기(고유어, 한자어, 외래어의 표기)

6) 글자(字母)의 수 - "初聲凡十七字", "中聲凡十一字"〈제자해〉

(1) 중국의 성운학 체계에 따라 초성을 배열하였다.

(2) 초성: 조음 위치에 따라 아음, 설음, 순음, 치음, 후음, 반설음, 반치음의 순서로 배열하였으며, 각 조음 위치의 음들은 전청(전탁), 차청, 불청불탁의 순서로 배열하였다.

(3) 중성: 천지인(天地人)의 순서와 양·음, 초출, 재출의 원리에 따라 배열

7) 초성 17자 체계

조음방법 / 조음위치	전청(全淸)	차청(次淸)	불청불탁(不淸不濁)	전탁(全濁)
어금닛소리(牙音)	ㄱ	ㅋ	ㆁ	ㄲ
혓소리(舌音)	ㄷ	ㅌ	ㄴ	ㄸ
입술소리(脣音)	ㅂ	ㅍ	ㅁ	ㅃ
잇소리 (齒音)	ㅈ,ㅅ	ㅊ		ㅉ,ㅆ
목구멍소리(喉音)	ㆆ	ㅎ	ㅇ	ㆅ
반혓소리(半舌音)			ㄹ	
반잇소리(半齒音)			ㅿ	

(1) '전청, 차청, 불청불탁, 전탁'은 각각 현대의 '평음, 유기음, 공명음, 경음'에 대체로 일치한다.

(2) '아음, 설음, 순음, 치음, 후음'의 5음 각각은 소리의 조음에 주로 관여한 기관을 나타내는데, 현대적 관점에서 조음 위치를 나타내는 용어로 볼 수 있다.

(3) 훈민정음 초성 17자 체계에는 전탁자가 포함되지 않았다. 전탁자는 글자 운용법, 즉 병서(並書, 나란히 쓰기)하여 만들었다. 위 도표의 23 초성체계는 「동국정운」의 초성체계와 같다.

(4) 'ㅸ'은 초성 17자 체계에 포함되지 않았으나 고유어 표기에는 이용되었고, 'ㆆ'은 초성 17자 체계에는 포함되었으나 고유어 표기에는 이용되지 않았다.

8) 제자방법: "正音二十八字 各象其形而制之"〈제자해〉

(1) 초성자: 발음 기관의 모양 상형(기본자), 가획, 이체

〈제자해〉 正音二十八字。各象其形而制之。初聲凡十七字。牙音ㄱ。象舌根閉喉之形。舌音ㄴ。象舌附上腭之形。脣音ㅁ。象口形。齒音ㅅ。象齒形。喉音ㅇ。象喉形。ㅋ比ㄱ。聲出稍厲。故加劃。ㄴ而ㄷ。ㄷ而ㅌ。ㅁ而ㅂ。ㅂ而ㅍ。ㅅ而ㅈ。ㅈ而 ㅊ。ㅇ而ㆆ。ㆆ而ㅎ。其因聲加劃之義皆同。而唯ㆁ爲異。半舌音ㄹ。 半齒音ㅿ。亦象舌齒之形而異其體。無加劃之義焉

〈초성해〉 正音初聲卽韻書之字母也

명칭	기본자	상형(象形)	가획자 (加劃字)[+厲]	이체자 (異體字)
牙音	ㄱ	혀뿌리가 목구멍을 막는 모양(象舌根閉喉之形)	ㅋ	ㆁ
舌音	ㄴ	혀끝이 윗잇몸에 붙는 모양(象舌附上腭之形)	ㄷ ㅌ	ㄹ(반설음)
脣音	ㅁ	입의 모양(象口形)	ㅂ ㅍ	
齒音	ㅅ	이의 모양(象齒形)	ㅈ ㅊ	ㅿ(반치음)
喉音	ㅇ	목구멍 모양(象喉形)	ㆆ ㅎ	

※ 훈민정음의 음절 구분: 초성+중성+종성, 중국 성운학에서의 음절 구분: 성모(초성)+운모(=중성+종성)

① 당시의 문헌에 쓰인 초성 자형은 총 39자이다.(병서법과 연서법에 의해 만듦)

② 병서법: 각자 병서- ㄲ, ㄸ, ㅃ, ㅆ, ㅉ, ㆅ(6자)/[ㆀ, ㅥ(다ᄂᆞ니라, 믜ᅇᅲᆷ)]

합용 병서- ㅳ, ㅄ, ㅶ, ㅷ, ㅺ, ㅼ, ㅽ, ㅾ, ㅴ, ㅵ(10자)/[ᇧ(닌ᇧ시)]

③ 연서법: ㅸ, ㅹ, ㆄ, ㅱ(4자) ['ㅸ'은 순수 국어 단어 표기, 나머지는 주로 중국음 표기(『홍무정운역훈』 등)에서 사용됨.][6]

④ 'ㆆ'은 해례 용자례에서 제외되었다. 『동국정운』의 한자음 표기를 위해 마련된 것이기 때문이다.

(2) 중성자

〈제자해〉 中聲凡十一字。・舌縮而聲深。天開於子也。形之圓。象乎天也。ㅡ舌小縮而聲不深不淺。地闢於丑也。形之平。象乎地也。ㅣ舌不縮而聲淺。人生於寅也。形之立。象乎人也。此下八聲。一闔一闢。ㅗ與・同而口蹙。其形則・與ㅡ合而成。取天地初交之義也。ㅏ與・同而口張。其形則ㅣ與・合而成。取天地之用發於事物待人而成也。ㅜ與ㅡ同而口蹙。其形則ㅡ與・合而成。亦取天地初交之義也。ㅓ與ㅡ同而口張。其形則・與ㅣ合而成。亦取天地之用發於事物待人而成也。ㅛ與ㅗ同而起於ㅣ。ㅑ與ㅏ同而起於ㅣ。ㅠ與ㅜ同而起於ㅣ。ㅕ與ㅓ同而起於ㅣ。ㅗㅏㅜㅓ始於天地。爲初出也。ㅛㅑㅠㅕ起於ㅣ而兼乎人。爲再出也

〈중성해〉 中聲字 居字韻之中 合初終而成音

① 기본자: 하늘[天], 땅[地], 사람[人]의 삼재(三才)를 본떠 만듦.

名稱	제자[상형(象形)]	혀의 오므림 정도[縮]	소리의 심천(深淺)
ㆍ	하늘을 본뜸(象乎天)	혀를 오므림(舌縮)	소리가 깊음(聲深)
ㅡ	땅을 본뜸(象乎地)	혀를 조금 오므림(舌小縮)	소리가 깊지도 얕지도 않음(聲不深不淺)
ㅣ	사람을 본뜸(象乎人)	혀를 안 오므림(舌不縮)	소리가 얕음(聲淺)

가. 구축(口蹙)=원순 모음(오, 우), 구장(口張)=평순 모음(어, 아; ᄋᆞ, 으, 이),

6) "半舌有輕重二音 然韻書字母唯一 且國語雖不分輕重 皆得成音 若欲備用 則依脣輕例 ㅇ連書ㄹ下 爲半舌輕音 舌乍附上齶 〈합자해〉

나. '축(縮)'은 혀의 위치에 대응한다. 현대 국어에서는 혀의 위치를 전후, 상하로 세분한다.

다. '축(縮)에 의한 중성자의 분류가 모음 조화와 밀접한 관련을 맺고 있다. 즉, 모음 조화는 설축(舌縮) 계열의 모음[양성]과 설소축(舌小縮) 계열의 모음 사이에 작용한다.

라. '원순:평순'의 대립이 '우:으, 오:ᄋᆞ'였다. '오'에 대응하는 평순 모음이 'ᄋᆞ'였다는 것은 'ᄫᆞ'가 '오'로 바뀐 것이나, 남부 방언에서 'ᄇᆞ, ᄑᆞ, ᄆᆞ' 등이 순음 아래 원순 모음화에 의해 각각 '보, 포, 모'로 바뀐 사실에서 확인할 수 있다.

② 합성자 - 초출자, 재출자, 합용자(당시의 문헌에 쓰인 중성 자형은 총 29자)

名稱	특징		보기
初出字	'ᆞ'가 하나만 쓰임		ㅏ, ㅓ, ㅗ, ㅜ
再出字	'ᆞ' 가 둘이 쓰임		ㅑ, ㅕ, ㅛ, ㅠ
合用字	同出合用字	초출자끼리, 재출자끼리 합한 것	ㅘ, ㆇ, ㅝ, ㆊ
	'ㅣ'합용 일자 중성	중성자 하나가'ㅣ'와 합한 것	ㆎ, ㅢ, ㅚ, ㅐ, ㅟ, ㅔ, ㆉ, ㅒ, ㆌ, ㅖ
	'ㅣ'합용 이자 중성	중성자 둘이 'ㅣ'와 합한 것	ㅙ, ㅞ, ㆈ, ㆋ

(3) 종성자

〈제자해〉 終聲之復用初聲者。以其動而陽者乾也。靜而陰者亦乾也。乾實分陰陽而無不君宰也。一元之氣。周流不窮。四時之運。循環無端。故貞而復元7)。冬而復春。初聲之復爲終。終聲之復爲初。亦此義也。

〈종성해〉 終聲者承初中而成字韻 … 所以ㆁㄴㅁㅇㄹㅿ六字爲平上去聲之終 而餘皆爲入聲之終也 然ㄱㆁㄷㄴㅂㅁㅅㄹ八字可足用也

① 〈제자해〉의 "終聲之復用初聲者"나 〈예의〉의 "終聲復用初聲"은 종성자는 따로 만들지 않고 초성자를 가져다 쓴다는 진술이다. 이 규정은 초성과 종성의 성격이

7) 貞而復元(정이부원): 정(貞)에서 다시 원(元)이 되고 ☞ 성리대전 권27 四時條에 「朱子曰 … 以一歲言之 有春夏秋冬 以乾言之 有元亨利貞云云」 元, 亨, 利, 貞은 각각 春, 夏, 秋, 冬에 해당한다.(강신항, 1994:111)

한 음소의 변이음 관계에 있다는 것을 알았기 때문에 도달한 결과이다. 즉, 초성과 종성의 동질성을 파악한 것이다. ※ 음절을 3분했기 때문에 가능했다.

② 8종성법에 의해 종성의 'ㅍ, ㅸ'은 'ㅂ'으로, 'ㅌ,ㅎ'은 'ㄷ'으로, 'ㅈ, ㅊ, ㅿ'은 'ㅅ'으로 바뀌어 표기되었다. 'ㅎ'을 제외하면 조음 위치가 같은 계열의 전청으로 바뀌었다.

※ 중국음 표기를 위해 글자를 따로 마련함(언해본): 치두음과 정치음.

9) 자모의 운용

(1) 이어 쓰기[連書, 니ᅀᅥ쓰기]: 'ㅇ'를 입술소리 아래 이어 쓰면 입술 가벼운 소리(순경음: 脣輕音)를 만들 수 있다는 규정으로 주로 'ㅸ'을 가리킨다.

① 'ㅸ'은 고유어 표기에 쓰이고, 'ㅱ, ㆄ, ㅹ'은 『동국정운』, 『홍무정운역훈』의 한자음 표기에 쓰였다.

② 세조 때부터 소멸(15세기 중엽)되었다.

③ 〈합자해〉에는 반설경음에 대한 규정도 있다.

半舌有輕重二音。然韻書字母唯一。且國語雖不分輕重。皆得成音。若欲備用。則依脣輕例。ㅇ連書ㄹ下。爲半舌輕音。舌乍附上齶

(2) 나란히 쓰기[竝書, ᄀᆞᆯ바쓰기]: 초성 또는 종성을 합칠 때에는 'ㄲ, ㄸ, ㅲ, ㅳ, ᄭ, ᄔ, ᅇ'과 같이 가로로 나란히 쓰라는 규정이다.

① 각자 병서(各自竝書): 같은 자음을 가로로 나란히 쓰는 것으로, 고유어 표기에는 경음을, 한자음 표기에는 유성음을 나타낸 것이다. (ㄲ, ㄸ, ㅃ, ㅉ) 다만, 'ㅆ, ㆅ'은 고유어에서 음소로서의 경음이었다.

② 합용 병서(合用竝書): 서로 다른 자음을 가로로 나란히 쓰는 것으로 중성도 합용될 수 있었다. (ㅺ, ㅼ, ㅽ, ㅄ, ㅲ, ㅴ, ㅵ…)

유형	보기	특징
'ㅅ'계	ㅺ, ㅼ, ㅽ	ㅅ계는 1933년 한글 맞춤법 통일안에서 된소리 표기로 바뀜(ㄲ, ㄸ, ㅃ).
'ㅂ'계	ㅲ, ㅄ, ㅶ, ㅷ	ㅂ계와 ㅄ계는 자음군으로 사용되다가 17세기 선조 때 된소리로 바뀜(ㅄ 계는 16세기부터 된소리로 처리하는 경향이 많았음)
'ㅄ'계	ㅴ, ㅵ	

(3) 붙여 쓰기[附書, 브텨쓰기]: 초성과 중성의 표기 방법

① 中聲則圓者橫者在初聲之下 · ㅡㅗㅛㅜㅠ是也

('ㆍ, ㅡ, ㅗ, ㅜ, ㅛ, ㅠ'는 초성의 아래에 쓴다.)

② 縱者在初聲之右 ㅣㅏㅑㅓㅕ是也

('ㅣ, ㅏ, ㅓ, ㅑ, ㅕ'는 초성의 오른쪽에 쓴다.)

(4) 음절 이루기[成音法]: 모든 소리는 서로 어울려야 음절을 이를 수 있다는 규정. 곧, 모든 글자는 초성, 중성, 종성을 갖추어야 음절을 이룰 수 있다는 것으로, 이 규정에 따라 한자음 표기에서는 종성 없는 한자에 소리값 없는 'ㅇ'를 붙여 종성을 갖추게 하였다.

① 〈예의〉 凡字必合而成音 〈언해〉 믈읫 字ㅣ 모로매 어루러ᅀᅡ 소리 이ᄂᆞ니: 모든 낱글자는 반드시 합해져야만 음절이 된다는 규정

② 〈합자해〉 初中終三聲合而成字: 초 · 중 · 종성 3성을 합해야 음절이 된다는 규정

③ 동국정운식 한자음 표기에는 중성만으로 끝나는 음절에도 'ㅇ'을 반드시 표기함.

④ 〈종성해〉 且ㅇ聲淡而虛 不必用於終 而中聲可得成音也: 고유어는 종성이 없이도 음절을 이룰 수 있다. 이 규정에 의해 고유어에서는 개음절의 경우 종성에 음가가 없는 'ㅇ'을 표기하지 않았다.

⑤ 중세 국어 음절은 현대 국어와 달리 초성과 종성에 각각 두 개의 자음을 허용하였고, 삼중 모음이 중성의 자리에 올 수 있었다.

10) 사성법(四聲法)

※ 사성법은 임진왜란 때까지 사용되다가 그 이후에 소멸되었다.

(1) 聲有緩急之殊 故平上去其終聲不類入聲之促急 不淸不濁之字 其聲不厲 故用於終則宜於平上去 全淸次淸全濁之字 其聲爲厲 故用於終則宜於入 所以ㆁㄴㅁㅇㄹㅿ六字爲平上去聲之終 而餘皆爲入聲之終也 然ㄱㆁㄷㄴㅂㅁㅅㄹ八字可足用也 〈종성해〉

(2) 성조 체계

사성	방점	훈민정음 (해례)	훈민정음 언해	성질	보기
平聲	없음	安而和	ᄆᆞᆺ ᄂᆞᆺ가ᄫᆞᆫ 소리	낮고 짧은 소리(低調-평판조)	활[弓], ᄇᆡ[梨] 손[客]
去聲	1점	擧而壯	ᄆᆞᆺ노ᄑᆞᆫ 소리	높고 짧은 소리(高調-평판조)	·손[手] ·갈[刀], ·말[斗]
上聲	2점	和而擧	처ᅀᅥ미 ᄂᆞᆺ갑고 냉즁이 노ᄑᆞᆫ 소리	낮은 음에서 높은 음으로 올라가는 긴소리(상승조-굴곡조)	:돌[石], :말[語]
入聲	無點, 1점, 2점	促而塞	ᄲᆞᆯ리 긋돋ᄂᆞᆫ 소리	종성이 'ㄱ,ㄷ,ㅂ,ㅅ'인 음절의 소리	긷[柱] ·입[口] :낟[穀]

2. 중세 국어의 특징

1) 표기법

(1) 표음적 표기법

① 8종성 표기: 받침표기는 실제로 발음되는 소리만 표기하였다. 그 결과 받침 글자로는 8자(ㄱ, ㄴ, ㄷ, ㄹ, ㅁ, ㅂ, ㅅ, ㆁ)만 사용되었다. 이는 훈민정음 해례 종성해에 규정된 "팔종성가족용(八終聲可足用)"에 의한다. 이 규정은 '음절 끝소리 규칙(음절말 평파열음화)'의 결과 음절말에서 발음될 수 있는 자음은 8자뿐이기 때문에 그것을 표기에 반영한다는 규정이다.

(예) 곶[花]: 고지~곳도, 밭[田]: 바ᄐᆞᆫ~받도,
높-[高]: 노파~놉고, 좇-[從]: 조차~좃거니와

가. 현대 국어와 달리 중세 국어에서는 'ㄷ'과 'ㅅ'이 음절말에서 대립을 이루었다. 이 대립은 16세기 초에 소멸되었다.

(예) 갇[笠]:갓[妻], 긷[柱]:깃[巢], ᄆᆞᆮ[兄]:ᄆᆞᆺ[最], 몯[釘]:못[池]

나. 'ㅿ'이 종성으로 쓰이는 일이 있었고, 겹받침도 쓰였다.

(예) ᄀᆞᇫ 업스시니, 나ᇫ나치; ᄒᆞᆰ구들, 옮거늘, ᄡᅡ ᄇᆞᆲᄃᆞᆺ, 얹고

다. 『월인천강지곡』, 『용비어천가』에서는 8종성법이 지켜지지 않았다.

(예) 곶 됴코, 좇거늘, 빛나시니이다

② 연철 표기: 받침이 있는 음절 뒤에 모음으로 시작하는 음절이 연결되면 받침을

다음 음절의 초성으로 내려 적었다. 그 결과 음절이 표기되었다.[8)]

가. 체언과 조사, 용언의 어간과 어미의 경계는 표기에 반영되지 않았다.

(예) ᄉᆡ미 기픈 므른 ᄀᆞᄆᆞ래 아니 그츨ᄊᆡ

⇒ ᄉᆡᆷ+이 깊+은 믈+은 ᄀᆞᄆᆞᆯ+애 아니 긏+을ᄊᆡ

나. 음소 문자로 창제되었지만 표기할 적에는 초성 · 중성 · 종성을 합쳐 표기하도록 함으로써 음절 문자적인 표기법을 가지게 되었다.

〈연철, 중철, 분철 비교〉

구분	정의	보기	특징	시기
연철	앞말의 종성을 뒷말의 초성으로 내려 표기	닢+을 → 니플	표음주의	15-16세기
중철	앞말의 종성을 적고 그것을 뒷말의 초성에도 내려 표기	닢+을 → 닙플/닙흘	과도기	17-19세기
분철	'체언'과 '조사', '용언 어간'과 '어미'를 구분하여 표기	닢+을 → 닢을	표의주의	20세기

(2) 기타 현대 국어와 다른 점

① 운소의 표기: 비분절 음운인 성조도 표기하였다.[성조는 글자 왼쪽에 방점으로 표기]

(예) ·내 ·이·ᄅᆞᆯ 爲·윙·ᄒᆞ·야 ·어엿·비 너·겨 ·새·로 ·스·믈여 ·듧 字·ᄍᆞᆼ·ᄅᆞᆯ ᄆᆡᇰ·ᄀᆞ노·니 :사ᄅᆞᆷ:마·다 :ᄒᆡ·ᅇᅧ :수·ᄫᅵ 니·겨〈훈민정음 언해〉

② 사이시옷 표기법: 사이시옷의 표기 방법도 현대의 표기법과는 차이가 있었다.

가. 사잇소리의 환경: '유성음(모음, ㄴ, ㄹ, ㅁ, ㆁ)'과 '무성음'의 사이

단, 사잇소리 'ㅿ'는 한자어, 고유어 모두에서 '유성음'과 '유성음' 사이에서 쓰였고, 용비어천가에만 나타난다.

나. 합성 명사나 명사구를 이룰 때 현대 맞춤법에서는 앞말에 받침이 없을 때만 'ㅅ'을 앞말에 받쳐 적으나 중세 국어에서는 받침이 없을 때는 물론이고, 받침이

---

8) 중세 국어 문헌 가운데는 현대 맞춤법과 같이 "분철 표기"를 한 경우가 있었다. 월인천강지곡에서는 체언이나 용언이 'ㄴ, ㄹ, ㅁ, ㆁ, ㅿ'와 같은 불청불탁의 자음으로 끝나 있으면 분철 표기로 나타난다. 'ㆁ'로 된 체언은 월인석보 등의 다른 문헌에서 분철 표기가 되어 있는 일이 있었지만, 월인천강지곡과 같이 규칙적이지는 않았다. 예) 눈에, 손ᄋᆞ로, 담아, 안아

공명음일 때와 한자 뒤에서도 받쳐 적었으며, 다음 음절의 초성으로 내려 적기도 하였다.

가) 앞말의 받침으로: (예) 가온뒷소리, 빗곶; 바ᄅᆞᇗ우회, ᄀᆞᄅᆞᆳ ᄀᆞᅀᅢ, 버텂길

나) 뒷말의 초성으로: (예) 엄쏘리, 혀쏘리

다) 한자어 뒤에서[9]: (예) 狄人ㅅ 서리, 鐵圍山 ᄊᆞᅀᅵ, 兄ㄱ ᄠᅳᆮ

다. 예외적으로 훈민정음, 용비어천가에서는 한자어 합성의 경우 앞말의 종성과 같은 조음 위치의 전청자(全淸字)가 사잇소리로 쓰였다.

	선행음	사잇소리	후행음	예
한자어	ㆁ	ㄱ	무성음	乃냉終ㄱ소리, 兄형ㄱ ᄠᅳᆮ
	ㄴ	ㄷ	〃	君군ㄷ字ᄍᆞᆼ
	ㅁ	ㅂ	〃	侵침ㅂ字ᄍᆞᆼ
	ㅱ	ㅸ	〃	斗ᄃᆕᇢㅸ字ᄍᆞᆼ
	ㅇ	ㆆ	〃	快ᄏᆌᆼㆆ字ᄍᆞᆼ
	유성음	ㅿ	유성음	世子ㅿ位, 天子ㅿᄆᆞᅀᆞᆷ
고유어	유성음	ㅅ	무성음	엄쏘리, ᄀᆞᄅᆞᆳ ᄀᆞᅀᅢ
	유성음	ㄷ	〃	눈ᄌᆞᅀᆞ, 눈시울
	ㄹ	ㆆ	ㄸ	하ᄂᆞᇙᄠᅳᆮ
	유성음	ㅿ	유성음	눉믈, 바ᄅᆞᇗ우희
	ㅁ	ㅂ	무성음	사ᄅᆞᇝ서리

라. 사이시옷이 관형격 조사의 기능도 하였다. (예) ᄌᆞ걋 오ᅀᆞ란, 부텻 道理

바. 국어사의 모든 시기에 있어서 사잇소리는 'ㅅ'으로 적는 것이 원칙이었다. 이두, 향찰에서는 '叱(=ㅅ)'이었으며, 성종 때 이후에 'ㅅ'으로 통일되었다.

(3) 표기법의 변천

15세기	15세기 말	16세기	16세기 말	~19세기
연철	분철 출현 (체언+조사)	분철 확대 중철 출현	분철 확대 (용언+어미)	분철 확대

9) 文與諺雜用則有因字音而補以中終聲者 如孔子ㅣ 魯ㅅ:사ᄅᆞᆷ之類 〈訓解 합자해〉

2) 음운[10)]

(1) 자음

① ㆁ: 연구개 비음 [ŋ]. 현대 국어 종성의 'ㅇ'과 음가가 같다. 17세기에 문자의 모양만 'ㅇ'으로 바뀌었다. 중세 국어에서는 음절 초성에도 사용된 예가 있으나, 근대 국어에서는 초성에 사용된 일이 없다.

(예) 그ᅌᅦ〉그에, 바ᅌᅩᆯ〉방올〉방울, 이ᅌᅥ〉잉어〉잉어

② ㅈ/ㅊ: 치(경)파찰음 [ʦ/ʦʰ]. 현대 국어에서 'ㅈ/ㅊ'은 경구개 파찰음 [ʧ]/ [ʧʰ]이지만 중세 국어에서는 치파찰음 또는 치경 파찰음 [ʦ]/[ʦʰ]이었다. 17세기 말 이전 어느 시기에 현대 국어와 같은 경구개 파찰음으로 바뀐 것으로 추정된다.

〈참고〉 'ㅈ/ㅊ'이 치(경)파찰음이었다는 근거: ㉠ 'ㅈ, ㅊ, ㅉ' 뒤에 반모음 'y'가 자유롭게 연결되었다. ㉡ '초[醋]: 쵸[燭]'와 같이 'y'의 연결 유무에 의해 의미가 구분되었다.

③ ㆆ: 훈민정음 해례 용자례에 나타나지 않는 것은 이 문자가 고유어 표기를 위한 것이 아니라 한자음 표기를 위하여 만든 것임을 증명한다. 그 쓰임이 극히 제한적이기는 하였지만 여러 가지 기능으로 사용되었다. 세조(15세기 중엽) 이후에 소멸되었다.

(예) 先考ㆆᄠᅳᆮ, 하ᄂᆞᇙᄠᅳᆮ; 건너시ᇙ 제, ᄒᆞᇙ 것

가. 사잇소리: 한자어 모음 뒤와 고유어 체언 뒤에서. (예) 快ᄏᆏᆼㆆ字ᄍᆼ, 하ᄂᆞᇙᄠᅳᆮ

나. 이영보래(以影補來): 한자어 ㄹ 뒤('ㄹ'에 입성 효과를 주기 위함). (예) 發ᄇᆞᇙ

다. 동국정운식 교정음: 音ᅙᅳᆷ

라. 된소리 부호: 관형사형 어미 아래

(예) 니르고져 ᄒᆞᇙ 배 ~ ᄒᆞᆯ 빼, 돌아오시ᇙ 제 ~ 돌아오실 쩨

④ ㅇ: 무음가(無音價)와 유성 후두 마찰음([ɦ])

가. 무음가: '모음과 모음 사이, 어두 음절, 동국정운식 한자음'에서는 음가가 없었다. (예) 우아래, 아비, 보아; 慾ᅀᅭᆨ 此ᄎᆼ

나. 유성 후두 마찰음 [ɦ]: {y, ㄹ, ㅿ}와 모음 사이에서. 17세기에 소멸하였다.

10) 대괄호로 음가를 표시한 것들은 현대 국어와 음가가 달랐거나 현대 국어에 없는 자모들이다. 소괄호로 묶은 것들은 고유어 표기에 사용되지 않았거나(ㆆ, ㆅ, ᅇ), 변이음을 표기한 것들(ㄲ, ㄸ, ㅃ, ㅉ)이다.

(예) 비애[梨浦], 몰애[沙], ㄱㅿ애[剪]. 달아[異], 놀이[獐], 알외어늘[告], -이오

⑤ ㅿ: 유성 치(경)마찰음 [z]. '모음, y, ㄴ, ㅁ'과 '모음', '모음'과 'ㅸ, ㅇ[ɦ]' 사이에 분포하였다.11) 16세기 중엽 이후에 소멸하였다.

(예) ᄆᆞᅀᆞᆯ, 니ᅀᅥ; 새삼, 셰ᅀᆞᆸ논[使立]; 한숨, 몸소, 웃ᅀᅳ리, ㄱㅿ애

⑥ ㅸ: ㅇ連書脣音之下 則爲脣輕音者 以輕音脣乍合而喉聲多也〈해례 제자해〉

가. 유성 양순 마찰음 [β]. 모음과 모음, 'y/ㄹ/ㅿ'과 모음 사이에 분포하였다. 1450년대까지 존속하였다. (예) 사ᄫᅵ, 어드ᄫᅳᆫ; 메밧고, 대범; 글ᄫᅡᆯ, 셜ᄫᅥ; 웃ᄫᅳ니

나. 대체로 'ㅸ 〉 w'의 변화를 경험하나 부사 파생 접미사 '-이'나 사・피동 접미사 '-이-' 앞에서는 'w'의 음가가 표면에 나타나지 않고 '이'로 변하는데, 이때의 'ㅇ'은 음가가 있는 것으로 볼 수 있다. 'wi'를 표기할 문자가 없어서 '이'로 표기된 것으로 볼 수도 있다.

(예) 글ᄫᅡᆯ 〉 글왈, 더ᄫᅥ 〉 더워, ᄫᆞ 〉 오, ᄫᅳ 〉 우,

곱-+-이 〉 고ᄫᅵ 〉 고이, 더럽-+-이- 〉 더러ᄫᅵ- 〉 더러이-

⑦ ㅺ, ㅼ, ㅽ, ㅆ, ㆅ: 각각 'ㄱ, ㄷ, ㅂ, ㅅ, ㅎ'의 된소리. 'ㅈ'의 된소리는 표기상 나타나지 않는다. 어두와 어중에 모두 분포하는 음소로서의 된소리 표기였다. 'ㆅ'은 17세기에 'ㅆㅎ'으로 표기되기도 하였다.

☞ 현대에 읽을 때에는 'ㆅ'은 'ㅎ'으로, 나머지는 모두 'ㅅ' 뒤 자음의 된소리로 발음한다.

⑧ ㄲ, ㄸ, ㅃ, ㅉ: 각각 'ㄱ, ㄷ, ㅂ, ㅈ'의 된소리.12) 어두에서 쓰인 일은 없었고 비어두에서 된소리를 표기하는 데에 쓰였다. 변이음으로서의 된소리 표기였다. 중국 성운학에서는 유성의 무기음.

(예) ᄒᆞᆯ 껏과, 볼 ᄯᅵ니, 몯 ᄒᆞᆯ 빼라, ᄒᆞ실 쩌긔, 디닐 싸ᄅᆞ미; 일쯕, 마쯔ᄫᅵ, 쓰-, 말쏨

⑨ ㅳ[pt], ㅄ[ps], ㅶ[pc], ㅷ[pt^h]: 중세 국어에서는 자음군으로 두 자음이 모두 발음

---

11) 드물지만 '셜셜'과 같은 의성어의 어두에, 'ᅀᅲᆼ'처럼 중국어 차용어의 어두에 쓰인 일이 있다.(고영근, 1997:29)

12) 我國語音其淸濁之辨與中國無異而於字音獨無濁聲〈『동국정운』 序〉(우리 말소리에서 청탁의 구별은 중국과 같으나 우리나라 한자음에만 탁성이 없다.) 우리 말소리에는 있으나 우리 한자음에는 없는 소리의 계열은 경음 계열이므로, 전탁음을 표기한 각자 병서자는 경음을 표기한 것으로 추정된다. 각자 병서 표기는 1465년 『원각경언해』에서부터 전면적으로 폐기된다.

되었다. 17세기에는 두 번째 자음의 된소리로 바뀌어 현대에 이르고 있다. 다만, 'ㅳ'은 'ㅌ'으로 바뀌었다. (예) 뜨〉뜻, 쌀〉쌀, 떡〉턱

⑩ ㅴ[pk'], ㅵ[pt']: 각각 'ㅂ+ㄱ의 된소리, ㅂ+ㄷ의 된소리'로 발음되었다. 16세기에 마지막 자음의 된소리로 바뀌어 현대에 이르고 있다. (예) 꿀〉꿀, 때〉때

⑪ ㅺ[sn]: 두 자음이 모두 발음되었다. (예) ᄉᆞ나ᄒᆡ~ᄉᆞ나ᄒᆡ〉사나이

⑫ 종성 ㅅ: 현대 국어에서 받침소리는 7개[ㄱ, ㄴ, ㄷ, ㄹ, ㅁ, ㅂ, ㅇ]이지만, 중세 국어에서는 여기에 'ㅅ'이 하나 더 발음되었다.[13] 음가는 미파된 치마찰음 ㅅ[s˺] 정도로 여겨진다. 대체로 16세기 말엽 종성의 'ㅅ'과 'ㄷ'의 대립이 무너져 현대에 이르고 있다. 15세기에 항상 'ㄷ'으로만 적던 받[田], ᄀᆞᆮ고[如]가 〈계초심학인문, 1577〉에서 '밧, ᄀᆞᆺ고'로 적힘.

⑬ 종성의 'ㄺ, ㄻ, ㄼ, ㄳ, ㅯ; ㄳ, ㅄ': 음절말에서 항상 두 자음을 유지하고 있으므로 두 자음이 발음되었다고 본다. 특히, 앞 묶음인 공명음으로 시작하는 자음군이 음절 종성에 발음될 수 있었다. 뒷 묶음은 다소 특이하다. 현대에는 한 자음만을 허용한다.

(예) ᄒᆞᆰ구들, ᄇᆞᆰ도다, ᄇᆞᆲ듯, 닮디[染], 앉고(←앉+고), ᅀᅩᆶ디[縮](←ᅀᅩᆶ+디),
낛ᄂᆞᆫ[釣], 넋 일허, 값 업슨, 값과[價][14]
갔+고→갓고, 맛+ᄂᆞ니→맛ᄂᆞ니, 없+고→업고, 긄+ᄂᆞᆫ→글ᄂᆞᆫ

⑭ ᅇ: 어중의 yy 또는 yi에 나타나는 긴장된 협착으로 추정된다. 어두에는 없었고 y-하향 이중 모음을 가진 일부 피·사동 어간에 국한되었다. 음소는 아님. (예) 괴여爲我愛人而괴ᅇᅧ爲人愛我〈합자해〉/生死애 ᄆᆡᅇᅩᆫ 根源/소내 쥐ᅇᅧ 이시며

(2) 모음

① ㆍ: 음가는 '아'와 '오'의 중간음인 [ʌ]. 16세기 중엽 비어두 음절에서 'ㆍ〉ㅡ', 18세기 중엽 어두 음절에서 'ㆍ〉ㅏ'의 변화가 일반적이다.

② ㆎ[ʌy], 애[ay], 에[əy], 외[oy], 위[uy]: 'ㆎ'를 제외하면 현대 국어와 표기가 같지만 음가는 모두 이중 모음이었다. 현대 국어에서 '애'와 '에'의 음가는 각각 단모음 [ɛ]와 [e]이고, '외'는 [ö/we], '위'는 [ü/wi]이다. 'ㆎ, 애, 에'의 단모음화는 대체로

---

13) 표기상으로는 'ㅿ'도 사용되어 9종성이 사용되었다.

14) 'ㅄ'은 용언의 경우, '없+고→업고'로 나타나 음절말에서 'ㅄ'이 유지되지 않으나 체언의 경우에는 '값'에서 'ㅄ'이 항상 유지된다.

18세기 말엽에 일어났다. 'ᄋᆡ'가 먼저 '애'로 바뀌고, '애, 에'가 각각 단모음으로 바뀌었다. '외, 위'의 단모음화는 19세기 말에서 20세기 초에 일어났다.

③ 얘[yay], 예[yəy], 왜[way], 웨[wəy]: 삼중모음이었다.

(3) 성조

① 중세 국어 성조는 저조(低調)인 평성[無點], 고조(高調)인 거성[一點], 저조로 시작해서 고조로 끝나는 상성[二點]이 있었는데, 평성과 거성은 평판조(平板調)이고 상성은 굴곡조(屈曲調)/상승조(上昇調)였다.

② 그런데 '평성+거성'이 되면 그 성조는 '상성'으로 바뀌어 나타나므로, 중세 국어 성조소는 두 개의 평판조로 이루어졌다고 할 수 있다.

(예) 누·리 → :뉘, 부텨+·이 → 부:톄, 지+·움 → :쥼, 다리+·∅ → 다:리

③ 상성은 평성과 거성의 복합이므로 2mora로 이루어진 것으로 추정된다. 따라서 상성은 성조를 변별적 요소로, 장음을 잉여적 요소로 지니고 있었다. 이 장음이 성조가 소멸한 이후에도 계속되어 현대의 장음으로 이어졌다.

④ 입성은 소리의 고저로 구분되지 않고 종성에 의해 구분되었다. 그 성조적 특징은 평성, 상성, 거성과 같았다. 그리고 입성을 위한 방점이 마련되지 않은 점 등은 입성이 중세 국어의 성조로서 변별적이지 못했음을 알려준다.

3) 형태

중세 국어의 형태론적 구조는 대체로 현대 국어와 별 차이가 없다. 조사나 어미에 의해 체언이나 용언이 문법적 기능을 수행하는 점, 어근에 접사가 결합하거나 어근끼리 결합하여 새로운 단어를 형성하는 점 등은 같다. 현대 국어와 다른 점은 아래와 같다.

(1) 환경에 따라 교체하는 체언이 있었다.

① ㄱ-보유어: 구무 혈(穴), 구무마다, 구무를~굼기(굶+이), 굼긔(굶+의)[15]

② ㅎ-종성체언: 나라 국(國), 나랏말ᄊᆞ미~나라히(나랗+이), 나라토(나랗+도)[16]

---

15) (1) ㄱ-보유 체언으로는 나모[木], 녀느[他], 불무[冶] 등이 더 있다. (2) 전통문법에서 'ㄱ-곡용어'라는 용어가 일반적으로 쓰이나 학교 문법에서는 '곡용'이 인정되지 않으므로 'ㄱ-보유어'라는 용어를 사용했다.

16) 중세 국어에서 ㅎ-종성 체언은 80여 단어에 이르는데 일부를 제시하면 다음과 같다. 갈ㅎ(칼), 고ㅎ(코),

③ 노ᄅᆞ~놀ㅇ[獐]: 노ᄅᆞ도, 노ᄅᆞ와, 놀이, 놀ᄋᆞᆯ

④ ᄆᆞᄅᆞ~ᄆᆞᆯㄹ[棟]: ᄆᆞᄅᆞ도, ᄆᆞᄅᆞ와, ᄆᆞᆯ리, ᄆᆞᆯᄅᆞᆯ

⑤ 아ᅀᆞ~아ᇫㅇ[弟]: 아ᅀᆞ도, 아ᅀᆞ와, 아ᇫ이, 아ᇫᄋᆞᆯ

⑥ 의존 명사 'ᄉᆞ, ᄃᆞ'의 교체

조사 / 의존 명사	주격(ㅣ)	목적격(ᄋᆞᆯ)	서술격(ㅣ라)
ᄉᆞ	시	ᄉᆞᆯ/ᄊᆞᆯ	시라/씨라
ᄃᆞ	디	ᄃᆞᆯ	디라

⑦ 대명사의 교체: '나, 너, 누' 등에 'ᄋᆞ로/으로, 라와, ᄃᆞ려'와 같은 부사격 조사가 연결되면 '날, 널, 눌'로 교체하기도 하였다.

㉠ 날ᄃᆞ려 닐오ᄃᆡ〈삼강 효:30〉, 仁과 날와 보ᄂᆞ니〈석상 13:25〉

㉡ 널로 한 劫엣 迷惑ᄒᆞᆫ 罪ᄅᆞᆯ〈육조 중:45〉, 널라와 시름 한 나도〈청산별곡〉

㉢ 눌ᄃᆞ려 니ᄅᆞ료〈금삼 2:45〉

☞ 현대 국어에서 체언이 환경에 따라 교체하는 일은 없다. 예외적으로 '기러기+아 → 기럭아'처럼 'ㅣ'로 끝나는 명사에 호격 조사가 결합할 때 'ㅣ'가 탈락되기도 하며, '내+가, 네+가, 제+가'처럼 대명사에 주격 조사가 결합할 때 형태가 바뀌기도 한다. '암-, 수-'는 현대 국어에서 접두사로 분류되기 때문에 체언이 교체하는 것이 아니며, '머리카락, 안팎, 살코기, 마파람' 등에서 분석되는 '머리ㅎ, 안ㅎ, 살ㅎ, 마ㅎ' 등은 'ㅎ-종성 체언'이 합성어에서 화석화한 것이다.

(2) 모음 조화에 의한 조사와 어미의 교체

모음 조화가 대체로 잘 지켜져서, 체언에 조사가 연결되거나 용언에 어미가 연결될 때, 모음 조화에 의해 각각 두 갈래의 조사와 어미가 선택되었다.

그르ㅎ(그루), 긴ㅎ(끈), 나ㅎ(나이), 나라[國], 나조ㅎ[夕], 내ㅎ[川], 네ㅎ[四], 노ㅎ(끈), 니마ㅎ[이마], ᄂᆞᆯㅎ[刃], 짜ㅎ(땅), 뒤ㅎ[後], 드르ㅎ[野], ᄆᆡㅎ[野], 뫼ㅎ[山], 바다ㅎ[海], 세ㅎ[三], 쇼ㅎ[俗人], 암ㅎ[雌], 수ㅎ[雄], 시내ㅎ[溪], 우ㅎ[上], 자ㅎ[尺], ᄒᆞ나ㅎ[一], 안ㅎ[內], ᄀᆞᄂᆞᆯㅎ(그늘), ᄀᆞᅀᆞᆯㅎ(가을), ᄀᆞ올ㅎ(고을), 겨ᅀᅳᆯㅎ(겨울), 길ㅎ[道], -ᄃᆞᆯㅎ(복.접.), 돌ㅎ[石], 둘ㅎ[二], ᄆᆞᅀᆞᆯㅎ[고을], ᄇᆞᆯㅎ(팔), ᄉᆞᄆᆞᆯㅎ[二十], 알ㅎ[卵], 열ㅎ[十], 올ㅎ[今年], 하ᄂᆞᆯㅎ[天], 고ㅎ[庫], 노ㅎ[爐], 보ㅎ[褓], 쇼ㅎ[褥] 등등

㉠ ᄒᆞᆰ[土]/술[酒]: ᄒᆞᆯᄀᆞᆫ/수른, ᄒᆞᆯᄀᆞᆯ/수를, ᄒᆞᆯᄀᆡ/수릐 (ᄋᆞᆫ/은, ᄋᆞᆯ/을, ᄋᆡ/의)

㉡ 잡-/죽-: 자ᄇᆞ니/주그니, 자봄/주굼, 자바/주거 (-ᄋᆞ니/으니, -옴/움, -아/-어)

☞ 현대 국어에서 조사는 음모음 계열 한 종류만 있어 모음 조화에 관여하지 않으며, 어미는 '-아X/-어X'계열만 모음 조화에 참여한다.(잡-아/먹-어, 잡-아서/먹어서) 대체로 근대 국어 말기에 현대 국어와 같은 단계에 이르렀다.

중세 국어		양/음	현대 국어
자질	모음		
설축	ᆞ, 오, 아	양성	아, 오
설소축	으, 우, 어	음성	이, 위, 으, 우, 에, 외, 어, 애
설불축	이	중성	

(3) 조사의 교체

① 주격 조사와 부사격 조사에는 음운론적 이형태가 있었다.

	중세 국어			현대 국어	
주격 조사: 이	자음 뒤	모음('y/이' 제외) 뒤	'y/이' 뒤	자음 뒤	모음 뒤
	이	ㅣ	∅	이	가
(예)	世尊이, ᄆᆞᅀᆞ미	부톄	다리/ᄆᆞᄃᆡ	마음이	다리가
부사격 조사: 애	양성 모음 뒤	음성 모음 뒤	'y/이' 뒤	에	
	애	에	예		
(예)	소내	누네	다리예, 귀예	손에, 눈에, 다리에	

② 관형격 조사에는 음운론적 이형태와 의미 자질에 따른 이형태가 있었다.

구분	중세 국어				현대 국어
환경	무정 명사 또는 존칭 명사 뒤	평칭 유정 명사			의
		양성 모음 뒤	음성 모음 뒤	모음 뒤(수의적)	
관형격 조사	ㅅ	ᄋᆡ	의	ㅣ	
(예)	나랏 말ᄊᆞᆷ 부텻 道理, 世尊ㅅ	ᄉᆞᄉᆞᄆᆡ둥	거부븨 터리	내 임금 長子ㅣ 집	부처의 도리 말의 향기

(4) 존칭의 호격 조사: 평칭의 호격 조사와 존칭의 호격 조사가 있었다.

(예) 아: 阿難아(평칭), 하: 님금하(존칭)

(5) 부사격 조사의 특이성

'애/에/이' 등이 비교의 부사격 조사로 쓰이기도 하였고(㉠~㉢), 인용의 부사격 조사는 없었다.(㉣의 밑줄이 인용절)

㉠ 네 邪애 ᄀᆞᆮᄒᆞᇙ가 저ᄒᆞᇙ뎬〈능해 10:74〉

㉡ 나랏 말ᄊᆞ미 中國에 달아〈훈언 1〉

㉢ 부톄 ~ 敎化ᄒᆞ샤미 ᄃᆞ리 즈믄 ᄀᆞᄅᆞ매 비취요미(비취욤+이) ᄀᆞᆮᄒᆞ니라〈월석 1:1〉

㉣ 耶輸(야수)ㅣ <u>부텻 使者(사자) 왯다</u> 드르시고 青衣(청의)ᄅᆞᆯ 브려 <u>긔별 아라오라</u> ᄒᆞ시니 <u>羅睺羅(나후라) ᄃᆞ려다가 沙彌(사미) 사모려 ᄒᆞᄂᆞ다</u> ᄒᆞᆯᄊᆡ〈석상 6:2a〉

(6) 어미의 교체

① 'ㄷ'으로 시작하는 어미가 서술격 조사 '이-', 추측법 선어말 어미 '-리-', 회상법 선어말 어미 '-더-' 인칭 활용 선어말 어미 '-오-' 뒤에서 'ㄹ'로 바뀌었다.

(예) 이도다 → 이로다, ᄒᆞ리더라 → ᄒᆞ리러라, 命終ᄒᆞ+오+다 → 命終호라

② 서술격 조사 '이-' 뒤에서 어미들이 특이한 교체를 하였다.

(예) 져비+이-+-고 → 져비오, 이-+-더-+-라 → 이러라,

아ᄃᆞᆯ+이-+-옴 → 아ᄃᆞ리롬, 셓+이-+-어 → 세히라

(7) 일부 어미는 선어말 어미 '-오-/-우-'와 통합되어 한 형태소를 이루기도 하였다.17)

(예) 막-/먹-: 마곰/머굼(-옴/-움), 마고ᄃᆡ/머구ᄃᆡ(-오ᄃᆡ/-우ᄃᆡ),

마고려/머구려(-오려/-우려)

☞ 근대 국어에서 선어말 어미 '-오-/-우-'가 소멸되어 현대 국어에서는 '-오-/-우-'가 없는 형태로 존재한다.(막음/먹음, 막되/먹되, 막으려/먹으려)

17) 중세 국어에서 '-옴/-움', '-오ᄃᆡ/-우ᄃᆡ', '-오려/-우려'와 같은 어미는 선어말 어미 '-오-/-우-'와 결합된 형태로만 존재하기 때문에 이런 어미들은 그 자체를 하나의 형태소로 보아야 한다. 그러므로 여기에서 형태소 '오/우'를 분리해 낼 수는 없다.

(8) 동사의 어휘적 성격에 따른 어미 교체

어미의 형태에 의해 타동사와 비타동사를 구분할 수 있는 경우가 있었다.

㉠ 가거늘, 가거든, 가거니 (-거늘/-거든/-거니)

㉡ 머거늘, 머거든, 머거니 (-어늘/-어든/-어니)

☞ 확인법 선어말 어미 '-거-/-어-'는 동사의 어휘적 성격에 따라 선택되었는데, ㉠은 '-거X'계통의 어미가 비타동사에 붙은 예이고, ㉡은 '-어X'계통의 어미가 타동사에 붙은 예이다. 현대 국어는 어느 경우에나 '-거'로만 시작한다. '-거늘∝-어늘'의 교체는 형태론적으로 조건되어 있다.

(9) 분리적 성격의 형태소

한 형태소 내부에는 다른 형태소가 끼어들지 못함이 원칙이나 일부 형태소의 경우 한 형태소가 다른 형태소 사이에 끼어드는 일이 있었다.

㉠ 가거시ᄂᆞᆯ(-거… ᄂᆞᆯ+-시-), 머거시ᄂᆞᆯ(-어… ᄂᆞᆯ+-시-)

㉡ 가ᄂᆞ닛가(-니…가+-ᄉᆞ-), 가ᄂᆞ니잇가 (-니…가+-잇-)

☞ 현대 국어에서는 선어말 어미 중 주체 높임 선어말 어미 '-시-'가 맨 앞에 오기 때문에, ㉠은 '-시거늘'로 바뀌어 '-시-'가 형태소 중간에 끼어드는 일은 없다. 선어말 어미의 순서가 조정된 것은 18세기 말이다.(홍종선, 1998:14~15) ㉡의 상대 높임법 의문형 표지 '-ᄉᆞ-, -잇-'은 현대 국어에서 자취를 감추었다.

(10) 선어말 어미끼리의 화합

선어말 어미끼리 서로 결합되어 제3의 형태로 바뀌는 일이 있었다.

㉠ ᄒᆞ다라, ᄒᆞ다니 [다 ← 더(회상법)+오(인칭 활용)]

㉡ ᄒᆞ과라, ᄒᆞ가니 [과/가 ← 거/어(확인법)+오(인칭 활용)]

☞ 현대 국어에서는 선어말 어미와 어말 어미가 서로 화합하는 일이 있기는 하지만(-느-+-이 → 네, -느-+-냐 → -니, -더-+-냐 → -디), 선어말 어미끼리 화합되는 일은 없다.

(11) 비통사적 합성어의 생산성

용언 어근이 직접 합성법에 참여하는 단어 형성법이 매우 생산적이었다.

(예) 잡-쥐다, 여위-시들다, 듣-보다, ᄲᅮᆺ-돌['ᄲᅮᆺ돌'은 동사 어근과 명사의 합성]
[비교. 현대 국어: 잡아쥐다, 여위고 시들다, 듣고 보다, 숫돌]
☞ 이런 합성법은 16세기 이후 점차 비생산적이 되었으며, 현대 국어에는 화석형으로 남아 있다(오르내리-, 검붉-, 돌보-). 그러나 현대 국어에서도 '먹-거리(비교. 먹을거리)'처럼 동사 어근이 단어 형성에 직접 참여하는 경우도 있다.

(12) 영파생/영변화

용언의 어간 또는 어근이 그대로 부사가 되기도 한다.

㉠ 형용사 → 부사: 바ᄅᆞ[直], 하[多], ᄀᆞᆮ[如], 닫[異]

㉡ 동사 → 부사: 마초, 모도, ᄀᆞ초

☞ 근대 국어부터 이런 단어 형성법은 없어졌다.

(13) 모음 교체에 의한 단어 형성

㉠ ᄀᆞᄂᆞᆶ:그늟[陰], 갇다:걷다[收], 곱다:굽다[曲]

㉡ ᄇᆞᆰ다:븕다, ᄑᆞᄅᆞ다:프르다

㉢ 마리:머리, ᄂᆞᆰ다:늙다

(14) 형태에 따른 품사의 구분

① 명사 파생 접미사와 명사형 전성 어미의 형태가 달랐다. 명사 파생 접미사는 '-ᄋᆞᆷ/-음'인 반면, 명사형 전성 어미는 '-옴/-움'이었다.

(예) ᄒᆞᆫ 거름 나소 거룸만 몯ᄒᆞ니라 〈석상 6:20a〉

② 형용사에서 명사를 파생하는 접미사는 '-ᄋᆡ/-의'이고 부사를 파생하는 접미사는 '-이'이었다.

(예) 높-: 노ᄑᆡ(명사), 노피(부사); 크-: 킈(명사), 키(부사)

(15) 용언 어간의 형태 변이

용언 어간 뒤에 오는 어미의 음운론적 특성에 따라 형태가 달라지기도 하였다.

㉠ 시므~싦: 시므고, 심거, 심굼

㉡ 다ᄅᆞ~달ㅇ: 다ᄅᆞ거늘, 달아, 달옴

㉢ 모ᄅᆞ~몰ㄹ: 모ᄅᆞ거늘, 몰라, 몰롬

㉣ ᄇᆞᅀᆞ~ᄇᆞᇫㅇ: ᄇᆞᅀᆞ디, ᄇᆞᇫ아, ᄇᆞᇫ온

(16) 기타

존칭의 복수 접미사 '-내'가 있었고, 2인칭 대명사 '너'의 존칭인 '그ᄃᆡ/그듸'가 있었으며, 3인칭 재귀 대명사 '저'와 그것의 존칭인 'ᄌᆞ갸'가 있었다. 1인칭 대명사 '나'의 겸사말[겸양어]은 없었다.

4) 통사

중세 국어의 통사적 구조는 대체로 현대 국어와 일치한다. 문장 구조는 '주어+목적어+서술어'의 구성이며, 수식어는 항상 피수식어 앞에 온다. 현대 국어와 다른 점을 중심으로 기술하면 아래와 같다.[18)]

(1) 서술부가 길어지면 피정의항[주제어]이 서술부에 다시 반복되기도 했다.

(예) 衆生ᄋᆞᆫ 一體世間앳 사ᄅᆞ미며 하ᄂᆞᆯ히며 긔ᄂᆞᆫ 거시며 ᄂᆞᄂᆞᆫ 거시며 므렛 거시며 무틧 거시며 숨ᄐᆞᆫ 거슬 다 衆生이라 ᄒᆞᄂᆞ니라〈월석 1:11〉

☞ 현대 국어라면, '중생은 ~ 숨쉬는 것을 다 이른다'로 되어 피정의항[주제어]이 다시 반복되지 않는 것이 일반적이다.

(2) 관형사절과 명사절의 의미상 주어가 주격이 아닌 관형격 표지 'ᄋᆡ/의'를 취한다.

㉠ 아ᄃᆞ리 ~ 아ᄇᆡ 잇ᄂᆞᆫ 城에 다ᄃᆞᄅᆞ니〈월석 13:9〉 (아ᄇᆡ → 아비+ᄋᆡ)

㉡ 迦葉의 能히 信受호ᄆᆞᆯ 讚嘆ᄒᆞ시니라〈월석 13:57〉 (迦葉의 → 가섭+의)

☞ 현대 국어에서도 '나의 살던 고향', '선영이의 착함을 칭찬하였다'와 같이 관형사절이나 명사절의 주어가 관형격으로 표지되는 일이 있지만, 일반적이지는 않다.

(3) 자동사 구문의 동사 활용형에 타동사 표지 '어'가 나타나기도 한다.

18) 고영근(2010:43~49)을 참고하였다.

(예) 東寧을 ᄒᆞ마 아ᅀᆞ샤 구루미 비취여늘 (비취+어늘) 〈용가 42〉 〈능격문〉

☞ 현대 국어에서도 '차가 멈추었다.(→ 승우가 차를 멈추었다)'와 같이 능격문이 있으나 활용형에 타동사 표지가 붙지는 않는다.

(4) 주어 명사구가 높임의 대상이 아님에도 불구하고 선어말 어미 '-시-'가 사용되는 경우가 있다.

(예) 故園엣 버드리 이제 이어 떠러디거시니 엇뎨 시러곰 〈두시 16:51〉

[서술어에 '-시-'가 연결되었으나 문장의 주어는 높임의 대상이 아닌 '고원엣 버드리'이다]

☞ 현대 국어에서 '-시-'는 언제나 높임의 대상이 되는 인물과 직·간접적으로 관련되는 주어 명사구에 일치하여 쓰인다.

(5) 시제 형태소가 없었기 때문에 서법 형태소에 기대어 시간이 표현되었고, 부정법에 의해 과거 시제가 표현되기도 하였다.

㉠ '-ᄂᆞ-'에 의한 현재 시제: 네 이제 또 묻ᄂᆞ다 〈월석 23:97〉

㉡ 부정법에 의한 과거 시제: 네 아비 ᄒᆞ마 주그니라 〈월석 17:21〉

㉢ '-더-'에 의한 과거 시제: 내… 막다히를 두르고 이셔도 두립더니 〈월석 7:5〉

㉣ '-리-'에 의한 미래 시제: 내 願을 아니 從ᄒᆞ면 고졸 몯 어드리라 〈월석 1:12〉

☞ 현대 국어에서는 '현재, 과거, 미래'의 시제가 각각의 시제형태소 '-는-, -었-, -겠-'에 의해 표현된다. 그리고 형용사의 현재 시제는 중세 국어와 마찬가지로 부정법에 의해 표현되나, 원칙적으로 동사의 과거 시제가 부정법에 의해 표현되지는 않는다.

(6) 객체 높임법: 객체 높임법은 목적어 명사나 부사어 명사가 가리키는 인물이 주어 명사보다 높고, 화자보다도 높을 때 실현되는 문법적 절차이다.

① 객체 높임 선어말 어미 '-ᄉᆞᆸ-'이 동사의 활용형에 나타난다.[19]

㉠ 내 ᄯᆞᆯ 승만이 총명ᄒᆞ니 부텨옷 보ᅀᆞᄫᆞ면 〈석상 6:40〉

☞ 화자인 '나'와 문장의 주어 명사인 '내 ᄯᆞᆯ 승만'보다 목적어 명사인 '부텨'가

19) '객체'는 행동(상태)이 미치는 대상이나 상대를 이른다.

더 높기 때문에 서술어에 '-ᄉᆞᆸ-'이 나타났다.

㉡ 내 아래브터 부텻긔 이런 마를 몯 듣ᄌᆞᄫᆞ며 〈석상 13:44〉

☞ 화자(=주어)인 '나(사리불)'보다 부사어 명사인 '부텨'가 더 높다고 생각되기 때문에 서술어에 '-ᄌᆞᆸ-'이 나타났다.

② 객체 높임법 선어말 어미 '-ᅀᆞᆸ-'은 음운론적 환경에 따라 교체하였다.

앞소리 \ 뒷소리	자음	모음
ㄱ, ㅂ, ㅅ	ᄉᆞᆸ	ᄉᆞᄫ
ㄷ(ㅈ, ㅊ), ㄵ	ᄌᆞᆸ	ᄌᆞᄫ
모음, ㄴ, ㅁ, (ㄹ)	ᅀᆞᆸ	ᅀᆞᄫ

가. -ᄉᆞᆸ-: 막ᄉᆞᆸ거늘〈월천 100〉, 닙ᄉᆞᆸ고〈월석 2:72〉 좃ᄉᆞᆸ고〈월석 2:51〉

나. -ᄌᆞᆸ-: 듣ᄌᆞᆸ게〈석상 13:17〉, 마ᄍᆞᆸ더니(〈 맞+ᄌᆞᆸ)〈월석 21:203〉

다. -ᅀᆞᆸ-: 보ᅀᆞᆸ건댄〈월석 18:21〉, 아ᅀᆞᆸ게(〈 알+ᅀᆞᆸ)〈월석 10:85〉

라. -ᄉᆞᄫ-: 돕ᄉᆞᄫᅡ〈석상 9:34〉, 깃ᄉᆞᄫᅡ〈석상 6:21〉, 먹ᄉᆞᄫᆞ니〈월석 7:26〉

마. -ᄌᆞᄫ-: 얻ᄌᆞᄫᅡ〈용 27〉, 좇ᄌᆞᄫᆞ니〈용 55〉, 맛ᄌᆞᄫᅡ(〈 맞-)〈월석 1:13〉

바. -ᅀᆞᄫ-: ᄀᆞ초ᅀᆞᄫᅡ〈용 27〉, 보ᅀᆞᄫᅡ니와〈월석 8:17〉, 안ᅀᆞᄫᅡ〈월석 2:43〉

☞ 중세 국어의 객체 높임 형태소는 근대 국어에서 공손법 형태소로 그 기능이 바뀌었기 때문에, 현대 국어에서는 '어머님을 모시다, 어머님께 드리다'와 같이 목적어 명사구와 부사어 명사구를 높일 때에는 어휘적 수단에 의존한다.

(7) 상대 높임법: 화자가 청자를 높이거나 낮추는 높임법으로 'ᄒᆞ라체, ᄒᆞ야쎠체, ᄒᆞ쇼셔체'의 3등급 체계였다.

① ᄒᆞ쇼셔체: 화자가 청자를 아주 높이는 방법.

㉠ 이 못 ᄀᆞ새 큰 珊瑚 나모 아래 무두이다〈석상 11:32〉 (-이-)

㉡ 落水예 山行 가 이셔 하나빌 미드니잇가〈용가 125장〉 (-잇-)

㉢ 王이 부텨를 請ᄒᆞᅀᆞᄫᆞ쇼셔〈석상 6:38〉 (-쇼셔)

② ᄒᆞ야쎠체: 화자가 청자를 보통으로 낮추거나 보통으로 높이는 방법

㉠ 내 그런 ᄠᅳ들 몰라 ᄒᆞ댕다〈석상 24:32〉 (-ᅌ-/-ㆁ-)

㉡ 그듸 아바니미 잇ᄂᆞ닛가〈석상 6:14〉 (-ᄉ-)

㉢ 내 보아져 ᄒᆞᄂᆞ다 ᄉᆞᆯ바쎠〈석상 6:14〉 (-아쎠)

③ ᄒᆞ라체: 청자를 아주 낮추는 방법

㉠ 봆비치 새배 프르렛도다〈두초 6:3b〉 (-다)

㉡ 네 겨집 그려 가던다〈월석 7:10〉 (-ㄴ다)

㉢ 너희 大衆이 ᄀᆞ장 보아 後에 뉘읏븜 업게 ᄒᆞ라〈석상 23:11〉 (-라)

☞ 근대 국어에서 'ᄒᆞ라체, ᄒᆞ소체, ᄒᆞ쇼셔체'로 변했다가 현대 국어에서는 격식체인 '해라체, 하게체, 하오체, 하십시오체'와 비격식체인 '해체, 해요체'로 분화되었다. 그러나 최근에 젊은 세대에서는 격식체의 '하게체, 하오체'는 사용하지 않으며, 격식체를 써야 하는 상황에서도 비격식체를 쓰고 있어서, 격식체가 점차 비격식체로 합류하는 경향을 보인다.

(8) 활용형에 선어말 어미 '-오-/-우-'가 나타나기도 한다.

㉠ 인칭 활용: 내 이제 너 더브러 니ᄅᆞ노니〈월석 13:67〉 (니ᄅᆞ-+-ᄂᆞ-+-오̊-)

㉡ 대상 활용: 나랏 衆生ᄋᆡ 니불 오시〈월석 8:65〉 (닙-+-우̊-+-ㄹ)

㉢ 대상 활용: 神力으로 ᄆᆡᆼᄀᆞᄅᆞ샨 거시〈월석 18:31〉 (ᄆᆡᆼᄀᆞᆯ-+-ᄋᆞ샤-+-오̊-+-ㄴ)

☞ ㉠은 주어가 1인칭이기 때문에 서술어에 '-오-'가 연결되어 있다. 이때의 '-오-/-우-'는 주어의 인칭에 호응하는 활용형으로 인칭 활용 또는 의도법이라 한다. ㉡과 ㉢은 관형사절의 꾸밈을 받는 명사가 관형사절의 의미상의 목적어가 되기 때문에 '-오-'가 연결되어 있다. 이때의 '-오-/-우-'는 주어의 인칭과 관계없이 나타나는 대상 활용이다.

☞ 근대 국어 시기에 선어말 어미 '-오-/-우-'는 소멸되어 현대 국어에서는 나타나지 않는다.

(9) 의문문의 다양성: 중세 국어 의문문은 의문문의 종류에 따라 어미가 달랐으며, 인칭에 따른 어미의 구분이 있었고, 체언 의문문도 있었다.

㉠ 엇뎨 겨르리 업스리오〈월석 서:17〉

㉡ 앗가ᄫᆞᆫ ᄠᅳ디 잇ᄂᆞ니여〈석상 6:25〉

㉢ 이 엇던 光明고〈월석 10:7〉

㉣ 이 ᄯᆞ리 너희 죵가〈월석 8:94〉

ⓜ 究羅帝여 네 命終ᄒᆞᆫ다〈월석 9:36〉

☞ ㉠과 ㉡은 ᄒᆞ라체의 1, 3인칭 의문문이다. ㉠은 설명 의문문으로 어미는 '-오'이며('오' 계열), ㉡은 판정 의문문으로 어미는 '-여'('어/아' 계열)이다. ㉢과 ㉣은 체언 의문문으로 의문보조사 '고'와 '가'가 쓰였는데 전자는 설명 의문문 후자는 판정 의문문이다. 이처럼 중세 국어에서는 어미의 형태에 의해 설명 의문문과 판정 의문문의 구별이 가능했다. ㉤은 2인칭 의문문으로 어미는 '-ㄴ다'이다. 2인칭 의문문은 어미에 의해 판정 의문문과 설명 의문문을 구별할 수는 없고, 의문사의 존재 여부로 판단해야 한다.

☞ 현대 국어에서는 인칭에 따른 어미의 구분도 없고, 판정 의문문과 설명 의문문의 어미도 동일하며, 체언 의문문은 일부 방언을 제외하고는 존재하지 않는다.

(10) 관형사형 전성 어미의 명사적 용법: 관형사형 전성 어미 '-ㄴ, -ㄹ'가 명사적으로 쓰이기도 하였다.

㉠ 그딋 혼 조초 ᄒᆞ야〈석상 6:8〉 (ᄒᆞ-+-오-+-ㄴ → 한 것을)

㉡ 내 쳔량앳 거시 다ᇝ 업스니〈법화 2:75〉 (다ᄋᆞ-+-ᄚ → 다함이)

㉢ 德이여 福이라 호ᄂᆞᆯ 나ᅀᆞ라 오소이다 〈악학궤범: 동동〉(ᄒᆞ+오+ㄴ+ᄋᆞᆯ)

㉣ 西方애 겨시ᄂᆞᆫ 阿彌陀如來와 度一切世間苦惱如來시니〈월석 14:5〉(겨시+ㄴ+ᄋᆞᆫ)

㉤ 威化 振旅ᄒᆞ시ᄂᆞ로 輿望이 다 몯ᄌᆞᄫᆞ나 〈용가 11〉(진여ᄒᆞ시+ㄴ+ᄋᆞ로)

☞ 고대 국어에서는 '-ㄴ, -ㄹ, -ㅁ'이 명사적 기능과 관형사적 기능을 동시에 수행했다. 중세 국어에서는 관형사형 어미인 '-ㄴ, -ㄹ'가 명사적 기능을 수행하기도 하였다. 그러나 현대 국어에는 이런 일이 없다.

(11) 세 자리 서술어는 이중 목적어를 취하기도 하였다.

① 護彌 ~ 須達ᄋᆡ 아ᄃᆞᆯ올 ᄯᆞᆯ올 얼유려터니〈월천 기:149〉

② 四海ᄅᆞᆯ 년글 주리여〈용가 20〉

☞ 중세 국어는 '주어+목적어+목적어+서술어'의 구조이지만 현대 국어는 '주어+목적어+부사어+서술어'의 구조이다.

(12) 비교 구문에서 주격 조사와 형태가 같은 비교의 부사격 조사가 있었다.

① 부톄 ~ 敎化ᄒᆞ샤미 ᄃᆞ리 즈믄 ᄀᆞᄅᆞ매 비취요미(비취욤+이) ᄀᆞᆮᄒᆞ니라〈월석 1:1〉

② 지빗 音書ᄂᆞᆫ 萬金이 ᄉᆞ도다〈두초 10:6〉

☞ 중세 국어는 '무엇이 무엇이 ᄀᆞᆮᄒᆞ다'의 구조이지만 현대 국어는 '무엇이 무엇과 같다'의 구조를 지닌다.

※ 이 외에도 현대 국어와 문장의 구조가 다른 예도 있다. (예) 나라ᄒᆞᆫ 百姓으로 根本을 삼곡 〈두시 16:19〉 (나라는 백성을 근본으로 삼고)

(13) 관형어의 중복

관형사구에서 두 용언이 병렬될 때 대등적 연결 어미 '-고' 대신 관형사형 어미가 나타나는 일이 많았다. (예) 늘근 늘ᄀᆞᆫ 브룷 사ᄅᆞ미 잇ᄂᆞ니〈월석 13:23〉

3. 후기 중세 국어 문법(15C~16C)

1) 단어

(1) 단어의 갈래[20]

① 형태소 분석방법

가. 중세 국어는 연철(連綴)이 주된 표기법이었으므로 분철(分綴)로 바꾼다.

나. 축약·탈락된 것도 하나의 독립된 형태소로 처리한다.

(예) '불휘 기픈 남ᄀᆞᆫ'에서 '불휘'는 관형사절의 주어이므로, '불휘+이'로 분석될 수 있는데, 'y' 뒤에서 주격 조사 '이'가 표기상 생략되었으므로(그 이유는 성조의 변화가 있기 때문), 생략된 '이'도 하나의 형태소로 분석한다. 이 경우 ∅는 주격 조사(주격 조사의 교체형 참고)

다. 용언은 기본형을 파악한다.

20) 중세의 한글 문헌은 협주에서 한자의 뜻을 풀이할 때 문법적 성질에 따라 풀이법이 달랐다. 풀이된 단어가 체언류이면, 보통 서술격 조사 '이라'를 취하며(國ᄋᆞᆫ 나라히라), 용언류는 'ㄹ씨라', 부사류는 '-ㄴ 마리라/-ㄴ ᄠᅳ디라'(相ᄋᆞᆫ 서르 ᄒᆞᄂᆞᆫ ᄠᅳ디라), 허사류는 '입겨지라/겨치라' 등이다.

라. 표기될 때 생긴 발음상의 변화는 무시하고 분석한다.

(예) ᄀᆞᆯᄒᆡ요미(구별함이) → ᄀᆞᆯᄒᆡ(어간) + 옴(명사 형어미) + 이(주격 조사)

마. 각 형태소나 단어의 의미는 현대어에서 유추한다.

② 분석의 예

(예) ᄉᆡ미 기픈 므른 ᄀᆞᄆᆞ래 아니 그츨ᄊᆡ: 연철

㉠ ᄉᆡᆷ이 깊은 믈은 ᄀᆞᄆᆞᆯ애 아니 긏을ᄊᆡ: 분철 (ᄀᆞᄆᆞᆯ = 가뭄, 긏다 = 그치다)

㉠' 샘이 깊은 물은 가뭄에 아니 그치므로: 현대어역

㉠" 샘+이 깊은 물+은 가뭄+에 아니 그치므로: 9개의 단어

㉡ ᄉᆡᆷ+이 깊은 믈+은 ᄀᆞᄆᆞᆯ+애 아니 긏을ᄊᆡ: 9개의 단어

㉡' ᄉᆡᆷ+이, 깊+은, 믈+은, ᄀᆞᄆᆞᆯ+애, 아니, 긏+을ᄊᆡ: 11개의 형태소

③ 분석 결과

가. 자립 형태소 = ᄉᆡᆷ, 믈, ᄀᆞᄆᆞᆯ, 아니(4개)

나. 의존 형태소 = 나머지 7개

다. 실질 형태소 = ᄉᆡᆷ, 깊-, 믈, ᄀᆞᄆᆞᆯ, 아니, 긏- (6개)

라. 형식 형태소 = 나머지 5개

④ 연습: 겨지븨 그에 브튼 더러ᄫᅳᆫ 이스리 업스며 마릿 기리 몸과 ᄀᆞᆯᄫᆞ며 킈 적도 크도 아니ᄒᆞ고 ᄉᆞᆯ히 지도 여위도 아니ᄒᆞ니라 〈월석 1:26〉

※ 그에: 의존 명사, 마리: 머리카락, ᄀᆞᆯᄫᆞ다: 나란히 하다, 견주다.

(2) 체언과 조사

① 명사

가. 지시 대상에 따른 분류

가) 고유 명사: 中國, 世宗

나) 보통 명사: ᄀᆞᄅᆞᆷ, 나모, ᄇᆞᄅᆞᆷ, 곶, ᄉᆡᆷ, 내ㅎ[川]

나. 자립성 여부에 따른 분류

가) 자립 명사

나) 의존 명사

(가) 보편성 의존 명사: 것, ᄃᆞ, 바, ᄉᆞ, ᄯᆞᆫ, 이, 적

(나) 주어성 의존 명사: 디(〉지), ᄉᆞᆺ(사이)

(다) 서술성 의존 명사: ᄯᆞᄅᆞᆷ(〉따름)

(라) 부사성 의존 명사: ᄀᆞ장(〉까지), 거긔(에게), 그에(에게), 줄

(마) 단위성 의존 명사: 디위(번), 셤(섬), 말, 설(살)

※ 'ᄲᅮᆫ'은 현대 국어에서 서술성 의존 명사로만 쓰이나 중세 국어에서는 보편성 의존 명사로 쓰인다.

(바) 'ᄉᆞ, ᄃᆞ'의 교체

'ᄃᆞ'와 조사 연결			'ᄉᆞ'와 조사 연결	
주격	ᄃᆞ+ㅣ →디	것이	ᄉᆞ+ㅣ→ 시, 씨	것이
목적격	ᄃᆞ +ᄋᆞᆯ → ᄃᆞᆯ	것을, 줄을	ᄉᆞ+ᄋᆞᆯ → ᄉᆞᆯ, ᄡᆞᆯ	것을
서술격	ᄃᆞ + ㅣ라 →디라	것이다	ᄉᆞ+ㅣ라→ 시라, 씨라	것이다

㉠ ᄀᆞ장 다ᄋᆞᆯ 씨(ᄉᆞ+ㅣ) 究竟이라〈석상 13:41〉

㉡ 塵ᄋᆞᆯ 여흴 ᄡᆞᆯ(ᄉᆞ+ᄋᆞᆯ) 禪이오〈몽산법어 63〉

㉢ 訓은 ᄀᆞᄅᆞ칠 씨오(ᄉᆞ+ㅣ오)〈훈민정음언해〉

㉣ 土ㅣ 水와 火와ᄅᆞᆯ 브터 나ᄂᆞᆫ 디(ᄃᆞ+ㅣ) 子息이 부모ㅅ 氣分ᄋᆞᆯ 바돔 ᄀᆞᆮᄒᆞ니〈능엄 4;22〉

㉤ 念覺支ᄂᆞᆫ 一切 法의 性이 다 뷘 ᄃᆞᆯ(ᄃᆞ+ᄋᆞᆯ) 볼 씨오〈월석 2:37〉

㉥ 첫소리ᄅᆞᆯ 어울워 ᄡᅳᇙ 디면(ᄃᆞ+이면) ᄀᆞᆯ바쓰라〈훈민정음언해 12〉

〈참고〉 1. 'ᄃᆞ'에 목적격 조사 'ㄹ'이 붙은 'ᄃᆞᆯ'은(현대 국어 '줄'에 해당) 동사 '알다/모ᄅᆞ다'만 선택된다. (예) ㄱ. 입시울 ᄒᆞ야디ᄂᆞᆫ ᄃᆞᆯ 모ᄅᆞ고〈월석 7:18〉 2. 현대 국어에 없는 특수한 의존 명사 'ᄉᆞ'와 'ᄃᆞ'는 16세기에 어미로 바뀌었다.

② 대명사

가. 인칭 대명사

	1인칭	2인칭	3인칭	3인칭 재귀 대명사	미지칭	부정칭
단수	나	너, 그듸(존칭)	없음	저(평칭), ᄌᆞ갸(존칭)	누	아모
복수	우리(ᄃᆞᆯㅎ)	너희(ᄃᆞᆯㅎ)	없음	저희		

가) 지위에 상관 없이 '나'가 쓰인다. 단수, 복수에서 낮춤을 위한 말이 없었다.

나) 1인칭 대명사가 주어로 쓰일 때는 일반적으로 용언의 활용형에 선어말 어미 '-오-'가 일치한다. (예) 우리둘히 毒藥을 그르 머구니〈월석 17:17〉

〈참고〉 1인칭 대명사가 아니더라도 활용형에 의하여 주어가 화자임을 알 수 있는 예가 있다.

(예) 누른 새는 져기 느로몰 任意로 ᄒᆞ노라〈두시 20:10〉 (누른 새 = 두보)

다) 2인칭 대명사 '그듸'는 현대어의 '자네, 당신'의 의미로, '너'보다 약간 대우하는 표현이다. 'ᄒᆞ야써체'의 높임으로 대우해야 할 대상에게 쓰였다.

라) 재귀 대명사 '저'의 높임인 'ᄌᆞ갸'는 현대어의 '자기'가 아니고 3인칭 '당신'의 의미를 갖는다. 주격형은 'ᄌᆞ개', 관형격형은 'ᄌᆞ걋'이다.

(예) 정반왕이 깃그샤 부텻 소늘 손소 자ᄇᆞ샤 ᄌᆞ걋 가ᄉᆞ매 다히시고

마) 복수 표지: -둘ㅎ, -희/ -내

(가) -둘ㅎ: 평칭의 복수 접미사로 보편적 복수 접미사이다.

(예) 우리/ 우리둘히, 너/너희둘히 衆生둘/ 百姓둘

(나) -희: 평칭의 복수 접미사로 인칭 대명사와 통합된다.

(예) 너희둘ㅎ, 저희(재귀 대명사 '저'의 복수인 '저희둘ㅎ'은 나타나지 않는다.)

(다) -내: 존칭의 복수 접미사로 현대 국어에는 없다.

㉠ 어마님내 뫼ᅀᆞᇦ고 누이님내 더브러 ('-님' 뒤에) ㉡ 그듸냇 말 ᄀᆞᆮ디 아니호니

㉢ 自中은 ᄌᆞ걋내 中 이라 (존칭 대명사 '그듸'와 'ᄌᆞ갸' 뒤에)

(라) 현대 국어와 달리 주어가 복수임을 표시하는 예는 발견되지 않는다.

(예) 현대 국어: 빨리들 가거라.

나. 지시 대명사

	근칭	중칭	원칭	미지칭	부정칭
사물	이	그	뎌	므스, 므슷, 므슴, 언마 어느/어느, 현마, 엇뎨	아모것
처소	이어긔/여긔 이에/예	그어긔/거긔 그에/게	뎡어긔/ 뎌어긔/뎌에/ 뎨	어듸, 어드러, 어듸메	아모

가) 미지칭 '어느/어느'는 세 품사로 통용되었다.

(가) 관형사: <u>어느</u> 뉘

(나) 대명사: <u>어</u>ᄂᆞ야 놉돗던고 (어느 것이 높았던고?)

(다) 부사: 성인 신력을 <u>어</u>ᄂᆞ 다 ᄉᆞᆯᄫᆞ리 (어찌 다 말하리?)

나) 대명사의 뜻

(가) 므슥, 므섯, 므스, 므슴: 무엇, 무슨 (나) 현마: 얼마

(다) 이어긔, 그어긔, 뎌어긔: 여기, 거기, 저기 (라) 엇뎨: 어찌

(마) 어듸, 어드러, 어듸메: 어디

③ 수사

가. 고유어계 양수사: ᄒᆞ나ㅎ, 둘ㅎ, 세ㅎ, 네ㅎ, 다ᄉᆞᆺ, 여ᄉᆞᆺ, 닐굽, 여듧, 아홉, 열ㅎ, 스믈ㅎ, 셜흔, 마ᅀᆞᆫ, 쉰, 여쉰, 닐흔, 여든, 아ᄒᆞᆫ, 온, 즈믄, 몇, 여러ㅎ 등

나. 고유어계 서수사: 차례를 나타내는 접미사 '-자히, -재'(-째)가 양수사에 붙으면 서수사가 된다. 이외에 '-채, -차, -자' 등이 붙기도 한다. 16세기에는 '하낫재, 둘재, 센재'로 나타난다. (예) 둘차히, 세차히…

다. 한자어계 수사: 현대어와 같다. (예) 一, 二, … / 第一, 第二, …

④ 조사

가. 체언의 끝소리와 체언 모음의 종류에 따라 교체된다.

(예) ᄋᆞᆫ/은(보조사), ᄋᆞᆯ/을/ᄅᆞᆯ/를(목적격 조사), ᄋᆞ로/으로(도구 부사격 조사)

나. 주격 조사와 서술격 조사의 교체 조건은 같다. 서술격 조사는 주격에 '라'만 첨가한 형태.

다. 'ㄱ'로 시작하는 조사는 특정 소리(서술격 조사 이, ㄹ, y) 뒤에서 'ㅇ'으로 교체되는 일이 있다.

(예) '과/와, 곳/옷, 가/아'

라. 종류: 격조사, 접속 조사, 보조사

가) 격조사

(가) 주격 조사[21)]

형 태	환 경	보 기
ㅣ	'이'모음 이외의 모음으로 끝난 체언 뒤에 쓰임	부톄, 孔子ㅣ
이	자음으로 끝난 체언 뒤에 쓰임	사ᄅᆞ미, 世尊이
ø	'이/y'로 끝난 체언 뒤에 쓰임	불휘+Ø, 다리+Ø

㉮ 'ㅣ'는 한글 표기 뒤에서는 체언과 합쳐 쓰고, 한자 표기 뒤에서는 따로 쓴다.('딴이'라 불려왔음) 한자어의 경우 모음으로 끝나도 'ㅣ'를 붙인다.

(예) 부:톄 目連이ᄃᆞ려 니ᄅᆞ샤ᄃᆡ〈월석 6:1〉 믈읫 字ㅣ 모로매〈훈언〉

㉯ 영 주격 조사는 표기상으로는 나타나지 않으나 성조 변화가 있기 때문에 발음은 되었던 것으로 본다. (예) ᄃᆞ리[橋]+・Ø→ ᄃᆞ:리

㉰ 보격 조사, 서술격 조사는 주격 조사와 형태나 이형태 출현 환경이 동일하다.

㉱ 특이한 주격 조사

형 태	현대어	특 징	예
ᄭᅴ셔, 겨오셔	께서	존칭명사 뒤	化平公主ᄭᅴ셔, 先人겨오셔
ᄋᆡ이셔, 애이셔	에서	단체명사 뒤	나라히이셔 도ᄌᆞ기 자최 바다 가아
셔	서	일반명사 뒤	사공셔 오늘 日出이 유명ᄒᆞ리란다.
ㅣ라셔	이라서	'누구' 뒤	뉘라셔/跋提라셔 阿那律이ᄃᆞ려 닐오ᄃᆡ

※ 현대 국어에서 '서'는 주로 인수(人數) 뒤에 통합된다. (예) 둘이서 간다.

※ 이라서: (예스러운 표현으로) 특별히 가리켜 강조하여 주어임을 나타내는 격조사. '감히, 능히'의 뜻을 나타낸다.

(나) 목적격 조사

형 태	환 경	보 기
ᄋᆞᆯ/을	자음 뒤	ᄆᆞᄉᆞᄆᆞᆯ(마음을), 나라ᄒᆞᆯ(나라를), 이ᄠᅳ들(이뜻을)
ᄅᆞᆯ/를/ㄹ	모음 뒤	놀애ᄅᆞᆯ(노래를), 天下ᄅᆞᆯ(천하를), 님굼 位ㄹ

㉮ 'ᄋᆞᆯ/을, ᄅᆞᆯ/를'의 교체는 앞 음절과의 모음 조화 및 종성의 유무에 따라 결정

21) 주격 조사 '가'는 15세기 문헌에는 나타나지 않는다. 이 조사는 적어도 16세기 후반의 국어에는 존재했던 것으로 생각되는데, 문헌상으로는 근대 국어에 비로소 나타난다. 주격 조사 '가'가 결합하는 체언의 말음이 모두 y-하향 이중 모음인 점으로 보아 초기에는 '가'가 y-하향 이중 모음으로 끝난 체언에 먼저 붙었다가 차츰 그 범위를 모든 모음 뒤로 확대한 것으로 보인다.
(예) ᄇᆡ가 올거시니 〈첩신일:8〉 / 더라온 ᄌᆡ가 다 ᄎᆡ디고 〈신자:8〉

된다.

㉯ 현대 국어는 조사가 단일형만 존재하기 때문에 체언과 조사의 결합에서는 모음 조화가 나타나지 않는다.

㉰ 'ᄅᆞᆯ/를'은 기원적으로는 'ㄹ+ᄋᆞᆯ/을'로 본다.

(다) 관형격 조사

<table>
<tr><th>형 태</th><th colspan="2">환 경</th><th>보 기</th></tr>
<tr><td>ㅅ</td><td colspan="2">무정 명사 또는 존칭 명사 뒤</td><td>나랏 말ᄊᆞᆷ, 부텻 道理</td></tr>
<tr><td>ᄋᆡ</td><td>양성 모음 뒤</td><td rowspan="3">평칭
유정 명사 뒤</td><td>ᄆᆞᄅᆡ 香(말의 향기)</td></tr>
<tr><td>의</td><td>음성 모음 뒤</td><td>崔九의 집(최구의 집)</td></tr>
<tr><td>ㅣ</td><td>모음 뒤(수의적)</td><td>長子ㅣ 지븨, 쇠 머리, 내 임금[22]</td></tr>
</table>

㉮ 'ㅅ'은 현대 국어에서 사잇소리 표기로만 쓰이고, 표기되지 않는 경우도 많지만 중세 국어에서는 관형격 조사와 사잇소리 표기로 쓰였고 언제나 표기되었다.

(예) ᄌᆞ걋 옷, 世尊ㅅ 神力, 셔ᄫᅳᆳ ᄀᆡ벼를

㉯ 'ᄋᆡ/의'와 'ㅅ'의 분포: 'ᄋᆡ/의'는 선행 체언의 끝소리가 무성음, 유성음임을 구별하지 않고 붙지만, 'ㅅ'은 일반적으로 유성음일 때만 나타나며 선행 체언이 무성음일 경우에는 쓰이지 않는다.(業字, 中國 소리, 집 기ᄉᆞᆰ)

㉰ 'ㅣ'로 끝난 명사에 관형격 조사가 붙으면 'ㅣ'모음이 탈락되기도 하였다.

(예) 어미 + 의 → 어믜, 아비 + ᄋᆡ → 아ᄇᆡ, 아기 + ᄋᆡ → 아ᄀᆡ

㉱ 주어적 관형격: 관형사절이나 명사절에서 서술어의 의미상의 주어는 주격 조사와 결합하기보다는 관형격 조사 'ᄋᆡ/의, ㅅ'와 결합하는 것이 보통이다.

㉠ 迦葉의 能히 信受호ᄆᆞᆯ 讚歎ᄒᆞ시니라 〈월석 13:57〉

㉡ 諸子ㅣ 아ᄇᆡ 주구믈 듣고 〈참고〉 '아비의'로 나타나는 경우도 있음.

㉢ 그 아비 아ᄃᆞᄅᆡ 다 ᄒᆞ마 差ᄒᆞᆫ ᄃᆞᆯ 듣고

㉲ 목적어적 관형격: 명사절에서 의미상 목적어가 관형격의 형태를 취하는

---

22) 'ㅣ'의 첨가는 성조의 변동을 일으킨다. (예) ·내(거성-주격) - 내(평성-소유격), :네(상성-주격) - 네(평성-관형격), :제(상성-주격) - 제(평성-관형격), ·뉘(거성-주격) - :뉘(상성-관형격)

일이 있었다. 이것은 타동사의 목적어이었던 것이 타동사가 명사형으로 바뀌면서 본래의 목적격이 관형격으로 교체된 것으로 해석된다.

(예) 巫山과 楚水ㅅ 보믈 두 번 보과라

(라) 호격 조사

형 태	환 경	보 기
하	존칭 명사 뒤	님금하, 世尊하
아, 야(모음 뒤)	평칭 명사 뒤	阿難아, 長者야
(이)여	감탄의 의미, 격식적	觀世音이여

㉮ 존칭 명사에 붙는 '하'가 따로 있는 점이 특이하다.

(예) 님금하 아ᄅᆞ쇼셔/ ᄃᆞᆯ하 노피곰 도ᄃᆞ샤 〈정읍사〉

㉯ 다음의 예는 존칭 호격 조사가 아님에 주의해야 한다.

(예) 딩아 돌하(← 돌ㅎ+아) 當今에 겨샤이다 〈정석가〉

(마) 부사격 조사

형 태	환 경	보 기
애	양성 모음 뒤	바ᄅᆞ래 가ᄂᆞ니(바다에 가니)
에	음성 모음 뒤	굴허에(구렁에, 구덩이에)
예	'이/y' 뒤	다리예, 빅예

㉮ 에/애/예: 처소 부사격 조사로 현대어의 '에'와 똑같은 의미이다.

㉯ 처소 부사격 조사는 위의 '애, 에, 예' 셋이 원칙이나 관형격 조사와 형태가 같은 'ᄋᆡ/의'가 쓰이는 일도 있다.

ㄱ. 관형격과 부사격의 구별: 'ᄋᆡ/의' 다음에 명사가 오면 관형격이고, 용언이 오면 부사격이다.

ㄴ. 처소 부사격 조사로 'ᄋᆡ/의'를 취하는 체언(특이 처격어)

ᄋᆡ	앒[前], 낮[晝], 봄[春], 밤[夜], 밭[田], 곶[花], 나모[木], 아ᄎᆞᆷ[朝], 돗[席]
의	집[家], 곁[傍], 녁[側], 적[時], 밝[外], 밑[下], 구무[穴], ᄢᅳ[時]

㉰ 애셔, 에셔, 예셔, ᄋᆡ셔, 의셔, ᄋᆡ/ㅅ 그에셔, 의/ㅅ 그에셔: 현대 국어 '에

(게)서/께서'에 해당한다. (예) 虛空애셔 온갓 풍류ᄒᆞ며, 부텻긔

㉱ (ᄋᆞ/으)로: 현대 국어의 '으로'에 해당한다. 모음 조화에 따른다. 이것이 '나, 너, 누, 이'에 연결되면 'ㄹ'이 덧생겨서 '날로, 널로, 눌로, 일로'로 교체하기도 한다.

㉲ 비교 부사격 조사

ㄱ. 에/애(현대어 '와/과'에 해당)

㉠ 나랏 말ᄊᆞ미 中國에 달아 〈훈민정음〉 (나라의 말이 중국과 달라)

㉡ 性 업수매(없+움+애) ᄀᆞᆮᄒᆞ니라 〈영가집언해〉 (性 없음과 같다)

※ '다ᄅᆞ다, ᄀᆞᆮᄒᆞ다'의 지배를 받으면 기준(비교의 '와/과')의 의미를 갖는다.

ㄴ. 도곤/두곤(현대어 '보다'에 해당)

(예) 호박도곤 더 곱더라 〈동명일기〉 (호박보다 더 곱더라)

ㄷ. 이(현대어 '와/과'에 해당)

(예) 부톄 百億世界예 化身ᄒᆞ야 敎化ᄒᆞ샤미 ᄃᆞ리 즈믄 ᄀᆞᄅᆞ매 비취요미 ᄀᆞᆮᄒᆞ니라 〈월석 1:1〉 (달이 천 개의 강에 비춤과 같다)

ㄹ. 라와(현대어 '보다'에 해당)

(예) 널라와 시름 한 나도 〈청산별곡〉 (너보다 걱정이 많은 나도)

ㅁ. 에게 (현대어 '보다'에 해당)

(예) 자식(子息)에게 지나고 〈조침문〉 (자식보다 낫고)

㉳ 인용의 부사격 조사는 없었다. (예) 부톄 문ᄋᆡ 와 겨시다 듣고

(바) 서술격 조사

㉮ 현대 국어 서술격 조사 '이다'와 쓰임이 같고, 형태와 환경은 중세 국어 주격 조사와 같다.

㉯ 특징

ㄱ. '이-' 뒤에 'ㄱ'이 오면 'ㄱ'은 유성 후두 마찰음 'ㅇ'으로 교체한다.

(예) 져비고 → 져비오, *져비요

ㄴ. '이-' 뒤에 'ㄷ'이 오면 'ㄷ'은 'ㄹ'로 교체한다.

(예) 이-다 → 이라, 이-더라 → 이러라, 이-도다 → 이로다

ㄷ. '이-' 뒤에서 선어말 어미 '-오-'는 '-로-'로 교체한다.

(예) 父와 母와 나와 세히 業이 ᄒᆞᆫ가지로ᄆᆞᆯ 因ᄒᆞᆯᄊᆡ 〈능엄경언해〉

ㄹ. '이-' 뒤에서 연결 어미 '-아/-어'는 '라'로 교체한다.

(예) 세히라ᅀᅡ ᄒᆞ리라 / 내 겨지비라 가져가디 어려ᄫᅳᆯᄊᆡ 〈월석 1:13〉

나) 접속 조사

(가) 와/과

㉮ 맨 뒤에 오는 체언에도 연결되었음이 현대 국어와 다른 점이다. '과'는 자음 뒤에, '와'는 모음과 'ㄹ'뒤에 쓰인다.

(예) 입시울와 혀와 엄과 니왜 다 됴ᄒᆞ며 〈석상 19:7〉

ᄒᆡ와 ᄃᆞᆯ와 하ᄂᆞᆯ콰 ᄯᅡ콰ᄂᆞᆫ 日夜에 ᄠᅥᆺ도다 〈두시 14:13〉

㉯ 대명사 '누, 나'와 결합하면 '눌와' '날와'가 된다.

(예) 仁과 날와(나ㄹ와) 보ᄂᆞ니 〈석보상절〉

〈참고〉 沙門과 ᄒᆞ야 ᄌᆡ조 겻구오리라 〈석보상절〉 - 동반의 부사격.

(나) 하고: (예) 夫人도 목수미 열ᄃᆞᆯ하고 닐웨 기터 겨샷다 〈월석 2:13〉

※ 긷다: 남다

(다) (이)며: (예) 모ᄃᆞᆫ 사ᄅᆞ미 막다히며 디새며 돌ᄒᆞ로 텨든 〈석상 19:31〉

(라) (이)여: (예) 나지여 바미여 修行ᄒᆞ야 〈석상 24:30〉

(마) (이)랑: (예) 멀위랑 다래랑 먹고 청산에 살어리랏다 〈청산별곡〉

다) 보조사

(가) 대조: 'ᄋᆞᆫ/은/ᄂᆞᆫ/는'. 현대어의 '은/는'과 같다. 모음 조화에 따른다.

㉮ 대조: 아랫 세 하ᄂᆞᆯᄒᆞᆫ 煩惱ㅣ 만ᄒᆞ고 못 우흿 두 하ᄂᆞᆯᄒᆞᆫ 너무 게을이 便安ᄒᆞ고 〈석상 6:35-6〉

㉯ 주제: 種種ᄋᆞᆫ 여러 가지라 ᄒᆞ논 ᄠᅳ디라 〈월석 1:11〉

(나) 역시: '도'. 현대어와 같다. (예) 조고마도 모ᄅᆞ리어며 〈석상 13:42〉

(다) 특수: 'ᅀᅡ'. 현대어의 '야'와 같다.

㉠ ᄆᆞᆯ읫 字ㅣ 어우러ᅀᅡ 소리 이ᄂᆞ니 〈훈언 13〉

㉡ 이 각시ᅀᅡ 내 얻니논 ᄆᆞᅀᆞ매 맛도다 〈석상 6:14〉

(라) 단독: 곳/옷, 봇/봇, 만, ᄲᅮᆫ. 현대어의 '만'과 비슷하다. '곳/옷'은 자음 뒤에서 '곳'이, '모음과 y, ㄹ' 뒤에서 '옷'이 쓰인다.

(예) 외ᄅᆞᄫᅵᆫ 비옷 잇도다 〈두시〉 / 聖神곳, 아니옷, 일옷

(마) 지적: '(ᄋᆞ)란'. 체언에만 붙는다.

(예) 여슷 아ᄃᆞᆯ란 ᄒᆞ마 갓 얼이고 〈석상 6:13〉

(바) 균일: '마다'. 체언에만 붙는다. (예) 사ᄅᆞᆷ마다 수ᄫᅵ 아라 〈석상 서:6〉

(사) 선택: '(이)나, (이)어나'. 현대어의 '(이)나, (이)거나'에 해당한다.

(예) 아ᄆᆞᄃᆡ나(아무데나)

(아) 시작: '브터'. 현대어 '부터'와 같다.

(자) 의문: '가/아', '고/오'. 체언에 붙어 의문문을 만든다. '가/아'는 판정 의문문에, '고/오'는 설명 의문문에 쓰인다. '모음, y, ㄹ' 뒤에서 '아/오', 자음 뒤에서 '가/고'가 쓰인다.

㉠ 이 ᄯᆞ리 너희 죵가 〈월석 8:94〉/ 이ᄂᆞᆫ 賞가 罰아 〈몽산 53〉

㉡ 얻논 藥이 므스것고 〈월석 21:215〉 / 자식 업더니 므슷 罪오 〈월석 1:7〉

(차) 미침: '(이)ᄃᆞ록/(이)도록'

(카) 비특수: 'ㄴ ᄃᆞᆯ'

(타) 감탄: 'ㅣ라'

(파) 인정: '나마'. 아쉬운 대로 인정됨.

(하) 여운: '곰/옴', 종결: '마ᄅᆞᆫ'

⑤ 체언의 형태 바꿈

가. 명사의 형태 바꿈

현대 국어에서는 체언과 조사가 결합할 때 대명사만 형태 바꿈이 있지만, 중세 국어에서는 명사도 형태를 바꾸는 경우가 있었다.

가) 8종성법에 의한 형태 바꿈: 8종성(ㄱㄴㄷㄹㅁㅂㅅㆁ)이 아닌 자음이 종성의 자리에 오면 8종성으로 바뀐다.

㉠ 고지라[花] → 곳과 ㉡ 알ᄑᆡ[前] → 앏과 ㉢ 밧기라[外] → 城 밧

나) 'ㅎ'종성체언의 형태 바꿈

(가) 단독형으로 쓰이면 'ㅎ'이 없이 쓰이고, 조사와 결합하거나 합성어를 형성할 때에는 'ㅎ'이 나타난다. (예) 돌ㅎ[石]: 돌, 돌히, 돌콰, 돌토

(나) 'ㅎ'종성체언은 80여 개로, 이미 15세기에 'ㅎ'이 탈락하는 일이 있었다.

갈ㅎ(칼), 고ㅎ(코), 그르ㅎ(그루), 긴ㅎ(끈), 나ㅎ(나이), 나라[國], 나조ㅎ(저녁), 내ㅎ[川], 네ㅎ[四], 노ㅎ(끈), 니마ㅎ[이마], 싸ㅎ(땅), 뒤ㅎ[後], 드르ㅎ[野], ᄆᆡㅎ[野], 뫼ㅎ[山], 바다ㅎ[海], 세ㅎ[三], 쇼ㅎ[俗人], 수ㅎ[雄], 시내ㅎ[溪], 우ㅎ[上], 자ㅎ[尺], ᄒᆞᆫ나ㅎ[一], 안ㅎ[內], ᄀᆞᄂᆞᆯㅎ(그늘), ᄀᆞᅀᆞᆯㅎ(가을), ᄀᆞ올ㅎ(고을), 겨슬ㅎ(겨울), 길ㅎ[道], ᄂᆞᆯㅎ(刃), ᄃᆞᆯㅎ(접미사 '-들'), 돌ㅎ[石], 둘ㅎ[二], ᄆᆞᅀᆞᆯㅎ[고을], ᄇᆞᆯㅎ(팔), 스믈ㅎ[二十], 알ㅎ[卵], 열ㅎ[十], 올ㅎ[今年], 하ᄂᆞᆯㅎ[天], 고ㅎ[庫], 노ㅎ[爐], 보ㅎ[褓], 쇼ㅎ[褥] 등

다) 모음탈락에 의한 형태 바꿈: 체언에 조사가 결합할 때 체언 끝음절의 모음 'ᄋᆞ/으, 오/우'가 탈락하는 현상으로, 다음의 4가지가 있다. (비자동적 교체)

(가) ᅀᆞ/ᅀᅳ → ㅿ~ㅇ[ɦ]: 'ᄋᆞ/으'가 탈락하고 'ㅿ'가 앞 음절의 받침이 됨과 동시에 ㅇ[ɦ]이 덧생긴다.

㉠ 아ᅀᆞ[弟]: 아ᇫ이, 아ᇫᄋᆞᆯ, 아ᇫᄋᆡ, 아ᅀᆞ와 → **아ᅀᆞ~아ᇫㅇ[ɦ]**

㉡ 여ᅀᅳ[狐]: 여ᇫ이, 여ᇫ의, 여ᅀᅳ와 → **여ᅀᆞ~여ᇫㅇ[ɦ]**

(나) ᄅᆞ/르 → ㄹㅇ[ɦ]: 'ᄋᆞ/으'가 탈락하고 'ㄹ'이 앞 음절의 종성이 됨과 동시에 ㅇ[ɦ]이 덧생긴다. 노ᄅᆞ[獐], ᄀᆞᄅᆞ[粉], ᄂᆞᄅᆞ[津], 시르[甑] 쟈ᄅᆞ[袋], ᄌᆞᄅᆞ[柄] 등.

※ '노ᄅᆞ'는 근대 국어에서 주격 '놀리', 관형격 '놀릐'로 변했다.

㉠ 노ᄅᆞ[獐]: 놀이, 놀ᄋᆞᆯ, 노ᄅᆞ와, 놀이라 → 노ᄅᆞ~놀ㅇ[ɦ]

㉡ 시르[甑]: 실을, 실의 → 시르 ~ 실ㅇ[ɦ]

(다) ᄅᆞ/르 → ㄹㄹ: 모음 'ᄋᆞ/으'가 탈락하고 'ㄹ'이 앞 음절의 종성이 되고 'ㄹ'이 덧생긴다.

㉠ ᄒᆞᄅᆞ(하루): ᄒᆞᆯ리, ᄒᆞᆯᄅᆞᆯ, ᄒᆞᆯ리라 → ᄒᆞᄅᆞ~ᄒᆞᆯㄹ

㉡ ᄆᆞᄅᆞ(마루): ᄆᆞᆯ리, ᄆᆞᆯᄅᆞᆯ, ᄆᆞᆯᄅᆞᆫ → ᄆᆞᄅᆞ~ᄆᆞᆯㄹ

(라) 'ㄱ' 덧생김: 명사의 끝음절 모음이 탈락하고 'ㄱ'가 덧생긴다.

※ 여기에서 '와'의 'ㅇ'이 유성 후두 마찰음 [ɦ]이라 보면 모두 자음 앞에서는 단독형이 나타난다.

㉠ 나모: 남기, 남ᄀᆞᆯ, 남ᄀᆡ, 남ᄀᆞ로, 나모와, 남기라, 남ᄀᆞᆫ, 나모도

㉡ 구무: 굼기, 굼글, 굼긔, 구무와, 굼기라, 구무도

㉢ 불무: 붊기, 붊글, 붊긔, 불무와, 붊기라

㉣ 녀느: 년기, 년글, 녀느와

라) '이' 탈락: '이'로 끝나는 명사가 관형격 조사 'ᄋᆡ/의' 및 호격 조사와 결합되면 그 '이'가 탈락한다. ※ '이' 탈락은 유정 명사에 국한된다.

(예) 아비 → 아ᄇᆡ; 아기 → 아ᄀᆡ, 아가; 늘그니 → 늘그늬, 가히 → 가ᄒᆡ

마) 의존 명사 'ᄉᆞ. ᄃᆞ'도 주격 조사와 서술격 조사 앞에서 'ᆞ'가 탈락된다.

㉠ ᄀᆞ장 다ᄋᆞᆯ 씨 究竟이라 〈석상 13:41〉

㉡ 土ㅣ 水와 火와ᄅᆞᆯ 브터 나논 ᄃᆡ 子息이 〈능 4:22〉

나. 대명사의 성조 바꿈: 인칭, 의문 대명사에서 주격형과 관형격형이 성조로 구별된다.

㉠ 내(거성-주격) - 내(평성-관형격)

㉡ :네(상성-주격) - 네(평성-관형격)

㉢ :제(상성-주격) - 제(평성-관형격)

㉣ ·뉘(거성-주격) - :뉘(상성-관형격)

⑥ 품사의 통용: 한 단어가 여러 문법적 성질로 쓰임.

㉠ 새:	(명사)	이 나래 새ᄅᆞᆯ 맛보고
	(관형사)	새 기슬 一定ᄒᆞ얫도다
	(부사)	새 出家ᄒᆞᆫ 사ᄅᆞ미니
㉡ 어느	(대명사)	이 두 말ᄋᆞᆯ 어늘(어느 ㄹ) 從ᄒᆞ시려뇨
	(관형사)	어느 뉘 請ᄒᆞ니
	(부사)	어느 플리
㉢ 아니	(명사)	ᄉᆞᇇ가락과 ᄉᆞᇇ가락 아니와애 나게 ᄒᆞ리라

(부사)　　　　ᄇᆞᄅᆞ매 아니 뮐ᄊᆡ〈부사〉

㉣ ᄂᆞᆯ[生]　(명사)　　　　ᄂᆞᄅᆞᆯ 머그면

※ 현대 국어서 '날[生]'은 관형사로만 쓰이지만, 중세 국어에서는 명사로도 쓰였다.

(3) 용언과 어미

① 자동사, 타동사, 보조 용언

가. 자동사, 타동사: 자동사와 타동사의 구별은 목적어의 유무에 따른다는 점은 현대어와 같다. 특이한 것은 자동사와 타동사의 구별 표지인 '-거-/-어-'(확인법 선어말 어미)가 활용에 나타나는 일이 있었다는 점이다. '서술격 조사+-거-'에서 'ㄱ'이 약화되어 '어'로 나타난다.

※ '-거-'(확인법) + '-오/우-' → '과/가'. (예) 이어다, ᄒᆞ과라

형태	구분		보기
-거-	비타동사	자동사	석 ᄃᆞᆯ 사ᄅᆞ시고 나아 가거시ᄂᆞᆯ 〈월석 10:17〉
		형용사	시르미 더욱 깁거다 〈월석 8.101〉
		서술격 조사	바미 ᄒᆞ마 반이어다 〈석상 23.13〉
-어-	타동사		艱難ᄒᆞᆫ 사ᄅᆞᆷ 보아ᄃᆞᆫ 〈석상 6.15〉

나. 보조 용언

가) 보조 동사: 대부분 보조적 연결 어미 '-아, -어, -게(긔), -디, -고'를 매개로 본동사에 결합된다.

(가) 진행: -어 가다, -어 오다, -고 잇다

(나) 종결: -어 나다, -어 내다, -어 ᄇᆞ리다

(다) 보유: -어 두다, -어 놓다

(라) 피동: -게 ᄃᆞ외다, -어 디다

(마) 사동: -게/-긔 ᄒᆞ다

(바) 부정: -디/-ᄃᆞᆯ 아니ᄒᆞ다, -디 몯ᄒᆞ다, -디/-게/-어 말다

(사) 당위: -어사 ᄒᆞ다

나) 보조 형용사

(가) 희망: -고져, 식브녀

(나) 부정: -디 아니ᄒᆞ다, -디 몯ᄒᆞ다

(다) 추측: -ㄴ/-ㄹ가 보다

(라) 상태: -어 잇다, -어 겨시다[23]

다) 본용언과 보조 용언의 구분 방법은 현대어와 같다.

㉠ 地獄ᄋᆞᆯ 붓아 ᄇᆞ려 〈월석 21:181〉 (보조 동사 - 완료, 종결)

㉡ 다ᄃᆞ른가 식브거늘 〈구급간이방 6:16〉 (보조 형용사 - 추측)

라) 동사와 형용사의 구분

(가) 직설법 선어말 어미 '-ᄂᆞ-'의 통합 여부에 따라 동사와 형용사로 나눌 수 있다.

㉠ 德叉迦ᄂᆞᆫ 독ᄋᆞᆯ 내ᄂᆞ다 ᄒᆞᄂᆞᆫ 마리오 〈석상 13:7〉

㉡ 須彌ᄂᆞᆫ ᄀᆞ장 놉다 ᄒᆞᄂᆞᆫ ᄠᅳ디라. 〈월석 1:17〉

(나) 형용사가 동사로 전성되어 쓰이는 경우에는 '-ᄂᆞ-'가 붙는 일이 많았다.

㉠ 서르 친ᄒᆞ며 서르 갓갑ᄂᆞ닌 믌 가온뒷 ᄀᆞᆯ며기로다 〈두시 7:3〉

㉡ 부인이 머리ᄅᆞᆯ 문지시면 병이 다 됴터라

('갓갑-'은 형용사인데 '-ᄂᆞ-'가 붙어 동사로 전성되었다. '가까이하는 것은'으로 옮긴다. '둏다'는 형태 변화 없이 동사로 쓰였다. '좋아지더라'로 옮긴다.)

② 활용

가. 규칙 활용

가) 8종성법에 의한 형태 바꿈: 8종성 이외의 자음으로 끝나는 어간의 교체

(예) 브터~븓고(븥-~븓-) , 업서~업게(없-~업-)

---

23) '-지라'는 원망(怨望)의 보조 형용사가 아니고, 단순한 종결 어미이다.
(예) 외ᄅᆞᆯ 머거지라 ᄒᆞ거늘 〈삼강 효:30〉 (먹+어지라): 이때 '어'는 보조적 연결 어미가 아니라 · 타동사 표지이다.

· 용언의 활용뿐만 아니라 체언과 조사의 결합 및 휴지 사이에서도 나타나는 보편적 교체이다. (예) 고ᄌᆞᆯ~곳과, 비ᄎᆞ로~빗과, 알ᄑᆡ(앒+ᄋᆡ)~앏과

나) 'ᄋᆞ/으'로 끝나는 용언의 어간이 모음으로 시작하는 어미를 만나면 'ᄋᆞ/으'가 탈락한다.(현대 국어 '으' 탈락의 소급형)

㉠ ᄑᆞ-: 파(ᄑᆞ+아), 폼(ᄑᆞ+옴)

㉡ 크-: 커ᅀᅡ(크+어ᅀᅡ), 쿠ᄃᆡ(크+우ᄃᆡ)

㉢ 다ᄋᆞ다, 더으다, ᄠᅳ다, ᄡᅳ다, 쓰다, ᄎᆞ다 등

※ 'ᄒᆞ다'에서 'ㆍ'는 '오'와 만날 때 탈락되기도 하고 유지되기도 한다. (예) 홈, 호ᄃᆡ; ᄒᆞ요ᄃᆡ, ᄒᆞ욤

다) 'ᄅᆞ/르'와 'ᅀᆞ/ᅀᅳ'로 끝나는 용언의 어간 교체. (현대 국어 '르' 불규칙의 소급형) 중세 국어에서는 이런 유형으로 끝나는 용언은 모두 교체 유형이 같기 때문에 불규칙 활용으로 분류하지 않는다. 그러나 현대 국어에서는 '따르-+아 → 따라'처럼 규칙적으로 활용하는 예가 있기 때문에 '르-불규칙'을 설정한다.

㉠ 다ᄅᆞ-[異]: 달아(다ᄅᆞ+아), 달옴(다ᄅᆞ+옴). 다ᄅᆞ-~달ㅇ[ɦ]-

㉡ 그르-[解]: 글어(그르+어), 글옴(그르+옴). 그르-~글ㅇ[ɦ]-

㉢ 모ᄅᆞ-[不知]: 몰라, 몰롬(모ᄅᆞ+옴). 모ᄅᆞ-~몰ㄹ-

㉣ 그ᅀᅳ-[劃]: 그ᇫ어(그ᅀᅳ+어), 그ᇫ움(그ᅀᅳ+움). 그ᅀᅳ-~그ᇫㅇ[ɦ]-

라) ㄹ-탈락에 의한 어간의 교체: 'ㄹ' 받침을 가진 용언이 'ㄷ, ㄴ, ㄹ, ㅿ'으로 시작하는 어미 앞에서 'ㄹ'가 탈락한다.

(예) 알-[知]: 아디(알+디), 아ᄂᆞ니라(알+ᄂᆞ니라), 아ᄉᆞᆸ고(알+ᄉᆞᆸ고); 아ᄅᆞ시니, 아롬, 아ᄅᆞ쇼셔 〈비교〉 (현대 국어) 아시니, 앎, 아소서

마) 자음 동화에 의한 어간 교체:

(예) 걷너-[濟] ~ 건너-, ᄃᆞᆮ니-[行] ~ ᄃᆞᆫ니-

바) 모음 조화에 따른 어미의 교체: 연결 어미 '-아X/-어X', '-오X/-우X'계 어미, 매개 모음 '-ᄋᆞ/-으' 등. (예) 도라ᅀᅡ:주거ᅀᅡ, ᄉᆞᆯ보ᄃᆡ:업수ᄃᆡ, 자ᄇᆞ며:업스며

나. 불규칙 활용

※ 교체를 보이는 형태소와 교체 환경을 범주화할 수 있으면 규칙활용이고, 그렇지 못하면 불규칙 활용이다.

가) 어간이 불규칙하게 교체되는 활용

종류	조건	예
ㅅ불규칙	끝소리 'ㅅ'이 모음 앞에서 'ㅿ'으로 바뀜. 현대어에서는 'ㅅ'이 탈락됨	짓+어 → 지ᅀᅥ(지어), 닛+으니 → 니ᅀᅳ니(이으니) 〈참고〉 짓고, 짓는, 버ᅀᅥ, 버ᅀᅳ니 ※ 규칙 용언: 벗다, 빗다, 솟다, 싯다, 밧다 등
ㅂ불규칙	끝소리 'ㅂ'이 모음 앞에서 'ㅸ'으로 바뀜. 현대어에서는 'w'로 바뀜.	덥+어 → 더버(더워), 돕+아 → 도바(도와) ※ 불규칙 용언: 갓갑다, 곱다, 굽다, 눕다 규칙 용언: 곱다, 넙다, 닙다, 잡다, 좁다 등
ㄷ불규칙	끝소리 'ㄷ'이 모음 앞에서 'ㄹ'로 바뀜. 현대어와 같음.	묻[問]+어 → 무러(물어), 긷+어 → 기러(길어) ※ 불규칙 용언: 걷다, 다ᄃᆞᆮ다, 일ᄏᆞᆮ다 규칙 용언: 갇다(收), 굳다, 돋다, 믿다
시므~싦	어간 모음 'ㆍ/ㅡ'가 탈락 되고 'ㄱ'이 덧생김. 현대어에서는 단독형으로 통일됨	시므+어 → 심거(심어): 모음 어미 앞 '싦' 시므+고 → 시므고(심고): 자음 어미 앞 '시므'
잇/이시	모음 어미와 매개 모음을 취하는 어미 앞에서는 '이시-', 자음 어미 앞에서는 '잇-'으로 교체됨. 현대어에서는 '있-'으로 통일됨	이시-: 이셔, 이쇼니, 이시며, 이시나 잇-: 잇고, 잇다, 잇더니
녀/니	어간 모음 '여'가 선어말 어미 '-거-' 앞에서 '니'로 교체. 현대어에서는 단어 자체가 소멸됨	녀+시+을 → 녀실(다니실): 모든 경우 녀+거늘 → 니거늘(다니거늘): '거' 계열어미 앞에서만 바뀜.

〈참고〉

1. '주다[授]'는 '자기에게 건네다'를 의미할 때는 'ᄒᆞ쇼셔체'에서 '주쇼셔'가 되어 '주-'로 나타나지만 'ᄒᆞ라'체 간접 명령형 어미 '-라' 앞에서는 수의적으로 '도-' 또는 '달-'로 교체한다. 이는 '주다'의 보충법적 형태이다.
   ㉠ 가시며 子息이며 도라 ᄒᆞ야도 〈월석 1:13〉
   ㉡ 수를 달라 ᄒᆞ야 먹ᄂᆞ다 〈두시 25:18〉
2. 쌍형 어간: 버믈-~범글-[繞], 여믈-~염글-[實], 져믈-~졈글-[暮], ᄆᆞᆫ니-~ᄆᆞᆫ지-[摩], 구짖-~구진-[叱], 낟-~낱-[顯], 흗-~흩-[散]
3. 모음 어미 앞/자음 어미 앞: 니를-/니르-, 누를-/누르-, 푸를-/푸르-

나) 어미가 불규칙하게 교체되는 활용

종류	조건	보기
ㄷ→ㄹ	서술격 조사와 선어말 어미 '-리-, -더-' 아래에서	ᄒᆞ리라(←ᄒᆞ+리+다), 이러라(←이+더+다) 이로다(←이+도+다)
ㄱ→ㅇ[ɦ]	'y', 'ㄹ'로 끝나는 용언, 서술격 조사, 선어말 어미 '-리-' 아래에서 어미의 첫소리 'ㄱ'이 'ㅇ'[ɦ]으로 바뀜	ᄃᆞ외오(ᄃᆞ외+고) 하ᄂᆞᆯ히어늘(←하ᄂᆞᆶ+이+거늘), 가지오[枝](←가지+∅+고)
오→로	서술격 조사 아래에서 '-오/-우'로 시작하는 어미나 선어말 어미 '오/우'가 '로'로 바뀜	이롬(←이+옴), 이로ᄃᆡ(←이+오ᄃᆡ)
야-불규칙	'ᄒᆞ다' 동사의 어간 끝모음이 탈락하지 않고 '아'대신 '야' 계통의 어미가 붙음. 현대 국어 '여' 불규칙과 같음.	ᄒᆞ야(←ᄒᆞ+아: '하'가 되는 것이 규칙인데 실제로는 '-야'가 붙음), ᄒᆞ야셔(←ᄒᆞ+아셔)
나-불규칙	'오다' 동사의 어간에 '거/어'계열의 어미가 결합되면 '나'가 됨.	오나ᄂᆞᆯ(←오+거ᄂᆞᆯ), 오나다(←오+거다)

〈참고〉

1. 보조적 연결 어미 '-어'와 상태의 보조 용언 '잇-'의 결합형인 '엣-'이 동사 '두-'아래에서 '-ᇫ'으로 바뀌고, 동시에 'ㅣ'가 탈락한 '둣'이 나타나기도 한다.

(예) 뒷더시니, 뒷논, 둣더시니, 둣논 / 드리웻노니(드리우+엣+ᄂᆞ+오+니)

2. 동사의 성질에 따라 '-거/-어'가 다르게 결합되는 것은 음운 규칙에 의한 것이 아니므로 불규칙적 교체이다.

• '거' 불규칙: 비타동사에 결합됨. (예) 앉거늘(앉거늘), 이어늘(←거늘)

• '어' 불규칙: 타동사에 결합됨. (예) 머거늘(←먹어늘)

③ 어미

가. 선어말 어미

· 분리적 선어말 어미: 다른 어미와 자유롭게 결합하는 어미. '-시-, -숩-'

· 교착적 선어말 어미: 제한된 어미와 결합하는 어미. '-ᄂᆞ-, -니-, -이-'

가) 높임 선어말 어미

(가) 주체 높임 선어말 어미: 주체 높임은 문장의 주체를 높이는 방법으로, 주체가 화자보다 높을 때 실현된다. '-시-/-샤-'

※ '샤'를 '시+아'로 분석할 수 없다. 또 '가샤'(←가샤아)처럼 '샤' 뒤에서는 어미 모음이 필수적으로 탈락한다.

㉮ '-(ᄋᆞ/으)시-': 자음 어미 앞에서.

(예) 가시고, 가시니(모음 뒤) 사ᄆᆞ시니(삼+ᄋᆞ시+니; 자음 뒤)

㉯ '-샤-': '아/어'나 '오/우'로 시작되는 모음 어미 앞에서.

(예) 가샴(가+샤+옴), 가샤ᄃᆡ(←가+샤+오ᄃᆡ), 미드샷다(믿+으샤+옷+다)

나) 객체 높임 선어말 어미: 객체 높임은 목적어나 부사어로 쓰인 인물(객체)을 높이는 방법으로, 객체가 주체나 화자보다 존귀한 인물일 때 실현된다. 뜻은 '공손하게' 정도이다. '-ᄉᆞᆸ-/-ᄌᆞᆸ-/-ᅀᆞᆸ-'. 겸양법(동작 주체의 겸양)

어간의 끝소리	형 태	다음 어미의 첫소리	보 기
ㄱ,ㅂ,ㅅ,ㅎ	ᄉᆞᆸ	자음	막ᄉᆞᆸ거늘(막다)
	ᄉᆞᄫ	모음/매개 모음	돕ᄉᆞᄫᆞ니(돕다)
ㄷ,ㅌ,ㅈ,ㅊ,	ᄌᆞᆸ	자음	듣ᄌᆞᆸ게(듣다)
	ᄌᆞᄫ	모음/매개 모음	얻ᄌᆞᄫᅡ(얻다)
유성음 (모음, ㄴ,ㅁ,ㄹ)	ᅀᆞᆸ	자음	보ᅀᆞᆸ게(보다)
	ᅀᆞᄫ	모음/매개 모음	ᄀᆞ초ᅀᆞᄫᅡ(갖추다)

· 현대 국어에는 흔적(-옵-, -사옵-, -자옵-, -ᄉᆞᆸ-)만 남아 있고 그 원래의 의미는 거의 소멸되었다. 현대 국어에서 객체 높임은 어휘적 수단에 의해 실현된다.
(예) 우리 父母ㅣ 太子ᄭᅴ 드리ᅀᆞᄫᆞ시니(우리 부모가 태자께 공손하게 드리시니)

다) 상대 높임 선어말 어미: 상대 높임법은 청자를 높이거나 낮추는 방법이다. '-이-/-잇-(ᄒᆞ쇼셔체), -ᅌᅵ-/-ㅅ-(ᄒᆞ야쎠체)'. 이 형태소들은 근대 국어에서 소멸하였다. 이 어미들은 오직 종결 어미 앞에만 나타난다는 특징을 가지고 있다. 따라서 종결 어미가 평서형, 의문형, 명령형 중 어느 것이냐에 따라 각자 그 특이한 교체형이 나타난다. 평서형 '-다' 앞에서는 '-이-/-ᅌᅵ-', 의문형 종결 어미 '-가, -고' 앞에서는 '-잇-/-ㅅ-'으로, 명령형일 때는 '-쇼셔/-야쎠'가 쓰인다.

구 분	등 분	형태소	보 기
ᄒᆞ쇼셔체	아주높임	-이-(평서형), -잇-(의문형), -쇼셔(명령형), -사이다(청유형)	ᄒᆞᄂᆞ이다, ᄒᆞ니이다, ᄒᆞ리이다; ᄒᆞᄂᆞ니잇가; ᄒᆞ쇼셔; ᄒᆞ사이다
ᄒᆞ야쎠체	보통으로 높이거나 낮춤	-ㆁ-/-ㅇ-(평서형), -ㅅ-(의문형). -아쎠(명령형)	ᄒᆞᄂᆡᆼ다, ᄒᆞ댕다, ᄒᆞᄂᆞᄂᆡᆼ다; ᄒᆞᄂᆞ닛가; ᄉᆞᆯ바쎠
ᄒᆞ라체	아주낮춤	-다(평서형), -녀, -ㄴ다, -ㅭ다(의문형), -라(명령형), -져/-져라(청유형)	ᄒᆞᄂᆞ다; ᄒᆞᄂᆞ녀, ᄒᆞᄂᆞᆫ다, ᄒᆞᆯ따; ᄒᆞ라; ᄒᆞ져

· 'ᄒᆞᄂᆞ니잇가', 'ᄒᆞᄂᆞ닛가'에서 의문형 어미는 불연속형태 '니…가'이고, 상대높임법의 '-잇-, -ㅅ-'이 그 자리에 끼어들어 있다.

〈참고〉 반말체: '-니, -리'로 문장이 종결되는 경우를 반말체라 하기도 함. 쓰임이 극히 제한적이다. ᄒᆞᄂᆞ니, ᄒᆞ시리(평서형/의문형)

나. 기본 서법의 선어말 어미

※ 사태를 바라보는 화자의 태도가 일정한 형태소에 의해 표현되는 것을 서법이라 한다.

가) 직설법: 발화시를 기준으로 사태를 사실적 객관적으로 파악하는 서법의 한 형태. '-ᄂᆞ-'.

(가) 선어말 어미 '-오-'와 결합하면 '-노'가 된다.

(예) ᄒᆞᄂᆞ다, ᄒᆞ노라[←ᄒᆞ+ᄂᆞ+오+라(←다)], ᄒᆞᄂᆞ녀, ᄒᆞᄂᆞ니, ᄒᆞᄂᆞᆫ

(나) '-ᄂᆞ-'는 동사와만 결합되며, 이때는 현재 시제를 표시한다.

※ 형용사와 서술격 조사는 부정법(不定法)에 의해 현재 시제가 표시된다.

(다) 형용사가 동사로 전성되어 쓰일 때에는 '-ᄂᆞ-'가 결합되기도 한다.

㉠ 서르 親ᄒᆞ며 서르 갓갑ᄂᆞ닌 믌 가온딧 갈며기로다 〈두시 7:3〉

㉡ 時節이 서늘ᄒᆞ야 病 이 져기 됸ᄂᆞ다 〈두시 10:30〉

(라) 현대 국어 직설법 선어말 어미 '-느-'의 소급형이다.

나) 회상법: 화자가 주어의 행위에 대해 경험한 사실을 회상하여 진술하는 서법의 한 형태. '-더-'

(가) 동사에서 직설법의 '-ᄂᆞ-'(현재)와 회상법의 '-더-'가 계열 관계를 이루어 과

거를 표시한다.[24]

(나) 회상법 선어말 어미 '-더-'는 선어말 '-오-'가 결합되면 '-다-'가 된다. 서술격 조사나 추측법의 '-리-' 뒤에서는 '-러-'로 교체된다.(근대 국어에 다시 '-더'로 실현된다) 1인칭 주어와의 통합에 제약이 없었다.

(예) 내 롱담ᄒᆞ다라 (ᄒᆞ+더+오) / 得大勢여... 당다이 부텨 ᄃᆞ외리러라

(다) '-더-'의 과거 표시는 시제보다 상(相: 직설법, 회상법, 추측법, 추측 회상법, 부정법 등)의 입장에서 본다. '-더-'의 시제는 발화시를 기준으로 하면 과거 시제로 해석되고, 경험시를 기준으로 하면 현재 시제로 해석된다.

㉠ 뎌녁 몸 마ᄌᆞᆫ 이리 다 願ᄀᆞ티 ᄃᆞ외더라 〈월석 10:30〉

(지문에 나타나는 회상법으로, 화자의 경험과는 관련이 없는 과거사실에 대한 단순한 진술이다.)

㉡ 내 지븨 이셔 샹녜 環刀ㅣ며 막다히를 두르고 이셔도 두립더니 이제 ᄒᆞ오ᅀᅡ 무덤 서리옛 나모 아래 이셔도 〈월석 7:5〉

(화자의 경험을 진술. 주절의 시제에 선행하므로 시제는 발화시 기준 과거이나, 경험시 기준으로는 현재이다.)

(라) 고영근은 부정법을 설정하여 부정법의 시제(∅)와 회상법의 시제(-더-)를 구분한다. 이기문, 안병희는 확인법 선어말 어미 '-거-/-어-'를 과거 시제선어말 어미로 처리한다.

다) 추측법: 발화시 이후에 있을 일을 추측하여 진술하는 서법의 한 형태. '-리-'

(가) 종결형과 연결형에서는 '-리-'로, 관형사형 어미는 '-ㄹ'로 나타난다.

㉠ ᄒᆞ리라(하리라), ᄒᆞ려(하려), ᄒᆞ리니(하리니); ᄒᆞᆯ(할)

㉡ 내 願을 아니 從ᄒᆞ면 고ᄌᆞᆯ 몯 어드리라 〈월석 1:12〉

㉢ ᄒᆞ마 命終ᄒᆞᇙ 사ᄅᆞᄆᆞᆯ 善惡 묻디 말오 〈월석 21:125〉

㉣ 諸佛ㅅ 實法을 드르리 이시면 〈법화 2:149〉

(나) 주어가 화자이면 일반적으로 의도의 의미가 파악된다.

---

24) 동사의 과거 시제는 많은 경우 부정법(일정한 형태가 없이 시제를 표시)으로 실현되었다.
ㄱ. "(世尊)…세간에 샹녜 이셔 내 正法을 護持ᄒᆞ라 ᄒᆞ시이다" 〈참고〉 ᄒᆞ시ᄂᆞ이다/ᄒᆞ시더이다
ㄴ. 주거미 닐오ᄃᆡ "내 ᄒᆞ마 命終호라" 〈참고〉 ᄒᆞ노라(ᄒᆞᄂᆞ오라: 직설법 현재), ᄒᆞ다라(회상법)
ㄷ. ᄀᆞᇗ ᄀᆞ새 자거늘 밀므리 사ᄋᆞ리로ᄃᆡ 나거ᅀᅡ ᄌᆞᄆᆞ니이다.
ㄹ. 네 아비 ᄒᆞ마 주그니라

㉠ 내 이제 分明히 너드려 닐오리라 〈석상 19:4〉

㉡ 나옷 ~면...地獄애 드로리라 〈월석 23:75〉 (의도의 의미가 없다)

다. 부차 서법의 선어말 어미

가) 확인법: 화자의 주관적 믿음을 바탕으로 사태를 확정적으로 판단하는 서법의 한 형태. '-거-/-어-'

(가) 비타동사에는 '-거-'가, 타동사에는 '-어-'가 서술어에 결합한다.

㉠ 시르미 더욱 깁거다 〈월석 8:101〉

㉡ 즐굽드빈 므스미 다 스러디거늘 〈석상 6:9〉

㉢ 王ㅅ 中엣 尊흐신 王이 업스시니 나라히 威神을 일허다 〈월석 10:9〉

(나) 선어말 어미 '-오-'가 통합되면 '-과(와)-' 또는 '-가(아)-'가 되는데(거/어+오 → 과/가), '-과-'는 평서형 종결 어미 '-다'와 결합될 때 나타나며, '-가-'는 '-다' 외의 어말 어미와 통합될 때 나타난다.

㉠ 오늘사 스싀 얻과라/ 또 너를 맛보과라/ 내 이제 훤히 즐겁과라

㉡ 뭐우숩가니 / 사름 잇는 주를 알아니와[←알+가(어+오)+니와]

(다) 어간 말음 'ㄹ, y, 서술격 조사' 뒤에서는 'ㄱ'이 약화되어 나타난다. 'ㄱ'이 약화된 '어'는 분철되며 음절 축약이 되지 않는다.

㉠ 바미 하마 반이어다[반+이+어(←거)] 〈석상 23:13〉

㉡ 青山애 살어리랏다[살+어(←거)+리+러(←더)+옷+다] 〈청산별곡〉

㉢ 하마 비 오려다(오+리+어+다) ← 예외.

※ '-거늘/-어늘'은 '-거-/-어-'가 떨어진 '-늘'만이 쓰이는 경우가 없으므로 '-거늘/-어늘' 전체가 각각 하나의 형태소가 된다. '-거든/-어든', '-옴, -오디'도 같다.

(라) '동사'에 확인법 선어말 어미가 결합하면 발화시 직전에 사건이 완료되었음을 나타낸다.

나) 원칙법: 화자가 누구나 믿을 만한 객관적 믿음을 바탕으로 사태를 확정적으로 판단하는 서법의 한 형태로 종결 평서형에서만 나타난다. '-니-'

㉠ 하느니라, 하느니리이다, 하더니라

㉡ ㅋ는 엄쏘리니 快ㆆ字 처섬 펴아 나는 소리 ᄀᆞ트니라 〈훈언 4〉

㉢ 사르미 살면 주그미 이실씩 모로매 늙느니라 〈석상 11:36〉

다) 감동법: 사태에 대한 화자의 감정적 태도를 나타내는 서법의 한 형태. '-돗-/-도-/-옷-/-ㅅ-'

(가) '-돗-'('오'나 매개 모음을 가지는 어미 앞에서 실현) :

㉠ 내 빗소배셔 난 아기로소이다[아기+이+롯(←돗)+(ᄋᆞ)이+다] 〈월석 23:86〉: '로ᄉᆞ → 로소'는 순행 원순 동화에 의함.

㉡ 이 이리 어렵도소이다

㉢ 내 몬져 드도소이다 [들+돗+오(의도법)+이+다]

(나) '-도-' (자음 어미 앞에서): ᄒᆞ도다 (자음 앞에서 'ㅅ'탈락)

※ '–돗–/–도–'는 서술격 조사나 선어말 어미 '리' 뒤에서 '–롯–/–로–'로 교체된다. (예) 어렵도다/ 드므도다/ 이러ᄒᆞᆫ 거시로다

(다) '-옷-' ('-ᄂᆞ-, -샤-, -더-' 뒤)

㉠ ᄒᆞ놋다(ᄒᆞ+ᄂᆞ+옷+다)

㉡ 우리도 이 偈를 좃ᄌᆞ바 외오노소라(외오+ㄴ(〈ᄂᆞ)+옷+오+다)

㉢ 甚히 奇特ᄒᆞ샷(←샤+옷)다, 네 오히려 아디 몯ᄒᆞ놋(←ᄂᆞ+옷)다

㉣ 忉利天에 겨시닷다(←더+옷)

㉤ 날마다 五百僧齋ᄒᆞ시돗더이다('-더-'와 쓰일 때 '-닷-'이 일반적임)

(라) '-ㅅ-': [ᄒᆞ소라(ᄒᆞ+ㅅ+오+라(평서형 종결 어미)], ᄒᆞ야ᄉᆞ라[ᄒᆞ+야+ㅅ+(ᄋᆞ)라(명령형 종결 어미)]

(예) "ᄆᆞᅀᆞᆷ 方便ᄋᆞᆯ 브터 三摩地예 드ᄉᆞᆫ다"(←들+ㅅ+ㄴ다) 〈능엄 5:31〉

※ 靑山애 살어리랏다[살+어(←거)+리+러(←더)+옷+다](과거에 어떤 조건이 충족되었더라면 기꺼이 청산에 살 수 있었을 터인데 그렇지 못한 점을 아쉬워하는 의미가 함축됨.)

라. 선어말 어미 '-오-'

가) 형태: 양성 모음 뒤에서 '-오-', 음성 모음 뒤에서 '-우-', 서술격 조사 뒤에서 '-로-'로 교체한다.

※ '–옴, –오ᄃᆡ, –오려'(예. –홈, –호ᄃᆡ, –호려) 등에서는 '*–ㅁ, *–ᄃᆡ, *–려'만 나타나는 경우(예. *ᄒᆞᆷ, *ᄒᆞᄃᆡ, *ᄒᆞ려)가 없으므로 '–오–'는 분석 불가능하고 형태소가 될 수 없다.

나) 기능

(가) 화자 표시법(의도법/인칭 활용): 주어가 1인칭(나, 우리)일 때 서술어에 나타난다. '-더-', '-거-'에 '-오-'가 화합된 '-다-', '-과-'는 거의 화자 주어에 일치한다.

㉠ 내 이를 爲ᄒᆞ야 … 스믈여듧 字를 ᄆᆡᇰᄀᆞ노니 〈훈언 3〉

㉡ 우리ᄃᆞ리 독약ᄋᆞᆯ 그르 머구니 원ᄒᆞᆫᄃᆞᆫ… 〈월석 17:17〉

㉢ (내) … 岐王ㅅ집 안해 샹녜 보다니 〈두시 16:52〉

㉣ 내 이제 훤히 즐겁과라 〈법언 2:137〉

㉤ 내 高麗 王京으로셔브터 오라 〈번노 상:1〉 [오(來)+-오-+라(←다)]

㉥ 내 이ᄃᆞᆯ 초ᄒᆞᆯᄅᆞᆺ 날 王京의셔・ᄠᅥ:나・라 〈번노 상:1〉 [・ᄠᅥ・나-+오+・라(←다)]

㉦ 네 이대 드르라 너 위ᄒᆞ야 (내) 닐오리라 [이대: 잘]

(㉦은 화자 주어와 일치하지만, 1인칭 대명사가 나타나지 않았다.)

(나) 제2인칭 활용: 주어가 2인칭일 때 서술어의 호응도 나타난다. 예외 현상으로 보기도 한다.

(예) (너)…다시 모ᄃᆡ 안조ᄃᆡ 端正히 호리라 〈몽언 2〉 [모ᄃᆡ: 반드시]

(다) 3인칭일 때 나타나기도 한다. 이때는 주어 명사가 3인칭이라도 사실은 그것이 화자 자신을 가리키는 경우에 '-오-'를 취한다. 그러나 주어가 화자일 때 쓰이는 것이 보편적이다.

㉠ 弟子ᄂᆞᆫ 이 理를 아디 몯호니 願ᄒᆞᆫᄃᆞᆫ 〈육조 상:85-6〉

㉡ 누른 새ᄂᆞᆫ 져기 ᄂᆞ로ᄆᆞᆯ 任意로 ᄒᆞ노라 〈두시 20:10〉

㉢ 妾은 王ㅅ 義예 죽고 王ㅅ 즐교매 죽디 아니ᄒᆞ노이다 〈내훈 2상:32〉

(라) 대상 표시법(대상 활용): 관형사절의 꾸밈을 받는 명사가 관형사절의 목적어가 될 때 관형사절의 활용형에 나타나는 '-오-'를 대상 활용이라 한다.

㉮ 관형사형에 붙은 활용형 '-오-'는 주체 높임선어말 어미 '-샤-'와도 결합할 수 있고, 1인칭은 물론 2, 3인칭도 주어가 될 수 있다는 점에서 인칭 활용(화자 표시법)과 다르다.[25)]

---

25) 평서문에서 주어가 1인칭일 때 나타나는 '-오-'는 '화자의 의도'를, 의문문에서 2인칭 주어일 때 나타나는 '-오-'는 '청자의 의도(청자가 의도를 가지고 설명하고 판정하기를 요구)'를, 관형사형에서 나타나는 '-오-'는 '동작주 의도(관형사형으로 쓰인 동사의 주체가 의도를 가지고 행한 동작임을 표시)'로 파악하는 견해도 있음(안병희・이광호, 1996).

㉠ 부톄 道場애 안ᄌᆞ샤 得ᄒᆞ샨 妙法을 닐오려 ᄒᆞ시ᄂᆞᆫ가 〈석상 13:25〉

㉡ 내 이제 得혼 道理도 三乘ᄋᆞᆯ 닐어ᅀᅡ ᄒᆞ리로다 〈석상 13:58〉

('내'는 의미상의 주어 '나'가 관형격을 취한 것임. '나'의 주격형은 거성, 관형격형은 평성)

㉢ 너희ᄃᆞᆯ히 生死 버ᇫ술 이ᄅᆞᆯ 힘ᄡᅥ 求ᄒᆞ야ᅀᅡ ᄒᆞ리로다 〈월석 10:14〉

㉣ 舍利佛이 須達ᄋᆡ ᄆᆡᇰᄀᆞ론 座애 올아 앉거늘 〈석상 6:30〉

㉯ 관형사형에 나타나는 '-오-'는 관형사절의 꾸밈을 받는 명사가 관형사절의 의미상 목적어일 때 쓰인다.

※ 관형사절의 꾸밈을 받는 명사가 관형사절의 의미상 목적어가 아닌 경우에도 '-오-'가 삽입되는 일이 있기도 하지만 불규칙적이다.

㉠ 얻논 藥이 므스것고 〈월석 21:215〉 (얻+ᄂᆞ+오+ㄴ)

㉡ 神力으로 ᄆᆡᇰᄀᆞᄅᆞ샨 거시 〈월석 18:31〉

㉰ 대상 표시법이 실현되어야 할 자리에 그것이 실현되지 않거나 반대의 예가 보인다. 이것은 15세기에 대상 표시법이 소멸하는 단계에 있음을 의미한다.

㉠ 그ᄢᅴ 敎化ᄒᆞᆫ … 衆生ᄋᆞᆫ 〈월석 14:56-7〉 (의미상 목적어)

㉠' 菩薩마다 敎化혼 … 衆生이 〈월석 14:48〉

㉡ 弟子ᄋᆡ 나혼 어미ᄂᆞᆫ 〈월석 23:96〉 (의미상 주어)

㉡' 이 몸 나ᄒᆞᆫ 어미 〈월석 23:93〉

다) 선어말 어미의 배열 순서:

[객체 높임 - 회상 - 주체 높임 - 직설 - 의도 - 추측 - 감동 - 상대 높임]

(예) 'ᄒᆞᅀᆞᆸ더시니, ᄒᆞᅀᆞᄫᆞ시니이다, ᄒᆞ리로소이다', 'ᄒᆞ거시ᄂᆞᆯ'

나. 어말 어미

- 현대 국어와 같이 '종결 어미, 비종결 어미(연결 어미, 전성 어미)'로 나눌 수 있다.

가) 종결 어미: 종결 어미에는 평서형, 의문형, 명령형, 청유형, 감탄형이 있다. 7차 문법 교사용 지도서에서는 반말체를 ᄒᆞ야쎠체와 ᄒᆞ라체 사이에 두고 있다. 반말체는 '-니, -리'로 문장이 종결되는 경우를 말하는데, 쓰임이 극히 제한적이다. (예) ᄒᆞᄂᆞ니, ᄒᆞ시리(평서형/의문형)

높임등급	평서형	의문형	명령형	청유형	감탄형
ᄒᆞ쇼셔체	-ᄂᆞ이다	-ᄂᆞ니잇가/-ᄂᆞ니잇고	-쇼셔	-사이다	
ᄒᆞ야쎠체	-닝다	-ᄂᆞ닛가/-ᄂᆞ닛고	-아쎠/-어쎠		-ㄴ뎌
ᄒᆞ라체	-ᄂᆞ다	-ᄂᆞ녀/-ᄂᆞ뇨(1,3인칭) -ㄴ다, -ㅭ다(2인칭) -ㄴ가/-ㅭ고(간접)	-라	-져, -져라	-ㄹ쎠 -애라 -게라
반말	-이	-이	-고라	-새	

※ 인칭에 따른 의문형 어미의 구분은 'ᄒᆞ라'체에서만 나타난다.

나) 연결 어미: 현대어와 거의 같다.

다) 전성 어미: 현대어와 큰 차이가 없다.

(가) 명사형 전성 어미: '-옴/-움', '-디'()'-기': 17세기의 변화)

㉮ 중세 국어에서는 명사형 전성 어미(-옴/-움)와 명사 파생 접미사(-음/음)가 달랐기 때문에, 형태에 의해 명사형과 파생 명사를 구분할 수 있었다. 그러나 현대 국어에서는 '-(으)ㅁ'이 두 가지 기능을 다 가지고 있다.

(예) 됴ᄒᆞᆫ 여름 여루미(열+움+이) 〈월석 1:12〉

[여름(파생 명사), 여룸(명사형)]

㉯ '-디'는 형용사 '어렵다, 슬ᄒᆞ다, 둏다' 앞에서만 쓰이는 통사상의 특징이 있다. (예) 가디 어렵다(가기가 어렵다)

㉰ 서술격 조사의 명사형은 '이롬'이고, 주체 높임 선어말 어미 '-시-'에 명사형 전성 어미가 결합하면 '-샴'이 된다.

(나) 관형사형 전성 어미:

㉮ '-(으)ㄴ, -(으)ㄹ, -ᄂᆞᆫ, -던, -(으)ㅭ/-(으)ㄽ

※ '–(으)ㄽ'은 '–(으)ㅭ'의 변형으로 보인다.

㉠ 사ᄅᆞᆷ 사ᄂᆞᆫ ᄯᅡ홀 다 뫼호아 世界라 ᄒᆞᄂᆞ니라 〈월석 1:8〉

㉡ 便安(편안)킈 ᄒᆞ고져 ᄒᆞᇙ ᄯᆞᄅᆞ미니라 〈훈민정음〉

㉢ 王이며 天龍八部ㅣ 과ᄒᆞ야 네 업던 이리로다 ᄒᆞ더니 〈월석 1:14〉

※ 과하다: 일컫다, 칭찬하다, 부러워하다.

㉯ 관형사형 전성 어미의 명사적 용법

㉠ 다ᄋᆞᆳ 업슨 긴 ᄀᆞᄅᆞᄆᆞᆫ 니ᅀᅥᆷ니ᅀᅥ 오놋다 〈두시 10.35〉

[다ᄋᆞ- + -ㄽ(관형사형 어미)#업ᄉᆞᆫ(용언)](다함이 없는)

㉡ 德이여 福이라 호ᄂᆞᆯ 나ᄋᆞ라 오소이다 〈악학궤범: 동동〉

[ᄒᆞ+오+ㄴ(관형사형 어미)+ᄋᆞᆯ(목적격 조사)](하는 것을)

㉢ 威化振旅 ᄒᆞ시ᄂᆞ로 興亡이 다 몯ᄌᆞᄫᆞ나

[ᄒᆞ+시+ㄴ(관형사형 어미)+ᄋᆞ로(부사격 조사)](하시는 것으로)

㉰ 간접 인용문의 관형어적 용법 'ㅅ': 현대 국어의 '-고, -라고, -하고'의 관형사형 '-다는, -라는, -라 하는'에 해당하는 형태.

㉠ 술 닉닷 말 어제 듯고 〈송강가사 2.10〉

㉡ 廣熾(광치)ᄂᆞᆫ 너비 光明이 비취닷 ᄠᅳ디오 〈월석 2.9〉

㉢ 衆生濟度(중생제도)ᄒᆞ노랏 ᄆᆞᅀᆞ미 이시면 〈금삼 2:13〉

㉣ 죠고맛 ᄇᆡ ᄐᆞ고졋 ᄠᅳ들 닛디 몯ᄒᆞ리로다 〈두시〉

㉱ 'ㅅ'이 관형격 조사의 자격을 상실하게 되면서 중세 국어 말기부터 'ㄴ'으로 변화되어 '-단', '-란'등이 생겨났다. (예) 學校ㅣ란 거ᄉᆞᆫ 〈번소〉

2) 단어의 형성

(1) 파생법

① 접두 파생법: 접두사에 의해 새로운 어휘가 만들어지는 단어 형성법의 하나로, 어휘적 파생(어근의 품사와 파생어의 품사가 같다)만 확인된다.

가. 명사 어근에 붙는 접두사

가) ᄀᆞᆯ-: 배가 흰 (예) ᄀᆞᆯ아마괴, ᄀᆞᆯ거믜

나) 댓-: 크고 억센 (예) 댓무수, 댓ᄡᆞ리, 댓가치, 댓두더기

다) 독-: 작고 어린 (예) 독솔

라) 들-: 야생의, 질이 낮은 (예) 들기름, 들ᄭᅢ

마) 새-: 희고 밝은 (예) 새별, 새매, 새삼

바) 싀-: 새로 된 (예) 싀아비, 싀어미

사) 아ᄎᆞᆫ-: 작은 (예) 아ᄎᆞᆫ아ᄃᆞᆯ, 아ᄎᆞᆫ설

아) ᄎᆞᆯ-: 끈기가 있는 (예) ᄎᆞᆯ기장, ᄎᆞᄡᆞᆯ, ᄎᆞᆯ콩

자) ᄎᆞᆷ-: 진짜의, 질이 좋은 (예) ᄎᆞᆷᄈᆡ, ᄎᆞᆷ빗, ᄎᆞᆷ기름

나. 동사 어근에 붙는 접두사

가) 가ᄅᆞ-: 걸쳐 (예) 가ᄅᆞ드듸다, 가ᄅᆞᄃᆞᆮ니다, 가ᄅᆞᄂᆞᆯ다

나) 것ᄆᆞᄅᆞ-: 까무러쳐 (예) 것ᄆᆞᄅᆞ죽다

다) ᄇᆞᆮ-: 힘주어 꽉 (예) ᄇᆞᆮᄃᆞᆼ기다

라) 져-: 기대에 어긋나게 (예) 져ᄇᆞ리다

마) 티-: 위로 오르게 (예) 티ᄎᆞ다, 티소다, 티디르다, 티받다

바) 횟-/휫-: 도는 모양 (예) 횟돌다, 휫두르다

다. 형용사 어근에 붙는 접두사

에-: 옳지 않으면서 세기만 한 (예) 에굳다

② 접미 파생법: 접미사에 의해 새로운 어휘가 만들어지는 단어 형성법의 하나로, 어휘적 파생법과 통사적 파생법(어근의 품사와 파생어의 품사가 다르거나 통사 구조에 영향을 미친다)이 있다.

가. 명사 파생법

가) 어휘적 파생: ᄇᆞᄅᆞᆷ가비, 글발, ᄡᆞ라기, 세차히, 불무질, 너희, 아ᄒᆡᄃᆞᆯㅎ…

나) 통사적 파생:

(가) 동사 → 명사: 이바디, 사ᄅᆞᆷ, 여름, 우숨, 춤, ᄌᆞ오롬, ᄂᆞᆯ개…

(나) 형용사 → 명사: 노ᄑᆡ, 기릐, 더ᄫᅴ, … ※ 부사는 노피, 기리

※ 현대 국어에서는 '높이를 재어라', '높이 날아라'처럼 파생 명사와 파생 부사가 구별되지 않으나 중세 국어 시기에는 구별되었다. 명사는 '–ᄋᆡ/–의', 부사는 '–이'에 의해 파생되었기 때문이다.

(다) 통사 구조를 바꿈: 아바님(어휘적 파생으로도 처리할 수 있다)

(예) 아바니미 어듸 가시니잇고 〈월석 8:97〉

나. 동사 파생법

가) 어휘적 파생: 니르ᄫᅡᆮ다(〉니르왇다), 열티다, 드위ᅘᅧ다…

나) 통사적 파생

(가) 명사 → 동사: 공사ᄒᆞ다, 시름ᄒᆞ다, 풍류ᄒᆞ다…

(나) 형용사 → 동사: 기피다, 녀토다, ᄆᆞᆯ기다, 너피다…

(다) 부사 → 동사: 조초ᄒᆞ다, 구믈어리다, 곰ᄌᆞ기다, 구믈구믈ᄒᆞ다…

(라) 동사+사・피동 접미사: (-이-)그치다, 놀이다, ᄇᆡ호이다 / (-히-)도티다, 자피바 / (-기-)벗기다, 빗기다 / (-오/우-)도도다, 기울우다 / (-호/후-)나토다, 머추다 / (-ᄋᆞ/으-)사ᄅᆞ다, 이르다 ※ 어휘적 파생으로도 처리할 수 있다.

(마) 불규칙 어근 + -시-/-숩-: 겨시다, 좌시다 / 엳ᄌᆞᆸ다, 저ᄉᆞᆸ다 / 뫼시다, 뫼시ᄉᆞᆸ다[26]

다. 형용사 파생법

가) 어휘적 파생: ᄂᆞᆽ갑다(ᄂᆞᆽ-), 녇갑다(녙-), 므겁다(믁-), 두텁다(둩-)…

나) 통사적 파생

(가) 명사 → 형용사: 사ᄅᆞᆷᄃᆞᆸ다, 겨르ᄅᆞᆸ다(겨를+ᄅᆞᆸ), 새ᄅᆞᆸ다, 간난ᄒᆞ다…

(나) 동사 → 형용사: 골ᄑᆞ다(곯-), 깃브다(깃-), 그립다(그리-),
ᄉᆞ랑ᄒᆞᆸ다(ᄉᆞ랑ᄒᆞ-), 앗갑다(앗기-), 븟그럽다(븟그리-)…

(다) 관형사 → 형용사: 외ᄅᆞᆸ다…

(라) 부사 → 형용사: ᄆᆞᆯᄀᆞᆺᄆᆞᆯᄀᆞᆺᄒᆞ다, 믯믯ᄒᆞ다…

(마) 불규칙 어근 → 형용사: 브즈런ᄒᆞ다, 아ᄃᆞᆨᄒᆞ다, ᄑᆞ라ᄒᆞ다…

라. 부사 파생법

가) 어휘적 파생: 몯내, 나날로, 고대, 卽時에…

나) 통사적 파생

(가) 명사 → 부사: (통사적 구성의 어휘화)진실로, ᄆᆞᄎᆞᆷ내, 므스므라; 손소…

(나) 동사 → 부사: 비르서, 모다, 비르수, 갓ᄀᆞ로, 그우리(그울-,轉)…

(다) 형용사 → 부사: 기리, 슬피, ᄲᆞᆯ리(ᄲᆞᄅᆞ-), 해(하-, 多, 大), ᄀᆞᄃᆞ기(ᄀᆞᄃᆞᆨᄒᆞ-), 퍼러히(퍼러ᄒᆞ-), 이대(읻-), 업시(없-)[27], 그럴ᄊᆡ, 그러면, 그러나…

※ 읻다: 착하다, 묘하다, 좋다

---

26) '뫼시ᄉᆞᆸ다'는 '뫼시-'에 'ᄉᆞᆸ'이 붙은 것이다. '뫼시ᄉᆞᆸ다'에서 '시'가 떨어져 '뫼ᄉᆞᆸ다'가 된다. 이곳의 '시'는 높임법의 '-시-'가 아니다. 그것은 모음 어미와 결합될 때 '*뫼샤'대신 '뫼셔'가 되기 때문이다. '-시-, -ᄉᆞᆸ-'은 굴절 접사이나 이곳에서는 불규칙 어근에 매어 있으므로 파생 접사로 보는 것이 좋다(고영근, 1987:156).

27) '업시, 니르리, 조초' 등은 파생 부사이지만 서술성을 유지하고 있어 부사절을 이끌고 있다. 현대 국어에서 '없이, 달리, 같이' 등과 성격이 같다. 이런 점에서 이때의 '-이'는 파생 접미사라기보다는 부사형 전성 어미라고 해야 더 옳을 것이다. (예) 돈 업시 帝理에 살오 〈두시 20:37〉, 처섬 듫 적브터 百千劫에 니르리 〈월석 21:46〉, 그 가온ᄃᆡ 구룸 氣運이 ᄂᆞᄂᆞᆫ 龍ᄋᆞᆯ 조초 잇도다 〈두시 16:31〉

마. 합성어의 파생

가) 합성 동사 + 접미사 → 명사: ᄒᆡ도디, 고키리; 아기나히, 녀름지ᅀᅵ, 모심기, 우숨우ᅀᅵ; 글스기, 갈ᄡᅳ기; ᄀᆞᆺᄇᆞᆯ기, ᄆᆞᄌᆞ미, 겨ᅀᅳ사리

나) 합성어 + -이 → 명사/부사: 죽사리, 놉ᄂᆞᆺ가ᄫᅵ(명사); 일졈그리(부사)

다) 반복 합성 어근 + -이 → 부사: 낫나치, 귿그티, 그릇그르시, 겹겨비, 念念이

※ 현대 국어에서 특이한 파생어인 'ᄆᆞᆯ이>말이, 새ᄅᆞᆸ다>새롭다'는 중세 국어에서는 정상적인 파생어였다. 즉, 'ᄆᆞᆯ, 새'는 명사로도 쓰였다.

③ 기타 파생법

가. 내적 변화 - 단어 내의 자음이나 모음을 교체하여 새로운 단어를 형성하는 방법

(예) ᄀᆞᄂᆞᆶ:그늟[陰], 갇다:걷다[收], 살:설[歲], 남다:넘다[越], ᄂᆞᆰ다:늙다[古:老]

나. 영파생/영변화: 동일한 형태의 단어가 의미상의 관련성을 유지하면서 상이한 통사 범주로 사용됨.

가) 동사/형용사 + ∅ → (부사) ᄇᆡ브르, 마초, 모도, 고초, ᄀᆞ초/바ᄅᆞ, ᄀᆞᆮ, 하…

나) 명사 + ∅ → 동사/형용사: 너출다, 신다, ᄀᆞᄆᆞᆯ다, 깃다, 품다, 되다…

※ (나)의 경우는 그 방향을 결정하기 어렵기 때문에 '동사/형용사 → 명사'로 볼 수도 있다. '뭉치다 → 뭉치, 신다 → 신, 빗다 → 빗, 품다 → 품' 등. 어느 한쪽 형태가 다른 쪽 형태에서 파생했다고 볼 수 있다.

다. 접사화한 어미 또는 서술격 조사의 활용형(통사적 구성의 어휘화)에 의한 파생[많은 조사가 이 방법에 의해서 파생됨. 통사적 파생법만 있다.]

가) 동사 + 접사화한 어미 → 조사: 브터, ᄃᆞ려, 두고, ᄒᆞ고

나) 서술격 조사의 활용형 → 조사: (이)나, (이)어나, (이)ᄃᆞ록, (이)ㄴᄃᆞᆯ

(2) 합성법

① 명사(체언) 합성법: 통사적 합성법만 확인됨.

가. 대등적 합성어: ᄯᅩᇰ오좀, 밤낮, 어ᅀᅵ아ᄃᆞᆯ, ᄆᆞ쇼, 바ᄂᆞ실, 가막가치, 아라웋, 사나ᄋᆞᆯ, 여닐굽(여슷+닐굽)…

나. 종속적 합성어: 묏기슭, 믌새; 빗믈, 곳믈; 쇠붚, 겨집죵, 거즛말; ᄃᆞᆯᄀᆡ알, 쇼의고기, 귀옛골회…

다. 접사의 기능이 강한 명사와 결합하여 합성 명사가 된 것: 공쟝바치, 노ᄅᆞᆺ바치, 성냥바지; ᄆᆞᆮ아ᄃᆞᆯ, ᄆᆞᆮ누의, ᄆᆞᆮ아기; 암ᄆᆞᆯ, 수쇼…

라. 관형어 + 명사

㉠ 관형사 + 명사: 외ᄡᅡᆨ, 외셤, 요ᄉᆞᅀᅵ, 요주ᅀᅮᆷ, 뎌즈ᅀᅳᆷ, …

㉡ 관형사형 + 명사: 하나비, 한비, 한숨, ᄲᅩᆫ머리, 늘그니, 져므니, ᄌᆞ믈쇠…

② 동사 합성법

가. 통사적 합성 동사

가) 명사 + 동사

(가) '주어 + 서술어'의 구성: 눈멀다, 믈들다. 빗나다

(나) '목적어 + 서술어'의 구성: 길잡다, 녀름짓다, 맛보다. 본받다, 힘ᄡᅳ다

(다) 부사어 + 서술어'의 구성: 믈ᄌᆞᆷ다, 압셔다; 죻들다, 뒤돌다

나) 동사 + 연결 어미 + 동사

(가) 종속적 연결 어미 '-어/-아'에 의한 동사의 합성: 차듶다, 나ᅀᅡ가다, ᄃᆞ라들다, 니러셔다, 살아잡다

(나) 본동사 + '-어 디다': ᄢᅥ디다, ᄉᆞ라디다, ᄇᆞᅀᅥ디다, ᄢᅥ러디다, ᄉᆡ라디다

(다) 부사 + 서술어: 닫담다, ᄀᆞᄅᆞ디르다, ᄎᆞ기너기다, 업시너기다. 갓고로디다, 아니ᄒᆞ다, 몯ᄒᆞ다

나. 비통사적 합성 동사

가) 대등적 합성 동사: 나들다, 듣보다, 여위시들다, 오ᄅᆞᄂᆞ리다,

나) 종속적 합성 동사: 거두들다, ᄂᆞᆯ뮈다, ᄠᅱ놀다, 딕먹다, 빌먹다. 잡쥐다.

③ 형용사 합성법: 통사적인 것과 비통사적인 것이 확인됨.

가. 통사적 합성 형용사: 값없다, 말굳다, 맛나다, 힘세다

※ 말굳다: 말을 더듬다, 븓질긔다: 인색하다

나. 비통사적 합성 형용사: 감ᄑᆞᄅᆞ다, 됴쿶다, 븓질긔다, 어위크다

④ 관형사 합성법

가. 아니한[아니 + 한(←'하다'의 관형사형)], 온갖(← 온 + 가지)

나. 수 관형사 + 수 관형사: ᄒᆞᆫ두, 두ᅀᅥ, 서너, 너덧

다. 수사 + 나ᄆᆞᆫ(← '남다'의 관형사형): 여라ᄆᆞᆫ, 스므나ᄆᆞᆫ, 쉬나ᄆᆞᆫ, 녀나ᄆᆞᆫ

⑤ 부사 합성법

가. 부사+부사: 몯다, 잘몯　　　　나. 관형사+부사: 외ᄠᆞ로

⑥ 반복 합성법

가. 명사 반복: 가지가지, 나날, ᄆᆞᄃᆡᄆᆞᄃᆡ

나. 부사 반복: 다ᄆᆞᆫ다ᄆᆞᆫ, 아ᄃᆞᆨ아ᄃᆞᆨ

다. 형용사의 어근/어간 반복: ᄆᆞᆯᄌᆞᆺᄆᆞᆯᄌᆞᆺ, 반ᄃᆞᆨ반ᄃᆞᆨ, 서늘서늘

라. 의태 부사/의성 부사 반복: 구믈구믈, 다ᄑᆞᆯ다ᄑᆞᆯ, 너운너운, 섬섬, 설설

※ '다, 라'는 '가, 나'와 달리 그 자체가 어근으로 나타나는 일이 없으므로 의사 반복 합성어이다.

3) 문장

(1) 문장의 짜임새

① 문장 성분: 중세 국어 문장 성분은 현대 국어에 준한다.

가. 문장의 기본 골격

가) 므스기 므스기라	(예) 나히 셜흐니라
나) 므스기 엇뎨ᄒᆞᄂᆞ다	(예) 네 受苦ᄒᆞᄂᆞ다
다) 므스기 엇더ᄒᆞ다	(예) 짜히 크다
라) 므스기 므스글 엇뎨ᄒᆞᄂᆞ다	(예) 우리ᄃᆞᆯ히 授記를 ᄡᅳᄂᆞ다
마) 므스기 므스기 ᄃᆞᄫᆡᄂᆞ다	(예) 草木이 軍馬ㅣ ᄃᆞᄫᆡᄂᆞ다
므스기 므스기 아니라[28]	(예) 긔 허므리 아니라

나. 문장 성분: 주성분(주어, 서술어, 목적어, 보어), 부속 성분(관형어, 부사어), 독립 성분(독립어). 현대 국어와 다른 점만 제시한다.

가) 주어

(가) 주어가 1인칭이면 서술어의 활용형에 선어말 어미 '-오-'가 나타난다.

(예) 내 오ᄂᆞᆯ 實로 無情호라 〈월석 21:219〉

(나) 주어 명사가 높임의 대상일 때 그것이 반복되면 존칭 재귀 대명사가 사용

28) 중세 국어에서 '아니'는 명사였으므로, '아니라'는 '아니'에 서술격 조사 '이라'가 결합한 형태이지만, 현대 국어 형용사 '아니다'와 마찬가지로 보어를 취한다.

되었다.

(예) 정반왕이 깃그샤 부텻 소ᄂᆞᆯ 자ᄇᆞ샤 ᄌᆞ걋 가ᄉᆞ매 다히시고 〈월석 10:9〉

나) 목적어

(가) 대명사와 용언의 명사형은 목적격 조사가 생략되는 일이 확인되지 않는다.

(예) 부톄 나ᄅᆞᆯ 어엿비 너기샤 〈석상 6:40〉 됴ᄒᆞᆫ 法 닷고ᄆᆞᆯ 몯ᄒᆞ야 〈석상 9:14〉

(나) 중세 국어에서 대조의 보조사 'ᄂᆞᆫ'이 목적어 자리에 나타나는 일이 없는 것은 'ᄅᆞᆫ'이 쓰이기 때문이다.

(예) 말ᄅᆞᆫ 아니ᄒᆞ고 두 숤가라ᄀᆞᆯ 드니 〈석상 24:47〉

(다) 목적어의 통사적 특징:

㉮ '주다, 얼우다, 맛디다'와 같은 세 자리 서술어는 목적어가 두 개 나타나기도 한다. 현대 국어에서는 낙착점 부사격 조사 '에게'가 오지만, 중세 국어에서는 목적격 조사를 취하고 나타난다.

㉠ 護彌 … 須達ᄋᆡ 아ᄃᆞᆯᄋᆞᆯ ᄯᆞᆯᄋᆞᆯ 얼유려터니 〈월천 기149〉

㉡ 四海ᄅᆞᆯ 년글 주리여 〈용가 20〉

㉢ ᄯᅩ 니ᄅᆞ샨 十二部 經을 摩訶迦葉을 맛디노라 ᄒᆞ시고 〈석상 23:31〉

㉯ 주어적 기능의 목적격 조사: 두시언해와 같은 일부 문헌에서 목적어가 두 개 있을 때, 앞 목적어가 주어의 기능을 갖는 경우가 있었다.

㉠ 文物을 녜ᄅᆞᆯ 스승ᄒᆞ샤미 하시니 〈두시 6:24〉

㉡ 사ᄅᆞᄆᆡ 이ᄅᆞᆯ 다봊 옮ᄃᆞᆺ 호ᄆᆞᆯ 슬노니 〈두시 7:16〉

다) 관형어

(가) 의미상의 주어를 나타내는 관형어

(예) 王이 그 이ᄅᆞᆯ ᄎᆞᄌᆞ샤 鹿母夫人의 나ᄒᆞ신 ᄃᆞᆯ 아ᄅᆞ시고 〈석상 11:32〉

(나) 절의 의미상 주어가 관형격일 때(관형격 조사가 결합되었을 때) 그 체언의 끝모음 'ㅣ'는 탈락하지 않는다. 일반적으로 유정 명사(사람, 동물)의 끝모음이 'ㅣ'일 때 관형격 조사가 결합되면, '아븨 ← 아비+의', '아긔 ← 아기+의', '어믜 ← 어미+의'처럼 끝모음이 탈락된다.

(예) 諸子ㅣ 아비의 便安히 안ᄌᆞᆫ ᄃᆞᆯ 알오 〈법화 2:138〉

(다) 관형사절의 꾸밈을 받는 명사가 관형사절의 목적어가 되면 관형사절의 활용형에 '-오-'가 나타난다.(대상 활용)

(예) 나혼 子息이 양지 端正ᄒᆞ야 〈석상 9:8〉

(라) 합성 관형격 조사(처소 부사격과 관형격 'ㅅ'의 합성): '앳, 엣, 옛: 읫, 읫'

(예) 前生앳 이릐 젼ᄎᆞ를 因緣이라 ᄒᆞ고 〈월석 1.11〉

(마) 수식 구성의 특이성: 관형어의 나열. 현대 국어에서는 '늙고 낡은, 사랑하고 미워하는'처럼 대등적 연결 어미로 연결된다.

㉠ ᄃᆞᆺ온 믜운 ᄆᆞᅀᆞ미(愛憎之心) 〈법화 3:41〉

㉡ 늘근 늘ᄀᆞᆫ 브ᇗ 사ᄅᆞ미 잇ᄂᆞ니 〈월석 13.23〉

라) 부사어

(가) '에서'의 의미를 포함하는 조사 '에': (예) 셤 안해 자싫 제 〈용가 67장〉

(나) 형태상 주격 조사와 같은 비교의 부사격 조사 '이'

㉠ (海東 六龍이…) 古聖이 同符 ᄒᆞ시니 〈용가 1〉

㉡ 부톄 … 敎化ᄒᆞ샤미 ᄃᆞ리 즈믄 ᄀᆞᄅᆞ매 비취요미 ᄀᆞᆮᄒᆞ니라 〈월석 1:1〉

마) 독립어: 높임법에 따른 구분이 있었다.

㉠ 님금하 아ᄅᆞ쇼셔 〈석상 13:26〉

㉡ 文殊아 아라라 〈용가 125〉

② 겹문장의 짜임새

가. 안은 문장

가) 명사절: '-옴/-움', '-기', '-디'에 기댄 절.

㉠ 부톄 授記ᄒᆞ샤미 글 쑤미 ᄀᆞᆮ고 〈월석 8.96〉

㉡ 그림 그리기에 늘구미 將次 오ᄆᆞᆯ 아디 몯ᄒᆞᄂᆞ니 〈두시 16:25〉

㉢ ᄆᆞᅀᆞᆯ히 멀면 乞食ᄒᆞ디 어렵고 〈석상 6:23〉

나) 서술절: 중주어문의 서술부

㉠ 大愛道ㅣ 善ᄒᆞᆫ 뜨디 하시며 〈월석 10:19〉

㉡ 일훔난 됴ᄒᆞᆫ 오시 비디 千萬이 ᄊᆞ며 〈석상 13:22〉

㉢ 그저긔 阿私陀이 나히 一百 ᄉᆞᄆᆞᆯ히러니라 〈석상 3:2〉

다) 관형사절: 관형사형 어미 '-ㄴ'. 관형격 표지 '-ㅅ'에 기댄 절.

㉠ 불휘 기픈 남ᄀᆞᆫ ᄇᆞᄅᆞ매 아니 뮐ᄊᆡ 〈용가 2장〉

㉡ 衆生 濟渡ᄒᆞ노랏 ᄆᆞᅀᆞ미 이시면 〈금삼 2:13〉

라) 부사절: 부사 파생 접미사 '-이', 부사형 전성 어미 '-게, -도록, -듯' 등에 기댄 절.

㉠ 돈 업시 帝里에 살오 〈두시 20:37〉

㉡ 처섬 듣 적브터 百千劫에 니르리 一日一夜애 萬死萬生ᄒᆞ야 〈월석 21:46〉

㉢ 오시 젓게 우러 〈두시 8:16〉

㉣ 이웃집 브른 바미 깁도록 ᄇᆞᆯ갯도다 〈두시 7:6〉

㉤ 法이 … 너비 펴아 가미 술위ᄢᅴ 그우듯 ᄒᆞᆯᄊᆡ 〈석상 13:4〉

마) 인용절: 중세 국어에는 인용 부사격 조사가 없었고, 인용 동사 'ᄒᆞ다'가 나타나기도 한다. 직접 인용과 간접 인용의 구분은 '화자의 관점'인가 '문장 속의 인물 관점'인가를 살펴야 하는데, 그 기준은 대명사와 상대 높임법이다.

㉠ 이 比丘ㅣ…닐오ᄃᆡ 내 너희ᄃᆞᆯᄒᆞᆯ 업시우디 아니ᄒᆞ노니 너희ᄃᆞᆯ히 당다이 부톄 ᄃᆞ외리라 ᄒᆞ더니 〈석상 19:30〉

〈설명〉 직접 인용이다. 그 증거는 발화의 주체인 '비구'와 '내'가 일치하고, 화자의 관점이 아니고 비구의 관점에서 한 현실적 대화체이기 때문이다.

㉡ 如來 샹녜 우리ᄅᆞᆯ 아ᄃᆞ리라 니ᄅᆞ시니이다 〈월석 13:32〉

〈설명〉 간접 인용이다. 화자의 관점에서 한 말이기 때문이다.

나. 이어진 문장

가) 대등적으로 이어진 문장: 앞뒤 절이 나열(동시), 대조, 선택 등의 어미로 연결된 문장. 연결 어미 '-고, -며, -며셔, -으나' 등에 의해 이어진다.[29)]

(가) 대등적 연결 어미에 의해 이어진 문장

㉠ 子ᄂᆞᆫ 아ᄃᆞ리오 孫ᄋᆞᆫ 孫子ㅣ니 〈월석 1:7〉

㉡ ᄯᅩ 玉女ᄃᆞᆯ히 虛空애셔 온가짓 풍류ᄒᆞ며 굴근 강이 ᄆᆞᆰ고 흐르디 아니ᄒᆞ며… 온가짓 病이 다 됴ᄒᆞ며 〈월석 2:32-33〉

㉢ 구루멧 ᄒᆡ 블 ᄀᆞᆮᄒᆞ나 더운 하ᄂᆞᆯ히 서늘ᄒᆞ도다 〈두시 6:35〉

29) 계기적 사건을 표현한 경우는 연결이 대등적이어도 순서를 바꿀 수 없다. 이런 경우는 종속적으로 이어졌다고 하는 것이 더 옳다. 대등적으로 이어진 문장에도 대등성이 확실한 것과 종속성이 곁들여진 것이 있다. (예) 菩薩이 ᄃᆞᆮ니시며 셔 겨시며 안ᄌᆞ시며 누ᄫᅳ샤매

(나) 접속 조사로 이어진 문장

㉠ 입시울와 혀와 엄과 니왜 다 됴ᄒᆞ며 〈석상 19:7〉

㉡ 果實와 믈와 좌시고 〈월석 1:5〉

나) 종속적으로 이어진 문장: 앞뒤 절이 양보, 조건/가정, 설명, 이유, 원인, 비교, 첨가, 비슷함, 희망, 의도, 목적, 변경, 반복 등의 의미로 이어진 문장. '-니, -ㄹᄊᆡ, -려, -관ᄃᆡ, -곤…' 등에 의해 이어진다.

㉠ 이스른 오ᄂᆞᆯ 바ᄆᆞᆯ 조차 ᄒᆡ니 ᄃᆞ른 이 녯 ᄀᆞ올히 ᄇᆞᆯ갯ᄂᆞ니라 〈두시 8:36〉

㉡ 불휘 기픈 남ᄀᆞᆫ ᄇᆞᄅᆞ매 아니 뮐ᄊᆡ 곶 됴코 여름 하ᄂᆞ니 〈용가 2〉

다) 이어짐의 제약: 특히 종속적 연결 어미가 주절의 문장 종결법에 제약을 가하는 경우가 있다.

(가) '-니(이유, 원인)'가 확인법의 '-거-/-어-'에 결합됨에 따라 주절에 의문형을 요구한다. 수사 의문문. ※ 썰ᄫᅳ다: 어렵다

㉠ 아래 가신 八婇女도 니거시니 ᄆᆞᄉᆞ기 썰ᄫᅳ리잇고 〈월석 8:93〉

㉡ 四海ᄅᆞᆯ 平定ᄒᆞ샤 길 우희 糧食 니저니 塞外北狄인ᄃᆞᆯ 아니 오리잇가 〈용가 53〉

(나) 연결 어미 '-관ᄃᆡ'(설명, 원인)는 그 종속절에 의문사를 오게 하고 주절을 의문형으로 끝맺게 한다.

(예) 스승니미 엇던 사ᄅᆞ미시관ᄃᆡ 주벼느로 이 門ᄋᆞᆯ 여르시ᄂᆞ니잇고 〈월석 23:84〉

(다) 연결 어미 '-곤'이 종속절을 이끌면 주절이 의문형으로 끝난다. 부사 '하물며'도 호응된다. ('-곤': ~하는 것보다, ~지만, ~거든, ᄯᆞ녀: 뿐이랴)

(예) ᄒᆞᆫ 사람 勸ᄒᆞ야 가 法듣게 ᄒᆞᆫ 功德도 이러ᄒᆞ곤…ᄒᆞ믈며…말다ᄫᅵ 修行호미ᄯᆞ녀 〈월석 17:53-4〉

(라) 상반된 사실을 대조적으로 나타내는 연결 어미 "-디ᄫᅵ, -건뎡(상반, 양보. 현대 국어의 '-지')"는 주절을 부정문으로 만들게 한다.

㉠ 이에 든 사라ᄆᆞᆫ 죽디ᄫᅵ 나디 몯ᄒᆞᄂᆞ니라 〈석상 24:14〉

㉡ 各各 緣의 길며 뎔롬과 根의 너브며 조보ᄆᆞᆯ 조ᄎᆞ시논 젼ᄎᆞ로 니ᄅᆞ샤미 만ᄒᆞ며 져그샤미 겨시건뎡 그 實은 性에 마ᄌᆞᆫ 法이 내죵애 다오미 업스니 〈법화 3:188-189〉

(마) -고져/-과뎌/-긧고: '-고져'에 의해 이어진 문장은 선행절의 주어와 후행절의 주어가 일치하나, '-과뎌/-긧고'에 의해 이어진 문장은 선행절의 주어와 후행절의 주어가 다르다.

㉠ ᄒᆞ다가 겨지비…겨비븨 모ᄆᆞᆯ ᄇᆞ리고져 ᄒᆞ거든 〈석상 9:7〉

㉡ 福이 오고 厄이 스러디과뎌 ᄒᆞ노니 〈월석 서:25〉

㉢ 사ᄅᆞᆷ마다 수ᄫᅵ 아라 三寶애 나아가 븓긧고 ᄇᆞ라노라 〈석상 서:6〉

라) 종속적 연결 어미가 명사형처럼 쓰이는 경우

(예) 羅卜이 새ᄃᆞᆯ히 ᄒᆞᆰ 므러 오거늘 보고 〈월석 23:76〉

〈참고〉 '새ᄃᆞᆯ히 ᄒᆞᆰ 므러 오거늘'이 '나복이~보고'에 안겨 있다. 그러나 '-거늘'이 종속적 연결 어미이므로 그 뜻을 살려 '새들이 흙을 물어 오니 그것을 보고'로 옮기는 것이 좋아 보인다.(고영근, 1987:325)

4) 문법 기능

(1) 문장 종결법

· 중세 국어의 문장 종결법은 어미의 종류에 따라 평서문, 의문문, 명령문, 청유문, 감탄문이 있다. 문장 종결법은 상대 높임법과 상관관계를 맺고 있다.

① 평서문: '-다/-라', '-니라'로 성립한다. 현대어와 차이가 없다.

㉠ 이 道를 이젯 사ᄅᆞᄆᆞᆫ ᄇᆞ료ᄆᆞᆯ ᄒᆞᆰᄀᆞ티 ᄒᆞᄂᆞ다 〈두시 25:26〉

㉡ "君位를 보ᄇᆡ라 ᄒᆞᆯᄊᆡ 큰 命을 알외요리라" 〈용가 83장〉

㉢ 네 아비 ᄒᆞ마 주그니라 〈월석 17:21〉

㉣ 내 너ᄃᆞ려 ᄀᆞᄅᆞ쵸마 〈번작 상:10〉

㉤ 東山 구경ᄒᆞ야지이다 〈월석 2:27〉

(㉣은 약속 평서문으로, 종결 어미 '-오마'는 항상 선어말 어미 '-오-'가 선행한다. ㉤은 소망 평서문으로 종결 어미는 '-{아/거}지(이)다'이다.)

② 감탄문: '-ㄹ쎠, -ㄴ뎌, -애라, -게라'로 성립한다. 현대어와 차이가 있다. 현대어

는 '-(는)구나' 등의 어말 어미만으로 감탄문이 결정된다. 그러나 중세어는 감동법 선어말 어미('-돗-/-도-/-옷-/-ㅅ-')에 의해서도 느낌의 의미는 표현된다. 단, 문장의 종류는 어말 어미에 의한 형식적인 분류이므로 감탄형 종결 어미에 의한 것만 감탄문으로 분류한다.

㉠ 내 아ᄃᆞ리 어딜쎠 〈월석 2:7〉

㉡ ᄆᆞᆯ힛 마리신뎌 〈악학: 정과정〉 (뭇 사람들의 참소로구나!)

㉢ 目連이 닐오ᄃᆡ 몰라 보애라 〈월석 23:86〉 / 부텨 둥 알패라 ᄒᆞ샤 〈석상 24:2〉

③ 의문문: 의문 보조사 '가/고', 의문형 종결 어미 '-녀/-뇨, -려/-료, -여/-요, -ㄴ다/-ㅭ다~-ㄹ따, -니…가/-니…고'로 성립한다. 체언 의문문이 있었고, 설명 의문문과 판정 의문문이 어미에 의해 구분되었으며, 인칭에 따라 의문형 어미가 달리 나타나기도 하여, 현대 국어와 많은 차이가 있다.

가. ᄒᆞ라체 의문문

가) 체언 의문문: 의문 보조사 '가/고'에 의한 의문문

※ 현대 국어에는 일부 방언을 제외하고는 체언 의문문이 없다.

(가) 판정 의문문: 보조사 '가'가 쓰이고 의문사가 없다.

㉠ 이 ᄯᆞ리 너희 죵가 〈월석 8:94〉

㉡ 이 두 사ᄅᆞ미 眞實로 네 항것가 〈월석 8:94〉 [항것: 주인, 상전]

(나) 설명 의문문: 보조사 '고'가 쓰이고 의문사가 있다.

㉠ 얻논 藥이 므스것고 〈월석 6:25〉

㉡ 이 엇던 光明고 〈월석 10:7〉

나) 1·3인칭 의문문: 주어가 1인칭이거나 3인칭인 의문문.

※ 현대 국어는 인칭에 따른 의문형 어미의 구분도 없고, 의문문의 종류에 따른 의문형 어미의 구분도 없다.

(가) 판정 의문문: '아/어' 계열의 어미가 쓰이며 의문사가 없다. '-니아, 니여, 녀; -리아, -리여, -려'

㉠ 앗가ᄫᅳᆫ ᄠᅳ디 잇ᄂᆞ니여 〈석상 6:25〉

㉡ 이 大施主의 得ᄒᆞᆫ 功德이 하녀 져그녀 〈월석 17:48〉

㉢ ᄒᆞ마 주글 내어니 子孫ᄋᆞᆯ 議論ᄒᆞ리여 〈월석 1:7〉

㉣ 아모 사ᄅᆞ미나 이 良醫의 虛妄ᄒᆞᆫ 罪ᄅᆞᆯ 니ᄅᆞ려 몯 니ᄅᆞ려 〈월석 17:22〉

※ 판정 의문문의 어미는 중세 국어 말기에 '-냐, -랴'로 굳어진다.

(나) 설명 의문문: '오' 계열의 어미가 쓰이며 의문사가 있다. '-니오, -뇨; -리오, -료'

㉠ 구라제 이제 어듸 잇ᄂᆞ뇨 〈월석 9:36〉

㉡ 아바ᇝ 病이 기프시니 엇뎨 ᄒᆞ료 〈석상 11:18〉

㉢ 엇뎨 겨르리 업스리오 〈월석 서:17〉

다) 2인칭 의문문: 주어가 2인칭인 의문문. 2인칭 의문문은 어미에 의한 판정 의문문과 설명 의문문의 구분이 없으므로 의문사의 유무로 두 의문문을 구분한다. '-ㄴ다', '-ㄹ따/-ㅭ다'

(가) 판정 의문문

㉠ 네 모ᄅᆞ던다 〈월석 21:195〉

㉡ 네 내 마ᄅᆞᆯ 다 드를따 〈석상 6:8〉

㉢ 네 가시 럼난 디 몰라셔 … 녈 ᄇᆡ예 연즌다 샤공아 〈악장: 서경별곡〉

㉣ 가던 새 가던 새 본다 믈 아래 가던 새 본다 〈악장: 청산별곡〉

(나) 설명 의문문

㉠ 네 엇뎨 안다 〈월석 23:74〉

㉡ 네 엇던 혜ᄆᆞ로 나ᄅᆞᆯ 免케 ᄒᆞᇙ다 〈월석 21:56〉

나. ᄒᆞ쇼셔체 의문문: 인칭에 따른 의문형 어미의 구분은 없으나 판정 의문문과 설명 의문문의 어미는 달랐다.

가) 판정 의문문

㉠ 1인칭: 사로미 이러커늘ᅀᅡ (내) 아ᄃᆞᄅᆞᆯ 여희리잇가 〈월인 143〉

㉡ 2인칭: 님금하 아ᄅᆞ쇼셔 洛水에 山行 가 이셔 하나빌 미드니잇가 〈용가 125〉

㉢ 3인칭; 세존이 ᄀᆞᆺ봄 내시게 아니ᄒᆞᄂᆞ니잇가 〈법화 5:92〉

나) 설명 의문문

㉠ 1인칭: 내 이제 엇뎨ᄒᆞ야ᅀᅡ 地獄 잇ᄂᆞᆫ ᄯᅡ헤 가리잇고 〈월석 21:25〉

㉡ 2인칭: (네) 므스므라 오시니잇고 〈석상 6:3〉

㉢ 3인칭: 어미 … 어느 길헤 냇ᄂᆞ니잇고 〈월석 23:90〉

다. ᄒᆞ야쎠체 의문문: 판정 의문문과 설명 의문문의 형태적 구별이 확인되지 않는다.

가) 판정 의문문: 그딋 아바니미 잇ᄂᆞ닛가 〈석상 6:14〉

나) 설명 의문문: 主人이 므슴 차바ᄂᆞᆯ 손소 ᄃᆞᆫ녀 ᄆᆡᇰᄀᆞ노닛가 〈석상 6:16〉

라. 반말 의문문: 반말이란 어미를 생략한 형태이므로 평서문과도 형태적으로는 구별되지 않는다. 따라서 어미에 의한 판정 의문문과 설명 의문문의 구별도 없다.

가) 판정 의문문

㉠ 님긊 말ᄊᆞ미 긔 아니 올ᄒᆞ시니 〈용가 39장〉

㉡ 모딘 ᄃᆞᆯ 아니 깃ᄉᆞᄫᆞ리 〈월천 기190〉

나) 설명 의문문

㉠ 이제 엇뎨 怨讐ᄅᆞᆯ 니ᄌᆞ시ᄂᆞ니 〈석상 11:34〉

㉡ 聖人 神力을 어느 다 ᄉᆞᆯᄫᆞ리 〈용가 87〉

마. 간접 의문문: 물음의 상대가 없이 하는 의문으로, 독백이나 혼잣말처럼 하는 의문문이다. '-ㄴ가/-ㄹ까, -ㄴ고/-ㄹ꼬'

가) 판정 의문문: 어더 보ᄉᆞ발까 〈석상 24:43〉

나) 설명 의문문: 뎨 엇던 功德을 뒷더신고 〈석상 24:37〉

④ 명령문: 직접 명령과 간접 명령이 형태상으로 구분되지 않는다. 현대어는 격식체와 비격식체가 있고, 격식체는 4등분이지만, 중세어는 3등분이다. '-라, -아쎠, -쇼셔'. ※ '–어라' = '–어'(확인법선어말 어미) + '–라'(명령형어미)

가. 직접 명령문

가) ᄒᆞ라체 명령문: 시킴이나 지시의 의미

㉠ 첫소리를 어울워 뿛 디면 ᄀᆞᆯ바쓰라 〈훈언〉

㉡ ᄒᆞᆫ ᄆᆞᄉᆞᄆᆞ로 뎌 부텨를 보ᄉᆞᄫᆞ라 〈월석 8:22〉

나) ᄒᆞ야쎠체 명령문: 권고의 의미.

(예) 내 보아져 ᄒᆞᄂᆞ다 ᄉᆞᆯ바쎠 〈석상 6:14〉

다) ᄒᆞ쇼셔체 명령문: 탄원의 의미

(예) 님금하 아ᄅᆞ쇼셔 〈용가 125장〉

라) 반말 명령문: 우회적 지시나 허락의 의미.

(예) 生生애 내 願을 일티 아니케 ᄒᆞ고라 〈월석 1:13〉

※ 1. '-고라, -고려'는 반말체의 명령형 어미로, 현대 국어 하오체의 허락법과 큰 차이가 없다. 2. 16세기 문헌에서는 '-소, -ᄉᆞ, -조, -오' 등도 보인다.

나. 간접 명령문

㉠ 오라 ᄒᆞᆫ들 오시리잇가 〈용가 69〉

㉡ 수를 달라 ᄒᆞ야 먹ᄂᆞ다 〈두시 25:18〉

(㉡의 '달라'는 '도라'로도 나타나는데 양자는 수의적으로 교체되는 '주다'의 보충법이다.)

다. 경계 명령문: 경계의 뜻을 나타내는 문장 종결법이 있었는데, 이것은 명령문의 일종으로 볼 수 있다. '-ㄹ셰라'

㉠ 어긔야 내 가논 ᄃᆡ 졈그ᄅᆞᆯ셰라 〈악장: 정읍사〉

㉡ 내 가논 ᄃᆡ 남 갈셰라 〈악장: 한림별곡〉

㉢ 잡ᄉᆞ와 두어리마ᄅᆞᄂᆞᆫ 션ᄒᆞ면 아니 올셰라 〈악장: 가시리〉

⑤ 청유문: ᄒᆞ라체와 ᄒᆞ쇼셔체만 나타난다. '-져/-져라'(ᄒᆞ라체), '-사이다'(ᄒᆞ쇼셔체)

가. ᄒᆞ라체:

㉠ 우리 이제 안즉 出家 말오… 後에ᅀᅡ 出家ᄒᆞ져 〈월석 7:12〉

㉡ 이 劫 일후므란 賢劫이라 ᄒᆞ져 〈월석 1:40〉

㉢ 내 보아져 ᄒᆞᄂᆞ다 ᄉᆞᆯ바쎠 〈석상 6:14〉

나. ᄒᆞ쇼셔체:

㉠ 淨土애 ᄒᆞᆫᄃᆡ 가 나사이다 〈월석 7:12〉

㉡ 淨居天이 太子ᄭᅴ ᄉᆞᆯ보ᄃᆡ 가사이다 〈석상 3:26〉

(2) 높임 표현

① 주체 높임법: 주어 명사가 화자 또는 서술자에게 높임의 대상으로 인식될 때 실현된다. '-(ᄋᆞ/으)시-/-(ᄋᆞ/으)샤-'

가. 직접 주체 높임법

㉠ ᄒᆞᆫ 菩薩이 … 나라ᄒᆞᆯ 아ᅀᆞ 맛디시고 道理 ᄇᆡ호라 나아가샤 〈월석 1:5〉

㉡ 王이 그 이를 ᄎᆞᄌᆞ샤 鹿母夫人의 나ᄒᆞ신 둘 아ᄅᆞ시고 〈석상 11:32〉

나. 간접 주체 높임법: 높임의 대상이 되는 주어 명사의 신체 일부나 관계되는 물건 또는 일을 주어로 할 때도 나타난다.

㉠ 善慧 精誠이 至極ᄒᆞ실ᄊᆡ 〈월석 1:10〉 ('정성'은 선혜와 관련)

㉡ 부텻 뎡바기ᄲᅧ 노ᄑᆞ샤 ᄡᅳᆫ머리 ᄀᆞᄐᆞ실ᄊᆡ 〈월석 8:34〉 ('~뼈'가 부처에 속함)

다. 높임이 아닌 '-시-'(형태만 같음): '확인법 -거-/-어-' 뒤에 오는 경우가 많다.

㉠ 이제 내 ᄒᆞ마 阿羅漢道ᄅᆞᆯ 得ᄒᆞ야 오래 病ᄒᆞᆯ 緣을 여희얫가시니 〈능 5:72〉

※ 여희얫가시니: 여희-+-아#잇-+거+오+시+니

㉡ 네 … 如來ㅅ 三十二相ᄋᆞᆯ ᄇᆞ토라 커시니 〈능 1:45〉

㉢ 故園엣 버드리 이제 이어 ᄠᅥ러디거시니 엇데 시러곰 시름 가온ᄃᆡ 〈두시 16:51〉

㉣ (내) 즈믄 ᄒᆡ를 외오곰 녀신ᄃᆞᆯ … 信잇ᄃᆞᆫ 그츠리잇가 〈악장: 서경별곡〉

㉤ (내) 雙花店에 雙花 사라 가고신ᄃᆡᆫ 〈악장: 쌍화점〉

※ 1인칭 주어에는 주체 높임의 '-시-'가 쓰일 수 없다. 고려가요에 나타나는 높임의 의미가 없는 '-시-'를 특유의 시적 기법으로 해석하는 견해도 있다.

② 객체 높임법: 목적어 명사 또는 부사어 명사가 가리키는 인물이 주어 명사보다 높고 화자와 서술자보다도 높다고 인식될 때 실현되는 문법적 절차이다. '-ᅀᆞᆸ-/-ᅀᆞᆸ-/-ᄌᆞᆸ-/-ᅀᆞᇦ-/-ᅀᆞᇦ-/-ᄌᆞᇦ-'

가. 직접 객체 높임법:

㉠ 내 ᄯᆞᆯ 勝鬘이 … 부텨옷 보ᅀᆞᄫᆞ면 〈석상 6:40〉 [부텨〉내 ᄯᆞᆯ 승만]

㉡ 婇女ㅣ 하ᄂᆞᆳ 기ᄇᆞ로 太子ᄅᆞᆯ ᄡᅳ려 안ᅀᆞᄫᅡ 〈월석 2:43〉 (太子〉婇女)

㉢ 大瞿曇이 슬허 ᄢᅳ리여 (菩薩ᄋᆞᆯ) 棺애 녀ᅀᆞᆸ고 〈월석 1:7〉 [(菩薩)〉大瞿曇]

㉣ 無量壽佛 보ᅀᆞᄫᆞᆫ 사ᄅᆞᄆᆞᆫ 十方無量諸佛ᄋᆞᆯ 보ᅀᆞᄫᆞᆫ 디니 〈월석 8:33〉 (무량수불, 시방무량제불〉사람)

㉤ 내 아래브터 부텻긔 이런 마ᄅᆞᆯ 몯 듣ᄌᆞᄫᆞ며 〈석상 13:44〉 (부텨 〉 나)

㉥ 우린 다 佛子ㅣ ᄅᆞᆫᄌᆞ오니 〈법화〉 (불자 〉 우리)

나. 간접 객체 높임법: 높임의 대상이 되는 인물과 관련된 목적어 명사 또는 부사어 명사를 높임으로써 높임의 대상을 간접적으로 높이는 문법적 절차이다.

㉠ 善女人이…無量壽佛씌 나 正法 듣ᄌᆞᆸ고져 發願ᄒᆞᄃᆡ 〈월석 9:36〉 [無量壽佛(正法)〉善女人]

㉡ 道師ᄃᆞᆯ히 … 부텻 舍利와 經과 佛像과란 ᄀᆞᇝ 西ㅅ 녀긔 노ᄉᆞᆸ고 〈월석 2:73〉 [부텨(舍利와 經과 佛像)〉도사ᄃᆞᆶ]

③ 상대 높임법(청자 높임법): 화자가 청자를 높이거나 낮추는 문법적 절차. ᄒᆞ쇼셔체 선어말 어미 '-이-, -잇-', ᄒᆞ야쎠체 선어말 어미 '-ᅌᅵ-, -ᄉᆞ-', ᄒᆞ라체 '-다, -라'로 표현된다.

가. ᄒᆞ쇼셔체: 화자가 청자를 아주 높이는 방법.

㉠ 이 못 ᄀᆞᅀᅢ 큰 珊瑚 나모 아래 무두이다 〈석상 11:32〉

㉡ 落水예 山行 가 이셔 하나빌 미드니잇가 〈용가 125장〉

㉢ 王이 부텨를 請ᄒᆞᅀᆞᄫᆞ쇼셔 〈석상 6:38〉

나. ᄒᆞ야쎠체: 화자가 청자를 보통으로 낮추거나 보통으로 높이는 방법

㉠ 내 그런 ᄠᅳ들 몰라 ᄒᆞ댕다 〈석상 24:32〉

㉡ 그듸 아바니미 잇ᄂᆞ닛가 〈석상 6:14〉

㉢ 내 보아져 ᄒᆞᄂᆞ다 ᄉᆞᆯᄫᅡ쎠 〈석상 6:14〉

다. ᄒᆞ라체: 청자를 아주 낮추는 방법

㉠ 소리ᄲᅮᆫ 듣노라 〈석상 6:15〉

㉡ 네 겨집 그려 가던다 〈월석 7:10〉

㉢ 너희 大衆이 ᄀᆞ장 보아 後에 뉘읏븜 업게 ᄒᆞ라 〈석상 23:11〉

라. 반말: 화자가 청자를 낮추기도 어렵고 높이기도 어려운 상황에서 쓰이는 말투.

㉠ 열ᄫᅳᆫ 어르믈 하ᄂᆞᆯ히 노기시니 〈용가 30장〉

㉡ 聖人神力을 어누 다 ᄉᆞᆯᄫᆞ리 〈용가 87장〉

㉢ 生生애 내 願을 일티 아니케 ᄒᆞ고라 〈월석 1:13〉

※ '–고라'는 '–고려'로 쓰이기도 하는데 'ᄒᆞ라'보다는 높고 'ᄒᆞ야쎠'보다는 낮추는 면이 있어 반말의 가치를 띤 명령형 어미로 간주한다.

④ 특수 어휘에 의한 높임법

가. 체언의 높임말: '진지/뫼'(밥), '분'(이), '마ᄍᆞᄫᅵ'(←맞+ᄌᆞᆸ+이, '맞이'의 높임말), '그듸'(너), 'ᄌᆞ걔'(저), …

(예) 濟世英主ㅣ 실씨 마ᄍᆞᄫᅵ예 ᄆᆞᅀᆞᄆᆞᆯ 놀라니 〈용가〉

나. 동사의 높임말

가) 주어 명사 높임: 겨시다[30], 좌시다

나) 객체 높임: 드리다, 숣다, 뫼시다, 뵈다, 저숩다, 엳즙다

다. 격조사와 접미사로도 실현: 'ㅅ'(존칭 관형격 조사), '하'(존칭 호격 조사), '-님'(존칭 접미사), '-내(존칭 복수 접미사)'

(3) 사동 표현

· 중세 국어 사동 표현은 현대 국어와 큰 차이가 없다. 파생적 사동법과 통사적 사동법이 있었으며, 주동사나 형용사에 파생 접사가 결합하는 형태론적 절차 또는 '-게/긔 ᄒᆞ다'의 결합과 성분의 자리바꿈이라는 통사론적 절차를 거쳐 사동문이 형성되는 과정은 현대 국어와 동일하다.

① 파생적 사동문: 문장 성분의 자리바꿈과 사동 접미사 '-이-, -히-, -기-, -오/우-, -호/후-, -ᄋᆞ-/-으-'가 주동사와 결합하여 이뤄진다.

가. 주동사/형용사 + 사동 접미사

㉠ 太子ㅣ 道理 일우샤 〈석상 6:5〉　　(주동문) 道理 일다

㉡ ᄒᆞᆫ 菩薩이…나라ᄒᆞᆯ 아ᅀᆞ 맛디시고 〈월석 1:5〉

(주동문) 앙이 나라ᄒᆞᆯ 맏ᄂᆞ다

㉢ 바ᄅᆞ래 ᄇᆡ 업거늘 녀토시고 ᄯᅩ 기피시니 〈용가 20〉

(형용사문) 바ᄅᆞ리 녙다/깊다

㉣ 나랏 小民을 사ᄅᆞ시리잇가 〈용가 52〉　　(주동문) 나랏 小民이 살다

(비교) 城 밧긔 닐굽 뎔 일어 즁 살이시고

㉤ 甓(벽)이며 디새며 ᄒᆞᆰᄀᆞ로 塔을 이르ᅀᆞᆸ거나 〈석상 13:15〉

(주동문) 塔이 일다　　〈비교〉 太子ㅣ 道理 일우샤 〈석상 6.5〉

㉥ 羅睺羅ㅣ … 出家히여 聖人ㅅ 道理 ᄇᆡ화ᅀᅡ ᄒᆞ리니 〈석상 6:3〉

(주동문) 羅睺羅ㅣ 出家ᄒᆞ다

---

30) 중세 국어에서 '계시다'는 직접 주체 높임과 간접 주체 높임에 모두 쓰였다. 현대 국어에서 '계시다'는 직접 주체 높임에, '있으시다'는 간접 주체 높임에 쓰인다.

(예) 如來 … 뭐고래 수머 겨사 〈석상 6:4〉　　(비교) 아버지께서는 집에 계신다.

부톄라 혼 일후미 겨시고 〈석상 13:59〉　　(비교) 아버지께서는 옷이 많이 있으시다.

나. 주동문이 사동문으로 바뀔 때는 새로운 주어가 도입되고, 주동문과 형용사문의 주어는 목적어로 바뀌며, 주동사나 형용사는 사동사로 바뀐다(㉠, ㉢). 타동사문일 경우 목적어는 목적어로 바뀐다(㉡).

- 피사동주가 항상 목적격 조사와 결합하여 나타나는 것은 아니다.

(예) 술지고 壯코 힘 하며 양지 고ᄋᆞ니로 寶車 메우고 〈법화 2:140〉

衆生ᄋᆞ로 一切世間앳 信티 어려ᄫᅳᆫ 法을 다 듣ᄌᆞᄫᅡ 알에 호리라 〈석상 13:27〉

다. '㉣, ㉤'에서는 주동사 '살-[生]'과 '일-[成]'에 각각 '-ᄋᆞ-'와 '-으-'가 결합하여 사동사가 되었는데, 〈비교〉로 제시한 것과 같이, 여기에는 '살이다'와 '일우다'라는 사동사가 또 있다. '살이다'와 '일우다'는 각각 '살게 하다', '성취하다'라는 의미이지만, '-ᄋᆞ-/-으-'에 의해 형성된 사동문은 문장의 구성은 사동문과 같지만, '사ᄅᆞ다'는 '목숨을 살리다', '이르다'는 '세우다'라는 의미로 특수화된다.

라. ㉥은 'ᄒᆞ다'가 결합하여 이루어진 용언의 경우도 사동 접미사에 의한 사동사의 형성이 가능함을 보인다. 현대 국어에는 이런 일이 없다.

② 통사적 사동문: '-게/-긔 ᄒᆞ다'에 기댄 사동문. '-게'는 '-기'로 나타나기도 한다. '-게/-긔'는 'ㄹ'와 'y'및 서술격 조사 아래서는 '-에/-의'로 교체되어 나타난다.

㉠ 그듸내 各各 ᄒᆞᆫ 아ᄃᆞᆯ옴 내야 내 孫子 조차가게 ᄒᆞ라 〈석상 6:9〉

㉡ 化人ᄋᆞᆫ 世尊ㅅ 神力으로 ᄃᆞ외의 ᄒᆞ샨 사ᄅᆞ미라 〈석상 6:7〉

㉢ 하ᄂᆞᆯ히 당다이 이 피ᄅᆞᆯ 사ᄅᆞᆷ ᄃᆞ외에 ᄒᆞ시리라 〈월석 1:8〉

㉣ ᄆᆞ레 ᄃᆞ마 ᄆᆞᆰ게 ᄒᆞ야 〈월석 10:119〉

③ 사동문의 의미 해석

가. 사동사에 기대는 사동문은 주동사에 따라 구속이나 허용을 의미할 수 있고, 주체의 행위가 직접적으로도 간접적으로도 해석되기도 하며, 간접적으로만 해석되기도 한다. 구속과 허용의 의미는 대개 목적어나 부사어로 나타나는 피동작주가 유정 명사일 때 파악된다.

㉠ 鸚鵡ㅣ…어ᅀᅵᄅᆞᆯ 머기거늘 〈월석 2:12〉

(구속적, 주체의 행동은 직접과 간접으로 다 해석 가능)

㉡ (杜甫ㅣ) 아ᄒᆡ로 훤히 둥어리 글키고 〈두시 15:4〉

(구속적, 주체의 행동은 간접적으로만 해석됨)

㉢ 太子ㅣ … 또 羅目侯羅롤 出家히샤 〈석상 6:7〉 (구속적, 주체의 행동은 간접적)

나. 목적어로 쓰인 피동작주가 무정 명사이면, 구속이나 허용의 의미는 없고 단순히 타동성만 첨가된다.

(예) 바ᄅᆞ래 빅 업거늘 (바ᄅᆞᆯ) 녀토시고 또 기피시니 〈용가 20〉

다. 사동사 가운데는 주동문과 거리가 멀어 사동문으로 보기 어려운 것도 있다.

㉠ ᄆᆞ쇼 머기는 놀앳 소리롤 즐겨 듣곡 〈두시 15:4〉 (주동사와 관련이 맺어지지 않으며, 통사 구조와 관련이 맺어지지 않는다.)

㉡ 나랏 小民을 사ᄅᆞ시리잇가 〈용가 52〉 (의미가 특수화되어 부분적인 유사성만 인정된다)

라. 통사적 사동문은 주체(사동주)의 행위가 간접적으로만 해석된다.

㉠ 내 아ᄃᆞ리 목수믈 일케 ᄒᆞ야뇨 〈월석 21:219〉

㉡ 太子ㅣ … 또 羅目侯羅롤 出家히샤 나라 니ᄉᆞ리롤 긋게 ᄒᆞ시ᄂᆞ니 〈석상 6:7〉

(4) 피동 표현

・중세 국어 피동 표현은 현대 국어와 큰 차이가 없다. 파생적 피동문과 통사적 피동문이 있었으며, 능동사에 피동 접미사를 결합시키는 형태론적 절차 또는 '-어 디다'의 결합과 성분의 자리바꿈이라는 통사론적 절차를 거쳐 피동문이 형성되는 과정은 현대 국어와 같다. 반면, 많은 경우 능격문이 피동문을 대신하였기 때문에, 현대 국어만큼 생산적이지 않았다.

① 파생적 피동문: 능동사에 피동 접미사 '-이-, -히-, -기-'가 결합하고, 문장 성분의 자리바꿈이 일어난다.

㉠ 모든 사ᄅᆞ미 막다히며 디새며 돌ᄒᆞ로 텨든 (比丘ㅣ) 조치여 ᄃᆞ라 머리가 〈석상 19:31〉 (능동문) 모든 사ᄅᆞ미 (比丘를) 좇ᄂᆞ다

㉡ 東門이 도로 다티고 〈월석 23:80〉 (능동문) (獄主ㅣ) 東門을 닫다

㉢ ᄇᆞᄅᆞ미 아니 닐면 믈 담굟 거시 업스릴씨 〈월석 1:39〉

(능동문) (ᄇᆞᄅᆞ미) ᄆᆞ를 담ᄂᆞ다 [담굟: 담+기+오+ᄚ]

② 통사적 피동문: 문장 성분의 자리바꿈과 '-어 디다(〉-어 지다), -게 ᄃᆞ외다'에 기

대어 이뤄진다.

㉠ ᄇᆞᄅᆞ매 竹筍(죽순)이 것거 뎻고 〈두시 15:8〉

㉡ ᄌᆞᄆᆞᆫ ᄆᆞᄃᆡ 다 글희여 디거늘 〈월석 23:79〉 (글희다: 풀다)

㉢ 모딘 잠개 나ᅀᆞ드디 몯게 ᄃᆞ외니 〈월천 기69〉

③ 능격 동사에 의한 피동문

가. 능격문과 피동문의 비교

㉠ 뫼해 살이 박거늘 〈월천 기41〉 (능격 동사)[31] (능동문) 뫼해 사ᄅᆞᆯ 바거늘

㉡ 밠바닸 그미 ᄧᅡ해 반ᄃᆞ기 바키시며 〈월석 2:57〉(피동사)

〈㉠은 능격문이고 ㉡은 피동문인데, 동사가 주어 '살이'와 '밠바닸 그미'를 각각 지배하고 있고, 부사어 '뫼해'와 'ᄧᅡ해'를 동반하고 있다. 두 구문은 통사상 아무런 차이점이 없다. ㉠에서 타동사 '박-'에 비타동사와 결합하는 확인법 선어말 어미 '거'가 결합하여 피동사(자동사)처럼 쓰이고 있다. 중세 국어에서는 능격문이 피동문을 대신하는 경우가 많았다.〉

나. 능격문과 피동문의 활용상의 차이

㉠ 구루미 비취여늘 日官ᄋᆞᆯ 從ᄒᆞ시니 〈용가 42〉 (하늘히) 구루믈 비취다

㉡ (悉達太子ㅣ) 放光ᄒᆞ샤 三千界ᄅᆞᆯ 비취여시ᄂᆞᆯ 〈원각 서:43〉

〈㉠은 '비취여늘'이 주어인 '구루미'를 지배하고 있으므로 자동사문이다. 그런데 활용형에는 타동사 표지 '어'가 붙어있다(비취+어늘). 즉, 능격적 타동 구문이다. 능격문은 자동사의 주어 표지와 타동사의 목적어 표지가 같은 구문이다. 반면, ㉡은 능격 동사 '비취-'에 타동사 표지 '어'가 붙어 있고, 피동작주가 목적격으로 실현되어 있다. 즉, 능동적 타동 구문이다.〉

※ 다음과 같은 문장도 능격문이다. ㉠ 동문이 열어든 보고 〈월석 23:80〉 ㉡ 兄이 디여 뵈니 衆賊이 좇거늘 재 ᄂᆞ려 티샤 두 갈히 것그니 〈용 36〉

---

31) '박다'는 타동사이다. 그런데 선어말 어미 '거'와 결합한 것을 보면 이 예문에서 자동사로 쓰인 것을 알 수 있다. 이런 동사가 중세어에 많았다. 이렇게 같은 동사가 자동사와 타동사로 공용되는 동사를 능격 동사라고 부른다. ᄀᆞᆯ다(替), 젺다(折), 닫다, 버히다(斬), 흩다(散), 비취다 등

(5) 부정 표현

· 중세 국어 부정 표현은 현대 국어와 큰 차이가 없다. 짧은 부정법과 긴 부정법이 있었으며 부정 명령형의 형태가 따로 나타나는 것도 같다. 또한 '알다'와 '잇다'는 어휘적 수단인 반의어 '모ᄅᆞ다'와 '없다'에 의해 부정 표현이 실현되었다는 점에서도 차이가 없다.

① '아니' 부정문

가. 체언 부정문: '아니(명사)+이-(서술격 조사)'

㉠ 이ᄂᆞᆫ 우리 허므리라 世尊ㅅ 다시 아니시다ᄉᆞ이다 〈법화 2:5〉 ('다시시다ᄉᆞ이다'의 부정)

㉡ 妙法이 둘 아니며 세 아닐씨 〈석상 13:48〉 ('둘히며, 세힐씨'의 부정)

㉢ ᄒᆞ나 아닌 거긔 둘 아닌 고ᄃᆞᆯ 불길씨 〈월석 8:30〉 ('ᄒᆞ나힌, 둘힌'의 부정)

나. 용언의 '아니' 부정문

※ '아니' 부정문은 동사 부정의 경우 의지 부정과 단순 부정 두 가지로 해석될 수 있고, 형용사 부정에서는 상태 부정으로 해석할 수 있다.

가) 짧은 부정문: 아니 + 용언

㉠ 불휘 기픈 남ᄀᆞᆫ ᄇᆞᄅᆞ매 아니 뮐씨 〈용가 2장〉 (동사 부정)

㉡ 그듸ᄂᆞᆫ 아니 듣ᄌᆞᄫᆞᆺ더시닛가 〈석상 6:17〉 (동사부정)

㉢ 내 이제 아니 오라 주그리로소이다 〈월석 21:22〉 (형용사 부정)

㉣ 나도 現在 未來 一切 중생ᄋᆞᆯ 시름 아니 호리라 〈월석 1:130〉

(명사 어근에 접미사 '-ᄒᆞ다'가 붙은 동사는 어근과 '-ᄒᆞ다' 사이에 '아니'가 들어가는 것이 보통이다.)

나) 긴 부정문: 용언 + -디 아니ᄒᆞ-

㉠ 耶輸ㅣ 순직 듣디 아니ᄒᆞ시고 〈석상 6:7〉 (동사 부정)

㉡ ᄂᆞᄆᆡ 쁘들 거스디 아니ᄒᆞ고 〈월석 23:72〉 (동사 부정)

㉢ 닐웨사 머디 아니ᄒᆞ다 〈월석 7:2〉 (형용사 부정)

② '몯' 부정문

가. 짧은 부정문: 몯 + 동사

㉠ 부텨를 몯 맛나며 法을 몯 드르며 〈석상 19:34〉

㉡ 어딜 몯 보료 〈월석 17:59〉

㉢ 五年을 改過 몯 ᄒᆞ야 〈용가 12장〉

(명사 어근에 '-ᄒᆞ다'가 붙은 동사는 어근과 '-ᄒᆞ다' 사이에 '몯'이 들어가는 것이 보통이다.)

나. 긴 부정문: 용언 + -디 몯ᄒᆞ-

㉠ 부텨 맛나디 몯ᄒᆞ며 법 듣디 몯ᄒᆞ며 〈월석 17:91〉

㉡ 므스글 보디 몯ᄒᆞ리오 〈법화 6:29〉

㉢ 믈읫 됴티 몯ᄒᆞᆫ 이리 다 업서 〈석상 9:24〉

(서술어가 형용사인 경우는 '몯' 부정문이 안 쓰이는 것이 원칙이나 화자의 기대에 미치지 못해 아쉬워함을 표현하는 경우에는 긴 부정문이 가능하기도 하다.)

③ '말다' 부정문: '-디/-어/-게' 말다(현대어에는 '-지 말다'만 있다)

• 주로 명령문과 청유문의 부정에 쓰이고, 명령문이 아니더라도 명령의 의미가 함의되어 있거나 바람의 의미가 포함되어 있으면 '말다' 부정문이 쓰인다.

가. 명령문

㉠ 이 ᄠᅳ들 닛디 마ᄅᆞ쇼셔 〈용가 110장〉

㉡ 邪曲ᄒᆞᆫ 마리 이셔도 받고 갑디 마라 〈월석 10:20〉

나. 청유문

㉠ 우리 잡말 안직 니ᄅᆞ디 마져 〈번노 상:17〉

㉡ 나ᄅᆞᆯ … 보아 머리 셰ᄃᆞ록 서르 ᄇᆞ리디 마져 하더라 〈두시 16:18〉

다. 명령이나 바람의 의미가 포함된 문장

㉠ 議論ᄒᆞ디 마롫 디어다 〈능 6:42〉 (명령/시킴 의미)

㉡ ᄡᅥ디디 마와뎌 ᄇᆞ라노라 〈능 9:113〉 (바람)

(6) 시간 표현

· 중세 국어에서는 시제 형태소가 따로 존재하지 않았기 때문에 서법 형태소에 기대거나 부정법(不定法)으로 시제가 표현되었다.

※ 시제: 어떤 시점을 기준으로 어떤 사건 및 상태의 시간적 위치를 나타내는 문법 범주.

① 현재 시제: 동사는 직설법 선어말 어미 '-ᄂᆞ-'가 연결되어 표현되며, 형용사와 서술격 조사는 부정법으로 현재 시제가 표현된다.

㉠ 이제 또 묻ᄂᆞ다 〈월석 23:97〉

㉡ 이제 엇뎨 羅睺羅ᄅᆞᆯ 앗기ᄂᆞᆫ다 〈석상 6:9〉

㉢ 내 오ᄂᆞᆯ 實로 無情호라 〈월석 21:219〉

㉣ 眞實로 우리 죵이니이다 〈월석 8:94〉

㉤ 내 … 無上道애 도ᄅᆞ혀 向ᄒᆞ노이다 〈월석 10:33〉

(사건시가 발화시에 후행하는데, 확실한 미래에 현재 시제가 쓰였다.)

㉥ 하ᄂᆞᆯ히며 사ᄅᆞᆷ 사ᄂᆞᆫ 따ᄒᆞᆯ 다 뫼호아 世界라 ᄒᆞᄂᆞ니라 〈월석 1:8〉

(보편적 사실에도 현재 시제가 쓰인다.)

㉦ 이제 또 내 아ᄃᆞᄅᆞᆯ ᄃᆞ려가려 ᄒᆞ시ᄂᆞ니 眷屬 ᄃᆞ외ᄉᆞᄫᅧ 셜ᄫᅳᆫ 일도 이러ᄒᆞᆯ쎠 〈석상 6:5〉 (연결형의 시제로 상대적 시제를 나타낸다. 발화시 기준 현재이다.)

㉧ 이 지븨 사ᄂᆞᆫ 얼우니며 아ᄒᆡ며 現在 未來 百千歲中에 惡趣ᄅᆞᆯ 기리 여희리니 〈월석 21:99〉 (관형사형의 시제로 상대적 시제를 나타낸다. 발화시 기준 현재이다.)

② 과거 시제: 동사는 부정법과 회상법 선어말 어미, 확인법 선어말 어미, 감동법 선어말 어미에 의해 과거가 표현된다. 형용사는 회상법 선어말 어미 '-더-'에 의해 과거가 표현된다.

가. 부정법과 과거 시제

㉠ 네 아비 ᄒᆞ마 주그니라 〈월석 9:36〉

㉡ (世尊) … 世間애 샹녜 이셔 내 正法을 護持ᄒᆞ라 ᄒᆞ시이다 〈석상 24:45〉

㉢ 엇던 行業을 지ᅀᅥ 惡道애 ᄠᅥ러딘다 〈월석 21:56〉

㉣ 내 ᄒᆞ마 發心호니 엇뎨 住ᄒᆞ며 降ᄒᆞ리잇고 〈금삼 2:4〉

(연결형에 나타나는 시제로 상대적 시제를 나타낸다. 주절의 사건시에 선행한다.)

㉤ 鹿母夫人ᄋᆡ 나ᄒᆞᆫ 고ᄌᆞᆯ 어듸 ᄇᆞ린다 〈석상 11:32〉

(관형사형에 나타나는 시제로 상대적 시제를 나타낸다. 과거에 있어서 과거이다.)

㉥ (世尊) … 舍利佛을 須達이 조차 가라 ᄒᆞ시다 〈석상 6:22〉

(서사 세계에 나타나는 것으로 사건시와 발화시가 무관하므로, 정확한 시제를 말하기 어렵다. 현대 국어의 소설 지문 '하였다'에 해당한다.)

나. 회상법과 과거 시제: 회상법 '-더-'의 시제는 발화시를 기준으로 하면 과거이고, 경험시를 기준으로 하면 현재이다. 현대 국어와 같다.

㉠ (須達) … 그딋 ᄯᆞᄅᆞᆯ 맛고져 ᄒᆞ더이다 〈석상 6:15〉

㉡ 내 지븨 이싫 저긔 受苦ㅣ 만타라 〈월석 10:23〉

㉢ 네 겨집 그려 가던다 〈월석 7:10〉

㉣ 내 지븨 이셔 샹녜 還刀ㅣ며 막다히ᄅᆞᆯ 두르고 이셔도 두립더니 이제 ᄒᆞ오ᅀᅡ 무덦 서리옛 나모 아래 이셔도 〈월석 7:5〉

㉤ 내 ᄒᆞ던 이리 甚히 외다ᄉᆞ이다 〈석상 24:18〉

다. 확인법과 과거 시제: 확인법 선어말 어미 '-거-/-어-'가 동사와 결합하면 발화시 직전에 사건이 완료되었음을 뜻한다.

㉠ 내 本來 求ᄒᆞᆯ ᄆᆞᅀᆞᆷ 업다니 오ᄂᆞᆯ 이 寶藏이 自然히 니를어다 〈법화 2:226〉

㉡ 곳 디ᄂᆞᆫ 時節에 ᄯᅩ 너를 맛보과라 〈두시 16:52〉

㉢ 내 이제 훤히 즐겁과라 〈법화 2:137〉

(형용사에 확인법이 연결되면 현재 시제를 나타낸다.)

라. 감동법과 과거 시제: 감동법 선어말 어미 '-돗-/-도-/-옷-/-ㅅ-'이 동사에 연결되면 사건시가 발화시에 선행한다. 형용사에 감동법 선어말 어미가 연결되면 현재 시제로 해석된다.

㉠ 그듸 가 들 찌비 ᄇᆞᆯ써 이도다 〈석상 6:35〉

㉡ 太子ㅣ 그런 사ᄅᆞ미시면 이 이리 어렵도소이다 〈석상 11:19〉

③ 미래 시제: 동사나 형용사 모두 추측법 선어말 어미 '-리-'에 의해 표현된다.

가. 추측법과 미래 시제

㉠ 내 願을 아니 從ᄒᆞ면 고ᄌᆞᆯ 몯 어드리라 〈월석 1:12〉 (미래 추측)

㉡ 내 이제 分明히 너ᄃᆞ려 닐오리라 〈석상 19:4〉 (미래 추측)

㉢ 네 엇던 혜ᄆᆞ로 나ᄅᆞᆯ 免케 ᄒᆞᇙ다 〈월석 21:55-6〉 (발화시의 가능성)

㉣ 阿逸多아 그 쉰차힛 善男子 善女人의 隨喜功德을 내 닐오리니 네 이대 드르라 〈석상 19:2〉 (미래 - 화자의 의도)

㉤ ᄒᆞ마 命終ᄒᆞᇙ 사ᄅᆞᄆᆞᆯ 善惡 묻디 말오 〈월석 21:125〉 (미래)

㉥ 漸漸 無明 허롤 히미 이시리라 〈몽산 5〉 (발화 당시의 주체의 능력 추측)

나. 추측 회상법: 경험시 기준 미래 시제. '-리러-'

(예) 得大勢여 … 당다이 부톄 드외리러라 〈석상 19:33-34〉 (경험시 기준 미래)

④ 동작상

가. 완료상: -어 잇다/겨시다, 보조 동사, 종속적 연결 어미에 의해 표현된다.

※ 글희다: 풀리다, 빠지다. 볏다: 벗다, 바히다: 베다

㉠ 大愛道ㅣ 드르시고 흔 말도 몯ᄒᆞ야 잇더시니 〈석상 6:7〉

㉡ 迦葉比丘ㅣ 왯ᄂᆞ니여 〈석상 23:39〉

㉢ 眞金 소ᄂᆞ로 니버 겨신 僧伽梨衣를 아ᄉᆞ시고 〈석상 23:8〉

㉣ ᄃᆞ른 이 녯 ᄀᆞ올히 블갯ᄂᆞ니라 〈두시 8:36〉

㉤ 발로 갌山ᄋᆞᆯ 드듸니 즈믄 ᄆᆞᄃᆡ 다 글희여 디거늘 〈월석 23:79〉 ('-어 디다')

㉥ 地獄ᄋᆞᆯ 볏아 ᄇᆞ려 〈월석 21:181〉 (-어 ᄇᆞ리다)

㉦ 제 모맷 고기를 바혀 내난 ᄃᆞ시 너겨 ᄒᆞ며 〈석상 9:12〉 (-어 내다)

㉧ 한비 사ᄋᆞ리로ᄃᆡ 뷔어ᅀᅡ ᄌᆞᄆᆞ니이다 〈용가 67〉 (-어ᅀᅡ)

㉨ 제 한 過를 짓고셔 또 梵行 아닌 일 닐어 〈원 하 3-1:85〉 (-고셔)

나. 진행상: '-고 잇다'와 '-어 가다', 보조 용언, 연결 어미 등에 의해 표현된다.

㉠ 네 … 내 풍류바지 ᄃᆞ리고 됴흔 차반 먹고 이쇼ᄃᆡ 〈석상 24:28〉

㉡ 王이 듣고 깃거 그 나모 미틔 가 누늘 長常 쌀아 잇더라 〈석상 24:42〉

㉢ 法이 펴디여 가미 믈 흘러 녀미 ᄀᆞᄐᆞᆯ씨 〈석상 9:21〉 (-어 가다)

㉣ 아니한 더데 또 오ᄅᆞ곰 홀씨 〈법화 1:164〉 (-곰 ᄒᆞ다) (덛: 사이)

㉤ 말ᄒᆞ며 우숨 우스며셔 주규믈 行ᄒᆞ니 〈두시 6:39〉 (-며셔)

㉥ 오ᄅᆞ락 ᄂᆞ리락 ᄒᆞ야 〈석상 11:13〉 (-락~-락)

다. 예정상: -게 ᄃᆞ외다, -게 ᄒᆞ다, 종속적 연결 어미 등에 의해 표현된다. 학교 문법에서는 인정하지 않는다.

라. 서법 형태소도 동작상과 관련하여 해석할 수 있다. 동사 부정법은 완료상으로, 직설법과 회상법은 진행상으로, 추측법은 예정상으로 해석할 수 있다.

5) 담화

(1) 중세 국어는 문장이 대체적으로 길다. 중세 국어의 어떤 문장은 현대 국어라면 몇 개의 문장으로 나뉠 수도 있다. 한 문장 속에 대화가 몇 개씩 들어가는 경우도

있다. 이런 경우 문장이 아니라 담화로 보아야 한다. 특히, 'ᄀᆞᄢᅴ'는 담화(장면)와 담화(장며)를 이어주는 역할을 하기 때문에 담화의 경계 기능을 한다. 다음은 'ᄀᆞᄢᅴ'를 매개로 이어지는 담화의 예이다.

… 瞿曇氏 다시 니러나시니라 普光佛이 世界예 나거시ᄂᆞᆯ

그ᄢᅴ 善慧라 홇 仙人이 五百 外道ᄋᆡ 그르 아논 이ᄅᆞᆯ ᄀᆞᄅᆞ쳐 고텨시ᄂᆞᆯ 그 五百 사ᄅᆞ미 弟子ㅣ ᄃᆞ외아지이다 ᄒᆞ야 銀돈 ᄒᆞᆫ 낟곰 받ᄌᆞᄫᆞ니라 그 저긧 燈照王이 普光佛을 請ᄒᆞᅀᆞᄫᅡ 供養호리라 ᄒᆞ야 나라해 出令호ᄃᆡ 됴ᄒᆞᆫ 고ᄌᆞ란 ᄑᆞ디 말오 다 王ᄭᅴ 가져오라 善慧 드르시고 ᄎᆞ기 너겨 곳 잇ᄂᆞᆫ ᄯᅡ홀 ᄀᆞᆫ가 가시다가 俱夷ᄅᆞᆯ 맛나시니 곳 닐굽 줄기ᄅᆞᆯ 가져 겨샤ᄃᆡ 王ㄱ出令을 저ᄊᆞᄫᅡ 甁ㄱ 소배 ᄀᆞ초아 뒷더시니 善慧 精誠이 至極ᄒᆞ실ᄊᆡ 고지 소사나거늘 조차 블러 사아지라 ᄒᆞ신대 俱夷 니ᄅᆞ샤ᄃᆡ 大闕에 보내ᅀᆞᄫᅡ 부텨ᄭᅴ 받ᄌᆞᄫᆞᇙ 고지라 몯ᄒᆞ리라 善慧 니ᄅᆞ샤ᄃᆡ 五百銀 도ᄂᆞ로 다ᄉᆞᆺ 줄기ᄅᆞᆯ 사아지라 俱夷 묻ᄌᆞᄫᆞ샤ᄃᆡ 므스게 ᄡᅳ시리 善慧 對答ᄒᆞ샤ᄃᆡ 부텨ᄭᅴ 받ᄌᆞ보리라 俱夷 ᄯᅩ 묻ᄌᆞᄫᆞ샤ᄃᆡ 부텨ᄭᅴ 받ᄌᆞᄫᅡ 므슴호려 ᄒᆞ시ᄂᆞ니 善慧 對答ᄒᆞ샤ᄃᆡ 一切種種智慧ᄅᆞᆯ 일워 衆生ᄋᆞᆯ 濟渡코져 ᄒᆞ노라 俱夷 너기샤ᄃᆡ 이 男子ㅣ 精誠이 至極ᄒᆞᆯᄊᆡ 보ᄇᆡᄅᆞᆯ 아니 앗기놋다 ᄒᆞ야 니ᄅᆞ샤ᄃᆡ 내 이 고ᄌᆞᆯ 나소리니 願ᄒᆞᆫᄃᆞᆫ 내 生生애 그ᄃᆡᆺ 가시 ᄃᆞ외아지라 善慧 對答ᄒᆞ샤ᄃᆡ 내 조ᄒᆞᆫ ᄒᆡᇰ뎌글 닷가 일 업슨 道理ᄅᆞᆯ 求ᄒᆞ노니 죽사릿 因緣은 듣디 몯호려다 俱夷 니ᄅᆞ샤ᄃᆡ 내 願을 아니 從ᄒᆞ면 고ᄌᆞᆯ 몯 어드리라 善慧 니ᄅᆞ샤ᄃᆡ 그러면 네 願을 從호리니 나ᄂᆞᆫ 布施ᄅᆞᆯ 즐겨 사ᄅᆞᄆᆡ ᄠᅳ들 거스디 아니ᄒᆞ노니 아뫼어나 와 내 머릿바기며 눉ᄌᆞᅀᆞ며 骨髓며 가시며 子息이며 도라 ᄒᆞ야도 네 거튫 ᄠᅳᆮᄒᆞ야 내 布施ᄒᆞ논 ᄆᆞᅀᆞᄆᆞᆯ 허디 말라 俱夷 니ᄅᆞ샤ᄃᆡ 그ᄃᆡᆺ 말다히 호리니 내 겨지비라 가져가디 어려ᄫᅳᆯᄊᆡ 두 줄기ᄅᆞᆯ 조쳐 맛디노니 부텨ᄭᅴ 받ᄌᆞᄫᅡ 生生애 내 願을 일티 아니케 ᄒᆞ고라

그 ᄢᅴ 燈照王이 臣下와 百姓과 領코 … 〈월석 1:8ㄴ〉 ~ 〈월석 1:13ㄴ〉

(2) 중세어 시가 작품 가운데는 배경 설화를 고려해야만 주어, 목적어 등의 생략된 성분을 알 수 있는 경우도 있다.

(예) 스ᄀᆞᄫᆞᆯ 軍馬ᄅᆞᆯ 이길ᄊᆡ ᄒᆞᄫᆞᅀᅡ 믈리조치샤 모딘 도ᄌᆞᄀᆞᆯ 믈리시니이다. 〈용가 35장〉 ('이길ᄊᆡ'의 주어 명사는 원나라 장수 '나하추', '믈리조치샤', '믈리시니이다'의 주체는 '이성계')

(3) 대화에서 주어, 목적어가 생략되기도 하는 점은 현대어와 같다. 아래의 대화는

위의 〈월석 1:10ㄱ〉~〈월석 1:13ㄴ〉의 내용을 대화 형식으로 재구성한 것이다.

善慧: 사아지라

俱夷: 大闕에 보내ᅀᆞᄫᅡ 부텻긔 받ᄌᆞᄫᆞᆯ 고지라 몯ᄒᆞ리라

善慧: 五百銀 도ᄂᆞ로 다ᄉᆞᆺ 줄기ᄅᆞᆯ 사아지라

俱夷: ᄆᆞᅀᅳ게 ᄡᅳ시리

善慧: 부텻긔 받ᄌᆞᄫᅩ리라

俱夷: 부텻긔 받ᄌᆞᄫᅡ ᄆᆞᅀᆞᆷ호려 ᄒᆞ시ᄂᆞ니

善慧: 一切種種智慧를 일워 衆生ᄋᆞᆯ 濟渡코져 ᄒᆞ노라

俱夷: (이 男子ㅣ 精誠이 至極ᄒᆞᆯᄊᆡ 보ᄇᆡᄅᆞᆯ 아니 앗기놋다) 내 이 고ᄌᆞᆯ 나ᅀᆞ리니 願ᄒᆞᆫᄃᆞᆫ 내 生生애 그딧 가시 ᄃᆞ외아지라

善慧: 내 조ᄒᆞᆫ ᄒᆡᆼ뎌글 닷가 일 업ᄉᆞᆫ 道理ᄅᆞᆯ 求ᄒᆞ노니 죽사릿 因緣은 듣디 몯호려다

俱夷: 내 願을 아니 從ᄒᆞ면 고ᄌᆞᆯ 몯 어드리라

善慧: 그러면 네 願을 從호리니 나ᄂᆞᆫ 布施ᄅᆞᆯ 즐겨 사ᄅᆞᄆᆡ ᄠᅳ들 거ᄉᆞ디 아니ᄒᆞ노니 아뫼어나 와 내 머릿바기며 눖ᄌᆞᅀᆡ며 骨髓며 가시며 子息이며 도라 ᄒᆞ야도 네 거튫 ᄠᅳᆮᄒᆞ야 내 布施ᄒᆞ논 ᄆᆞᅀᆞᄆᆞᆯ 허디 말라

俱夷: 그딧 말다히 호리니 내 겨지비라 가져가디 어려ᄫᅳᆯᄊᆡ 두 줄기ᄅᆞᆯ 조쳐 맛디노니 부텻긔 받ᄌᆞᄫᅡ 生生애 내 願을 일티 아니케 ᄒᆞ고라

(4) 지시어: 지시어는 담화에서 응집성을 높이는 대표적 장치이다.

[지시어의 체계]

대명사/관형사	대명사	형용사	부사
이	이어긔, 이에, 예	이러ᄒᆞ다	이리
그	그어긔, 그에, 게	그러ᄒᆞ다	그리
뎌	뎡어긔, 뎌에, 뎨	뎌러ᄒᆞ다	뎌리

지시어는 담화 현장에서 대상을 화자, 청자와의 거리에 따라 지시할 때도 쓰이고, 전술한 내용을 언급할 때에도 쓰인다. '이, 그'는 전술언급의 기능을 지니고 있다.

4. 중세 문헌 강독

1) 釋譜詳節(第六 1a~20b)

‘석보상절’은 ‘석가모니 부처님의 일생의 일을 가려서 자세히 기록한다’는 뜻이다. 『월인석보』 권1, 석보상절 서(序)에 의하면, 서명(書名)의 ‘석보’는 석가의 일대기, ‘상절’은 요긴한 것은 상세히, 요긴하지 않은 것은 생략한다는 뜻이다.

1446년(세종 28년)에 세종의 왕비인 소헌왕후 심씨가 사망하자 세종은 소헌왕후의 명복을 빌기 위해 수양대군(훗날 세조)에게 명하여 석가모니불의 연보인 『釋譜詳節』을 엮게 하였다. 수양대군은 김수온 등과 함께 석가보(釋迦譜), 법화경(法華經), 지장경(地藏經), 아미타경(阿彌陀經), 약사경(藥師經) 등에서 뽑아 모은 글을 훈민정음으로 옮겼다. 『釋譜詳節』의 간행 연대는 분명하지 않으나 1447년(세종 29년)에 책의 내용이 완성되고, 1449년(세종 31년)에 책으로 간행된 것으로 보인다.

전편(全篇)은 모두 24권이었던 것으로 추정된다. 현전하는 원간본으로는 국립도서관 소장의 권6, 권9, 권13, 권19, 동국대 도서관 소장의 권23, 권24, 호암미술관 소장의 권20, 권21이 있다. 특히 국립도서관 소장의 4책은 본문과 난상(欄上)에 묵서로 교정까지 되어 있어서, 이 책 간년의 추정에 중요한 근거가 되고 있다. 이들은 모두 구리로 주조된 한자 활자[갑인자(甲寅字)]와 한글 활자로 인쇄된 활자본이다.

『釋譜詳節』은 다른 불경 언해서와 달리 문장이 매우 유려하여 15세기 당시의 국어와 국문학을 대표하는 작품으로 꼽히고 있다. 즉, 한문으로 기록된 내용을 바탕으로 쉽고 아름다운 국어 문장으로 개작한 것이어서 15세기 중엽의 국어 연구에 대단히 중요한 역할을 할 뿐만 아니라 국어로 된 산문 문학의 첫 작품이자 최초의 불경 번역서라는 가치가 있다. 특히 15세기의 다른 언해서들과는 달리 한문 원문이 없고 또한 문체도 자연스러운 점에서 당시의 언어 사실을 더 잘 보여주는 것으로 평가되어 왔다.

표기법에 있어서도 같은 세종대의 문헌인 『용비어천가』, 『월인천강지곡』과는 달리 8종성법 등 음소적 표기법만을 보여 준다. 비록 동명사형 표기에서 ‘ㅭ+단일초성’과 ‘ㄹ+각자 병서’의 두 가지 방식의 혼용(디니ᇙ 사ᄅᆞᆷ, 디닐 싸ᄅᆞᆷ), ㅅ의 표기 위치(닷가, 다ᄭᅡ; 부텻긔, 부텨ᄭᅴ), ㆁ의 표기 위치(야ᅌᆞᆯ, 양ᄋᆞᆯ) 등 부분적인 표기법의 혼란은 있으나, 이는 정음창제 초기에 아직 확정되지 않은 몇 가지 표기법에 한정되는 문제이다.

여기서 강독하는 자료는 제6권으로 대제각 영인본(1978, 국립중앙도서관 소장본)이다. 원본에 달려 있는 동국정운식 한자음과 성조는 제거하였다. 그리고 강독의 편의를 위해 본문에 한자의 독음을 소괄호 안에 제시하였다.

釋譜詳節(第六)

6:1a世尊1)이 象頭山애2) 가샤3) 龍과 鬼神과4) 위ᄒᆞ야 說法(설법)ᄒᆞ더시다5) 【龍鬼 위ᄒᆞ야 說法ᄒᆞ샤미6) 부텻7) 나히8) 셜흔둘히러시니9) 穆王(목왕) 여슷찻히10) 乙酉(을유)ㅣ 라】 부:톄11) 目連(목련)이ᄃᆞ려12) 니ᄅᆞ샤ᄃᆡ13) 네 迦毘羅國(가비라국)에 가아 아바닚긔와 아ᄌᆞ마

---

1) 世尊(세존): 부처님 10호 중 하나. 부처를 높여서 일컫는 말. 온갖 공덕을 갖추어 세간의 존중을 받으므로 세존이라 한다.

2) 象頭山(상두산)애: 상두산에 ☞ 象頭山+애[부.조.(낙착점)]. 부사격 조사 '애'는 앞 체언이 양성 모음이기 때문에 연결되었다. 반면, '에'는 음성 모음 뒤, '예'는 '이/ㅣ' 뒤에 연결되었다.

3) 가샤: 가시어 ☞ 가-+-샤-(주.높.)+-아(종.어.). 문장의 주체인 '세존'을 높인다.

〈참고〉 주체 높임법: (1) 주어 명사를 높이는 높임법으로, 주어 명사가 화자에게 높임의 대상이 될 때 실현된다. 대표적 형태소는 '-시-'이다. 이 형태소는 모음 어미 앞에서는 '-샤-'로 교체한다. 이럴 경우 어미의 모음은 탈락한다.

가. 如來 太子 時節에 나ᄅᆞᆯ 겨집 사ᄆᆞ시니 〈석상 6:4〉

나. ᄒᆞᆫ 菩薩이 … 나라ᄒᆞᆯ 아ᅀᆞ 맛디시고 道理 ᄇᆡ호라 나아가샤 〈월석 1:5〉

다. 부텻 뎡바깃뼈 노ᄑᆞ샤 뽄머리 ᄀᆞᄐᆞ실씨 〈월석 8:34〉

(가)는 화자인 '나[耶輸]'에게 주어 명사인 여래(如來)가 높임의 대상이기 때문에 활용형에 '-시-'가 나타났다. (나)는 석보상절 편찬자[설화자]에게 주어 명사인 'ᄒᆞᆫ 菩薩'이 높임의 대상이 되기 때문에 활용형에 '-시-'가 나타났다. (다)는 높임의 대상이 되는 인물의 신체 일부나, 소유물 등이 문장의 주어가 될 때 서술어에 '-시-'가 나타난 예이다. 이런 높임법을 '간접주체 높임'이라 한다. '뎡바깃뼈'가 '부텨'의 신체 일부이기 때문에 주체 높임의 활용형 '-시-'를 취하고 있다. (2) 주체 높임법은 현대 국어에 그대로 이어졌다.

4) 龍(용)과 鬼神(귀신)과: 용과 귀신을 ☞ '과'는 접속 조사. 중세 국어에서는 접속 조사가 나열하는 마지막 체언에도 붙었다.

5) 說法ᄒᆞ더시다: 설법하시더라 ☞ 說法ᄒᆞ-+-더-(회상법)+-시-(주.높.)+-다(평.어.). 18세기 말엽 선어말 어미의 순서가 조정되어 선어말 어미 중 '-시-'가 맨 앞에 위치하게 되었다.

6) 설법ᄒᆞ샤미: 설법하심이 ☞ 說法ᄒᆞ-+-샤-(주.높.)+-옴(명.전.)+이(주.조.)

7) 부텻: 부처님의 ☞ 부텨+ㅅ(관.조.). 관형격 조사에는 'ᄋᆡ/의'와 'ㅅ'이 있는데 전자는 '높임의 자질이 없는[평칭] 유정 명사'에 쓰이고 후자는 '무정 명사' 또는 높임의 자질이 있는[존칭] 유정 명사에 쓰인다. 이들은 형태・어휘론적으로 조건된 이형태들이다. p.24, 127(주10-4) 참조.

8) 나히: 나이가 ☞ 나ㅎ+이(주.조.)

9) 셜흔둘히러시니: 셜흔둘이시더니 ☞ 셜흔둘ㅎ+이-(서.조.)+-러-(← 더. 회상법)+-시-(주.높.)+-니(종.어.). 서술격 조사 뒤에 연결되는 어미는 다음과 같이 교체한다. '-오- → -로-', '-다 → -라', '-더- → -러-', '-도- → -로-', '-어 → -라, -고 → -오, -거- → -어-'

10) 중세 국어의 서수사는 현대 국어와 달리 양수사에 '차히'가 붙어 성립된다. 그밖에 '채, 차, 자히, 재, 자'가 붙기도 한다. 16세기에는 'ᄒᆞ낫재, 둘재, 셋재, 넷재, 다ᄉᆞᆺ재'로 나타난다. 현대 국어는 수 관형사에 '째'를 붙인다. (예) ᄒᆞ나차히, 둘차히, 세차히… 열차히…

11) 부:톄: 부처가 ☞ 부텨+ㆍ이(주.조.). (1) 평성인 '텨'에 거성인 'ㆍ이'가 연결되어 상성인 ':톄'로 바뀌었다. (2) 중세 국어 성조는 저조(低調)인 평성[無點], 고조(高調)인 거성[一點], 저조로 시작해서 고조로 끝나는 상성[二點]이 있었는데, 평성과 거성은 평판조(平板調)이고 상성은 상승조(上昇調)였다. 그런데 '평성+거

니ᇝ긔와[14] 【아ᄌᆞ마니ᄆᆞᆫ 大愛道(대애도)ᄅᆞᆯ[15] 니르시니 大愛道ㅣ 摩耶夫人(마야부인)ㅅ 6:1b
兄(형)니미시니 양ᄌᆡ[16] 摩耶夫人만 몯ᄒᆞ실ᄊᆡ 버근 夫人이[17] ᄃᆞ외시니라】 아자바님내ᄭᅴ[18] 다 安否(안부)ᄒᆞᅀᆞᆸ고[19] ᄯᅩ 耶輸陀羅(야수다라)[20]ᄅᆞᆯ 달애야[21] 恩愛(은애)ᄅᆞᆯ[22] 그쳐[23]

성'이 되면 그 성조는 '상성'으로 바뀌어 나타나므로, 중세 국어 성조소(聲調素)는 두 개의 평판조로 이루어졌다고 할 수 있다. (3) 상성은 평성과 거성의 복합이므로 2mora로 이루어진 것으로 추정된다(이기문, 1977:148). 따라서 상성은 성조를 변별적 요소로, 장음을 잉여적 요소로 지니고 있었다. 이 장음이 성조가 소멸한 이후에도 계속되어 현대의 장음으로 이어진다.

12) 目蓮이ᄃᆞ려: 목련에게 ☞ 목련[人名]+-이(인.접.)+ᄃᆞ려(낙착점 부.조.). (1) 'ᄃᆞ려'는 'ᄃᆞ리-'에 접사화한 '-어'가 붙어 파생된 조사이다. (2) 목련(目蓮): 산스크리트어 maudgalyāyana의 음사. 부처의 십대제자(十大弟子) 중 한 분. 대목건련 또는 마하목건련이라고도 한다. 마가다국(magadha國)의 바라문 출신으로, 신통력이 뛰어나 신통제일(神通第一)이라 일컬었다.

13) 니ᄅᆞ샤ᄃᆡ: 이르시되 ☞ 니ᄅᆞ-+-샤(주.높.)+-ᄃᆡ(←-오ᄃᆡ). '-오ᄃᆡ'는 종속적 연결 어미인데, 늘 '-오-'를 선접한다. 여기서 '-오-'는 독립된 형태소가 아니다. '-오-'가 없는 형태인 '-ᄃᆡ'가 쓰인 일이 없기 때문이다. 근대 국어에서 '-오-'가 소멸하여 현대 국어에서는 '-되(〈-ᄃᆡ)'로만 나타난다.

14) 아바니ᇝ긔와 아ᄌᆞ마니ᇝ긔와: 아버님께와 숙모님께 ☞ (1) 아바(←아비[父])+-님(높.접.)+ㅅ(관.조.)+긔(의존명사)+와(접.조.). (2) 아ᄌᆞ마(←아ᄌᆞ미[叔母])+-님+ㅅ+긔+와. (3) '아비, 아ᄌᆞ미, 아자비' 등은 높임접미사 '-님'이 결합할 때, 각각 '아바, 아ᄌᆞ마, 아자바' 등으로 교체한다. (4) 관형격 조사 'ㅅ'은 무정 명사와 존칭 유정 명사 뒤에 연결되는데, 여기서는 존칭 유정 명사 뒤에 연결되었다. (5) 'ㅅ'이 높임 유정 명사에 연결되었기 때문에 의존 명사 '긔/그에'가 결합한 'ᄭᅴ/ᄭᅳ에' 등은 현대 국어에서 존칭 수여의 부사격 조사인 '께'로 바뀌었다. 반면에, 평칭의 유정 명사에 연결되었던 'ᄋᆡ/의'와 결합된 '긔/그에'는 평칭의 부사격 조사인 '에게'로 바뀌었다.

15) 大愛道(대애도): 산스크리트어 mahāprajāpatī의 음사. 싯다르타의 어머니인 마야(māyā)의 여동생. 마야가 싯다르타를 낳은 지 7일 만에 세상을 떠나자 그를 양육하였다. 정반왕(淨飯王)과 결혼하여 난타(難陀)를 낳았고, 왕이 세상을 떠나자 싯다르타의 아내 야쇼다라와 함께 출가하여 맨 처음 비구니(比丘尼)가 되었다.

16) 양ᄌᆡ: 모습이, 용모가 ☞ 양ᄌᆞ(樣子)+ㅣ(주.조.)

17) 버근 夫人이: 버금 부인, 둘째 두인 ☞ 버근(관) 부인+이(보.조.)

18) 아자바님내ᄭᅴ: 아주버님네께 ☞ 아자바(←아자비[叔父])+-님(높.접.)+-내(높임 복.접.)+ㅅ(관.조.)#긔(의.명.), (1) '-내'는 존칭의 복수 접미사로 근대 국어에서는 '-네'로 나타나는데, 높임의 의미는 없었다. 현대 국어에는 높임의 기능을 지닌 복수 접미사가 없다. (2) 기능상으로 'ᄭᅴ'는 낙착점 처소[수여]를 나타내는 높임의 부사격 조사로 쓰였다. (3) 현대 국어와 달리 중세 국어에서는 명사나 대명사에 높임의 자질이 주어지면 별도의 복수 접미사가 선택되었다.

가. 이 사ᄅᆞᆷᄃᆞᆯ히 다 神足이 自在ᄒᆞ야 〈석보 6:18〉

나. 어마님내 뫼ᅀᆞᆸ고 누의님내 더브러 〈월석 2:6〉

(가)는 높임의 자질이 없는 '사ᄅᆞᆷ'에 '-ᄃᆞᆯㅎ'이 붙어 복수성을 표시하고 있는 반면, (나)는 높임 명사인 '어마님, 누의님'에 '-내'가 붙어 복수를 표시하고 있다. (나)와 같은 용법은 현대 국어에서 발견되지 않는다. (4) 현대 국어에서 제한된 범위에서 쓰이는 '-네'(여인네들)는 '같은 처지에 있는 무리'라는 의미로 높임의 의미가 없다. (5) 중세 국어에서는 현대 국어의 '빨리들 가거라'에서 보는 바와 같은 주어가 복수임을 표시하는 보조사의 기능도 없었다.

19) 安否ᄒᆞᅀᆞᆸ고: 안부하옵고 ☞ 安否ᄒᆞ-+-ᅀᆞᆸ-(객.높.)+-고. (1) 문장의 주어인 '목련'과 화자인 '부텨'보다 부사어 명사인 '아바님, 아ᄌᆞ마님, 아자바님내'가 더 높기 때문에 서술어에 '-ᅀᆞᆸ-'이 연결되어 객체 높임법이 실현

羅睺羅(나후라)ᄅᆞᆯ[24] 노하 보내야 샹재[25] ᄃᆞ외에[26] ᄒᆞ라 羅睺羅ㅣ 得道(득도)ᄒᆞ야 도라가ᅀᅡ[27] 어미ᄅᆞᆯ 濟渡(제도)ᄒᆞ야 涅槃(열반) 得(득)호ᄆᆞᆯ 나 ᄀᆞᆮ게 ᄒᆞ리라[28] 目連(목련)이 그 말 듣ᄌᆞᆸ고[29] 6:2a즉자히 入定(입정)ᄒᆞ야 펴엣던[30] ᄇᆞᆯᄒᆞᆯ[31] 구필[32] ᄊᆞᅀᅵ에 【섈론 주를 니르니라】 迦毘羅國(가비라국)에 가아 淨飯王(정반왕)[33]ᄭᅴ 安否(안부) ᄉᆞᆲ더니 耶輸(야수)ㅣ 부텻[34] 使者(사자) 왯다[35] 드르시고[36] 【使者ᄂᆞᆫ ᄇᆞ리신 사ᄅᆞ미라】 靑衣(청의)[37]ᄅᆞᆯ ᄇᆞ려 긔별 아라

되었다. 객체 높임법에 대해서는 pp.30~31 참조.

20) 耶輸陀羅/耶輸多羅(야수다라): 산스크리트어 yaśodharā의 음사. 콜리야족 출신으로, 싯다르타의 아내, 곧 나후라(羅睺羅)의 어머니. 정반왕(淨飯王)이 세상을 떠나자 마하파사파제(摩訶波闍波提)와 함께 출가하여 비구니가 됨. '耶輸(야수)'로도 불림.

21) 달애야: 달래여 ☞ 달애-+야

22) 恩愛: ① 은혜와 사랑. ② 부모 자식 간이나 부부간의 애정. ③ 부모자식, 또는 부부간의 은정에 집착하여 떨어지기 어려운 일.

23) 그쳐: 그치게 하여 ☞ 그치-[止][← 긏-+-이-(사.접)]+-어(종.어.)

24) 羅睺羅(나후라): 산스크리트어 rāhula의 음사. 나후라발다라(羅睺羅跋多羅)의 준말. 십대제자(十大弟子) 중 한 사람. 붓다의 맏아들로, 붓다가 깨달음을 성취한 후 고향에 왔을 때 출가함. 지켜야 할 것은 스스로 잘 지켜 밀행제일(密行第一)이라 일컫는다. '나운(羅云, 羅雲)'으로도 불린다.

25) 샹재: 상자가/사미가 ☞ 샹자+ㅣ(보.조.). '샹자'는 사미(沙彌: 십계를 받기는 했으나 수행을 쌓지 아니한 소년 중. 사미승)를 이른다. (예) 沙彌ᄂᆞᆫ 샹재오 〈법화 5:18〉

26) ᄃᆞ외에: 되게 ☞ ᄃᆞ외-(〈 ᄃᆞᄫᅵ-)+-에(← -게. 보.어.). 'y' 뒤에서 'ㄱ'이 약화되었다.

27) 도라가ᅀᅡ: 돌아가야 ☞ 도라가-+-아ᅀᅡ(종.어.). 'ᅀᅡ'는 단독과 특수의 보조사이나 어미 '-아'에 붙어서 '조건'을 나타내는 종속적 연결 어미로 쓰이고 있다. 'ᅀᅡ'는 16세기에 '야'로 바뀌어 현대에 이른다.

28) ᄒᆞ리라: 하겠다 ☞ ᄒᆞ-+-리-(추측법)+-라(← -다. 평.어.). 추측법 선어말 어미 '-리-' 뒤에서 'ㄷ'으로 시작하는 어미는 'ㄹ'로 바뀐다.

29) 듣ᄌᆞᆸ고: (공손하게) 듣고 ☞ 듣-+-ᄌᆞᆸ-(객.높.)+-고(종.어.) (1) 주어인 '목련'이나 서술자인 편찬자보다 '부텨'가 높고 목적어인 '그 말'은 부텨의 말이므로 높임의 대상이 되어 객체 높임이 실현되었다. 간접객체 높임법이다.

30) 펴엣던: 폈던 ☞ 펴-+-어(보.어.)#잇-(보.용.)+-더-(회상법)+-ㄴ(관.전.) (1) '-어 잇-'은 완료상을 나타낸다. '-어 잇-'이 줄어 '엣'이 되었다. 이 '-어 잇-'은 근대 국어에서 과거 시제선어말 어미인 '-엇-'으로 발달한다. (2) '-더-+-ㄴ'은 '-던(관.전.)'으로 분석할 수도 있다.

31) ᄇᆞᆯᄒᆞᆯ: 팔을 ☞ ᄇᆞᆯᇂ+ᄋᆞᆯ(목.조.). 'ᄇᆞᆯᇂ 〉 ᄑᆞᆯᇂ 〉 팔'

32) 구필: 굽힐 ☞ 구피-[← 굽-[曲]+-히-(사.접.)]+-ㄹ(관.전.)

33) 淨飯王(정반왕): 가비라국의 왕. 곧 석가모니의 아버지. 구리성의 왕인 선각왕의 누이동생 마야를 왕비로 맞았는데, 왕비가 싯다르타(석가)를 낳고 죽자, 그녀의 언니(대애도)를 후계 왕비로 맞아들여 싯다르타를 기르게 하였다. 뒤에 그녀에게서 난타가 태어났다.

34) 부텻: 부처님의 ☞ 부텨[佛]+ㅅ(관.조.). '부텨'가 높임의 대상이 되기 때문에 높임 관형격 조사인 'ㅅ'이 쓰였다.

35) 왯다: 와 있다 ☞ 오-[來]+-아(보.어)#잇-(보.용.)+-다(평.어.). '오아잇'이 줄어들어 '왯'이 되었다. 완료상을 나타낸다.

오라38) ᄒᆞ시니 羅睺羅(나후라) ᄃᆞ려다가 沙彌(사미) 사모려 ᄒᆞᄂᆞ다 ᄒᆞᆯᄊᆡ39) 【沙彌ᄂᆞᆫ 새40) 出家(출가)ᄒᆞᆫ 사ᄅᆞ미니 世間(세간)앳 6:2bᄠᅳ들 그치고 慈悲(자비)ㅅ 힝뎌글 ᄒᆞ다 ᄒᆞᄂᆞᆫ ᄠᅳ디니 처ᅀᅥᆷ 佛法(불법)에 드러 世俗(세속)앳 ᄠᅳ디 한 젼ᄎᆞ로 모로매 모딘 ᄠᅳ들 그치고 慈悲ㅅ 힝뎌글 ᄒᆞ야ᅀᅡ ᄒᆞᆯᄊᆡ 沙彌라 ᄒᆞ니라】 耶輸(야수)ㅣ 그 긔별 드르시고 羅睺羅(나후라) 더브러 노ᄑᆞᆫ 樓(누) 우희41) 오ᄅᆞ시고 【樓는 다라기라】 門ᄃᆞᆯᄒᆞᆯ42) 다 구디43) ᄌᆞᆷ겨 뒷더시니44) 目連(목련)이 耶輸ㅅ 宮(궁)의 가보니 門ᄋᆞᆯ 다 ᄌᆞᄆᆞ고 유무45) 드륧46) 사ᄅᆞᆷ도 업거늘 즉자히 6:3a神通力(신통력)으로 樓 우희 ᄂᆞ라올아47) 耶輸ㅅ 알ᄑᆡ48) 가 셔니 耶輸ㅣ 보시고 ᄒᆞᆫ녀ᄀᆞ론 분별ᄒᆞ시고49) ᄒᆞᆫ녀ᄀᆞ론 깃거 구쳐50) 니러 절ᄒᆞ시고 안ᄌᆞ쇼셔51) ᄒᆞ시고 世尊

---

36) 耶輸ㅣ~드르시고: (1) 주어인 '耶輸ㅣ'가 서술자에게 높임의 대상이 되기 때문에 서술어에 '-시-'가 연결되어 있다. 주체 높임법. (2) 耶輸는 부처가 출가하기 전 부인이기 때문에 서술자에게 높임의 대상으로 인식되고 있어서 높임법이 쓰이고 있으나 '목련'은 서술자에게 높임의 대상으로 인식되지 않고 있어서 높임법이 쓰이지 않고 있다. 반면에 '야수'는 '목련'을 높임의 대상으로 인식하고 있다.

37) 青衣: 천한 사람이 입던 푸른 옷으로, 종이나 사환(使喚)을 이른다.

38) (긔별) 아라오라: (기별/소식) 알아오라 ☞ 아라오-(← 알아오-)+-라(명.어.). 명령문이다.

39) 羅睺羅 ~ ᄒᆞᄂᆞ다: 인용문이지만 인용의 부사격 조사가 없이 'ᄒᆞᆯᄊᆡ'라는 인용의 동사가 쓰였다. 중세 국어에서는 인용의 부사격 조사는 없었다. 현대 국어에서는 직접 인용에는 '라고', 간접 인용에는 '고'라는 인용의 부사격 조사가 쓰인다.

40) 새: [부] 새로 ☞ '새[新]'는 세 가지 품사로 쓰였는데, 여기서는 서술어 '出家ᄒᆞᆫ'을 꾸미는 부사로 쓰였다.

41) 우희: 위에 ☞ 우ㅎ[上](← 위ㅎ)+의(부.조. 특이처격)

42) 문ᄃᆞᆯᄒᆞᆯ: 문들을 ☞ 문(門)+-ᄃᆞᆯㅎ(복.접.)+ᄋᆞᆯ(목.조.)

43) 구디: 굳게. ☞ 굳-[固]+-이(부.접.)

44) ᄌᆞᆷ겨 뒷더시니: 잠가 두고 있으시더니 ☞ (1) ᄌᆞᄆᆞ-~ᄌᆞᆷㄱ-. (2) 두-+-어(보.어.)#잇-(보.용.)+-더-(회상법)+-시-(주.높.)+-니(종.어.). (1) '두-'에 '-어 잇-'이 결합하여 줄어들면 '뒛'이 되어야 하나, '뒷'으로 줄어 불규칙한 모습을 보이고 있다.

45) 유무: 편지/서신(書信).

46) 드륧: 들일 ☞ 들이-[← 들-[入]+-이-(사.접.)]+-우-(대상 활용)+-ㅭ(관.전.). 관형사절의 꾸밈을 받는 명사 '사ᄅᆞᆷ'이 관형사절의 의미상 주어가 되나 선어말 어미 '-우-'가 연결되었다. 이런 경우는 '-오/우-'의 연결이 불규칙적이다.

47) ᄂᆞ라올아: 날아올라 ☞ ᄂᆞ라오ᄅᆞ-(← ᄂᆞᆯ아오ᄅᆞ-)+-아(종.어.). 어간이 'ᄅᆞ/르'로 끝나는 용언은 모음 어미와 결합하면 'ㄹㅇ' 또는 'ㄹㄹ'로 활용하였다. 오ᄅᆞ-+-아 → 올아, ᄲᆞᄅᆞ-+-아 → ᄲᆞᆯ라. 'ㄹㅇ'의 활용은 유성후두마찰음 'ㅇ'이 첨가되어 분철 표기된 것으로 처리한다. 현대 국어에서 '르-불규칙 활용'의 직접적 소급형들이다.

48) 耶輸ㅅ 알ᄑᆡ: 야수님의 앞에 ☞ (1) 서술자에게 耶輸가 높임의 대상이 되기 때문에 존칭의 관형격 조사 'ㅅ'이 쓰였다. (2) 알ᄑᆡ: 앒+ᄋᆡ(부.조. 특이처격). 근대 국어에서 '앒'은 'ㄹ'이 탈락하여 '앞'으로 바뀐다.

49) 분별ᄒᆞ시고: 생각하시고, 걱정하시고 ☞ 분별ᄒᆞ-+-시-+-고

50) 구쳐: 힘들여, 부득이(不得已).

51) 안ᄌᆞ쇼셔: 앉으십시오 ☞ 앉-[坐]+-ᄋᆞ쇼셔(ᄒᆞ쇼셔체 명.어.). ᄒᆞ쇼셔체 명령문으로 직접 인용문이다. 야수는 청자인 목련을 높임의 대상으로 인식하고 있다.

(세존)ㅅ 安否(안부) 묻즙고 니ᄅᆞ샤ᄃᆡ 므스므라[52] 오시니잇고[53] 目連이 ᄉᆞᆯ보ᄃᆡ 太子(태자) 羅睺羅ㅣ 나히 ᄒᆞ마 아호빌씨 出家(출가)[6:3b]히여[54] 聖人(성인)ㅅ 道理(도리) ᄇᆡ화ᅀᅡ[55] ᄒᆞ리니[56] 어버ᅀᅵ 子息(자식) ᄉᆞ랑호ᄆᆞᆫ 아니한 ᄉᆞᅀᅵ어니와[57] ᄒᆞᄅᆞᆺ 아ᄎᆞᄆᆡ 命終ᄒᆞ야【命終(명종)은 목숨 ᄆᆞᄎᆞᆯ씨라】 모딘 길헤 ᄠᅥ러디면 恩愛(은애)ᄅᆞᆯ 머리 여희여 어즐코 아ᄃᆞᆨᄒᆞ야 어미도 아ᄃᆞᄅᆞᆯ 모ᄅᆞ며 아ᄃᆞᆯ도 어미ᄅᆞᆯ 모ᄅᆞ리니 羅睺羅(나후라)ㅣ 道理ᄅᆞᆯ 得(득)ᄒᆞ야ᅀᅡ 도라와 어마니ᄆᆞᆯ [6:4a]濟渡(제도)ᄒᆞ야 네 가짓 受苦(수고)ᄅᆞᆯ 여희여 涅槃(열반) 得호ᄆᆞᆯ 부텨 ᄀᆞᄐᆞ시긔 ᄒᆞ리이다[58]【네 가짓 受苦ᄂᆞᆫ 生(생)과 老(노)와 病(병)과 死(사)왜라】 耶輸ㅣ 니ᄅᆞ샤ᄃᆡ 如來(여래) 太子ㅅ 時節(시절)에 나ᄅᆞᆯ 겨집[59] 사ᄆᆞ시니 내 太子ᄅᆞᆯ 셤기ᅀᆞ보ᄃᆡ[60] 하ᄂᆞᆯ 셤기ᅀᆞᆸ듯ᄒᆞ야 ᄒᆞᆫ 번도 디만ᄒᆞᆫ[61] 일 업수니 妻眷(처권)ᄃᆞ외얀 디 三年이 [6:4b]몯 차 이셔 世間(세간) ᄇᆞ리시고 城(성) 나마[62] 逃亡(도망)ᄒᆞ샤 車匿(차닉)이[63] 돌아보내샤 盟誓(맹서)ᄒᆞ샤ᄃᆡ 道理(도리) 일워ᅀᅡ 도라오리라[64] ᄒᆞ시고 鹿皮(녹피) 옷 니브샤 미친 사ᄅᆞᆷᄀᆞ티 묏고래

---

52) 므스므라: [부] 무슨 까닭으로 ☞ 므슴([대])+-으라(부.접.). 접미사 '-으라'는 다른 어근에 붙는 일이 없는 불규칙한 접미사이다.

53) 오시니잇고: 오셨습니까? ☞ 오-+-시-+-니잇고(ᄒᆞ쇼셔체 의.어.). (1) 야수에게 문장의 주어이자 청자인 목련이 높임의 대상이기 때문에 주체 높임법이 실현되고, 'ᄒᆞ쇼셔'체 상대 높임법이 사용되었다. (2) '니잇고'는 '-잇-(상.높. ᄒᆞ쇼셔체 표지)+-니고(의.어.)'으로 분석할 수 있다. '-잇-'이 '-니고'라는 한 형태소 사이에 끼어들었다. '-니고'와 같은 형태소를 분리적 형태소라고도 한다. 현대 국어에서는 한 형태소가 다른 형태소 사이에 끼어드는 일은 없다. (3) 중세 국어에서는 설명 의문문('오' 계열)과 판정 의문문('아/어' 계열)의 어미가 달라서 어미의 형태만으로도 두 의문문을 구분할 수 있었다. '-니잇고'는 ᄒᆞ쇼셔체 설명 의문문 어미이고, '-니잇가'는 ᄒᆞ쇼셔체 판정 의문문 어미이다. 중세 국어 의문문은 중세 국어문법 p.33 참조.

54) 出家히여: 출가시키어 ☞ 出家히-[← 出家ᄒᆞ-+-이-(사.접.)]+-어(종.어)

55) ᄇᆡ화ᅀᅡ: 배워야 ☞ ᄇᆡ호-+-아ᅀᅡ(종.어.). '-아ᅀᅡ'에 대해서는 주 27) 참조.

56) ᄒᆞ리니: 할 것이니 ☞ ᄒᆞ+리(추측법)+니(종.어)

57) 아니한 ᄉᆞᅀᅵ어니와: 많지/길지 않은 사이려니와 ☞ (1) '아니한'은 '아니'와 형용사 '하다'의 관형사형 '한'이 결합한 합성 관형사이다. (2) ᄉᆞᅀᅵ어니와: ᄉᆞᅀᅵ+∅-(서.조.)+-어니와(← -거니와. 종.어.). 서술격 조사 뒤에 비타동사에 붙는 '-거니와'가 결합하였다가 'ㄱ'이 약화되었다.

58) ᄀᆞᄐᆞ시긔 ᄒᆞ리이다: 같으시게 할 것입니다 ☞ ᄀᆞᇀ-+-ᄋᆞ시-(주.높.)+-긔(보.어.)#ᄒᆞ-(보.용.)+-리-(추측법)+-이-(상.높. ᄒᆞ쇼셔체 표지)+-다(평.어). 통사적 사동문인 '-긔 ᄒᆞ다' 사동문이다.

59) 겨집: 아내/妻, 여자 ☞ 현대 국어에서는 '겨집'은 여자의 낮춤말로 쓰이므로 의미변화 중 '의미축소'에 해당하는 단어이다.

60) 셤기ᅀᆞ보ᄃᆡ: 섬기옵되 ☞ 셤기-+-ᅀᆞᆸ-(객.높.)+-오ᄃᆡ(종.어.). 목적어 명사인 '太子'가 화자인 주어보다 높기 때문에 객체 높임법이 실현되어 '-ᅀᆞᆸ-'이 연결되었다.

61) 디만ᄒᆞᆫ: 소홀한 ☞ 디만ᄒᆞ-+-ㄴ / 藥ᄋᆞᆯ 디마니ᄒᆞ면(用藥遲緩) 〈구방 상:31〉

62) 나마: 넘어 ☞ 남-[越]+-아(종.어.)

63) 車匿(차닉): 시타르타 태자가 출가할 적에 흰말인 건특(蹇特)을 끌고 간 마부 이름.

수머 겨샤 여ᅀᅳᆺ ᄒᆡ를 苦行(고행)ᄒᆞ샤 부텨 ᄃᆞ외야[65] 나라해 도라오샤도 ᄌᆞ올아ᄫᅵ[66] 아니 ᄒᆞ샤 아랫 恩惠(은혜)를 니저 ᄇᆞ리샤 길 녏 [6:5a]사ᄅᆞᆷ과 ᄀᆞ티 너기시니 나ᄂᆞᆫ 어버ᅀᅵ 여희오 ᄂᆞᄆᆡ 그에 브터 사로ᄃᆡ 우리 어ᅀᅵ아ᄃᆞ리[67] 외롭고 입게 ᄃᆞ외야[68] 人生(인생) 즐거ᄫᅳᆫ[69] ᄠᅳ디 업고 주구믈 기드리노니 목수미 므거ᄫᅳᆫ[70] 거실ᄊᆡ 손소 죽디 몯ᄒᆞ야 셟고 애완ᄫᅳᆫ[71] ᄠᅳ들 머거 갓가ᄉᆞ로 사니노니 비록 사ᄅᆞᄆᆡ 무레 사니고도 즁ᄉᆡᆼ마도 몯호이다 셜ᄫᅳᆫ 人生이 [6:5b]어듸던[72] 이 ᄀᆞᄐᆞ니 이시리잇고 이제 ᄯᅩ 내 아ᄃᆞᄅᆞᆯ ᄃᆞ려가려 ᄒᆞ시ᄂᆞ니 眷屬(권속) ᄃᆞ외ᅀᆞᄫᅡ셔 셜ᄫᅳᆫ 일도 이러ᄒᆞᆯ쎠[73] 【眷屬ᄋᆞᆫ 가시며 子息(자식)이며 죵이며 집앉 사ᄅᆞᄆᆞᆯ 다 眷屬이라 ᄒᆞᄂᆞ니라[74]】 太子(태자)ㅣ 道理(도리) 일우샤 ᄌᆞ걔[75] 慈悲(자비)호라[76] ᄒᆞ시ᄂᆞ니 慈悲ᄂᆞᆫ 衆生(중생)ᄋᆞᆯ 便安(편안)케 ᄒᆞ시ᄂᆞᆫ 거시어늘[77] 이제 도ᄅᆞᅘᅧ[78] ᄂᆞᄆᆡ 어ᅀᅵ아ᄃᆞᄅᆞᆯ 여희에 [6:6a]ᄒᆞ시ᄂᆞ니[79] 셜ᄫᅳᆫ 잀 中에도 離別(이별)ᄀᆞᄐᆞ니 업스니 【離別은 여흴씨라】

---

64) 도라오리라: 돌아오겠다 ☞ 도라오-(← 돌아오-]+-오-(인칭 활용)+-리-(추측법)+-라(← -다). 추측법 선어말 어미 '-리-'는 '의도'를 나타낸다.

65) 부텨 ᄃᆞ외야: 부처가 되어서 ☞ 보격 조사가 연결된 '부톄'가 기대되지만 보격 조사가 생략되었다.

66) ᄌᆞ올아ᄫᅵ: 친하게 ☞ ᄌᆞ올압-+-이(부.접.). ㅂ-불규칙 활용. 親ᄋᆞᆫ ᄌᆞ올아ᄫᆞᆯ씨오 〈석상 13:15〉

67) 어ᅀᅵ아ᄃᆞ리: 모자(母子)가 ☞ '어ᅀᅵ'는 부모(父母)의 뜻이나 '어ᅀᅵ아ᄃᆞᆯ', '어ᅀᅵᄯᆞᆯ'은 각각 母子, 母女를 뜻한다.

68) 입게 ᄃᆞ외야: 괴롭게/고달프게 되어 ☞ 입-[迷/苦]+-게(보.어.)#ᄃᆞ외-(보.용)+-야. '-게 ᄃᆞ외다' 피동문. / 긿 길히 입더시니(則迷于行) 〈용 19〉

69) 즐거ᄫᅳᆫ: 즐거운 ☞ 즐겁-+-은(관.전.). '즐겁다'는 동사 어근 '즐기-'에 형용사파생 접미사 '-업'이 붙어 파생된 형용사이다. '앗갑다, 붓그럽다' 등이 동일한 방법에 의해 파생되었다. 통사적 파생에 해당한다.

70) 므거ᄫᅳᆫ: 무거운 ☞ 므겁-+-은. '므겁-'은 형용사 어근 '믁-'에 형용사 파생 접미사 '-업'이 붙어 파생된 파생어이다. '두텁다'도 동일한 방법에 의해 파생되었다. 어휘적 파생에 해당한다.

71) 애완ᄫᅳᆫ: 분한, 슬픈, 애달픈, ☞ 애완-(불규칙 어근)+-ᄫᅳ-(형.접.)+-ㄴ(관.전.).

72) 어듸던: 어찌. /다ᄅᆞᆫ 나래 分別 ᄃᆞ외요미 어듸던 그지 이시리오 〈내 1:81〉

73) 셜ᄫᅳᆫ 일도 이러ᄒᆞᆯ쎠: 서러운 일도 이러하구나! ☞ 이러ᄒᆞ-+-ㄹ쎠(감.어). 감탄형 종결 어미 '-ㄹ쎠'가 쓰인 감탄문이다. 감탄형 종결 어미는 이 외에도 '-ㄴ뎌, -애라, -게라'가 더 있다.

74) 眷屬~ᄒᆞᄂᆞ니라: 피정의항[주제어]에 대한 서술이 길어지자 서술부에 피정의항[주제어]이 다시 반복되었다. 중세 국어의 한 특징이다.

75) ᄌᆞ걔: 자기가. 당신이 ☞ ᄌᆞ갸+이(주.조.). 'ᄌᆞ갸'는 재귀 대명사 '저'의 높임말이다.

76) 慈悲호라: 자비롭다 ☞ 慈悲ᄒᆞ-+-오-(인칭 활용)+-라(← -다). 간접 인용문이다. 직접 인용문이 간접 인용문으로 바뀌더라도 인칭 활용의 '-오-'는 그대로 유지되었다. 직접 인용일 경우 'ᄌᆞ갸'는 '나'로 대치된다.

77) 거시어늘: 것이거늘 ☞ 것+이-(서.조.)+-어늘(← -거늘). 비타동사에 붙는 '-거늘'이 서술격 조사 뒤에서 'ㄱ'이 약화되었다. '-거X/-어X' 계열의 어미는 모두 확인법 선어말 어미 '-거-/-어-'를 바탕으로 하기 때문에 교체 조건이 확인법 선어말 어미의 교체 조건과 같다. 즉, 타동사 뒤에는 '-어X'형이 비타동사 뒤에서는 '-거X'형이 연결되었다.

78) 도ᄅᆞᅘᅧ: 도리어 ☞ 도ᄅᆞᅘᅧ-[← 돌-[回]+-ᄋᆞᅘᅧ-(강.접.)]+-어(부.접.)

79) 여희에 ᄒᆞ시ᄂᆞ니: 여희게 하시니 ☞ 여희-+-게(보.어.)#ᄒᆞ-(보.용.)+-시-(주.높.)+-ᄂᆞ-(직설법)+-니(종.어.).

일로 혜여 보건뎬[80] 므슴 慈悲(자비) 겨시거뇨[81] ᄒᆞ고 目連이ᄃᆞ려 니ᄅᆞ샤ᄃᆡ 도라가 世尊ᄭᅴ 내 ᄠᅳ들 펴아 ᄉᆞᆯᄫᆞ쇼셔[82] 그ᄢᅴ 目連(목련)이 種種方便(종종방편)으로 다시곰 ᄉᆞᆯ바도 耶輸(야수)ㅣ 잠ᄭᅡᆫ도 듣디 아니ᄒᆞ실ᄊᆡ 目連이 [6:6b]淨飯王(정반왕)ᄭᅴ 도라가 이 辭緣(사연)을 ᄉᆞᆯᄫᆞᆫ대 王이 大愛道(대애도)ᄅᆞᆯ 블러 니ᄅᆞ샤ᄃᆡ 耶輸는 겨지비라 法을 모ᄅᆞᆯᄊᆡ 즐급드리워[83] ᄃᆞᇫ온[84] ᄠᅳ들 몯 ᄡᅳ러ᄇᆞ리ᄂᆞ니[85] 그듸[86] 가아 아라듣게 니르라[87] 大愛道ㅣ 五百 靑衣 더브르시고 耶輸ᄭᅴ 가아 種種方便(종종방편)으로 두ᅀᅥ 번 니르시니 耶輸ㅣ [6:7a]ᄉᆞᆫ지[88] 듣디 아니ᄒᆞ시고 大愛道(대애도)ᄭᅴ ᄉᆞᆯ보샤ᄃᆡ 내 지븨 이싫 저긔 여듧 나랏 王이 난겻기로[89] ᄃᆞ토거늘 우리 父母ㅣ 듣디 아니ᄒᆞ샨 고ᄃᆞᆫ[90] 釋迦太子(석가태자)ㅣ ᄌᆡ죄 奇特(기특)ᄒᆞ실ᄊᆡ 【奇ᄂᆞᆫ 神奇(신기)ᄒᆞᆯ씨오 特은 ᄂᆞᄆᆡ 무리예 ᄲᅡ로 다ᄅᆞᆯ씨라】 우리 父母ㅣ 며느리 어드샤ᄆᆞᆫ[91] [6:7b]溫和(온화)히 사라 千萬(천만) 뉘예 子孫(자손)이 니ᅀᅥ가ᄆᆞᆯ 위ᄒᆞ시니 太子ㅣ ᄒᆞ마[92] 나가시고 ᄯᅩ 羅睺羅(나후라)ᄅᆞᆯ 出家(출가)히샤[93] 나라 니ᅀᅳ리ᄅᆞᆯ[94] 긋게[95] ᄒᆞ시ᄂᆞ니

'y' 뒤에서 'ㄱ'이 약화되었다. '-게 ᄒᆞ다' 사동문이다.

80) 보건뎬 → [본다면]. 보-+-거-(확인법)+-ㄴ뎬(조건, 가정의 종.어.)

81) 므슴~겨시거뇨: 무슨 자비가 있었느냐? ☞ 겨시거뇨: 겨시-+-거-(확인법)+-뇨(1.3인칭 설명 의문문 종결 어미). (1) '겨시다'는 '잇다'의 높임말이다. (2) 확인법 선어말 어미 '-거-'가 동사에 연결되면 과거 시제를 나타낸다. (3) ᄒᆞ라체 1.3인칭 의문형 어미 '-뇨/-녀'도 의문문의 종류에 따라 어미의 형태가 다르다. '오'계열인 전자가 설명 의문문의 어미이고, '어/아' 계열인 후자가 판정 의문문 어미이다. 높임법이 일관되지 않는다. -겨시니잇고 ᄒᆞ시고

82) 世尊ᄭᅴ 내 ᄠᅳ들 펴아 ᄉᆞᆯᄫᆞ쇼셔: 세존께 내 뜻을 펴 사뢰주십시오. 'ᄒᆞ쇼셔'체 명령문이다.

83) 겨지비라: 겨집+이(서.조.)+라(←어. 종.어.) 즐급드리워: 얽매여, 애착하여

84) ᄃᆞᇫ온: 사랑하는 ☞ ᄃᆞᇫ-[愛]+-오-(대상 활용)+-ㄴ(관.전.). 동격 관형사절에 '-오-'가 쓰였다.

85) ᄡᅳ러ᄇᆞ리ᄂᆞ니: 쓸어버리니

86) 그듸: 당신. '너'의 약간 높임말이다.

87) 그듸 가아 아라듣게 니르라: 당신이 가서 알아듣게 이르라 ☞ 주어가 '그듸'로 '너'의 높임말이므로 서술어는 'ᄒᆞ라'체인 '니르라'보다 'ᄒᆞ야쎠'체인 '닐어쎠' 정도가 더 어울린다. 주어와 서술어의 호응관계가 맞지 않다.

88) ᄉᆞᆫ지: 오히려.

89) 난겻기로: [부] 겨루어. 다투어 ☞ '난겻'은 부사인데 여기에 '-기로'가 다시 붙어 부사로 파생되었다. 어휘적 파생이다.

90) 고ᄃᆞᆫ: 바는 ☞ 곧(의.명.)+ᄋᆞᆫ(보조사)

91) 어드샤ᄆᆞᆫ: 얻으심은 ☞ 얻-+-으샤-(주.높.)+-옴(명.전.)+ᄋᆞᆫ(보조사). '샤' 뒤에서 '오'가 탈락했다.

92) ᄒᆞ마: 벌써, 이미; 곧, 장차 ☞ 여기서는 '벌써, 이미'의 뜻으로 쓰였다.

93) 出家히샤: 출가시키셔 ☞ 出家히-[← 出家ᄒᆞ-+-이-(사.접.)]+-샤-(주.높.)+-어(종.어.)

94) 니ᅀᅳ리ᄅᆞᆯ: 이을 사람을 ☞ 닛-+-을(관.전.)#이(의.명.)+ᄅᆞᆯ(목.조.). '니ᅀᅳ리'는 통사적 합성어.

95) 긋게: 그치게. 끊어지게 ☞ 긏-+-게(보.어.). 8종성법에 의한 표기이다.

엇더ᄒᆞ니잇고96). 大愛道(대애도)ㅣ 드르시고 ᄒᆞᆫ 말도 몯ᄒᆞ야 잇더시니 그ᄢᅴ 世尊(세존)이 즉자히 化人ᄋᆞᆯ 보내샤 【化人(화인)ᄋᆞᆫ 世尊ㅅ 神力으로 ᄃᆞ외의 ᄒᆞ샨 사ᄅᆞ미라】 [6:8a]虛空(허공)애셔 耶輸(야수)ᄭᅴ 니ᄅᆞ샤ᄃᆡ 네 디나건 녜 뉫 時節(시절)에 盟誓 發願(맹서 발원)ᄒᆞᆫ 이ᄅᆞᆯ 혜ᄂᆞᆫ다 모ᄅᆞᄂᆞᆫ다97) 釋迦如來(석가여래) 그ᄢᅴ 菩薩(보살)ㅅ 道理ᄒᆞ노라 ᄒᆞ야 네 손ᄃᆡ98) 五百銀(오백은) 도ᄂᆞ로 다ᄉᆞᆺ 줄깃 蓮花(연화)ᄅᆞᆯ 사아 錠光佛(정광불)ᄭᅴ99) 받ᄌᆞᄫᆞᆯ 쩌긔 네 發願(발원)을 호ᄃᆡ 世世예 妻眷(처권)이 [6:8b]ᄃᆞ외져100) ᄒᆞ거늘 내 닐오ᄃᆡ 菩薩(보살)이 ᄃᆞ외야 劫劫(겁겁)에101) 發願行(발원행)ᄒᆞ노라 ᄒᆞ야 一切 布施(일체 보시)ᄅᆞᆯ ᄂᆞᄆᆡ ᄠᅳᆮ 거스디 아니ᄒᆞ거든 네 내 마ᄅᆞᆯ 다 드를따102) ᄒᆞ야ᄂᆞᆯ 네 盟誓(맹서)ᄅᆞᆯ 호ᄃᆡ 世世예 난 ᄯᅡ마다 나라히며 자시며103) 子息(자식)이며 내 몸 니르리104) 布施(보시)ᄒᆞ야도 그ᄃᆡᆺ ᄒᆞᆫ105) 조초106) ᄒᆞ야 뉘웃븐107)

[6:9a]ᄆᆞᅀᆞᄆᆞᆯ 아니호리라 ᄒᆞ더니 이제 엇뎨 羅睺羅(나후라)ᄅᆞᆯ 앗기ᄂᆞᆫ다108) 耶輸(야수)ㅣ

---

96) 엇더ᄒᆞ니잇고: 어떠합니까? ☞ '-니잇고'는 'ᄒᆞ쇼셔'체 설명 의문문 종결 어미이다.

97) 네 디나건 녜 뉫 時節에 盟誓 發願ᄒᆞᆫ 이ᄅᆞᆯ 혜ᄂᆞᆫ다 모ᄅᆞᄂᆞᆫ다: 네가 지나간 옛 세상 시절에 맹서발원한 일을 생각하느냐 못하느냐? ☞ (1) 혜ᄂᆞᆫ다: 혜-+-ᄂᆞ-+-ㄴ다, 모ᄅᆞᄂᆞᆫ다: 모ᄅᆞ-+-ᄂᆞ-+-ㄴ다'. (2) '-ㄴ다'는 2인칭 의문형 어미이다. 2인칭 의문형 어미는 이 외에도 '-ㅭ다/-ㄹ따'가 있다. (3) 2인칭 의문문은 어미로 의문문의 종류는 알 수 없고, 의문사의 존재 여부로 판단해야 한다. 이 문장은 2인칭 판정 의문문이다.

98) 네 손ᄃᆡ: 너에게 ☞ 너[你]+ㅣ(관.조.)#손ᄃᆡ(의.명.). 현대 국어에서 '손ᄃᆡ'는 수여의 부사격 조사로 대치되었다.

99) 錠光佛: 나실 때 온몸에 불빛이 등불같이 빛났다 하여 붙여진 이름이다. 燃燈佛, 普光佛이라고도 한다. 久遠한 옛적에 출현하여 석존에게 뒷세상에 반드시 석가모니불이 되리라 수기하신 부처님이다.

100) 世世예 妻眷(처권)이 ᄃᆞ외져: (태어나는) 세상마다 처권이 되자 ☞ ᄃᆞ외-+-져(청.어.). ᄒᆞ라체에서는 '-져', ᄒᆞ쇼셔체에서는 '-사이다'가 청유형어미로 쓰였다. ᄒᆞ라체 청유문이다.

101) 劫劫: 끝없는 세월.

102) 네 내 마ᄅᆞᆯ 다 드를따: 네가 내 말을 다 듣겠느냐? ☞ 드를따: 듣-[聽]+-(으)ㄹ따(2인칭 의문형 어미). 2인칭 판정 의문문이다. 주 97) 참조.

103) 자시며: 성(城)이며 ☞ 잣[城]+이며(접.조.)

104) 니르리: 이르기까지/이르도록 ☞ 니를-[至]+-이(부.접.). (1) '니르리'는 형태상으로 파생 부사이지만, 접미사 '-이'가 기능상으로는 굴절접사의 기능을 띠어서 서술기능을 지니고 있다. 현대 국어의 부사파생 접미사 '-이'에 의해 파생된 '없이, 같이, 달리'와 같다. (2) 여기서 '내 몸 니르리'는 부사절로 '니르리'가 주어를 동반하고 있다.

105) ᄒᆞᆫ: 한 것을 ☞ ᄒᆞ-+-오-(대상 활용)+-ㄴ(관형사형 어미의 명사적 용법). 형태상으로는 관형어이지만 기능상으로는 'ㄴ'이 명사적 용법으로 쓰이고 있다. p.34 참조.

106) 조초: 부 따라, 좇아 ☞ 좇-+-오(부.접.). (1) '조초'는 형태상으로는 파생 부사이지만, 접미사 '-오'가 기능상으로는 굴절 접사의 기능을 띠어 서술기능을 지니고 있다. 주 104) 참조. (2) 여기서는 목적어(그ᄃᆡᆺ ᄒᆞᆫ)를 수반하고 있다.

107) 뉘웃븐: 뉘우치는 ☞ '뉘웃브-'는 동사 '뉘웃-(← 뉘읓-)'에 형용사파생 접미사 '-브-'가 붙어 파생된 형용사이다. 통사적 파생에 해당한다.

이 말 드르시고 ᄆᆞᅀᆞ미 훤ᄒᆞ야 前生(전생)앳 이리 어제 본 ᄃᆞᆺᄒᆞ야 즐굽ᄃᆞᄫᆡᆫ[109] ᄆᆞᅀᆞ미 다 스러디거늘 目連이ᄅᆞᆯ 블러 懺悔(참회)ᄒᆞ시고 【懺은 ᄎᆞᄆᆞᆯ씨니 내 罪ᄅᆞᆯ ᄎᆞ마 ᄇᆞ리쇼셔 ᄒᆞ논 ᄠᅳ디오 悔ᄂᆞᆫ 뉘으츨씨니 아랫 이ᄅᆞᆯ 외오 호라 ᄒᆞᆯ씨라】 羅睺羅ᄋᆡ 소ᄂᆞᆯ 자바 目連일 6:9b맛디시고[110] 울며 여희시니라. 淨飯王(정반왕)이 耶輸(야수)의 ᄠᅳ들 누규리라[111] ᄒᆞ샤 즉자히 나랏 어비ᄆᆞᆫ내ᄅᆞᆯ[112] 모도아 니ᄅᆞ샤ᄃᆡ 金輪王(금륜왕)[113] 아ᄃᆞ리 出家ᄒᆞ라[114] 가ᄂᆞ니 그듸내 各各(각각) ᄒᆞᆫ 아ᄃᆞᆯ옴[115] 내야 내 孫子(손자) 조차 가게 ᄒᆞ라[116] ᄒᆞ시니 즉자히 쉰 아ᄒᆡ 몯거늘 羅睺羅 조차 부텨ᄭᅴ 가아 禮數(예수)[117]6:10aᄒᆞᅀᆞᄫᆞᆫ대 부톄 阿難(아난)일[118] 시기샤 羅睺羅ᄋᆡ 머리 갓기시니[119] 녀느[120] 쉰 아ᄒᆡ도 다 出家ᄒᆞ니라. 부톄 命ᄒᆞ샤

---

108) 이제 엇뎨 羅睺羅ᄅᆞᆯ 앗기ᄂᆞ다: 이제 어찌 나후라를 아끼느냐? ☞ 2인칭 설명 의문문.

109) 즐굽ᄃᆞᄫᆡᆫ: 얽맨, 감겨 달라붙은 ☞ 즐굽ᄃᆞᄫᆡ-+-ㄴ

110) 羅睺羅ᄋᆡ 소ᄂᆞᆯ 자바 目連일 맛디시고: 나후라의 손을 잡아 (나후라를) 목련을(에게) 맡기시고 ☞ 맛디시고: 맛디-[← 맜-+-이-(사.접.)]+-시-(주.높.)+-고(대.어.) (1) 目連일: 目連이+ㄹ(목.조.). 중세 국어에서는 3자리 서술어의 경우 목적어가 두 개 오는 경우가 있었다. 여기서 '目連일'은 목적어지만 현대 국어에서는 부사어로 옮겨진다. (2) '-고'는 대등적 연결 어미이나 여기서는 시간의 흐름에 따라 사건이 나열되고 있으므로 종속적인 기능으로 쓰이고 있다.

111) 누규리라: 누그러뜨리겠다 ☞ 누기-[← 눅-+-이-(사.접)]+-우-(인칭 활용)+-리-(추측법)+-라(← -다). (1) 주어가 3인칭인 '淨飯王이'이므로 서술어에 인칭 활용 선어말 어미가 연결되지 않는 것이 원칙이다. 그러나 이 문장은 간접 인용문으로, 주어 '정반왕이'는 직접 인용문에서 화자를 가리키기 때문에 인칭 활용이 나타났다. 직접 인용문이 간접 인용문으로 바뀔 때, 인칭 활용의 선어말 어미는 그대로 유지되었다. (2) 중세 국어에서 직접 인용절이 간접 인용절로 바뀔 때에는 대명사, 공대법, 문체법에서는 변화가 있으나 화자 주어에 일치하여 나타나는 선어말 어미 '-오-'와 시제표시의 서법형태소는 그대로 유지되어 자유간접화법을 구성한다.(고영근, 2010:372) (3) 추측법 선어말 어미 '-리-'는 양태적 의미로 '의도'를 나타낸다.

112) 어비ᄆᆞᆫ내: 족장(族長) ☞ 어비ᄆᆞᆫ+-내(복.접.). '-내'는 높임 복수 접미사이다. 복수 접미사는 주 18) 참조.

113) 金輪王: 사천하(四天下)를 다스리는 사륜왕(四輪王) 가운데의 하나. 금륜왕(金輪王)은 금수레를 굴리며 수미(須彌) 사주(四洲)인 네 천하, 곧 동녘의 불바제(弗婆提), 서녘의 구타니(瞿陁尼), 남녘의 염부제(閻浮提), 북녘의 울단월(鬱單越)을 다 다스렸다. 전륜왕(轉輪王) 가운데에서 가장 수승한 윤왕(輪王)이다. 석가 세존을 가리킨다.

114) 出家ᄒᆞ라: 출가하러 ☞ 出家ᄒᆞ-+-라(의도의 종.어.)

115) 아ᄃᆞᆯ옴: 아들씩 ☞ 아ᄃᆞᆯ+-옴(← -곰. 접미사). (1) 'ㄹ' 뒤에서 '곰'의 'ㄱ'이 약화되었다. (2) 수사나 수표시어에 붙는 '-곰/-옴'은 의존 명사로도, 보조사로도 다루고 있다.

116) 내 孫子 조차 가게 ᄒᆞ라: ᄒᆞ-+-라(명.어.). 'ᄒᆞ라'체 명령문.

117) 禮數: 신분에 의하여 각각 다른 예의와 대우.

118) 阿難: 산스크리트어 ānanda의 음사. 붓다의 사촌 동생으로, 붓다가 입멸할 때까지 보좌하면서 가장 많은 설법을 들어서 다문제일(多聞第一)이라 일컫는다. 붓다에게 여성의 출가를 세 번이나 간청하여 허락을 받았다.

119) 갓기시니: 깎게 하시니 ☞ 갓기-[← 가ᇧ-+-이-(사.접.)]+-시-(주.높.)+-니(종.어.) (1) 근대 국어에서 'ㅺ'은 역

舍利弗(사리불)을121) 和尙(화상)이 ᄃᆞ외오【和尙ᄋᆞᆫ 갓가ᄫᅵ122) 이셔 외오다 ᄒᆞ논 마리니 弟子ㅣ 샹녜 갓가ᄫᅵ 이셔 經(경) ᄇᆡ호아 외올씨니 和尙ᄋᆞᆫ 스스ᅌᅳᆯ123) 니르니라】目連이 闍梨124) ᄃᆞ외야【闍梨(도리)ᄂᆞᆫ 法이라 혼 마리니 弟子ᄋᆡ 힝뎌글 正케 ᄒᆞᆯ씨라】열 가짓 戒(계)를 6:10bᄀᆞ라치라 ᄒᆞ시니【열가짓 戒ᄂᆞᆫ 산 것 주기디 마롬과 도ᄌᆞᆨ 마롬과 淫亂(음란) 마롬과 거즛말 마롬과 수을 고기 먹디 마롬과 모매 香(향) 기름 ᄇᆞᄅᆞ며 花鬘(화만) 瓔珞(영락) 빗이디125) 마롬과 놀애126) 춤 마롬과 노ᄑᆞᆫ 平床(평상)애 안ᄶᅵ127) 마롬과 時節 아닌 저긔 밥 먹디 마롬과 金銀(금은) 보ᄇᆡ 잡디 마롬괘라】羅雲(나운)이128) 져머129) 노ᄅᆞᄉᆞᆯ130) 즐겨 法(법) 드로ᄆᆞᆯ 슬히131) 너겨 ᄒᆞ거든 부톄 ᄌᆞ로 니ᄅᆞ샤도 從(종)ᄒᆞᅀᆞᆸ디 아니ᄒᆞ더니 後(후)에 부톄 羅雲이ᄃᆞ려 니ᄅᆞ샤ᄃᆡ 부텨 6:11a맛나미 어려ᄫᅳ며 法 드로미 어려ᄫᅳ니 네 이제 사ᄅᆞᄆᆡ 모ᄆᆞᆯ 得ᄒᆞ고 부텨를 맛나 잇ᄂᆞ니 엇뎨 게을어 法을 아니 듣ᄂᆞᆫ다132) 羅雲이

행 동화에 의해 'ㄲ'으로 바뀌었다.

120) 녀느: 남. 타인(他人) ☞ '녀느'는 ㄱ-보유어이다. 녀느+ㅣ → 년기, 녀느+을 → 년글

121) 舍利弗을: 사리불을. (1) 사리불: 산스크리트어 śāriputra의 음사. 마가다국(magadha國)의 바라문 출신으로, 붓다의 10대 제자 중 한 사람. 지혜가 뛰어나 지혜제일(智慧第一)이라 일컫는다. (2) '을': 목적격 조사가 쓰여 목적어로 보이지만, 기능상으로는 주어이다. 목적격 조사의 주격적 용법이라 할 만하다.

122) 갓가ᄫᅵ: 가까이 ☞ 갓갑-+-이(부.접.). 갓갑+이 〉 갓가ᄫᅵ 〉 갓가이 〉 가까이. 'ㅸ'은 주로 'w'로 변했으나 부사파생 접미사, 사.피동사파생 접미사 앞에서는 탈락하였다.

123) 스스ᅌᅳᆯ: 스승을 ☞ 스ᄉᆼ[師]+을. 'ㆁ'이 어두에 쓰인 일은 없으나 비어두에서 음절 초성으로 표기된 예들이 있다. 중세 국어 표기법이 표음적이고 음절적이었다는 점을 고려하면, 이 위치에서 'ㆁ'이 발음되었을 가능성을 배제하지는 못한다. 그러나 동시대에 '스스ᅌᅳᆯ~스ᄉᆼᄋᆞᆫ', '바ᅌᅩᆯ~방올'과 같은 표기들이 있는 것으로 보아서는 'ㆁ'이 비어두 음절초성에서 발음되었을 가능성에 의문이 든다.

124) 闍梨(도리): 승려에게 덕행을 가르치는 스승.

125) 빗이디: 꾸미게 하지 ☞ 빗이-[← 빗-+-이-(사.접.)]+-디(보.어). '빗-'은 'ㅅ-불규칙 활용'을 하므로 '비ᅀᅵ디'로 표기되어야 할 것이나 여기서는 그렇지 않았다.

126) 놀애: 노래 ☞ *놀개 〉 놀애. (1) 'ㅇ'이 유성후두마찰음이기 때문에 'ㄹ'이 연철표기되지 않았다. 'ㄱ'은 대체로 다음과 같은 변화를 경험하여 유성후두마찰음이 된 것으로 보인다. k 〉 g 〉 ɣ(연구개마찰음) 〉 ɦ(유성후두마찰음) (2) 'ㅇ'이 소멸하는 17세기에는 '놀래~놀내~노래' 등의 표기가 보인다.

127) 안ᄶᅵ: 앉지 ☞ 안ᇇ-(← 앉-)+-디(보.어). '앉디'의 8종성에 따른 표기법이 '안ᇇ디'이다. 중세 국어에서는 8종성 외에도 'ㄺ, ㄻ, ㄼ; ㅧ'과 같은 겹받침이 음절말에서 발음되었을 것으로 추정한다.

128) 羅雲: 나후라(羅睺羅)의 다른 이름.

129) 져머: 어려 ☞ 졈-[幼少]+-어. '졈다'는 뒤에 '젊다'로 바뀐다. 중세 국어에서는 '나이가 적다'는 의미였지만, '어리석다'의 의미를 지닌 '어리다'가 '나이가 적다'는 의미로 이동함에 따라 '졈다'는 그보다 좀 더 위의 나이 대를 가리키는 청년/소년(青年/少年)의 의미로 이동하게 되었다. 의미변화 중 의미 이동에 해당한다.

130) 노ᄅᆞᄉᆞᆯ: 놀이를, 장난을 ☞ 노ᄅᆞᆺ+ᄋᆞᆯ

131) 슬히: 싫게 ☞ 슬ᄒᆞ-+-이(부.접.)

132) 엇뎨 게을어 法을 아니 듣ᄂᆞᆫ다: 2인칭 설명 의문문. 주어는 앞에 있는 '네'이다.

솔ᄫᆞᄃᆡ 부텻 法이 精微(정미)ᄒᆞ야[133] 져믄 아ᄒᆡ 어느 듣ᄌᆞᄫᆞ리잇고 아래 ᄌᆞ조 듣ᄌᆞᄫᆞᆫ 마ᄅᆞᆫ 즉자히 도로 니저 ᄀᆞᆺᄇᆞᆯ[134] ᄡᅡ니니 이제 져믄 저그란 아직 ᄆᆞᅀᆞᇝ장 노다가[135] ᄌᆞ라면 [6:11b]어루[136] 法을 ᄇᆡ호ᅀᆞᄫᆞ리이다[137] 부텨 니ᄅᆞ샤ᄃᆡ 자ᄇᆞᆫ 이리 無常(무상)ᄒᆞ야 모ᄆᆞᆯ 몯 미듫[138] 거시니 네 목수믈 미더 ᄌᆞ랋 時節을 기드리ᄂᆞᆫ다 ᄒᆞ시고 다시 說法(설법)ᄒᆞ시니 羅雲의 ᄆᆞᅀᆞ미 여러[139] 아니라【羅雲이 出家호미 부텻 나히 셜흔세히러시니 穆王(목왕) 닐굽찻ᄒᆡ 丙戌(병술)이라】

偸羅國(투라국) 婆羅門(바라문) 迦葉(가섭)이 三十二相이 [6:12a]ᄀᆞᆺ고[140] 글도 만히 알며 가ᅀᆞ며러[141] 布施(보시)도 만히 ᄒᆞ더니 제[142] 겨집도 됴ᄒᆞᆫ 相이 ᄀᆞᆺ고 世間(세간)앳 情欲(정욕)이 업더라 迦葉(가섭)이 世間 ᄇᆞ리고 뫼해[143] 드러 닐오ᄃᆡ 諸佛(제불)도 出家ᄒᆞ샤ᅀᅡ 道理(도리)ᄅᆞᆯ 닷ᄀᆞ시ᄂᆞ니[144] 나도 그리 호리라[145] ᄒᆞ고 손소[146] 머리 갓고[147] 묏고래 이셔 道理 ᄉᆞ랑ᄒᆞ더니 [6:12b]虛空(허공)애셔 닐오ᄃᆡ 이제 부텨 나아 겨시니라 ᄒᆞ야ᄂᆞᆯ 즉자히[148] 니러 竹園(죽원)으로 오더니 부텨 마조[149] 나아 마ᄌᆞ샤 서르 고마ᄒᆞ야[150] 드르샤[151] 說法

---

133) 精微: 정밀하고 자세함.

134) ᄀᆞᆺᄇᆞᆯ: 고단할, 힘에 겨울, 가쁠 ☞ ᄀᆞᆺᄇᆞ-+-ㄹ

135) 노다가: 놀다가 ☞ 놀-+-다가. 'ㄹ'이 'ㄷ' 앞에서 탈락하였다. 조음위치가 중복되기 때문이다. 현대 국어에서는 'ㄹ'이 'ㄷ' 앞에서 탈락하지 않는다.

136) 어루: 가히(可-).

137) ᄇᆡ호ᅀᆞᄫᆞ리이다: 배우겠사옵니다 ☞ ᄇᆡ호-+-ᅀᆞᆸ-(객.높.)+-오-(인칭 활용)+-리-(추측법)+-이-(상대 높임)+-다(평.어.). 청자는 '부텨'이고, 목적어는 '(부텨의) 法을'이다.

138) 미듫: 믿을 ☞ 믿-+-읋(관.전.)

139) ᄆᆞᅀᆞ미 여러: 마음이 열어/열려 ☞ 열-[開]+-어. 구문상으로는 자동사문이나 활용형은 타동사이다.

140) ᄀᆞᆺ고: 자 갖춰지고, 구비되고 ☞ ᄀᆞᆺ-(← ᄀᆞᆽ-)+-고(대.어.). 8종성법에 의한 표기.

141) 가ᅀᆞ며러: 부유하여 ☞ 가ᅀᆞ멸-+-어

142) 제: 자기의 ☞ 저(평칭의 3인칭 재귀 대명사)+ㅣ(관.조.). 가섭(迦葉)을 가리킨다.

143) 뫼해: 산에 ☞ 뫼ㅎ[山]+애(부.조.)

144) 닷ᄀᆞ시ᄂᆞ니: 닦으시니 ☞ 다ᇧ-+-ᄋᆞ시-(주.높.)+-ᄂᆞ-(직설법)+-니(종.어.). 근대 국어에서 '다ᇧ- 〉 닦-'의 변화를 경험한다. 이 변화는 후행하는 'ㄱ'의 조음위치에 동화된 것이다.

145) 나도 그리 호리라: 나도 그렇게 하겠다 ☞ 호리라: ᄒᆞ-+-오-(인칭 활용)+-리-(추측법)+-라(← -다. 평.어.). 주어가 1인칭이어서 서술어에 '-오-'가 연결되었다. '-리-'는 추측법 선어말 어미로 미래 시제를 표현하지만 주어가 1인칭이면 양태적 의미를 나타낸다. 여기서는 '의도'를 나타낸다.

146) 손소: 손수 ☞ 손[手]+-소(명.접.). 어휘적 파생이다.

147) 갓고: 깎고 ☞ 갓-(← 가ᇧ-)+-고(대.어.). '-고'는 대등적 연결 어미이나 기능상으로는 종속적으로 쓰였다. 가ᇧ- 〉 깎-

148) 즉자히; 즉시, 곧. '즉재'와 유의관계.

149) 마조: 마주 ☞ 맞-+-오(부.접.)

(설법)ᄒᆞ시니 곧 阿羅漢(아라한)ᄋᆞᆯ[152] 아니라 威嚴(위엄)과 德(덕)괘 커 天人이 重(즁)히 너길씨 大迦葉(대가섭)이라 ᄒᆞ더니 부텨 업스신 後에 法 디녀 後世(후세)예 [6:13a]펴디게 호미 이 大迦葉의 히미라 舍衛國(사위국) 大臣(대신) 須達(수달)[153]이 가ᅀᆞ며러[154] 쳔랴이[155] 그지업고 布施ᄒᆞ기를 즐겨 艱難(간난)ᄒᆞ며 어엿븐[156] 사ᄅᆞᄆᆞᆯ 쥐주어[157] 거리칠씨[158] 號(호)를 給孤獨(급고독)이라 ᄒᆞ더라【給은 줄씨오 孤ᄂᆞᆫ 져머셔 어버ᅀᅵ 업슨 사ᄅᆞ미오 獨ᄋᆞᆫ 늘구ᄃᆡ 子息(자식) 업서 ᄒᆞ옷모민[159] 사ᄅᆞ미라】[6:13b]給孤獨 長者(장자)ㅣ 닐굽 아ᄃᆞ리러니[160] 여슷 아ᄃᆞᆯ란 ᄒᆞ마 갓 얼이고[161] 아기아ᄃᆞ리[162] 양ᄌᆡ[163] 곱거늘 各別(각별)히 ᄉᆞ랑ᄒᆞ야 아ᄆᆞ례나 ᄆᆞᆺ됴ᄒᆞᆫ[164] 며느리를 어두리라[165] ᄒᆞ야 婆羅門(바라문)ᄋᆞᆯ ᄃᆞ려[166] 닐오ᄃᆡ

---

150) 고마ᄒᆞ야: 공경하여 ☞ 'ᄒᆞ다'는 중세 국어에서 '야-불규칙'이었는데, 근대 국어에서 '여-불규칙'으로 바뀌었다. /고마 경(敬) 고마 건(虔) 〈유합 하:1, 하:3〉

151) 드르샤: (안으로) 드시어 ☞ 들-[入]+-으샤-(주.높.)+-어(종.어.) 현대 국어에서는 'ㅅ' 앞에서 'ㄹ'이 탈락하나, 중세 국어에서는 매개 모음이 개입하였기 때문에 'ㄹ'이 유지되었다.

152) 阿羅漢: 온갖 번뇌를 끊고 깨달음을 얻어 공덕을 갖춘 성자(聖者).

153) 須達: 사위성(舍衛城)의 부호(富豪). 기원정사(祇園精舍)를 지어 세존께 바친 사람이며, 가난한 이에게 베풀므로 급고독(給孤獨)이라고도 한다.

154) 가ᅀᆞ며러: 부유하여 ☞ 가ᅀᆞ멸-+-어

155) 쳔랴이: 재물이 ☞ 쳔량+이(주.조.)

156) 어엿븐: 가엾은, 불쌍한 ☞ 어엿브-+-ㄴ. '어엿브다'는 원래 '가엾다'는 뜻이었는데, 현대에는 '예쁘다'로 의미가 이동하였다.

157) 쥐주다: 쥐어주다 ☞ 쥐주-(←쥐-#주-)+-다. 동사 어근끼리 직접 결합한 비통사적 합성어이다. 합성어에서 구성 성분들의 배열 방식이 국어 문장에서 어절들의 배열 방식과 같은 방식으로 구성된 합성어를 통사적 합성어라 하고 그렇지 않은 것을 비통사적 합성어라 한다. 국어에서 용언 어간 뒤에 어미의 연결은 필수적이나 '쥐-' 뒤에 어미가 연결되지 않은 채로 '주-'와 결합하였기 때문에 비통사적 합성어이다.

158) 거리칠씨: 구제(救濟)하므로, 건지므로 ☞ 거리치-+-ㄹ씨(종.어.)

159) ᄒᆞ옷모민: 홑몸인 ☞ ᄒᆞ옷몸(←ᄒᆞ옺[獨]#몸)+이-(서.조.)+-ㄴ(관.조.). 'ᄒᆞ옷'은 현대 국어에서 접두사 '홀-'로 바뀌었다. 'ᄒᆞ옷'은 8종성법에 의한 표기이다.

160) 아ᄃᆞ리러니: 아들이더니 ☞ 아ᄃᆞᆯ[子]+이-(서.조.)+-러-(←-더-. 회상법)+-니(종.어.). 서술격 조사 뒤에서 어미의 교체는 주 9) 참조.

161) ᄒᆞ마 갓 얼이고: 이미 아내와 결혼시키고 ☞ 얼이고: 얼이-(←얼-+-이-(사.접.))+-고(대.어.)

162) 아기아ᄃᆞᆯ: 막내아들

163) 양ᄌᆡ: 모습이, 자태가, 얼굴 생김새가 ☞ 양ᄌᆞ+ㅣ(주.조.)

164) 아ᄆᆞ례나 ᄆᆞᆺ됴ᄒᆞᆫ: 어떻든 마뜩한

165) 어두리라: 얻으리라/얻겠다 ☞ 얻-+-우-(인칭 활용)+-리-(추측법)+-라(←-다. 평.어.). 간접 인용문에서 인칭 활용의 '-오-'는 그대로 유지된다. 주 112-2) 참조.

166) 婆羅門ᄋᆞᆯ ᄃᆞ려: 바라문에게 ☞ 'ᄃᆞ려'는 동사 'ᄃᆞ리-'에 접사화한 어미 '-어'가 붙어 형성된 조사이다. 그러나 이 'ᄃᆞ려'가 중세 국어에서 완전히 조사화하지 못해서 조사 '을'을 앞세우고 있다.

어듸ᅀᅡ 됴ᄒᆞᆫ ᄯᆞ리 양ᄌᆞ ᄀᆞᄌᆞ니[167] 잇거뇨 내 아기 위ᄒᆞ야 어더 보고려[168] 婆羅門[169]이 그 말 듣고 고ᄫᆞᆫ ᄯᆞᆯ 얻니노라[170] [6:14a]ᄒᆞ야 빌머거[171] 摩竭陀國(마갈타국) 王舍城(왕사성)의 가니 그 城 안해 ᄒᆞᆫ 大臣 護彌(호미)라 호리[172] 가ᅀᆞ멸오 發心ᄒᆞ더니 婆羅門이 그 지븨[173]가 糧食(양식) 빈대[174] 그 나랏 法에 布施호ᄃᆡ 모로매 童女(동녀)로 내야 주더니 그 짓[175] ᄯᆞ리 ᄡᆞᆯ 가져 나오나ᄂᆞᆯ[176] 婆羅門이 보고 깃거 이 각시ᅀᅡ 내 [6:14b]얻니논 ᄆᆞᅀᆞ매 맛도다[177] ᄒᆞ야 그 ᄯᆞᆯᄃᆞ려 무로ᄃᆡ 그딋 아바니미 잇ᄂᆞ닛가[178] 對答(대답)호ᄃᆡ, 잇ᄂᆞ니이다 婆羅門이 닐오ᄃᆡ 내 보아져[179] ᄒᆞᄂᆞ다 ᄉᆞᆯ바쎠[180] 그 ᄯᆞ리 드러 니ᄅᆞᆫ대 護彌(호미) 長者ㅣ 나아오나ᄂᆞᆯ 婆羅門이 安否(안부) 묻고 닐오ᄃᆡ 舍衛國(사위국)에 ᄒᆞᆫ 大臣 須達(수달)이라 호리[181] 잇ᄂᆞ니 [6:15a]아ᄅᆞ시ᄂᆞ니잇가 護彌(호미) 닐오ᄃᆡ 소리ᄲᅮᆫ 듣노라.[182] 婆羅門이 닐오ᄃᆡ

---

167) ᄀᆞᄌᆞ니: 갖추어진 사람이 ☞ ᄀᆞᆽ-([자])+-ᄋᆞᆫ(관.전.)#이(의.명.)+∅(주.조.)

168) 보고려: 봐(라) ☞ 보-+-고려(반말체의 명.어. 청원의 뜻이 있다). '-고려'에 대한 처리는 이기문(1998:178~179), 고영근(2010:318~319) 참조.

169) 婆羅門: 인도 4姓의 최고 지위에 있는 종족으로 僧侶 階級.

170) 얻니노라: 얻으러 다니겠다 ☞ 얻-#니-+-ᄂᆞ(직설법)-+-오-(인칭 활용)+-라(←-다). 비통사적 합성어. 중세 국어에서는 비통사적 합성어가 생산적이었으나 근대 국어부터는 비생산적이었다.

171) 빌머거: 빌어먹어 ☞ 빌먹-(←빌-#먹-)+-어. 비통사적 합성어. 주 157) 참조.

172) 호리: 하는 사람이 ☞ ᄒᆞ-+-오-(대상 활용)+-ㄹ(관.전.)#이(의.명.)+∅(주.조.)

173) 지븨: 집에 ☞ 집+의(부.조. 특이처격)

174) 빈대: 빌므로 ☞ 빌-[乞]+-ㄴ대(종.어.)

175) 짓: 집 ☞ 중세 국어의 용례를 보면, '짓'은 주로 관형격으로 쓰이고 나머지의 경우는 '집'이 쓰이고 있다. 이런 예들을 토대로 보면 '짓'은 '집'에 관형격 조사 'ㅅ'이 결합하면서 'ㅂ'이 탈락한 어형으로 이해된다. '집'은 부사격 조사로 특이 처격인 '의'를 취하기 때문에 형태상으로는 관형격 조사를 취한 형태와 구분이 되지 않는다. 따라서 이들을 구분하기 위해 '짓'을 쓴 것으로 추정된다. 사이시옷이나 관형격 조사 'ㅅ'은 무성자음 뒤에는 연결되지 않는 것이 원칙이다.

176) 나오나ᄂᆞᆯ: 나오거늘 ☞ 나오-+-나ᄂᆞᆯ(←-거ᄂᆞᆯ). '-거ᄂᆞᆯ'은 동사 '오-' 뒤에서 '-나ᄂᆞᆯ'로, 'ᄒᆞ-' 뒤에서는 '-야ᄂᆞᆯ'로 교체한다. 현대 국어에서도 '오다'는 '너라-불규칙'이다.

177) 맛도다: 맞구나 ☞ 맛-(←맞-)+-도-(감동법)+-다(평.어.). 중세 국어에서는 감동법 선어말 어미에 의해 화자의 느낌을 표현하기는 하였으나 감탄문은 아니다. 문장의 종류는 종결 어미로 판단하기 때문이다. 이 문장은 평서문이다.

178) 그딋 아바니미 잇ᄂᆞ닛가: 당신의 아버님이 있는가?/있소? ☞ (1) 그딋: '그듸/그ᄃᆡ'는 '너'의 존칭이기 때문에 높임 유정 명사에 연결되는 관형격 조사 'ㅅ'이 연결되었다. '그듸/그ᄃᆡ'는 주로 'ᄒᆞ야쎠'체와 호응하였다. (2) 아바님: 아바(←아비)+님. '아비, 어미, 아ᄌᆞ미, 아자비' 등은 접미사 '-님'과 결합하면 각각 '아바-, 어마-, 아ᄌᆞ마-, 아자바-' 등으로 교체한다. 주 14) 참조. (3) 잇ᄂᆞ닛가: 잇-+-ᄂᆞ-(직설법)+-ㅅ-(ᄒᆞ야쎠체 상.높. 의문형표지)+-니가(ᄒᆞ야쎠체 판정 의.어.). 'ㅅ'이 분리적 형태소인 '-니…가' 사이에 끼어들었다.

179) 내 보아져: 내가 보자 ☞ '-져'는 청유형 종결 어미이다.

180) ᄉᆞᆯ바쎠: 말해주오 ☞ ᄉᆞᆲ-+-아쎠(ᄒᆞ야쎠체 명.어.).

舍衛國 中에 ᄆᆞᆺ 벼슬 놉고 가ᄉᆞ며루미 이 나라해 그듸[183] ᄀᆞᄐᆞ니 ᄒᆞᆫ ᄉᆞ랑ᄒᆞᄂᆞᆫ 아기아ᄃᆞ리 양ᄌᆡ며 ᄌᆡ죄 ᄒᆞᆫ 그티니 그듸 ᄯᆞᄅᆞᆯ 맛고져 ᄒᆞ더이다[184] 護彌 닐오ᄃᆡ 그리 호리라 ᄒᆞ야ᄂᆞᆯ 마초아[185] 흥졍바지[186] 舍衛國(사위국)으로 가리[187] 6:15b잇더니 婆羅門(바라문)이 글왈 ᄒᆞ야 須達(수달)ᄋᆡ손ᄃᆡ[188] 보내야ᄂᆞᆯ 須達이 긹거[189] 波斯匿王(파사닉왕)ᄭᅴ 가아 【그 나랏 王 일후미 波斯匿이라】 말ᄆᆡ[190] 엳ᄌᆞᆸ고[191] 쳔량 만히 시러[192] 王舍城(왕사성)으로 가며 길헤 艱難(간난)ᄒᆞᆫ 사ᄅᆞᆷ 보아ᄃᆞᆫ[193] 다 布施(보시)ᄒᆞ더라 須達이 護彌 지븨 니거ᄂᆞᆯ[194] 護彌 긹거 나아 迎逢(영봉)ᄒᆞ야 6:16a지븨[195] 드려 재더니[196] 그 지븨셔 차반 밍ᄀᆞᆯ 쏘리[197] 워즈런ᄒᆞ거ᄂᆞᆯ[198] 須達이 護彌ᄃᆞ려 무로ᄃᆡ 主人이 ᄆᆞᄉᆞᆷ 차바ᄂᆞᆯ 손소 ᄃᆞᆫ녀 밍ᄀᆞᄂᆞ닛가[199] 太子

---

181) 호리: 하는 사람이 ☞ ᄒᆞ-+-오-(대상 활용)+-ㄹ(관.전.)#이(의존 명사)+∅(주.조.).

182) 듣노라: 듣는다 ☞ 듣-+-ᄂᆞ-+-오-(인칭 활용)+-라(← -다). (1) 주어는 생략된 '나'로 화자(=호미)가 주어이다. (2) 수달과 호미의 대화를 보면, 수달은 호미에게 'ᄒᆞ쇼셔'체를 사용하고, 호미는 수달에게 'ᄒᆞ라'체를 쓰고 있어서 신분에 큰 차이가 있음을 알 수 있다.

183) 그듸: 당신과 ☞ 그듸+∅(비교 부.조.). 중세 국어에는 주격 조사와 형태가 같은 부사격 조사가 있었다.

184) ᄒᆞ더이다: 합디다 ☞ ᄒᆞ-+-더-(회상법)+-이-(상.높. ᄒᆞ쇼셔체 표지)+-다(평.어.)

185) 마초아: 마침 ☞ '마초아'는 동사 '맞-'에 '-호-'가 붙어 파생된 단어에 다시 접사화한 어미 '-아'가 붙어 부사로 파생된 단어다.

186) 흥졍바지=흥졍바치: 장사치. 상인(商人) ☞ '흥졍#바지' 구조의 합성어이다. '바지'는 접미사적 성격이 강한 어근이다. 중세 국어에서 '바지'는 자립적으로 쓰이기도 했다. (예) 匠ᄋᆞᆫ 바지라〈법화 서:21〉. 접사적 성격이 강한 어근으로는 '바치, 암, 수, ᄆᆞᆮ' 등이 더 있다.

187) 가리: 갈 사람이 ☞ 가-+-ㄹ(관.전.)#이(의.명.)+∅(주.조.)

188) 須達ᄋᆡ손ᄃᆡ: 수달에게 ☞ 須達+ᄋᆡ(관.조.)#손ᄃᆡ(의.명.). 'ᄋᆡ손대'는 현대 국어에서 '에게'로 대치되었다.

189) 긹거: 기뻐 ☞ 긹-+-어.

190) 말ᄆᆡ: 말미. 事由./ 말ᄆᆡ 유(由) 말ᄆᆡ 연(緣) 〈유합 하:11, 하:29〉

191) 엳ᄌᆞᆸ고: 여쭙고 ☞ 엳-(← 엳-)+-ᄌᆞᆸ-(객.높.)+-고(대.어. → 종.어.). 부사어 명사인 파사닉왕(波斯匿王)이 주어인 수달보다 높고, 화자인 서술자보다 높다고 인식되었기 때문에 객체 높임법이 실현되었다.

192) 시러: 실어 ☞ 싣-[載](← 싣-)+-어(종.어.). 'ㄷ-불규칙 활용'

193) 보아ᄃᆞᆫ: 보거든 ☞ 보-+-아ᄃᆞᆫ(종.어.). '보다'가 타동사이기 때문에 '-거ᄃᆞᆫ'이 아닌 '-아ᄃᆞᆫ'이 연결되었다.

194) 니거ᄂᆞᆯ: 가니/갔더니 ☞ 니-[行]+-거ᄂᆞᆯ. '녀다'는 '거'로 시작하는 어미 앞에서 '니-'로 교체한다. '녀-'와 '니-'는 형태·어휘론적으로 조건된 이형태이다.

195) 지븨: 집에 ☞ 집+의(부.조.). 'ᄋᆡ/의'가 부사격 조사로 쓰이면 뒤에 용언이 오고, 관형격 조사로 쓰이면 체언이 온다.

196) 드려 재더니: 들이어 재우더니 ☞ (1) 드려: 드리-[← 들-+-이-(사.접.)]+-어(종.어.). (2) 재-[← 자-+-이-(사.접.)]+-더-+-니. 현대 국어 '재우다'는 '재-'에 다시 사동 접미사 '-우-'가 붙었다.

197) 밍ᄀᆞᆯ 쏘리: 만드는 소리가 ☞ 밍ᄀᆞᆯ-+-ㄹ(← -ᇙ. 관.어) 쏘리+∅(주.조.). 관형사형 전성 어미 '-ᇙ' 뒤이기 때문에 'ㅅ'이 'ㅆ'으로 바뀌었다. 현대 국어에서 관형사형 전성 어미 '-ㄹ' 뒤에서 된소리로 발음되는 것은 중세 국어의 관형사형어미가 '-ᇙ'이었던 데에 원인이 있다.

ᄅᆞᆯ 請(청)ᄒᆞᅀᆞ바 이받ᄌᆞ보려 ᄒᆞ노닛가 大臣ᄋᆞᆯ 請ᄒᆞ야 이바도려 ᄒᆞ노닛가[200] 護彌 닐오ᄃᆡ 그리 아니ᅌᅵ다[201] 須達이 ᄯᅩ 무로ᄃᆡ 婚姻(혼인) 위ᄒᆞ야 6:16b아ᅀᆞ미[202] 오나ᄃᆞᆫ 이바도려 ᄒᆞ노닛가 【사회 녀긔셔[203] 며느리 녁 지블 婚이라 니ᄅᆞ고 며느리 녀긔셔 사회 녁 지블 姻이라 니ᄅᆞᄂᆞ니 댱가들며 셔방 마조ᄆᆞᆯ 다 婚姻ᄒᆞ다 ᄒᆞᄂᆞ니라】 護彌 닐오ᄃᆡ 그리 아니라 부텨와 즁과ᄅᆞᆯ 請ᄒᆞᅀᆞ보려 ᄒᆞ뇡다[204] 須達이 부텨와 즁괏 마ᄅᆞᆯ 듣고 소홈 도텨[205] 自然(자연)히 ᄆᆞᅀᆞ매 깃븐[206] ᄠᅳ디 이실ᄊᆡ 다시 무로ᄃᆡ 엇뎨 부톄라 ᄒᆞᄂᆞ닛가 그 ᄠᅳ들 6:17a닐어쎠[207] 對答(대답)호ᄃᆡ 그듸ᄂᆞᆫ 아니 듣ᄌᆞ뱃더시닛가[208] 淨飯王(정반왕) 아ᄃᆞ님 悉達(실달)이라 ᄒᆞ샤리 나실 나래 ᄒᆞᄂᆞᆯ로셔 셜흔 두가짓 祥瑞(상서) ᄂᆞ리며 一萬 神靈(신령)이 侍衛(시위)ᄒᆞᅀᆞᄫᆞ며 자ᄇᆞ리 업시 닐굽 거르믈 거르샤 니ᄅᆞ샤ᄃᆡ 하ᄂᆞᆯ 우 하ᄂᆞᆯ 아래 나ᄲᅮᆫ 尊(존)호라 ᄒᆞ시며 모미 金ㅅ 비치시며 三十6:17b二相 八十種好ㅣ ᄀᆞᆽ더시니 金輪王(금륜왕)이 ᄃᆞ외샤 四天下ᄅᆞᆯ ᄀᆞᅀᆞᆷ아ᄅᆞ시련마ᄅᆞᆫ[209] 늘그니 病(병)ᄒᆞ니 주근 사ᄅᆞᆷ 보시고 世間 슬히[210] 너기샤 出家ᄒᆞ샤 道理 닷ᄀᆞ샤 六年 苦行(고행)ᄒᆞ샤 正覺(정각)ᄋᆞᆯ 일우샤[211] 魔王(마

---

198) 워즈런ᄒᆞ거늘: 어수선하거늘, 수선스럽거늘 ☞ 워즈런ᄒᆞ-+-거늘

199) 主人이 므슴 차바ᄂᆞᆯ 손소 ᄃᆞᆫ녀 ᄆᆡᇰᄀᆞ노닛가: 주인이 무슨 음식을 손수 다니며 만드오? ☞ 의문사 '므슴'이 있으므로 설명 의문형 어미 '-닛고'가 연결된 'ᄆᆡᇰᄀᆞ노닛고'가 기대되지만 판정 의문문어미 '-닛가'가 연결된 'ᄆᆡᇰᄀᆞ노닛가'가 나타났다. ᄒᆞ야쎠체에서는 판정 의문문과 설명 의문문의 형태적 구별이 전혀 확인되지 않는다(고영근, 2010:315).

200) 主人이 ~ 이바도려 ᄒᆞ노닛가: ᄆᆡᇰᄀᆞ노닛가(ᄆᆡᇰᄀᆞᆯ-+-ᄂᆞ-+-오-+-닛가), ᄒᆞ노닛가(ᄒᆞ-+ -ᄂᆞ-+-오-+-닛가) 등에 연결된 선어말 어미 '-오-'는 예외적이다. 주어가 2인칭(형태상으로는 3인칭)인데 '-오-'가 연결되었기 때문이다.

201) 아니ᅌᅵ다: 아니오 ☞ 아니(명)+∅-(서.조.)+-ㆁ-(상.높. ᄒᆞ야쎠체 표지)+-다(평.어.). 상대 높임법 ᄒᆞ야쎠체 표지는 '-ㅅ-'(의문문), '-아쎠/-야쎠'(명령문), '-ᅌᅵ- /-ㆁ-'(평서문)으로 교체한다.

202) 아ᅀᆞ미: 친척이 ☞ 아ᅀᆞᆷ+이(주.조.)

203) 녀긔셔: 녘에서 ☞ 녁+의셔. '녁 〉 녘'의 변화가 있었다.

204) 請ᄒᆞᅀᆞ보려 ᄒᆞ뇡다: 請하려 하오 ☞ 청ᄒᆞ-+-ᅀᆞᆸ-(객.높.)+-오-(인칭 활용)+-려(종.어.) ᄒᆞ- +-ᄂᆞ-(직설법)+-오-(인칭 활용)+-ᅌᅵ-(상.높. ᄒᆞ야쎠체 표지)+-다. 목적어 명사인 '부텨와 즁'이 높임의 대상이기 때문에 객체 높임법이 나타났다.

205) 소홈 도텨: 소름 돋쳐 ☞ 도텨: 도티-[←돋-+-티-(강.접.)]+-어(종.어.)

206) 깃븐: 기쁜 ☞ 깃브-[←깄-(동)+-브-(형.접.)]+-ㄴ(관.어). 통사적 파생이다.

207) 그 ᄠᅳ들 닐어쎠: 그 뜻을 말해주오 ☞ 닐어쎠: 니르-+-어쎠(ᄒᆞ야쎠체 명.어.). '니르-'의 'ㅡ'가 모음 어미 앞에서 탈락하여 분철표기가 되었다.

208) 듣ᄌᆞ뱃더시닛가: 들으시었소? ☞ 듣-+-ᄌᆞᆸ-(객.높.)+-아(보.어.)#잇-(보.용.)+-더-(회상법)+-시-(주.높.)+-닛가(ᄒᆞ야쎠체 판정 의.어.)

209) ᄀᆞᅀᆞᆷ아ᄅᆞ시련마ᄅᆞᆫ: 주관하시련마는 ☞ ᄀᆞᅀᆞᆷ알-+-ᄋᆞ시-(주.높.)+-리-(추측법)+-언마ᄅᆞᆫ(대.어.). 'ᄀᆞᅀᆞᆷ알다'가 타동사이기 때문에 '-언마ᄅᆞᆫ'이 연결되었다. 비타동사에는 '-건마ᄅᆞᆫ'.

왕)ㅅ 兵馬(병마) 十八億萬을 降服(항복)히 6:18a 오샤212) 光明이 世界ᄅᆞᆯ ᄉᆞᄆᆞᆺ213) 비취샤 三世옛214) 이ᄅᆞᆯ 아ᄅᆞ실ᄊᆡ 부톄시다 ᄒᆞᄂᆞᅌᅵ다215). 須達이 ᄯᅩ 무로ᄃᆡ 엇뎨 쥬이라 ᄒᆞᄂᆞ닛가 對答호ᄃᆡ 부톄 成道(성도)ᄒᆞ야시ᄂᆞᆯ216) 梵天(범천)이 轉法ᄒᆞ쇼셔 請ᄒᆞᅀᆞᄫᆞᆫᄂᆞᆯ【轉法(전법)은 法을 그우릴ᄊᆡ니217) 부톄 說法ᄒᆞ샤 世間애 法이 펴디여 갈ᄊᆡ 그우리다 ᄒᆞᄂᆞ니 說法호ᄆᆞᆯ 轉法이라 ᄒᆞᄂᆞ니라218)】 波羅6:18b㮈國(파라내국) 鹿野苑(녹야원)에 가샤 憍陳如(교진여)219) ᄃᆞᆯ 다ᄉᆞᆺ 사ᄅᆞᄆᆞᆯ 濟渡(제도)ᄒᆞ시며 버거220) 鬱卑(울비) 迦葉 三兄弟의 물221) 一千 사ᄅᆞᄆᆞᆯ 濟渡ᄒᆞ시며 버거 舍利弗 目犍連(목건련)의 물 五百ᄋᆞᆯ 濟渡ᄒᆞ시니 이 사ᄅᆞᆷᄃᆞᆯ히 다 神足(신족)이 自在(자재)ᄒᆞ야 衆生ᄋᆡ 福田이 6:19a ᄃᆞ욀ᄊᆡ 쥬이라 ᄒᆞᄂᆞᅌᅵ다【福田(복전)은 福 바티니 衆生ᄋᆡ 福이 쥬의그에셔 남과 나디222) 바ᄐᆡ셔 남과 가ᄐᆞᆯᄊᆡ 福 바티라 ᄒᆞ니라】 須達이 이 말 듣고 부텻긔 發心ᄋᆞᆯ 니ᄅᆞ와다223) 언제 새어든224) 부텨를 가 보ᅀᆞᄫᆞ려뇨 ᄒᆞ더니

---

210) 슬히: 싫게 ☞ 슬ᄒᆞ-+-이(부.접)

211) 일우샤: 이루어 ☞ 일우-[← 일-[成]+-우-(사.접.)]+-샤-(주.높.)+-어(종.어.)

212) 降服히오샤: 항복하게 하셔, 항복시키셔 ☞ 降服히오-[← 降服ᄒᆞ-+-이-(사.접)+-오-(사.접.)]+-샤-(주.높.)+-아(종.어.)

213) 사ᄆᆞᆺ: 꿰뚫어, 통하여. '사ᄆᆞᆺ'은 동사 어근이 그대로 부사로 파생된 것이다. '마초, 모도, ᄀᆞ초…'도 같은 방식의 파생이다. 형용사의 어근 또는 어간이 그대로 부사로 파생된 것에는 '바ᄅᆞ, ᄇᆡ브르, 하…' 등이 있다.

214) 三世옛: 삼세(전세, 현세, 내세)에의 ☞ 三世+예(부.조.)+ㅅ(관.조.). 부사격 조사에는 '애, 에, 예; ᄋᆡ/의'가 있었는데 체언의 모음이 양성이면 '애', 음성이면, '에', '이/y'이면 '예'가 연결되었다. 'ᄋᆡ/의'가 연결되는 체언은 100여 개로 정해져 있었다.

215) ᄒᆞᄂᆞᅌᅵ다: 하오 ☞ ᄒᆞ-+-ᄂᆞ-(직설법)+-니-(원칙법)+-ㆁ-(상대 높임 ᄒᆞ야쎠체 평서문표지)+-다

216) 成道ᄒᆞ야시ᄂᆞᆯ: 성도하셨거늘 ☞ 成道ᄒᆞ-+-시-(주.높.)+-야ᄂᆞᆯ(종.어.). (1) '-시-'가 '-야ᄂᆞᆯ' 사이에 끼어들었다. 18세기 말엽에 선어말 어미의 순서가 조정되어 '-시-'가 선어말 어미 중 맨 앞에 위치하게 되어 현대 국어에서는 '-시-'가 다른 형태소 사이에 끼어드는 일이 없다. (2) '-야ᄂᆞᆯ'은 '-거ᄂᆞᆯ'의 교체형이다. '-거X' 계열의 형태소는 타동사('ᄒᆞ-' 제외)에 연결될 때는 '-어X'로 비타동사에 연결될 때는 '-거X'로, 'ᄒᆞ-'에 연결될 때는 '-야X'로 교체한다.

217) 그우릴ᄊᆡ니: 굴리는 것이니 ☞ 그우리-[← 그울-[轉]+-이-(사.접.)]+-ㄹ(관.전.)#ᄊᆞ(← ᄉᆞ. 의.명.)+ㅣ-(서.조.)+-니(종.어.). 의존 명사 'ᄉᆞ'는 서술격 조사와 결합하면 'ㅅ/ㅆ'로 교체한다.

218) 轉法은~轉法이라 ᄒᆞᄂᆞ니라: 피정의항[주제어]인 '轉法'의 설명이 길어지자 서술어에서 다시 피정의항[주제어]인 '轉法'이 반복되고 있다. 이런 현상은 중세 국어의 한 특징이다.

219) 憍陳如: 석존이 출가한 뒤 정반왕이 밀파(密派)한 사람. 석존이 성도(成道)하신 후 먼저 불제자가 되어 오비구(五比丘)의 우두머리가 되었다.

220) 버거: 다음으로

221) 물: 무리[衆]

222) 나디: 낟알이 ☞ 낟+이(주.조).

223) 니ᄅᆞ와다: 일으키어 ☞ 니ᄅᆞ왇-+-아(종.어). / 起ᄂᆞᆫ 니ᄅᆞ와ᄃᆞᆯ씨오 〈월석 2:14〉

精誠(정셩)이 고ᄌᆨᄒᆞ니[225] 밤 누니 번ᄒᆞ거늘[226] 길ᄒᆞᆯ ᄎᆞ자 부텻긔로 가ᄂᆞᆫ 저긔 城門(셩문)애 내ᄃᆞ라 하ᄂᆞᆯ 祭(제)ᄒᆞ던 ᄯᅡᄒᆞᆯ 보고 절ᄒᆞ다가 [6:19b]忽然(홀연)히 부텨 向(향)ᄒᆞᆫ ᄆᆞᅀᆞ믈 니즈니 누니 도로 어듭거늘 제 너교ᄃᆡ 바ᄆᆡ 가다가 귓것과 모딘 즁ᄉᆡᇰ이 므싀엽도소니[227] 므스므라 바ᄆᆡ 나오나뇨 ᄒᆞ야 뉘으처 도로 오려 ᄒᆞ더니 아래 제 버디 주거 하ᄂᆞᆯ해 갯다가[228] ᄂᆞ려와 須達일ᄃᆞ려[229] 닐오ᄃᆡ 須達이 뉘읏디[230] 말라 내 아랫 네 버디라니[231] 부텻 法 듣ᄌᆞᄫᆞᆫ [6:20a]德(덕)으로 하ᄂᆞᆯ해 나아 門神(문신)이 ᄃᆞ외야 잇노니 【門神ᄋᆞᆫ 門ㅅ 神靈(신령)이라】 네 부텨를 가 보ᅀᆞᄫᆞ면 됴ᄒᆞᆫ 이리 그지 업스리라. 四天下애 ᄀᆞᄃᆞᆨᄒᆞᆫ 보ᄇᆡᄅᆞᆯ 어더도 부텨 向ᄒᆞᅀᆞ바 ᄒᆞᆫ 거름 나소 거룸만[232] 몯ᄒᆞ니라 須達이 그 말 듣고 더욱 깃거 다시 ᄭᆡᄃᆞ라 世尊(세존)ᄋᆞᆯ 念(염)ᄒᆞᅀᆞᄫᆞ니 누니 도로 ᄇᆞᆰ거늘 길ᄒᆞᆯ ᄎᆞ[6:20b]자 世尊ᄭᅴ 가니라. 世尊이 須達이 올 ᄯᆞᆯ[233] 아ᄅᆞ시고 밧긔[234] 나아 걷니더시니 須達이 ᄇᆞ라ᅀᆞᆸ고 몯내 과ᄒᆞᅀᆞ바[235] 호ᄃᆡ 부텨 뵈ᅀᆞᆸᄂᆞᆫ 禮數(예수)를 몰라 바ᄅᆞ[236] 드러 묻ᄌᆞᄫᆞᄃᆡ 瞿曇(구담) 安否ㅣ 便安ᄒᆞ시니잇가 ᄒᆞ더니 世尊이 방셕 주어 안치시니라 그ᄢᅴ 首陀會天(수타회천)이 【首陀會…

---

224) 새어든: (날이) 새거든: ☞ 새-+-어든(← -거든). 'y' 뒤에서 'ㄱ'이 약화되었다.

225) 고ᄌᆨᄒᆞ니: 극진하니.

226) 번ᄒᆞ거늘: 뻔하거늘. 훤하거늘 / 눈이 번ᄒᆞ다(眼亮子) 〈한 179 ㄷ〉

227) 므싀엽도소니: 무서우니 ☞ 므싀엽-(← 므싀업-)+-돗-(감동법)+-ᄋᆞ니. (1) 'y' 뒤에서 '업 → 엽'의 변동이 있다. (2) '므믜엽돗ᄋᆞ니 → 므싀엽도ᄉᆞ니 → 므싀엽도소니'에서 'ᄉᆞ → 소'는 'ᄉᆞ'의 'ㆍ'가 '도'의 '오'에 순행 동화한 것이다.

228) 갯다가: 가 있다가 ☞ 가-+-아(보.어.)#잇-(보.용.)+-다가(종.어.). '-아/어 잇-'이 줄어들어 근대 국어에서 과거 시제선어말 어미 '-앗-/-엇-'이 형성되었다.

229) 須達일ᄃᆞ려: 수달에게 ☞ 須達+-이(인.접.)+ㄹ(목.조.)+ᄃᆞ려(부.조.). 'ᄃᆞ려'는 동사 'ᄃᆞ리-'에 접사화한 어미 '-어'가 붙어 조사로 파생된 단어이다. 그러나 중세 국어에서 이 단어는 완전히 조사화하지는 못해서 앞에 목적격 조사 'ㄹ'을 동반하고 있다.

230) 뉘읏디 말라: 뉘우치지 마라 ☞ 뉘읏-(← 뉘읓-)+-디(보.어.) 말-+-라. (1) '뉘읓- → 뉘읏-'은 8종성에 의한 표기다. (2) '말다' 부정문으로 명령문과 청유문에 쓰인다. 현대 국어에서는 '마라'로 'ㄹ'이 탈락한다.

231) 내~버디라니: 내가 옛적의 네 벗이었으니 ☞ 버디라니: 벋[友]+이-(서.조.)+-라[← -다 (← -더-+-오-)]+-니(종.어.). 회상법의 '-더-'와 인칭 활용의 '-오-'가 결합하여 '-다-'로 바뀌고, 다시 서술격 조사 뒤에서 '-다-'가 '-라-'로 바뀐 것이다.

232) ᄒᆞᆫ 거름 나소 거룸만: 한 걸음 나아가 걸음만 ☞ (1) 걷-+-음(명.접) → 거름(명), 걷-+ -움(명.전.) → 거룸(동). 명사파생 접미사와 명사형 전성 어미의 형태가 달랐다. 그러나 현대 국어에서는 두 형태가 같다. (2) 나소: 낫-+-오(부.접.) '나아가다'라는 뜻의 '낫-'에 부사파생 접미사 '-오'가 붙어 파생된 부사이다.

233) ᄯᆞᆯ: 줄 ☞ ᄯᆞ(← ᄃᆞ. 의.명)+ᄋᆞᆯ(목.조.). 'ᄃᆞ'가 'ᄋᆞᆯ'과 연결되면서 'ㄸ'로 바뀌었다.

234) 밧긔: 밖에 ☞ 밗[外]+의(부.조.). 'ᄋᆡ/의'가 무정 명사에 연결되면 특이 처격의 부사격 조사이다.

235) 과ᄒᆞᅀᆞ바: 칭송하여, 칭찬하여, 부러워하여 ☞ 과ᄒᆞ-+-ᅀᆞᆸ-+-아 / 義士ᄅᆞᆯ 올타 과ᄒᆞ샤(深奬義士) 〈용 106〉

236) 바ᄅᆞ: 바로 ☞ 형용사 '바ᄅᆞ-[直]'에서 어근이 그대로 부사로 파생되었다. 주 213) 참조.

2) 飜譯老乞大

조선 중종 때 최세진(崔世珍)이 전래의 한문본 『노걸대』의 원문에 중국어의 음을 한글로 달고 언해한 중국어 학습서로 『사성통해(四聲通解)』(중종 12)보다 앞서 된 것으로 추정된다. 상하 2권 2책.

원간본은 전하지 않으나, 현재 전하는 책이 을해자본의 복각으로 보이고, 동시에 간행된 것으로 추정되는 『번역박통사(飜譯朴通事)』가 을해자본이므로 이 책도 원래 을해자로 간행되었을 것으로 생각된다. 현재 전하는 중간본은 서문, 발문, 간기가 없으나, 최세진의 『사성통해 서(序)』에 『노걸대』와 『박통사』를 언해하였다는 기록이 있고, 또 『사성통해』(1517)에 「번역노걸대박통사범례(飜譯老乞大朴通事凡例)」가 실려 있으므로 그보다 앞섰음을 알 수 있다.

서명이 책에는 '노걸대'라고만 되어 있으나, 원본인 『노걸대』와 1670년(현종 11)의 『노걸대언해』와 구별하여 『번역노걸대』라고 부르고 있다. 책 이름인 '노걸대'의 의미에 대해서는 여러 가지 견해가 있으나 '노숙(老宿)한 중국인' 정도의 의미로 이해할 수 있다 이 책의 원간본은 전하지 않고 16세기 중엽의 복각본만이 전하는데, 오각(誤刻)이 많다. 본문의 내용은 고려 상인이 북경에 가서 말을 팔고 난 뒤에 다시 물건을 사서 고려로 돌아오는 동안에 일어나는 일이 대화 형식으로 되어 있으므로 당시의 구어체를 보여주는 특이한 자료이다.

후대의 『노걸대언해』와의 비교에 의하여 국어의 변천을 연구하는 데 이용될 수 있다. 또한, 원문의 한자에 단 한글 독음은 중국어의 음운사 연구 자료도 된다.

—『한국민족문화대백과사전』

여기서 강독하는 판본은 복각본으로 아세아문화사 영인본이다. 강독의 편의를 위해 한자의 독음을 소괄호 속에 제시하였다.

飜譯老乞大(上)

上:1a큰 형님 네 어드러로셔브터 온다[1] 내 高麗(고려) 王京(왕경)으로셔브터 오라[2] 이제

---

1) 큰 형님 네 어드러로셔브터 온다: 큰 형님 네가 어디에서 왔느냐? ☞ 어드러(何處)+로셔(부.조.)+브터(보조사) (1) 2인칭 의문문으로 시제는 과거이다. 동사는 부정법에 의해 과거 시제가 표현되었다. 현재 시제이면 '오ᄂᆞᆫ다(오+ᄂᆞ+ㄴ다)'로 나타났을 것이다. (2) 중세 국어 의문문의 대강을 보이면 다음과 같다.

① ᄒᆞ라체 의문문:

가. 체언 의문문: 의문 보조사 '-가/-고'(체언 의문문)

(예) ㄱ. 이 ᄯᆞ리 너희 죵가 〈월석 8:94〉 ㄴ. 어느 님긊 宮殿고 〈두초 6:1〉

나. 1·3인칭 의문문: 의문형 종결 어미 '-녀/-여(판정 의문문), -뇨/-요(설명 의문문)'

(예) ㄱ. 이 大施主의 得ᄒᆞᆫ 功德이 하녀 져그녀 〈월석 17:48〉

ㄴ. ᄒᆞ마 주글 내어니 子孫ᄋᆞᆯ 議論ᄒᆞ리여 〈월석 1:7〉

ㄷ. 구라제 이제 어듸 잇ᄂᆞ뇨 〈월석 9:36〉

ㄹ. 엇뎨 겨르리 업스리오 〈월석 서:17〉

다. 2인칭 의문문: '-ㄴ다', '-ㄹ따/-ㅭ다'. 판정 의문문과 설명 의문문의 구분은 어미의 형태로 되지 않고 의문사의 여부에 의해 구분된다.

(예) ㄱ. 네 언제 王京의셔 ᄠᅥ난다 〈번역노걸대〉

ㄴ. 네 내 마ᄅᆞᆯ 다 드를따 〈석상 6:8〉

② ᄒᆞ쇼셔체 의문문: 의문보조사 '-가/-고'에 의하여 '판정/설명'의문문이 구별된다. 인칭에 따른 의문문의 구분은 없었다.

(예) ㄱ. 사로미 이러커늘ᅀᅡ 아ᄃᆞᆯᄋᆞᆯ 여희리잇가 〈월인143〉

ㄴ. 몃 間ㄷ 지븨 사ᄅᆞ시리잇고 〈용가 110장〉

③ 간접 의문문: 물음의 상대가 없이 하는 의문문(독백, 혼잣말): -ㄴ가/-ㄹ까, -ㄴ고/-ㄹ꼬

(예) ㄱ. 어더 보ᅀᆞᄫᆞᆯ까 〈석상 24:43〉

ㄴ. 뎨 엇던 功德을 뒷더신고 〈석상 2437〉

2) 내 高麗 王京으로셔브터 오라: 나는 고려 수도에서 왔다 ☞ 오-[來]+-오-(인칭 활용)+-라(← -다). (1) 주어가 1인칭이므로 '-오-'가 삽입되었다. 인칭 활용의 '-오-'가 삽입되지 않았다면, 종결형어미 '-다'가 '-라'로 교체하지 않았을 것이다.

(2) 시제는 과거이다. 현재 시제이면 '오노라(오-+-ᄂᆞ-+-오-+-라)'가 되었을 것이다. 중세 국어 시간표현의 대강을 보이면 다음과 같다.

① 현재 시제: 동사+-ᄂᆞ-(직설법), 형용사/서술격 조사+∅(부정법)

(예) ㄱ. 내 이제 ᄯᅩ 묻ᄂᆞ다/ 소리ᄲᅮᆫ 듣노라

ㄴ. 네 겨지비 고ᄫᆞ니여/ 진실로 우리 죵이니이다

② 과거 시제: 동사+∅(부정법), 동사+-더-(회상법), 동사+-거/어-(확인법), 동사+-돗/옷-(감동법)

(예) ㄱ. 엇던 行業을 지ᅀᅥ 惡道애 ᄠᅥ러딘다/ 네 아비 ᄒᆞ마 주그니라(ᄠᅥ러디∅ㄴ다, 죽∅으니라)

ㄴ. 그딋 ᄯᆞᄅᆞᆯ 맛고져 ᄒᆞ더이다/ 내 롱담 ᄒᆞ다라 (ᄒᆞ+더+오)

ㄷ. 王ㅅ 中엣 尊ᄒᆞ신 王이 업스시니 나라히 威神을 일허다 (잃+어+다)

ㄹ. 그듸 가 들 ᄶᅵ비 블셔 이도다/ 三災八難이 一時 消滅ᄒᆞ샷다 (소멸ᄒᆞ샤+옷+다)

③ 미래 시제: 동사+-리-(추측법). 관형사형 전성 어미에서는 '-ㄹ'로 나타난다.

(예) ㄱ. 내 願을 아니 從 ᄒᆞ면 고ᄌᆞᆯ 몯 어드리라

ㄴ. ᄒᆞ마 命終ᄒᆞᇙ 사ᄅᆞᄆᆞᆯ 善惡 묻디 말오

어드러 가ᄂᆞᆫ다 내 北京(북경) 항ᄒᆞ야 가노라 네 언제 王京의셔 ᄠᅥ난다 내 이 ᄃᆞᆯ 초ᄒᆞᄅᆞᆺ 날 王京의셔 ᄠᅥ나라[3] 이믜 이 ᄃᆞᆯ 초ᄒᆞᄅᆞᆺ 날 王京의셔 [上:1b]ᄠᅥ나거니[4] 이제 반 ᄃᆞ리로ᄃᆡ[5] 엇디 앗가ᅀᅡ 예 오뇨[6] 내 ᄒᆞᆫ 버디 ᄠᅥ디여 올ᄉᆡ 내 길조차 날회여[7] 녀 기들워[8] 오노라 ᄒᆞ니 이런 젼ᄎᆞ로 오미 더듸요라 그 버디 이제 미처 올가 몯 올가[9] 이 버디 곧 ᄀᆡ니 [上:2a]어재 ᄀᆞᆺ 오다 네 이 ᄃᆞᆯ 그믐ᄭᅴ 北京의 갈가 가디 몯ᄒᆞᆯ가 모로리로다[10] 그 마ᄅᆞᆯ 엇디 니ᄅᆞ리오 하ᄂᆞᆯ히 어엿비 너기샤 모미 편안ᄒᆞ면 가리라 너ᄂᆞᆫ 高麗ㅅ 사ᄅᆞ미어시니[11] ᄯᅩ 엇디 漢語(한어) 닐오미 잘ᄒᆞᄂᆞ뇨[12] 내 漢兒人(한아인)의손ᄃᆡ[13] 글 ᄇᆡ호니 [上:2b]이런 젼ᄎᆞ로 져그나 漢語 아노라 네 뉘손ᄃᆡ[14] 글 ᄇᆡ혼다 내 되 ᄒᆞᆨ당의셔 글 ᄇᆡ호라[15] 네 ᄆᆞᄉᆞᆷ 그를 ᄇᆡ혼다 論語 孟子 小學을 닐고라 네 ᄆᆡ실 ᄆᆞᄉᆞᆷ 이력ᄒᆞᄂᆞᆫ다[16] ᄆᆡ실 이른 새배[17]

---

3) 내 ~ ·ᄠᅥ:나·라: 나는 이 달 초하룻날 왕경에서 떠났다 ☞ ·ᄠᅥ나-+-·오-(인칭 활용)+-라(← -다) (1) 인칭 활용의 '-오-'가 삽입되었기 때문에 종결 어미 '-다'가 '-라'로 교체하였다. (2) '-오-'는 '아/어'와 결합하면 탈락하여 표면에 드러나지는 않으나 성조에는 변화가 있었다. '·ᄠᅥ나-'에서 '나'의 성조가 평성에서 상성으로 바뀌었다.

4) ·ᄠᅥ·나거·니: 떠났으니 ☞ ·ᄠᅥ나-+-거-(확인법)+-니. (1) 확인법 선어말 어미와 연결되면서 평성이었던 '나'의 성조가 거성으로 바뀌었다. (비교. ·ᄠᅥ난·다) (2) 확인법 선어말 어미가 동사와 통합되면 과거 시제를 나타낸다.

5) ᄃᆞ리로ᄃᆡ ☞ ᄃᆞᆯ[月]+이-(서.조.)+-로ᄃᆡ(← -오ᄃᆡ). 서술격 조사 뒤에서 어미 '오'는 '로'로 바뀐다.

6) 엇디 앗가ᅀᅡ 예 오뇨: 어찌 아까 전에야 여기에 왔느냐? ☞ 주어가 2인칭이므로 '온다'가 기대되는 곳이나 1·3인칭 의문형 어미 '-뇨'가 쓰였다. 2인칭 의문문(설명 의문문)이 1·3인칭 의문문과 통합되는 과정을 보이는 것으로 이해된다.

7) 날회여: 천천히 ☞ '날회-[徐]+-어(부.접.). 접사화한 어미 '-어'가 붙어 파생된 부사이다.

8) 기들워: 기다려서 ☞ 기들우-+-어

9) 올가 몯 올가: 올까 못 올까 ☞ 간접의문문이다. '-ㄴ가/-ᇙ가~-ㄹ까'는 간접 의문형 어미이다.

10) 모로리로다: 모르겠구나 ☞ 모로-(← 모ᄅᆞ)+-리-(추측법)+-로-(← -도-, 감동법)+-다

11) 사ᄅᆞ미어시니: 사람이거니. 사람인데 ☞ 사ᄅᆞᆷ+이-(서.조.)+-어-(← -거-, 확인법)#시-(← 이시-)+-니

12) 엇디 漢語 닐오미 잘ᄒᆞᄂᆞ뇨: 어찌 중국어 말하기를 잘 하느냐? ☞ (1) 2인칭 의문형 어미 '-ㄴ다(ᄒᆞᄂᆞᆫ다)'가 기대되지만 '-뇨(ᄒᆞᄂᆞ뇨)'가 쓰였다. 2인칭 설명 의문문에서 2인칭 의문문이 혼란을 일으켰다. (2) 'ᄒᆞᄂᆞ뇨'가 타동사이므로 '닐오미'보다는 '닐오ᄆᆞᆯ'이라야 한다. 노걸대언해에서는 '니ᄅᆞᆷ을'로 나온다.

13) 漢兒人의손ᄃᆡ: 중국사람에게 ☞ 漢兒人+의(관.조.)#손ᄃᆡ(의.명.). '의손ᄃᆡ'는 부사격 조사 '에게'로 대치되었다.

14) :뉘손ᄃᆡ: 누구에게 ☞ 누(대)+의(관.조.)#손대(의.명.). '뉘'가 관형격이어서 성조가 상성으로 나타난다.

15) 내 되 ᄒᆞᆨ당의셔 글 ᄇᆡ호라: 내가 중국 학당에서 글 배웠다 ☞ ᄇᆡ호라: ᄇᆡ호-+-오-(인칭 활용)+-라(← -다. 평.어.)

16) ᄆᆞᄉᆞᆷ 이력ᄒᆞᄂᆞᆫ다: 무슨 공부를 하느냐? ☞ 이력ᄒᆞ-+-ᄂᆞ-(직설법)+-ㄴ다(2인칭 의.어.)

17) 새배: 새벽에 ☞ 시간, 장소를 뜻하는 명사 가운데 말음이 'y'인 단어는 부사격 조사 '예'가 연결되지 않고도 그 자체로 부사어로 쓰이기도 하였다.

니러 ᄒᆞᆨ당의 가 上:3a스승님ᄭᅴ 글 듣ᄌᆞᆸ고 ᄒᆞᆨ당의 노하든[18] 지븨 와 밥머기 ᄆᆞᆺ고[19] ᄯᅩ ᄒᆞᆨ당의 가 셔품[20] 쓰기 ᄒᆞ고 셔품 쓰기 ᄆᆞᆺ고 년구ᄒᆞ기[21] ᄒᆞ고 년구ᄒᆞ기 ᄆᆞᆺ고 글이피 ᄒᆞ고 글입피[22] ᄆᆞᆺ고 스승님 앏픠[23] 글 강ᄒᆞ노라 므슴 그를 강ᄒᆞᄂᆞ뇨 小學 論語 孟子를 강ᄒᆞ노라 上:3b글 사김ᄒᆞ기[24] ᄆᆞᆺ고 ᄯᅩ 므슴 공부ᄒᆞᄂᆞ뇨 나죄 다듣거든[25] 스승님 앏픠셔 사ᄉᆞᆯ ᄲᅢ혀[26] 글 외오기 ᄒᆞ야 외오니란[27] 스승님이 免帖(면첩) ᄒᆞ나ᄒᆞᆯ 주시고 ᄒᆞ다가 외오디 몯ᄒᆞ야든 딕ᄉᆡᆯ 션븨 ᄒᆞ야 어피고[28] 세 번 티ᄂᆞ니라 엇디ᄒᆞᆯ 시[29] 사ᄉᆞᆯ ᄲᅢ혀 글 외오기며 엇디 ᄒᆞᆯ 시 免帖인고[30] 上:4aᄆᆡ[31] ᄒᆞᆫ 대ᄧᅩᆨ애 ᄒᆞᆫ 션븨 일훔 쓰고 모든 션븨 일후믈 다 이리 써 ᄒᆞᆫ 사ᄉᆞᆯ 통애 다마 딕ᄉᆡᆯ 션븨 ᄒᆞ야 사ᄉᆞᆯ 통 가져다가 흔드러 그 듕에 ᄒᆞ나 ᄲᅢ혀 ᄲᅢ혀니 뉜고 ᄒᆞ야[32] 믄득 그 사ᄅᆞᆷ ᄒᆞ야 글 외오요ᄃᆡ[33] 上:4b외와든[34] 스승이 免帖 ᄒᆞ나ᄒᆞᆯ 주ᄂᆞ니 그 免帖 우희 세 번 마조ᄆᆞᆯ 면ᄒᆞ라 ᄒᆞ야 쓰고 스승이 우희 쳐 두ᄂᆞ니라[35]

---

18) ᄒᆞᆨ당의 노하든: 학당에서 놓으면, 학당에서 끝나면 ☞ 노하든: 놓-+-아든(종.어.). '의'는 부사격 조사[특이 처격]이다.

19) ᄆᆞᆺ고: 마치고 ☞ ᄆᆞᆺ-(← ᄆᆞᆾ-)+-고. 8종성법에 의한 표기이다.

20) 셔품(書品): 글자본, 習字

21) 년구ᄒᆞ기: 연구(聯句)하기, 한시 배우기. 년구(聯句)는 한시의 대구(對句)

22) 글이피/글입피: 글읊기 ☞ 글이피: 글#잎-[吟]+-이(명.접.)/글입피: 글#입ㅍ+-이(명.접.). '글이피'의 중철표기. 여기서 '이'는 기능상 명사형 전성 어미임.

23) 앏픠: 앞에서 ☞ 앏ㅍ(← 앒)+의. 모음 조화가 지켜지고 연철표기되었다면, '알ᄑᆡ'로 표기되었을 것이다. '앏픠'는 '알픠'의 중철표기다.

24) 사김ᄒᆞ기: 글 해석하기 ☞ 사김ᄒᆞ[← 사기-[釋]+-ㅁ(명.접.)+-ᄒᆞ-(동.접.)]+-기(명.전.)

25) 나죄 다듣거든: 저녁에 다다르거든 ☞ 다듣-[到](← 다ᄃᆞᆮ-)+-거든. '나죄'와 '나조ㅎ'의 뜻은 '저녁[夕]'이다. '나죄'는 'ㅎ'종성체언이 아닌데, '나조ㅎ'은 'ㅎ'종성체언이라는 점이 다르다.

26) ᄲᅢ혀: 빼어 ☞ ᄲᅢ혀-+-어(종.어.)

27) 외오니란: 외운 사람은, 외운 사람에게는 ☞ 외오-+-ㄴ(관.전.)#이(의.명.)+란(지적의 보조사)

28) 딕ᄉᆡᆯ 선븨 ᄒᆞ야 어피고: 당직 학생을 시켜 업드리게 하고 ☞ 어피-[← 엎-+-이-(사.접.)]. 'ᄒᆞ야'는 'ᄒᆞ-'의 사동형 'ᄒᆡ-'의 활용형(ᄒᆡ-+-어)으로 'ᄒᆡ여'와 같다.

29) 엇디ᄒᆞᆯ 시: 어찌(어떻게) 하는 것이 ☞ 엇디ᄒᆞ-+-ㄹ(관.전.)#ㅅ(← ᄉᆞ. 의.명.)+이(주.조.)

30) 免帖인고: 면첩인가? ☞ 免帖+이-(서.조.)+-ㄴ고(간접 의.어.). 체언 의문문이라면 '免帖고'일 것이나 어미에 의한 의문문이 쓰이고 있다. 중세 국어의 체언 의문문은 근대 국어에서 어미에 의한 의문문으로 점차 바뀐다. 현대 국어에서는 체언 의문문이 일부 방언을 제외하고는 없다.

31) ᄆᆡ ☞ 매(每)

32) ᄲᅢ혀니 뉜고 ᄒᆞ야: 뽑힌 사람이 누구인가? 하여 ☞ ᄲᅢ혀-+-ㄴ(관.전.)#이(의.명.)+∅(주.조.). 누(대명사)+이-(서.조.)+-ㄴ고(간접 의.어.). 여기서는 'ᄲᅢ혀-'가 피동사로 쓰였다.

33) 외오요ᄃᆡ: 외우게 하되. 외오이-[← 외오-+-이-(사.접.)]+-오ᄃᆡ(종.어.)

34) 외와든: 외우거든, 외우면 ☞ 외오-+-아든

ᄒᆞ다가 다시 사ᄉᆞᆯ ᄢᅢ혀 외오디 몯ᄒᆞ야도 免帖 내여 히야ᄇᆞ리고[36] 아ᄅᆡ 외와 免帖 타 잇던 공오로[37] 이 번 몯 외온 죄를 마초와[38] 티기를 면ᄒᆞ거니와 ᄒᆞ다가 免帖 곳 업스면 上:5a일뎡[39] 세 번 마조믈 니브리라 너ᄂᆞᆫ 高麗(고려)ㅅ 사ᄅᆞᆷ미어시니 漢人(한인)의 글 ᄇᆡ화 므슴ᄒᆞᆯ다[40] 네 닐옴도[41] 올타커니와 각각 사ᄅᆞ미 다 읏듬으로 보미 잇ᄂᆞ니라 네 므슴 읏듬 보미 잇ᄂᆞ뇨[42] 네 니ᄅᆞ라 내 드로마[43] 이제 됴뎡이 텬하를 一統(일통)ᄒᆞ야 겨시니 上:5b셰간애 ᄡᅳ노니[44] 漢人의 마리니 우리 이 高麗ㅅ 말소믄[45] 다믄 高麗ㅅ ᄯᅡ해만 ᄡᅳᄂᆞᆫ 거시오 義州(의주) 디나 中朝 ᄯᅡ해 오면 다 漢語 ᄒᆞᄂᆞ니 아뫼나 ᄒᆞᆫ 마를 무러든 ᄯᅩ ᄃᆡ답디 몯ᄒᆞ면 다ᄅᆞᆫ 사ᄅᆞ미 우리를다가[46] 므슴 사ᄅᆞᄆᆞᆯ 사마 보리오 上:6a네 이리 漢人손듸[47] 글 ᄇᆡ호거니 이 네 ᄆᆞᅀᆞ모로 ᄇᆡ호ᄂᆞᆫ다 네 어버ᅀᅵ 너를 ᄒᆞ야 ᄇᆡ호라 ᄒᆞ시ᄂᆞ녀 올ᄒᆞ니[48] 우리 어버ᅀᅵ 나를 ᄒᆞ야 ᄇᆡ호라 ᄒᆞ시ᄂᆞ다 네 ᄇᆡ환 디[49] 언머 오라뇨 내 ᄇᆡ환디 반 ᄒᆡ

---

35) 쳐 두ᄂᆞ니라: (수결을) 쳐 둔다 ☞ '수결(手決)'은 오늘날의 '사인(sign)'과 같다.

36) 히야ᄇᆞ리고: 찢어 버리고 ☞ 히야ᄇᆞ리[毁)-+-고

37) 공오로: 공으로 ☞ 공+오로(← ᄋᆞ로). '-오로'는 'ᄋᆞ'가 후행하는 '로'에 동화된(역행적원순 모음화) 것이다.

38) 마초와: 맞추어 ☞ 마초-+-아. '오' 뒤에서 'w'가 첨가되었다.

39) 일뎡: 반드시, 一定

40) 너ᄂᆞᆫ 高麗ㅅ 사ᄅᆞᆷ미어시니 漢人의 글 ᄇᆡ화 므슴ᄒᆞᆯ다: 너는 고려 사람인데 중국 글 배워 무엇 하려느냐? ☞ (1) '-ㄹ다(므슴ᄒᆞ-+-ㄹ다)'는 2인칭 의문형 어미. (2) '사ᄅᆞᆷ미'는 '사ᄅᆞ미'의 중철표기.

41) 네 닐옴도: 네가 말한 것도, 너의 말도 ☞ '네'는 '너'의 관형격으로 명사절의 의미상의 주어가 관형격의 형태를 취한 것이다. 중세 국어에서는 관형사절과 명사절의 의미상의 주어가 관형격의 형태를 취하는 것이 일반적이었다.

42) 네 므슴 읏듬 보미 잇ᄂᆞ뇨: 네가 무슨 으뜸으로 보는 것이 있느냐? ☞ 2인칭 의문문이지만 1.3인칭 의문형 어미 '-뇨'가 쓰였다. 주 12) 참조.

43) 드로마: 들으마 ☞ 들-[聞](← 듣-)+-오마(약속 평.어.). ㄷ-불규칙

44) ᄡᅳ노니: 쓰는 것이 ☞ ᄡᅳ-+-ᄂᆞ-+-오-(대상 활용)+-ㄴ(관.전.)#이(의.명.)+∅(주.조.). 의존명사 '이'가 선행하는 관형사절의 의미상 목적어가 되기 때문에 '-오-'가 삽입되었다.

45) 말소믄: 말은 ☞ 말솜[← 말+-솜(명.접)]. 훈민정음에서는 '말ᄊᆞᆷ'으로 나온다. 현대 국어에서 '말씀'은 상대의 말을 높일 때도 쓰이지만, 자신의 말을 낮출 때도 쓰인다.

46) 우리를다가: 우리를, 우리를 갖다가 ☞ 우리+를다가(보조사). '다가'는 '닥-[將]'에 접사화한 어미 '-아'가 붙어 파생된 보조사이다. 그러나 15세기 당시에는 완전히 조사화하지 않아 체언과 결합할 때는 목적격 조사 '을'을 동반한다. '를다가' 전체를 보조사로 처리한다. 이런 유형의 조사에는 '브터, ᄃᆞ려' 등이 더 있다. 현대 국어의 '-어다가', '-에다가', '-한테다가', '-로다가'에 남아있다. 허웅(1989:117~118)에 따르면, 15세기에는 '-다가'가 체언에 바로 붙는 예가 보이지 않지만 16세기에는 그런 예가 나타난다고 한다. (예) ᄒᆞᆫ 솽 폴쇠다가 호리라 〈번박 상:20〉, 나그내 조차 가 더 번다가 주고 〈번노 상:43〉

47) 漢人손듸: 중국사람에게 ☞ '손듸(← 손ᄃᆡ)'는 관형격 조사 'ᄋᆡ/의' 뒤에 통합되어 쓰이는 의존명사이나 여기서는 명사에 바로 통합되었다.

48) 올ᄒᆞ니: 옳거니 ☞ 옳-+-(ᄋᆞ)니

남즉ᄒᆞ다 알리로소녀50) 아디 몯ᄒᆞ리로소녀 ᄆᆡ실 漢兒(한아) 션ᄇᆡᄃᆞᆯ콰 ᄒᆞ야 [上:6b]ᄒᆞᆫᄃᆡ셔 글 ᄇᆡ호니 이런 젼ᄎᆞ로 져기 아노라 네 스승이 엇던 사ᄅᆞᆷ고51) 이 漢人이라 나히 언메나 ᄒᆞ뇨 설흔 다ᄉᆞ시라 즐겨 ᄀᆞᆮᄂᆞ녀52) 즐겨 ᄀᆞᄅᆞ치디 아닛ᄂᆞ녀53) 우리 스승이 셩이 온화ᄒᆞ야 ᄀᆞ장 즐겨 ᄀᆞᄅᆞ치ᄂᆞ다 [上:7a]네 모든 션ᄇᆡ 듕에 언메나 漢兒人이며 언메나 高麗ㅅ 사ᄅᆞᆷ고 漢兒와 高麗 반이라 그 듕에 ᄀᆞᆯ외ᄂᆞ니 잇ᄂᆞ녀 ᄀᆞᆯ외ᄂᆞ니 잇닷54) 마리ᅀᅡ 니ᄅᆞ려 ᄆᆡ실 學長이 ᄀᆞᆯ외ᄂᆞᆫ 學生을다가55) 스승님ᄭᅴ ᄉᆞᆲ고 그리 텨도 다함56) 저티 아닌ᄂᆞ니라57) [上:7b]漢兒 아ᄒᆡᄃᆞᆯ히 ᄀᆞ장 ᄀᆞᆯ외거니와 高麗ㅅ 아ᄒᆡᄃᆞᆯᄒᆞᆫ 져기 어디니라 큰 형님 네 이제 어듸 가ᄂᆞᆫ다 나도 北京 향ᄒᆞ야 가노라 네 ᄒᆞ마58) 北京 향ᄒᆞ야 가거니 나ᄂᆞᆫ 高麗ㅅ 사ᄅᆞ미라59) 한 ᄶᅡ해 니기60) ᄃᆞᆫ니디 몯ᄒᆞ야 잇노니 네 모로매 나를 ᄃᆞ려61) 벋지ᅀᅥ 가[上:8a]고려62) 이러

---

49) ᄇᆡ환 디: 배운 지 ☞ ᄇᆡ호-+-아-(확인법)+-ㄴ(관.전.) 디(의.명.). '디'는 시간의 경과를 표시하는 의존명사로 현대 국어 '지'의 직접적 소급형이다.

50) 알리로소녀: 알겠느냐? ☞ 알-+-리-(추측법)+-롯-(← 돗. 감동법)+-(ᄋᆞ)녀(의.어.). 알리로ᄉᆞ녀 → 알리로소녀(순행적 원순 모음 동화)

51) 네 스승이 엇던 사ᄅᆞᆷ고: 네 스승이 어떤 사람이냐? ☞ '사ᄅᆞᆷ'에 의문보조사 '고'가 연결된 체언 의문문이다.

52) ᄀᆞᆮᄂᆞ녀: 가르치느냐? ☞ 'ᄀᆞᆮ-[曰, 稱, 指稱]'은 '말하다, 가르치다, 가리키다'의 뜻으로, 'ᄀᆞ로ᄃᆡ, ᄀᆞᆯ온, ᄀᆞᆮᄂᆞ-'의 활용형만 보이는 불완전동사이다. 여기 'ᄀᆞᆮᄂᆞ-'의 형태는 매우 드문 예이다.(안병희 외, 2002:266) 〈노걸대언해〉에서는 'ᄀᆞᄅᆞ치ᄂᆞ냐'로 되어 있다. 의문형 어미가 '-녀'에서 '-냐'로 바뀌었음을 볼 수 있다.

53) 아닛ᄂᆞ녀: 않느냐?, 아니 하느냐? ☞ '아니 ᄒᆞᄂᆞ녀'에서 'ᄒᆞ-'의 'ㆍ'가 탈락하고 'ㅎ'이 선행음절과 합쳐진 '*아닣ᄂᆞ녀'가 음절 끝소리 규칙에 의해 '아닏ᄂᆞ녀'로 되었다 다시 음절말에서 'ㄷ'과 'ㅅ'이 중화되어 '아닛ᄂᆞ녀'로 나타난 것이다. 여기에 비음 동화를 경험한 '아닌ᄂᆞ-'의 표기도 아래에 보인다. 주 57) 참조.

54) ᄀᆞᆯ외ᄂᆞ니 잇닷: 말썽피는 사람이 있다고 하는 ☞ ᄀᆞᆯ외-+-ᄂᆞ-(직설법)+-ㄴ(관.전.)#이(의.명.)+∅(주.조.) 잇-+-다+-ㅅ(관.조.). 'ㅅ'은 문장 뒤에 쓰여, 관형사형 전성 어미 또는 인용부사격 조사의 기능을 한다.
   (1) 간접 인용문의 관형어적 용법: 관형격 조사 'ㅅ'은 현대 국어의 '-고, -라고, -하고'의 관형사형 '-다는, -라는, -라 하는'에 해당하는 기능을 한다.
      (예) ㄱ. 술 닉닷 말 어제 듯고 〈송강가사 210〉 (-다+ㅅ)
      ㄴ. 廣熾(광치)ᄂᆞᆫ 너비 光明이 비취닷 ᄠᅳ디오 〈월석 2:9〉 (-다+ㅅ)
      ㄷ. 衆生濟度ᄒᆞ노랏 ᄆᆞᅀᆞ미 이시면 〈금강경삼가해〉 (-라+ㅅ)
   (2) 'ㅅ'이 관형격 조사의 자격을 상실하면서 중세 국어 말기부터 'ㄴ'으로 변화되어 '-단', '-란' 등이 생겨났다. (예) 學校ㅣ란 거ᄉᆞᆫ 〈변역소학〉

55) 學生을다가: 학생을 ☞ 학생+을다가(보조사). '다가'에 대해서는 주 46) 참조.

56) 다함: 그저, 여전히, 오히려, 또한. 다함~다하~다홈

57) 아닌ᄂᆞ니라: 아니 한다, 않는다 ☞ 주 53) 참조.

58) ᄒᆞ마: 이미 ☞ 미래[곧, 머지 않은 장래에]와 과거[이미]에 다 쓰였다. 여기서는 과거의 의미다.

59) 사ᄅᆞ미라: 사람이어서 ☞ 사ᄅᆞᆷ+이-(서.조.)+-라(← -어). 서술격 조사 뒤에서 어미 '-어/아'는 '-라'로 교체한다. 서술격 조사 뒤에서 어미들은 다음과 같이 교체한다. (예) 져비고(져비+이+고) → 져비오, 이더라 → 이러라, 아ᄃᆞ리옴(아ᄃᆞᆯ+이+옴) → 아ᄃᆞ리롬, 세히어(셓+이+어) → 세히라

면 우리 ᄒᆞᆷ콰[63] 가져 형님 네 셩은[64] 내 셩이 王개로라[65] 네 지비 어듸셔 사ᄂᆞᆫ다 내 遼陽(요양) 잣 안해셔 사노라 네 셔울 므슴 일 이셔 가ᄂᆞᆫ다 내 아니 여러 ᄆᆞᆯ[66] 가져 ᄑᆞᆯ라 가노라 그러면 ᄀᆞ장 됴토다 [上:8b]나도 이 여러 ᄆᆞᆯ ᄑᆞᆯ라 가며 이 ᄆᆞᆯ 우희 시론[67] 아니한 모시뵈도 이믜셔[68] ᄑᆞᆯ오져 ᄒᆞ야 가노라 네 ᄒᆞ마 ᄆᆞᆯ ᄑᆞᆯ라 가거니 우리 번지ᅀᅥ 가미 마치 됴토다 형님 일즉 아ᄂᆞ니 셔울 ᄆᆞᆯ 갑시 엇더ᄒᆞᆫ고 요ᄉᆞᅀᅵ예 사괴ᄂᆞᆫ 사ᄅᆞ미 와 닐오ᄃᆡ ᄆᆞᆯ 갑시 [上:9a]요ᄉᆞᅀᅵ 됴호모로[69] 이 ᄒᆞᆫ 등엣 ᄆᆞ른 열닷 량 우후로 ᄑᆞᆯ오 이 ᄒᆞᆫ 등엣 ᄆᆞ른 열 량 우후로 ᄑᆞᆯ리라 ᄒᆞ더라 일즉 아ᄂᆞ니 뵛 갑슨 ᄡᆞ던가 디던가[70] 뵛 갑슨 니건ᄒᆡᆺ[71] 갑과 ᄒᆞᆫ가지라 ᄒᆞ더라 셔울 머글 거슨 노던가 흔턴가[72] 내 뎌 사괴ᄂᆞᆫ 사ᄅᆞ미 일즉 닐오ᄃᆡ [上:9b]제[73] 올 저긔 여듧 푼 은에 ᄒᆞᆫ 말 경미오 닷 분에 ᄒᆞᆫ 말 조ᄡᆞ리오 ᄒᆞᆫ 돈 은에 열 근 ᄀᆞᆯ이오[74] 두 푼 은에 ᄒᆞᆫ 근 양육이라 ᄒᆞ더라 이러ᄐᆞᆺᄒᆞ면 내 니건ᄒᆡ 셔울 잇다니[75]

---

60) 니기: 익히, 익숙하게 ☞ 닉-[熟]+-이(부.접.)

61) ᄃᆞ려: 데리고 ☞ ᄃᆞ리-[率]+-어

62) 가고려: 가구려 ☞ 가-+-고려(명.어.). (1) '-고려'는 반말체의 청원의 명령형 종결 어미로 '우회적 지시 또는 허락'의 의미로 파악된다. (2) 이 어미는 15세기에는 주로 '-고라'로 나타나나, 16세기에는 주로 '-고려'로 나타난다.

63) ᄒᆞᆷ콰 가져: 함께 가자 ☞ (1) 'ᄒᆞᆷ콰'는 'ᄒᆞᆷᄭᅴ(< ᄒᆞᆫᄢᅴ)'의 오각(誤刻)으로 보인다. (2) 가져: 가-+-져(청.어.). '-져'는 'ᄒᆞ라'체의 청유형어미다. 'ᄒᆞ쇼셔'체는 '-사이다'이다.

64) 네 셩은: 너의 성씨는? ☞ '你貴姓'의 번역인데, 의문보조사나 의문형 어미가 없이 의문문으로 쓰였다. 현대 국어에서 서술어를 생략하고 체언에 조사를 연결하여 억양에 의해 의문문을 만드는 방식과 유사하다. (예) 학교는?↺ 어디를?↺

65) 王개로라: 왕가이다 ☞ 王+-가(哥)+이-(서.조.)+-로-(← 오. 인칭 활용)+-라(← -다)

66) 아니 여러 ᄆᆞᆯ: 몇 마리 말, 여럿이 아닌 말 ☞ 관형사 '여러' 앞에 부정의 부사 '아니'가 온 것은 중세 국어 부정표현의 한 특징이다.

67) 시론: 실은 ☞ 실-[載](← 싣-)+-오-(대상 활용)+-ㄴ(관.전.). '아니 한 모시뵈'가 관형사절의 의미상 목적어가 되기 때문에 '-오-'가 삽입되었다.

68) 이믜셔: 곧, 이미

69) 됴호모로: 좋으므로 ☞ 둏-+-옴(명.전.)+-오로(← ᄋᆞ로)

70) ᄡᆞ던가 디던가: 값있던가 값싸던가. (1) 'ᄡᆞ다'는 '값있다, 해당하다'의 뜻이고, '디다'는 '값싸다'의 뜻이다. (2) 간접 의문형 어미 '-ㄴ가'가 직접의문의 상황까지 확장되어 쓰였다. 17세기에 '-ㄴ가/-ㄴ고'가 'ᄒᆞ소체' 의문형 어미로 자리잡은 것을 고려하면, 여기서의 쓰임은 'ᄒᆞ소체' 의문형 어미로 발달하는 과정을 보인 것으로 이해할 수 있다.

71) 니건ᄒᆡᆺ: 지난해의 ☞ 니건ᄒᆡ[去年]+ㅅ(관.조.)

72) 노던가 흔턴가: 귀하던가 흔하던가 ☞ 노-+-더-+-ㄴ가 흔ᄒᆞ-+-더-+-ㄴ가

73) 제: 자기가 ☞ 저(3인칭 재귀대명사)+ㅣ(주.조.). '저'는 '뎌 사괴는 사ᄅᆞᆷ'을 가리킨다.

74) ᄀᆞᆯ이오: 가루이고. ᄀᆞᄅᆞ[粉]+이-(서.조.)+-오(← -고). 'ᄋᆞ/으'로 끝난 명사가 모음으로 시작하는 조사와 연결되면 두 유형으로 교체되었다. 하나는 'ᄀᆞᄅᆞ+이 → ᄀᆞᆯ이'처럼 모음이 탈락하면서 후두음 'ㅇ'이 얹히는

갑시 다 ᄒᆞᆫ가지로다 우리 오ᄂᆞᆳ 바ᄆᆡ 어듸 가 자고 가료 우리 上:10a앎푸로[76] 나ᅀᅡ가 십리만 ᄡᅡ해 ᄒᆞᆫ 뎜이 이쇼ᄃᆡ 일호믈 瓦店(와뎜)이라 ᄒᆞ야 브르ᄂᆞ니 우리 가면 혹 이르거나 혹 늣거낫[77] 듕에 그저 뎨 가 자고 가져[78] ᄒᆞ다가 디나가면 더 녀긔 ᅀᅵ십릿 ᄡᅡ해 人家ㅣ 업스니라 ᄒᆞ마 그러ᄒᆞ면 앎푸로 촌애 다ᄃᆞᆮ디 몯ᄒᆞ고 뒤후로ᄂᆞᆫ 上:10b뎜에 다ᄃᆞᆮ디 몯ᄒᆞ리니 우리 그저 뎨 드러 자고 가져 뎨 가 곧 일어도 ᄯᅩ 됴ᄒᆞ니 우리 ᄆᆞ쇼 쉬워[79] ᄂᆡ실일 녀져[80] 예셔 셔울 가매 몃 즘겟길[81] 하 잇ᄂᆞᆫ고[82] 예셔 셔울 가매 당시론 五百里 우호로 잇ᄂᆞ니 하ᄂᆞᆯ히 어엿비 너기샤 모미 편안ᄒᆞ면 上:11a연닷쇄만 두면 가리라 우리 가면 어듸 브리여ᅀᅡ 됴ᄒᆞᆯ고 우리 順城門(순셩문)읫 뎜에 가 브리엿져 뎨셔 곧 ᄆᆞᆯ 져제 감도 ᄯᅩ 갓가오니라 네 닐오미 올타 나도 ᄆᆞᅀᆞ매 이리 너기노라 네 닐오미 내 ᄠᅳᆮ과 ᄀᆞᆮ다

'ㄹㅇ' 유형이고, 다른 하나는 'ᄒᆞᄅᆞ+이 → ᄒᆞᆯ리'처럼 모음이 탈락하면서 'ㄹ'이 얹히는 'ㄹㄹ' 유형이다.

75) 잇다니: 있더니, 있던 때와 ☞ 잇-+-다-[← -더-(회상법)+-오-(인칭 활용)]+-니

76) 앎푸로: 앞으로 ☞ 앎ㅍ(← 앒)+우로(← 으로 ← ᄋᆞ로). 모음 조화가 지켜졌다면 'ᄋᆞ로'가 연결되었어야 하나 '으로'가 연결되었고, 순음 아래에서 원순 모음화가 일어났으며, 중철표기가 되어 있다.

77) 늣거낫: 늦거나 하는 ☞ 늣-(← 늦-)+-거나+ㅅ(관.조.) 'ㅅ'은 문장 뒤에 쓰여, 관형사형 전성 어미 또는 인용부사격 조사의 기능을 한다. 간접 인용문의 관형어적 용법에 대해서는 주 54) 참조.

78) 그저 뎨 가 자고 가져: 그저 저기 가서 자고 가자 ☞ '-져'는 'ᄒᆞ라'체 청유형 종결 어미다.

79) 쉬워: 쉬어 ☞ 쉬-[休]+우(사.접.)+어

80) 녀져: 가자 ☞ 녀-[行]+-져(청.어.) 청유형어미 '져'는 16C에 '쟈'로 바뀐다. 〈노걸대언해〉 참조.

81) 즘겟길: 큰 樹木길

82) 잇ᄂᆞᆫ고: 있는가? ☞ '-ㄴ고'는 설명의 간접 의문형 어미인데 직접의문의 상황까지 확장되어 쓰였다. 근대국어 'ᄒᆞ소체' 의문형 어미 '-ㄴ가/-ㄴ고'의 소급형으로 볼 수 있다. 주 70) 참조.

4.4. 근대 국어 문법

근대 국어는 일반적으로 17세기 초부터 19세기 말까지 약 300년 동안을 이르는데, 중세 국어에서 현대 국어로 넘어오는 과도기적 성격을 지닌다. 중세 국어와 비교하여 음운에 많은 변화가 있었으며, 문법 형태소도 단순화되어 갔다. 통사론적인 면에서도 현대 국어가 지니는 특성들을 갖추어가고 있다. 중세 국어와의 차이점을 중심으로 근대 국어를 기술하면 아래와 같다.[1)]

4.4.1. 표기

1. 임진왜란(1592~1598) 이전과 이후 문헌 사이의 문자 체계상의 차이

1) 성조가 없어짐에 따라 방점이 표기되지 않았다.
2) 'ㆁ'자가 완전히 자취를 감추었다. 'ㆁ> ㅇ' 합류 시기를 16세기 중엽 이후로 보기도 한다.
3) 'ㅿ'자가 완전히 자취를 감추었다.(표기상으로 'ㅿ'자가 16세기 말까지 유지되었는데 17세기에 들어서는 아주 사라짐) 17세기의 문자 체계는 훈민정음의 28자 체계에서 3자(ㆆ, ㆁ, ㅿ)가 소멸한 25자 체계였다. 훈민정음 28자 체계에 포함되지 않았으나 고유어 표기에 쓰인 'ㅸ'도 쓰이지 않았다.

2. 표기법의 혼란

1) 어두 합용 병서의 혼란
(1) 중세 문헌에는 'ㅺ, ㅼ, ㅽ', 'ㅲ, ㅄ, ㅶ, ㅷ', 'ㅴ, ㅵ'의 세 종류의 합용 병서가 존재했는데 17세기에 오면 'ㅴ, ㅵ' 등이 소멸하게 된다.
① ㅴ~ㅺ~ㅻ: 17세기 초에 'ㅴ'의 새로운 이표기(異表記)로서 'ㅂㄱ'이 등장하여, 'ㅴ'의

1) 주로 이기문(1998)의 『국어사 개설』을 참고하였고, 부족한 부분은 국립국어원(1997)과 홍종선 엮음(1998)으로 보충하였다.

이표기는 15・16세기 이래의 'ㅺ'과 새로운 'ㅽ'이 공존하게 되었다.

(예) ᄢᅢ뎌 ~ ᄭᅧ디니라 ~ ᄢᅥ디니라; ᄣᅳ려 ~ ᄯᅳ리오고 ~ ᄣᅳ려

② ㅵ~ㅳ: 'ㅵ'에 대한 이표기로 'ㅳ'도 17세기에 등장한다.

(예) ᄦᅢ ~ ᄣᅢ

(2) 'ㅼ:ㅳ', 'ㅄ:ㅆ'의 표기가 대체로 17세기 후반에 많이 혼동되었다.

(예) ᄣᅥ나셔:ᄹᅥ나셔, ᄡᅮᆨ:쑥, ᄡᅳ고:씀이

(3) 각자 병서가 일부 부활되어 사용된 예가 있으므로 사실상 된소리가 세 가지 표기를 가지고 있었다고 할 수 있다.

(예) ᄲᅢ여, 빼여, ᄲᅢᆯ리, 뺄리

(4) 19세기에 된소리 표기는 모두 된시옷으로 통일되는 경향이 뚜렷하다. 다만, 'ㅅ'의 된소리는 'ㅆ'이 아니라 'ㅄ'으로 통용되었다.

2) 종성의 'ㅅ'과 'ㄷ'의 혼란

(1) 15세기에는 이 두 받침이 엄격히 구별되었는데[몯(釘):못(池)], 16세기 후반에 대립이 무너져서 17세기에는 받침에서 'ㅅ'과 'ㄷ'의 표기는 자의적이었다.

(예) 굳고~굿거든, 묻고~뭇디, 맛~맏, 못~몯

(2) 18세기부터는 'ㄷ'은 점차 없어지고 'ㅅ'만으로 통일되는 강한 경향이 나타났다. 19세기에 들어서면서 받침 표기는 7종성(ㄱ, ㄴ, ㄹ, ㅁ, ㅂ, ㅅ, ㅇ)으로 확정된다. 실제 발음은 'ㄱ, ㄴ, ㄷ, ㄹ, ㅁ, ㅂ, ㅇ'이었다.

(예) 듣고 → 듯고, 받줍고 → 밧줍고; 미더 → 믿어(과도교정 표기/역표기)

3) 모음 간에서 'ㄹㄹ'과 'ㄹㄴ'이 혼용되었는데, 'ㄹㄴ' 표기는 중세 국어에서는 볼 수 없었다.

(예) 진실노(〈 진실로), 블너(〈 블러), 흘너(〈 흘러)

4) 목적격 조사 'ᄅᆞᆯ/를'과 'ᄂᆞᆯ/늘'의 혼용

모음 뒤에서 목적격 조사 'ᄅᆞᆯ/를'이 'ᄂᆞᆯ/늘'로 표기되기도 하였다.

5) 중철 표기

(1) 받침이 다음 음절 초성으로 거듭 적혔다.

(예) 과글리(← 과글이), ᄀᆞᆺ숌미나(← ᄀᆞ숌이나), 갇티(← 같이)

(2) 모음 간의 된소리 또는 유기음을 표기하는 데에 있어서 분석적 표기 경향이 나타났다. 이 표기는 받침 표기는 음소적이면서 동시에 다음 음절의 초성에 원형태의 받침을 연철 표기하여 표의적이고자 하는 노력이었다.

(예) 닥그며[← 닦-(〈 닰-)+-으며], 무릅피, 앏픠, 앏희셔, 갓ᄎ로, 운녁크로

6) 형태소 구분 표기: 체언과 조사를 분리하여 표기하려는 의식이 뚜렷이 나타났다. 15세기에는 연철 위주의 표기였는데, 15세기 말에 '체언'과 '조사'의 연결에서 분철이 출현하였다. 그리고 16세기에 분철이 확대되고 중철이 출현한다. 16세기 말에는 '용언'과 '어미'의 연결에까지 분철이 확대되며 이런 표기 방식이 19세기까지 이어진다.

4.4.2. 음운

1. 음절 구조

1) 초성 자리에 올 수 있는 자음 수의 변화

(1) 중세 국어에서는 어두 자음군인 'ㅂ-계(ㅲ, ㅄ, ㅶ, ㅷ)'와 'ㅄ-계(ㅴ, ㅵ)', 'ㅼ'가 존재하여 음절 초성 자리에 두 개의 자음이 올 수 있었다. 그러나 이런 소리들이 대부분 된소리로 바뀌면서 근대 국어부터는 음절 초에 하나의 자음만이 올 수 있었었다.(ㅄ-계는 17세기 초에, ㅂ-계는 17세기 중엽에 된소리로 바뀌었다)

(2) 'ㆁ'이 초성에 올 수 없게 되었다. (예) 쥬이 〉 즁이, 바올 〉 방올 〉 방울

2) 7종성의 확립: 종성의 자리에 올 수 있는 자음은 중세 국어에서 8자(ㄱ, ㆁ, ㄷ, ㄴ, ㅂ, ㅁ, ㅅ, ㄹ)였다. 그러나 16세기 말에 'ㅅ'이 'ㄷ'에 합류되어 현대 국어와 같은 7 종성 체계가 완성되었다. 18세기부터 종성의 'ㄷ' 표기는 'ㅅ'으로 통일되어 가는 강한 경향을 보인다.

3) 어간말 자음군

(1) 중세 국어에서는 'ㄺ, ㄻ, ㄼ, ㄳ, ㅯ;ㄳ, ㅄ' 말음을 가진 용언 어간은 활용에 있어서 자음으로 시작하는 어미가 오더라도 항상 그 표기를 유지하고 있었다. 전광현(1997:20~28)에 의하면, 근대 국어에서도 'ㄺ'은 자음 어미 앞에서 늘 유지되었고, 'ㄼ'도 자음 어미 앞에서 유지되는 것이 일반적이었다. 그러나 'ㄻ'은 자음 어미 앞에서 'ㄹ'이 탈락하는 것이 일반적이었다.

(예) ᄒᆞᆰ구들, ᄇᆞᆰ도다, ᄇᆞᆲᄃᆞᆺ, 닮디[染], 앉고(←앉+고),

갗+고 → 갓고, 맞+ᄂᆞ니 → 맛ᄂᆞ니, 없+고 → 업고, 긇+ᄂᆞᆫ → 글ᄂᆞᆫ

㉠ ㄺ: 굵고〈두창 상:3〉, 븕고〈두창 상:3〉

㉡ ㄼ: ᄇᆞᆲ다〈역어 하:54〉, 둛고〈두창 상:8〉

㉢ ㄻ: 옮기지〈오륜 3:27〉, 굶주리□〈경흥윤음 1〉, ᄉᆞᆱᄂᆞᆫ〈종덕 하:11〉

㉣ ㄽ: 읈디[縮](←읈+디) 〈석상 19:7〉

㉤ ㄳ: 낛ᄂᆞᆫ[釣] 〈두시 21:16〉, 넋 일허

㉥ ㅄ: 값 업슨, 값과[價] (단, 용언에서는 겹자음이 유지되지 않음. 업고(←없고)

(2) 종성의 'ㅺ'은 근대 국어에서 역행 동화[연구개음화]에 의해 'ㄲ'으로 바뀌었다.

(예) 밨[外] 〉 밖, 젔-[折] 〉 꺾-

2. 'ㅎ'의 된소리

중세 국어에서 'ㅎ'의 된소리는 'ㆅ'으로 표기하였는데, 17세기에 'ㅎ'의 된소리 표기로 'ㅆㅎ'이 등장한다. 이 된소리는 17세기 후반에 'ㅋ'에 합류된 것으로 추정된다.[2)]

(예) 여러 모시뵈 살 나그네 켜오라

3. 유성 후두 마찰음 'ㅇ'의 소멸

16세기에 'ㅇ[ɦ]'은 'ㄹㅇ'에 남아 있었으나(몰애/놀애; 올아) 말기에 동사의 활용형에서 'ㄹㄹ'로 변했고, 17세기 문헌에서는 명사에서도 이것이 'ㄹㄹ'로 변했음이 확인되며, 'ㄹ' 형도 나타난다. 15세기에 유성 마찰음 계열을 이루던 'ㅸ[β]'은 15세기 후반에, 'ㅿ[z]'은 16세기 중엽에 소멸하였다.

(예) ㄹㅇ 〉 ㄹㄹ~ㄹ 〉 ㄹ: 놀애 〉 놀래~놀내~노래 〉 노래, 몰애 〉 몰래~모래 〉 모래

2) 이 된소리는 15세기에 'ㆅ-[引]'로 표기되고 17세기에 'ᄻᅧ-'로 표기된 한 단어에 나타나 기능부담량이 적었기 때문에 합류된 것으로 추정된다.(이기문, 1998:206)

4. 유음화

16세기 이후에 나타났다.

㉠ 잃+는 〉 일ᄅᆞᆫ, 슳+노라 〉 슬노라 〉 슬로라

㉡ 열+닐굽 〉 열릴굽, 솔+닙 〉 솔립

㉢ 벼슬 노ᄑᆞᆫ 〉 벼슬 로ᄑᆞᆫ

㉣ 텬량 〉 텰량, 본ᄅᆡ 〉 볼ᄅᆡ

‘ㄹ’로 시작하는 겹받침 뒤의 유음화 중 ‘ㅭ’인 경우에만 유음화가 나타나는 이유는 유음화가 나타날 당시에 ‘ㅭ’만이 자음군 단순화가 적용되어 ‘ㄹ’과 ‘ㄴ’이 인접할 수 있었기 때문이다. ‘ㄺ, ㄻ, ㄼ’의 경우는 자음군 단순화가 적용되지 않아서 유음화의 환경을 만족하지 못했다.

5. 구개음화

1) 구개음화는 ‘i/y’ 앞에서 ‘ㄷ, ㅌ, ㄸ’이 ‘ㅈ, ㅊ, ㅉ’으로 변하는 현상을 말한다.[3] 구개음화는 대체로 17세기와 18세기의 교체기에 일어났다.[4] 이 구개음화는 형태소 내부와 경계에서 모두 적용되었다.(긑+이 〉 긋치, 디나며 〉 지나며, 먹+디 〉 먹지) 이 구개음화의 결과로 ‘디 댜 뎌 됴 듀’, ‘티 탸 툐 튜’ 등의 결합이 국어에서 자취를

---

3) 구개음화는 이 외에도 같은 환경에서 ‘ㄱ, ㅋ, ㄲ’이 각각 ‘ㅈ, ㅊ, ㅉ’으로, ‘ㅎ’이 ‘ㅅ’으로 바뀌는 현상을 포함한다. 다만, 이 두 구개음화는 남부방언에서 주로 나타나는데, 형태소 내부, 그것도 어두에서만 적용된다. ‘ㄴ, ㄹ’이 각각 ‘ɲ, ʎ’으로 바뀌는 현상도 구개음화이지만, 이는 음성적 구개음화이다.

4) 如東俗댜뎌呼同쟈져 탸텨呼同챠쳐 不過以按頤之此難彼易也 今唯關西之人 呼天不如千同 呼地不如至同 (…중략…) 又聞鄭丈言 其高祖昆弟 一名知和 一名至和 當時未嘗疑呼 可見디지之混 未是久遠也 [우리나라에서는 ‘댜, 뎌’를 ‘쟈, 져’와 똑같이 발음하고, ‘탸, 텨’를 ‘챠, 쳐’와 똑같이 발음한다. 이는 단지 턱을 움직임에 있어서 이것은 어렵고 저것은 쉽기 때문일 뿐이다. 오늘날 오직 관서지방의 사람들만이 天과 千, 地와 至를 달리 발음한다. (…중략…) 또 정 선생님께 듣기를, 그분의 고조부 형제 중 한 분의 이름은 ‘知和’이고 또 한 분의 이름은 ‘至和’였는데, 당시에는 이 둘을 혼동되게 부른 일이 없었다고 한다. 그러므로 ‘디’와 ‘지’의 혼란은 그리 오래되지 않은 일임을 알 수 있다.] 〈유희, 언문지〉

☞ ‘(…중략…)’ 앞부분에서는 19세기 초에 있어서 서북 방언을 제외한 제방언에서 구개음화가 일어난 사실을 증언하고 있으며, ‘(…중략…)’ 뒷부분에서 ‘鄭丈’은 정씨 어른이라는 뜻으로 鄭東愈(晝永編의 저자로서 유희의 스승. 1744-1808)를 가리킨다. 따라서 그의 고조 생존시(17세기 중엽 전후)는 아직 구개음화가 일어나지 않았음을 증언하고 있다.(이기문, 1998:207)

감추게 되었다.(㉠) 그러나 19세기에 들어 '듸, 틔' 등이 '디, 티'로 변하게 되어 다시 'ㄷ, ㅌ'과 'i/y'가 결합한 음절이 나타나게 되었다.(㉡) 구개음화가 활발하게 일어나자 과도 교정 표기(역표기)가 나타나기도 하였다.(㉢)

㉠ 칠(〈 틸) 타(打), 지새(〈 디새), 지를(〈 디를) ᄌᆞ(刺), 직히다(〈 딕희다)

㉡ 견듸-〉견디-, 무듸-〉무디-, 씌〉씨

㉢ 질삼〉길쌈, (맛디-[任]〉)맛지-〉맛기, (디새〉지새〉)지와〉기와

2) 구개음화는 경구개 파찰음 'ㅈ[ʧ], ㅊ[ʧ^{h}]' 등의 존재를 전제로 한다. 중세 국어에서 파찰음 'ㅈ[ts], ㅊ[ts^{h}]'들은 치음이었기 때문에, 이것들이 경구개음으로 변한 뒤에야 'ㄷ, ㅌ' 등의 구개음화도 가능할 수 있다. 17세기 말 이전 어느 때에 치음 'ㅈ, ㅊ'이 경구개음 'ㅈ, ㅊ'으로 바뀌는 구개음화의 결과 18세기에는 'ㅈ, ㅊ'은 'i/y' 앞에서는 경구개음으로, 다른 모음들 앞에서는 종래대로 치음으로 발음된 것으로 추정된다. 그러다가 'ㅈ, ㅊ'이 모두 경구개음으로 발음되어 '자, 저, 조, 주'와 '쟈, 져, 죠, 쥬'의 대립이 중화되었다.

(예) 장(欌):쟝(醬), 초(醋):쵸(燭), 저(自):져(筯) 등.[5)]

3) ㅈ[ts] 〉 ㅈ[ʧ] 근거

① 구개음화 현상이 근대 국어 시기에 발생한다.

② ㅈ 계열 뒤의 y가 근대 국어를 거치면서 모두 탈락한다.

③ 평안도 방언의 ㅈ 계열은 아직도 치조 부근에서 발음된다.

4) 현대 국어의 구개음화는 형태소 경계에서만 적용된다. 즉, 받침 'ㄷ, ㅌ'이 조사나 접미사 모음 '이'와 결합할 때 'ㅈ, ㅊ'으로 바뀐다.

(예) 굳이 → 구지, 같이 → 가치. 밭이름 → *바치름

5) 어두에서 'i/y'에 선행한 'ㄴ'의 탈락은 ㄴ-구개음화와 관련된 현상이다.(18세기 후반)

(예) 님금 〉 임금, 니름 〉 이름, 니르히 〉 이르히

---

5) 이 구개음화와 관련하여 과도교정에 의한 특수한 변화도 있다. 어떤 음운 현상이 활발하게 일어나면 그에 대한 반작용으로 원래의 형태로 되돌려 놓으려는 경향이 나타난다. 그런데 때로는 옳지 않은 어형을 바르게 되돌린다는 것이 도리어 올바른 어형까지 잘못 되돌려서 새로운 어형이 만들어지기도 하는데 이것을 '과도교정'이라고 한다. 예컨대, '길쌈'은 원래의 형태가 '질삼'이었으나 ㄱ-구개음화의 과도교정으로 '길쌈'으로 바뀌게 되었다. 이런 단어에는 '맡기다(〈 맛지다 〈 맛디다), 깃(〈 짗), 김치(〈 짐치 〈 딤치), 기와(〈 지와 〈 지새 〈 디새)' 등이 있다.

6) 방언에서는 ㄱ-구개음화와 ㅎ-구개음화도 나타난다.

(예) 기름 〉 지름, 형 〉 셩

6. 평음의 경음화 및 유기음화의 확장

1) 경음화

㉠ 씃-(〈 슷- 拭), ᄭᅩᆽ-(〈 곶)

㉡ 곳고리, ᄀᆞᆺᄀᆞᆺᄒᆞ-, 덛덛ᄒᆞ-, ᄃᆞᆺᄃᆞᆺᄒᆞ-

(㉡은 18세기에 역행 동화에 의해 '꾀꼬리, 깨끗하-, 떳떳하-, 따뜻하-'로 바뀌었다.)

2) 유기음화: (예) 탓 〈 닷, 풀무 〈 불무, 코키리 〈 고키리

7. 양순음 'ㅍ' 앞에서 'ㄹ'의 탈락(소수의 예가 있다)

(예) 앒 〉 앞, 알ᄑᆞ- 〉 아프-, 골ᄑᆞ- 〉 고프-

8. 원순 모음화

양순음 아래에서 'ㅡ'가 'ㅜ'로 바뀌는 변화가 17세기 말엽 경에 일어났다. 이 음운 변화의 결과 '므, 브, 프, ᄡᅳ'와 '무, 부, 푸, ᄡᅮ'의 대립이 없어졌다.

(예) ᄂᆞᄆᆞᆯ 〉 ᄂᆞ믈 〉 ᄂᆞ물, 블 〉 불, 플 〉 풀

9. 'ㆍ'의 비음운화

1) 제1단계 비음운화: 비어두 음절에서 주로 'ㆍ 〉 ㅡ' 변화. 16세기 후반에 완성되었다. 이 변화로 'ㅡ'는 어두에서는 음성 모음으로 'ㆍ'와 대립을 이루었지만, 비어두에서는 중성 모음[부분 중립 모음(이기문, 1998:213)]으로 기능을 하게 되었다. 이 변화는 모음 조화가 붕괴되는 결정적 계기가 되었다. (예) 기ᄅᆞ마 〉 기르마, 모ᄃᆞᆫ 〉 모든, 남ᄀᆞᆯ 〉 남글

2) 제2단계 비음운화: 어두 음절에서 주로 'ㆍ 〉 ㅏ'변화. 대체로 18세기 후반에 일어

났다. 이 변화는 모음 조화에 영향을 끼치지는 않았으나, 어두 음절의 'ㅏ'는 'ㅓ'와 대립을 이루는 한편 'ㅡ'와도 대립을 이루었다. (예) ᄃᆞ리 〉 다리, ᄅᆡ년 〉 래년, ᄃᆞᆯ팡이 〉 달팽이

10. 모음 체계의 변화

1) 원순성 대립짝의 변화: 'ᄋᆞ'의 2단계에 걸친 비음운화에 의해 'ᄋᆞ'가 음운 체계상에서 사라지게 되자, 중세 국어에서 원순성에 의해 대립을 이루었던 'ᄋᆞ:오, 으:우'의 대립에 변화가 나타난다. 즉, 'ᄋᆞ'가 소멸하게 됨으로써 '어'가 '오'의 새로운 원순성 대립짝이 되었다. 그 결과 근대 국어 이래 후설에서 '어:오, 으:우'가 원순성에 의한 대립짝이 되었다. 현대 국어에서는 전설 원순 모음 '위, 외'가 새로 형성되어, 전설에서도 '이:위, 에:외'가 원순성에 의한 대립을 이루게 되었다.

2) 전설 단모음 '애[ɛ], 에[e]'의 형성

① 'ㆍ'의 비음운화로 어두 음절의 이중 모음 'ㆎ'가 'ㅐ'로 변하고, 그 뒤에 'ㅐ'[ay]와 'ㅔ[əy]'는 각각 단모음 [ɛ], [e]로 변하였다. 이 단모음화를 'ㆍ'의 소실 이후로 보는 이유는 제1음절의 'ㆎ'가 'ㅐ'와 마찬가지로 [ɛ]로 변한 사실에서 찾을 수 있다. 이 단모음화가 일어난 증거로 움라우트 현상을 들 수 있다. 움라우트는 전설 단모음 'ɛ, e'의 존재를 전제로 하는데, 이 움라우트는 18세기와 19세기의 교체기에 일어난 것으로 추정된다. 따라서 이중 모음 'ㅐ, ㅔ'의 단모음화는 18세기 말엽에 일어난 것으로 결론지을 수 있다.

② 19세기 초엽에 국어는 8모음 체계를 가졌던 것으로 추정된다.

3) 'ᄋᆞ 〉 으', '전설 단모음 계열의 형성' 이 외에도 '오 〉 우'의 변화는 모음 조화를 약화시키는 중요한 역할을 하였다. 이런 변화의 결과 '아, 오'만이 양성 모음으로 기능하게 되었다.

4) 19세기 말에서 20세기 초에 'ㅚ[oy], ㅟ[uy]'가 각각 단모음 [ö], [ü]로 변하여 현대의 10모음 체계가 형성되었다.

5) 모음 체계의 변화[6]

6) 이기문(1998)에 따른다.

〈고대 국어〉		
ㅣ	ㅜ	ㅗ
	ㅡ	ㆍ
	ㅓ	ㅏ

〈전기 중세 국어〉		
ㅣ	ㅜ	ㅗ
ㅓ	ㅡ	ㆍ
	ㅏ	

〈후기 중세 국어〉		
ㅣ	ㅡ	ㅜ
	ㅓ	ㅗ
	ㅏ	ㆍ

〈근대 국어〉		
ㅣ	ㅡ	ㅜ
ㅔ	ㅓ	ㅗ
ㅐ	ㅏ	

〈현대 국어〉			
ㅣ	ㅟ	ㅡ	ㅜ
ㅔ	ㅚ	ㅓ	ㅗ
ㅐ		ㅏ	

11. 움라우트(이-역행 동화)

1) 움라우트는 후설 모음이 [-설정성] 자음을 사이에 두고 'i/y' 앞에서 전설 모음으로 바뀌는 현상이다. [+후설 모음] → [-후설 모음]/___[-설정성]{i/y}
2) 국어사에서 움라우트는 이중 모음이었던 '애[ay]/에[əy]'가 전설 단모음 '애[ɛ]/에[e]'로 바뀐 뒤에야 가능하였는데, 그 시기는 대체로 18세기와 19세기 교체기인 것으로 추정된다.
3) 국어사에서 움라우트 현상은 전설 단모음 형성의 증거가 되기도 한다.
   ㉠ ᄋᆡᆨ기ᄂᆞᆫ 〈 앗기-, ᄃᆡ리고 〈 ᄃᆞ리-, 메긴 〈 머기-, 지ᄑᆡᆼ이 〈 지팡이, ᄉᆡᆨ기 〈 삿기
   ㉡ 모기(〈모ᄀᆡ), 조기(조ᄀᆡ), 호미(〈호ᄆᆡ), 거기(〈거긔)

12. 전설 모음화

19세기에 'ㅅ ㅈ ㅊ'아래서 'ㅡ'가 'ㅣ'로 바뀌는 변화가 있었다.
(예) 아ᄎᆞᆷ 〉 아츰 〉 아침, 슳다 〉 싫다, 츩 〉 칡, 즐겁- 〉 질겁-

13. ㅟ 〉 ㅓ

16세기 말엽부터 시작되어 17세기에 일반화되었다.

(예) 불휘[根] 〉 불희, 뷔-[空/씨] 〉 븨-

14. ㅢ 〉 ㅣ

대체로 19세기 경에 일어났다.

(예) 믭-[憎] 〉 밉-, 불희 〉 ᄲᅮ리

15. 탈락과 축약

㉠ 가히 〉 가이 〉 개[kay 〉 kɛ], 버히- 〉 버이- 〉 베-, 나리 〉 내[nay 〉 nɛ]

㉡ (ᄀᆞᄉᆞᆯ 〉)ᄀᆞᅀᆞᆯ 〉 ᄀᆞ을, 거우르 〉 거울, 드르ㅎ 〉 들, 엱- 〉 얹-, 스싀로 〉 스스로

16. 이화

거붑 〉 거북, (아ᅀᆞ 〉)아ᄋᆞ 〉 아우, (처ᅀᅥᆷ 〉)처엄 〉 처음

17. 첨가

ᄒᆞᄫᆞᅀᅡ 〉 ᄒᆞ오ᅀᅡ 〉 호ᅀᅡ 〉 호자 〉 혼자, 졈- 〉 젊-

18. 성조의 소멸

1) 고대 국어: 성조의 존재 여부를 알 수 없음
2) 중세 국어: 평성, 거성, 상성의 세 성조가 있어서, 글자 왼쪽에 방점을 찍어 표시하였다.
3) 16세기 중엽 이후 흔들리다가 16세기 말엽 문헌에서 방점이 사라진다. 적어도 16세기 후반에 성조는 소멸되었다.
4) 중세 국어의 상성은 잉여적으로 장음을 지녔는데, 성조가 사라진 뒤에도 이 장음은 현대 국어로 이어져 현대 국어의 비분절 음운이 되었다.(평성과 거성: 짧은 소리,

상성: 긴소리)

5) 상성과 장음의 관련성

(1) 상성은 주로 어두 음절에서 실현되고 현대 국어 장음도 단어의 첫머리에서만 실현된다.

(2) 상성과 관련된 성조 변동이 장음과 관련된 장단의 변동과 평행하다.

(예) :알+ · 아 → 아 · 라; 알:+아[아라]

6) 경상도 방언과 함경도 방언에는 성조의 잔재가 남아 있다.

4.4.3. 형태

1. 단어 형성

1) 중세 국어에서 명사형 전성 어미는 '-옴/-움', 명사파생 접미사는 '-(ᄋᆞ/으)ㅁ'으로 구별되었는데, 근대 국어에서 선어말 어미 '-오/우-'가 소멸된 결과 명사형 전성 어미와 명사 파생 접미사의 형태가 같아져서 형태만으로는 명사형과 파생 명사를 구분할 수 없게 되었다.

(예) 거룸(명사형)~거름(파생 명사) 〉 걸음(명사형, 파생 명사)

2) 명사 파생 접미사 '-이'는 근대 국어에서 생산성을 잃었다.

3) 중세 국어에서 형용사에서 명사를 파생하는 접미사는 '-ᄋᆡ/-의', 부사를 파생하는 접미사는 '-이'였다. 명사 '킈, 노ᄑᆡ, 기릐'는 17 · 18세기에는 그대로였으나 19세기에 있은 'ㅢ 〉 ㅣ'의 변화로 부사 '노피, 기리'와의 구별이 없어지게 되었다.

4) 복수의 접미사에는 '-듫'(〈 -ᄃᆞᇂ)과 '-네'(〈 -내)가 있었다. 다만, 중세 국어에서 '-내'는 존칭의 복수 접미사였으나 근대 국어에서 '-네'는 존칭의 의미는 없었다.

5) 중세 국어에서 'ᄒᆞ-'의 사동형은 'ᄒᆡ-'이었으나 근대 국어에서는 'ᄒᆞ이-'가 일반적이었고, 근대 국어 후기에는 이것이 '시기-'로 바뀌었다.

(예) 일식이다, 排班식이다

6) 중세 국어에서 명사에서 형용사를 파생하는 접미사는 '-ᄅᆞᆸ-~-ᄅᆞᄫᆡ-', '-ᄃᆞᆸ-~-ᄃᆞᄫᆡ-'였는데 이들이 근대 국어에서는 각각 '-롭-, -되-'로 바뀌었다.

(예) 해롭디, 정셩되고

7) 18세기에 명사에서 형용사를 파생하는 접미사 '-스⇦'이 새롭게 출현하였다.

(예) 어룬스러운, 촌스러운

2. 체언과 조사

1) 'ㅎ-종성 체언'의 소멸: 중세 국어에서 'ㅎ'종성 체언들은 근대 국어 전기에는 'ㅎ'을 유지하였으나 후기에는 'ㅎ'의 표기가 매우 혼란된 모습을 보이고 이런 혼란은 19세기까지 계속되었다.

2) 체언 교체의 소멸: 환경에 따라 교체하던 체언들이 근대 국어 후기에는 단일화의 경향을 보였다.

㉠ 나모~낡 〉 나모(〉 나무)[木]

㉡ 구무~굵 〉 구멍[穴]

㉢ 노ᄅᆞ~놀ㄹ 〉 노로(〉 노루)[獐]

㉣ 아ᅀᆞ~아ᇫㅇ 〉 아ᄋᆞ(〉 아우)[弟]

3) '나'의 겸양어인 '저'가 출현하였으며, 중세 국어에서 '너'의 존칭은 '그ᄃᆡ/그듸'였지만 근대 국어에서는 '자ᄂᆡ'로 나타난다.(황화상, 1998:83~84)

㉠ 저 ᄒᆞ라 ᄒᆞᄂᆞᆫ 대로 ᄒᆞᄋᆸ소〈인어 2:11b〉

㉡ 前頭의 자ᄂᆡ게 난게 ᄒᆞ여 줄 거시니〈인어 1:19a〉

4) 3인칭 대명사의 출현: 지시 관형사와 의존 명사가 결합한 '이놈, 그놈, 져놈, 이녁' 등의 3인칭 대명사가 출현하였으며, '이, 그, 뎌'가 인칭 대명사로도 사용되었다.(황화상, 1998:83)

㉠ 그ᄂᆞᆫ 好權ᄒᆞᄂᆞᆫ 사ᄅᆞᆷ이매〈인어 1:17b〉

㉡ 뎌의 父母ㅣ 다 죽음애〈오언 1:29b〉

㉢ 이놈은 죠곰도 ᄌᆡ간이 업ᄉᆞ오매〈인어 2:6a〉

㉣ 그놈이 어린 노ᄅᆞᆫᄒᆞᄂᆞᆫ 양 보ᄋᆸ소〈인어 6:3b〉

㉤ 져놈은 얼골은 져리 모지러 뵈되〈인어 8:16a〉

㉥ 이녁이 ᄆᆡ오 대졉ᄒᆞᄂᆞᆫ 쳬ᄒᆞ여 달내면〈인어 1:17b〉

5) 존칭 재귀 대명사 'ᄌᆞ갸'의 소멸: 중세 국어에서 3인칭 재귀 대명사 '저'의 존칭 'ᄌᆞ갸'는 궁중어에서 'ᄌᆞ가'로 남았다.

(예) 공쥬 ᄌᆞ가는 므ᄉᆞ 일고, 그냥 공쥐라 ᄒᆞ여라〈계축일기〉

6) 미지칭 대명사 '누고/누구'의 출현: 중세 국어에서 미지칭 대명사는 '누'였는데 근대 국어에서 여기에 의문 보조사 '고'가 결합한 '누고/누구'가 하나의 어간형으로 굳어졌다. 그리하여 여기에 의문 보조사가 붙은 어형이 나타난다.

(예) 이 벗은 누고고〈노걸대언해 하:5〉

7) 미지칭 사물 대명사의 단일화: 17세기의 미지칭 사물 대명사 '므엇/므섯'이 18세기에 '무엇'으로 단일화되었다.

8) 근대 국어에서 '어느'는 대명사로는 사용되지 않고 관형사로만 사용되었다.

9) 새로운 주격 조사의 출현

(1) 주격 조사 '가'가 출현하여, 처음에는 'y-하향 이중 모음' 뒤에만 통합되었으나 점차 그 범위를 모음으로 끝나는 체언 뒤로 확대하여 모음 체언 뒤에서는 '가', 자음 체언 뒤에서는 '이'로 확정되었다.

㉠ 춘 구드릭 자니 빅가 세 니려셔 ᄌᆞ로 ᄃᆞᆫ니니〈송강자당안씨언간〉(1572)

㉡ 빅가 올 거시니〈첩신 1:8b〉(1676)

㉢ 有處가 업ᄉᆞ올 섄 아니라 〈인어 1:33a〉

(2) 주격 조사 '쎄셔'의 출현: 근대 국어에서 존칭의 주격 조사 '쎄셔'가 쓰였다. 이것은 '겨셔, 계셔, 겨오셔, 계오셔' 등의 형태도 나타난다.

㉠ 曾祖쎄셔 나시면〈가례언해 1:17〉

㉡ 아ᄌᆞ마님겨오셔 ~ 쵸젼ᄒᆞᄋᆞᆸ시던 굿틱〈신한첩〉

㉢ 션인계오셔 쑴에 보와 계시오더니〈한중록〉

(3) 주격형 '내가/네가'의 출현: 1인칭과 2인칭 대명사의 주격형 '내가, 네가'가 근대 국어에서 사용되기 시작하였다. '내가/네가'는 중세 국어의 주격형 '내/네'에 다시 '가'가 연결된 것이다. 이것은 주격 조사의 발달과 관련되어 있다.

10) 목적격 조사의 단순화: 체언의 음운론적 조건에 따라 네 가지의 이형태가 있었는데 이것들이 두 가지로 단순화되었다. 이것은 'ᄋᆞ'의 비음운화와 관련된다.

(예) ᄋᆞᆯ/을/ᄅᆞᆯ/를 〉 을/를

11) 관형격 조사 'ㅅ'의 소멸: 중세 국어에서 관형격 조사로 쓰였던 'ㅅ'은 근대 국어에서 '사이시옷'으로만 쓰이게 됨에 따라, 근대 국어에서는 '의'만이 관형격 조사의 기능을 지니게 되었다.

12) 접속 조사의 통합 환경 확정: 접속 조사는 근대 국어에서 모음 뒤에는 '와', 자음 뒤에는 '과'로 확정되었다. 16세기에는 'y' 뒤에서도 '과'가 쓰이고 이것이 17세기에도 계속되었으나 곧 '와'로 통일되었다.

(예) 막대과 〉 막대와, 아ᄅᆡ과 〉 아래와

13) 존칭의 호격 조사 '하'의 소멸: 중세 국어에서는 평칭의 '아'에 대응하는 존칭의 호격 조사 '하'가 있었으나 이것이 근대 국어에서 쓰이지 않게 되었다.

㉠ 샹공하 이제 다 됴ᄒᆞ야 겨신가 몯ᄒᆞ야 겨신가〈번역박통사 上:38a〉 16C

㉡ 相公아 이제 다 됴한ᄂᆞᆫ가 못ᄒᆞ엿ᄂᆞᆫ가〈박통사언해 上:35a~36b〉 17C

14) 근대 국어에서 수여의 부사격 조사는 평칭의 '의게', 존칭의 'ᄭᅴ'로 통일되었다.

(예) 青操의게〈삼역총해 6:19〉, 어마님ᄭᅴ〈염불보권문 14〉

15) 처소 부사격 조사(애, 에, 예: ᄋᆡ, 의)가 '에'로 통합되었다. 그리고 부사격 조사 '보다가'가 출현했다. 비교를 나타내는 부사격 조사로 중세 국어의 '두고, 두곤'에서 변한 '도곤'이 쓰였고, 18세기에 '보다가'가 새로 생겨서 이것이 19세기 후반 유일형으로 남게 된다.

16) 보조사 'ᅀᅡ'의 변화: 특수의 보조사 'ᅀᅡ'는 16세기에 '야'로 바뀌어 근대 국어로 이어졌다.

17) 근대 국어의 세기별 격조사(이경희, 1998:141~142)

		17세기	18세기	19세기
주격		이/ㅣ/∅ ᄭᅴ셔/겨셔	이/ㅣ/∅/ㅣ가/가, ᄭᅴ셔/ᄢᅴ셔/ᄶᅧ셔/ᄭᅧ셔/겨셔 /께셔, ᄭᅴ로셔/ᄢᅴ로셔	이/가, 께셔/ᄭᅦ옵셔/ 계ᄋᆞᆸ셔
목적격		ᄋᆞᆯ/을/ᄅᆞᆯ/를/ㄹ	을/ᄋᆞᆯ/ᄅᆞᆯ/를/ㄹ	을/ᄅᆞᆯ/를/ㄹ
관형격		ᄋᆡ/의/(ㅣ)/에/ㅅ	ᄋᆡ/의/(ㅣ)/에/ㅅ	의/(ㅣ)/에
부사격	무정 명사 아래	ᄋᆡ/의/애/에/예, ᄋᆡ셔/의셔/애셔/에셔/예셔	ᄋᆡ/의/애/에/예, 의셔/ᄋᆡ셔/애셔/에셔	의/에, 의셔/에셔
부사격	유정 명사 아래	ᄋᆡ게/의게/게, ᄭᅴ, 의손대, ᄃᆞ려	의게/게, ᄭᅴ/ᄢᅴ/ᄭᅦ/께, 의손ᄃᆡ, ᄃᆞ려	의게/에게/게, ᄭᅴ/ᄢᅴ/ᄭᅦ/께, ᄃᆞ려/더러
부사격	수단	ᄋᆞ로/으로/오로/우로/로/ㄹ로, ᄋᆞ로ᄡᅧ/으로ᄡᅧ/로ᄡᅧ	ᄋᆞ로/으로/로/ㄹ로 ᄋᆞ로ᄡᅧ/으로ᄡᅧ/로ᄡᅧ	으로/로/ㄹ로, 으로ᄡᅧ/로ᄡᅧ
부사격	원인	ᄋᆞ로/으로/로	ᄋᆞ로/으로/로	으로/로
부사격	자격	ᄋᆞ로/으로/로,	ᄋᆞ로/으로/로,	으로/로,

		ᄋᆞ로셔/으로셔/로셔	ᄋᆞ로셔/으로셔/로셔	으로셔/로셔
	변성	ᄋᆞ로/으로/로	ᄋᆞ로/으로/로	으로/로
	비교	이	이/와/과	와/과
	동반	와/과	와/과	와/과
보격		이/ㅣ/∅	이/ㅣ/∅/가	이/ㅣ/가
서술격		이라/ㅣ라/라	이라/ㅣ라/라	이라/ㅣ라/라
호격		아/야/여/이여	아/야/여/이여	아/야/여/이여

3. 용언과 어미

1) 활용형의 단일화: 'ᄅᆞ/르'로 끝나는 용언의 어간은 '다ᄅᆞ-~달ㅇ-[異], 모ᄅᆞ-~몰ㄹ-[不知]'과 같이 두 유형의 활용형이 있었는데 근대 국어에서 '모ᄅᆞ-~몰ㄹ-'형에 합류하여, 현대 국어의 '르-불규칙형'으로 이어졌다.

2) 어간의 단일화: 동사 '녀-[行]'는 중세 국어에서 '녀-~네-~니-'로 나타나지만 근대 국어에서는 '녀-' 단일형으로 굳어졌다. '겨시-'는 근대 국어에서 '계시-'로 바뀌었으며, 존재를 나타내는 '이시-~잇-~시-'도 근대 국어에서 '잇-' 단일형로 나타난다.

3) 'ㄱ → ㅇ' 규칙의 소멸: 중세 국어에서 'ㄹ/y' 뒤에서 'ㄱ → ㅇ'으로 바뀌는 규칙이 있었으나 근대 국어에서는 소멸되었다. 다만, 서술격 조사 뒤에서는 '-고'가 '-오'로 바뀌었다. 알+고 〉 알오 〉 알고

4) 모음 조화의 쇠퇴: 어간과 어미의 결합에서 모음 조화는 약화되어 거의 현대 국어의 경우와 같아져서 모음 조화에 참여하는 어미는 대체로 '-아/-어'만으로 되었다.

5) 감동법 선어말 어미의 단순화: 중세의 감동법의 선어말 어미들(-돗-, -옷-, -도-, -ㅅ-)은 근대 국어에서 단순화되어 '-도-'만이 남게 되었다.

6) 어미의 변화와 소멸: 중세 국어의 '-곤, -곡, -곰, -며셔, -명, -악, -암, -디옷, -디위(〈-디ᄫᅵ)' 등의 어미 중 근대 국어에서는 '-며셔(〉 면서)'만이 사용되었다. 중세 국어와 형태가 달라진 어미는 다음과 같다.

중세 국어	근대 국어	비고
-오ᄃᆡ	-되	16세기 말부터
-건마ᄅᆞᆫ	-건마는/(-더니마ᄂᆞᆫ)	16세기 말부터
-과뎌	-과댜 〉 -과쟈	16세기부터

-디옷/-ㄹᄉᆞ록	-ㄹ소록	
-ᄃᆞ록	-도록	
-녀	-냐	16세기 말부터
-져	-쟈	

7) 객체 높임 선어말 어미 'ᄉᆞᆸ'은 중세 국어에서 'ᄉᆞᆸ, ᄌᆞᆸ, ᅀᆞᆸ, ᄉᆞᇦ, ᄌᆞᇦ, ᅀᆞᇦ'으로 실현되었는데 근대 국어에서 'ᄉᆞᆸ, ᄌᆞᆸ, ᄋᆞᆸ, ᄉᆞ오, ᄌᆞ오, ᄋᆞ오' 등으로 변하고 현대 국어에서 '삽, 잡, 사오, 자오, 옵, 오'로 나타나며 그 기능도 화자 겸양의 의미로(하오니, 하옵니다), '-습(니다), -ㅂ(니다)'에서는 상대 높임의 기능으로 바뀌었다.

8) 확인법 선어말 어미 '-거/어-'는 현대 국어에 '-것/렷-'의 형태로 나타나고 '-아라/어라, -거라, -너라'에서 그 흔적을 찾을 수 있다.

4.4.4. 통사

1) 명사절의 변화: 중세 국어에서는 '-옴/움'으로 유도되는 명사절이 주를 이루었으나 근대 국어에서는 '-기'에 의해 유도되는 명사절이 세력을 크게 확장하였다.

㉠ 법다이 ᄆᆡᆼᄀᆞ로ᄆᆞᆯ 됴히 ᄒᆞ엿ᄂᆞ니라 〈번역노걸대 상:24〉 16세기

㉡ 법다이 ᄆᆡᆼᄀᆞᆯ기를 됴히 ᄒᆞ엿ᄂᆞ니라 〈노걸대언해 상:23〉 17세기

2) 관형사절의 확대: 중세 국어에서 명사절로 안긴 문장이 근대 국어에서는 관형사절로 바뀌는 경향을 보인다.

㉠ 네 닐옴도 올타 커니와 〈번역노걸대 상:5〉 16세기

㉡ 네 니ᄅᆞᄂᆞᆫ 말이 올커니와 〈몽어노걸대 1:6〉 18세기

3) 관형사형 어미의 기능 단순화: 중세 국어에서는 관형사형 전성 어미 '-ㄴ, -ㄹ/-ㅭ'이 명사적으로 사용되는 일이 있었으나 근대 국어에서는 체언을 수식하는 기능만 지녔다.

4) 사동법: 중세 국어와 마찬가지로 접미사에 의한 파생적 사동문과 보조적 연결 어미와 보조 동사[-게 ᄒᆞ-]에 의한 통사적 사동문이 있어서 큰 틀에서 보면 중세 국어와 큰 차이가 없다. 다만, 중세 국어에서 사동 접미사 '-이-'에 의한 사동문이 근대 국어

에서는 '-히-, -리-, -기-, -우-' 등에 의한 사동문으로 대치되기도 하였다. 그리고 사동 접미사 '-ᄋᆞ/으'는 근대 국어에서 사라졌다. 또한, 접미사에 의한 사동사가 근대 국어에서 소멸되기도 하여 그 공백을 통사적 사동법이 메꾸게 됨에 따라 결과적으로 중세 국어의 파생적 사동문이 근대 국어에서 통사적 사동문으로 바뀌기도 하였다.

㉠ 므를 ᄂᆞ리와 菩薩ᄋᆞᆯ 싯기ᅀᆞᄫᆞ니 〈월석 2:39b〉 15C

㉠' 이 죄로뻐 십 년을 물녀 뎨 이갑에 나리게 ᄒᆞ엿더니 〈경신 46b〉 19C

㉡ 아기 나히던 어미와 아기ᄅᆞᆯ 소랏 므레 노하든 〈번박 상:65a〉 16C

㉡' 증모로 ᄒᆞ여곰 네 집의 나게 ᄒᆞ여 〈경신: 문창뎨군구겁보장〉 19C

5) 피동법: 중세 국어 피동법에는 접미사에 의한 피동문과 보조적 연결 어미와 보조동사 '-어 디-'에 의한 피동문 그리고 능격문에 의해 피동 표현이 이뤄지기도 하였다. 근대 국어도 큰 틀에서 보면 중세 국어와 다름이 없으나 능격문에 의한 피동 표현은 18세기 이후 생산성을 잃게 된다. 그리고 중세 국어에서 피동사 파생 접미사 '-이-'에 의한 피동문이 근대 국어에서는 '-히-, -리-, -기-' 등에 의한 피동문으로 대치되기도 한다.(가~나) 또한, 중세 국어에 비해 근대 국어에서는 통사적 피동문이 증가하며 이런 현상은 후기로 갈수록 심해진다.(다~라)

㉠ 화예 나아 걸이며 〈월석 2:33〉

㉠' 낙시에 걸리여 보내니 〈태평 1:2〉

㉡ 믈바래 드러 블이니라 〈두중 17:10〉

㉡' 어ᄃᆡ ᄒᆞᆫ 지차리 블펴 죽엇ᄂᆞ뇨 〈박언 하:2〉

㉢ 즘ᄉᆡᆼ이 죽고 초목이 것거 디되 〈오언 1:44a〉

6) 높임법: 중세 국어의 높임법 체계는 '주체 높임법, 객체 높임법, 상대 높임법'이었으나, 근대 국어에서는 '주체 높임법, 상대 높임법' 체계로 재편된다.

(1) 중세 국어의 객체 높임법 형태소 '-ᄉᆞᆸ-'은 문장의 객체(목적어 명사/부사어 명사)가 화자보다 높고 주체보다 높을 때 실현되었다(화자・주체 동시 겸양). 그런데 17세기부터는[7] 이 형태소가 점차 '화자 겸양'의 표지로 국한되어 사용되면서 ㉠에서 보는 바와 같이 주체 높임법과 상대 높임법을 보조하는 역할만을 수행하게

7) 16세기 후반부터 '-ᄉᆞᆸ-'의 쓰임 원칙이 지켜지지 않은 예들이 나타난다. 이것은 객체 높임법이 16세기 후반부터 동요하고 있었음을 의미한다.

되었고, 그 결과 객체 높임법의 기능을 잃게 되었다. 근대 국어에서 '-숩-'은 ㉡에서 보는 것처럼 상대 높임법의 '-이-'와 결합하여 청자를 아주 높이는 기능을 하였다. 중세 국어에서 객체 높임법과 상대 높임법의 결합형인 '-숩ᄂᆞ이다'에 소급하는 '옵ᄂᆡ이다, -옵ᄂᆡ이다, -옵ᄂᆞ이다' 등은 근대 국어에서 상대 높임법 중 아주 높임을 나타낸다. 현대 국어의 '-(으)ㅂ니다'는 여기로부터의 발달이다.

㉠ ᄒᆡ온 것도 업ᄉᆞ온ᄃᆡ 머므로옵기도 젓숩건마ᄂᆞᆫ 이 구석의 다락 小園을 두엇숩더니 〈첩해신어 6:6〉

☞ 화자(화자=주어) 자신을 낮춤으로써 청자를 높이는 기능을 수행한다.

㉡ 본ᄃᆡ 먹디 못ᄒᆞ옵것마ᄂᆞᆫ 다 먹숩ᄂᆞ이다 〈첩해신어 3:6a〉

☞ 청자에게 화자 자신을 낮춰 상대를 더욱 높이는 효과를 낸다.

(2) 주체 높임법: 중세 국어와 큰 차이가 없다. 다만, ㉠에서 보는 것처럼 주체 높임의 선어말 어미 '-시-~-샤'는 '-시-'로 단일화된다. 그리고 (ㄴ)에서 확인할 수 있는 것처럼 '-숩-'과 주체 높임의 '-시-'가 결합한 '-숩시-'는 주체를 더욱 높이는 데에 사용되었다.

㉠ 묵기ᄂᆞᆫ 二十四日만 하셔(← 시+어) 〈첩해신어 7:5〉

㉡ 하 극진히 ᄃᆡ졉ᄒᆞ옵시니 〈첩해신어 3:5〉

③ 상대 높임법: 상대 높임법은 화자가 청자를 높이거나 낮추는 문법적 절차로, 중세 국어에서는 'ᄒᆞ라체, ᄒᆞ야쎠체, ᄒᆞ쇼셔체'로 3 등급 체계였다. 그런데 근대 국어에서는 'ᄒᆞ라체, ᄒᆞ소체, ᄒᆞ쇼셔체' 3 등급으로, 중세 국어의 'ᄒᆞ야쎠체'가 'ᄒᆞ소체'로 대체되었다.

㉠ 발이 ᄎᆞ거든 쌜리 묵향산을 머겨 구완ᄒᆞ라 〈두창 하:4a〉

㉡ 바다셔 ᄒᆞᆯ 톄도 업스니 아므리커나 나 ᄒᆞᄂᆞᆫ대로 ᄒᆞ소 〈첩해신어 7:7b〉

㉢ 원컨대 ᄌᆞ롤 ᄉᆞ렴티 마ᄅᆞ쇼셔 〈동신 충1:87b〉

7) 시간 표현: 중세 국어에서는 시제 형태소가 없이 서법 형태소에 기대어 시간이 표현되거나 부정법으로 시간이 표현되었으나 근대 국어에서는 시제 형태소에 의해 시간이 표현되었다.

(1) 근대 국어에서 과거 시제 선어말 어미 '-앗/엇-'이 확립되었다. 이것은 중세 국어에서 완료상을 나타내던 '-아/-어 잇-'에서 발달한 것이다. (예) 믈리쳣다, 보내엿다

(2) '-겟-(〉 -겠-)'도 18세기 말에 등장하였다.[8]

(3) 중세 국어에서 '-ᄂᆞ다'는 근대 국어에서 모음 어간 뒤에서는 '-ㄴ다', 자음 어간 뒤에서는 '-ᄂᆞᆫ다/-는다'로 바뀌었다. (예) 간다 ᄒᆞ여, ᄃᆞ리를 놋ᄂᆞᆫ다

8) 문장 종결법

(1) ㉠에서 보는 것처럼 평서형 종결 어미 '-롸'가 출현하였다. 또한, (㉡~㉥)에서 확인되는 것처럼 중세 국어의 '-더이다, -ᄂᆞ이다, -노이다, -노소이다, -도소이다'에서 '-다'가 탈락하고 음절이 줄어든 '-데, -ᄂᆡ, -뇌, -노쇠, -도쇠'(서술격 조사 뒤에서는 '-로쇠') 등이 'ᄒᆞ소체'의 '평서형/감탄형' 종결 어미로 쓰였다.

㉠ 高麗 王京으로셔브터 오롸 〈노걸대언해 상:1〉

㉡ 問安ᄒᆞᄋᆞᆸ시데 〈첩해신어 1:22〉

㉢ 門ᄭᆞ지 왓ᄉᆞᆸᄂᆡ 〈첩해신어 1:1〉

㉣ 이실ᄃᆞᆺᄒᆞ다 니르ᄋᆞᆸ노쇠 〈첩해신어 5:14〉

㉤ 어와 아름다이 오ᄋᆞᆸ시도쇠 〈첩해신어 1:2〉

㉥ 어와 자네ᄂᆞᆫ 우은 사ᄅᆞᆷ이로쇠 〈첩해신어 9:19〉

(2) 중세 국어의 명령형 종결 어미 '-아쎠'가 없어진 대신 '-소'가 등장하여 'ᄒᆞ소체' 명령형 어미로 쓰였다. (예) 여긔 오ᄅᆞᄋᆞᆸ소 〈첩해신어 1:2〉

(3) 'ᄒᆞ소체' 청유형 종결 어미로 '-(ᄋᆞᆸ)새'가 새로 등장하였다. 'ᄋᆞᆸ'은 객체 높임 선어말 어미이고, '새'는 중세 국어 'ᄒᆞ쇼셔체' 청유형어미 '사이다'에서 '다'가 탈락한 형태이다. 대신 중세 국어에서 'ᄒᆞ라체' 청유형 어미 '-져'는 근대 국어에서 '-쟈'로 바뀌었다.

㉠ 書契를 내셔ᄃᆞᆫ 보ᄋᆞᆸ새 〈첩해신어 1:16〉

㉡ 감히 피ᄒᆞ쟈 니ᄅᆞᄂᆞᆫ 이를 버효리라 〈속삼 충1:39〉

(4) 의문형 종결 어미는 중세 국어에서 사용된 어미들이 거의 대부분 나타난다. 다만, 판정 의문문 어미와 설명 의문문 어미의 구별이 점차 없어졌고, 중세 국어의 '-녀/-려'는 ㉠에서 보는 것처럼 16세기에 시작되어 17세기에 '-냐/-랴'로 바뀌었다. 그리고 ㉡에서 보는 바와 같이 2인칭 의문형 어미(-ㄴ다, -ㅭ다)도 소멸하여, 인칭에 따른 의문문의 구분도 없어진다. 2인칭 의문형 어미의 동요는 16세기부터 나타

8) 박병채(1989:254)에 의하면, '-겟-'은 부사형 전성 어미 '-게-'에 '잇[有]-'이 결합한 형태로 두 형태소의 융합은 18세기 말에서 19세기 초에 일어났다. (예) 그리 말하면 됴켓다 〈한중 5:388〉

난다. 그리고 ㉢에서 보는 바와 같이 중세 국어의 체언 의문문이 근대 국어에서는 동사문으로 바뀌어 가는 경향이 뚜렷하다.

㉠ 아니호미 가ᄒᆞ냐〈야운자경 83〉, ᄇᆞᄅᆞᆷ 마시랴〈노걸대언해 상:18〉

㉡ 네 언제 王京의셔 떠난다, (네)~엇디 앗가ᅀᅡ 예 오뇨〈번노 상:1〉

㉢ ᄂᆞ믄 누구〈몽산법어 20〉 / 네 뉜다〈삼역총해 8:1〉

(5) 감탄형 종결 어미 '-고나'(~-고야,~-괴야)가 16세기에 나타나 근대 국어에서 일반화되었다. 중세 국어 감탄형 종결 어미 '-ㄴ뎌, -ㄹ쎠, -애라, -게라' 중 '-ㄴ뎌'는 근대 국어에서 쓰이지 않게 되었고, '-ㄹ쎠'는 '-ㄹ싸/-ㄹ샤'로 바뀌어 17세기까지 사용되었으며, '-애라, -게라'는 18세기까지 사용되었다.

(6) 근대 국어의 세기별 종결 어미[9]

		격식체				비격식체	
		ᄒᆞ라체	ᄒᆞ소체	ᄒᆞ오체	ᄒᆞ쇼셔체	ᄒᆡ체	ᄒᆡ요체
평서형	17C	-다/라, -롸, -ㄹ와, -마, -ㄹ다	-옴새, -ᄂᆡ, -게, -데, -니, -리, -외, -ᄉᆞ외		-(웅)이다		
	18C	-다/라, -롸, -마	-ᄂᆡ, -ᄃᆡ, -리, -외, -ᄉᆞ외, *-옴새		*-이다		
	19C	-라/라, -어다, -마	-ㄹ세, -네, -ㅁ세	-소, -오	-이다, -올시다, -오이다(외다)/소이다, -ㅂᄂᆡ다(ㅂ니다)	-지	-오(요)
의문형	17C	-냐/뇨, -랴/료/리오, -ㄴ다, -ㄹ다, -ᄯᆞ녀	-ㄴ가/-ㄴ고, -ㄹ가/ㄹ고, -리		-(웅)잇가, -(웅)잇고		
	18C	-냐/뇨, -ㄴ다/ㄹ다, -랴/료/리오	-ㄴ가/ㄴ고, -ㄹ가/ㄹ고, -리		-잇가/잇고		
	19C	-냐/뇨, -랴		-오	-잇가, -ㅂᄂᆡ가(ㅂ니가)		
			-ㄴ가/ㄴ고, -ㄹ가				
명령형	17C	-라, -고, -어라/거나/너라(나라)	-소, -오, -고려, -과댜		-쇼셔		
	18C	-라, -고, -어라/거라/너라(나라)	-소/오, -고려		-쇼셔		
	19C	-라, -아라/어라	-게	-오, *-구려	-쇼셔, -ㅂ시오	-아	

9) 고경태(1998:200~201)를 통합하여 가져옴.

청유형	17C	-쟈	-새		-사이다(상이다)		
	18C	-쟈	-새		-사이다		
	19C	-쟈	-세		-사이다, -ㅂ시다		
감탄형	17C	-다/라, -어라, -ㄹ러라, -고나, 괴야, -ㄹ샤, -에라/애라/게라	-도쇠, -노쇠, -ㄹ쇠				
	18C	-다/라, -어라, -ㄹ러라, -에라/애라, -고나					
	19C	-도다/로다, -라, -구나					

9) 인칭 활용과 대상 활용: 중세 국어에서는 주어가 1인칭일 때 서술어에 선어말 어미 '-오-'가 삽입되었으며, 관형사절의 꾸밈을 받는 체언이 관형사절의 목적어가 될 때 관형사절의 서술어에 선어말 어미 '-오-'가 삽입되었다. 그러나 선어말 어미 '-오-/-우-'가 17세기에 그 기능을 잃어 가게 됨에 따라 인칭 활용(㉠, ㉡)과 대상 활용(㉢, ㉣)이 약화 또는 소멸하였다. '-오-'의 쓰임은 근대 국어 말까지 이어져 화자의 의도를 나타내기는 하였으나 그 기능은 매우 약화되었다.

㉠ 네 니ᄅᆞ라 내 드로마〈번역노걸대 상:5〉 16C

㉡ 네 니ᄅᆞ라 내 드ᄅᆞ마〈노걸대언해 상:32〉 17C

㉢ 밤마다 먹논 딥과 콩이〈번역노걸대 상:12〉

㉣ 每夜의 먹ᄂᆞᆫ 딥과 콩이〈노걸대언해 상:11〉

4.4.5. 어휘

1. 많은 고유어가 소멸하거나 한자어로 대체되었다.

① 사라진 말: 잃-[迷], 외-[穿鑿], 외ᄑᆞ-[刻], 혁-[小]…

② 한자어로 대체: 뫼[山], ᄀᆞᄅᆞᆷ[江], 아ᅀᆞᆷ[親戚], 오래[門], 온[百], 즈믄[千]…

2. 의미 변화: 중세어에서 근대, 현대어로 내려오는 동안에 의미 변화가 일어났다.

1) 의미의 확대: 의미가 변화하여 그 적용 영역이 원래 영역보다 넓어지는 현상

㉠ 다리[脚]: 사람이나 짐승의 다리 〉 무생물에까지 적용

㉡ 영감: 당상관에 해당하는 벼슬을 지낸 사람 〉 남자 노인

㉢ 세수(洗手)하다: 손만 씻는 동작 〉 얼굴을 씻는 행위

㉣ 방석(方席): 네모난 모양의 깔개만 지칭 〉 둥근 것까지도 지칭

2) 의미의 축소: 의미가 변화하여, 그 적용 영역이 원래 영역보다 좁아지는 현상

㉠ 놈: 남자 〉 사용범위가 축소되어 남자를 비하하는 뜻으로 사용됨.

㉡ 겨집(〉계집): 여자 〉 사용범위가 축소되어 여자를 비하는 뜻으로 사용됨.

㉢ ᄉᆞ랑ᄒᆞ-: 思, 愛 〉 愛

㉣ 힘: 筋, 힘줄 〉 힘[力]

3) 의미의 이동: 본래의 의미를 잃고 다른 의미를 가지게 되는 현상

㉠ 어리다: 어리석다[愚] 〉 나이가 어리다[幼少]

㉡ 싁싁하다: 엄하다 〉 씩씩하다

㉢ 어엿브다: 불쌍하다[憐憫] 〉 어여쁘다[美麗]

㉣ 싸다: 값이 적당하다 〉 값이 저렴하다

㉤ 엉터리: 대강 갖추어진 틀 〉 갖추어진 틀이 없음

㉥ 에누리: 값을 더 얹어서 부르는 일 〉 값을 깎는 일

㉦ 즛: 용모(容貌) 〉 품위가 떨어져 행동을 낮잡아 이르는 말

4.5. 국어의 변천 요약

4.5.1. 음운/표기

1. 자음

1) 고대 국어에서는 평음 계열과 유기음 계열만이 존재하였다. 중세 국어 시기에 경음 계열이 새로 추가된다. 다만, 중세 국어에서는 아직 'ㅈ'의 된소리는 형성되지 않았다. 'ㅈ'의 된소리(ㅉ)는 18세기 말[왜어유해(1781~1782)]에 나타난다.

〈표기〉 19세기에 된소리는 된시옷으로 통일되는 경향이 뚜렷하다. 'ㅅ'의 된소리 표기는 'ㅄ'으로 통용되었다.

2) ㅸ: 유성 양순 마찰음

ㅸ[β] 〉 오/우[w], ∅: 1460년대 불경 언해류에 나타나지 않음.

3) ㆅ: 후두마찰음의 된소리

ㆅ[h'] 〉 ㅎ/ㅆ/ㅋ: 혈믈 〉 썰물, 혀다 〉 켜다. 1480년경 소실. 문자 'ㆅ'은 15세기에 소실되었으나 'ㅎ'의 된소리는 17세기에도 존재하였다.

〈표기〉 'ㆅ'은 17세기 문헌에 'ㅅㅎ'으로 표기되기도 하였다. (예) 法을 셔 〈경민 6〉

4) ㅿ: 유성치마찰음

ㅿ[z] 〉 ∅/ㅈ: ᄉᆞᅀᅵ 〉 ᄉᆞ이, 손ᅀᅩ〉손조. 16세기 중엽 소실.

5) ㅇ: 유성후두마찰음

ㅇ[ɦ] 〉 ∅: ᄀᆞᆯ애 〉 ᄀᆞ새, 몰애 〉 모래: 16세기 말~17세기 초 소실.

6) ㆁ[ŋ]: 연구개 비음

〈표기〉 16세기에 종성에 국한되어 표기되었고 17세기 초에 'ㅇ'에 완전히 합류한다. 단, 음가는 변화가 없었다. 표기법의 변화이다.

※ 16세기 말에는 현대 국어와 같은 19 자음체계가 형성되었다.

2. 모음

1) ㆍ: '아'와 '오'의 중간음. 후설 저모음

(1) 1단계 비음운화: 비어두 음절에서 'ㆍ〉으'. 15세기부터 시작되어 16세기 말에는 완성됨. (예) ᄀᆞᄅᆞ치-〉ᄀᆞ르치-/ᄀᆞᆯ으치-, ᄆᆞᅀᆞᆷ〉ᄆᆞ음, ᄒᆞᄆᆞ며〉ᄒᆞ믈며

※ 이 변화로 비어두 음절에서 '으'는 부분 중립 모음이 되었고, 그것은 모음 조화 붕괴의 결정적인 요인이 되었다.

(2) 2단계 비음운화: 어두음절에서 'ㆍ〉아'. 18세기 후반 음운 체계에서 사라짐.

※ 18세기 말에는 6모음 체계가 형성됨.

2) 하강 이중 모음의 단모음화

(1) 'ㆍ〉아'의 변화로 'ㆎ〉애'의 변화가 일어나고 그 이후 '애[ay]〉애[ɛ], 에[əy] 〉에[e]'의 변화가 18세기 말 경에 일어남.

(2) '외, 위'의 단모음화도 19세기에 진행돼(외[oy]〉외[ö], 위[uy]〉[ü]), 19세기 말 20세기 초에 현대 국어와 같은 10모음 체계가 형성됨.

(3) 이상의 결과 하강적 이중 모음은 소멸하였으며, 삼중 모음들도 이중 모음들이 단모음화하면서 이중 모음으로 바뀐 것으로 추정.

3) 모음 체계의 변화 종합(중세 국어 〉 근대 국어)

(1) 'ᄋᆞ'가 두 단계에 걸친 비음운화로 모음 체계상에서 사라졌다.

(2) 전설 단모음 '에, 애'가 형성되었다.

(3) 원순성 대립짝이 'ᄋᆞ:오, 으:우'에서 '어:오, 으:우'로 바뀌었다.

19세기 초의 모음 체계

이	으	우
에	어	오
애	아	

3. 성조

1) 16세기 말에 성조가 소멸한 것으로 본다.

2) 중세 국어 상성은 평성과 거성의 복합으로 긴 소리이면서 굴곡조였다. 변별적이었던 성조가 소멸하자 상성이 가지고 있던 높낮이는 소멸하였지만, 잉여적이었던 장단이 현대로 이어져 변별적 기능을 수행하고 있다.

〈표기〉 방점 표기는 17세기 초부터 쓰이지 않았다.

4. 음절 구조

1) 중세 국어에 어두 자음군인 ㅂ-계(ㅲ, ㅄ, ㅶ, ㅷ)와 ㅄ-계(ㅴ, ㅵ)가 존재하여 음절 초성 자리에 두 개의 자음이 올 수 있었다. 그러나 이런 소리들이 대부분 된소리로 바뀌면서 현대 국어에서는 음절 초에 하나의 자음만이 올 수 있다.

※ ㅄ-계는 17세기 초에, ㅂ-계는 17세기 중엽에 된소리로 바뀌었다.

2) 종성의 자리에 올 수 있는 자음은 중세 국어에서 8자(ㄱ, ㆁ, ㄷ, ㄴ, ㅂ, ㅁ, ㅅ, ㄹ)였다. 그러나 16세기 말에 'ㅅ'이 'ㄷ'에 합류되어 현대 국어와 같은 7 종성 체계가 완성되었다.

〈표기〉 18세기부터 종성의 'ㄷ' 표기는 'ㅅ'으로 통일되어 가는 강한 경향을 보인다.

3) 중세 국어에서는 'ㄺ, ㄻ, ㄼ; ㅧ, ㅯ; ㄳ, ㅄ' 말음을 가진 용언 어간은 활용에 있어

서 자음으로 시작하는 어미가 오더라도 항상 그 표기를 유지하고 있었다. 따라서 이런 환경에서는 모음과 모음 사이에서 3 자음, 즉 음절말에서 두 자음이 허용되었다. 즉, 'ㄹ'이 선행하는 자음군의 경우 음절 종성에서 최대 2 자음을 허용하였다. 그러나 현대 국어에서는 1 자음만을 허용한다.

(예) ᄆᆞᆰ디[淸], ᄇᆞᆰ더라[明], 옮고[移], ᄀᆞᆲ건마ᄅᆞᆫ[竝], ᄃᆞᆰᄣᅢ(酉時), 앉고

5. 음운 현상

1) 구개음화 현상:

(1) 치음이었던 'ㅈ[ts]'이 구개음인 [ʧ]로의 변화가 17세기 말 이전에 있었다.

(2) 형태소 내부에서의 구개음화가 17세기와 18세기 교체기에 시작되었다.

(예) 디-[落] 〉 지-, 됴-[好] 〉 죠-, 티-[打] 〉 치-

(3) 현대 국어는 형태소 경계에서 구개음화가 적용된다. (예) 같+이 → [가치]

2) 평음의 경음화와 유기음화가 확장된다. ᄉᆞᆺ- 〉 ᄊᆞᆺ-, 불무 〉 풀무

3) 'ㅍ' 앞에서 'ㄹ'이 탈락한 소수의 예: 앒 〉 앞, 골ᄑᆞ- 〉 고프-

4) 움라우트: 18세기와 19세기 교체기에 나타난다. 전설 단모음 '애[ɛ], 에[e]'가 형성된 뒤에 가능하였다.

(예) 지팡이 〉 지ᄑᆡᆼ이, 앗기- 〉 ᄋᆡᆺ기-, 기ᄃᆞ리- 〉 기ᄃᆡ리-

5) 원순 모음화: 순음 아래에서 '으 〉 우'. 17세기 말엽에 나타남.

(예) ᄂᆞᄆᆞᆯ 〉 ᄂᆞ믈 〉 ᄂᆞ물, 블 〉 불, 플 〉 풀

※ 이 음운 현상으로 '므, 브, 프, ᄲᅳ'와 '무, 부, 푸, ᄲᅮ'의 대립이 국어에서 없어지게 되었다.

6) 전설 모음화: 19세기에 'ㅅ, ㅈ, ㅊ' 아래에서 '으 〉 이' (예) 즐겁- 〉 질겁-

7) 17세기에 '위〉의' 현상이 일반화되고, 19세기에 '의〉이' 현상이 나타난다.

(예) 불휘 〉 불희 〉 ᄲᅮ리, 뷔-[空] 〉 븨- 〉 비-, ᄯᅴ[帶] 〉 ᄯᅵ, 마듸 〉 마디

8) ㅺ〉ㄲ: ᄇᆞᆪ[外] 〉 밖, 걳-[折] 〉 걲-. 역행 동화에 의함.

9) 모음 조화: 15세기 국어에서 양성 모음은 양성 모음끼리, 음성 모음은 음성 모음끼리 어울렸다. 이 현상은 한 형태소 안(ᄀᆞᄅᆞᆷ, 다ᄅᆞ-; 구름, 어듭-)에서는 비교적 잘 유지되고, 체언과 조사의 결합(ᄇᆞᄅᆞᆷ-애, 뒤ㅎ-헤), 용언과 어미의 결합(잡-ᄋᆞ니, 먹-

으니)에서는 잘 지켜졌으나 15세기에 이미 무너지기 시작하였다. 특히, 'ᄋᆞ'의 1단계 비음운화는 모음 조화 붕괴의 결정적 역할을 하였다. 현대 국어에서는 용언과 어미의 결합에서 일부 모음 조화를 유지하고 있다.

10) 탈락과 축약: 가히 〉 가이 〉 개[kay 〉 kɛ], ᄀᆞᅀᆞᆯ 〉 ᄀᆞᄋᆞᆯ 〉 ᄀᆞ을, 거우르 〉 거울, 드르ㅎ 〉 들, 엾- 〉 없-, 귀더기 〉 구더기, 스싀로 〉 스스로

11) 이화: 아ᅀᆞ 〉 아ᄋᆞ 〉 아우, 서르 〉 서로

12) 첨가: ᄒᆞᄫᆞᅀᅡ 〉 ᄒᆞ오ᅀᅡ 〉 호ᅀᅡ 〉 호자 〉 혼자 / ᄒᆞᄫᆞᅀᅡ 〉 ᄒᆞ오ᅀᅡ 〉 ᄒᆞ오아 〉 ᄒᆞ오와~ᄒᆞ오야

13) 강화: 곶 〉 꽃, 두드리- 〉 ᄯᅮ드리- / 내혀- 〉 내키-, 할하- 〉 핥아-

4.5.2. 문법

1. 격의 변화

 1) 주격 조사 '가'의 출현

 2) 목적격 조사의 단순화: ᄋᆞᆯ/을/ᄅᆞᆯ/를 〉 을/를

 3) 격 실현의 변화

  ㉠ 四海ᄅᆞᆯ 년글(년ㄱ+ᄋᆞᆯ) 주리여 〈용가 20〉 ⇒ 사해를 남에게 주겠는가?
  ('무엇-을 누구-를 주다' 〉 '무엇-을 누구-에게 주다')

  ㉡ 出家ᄒᆞᆫ 사ᄅᆞᄆᆞᆫ 쇼히(쇼ㅎ+이) ᄀᆞᆮ디 아니ᄒᆞ니 〈석상 6:22〉
   ⇒ 출가한 사람은 속인과 같지 아니하니
   ('무엇-이 무엇-이 ᄀᆞᆮ다' 〉 '무엇-이 무엇-과 같다')

2. 수식 구성의 변화

  ㉠ 늘근 ᄂᆞᆯ근 ᄇᆞ룷 사ᄅᆞ미 잇ᄂᆞ니 〈월석 13:23〉 '늙고 낡은 부릴'

  ㉡ ᄃᆞᆺ온 ᄆᆡ운 ᄆᆞᅀᆞ미(愛憎之心) 〈법화 3:41〉 '사랑하고 미워하는'

3. 문장 구성 방식의 변화

 1) 중세 국어에서 명사형 전성 어미 '-옴/-움'로 유도된 명사절이 근대 국어에서 '-기' 명사절로 유도된다.

  ㉠ 법다이 ᄆᆡᆼᄀᆞ로믈 됴히 ᄒᆞ엿ᄂᆞ니라 〈번역노걸대 상:24〉 16세기

  ㉡ 법다이 ᄆᆡᆼᄀᆞᆯ기를 됴히 ᄒᆞ엿ᄂᆞ니라 〈노걸대언해 상:23〉 17세기

2) 중세 국어에서 명사절로 안긴 문장이 근대 국어에서는 관형사절로 안겨 있다.

㉠ 네 닐옴도 올타 커니와 〈번역노걸대 상:5〉 16세기

㉡ 네 니ᄅᆞᄂᆞᆫ 말이 올커니와 〈몽어노걸대 1:6〉 18세기

4. 의문법의 변화: 중세 국어는 설명 의문문('오'형)과 판정 의문문('아/어'형)이 어미에 의해 구분되었고, 2인칭 의문문(-ㄴ다, -ㅭ다)이 따로 존재하였으며, 체언 의문문도 있었다. 그러나 현대 국어는 설명 의문문과 판정 의문문의 어미가 같으며, 인칭에 따른 의문형 어미의 구분도 없고, 체언 의문문도 일부 방언을 제외하면 없다.

5. 높임 표현의 변화

1) 객체 높임법: 중세 국어는 선어말 어미 '-ᅀᅳᆸ-'에 의해 문법적으로 실현되었으나 이 선어말 어미가 소멸하면서 현대 국어에서는 어휘적 수단(드리다, 모시다, 여쭈다 등)으로 실현된다.

2) 상대 높임법: 중세 국어는 선어말 어미 '-ᅌᅵ-/-ㅅ-;-이-/-잇-'에 의해 실현되었으며, 'ᄒᆞ라/ᄒᆞ야쎠/ᄒᆞ쇼셔'의 3등급의 체계였으나 현대 국어는 격식체와 비격식체로 세분화되고, 격식체는 '해라, 하게, 하오, 하십시오'의 4등급 체계이고, 비격식체는 '해, 해요'의 2등급 체계로 변하였다. 그러나 최근 젊은 세대는 격식체에서 '하게, 하오'는 사용하지 않으며, 격식체를 쓸 상황에서도 비격식체를 사용하는 경향이 있다.

6. 시간 표현의 변화: 중세 국어의 시간 표현은 서법 형태소에 기대어 표현되었다. 직설법 '-ᄂᆞ-', 회상법 '-더-', 추측법 '-(으)리-'가 각각 현재, 과거, 미래를 나타냈고 이 외에 동사는 부정법(不定法)과 확인법 선어말 어미 '-거-/-어-'에 기대어 과거를 표현하기도 하였다. 그러나 근대 국어에서 과거 시제 형태소 '-었-'(〈 -엇-/어시- 〈 -어 잇-/이시-)과 미래 시제 형태소 '-겠-'이 출현하였다. 중세 국어에서 '-(으)리-'는 추정과 의지를 실현하는 데에 사용되었으나 그 기능을 '-겠-'에 넘기고 현대 국어에서는 매우 축소된 범위에서 사용되고 있다.

7. 사・피동 표현의 변화: 주동문을 사동문으로, 능동문을 피동문으로 바꾸는 절차나 방법은 중세 국어와 현대 국어에 큰 차이가 없다.

1) 사동법

㉠ ᄒᆞᆫ 菩薩이 王 ᄃᆞ외야 겨샤 나라ᄒᆞᆯ 아ᅀᆞ 맛디시고(맜+이+시+고) 〈월석 1:5〉

⇒ (현대) 한 보살이 왕이 되어 계시어 나라를 아우에게 맡기시고(맡+기+시+고)

㉡ 녀토시고(녙+오+시고) 또 기피시니(깊+이+시+니) 〈용가 20〉

⇒ 얕게 하시고 또 깊게 하시니

㉠에서 중세 국어는 접미사 '-이-'에 의해 사동법이 실현되었으나 현대어에서는 '-기-'가 쓰이고 있으며, ㉡에서는 파생적 사동법이 실현되었던 것이 현대에는 통사적 사동으로 실현되고 있음을 보이고 있다. 이는 사동법 실현 방법의 변화를 보인 것이다.

2) 피동법

㉠ 그 남기 虛空애 들이니(들+이+니) 難陁ㅣ 숨디 몯ᄒᆞ니라 〈월석 7:10〉

⇒ 그 나무가 허공에 들리니(들+리+니) 난타가 숨지 못하였다

㉡ 이 네 罪를 犯ᄒᆞ면 쥬의게 ᄇᆞ리일(ᄇᆞ리+이+리) 씨니라 〈능엄 6:85〉

⇒ 이 네 죄를 범하면 중에게 버리어 질(버리+어 지+ㄹ) 것이다

㉠에서 중세 국어는 접미사 '-이-'에 의해 피동법이 실현되었으나 현대 국어에서는 '-리-'가 쓰이고 있다. 또한 ㉡에서도 중세 국어는 파생적 피동이 실현되고 있으나 현대어에서는 통사적 피동이 실현되고 있다. 이는 피동법 실현 방법의 변화를 보인 것이다.

8. 부정법의 변화: 짧은 부정문보다는 긴 부정문이 더 많이 사용된다.

㉠ 아니 ᄀᆞᄅᆞ쳐도 善호미 聖人 아니라 엇더니며 〈내훈 1:21〉 16세기

㉡ ᄀᆞᄅᆞ치디 아니ᄒᆞ야셔 어디롬이 聖인 아니오 므서시며 〈어제내훈 1:19〉 18세기

9. 인칭법의 변화

1) 주어가 1인칭일 때 종결형에 결합되었던 선어말 어미 '-오-'가 17세기에 소멸되어서 현대 국어에서는 1인칭에 호응하는 어미가 없다.

㉠ 네 니ᄅᆞ라 내 드로마 〈번역노걸대 상:5〉 16세기

㉡ 네 니ᄅᆞ라 내 드ᄅᆞ마 〈노걸대언해 상:32〉 17세기

2) 2인칭 의문형 어미(-ㄴ다/-ㅭ다)가 소멸함으로써, 2인칭에 호응하는 어미도 없다.

10. 기타: 자동사와 타동사를 구분하여 통합되는 어미도 없어졌으며, 분리적 성격의 어미도 없어졌다.

연습문제

1. 훈민정음 초성자와 중성자의 창제 원리를 설명하시오.

2. 훈민정음 제자해의 '終聲復用初聲'이 뜻하는 바를 쓰시오.

3. 訓民正音 解例 終聲解의 "八字可足用"과 현대 국어 외래어 표기법 제3항의 규정을 비교하되, 구체적 예를 제시하시오. 단, 해당되는 예는 (나)의 (ㄱ)과 (ㄴ)에서 찾으시오.

가. 所以ㆁㄴㅁㅇㄹㅿ六字爲平上去聲之終. 而餘皆爲入聲之終也. 然ㄱㆁㄷㄴㅂㅁㅅㄹ八字可足用也. 如빗곶爲梨花. 엿의갗爲狐皮. 而ㅅ字可以通用. 故只用ㅅ字. 〈훈민정음 해례 종성해〉

나. 제3항 받침에는 'ㄱ, ㄴ, ㄹ, ㅁ, ㅂ, ㅅ, ㅇ'만을 쓴다. 〈외래어 표기법〉

ㄱ. 나랏말ᄊᆞ미 中듕國귁에 달아 文문字ᄍᆞᆼ와로 서르 ᄉᆞᄆᆞᆺ디 아니ᄒᆞᆯᄊᆡ

ㄴ. 커피숍에서 로봇과 인간의 관계에 대해 생각해 보았다.

※ 중세 국어와 외래어 표기법은 모두 표음적 표기법(음소적 표기법)이다. 세부적으로 다른 점은?

4. 다음 문장에서 체언과 용언을 골라내어 하위 분류하시오.

나ᄂᆞᆫ 어버ᅀᅵ 여희오 ᄂᆞᄆᆡ 그에 브터 사로ᄃᆡ 우리 어ᅀᅵ아ᄃᆞ리 외ᄅᆞᆸ고 입게 ᄃᆞ외야 人生 즐거븐 ᄠᅳ디 업고 주구믈 기드리노니 목수미 므거븐 거실ᄊᆡ 손소 죽디 몯ᄒᆞ야 ᄉᆞᆲ고 애완븐 ᄠᅳ들 머거 갓가ᄉᆞ로 사니노니

※ 체언 = 명사, 대명사, 수사. 용언 = 동사, 형용사.
그에: 의존 명사, 어ᅀᅵ아ᄃᆞᆯ: 합성어. 주굼: 서술성이 없음. 입다: 괴롭다, 고달프다

5. (가)~(바)에서 조사를 모두 찾고 그것을 기능에 따라 분류하되, 부사격 조사는 의미에 따라 하위 분류하시오. 생략된 조사도 찾는다[길+을(∅)].

가. 길 넓 사ᄅᆞᆷ과 ᄀᆞ티 너기시니　　나. 光明이 ᄒᆡᄃᆞᆯ두고 더으니

다. 내히 이러 바ᄅᆞ래 가ᄂᆞ니　　라. 天과 ᄒᆞᆫᄃᆡ 잇ᄂᆞ니라

마. 너ᄂᆞᆫ 高麗ㅅ 사ᄅᆞᆷ미어시니 漢人의 글 ᄇᆡ화 므슴ᄒᆞᆯ다

바. 부톄 百億世界예 化身ᄒᆞ야 教化ᄒᆞ샤미 ᄃᆞ리 즈믄 ᄀᆞᄅᆞ매 비취요미 ᄀᆞᆮᄒᆞ니라

6. 〈보기〉를 참조하여 관형격 조사 ‘ᄋᆡ/의’와 ‘-ㅅ’의 차이를 설명하시오.

〈보기〉

가. 사ᄉᆞᄆᆡ 등과 도ᄌᆞᄀᆡ 입과 눈

나. 네 이제 사ᄅᆞᄆᆡ 모ᄆᆞᆯ 得ᄒᆞ고 부텨를 맛나 잇ᄂᆞ니

다. ᄒᆞᆫ 菩薩이 王 ᄃᆞ외야 겨샤 瞿曇婆羅門을 맛나샤 ᄌᆞ갸 오ᄉᆞ란 밧고

라. 나랏말ᄊᆞᆷ이 中國에 달아

7. 다음 표를 완성하시오.

단독형	-ᄃᆞᆯ해	-이(주격)	-을(목적격)	-마다
구무(穴)				

8. 다음 밑줄 그은 형태소의 공통점과 차이점을 말하시오.

가. 衆生ᄃᆞᆯ히 信根이 ᄀᆞᆽ디 몯ᄒᆞ야

나. 그듸내 各各 ᄒᆞᆫ 아ᄃᆞᆯ옴 내양 내 孫子 조차 가게 ᄒᆞ라

9. 다음 〈보기〉에서 불규칙 활용을 하는 것을 모두 찾고, 그 활용 형태를 말하시오.

ㄱ. 도ᄌᆞᆨᄒᆞ더니~아ᄃᆞ리러니　ㄴ. 짓고~지ᅀᅥ　ㄷ. ᄇᆞᅀᆞ디~ᄇᆞᇫ아

ㄹ. 다ᄅᆞ거늘~달아　ㅁ. 큰~커ᅀᅡ　ㅂ. 닙고~니버

ㅅ. 시므디~심거　ㅇ. 깁거다 ~ 머거다　ㅈ. 마곰~머굼

※ 규칙 활용은 어간이나 어미의 형태가 바뀌지 않거나 바뀌더라도 그런 유형의 것들이 예외 없이 바뀐다.

10. 다음 합성어들을 통사적 합성어와 비통사적 합성어로 구분하시오.

ㄱ. 눈멀다　ㄴ. 업시너기다　ㄷ. 감ᄑᆞᄅᆞ다　ㄹ. ᄡᅩᇂ오좀

11. 다음 단어 중 어휘적 파생법에 해당하는 단어를 모두 고르시오.

글발, 노ᄑᆡ, 드위ᅘᅧ다, ᄇᆞᆯ기다, 나토다, 웃ᄫᅳ다, ᄂᆞᆺ갑다, 새로, 몯내, 아바님, 휫돌다

※ 어휘적 파생: 어근의 품사와 파생어의 품사가 같다.

12. 국어 문장 성분의 체계를 말하고 〈보기〉에서 예를 찾아 체계에 맞게 분류하시오.

如來하 우리 나라해 오샤 衆生ᄋᆡ 邪曲ᄋᆞᆯ 덜에 ᄒᆞ쇼셔. 世尊이 니ᄅᆞ샤ᄃᆡ 出家ᄒᆞᆫ 사ᄅᆞᄆᆞᆫ 쇼히 ᄀᆞᆮ디 아니ᄒᆞ니 그에 精舍ㅣ 업거니 어드리 가료.

※ 문장 성분 = 주성분{주어, 목적어, 보어, 서술어}, 부속 성분{관형어, 부사어}, 독립 성분{독립어}

13. (가)~(마)에서 밑줄 친 단어의 품사를 쓰시오.

(가) ᄉᆞᇇ가락과 ᄉᆞᇇ가락 아니와애 나게 ᄒᆞ리라

(나) 왕이 좌시고 病이 됴ᄒᆞ샤

(다) 어누 나라해 가샤 나시리잇고

(라) 새 出家ᄒᆞᆫ 사ᄅᆞ미니

(마) 어늬 구더 兵 不碎ᄒᆞ리잇고

14. (가)~(마)에서 밑줄 친 부분의 문장 성분을 쓰시오.

(가) 妻眷 ᄃᆞ외얀 디 三年이 몯 차 이셔

(나) 이 東山ᄋᆞᆫ 남기 됴ᄒᆞᆯᄊᆡ

(다) 우전왕 ᄆᆡᇰᄀᆞ론 金像ᄋᆞᆯ 象애 신ᄌᆞᄫᅡ 가더니

(라) 부톄…教化ᄒᆞ샤미 ᄃᆞ리 즈믄 ᄀᆞᄅᆞ매 비취요미 ᄀᆞᆮᄒᆞ니라

(마) 다 威王ᄋᆡ 나ᄆᆞᆫ 功 아니가

15. 다음 문장에서 (ㄱ) 관형사절의 종류에 따라 두 부류로 나누고, (ㄴ) 피한정 명사의 기능을 말하시오. ※ 관계 관형사절, 동격 관형사절. 꾸밈을 받는 명사가 관형사절에서 어떤 문장 성분이 되는가?

(1) 긴 녀르메 ᄒᆞ욜 이리 업스니

(2) 本來 求ᄒᆞ논 ᄆᆞᅀᆞᆷ 업다이다

(3) 淨飯王이 … 누ᄫᅳᆫ 자리예 겨샤

(4) 큰 法 즐기ᄂᆞᆫ ᄆᆞᅀᆞ미 잇던댄

(5) 가히 ᄲᅢ를 너흘면 입시울 ᄒᆞ야디ᄂᆞᆫ ᄃᆞᆯ 모ᄅᆞ고

16. 〈보기〉를 참조하여 물음에 답하시오.

〈보기〉

(주동문)	ㄱ. 鸚鵡ㅣ 그 穀食ᄋᆞᆯ 어ᅀᅵ를 머기ᄂᆞ다
어ᅀᅵ 그 穀食(곡식)ᄋᆞᆯ 먹ᄂᆞ다→(사동문)	ㄴ. 鸚鵡ㅣ 그 穀食ᄋᆞᆯ 어ᅀᅵ를 먹긔 ᄒᆞᄂᆞ다

1) 주동문이 사동문으로 변형되는 형태론적 절차와 통사론적 절차를 (ㄱ)을 중심으로 설명하시오.

2) 'ㄱ'과 'ㄴ'의 의미 차이를 '鸚鵡ㅣ(앵무ㅣ)'를 중심으로 설명하시오.

17. 아래 문장에서 밑줄친 서술어의 시제를 말하고 그 근거를 밝히시오.

ㄱ. 이제 엇뎨 羅睺羅ᄅᆞᆯ 앗기ᄂᆞᆫ다

ㄴ. 네 아비 ᄒᆞ마 주그니라

ㄷ. 내 지븨 이싫 저긔 受苦ㅣ 만타라

ㄹ. 내 本來 求홀 ᄆᆞᅀᆞᆷ 업다니 오ᄂᆞᆯ 이 寶藏이 자연히 니를어다

ㅁ. 이 善女人이 … 女人 잇ᄂᆞᆫ 世界에 다시 나디 아니ᄒᆞ리니

ㅂ. ᄒᆞᆫ 大藏教ㅣ 이 사곤 거시어시니 아래 이 無ㆆ字도 사기도소니야

※ ㄱ. 현재 ㄴ.과거 ㄷ. 과거–회상시기준 현재 ㄹ. 과거 ㅁ. 미래 ㅂ. 과거

18. 아래 문장에서 밑줄 친 높임법이 나타난 이유와 이런 높임법이 현대 국어에서 어떻게 실현되는지 말하시오. ※ 객체 〉 주체~화자

"내 ᄯᆞᆯ 勝鬘이 聰明ᄒᆞ니 부텨옷 보ᅀᆞᄫᆞ면 당다이 得道ᄅᆞᆯ ᄲᆞᆯ리 ᄒᆞ리니"

19. 다음 (　　) 안에 주어를 보충하시오.

ㄱ. (　　) 信ᄒᆞᄂᆞ다 아니 ᄒᆞᄂᆞ다.

ㄴ. (　　) 엇던 行業을 지ᅀᅥ 惡道에 ᄠᅥ러딘다

20. 안긴 문장에 밑줄을 긋고 그것의 종류를 말하시오.

ㄱ. 내 成佛ᄒᆞ야 나랏 有情이 正覺 일우오ᄆᆞᆯ 一定티 몯ᄒᆞ면

ㄴ. ᄆᆞᅀᆞᆯ히 멀면 乞食ᄒᆞ디 어렵고

ㄷ. 大愛道ㅣ 善ᄒᆞᆫ ᄠᅳ디 하시며

ㄹ. 廣熾ᄂᆞᆫ 너비 光明이 비취닷 ᄠᅳ디오

ㅁ. 이웃집 브른 바미 깁도록 ᄇᆞᆯ갯도다

ㅂ. 제 닐오ᄃᆡ 臣은 이 酒中엣 仙人이로라 ᄒᆞ니라

21. (1)~(4)에서 현대 국어와 다른 중세 국어의 특징을 5개 찾아서 그 차이점을 설명하시오. 단, (1)~(4) 각각에서 적어도 하나는 찾아야 하며, 어휘나 표기법은 제외하시오.

〈자료〉

(1) 내 롱담ᄒᆞ다라

(2) 네 아비 ᄒᆞ마 주그니라

(3) 善慧라 ᄒᆞᇙ 仙人이 五百 外道ᄋᆡ 그르 아논 이를 ᄀᆞᄅᆞ쳐 고텨시ᄂᆞᆯ

(4) 그듸 디나건 네 뉫 時節에 盟誓 發願ᄒᆞᆫ 이를 혜ᄂᆞ닛가 모ᄅᆞᄂᆞ닛가

22. (가)~(마)를 모두 이용하여 중세 국어 문장 종결법을 그 근거와 함께 서술하시오.

(가) ᄆᆡ햇 새 놀애 브르ᄂᆞ다

(나) 摩耶ㅣ 如來ᄅᆞᆯ 니ᄊᆞᄫᆞ실쎠

(다) 이 智慧 업ᄉᆞᆫ 比丘ㅣ 어드러셔 오뇨

(라) 내 보아져 ᄒᆞᄂᆞ다 ᄉᆞᆯᄫᅡ쎠

(마) 이 劫淨 일후므란 賢劫이라 ᄒᆞ져

기출문제

1. “국어의 역사를 안다.”라는 학습 목표를 성취하기 위해 모은 다음 자료를 보고 물음에 답하시오. [총 7점] 〈2004〉

(가)

① 내 ᄒᆞ마 命終호라 〈월인석보 9, 36〉

② 내 아래브터 부텻긔 이런 마ᄅᆞᆯ 몯 듣ᄌᆞᄫᆞ며 〈석보상절 13, 44〉

③ 내 롱담ᄒᆞ다라 〈석보상절 6, 24〉

④ 내 겨지비라 가져가디 어려ᄫᅳᆯ씨 월인석보 1, 13〉

⑤ 衆生ᄋᆡ 福이 다ᄋᆞ거다 〈석보상절 23, 28〉

⑥ 내 이ᄅᆞᆯ 爲ᄒᆞ야 어엿비 너겨 새로 스믈여듧 字ᄅᆞᆯ ᄆᆡᇰᄀᆞ노니 〈훈민정음 언해〉

⑦ 불휘 기픈 남ᄀᆞᆫ ᄇᆞᄅᆞ매 아니 뮐씨 곶 됴코 여름 하ᄂᆞ니 〈용비어천가 2장〉

⑧ 崔九의 집 알ᄑᆡ 몃 디윌 드러뇨 두시언해 16, 52〉

⑨ 내 이제 훤히 즐겁과라 〈법화경언해 2, 137〉

(나)

① ㅈᄂᆞᆫ 니쏘리니 卽즉字ᄍᆞᆼ 처ᅀᅥᆷ 펴아 나ᄂᆞᆫ 소리 ᄀᆞᄐᆞ니 ᄀᆞᆯ바쓰면 慈ᄍᆞᆼㆆ字ᄍᆞᆼ 처ᅀᅥᆷ 펴아 나ᄂᆞᆫ 소리 ᄀᆞᄐᆞ니라 ㅊᄂᆞᆫ 니쏘리니 侵침ㅂ字ᄍᆞᆼ 처ᅀᅥᆷ 펴아 나ᄂᆞᆫ 소리 ᄀᆞᄐᆞ니라 〈훈민정음 언해〉(15세기)

② 우리나라에서는 ‘댜, 뎌’를 ‘쟈, 져’와 똑같이 발음하고, ‘탸, 텨’를 ‘챠, 쳐’와 똑같이 발음한다. 이는 단지 턱을 움직임에 있어서 이것은 어렵고 저것은 쉽기때문일 뿐이다. (…중략…) 또 정 선생님께 듣기를, 그분의 고조부 형제 중 한 분의 이름은 ‘知和’이고 또 한 분의 이름은 ‘至和’였는데, 당시에는 이 둘을 혼동되게 부른 일이 없었다고 한다. 그러므로 ‘디’와 ‘지’의 혼란은 그리 오래되지 않은 일임을 알 수 있다. (如東俗댜뎌呼同쟈져 탸텨呼同챠쳐 不過以按頤之此難彼易也 (…중략…) 又聞鄭丈言 其高祖昆弟 一名知和 一名至和 當時未嘗疑呼 可見디지之混 未是久遠也) 〈유희, 언문지, 19세기 초〉

1) 중세 국어의 선어말 어미 '-오-'에 대하여 지도하고자 한다. (가)에서 '-오-'가 포함된 4가지 예문을 찾아, 그 번호와 그렇게 볼 수 있는 근거를 쓰되, 〈조건〉을 참조하시오. [3점]

〈조건〉 '－오－'가 포함되어 있는 어절이나 음절을 찾아 형태소를 분석하는 방식으로 근거를 제시할 것.

(예 ᄒᆞ니 : ᄒᆞ+니, 홈 : ᄒᆞ+옴)

예문 번호	근 거

2) (나)의 두 자료를 함께 고려하여 알 수 있는 국어사적 사실을 구체적으로 설명하시오. [4점]

·1단계 :

·2단계 :

·3단계 :

·4단계 :

2. 다음은 “중세 국어 어휘의 쓰임을 안다.”라는 학습 목표를 성취하기 위한 자료이다. ‘어느’를 셋으로 분류하고 그 근거를 쓰시오. [2점] 〈2005〉

① 어느 뉘 請ᄒᆞ니 (용비어천가 18)
② 어느ᄅᆞᆯ 닐온 正法眼고 (금강경삼가해 2:68)
③ 어늬ᅀᅡ 뭇 됴ᄒᆞ니잇가 (석보상절 6:35)
④ 國人 ᄠᅳ들 어느 다 ᄉᆞᆯᄫᆞ리 (용비어천가 118)
⑤ 國王ᄋᆞᆫ 오쇼셔 龍王ᄋᆞᆫ 겨쇼셔 이 두 말ᄋᆞᆯ 어늘 從ᄒᆞ시려뇨 (월인석보 7:26)
⑥ 菩薩이 어느 나라해 ᄂᆞ리시게 ᄒᆞ려뇨 (월인석보 2:10)
⑦ 현 날인ᄃᆞᆯ 迷惑 어느 플리 (월인천강지곡 74)

자료 번호	분류의 근거

【3~4】 다음 자료를 읽고 물음에 답하시오. [총 7점] 〈2005〉

① ᄉᆡ미 기픈 므른 ᄀᆞᄆᆞ래 아니 그츨ᄊᆡ (용비어천가 2, 1447년)
② 젹은 아ᄒᆡᄅᆞᆯ ᄀᆞᄅᆞ치되 (소학언해 5, 1587년)
③ 더ᄫᅳᆫ 몰애 모매 븓ᄂᆞᆫ 苦왜라 (석보상절 13, 1447년)
④ 모래와 ᄒᆞᆰ 섯근 거슬 (가례언해 7, 1632년)
⑤ 三賊이 좇ᄌᆞᆸ거늘 (용비어천가 36, 1447년)
⑥ 梵音이 깁고 微妙ᄒᆞ샤 (석보상절 13, 1447년)
⑦ 고ᄌᆞᆯ 받ᄌᆞᄫᆞ시니 (월인천강지곡 6, 1449년)
⑧ 어마님 사라겨싫 저긔 (월인석보 23, 1459년)
⑨ 됴ᄒᆞ시며 됴ᄒᆞ실쎠 大雄世尊이여 (법화경언해 5, 1463년)
⑩ 내 보아져 ᄒᆞᄂᆞ다 ᄉᆞᆯ바쎠 (석보상절 6, 1447년)

3. 다음은 ①~⑦에서 알 수 있는 국어사적 지식을 정리한 표이다. 빈 칸에 알맞은 내용을 쓰시오. [4점]

구분	국어사적 지식	구체적인 내용
①, ②	표기법의 변화	
③, ④	음가(音價)의 변화	
③, ⑤, ⑥, ⑦	팔종성법(八終聲法)	

4. ⑤~⑩에 쓰인 경어법을 유형별로 설명하시오. [3점]

5. 〈보기〉는 "중세 국어의 음운 변천을 안다."라는 학습목표를 성취하기 위한 자료이다. 'ㅸ'은 세종 이후에 [w]로 변했는데, 후행하는 모음에 따라 다르게 실현되었다. 밑줄 친 부분의 'ㅸ'이 모음을 만나 변하는 과정에서 어떤 결합 규칙이 적용되었고, 그 변화된 모습은 어떠했는지 〈예시〉를 참조하여 밝히시오. [2점] 〈2006〉

〈보기〉

① <u>스</u>ᄀᆡᇦ 軍馬ᄅᆞᆯ 이길ᄊᆡ ᄒᆞᄫᆞ사 믈리조치샤 〈용비어천가 35장〉

② 이런 <u>더러</u>ᄫᅳᆫ 일 ᄒᆞ거뇨 ᄒᆞᆫ대 〈월인석보 1, 44〉

③ ᄆᆞᅀᆞᄆᆞᆯ 더욱 <u>셜</u>ᄫᅴ 너기샤 눉므를 비오ᄃᆞᆺ 흘리시고 〈월인석보 8, 94〉

〈예시〉

	결합 규칙	결합 후 변화된 모습	현대어
ᄆᆞᅀᆞᆷ	ᅀ+ᄋᆞ>탈락(∅)	ᄆᆞᅀᆞᆷ>ᄆᆞᄋᆞᆷ	마음
ᄀᆞᄅᆞ치어	이+어>여	ᄀᆞᄅᆞ치어>ᄀᆞᄅᆞ쳐	가르쳐

	결합 규칙	결합 후 변화된 모습	현대어
① 스ᄀᆞᄫᆞᆯ	[w]+		시골
② 더러ᄫᅳᆫ	[w]+		더러운
③ 셜ᄫᅵ	[w]+		쉽게

6. 〈보기〉는 중세 국어의 격조사를 이해하기 위해 수집한 자료이다. ①~⑥에 사용된 격조사를 세 종류로 분류하여 〈표〉를 완성하시오. [3점] 〈2006〉

〈보기〉

① 부텨 날 爲ᄒᆞ야 法을 니ᄅᆞ시리라ᄉᆞ이다 〈법화경언해 2, 231〉

② 아ᄎᆞᆷ 뷔여든 ᄯᅩ 나조ᄒᆡ 닉고 〈월인석보 1, 45〉

③ 世尊ㅅ 神力으로 ᄃᆞ외의 ᄒᆞ샤 사ᄅᆞ미라 〈석보상절 6, 7〉

④ 사ᄅᆞᄆᆡ ᄠᅳ들 거스디 아니ᄒᆞ노니 〈월인석보 1, 12〉

⑤ 이 지븨 자려 ᄒᆞ시니 〈용비어천가 102장〉

⑥ 불휘 기픈 남ᄀᆞᆫ ᄇᆞᄅᆞ매 아니 뮐ᄊᆡ 〈용비어천가 2장〉

격조사의 종류	자료 번호	분류 근거
주격		
관형격		
처소의 부사격		

7. 다음은 "문장의 짜임과 문법요소를 안다."라는 학습목표를 성취하기 위해 〈보기〉를 자료로 하여 수행한 교수·학습 활동이다. 이 과정을 완성하시오. [5점] 〈2006〉

<보기>

(가) ① 文殊아 아라라 〈석보상절 13, 26〉

② 님금하 아ᄅᆞ쇼셔 〈용비어천가 125장〉

③ 딩아 돌하 當今에 계샹이다 〈악장가사, 정석가〉

(나) ① 半 길 노ᄑᆞᆫᄃᆞᆯ 년기 디나리잇가 〈용비어천가 48장〉

② 景 긔 엇더ᄒᆞ니잇고 〈악장가사, 한림별곡〉

③ 슬후미 이어긔 잇디 아니ᄒᆞ니아 〈초간두시언해 7, 14〉

④ 그에 精舍ㅣ 업거니 어드리 가료 〈석보상절 6, 22〉

⑤ 엇뎨 겨르리 업스리오 〈월인석보 서 17〉

⑥ 어루 이긔여 기리ᄉᆞᄫᆞ려 〈월인석보 서 9〉

· 재희는 이 자료를 공부하면서 (가)의 ①, ②를 통해 호격 조사 가운데 특수성을 띤 것이 있음을 알게 되었다. 그런데 ③의 밑줄 친 '딩아 돌하'도 같은 경우인지 의문이 생겼다. 이에 대해 교사는 어떻게 설명해야 하는지 쓰시오. [1점]

· 재희는 (나)의 자료에서 ①의 '년기'에 대해 의문이 생겼다. 이에 대해 문법적으로 '년기'를 어떻게 설명해야 하는지, 그리고 문장 성분은 무엇인지 밝히시오. [2점]

· 재희는 (나)의 자료를 보면서 중세 국어의 의문문을 만드는 다양한 종결 어미를 어떻게 분류할 수 있는지 의문이 생겼다. 이에 대해 A, B 두 유형으로 분류하여 설명한다고 할 때, 그 분류 근거를 밝히시오. [2점]

분류	자료 번호	분류 근거
A		
B		

8. 다음은 중세 국어 문헌에 나타나는 초성 ‘ㅂ’계 합용 병서에 대하여 탐구하려고 수집한 자료이다. 주어진 ‘단서’로 (가)와 (나)를 탐구하고, 그 내용을 근거로 ‘ㅂ’계 합용 병서가 어떤 소리를 표기한 글자였는지 쓰시오. [3점] 〈2007〉

(가) ① 곧 이제 ᄀᆞ술히 반되 ᄒᆞ마 어즈러우니 됴히 그려기와 다ᄆᆞᆺ ᄒᆞᆫᄢᅴ 오리로다
(卽今螢已亂 好與鴈同來) 〈두시언해 초간본 8:40〉
② 손과 홈ᄢᅴ 밥 먹거늘(與客同飯ᄒᆞᆫ대) 〈번역소학 10:6〉
(나) 멥ᄡᆞᆯ, 좁ᄡᆞᆯ, 볍ᄡᅵ, 부릅ᄠᅳ다, 휩ᄡᅳᆯ다

자료	단서	탐구 내용
(가)	‘ᄒᆞᆫᄢᅴ〉홈ᄢᅴ’에 나타난 ‘ㄴ〉ㅁ’	
(나)	단어 형성상의 특이점	

탐구 결과

초성 ‘ㅂ’계 합용 병서는 (   )을/를 표기한 글자였다.

9. (가)~(라)의 밑줄 친 부분은 중세 국어에서 일정한 조건에 따라 다른 형태로 쓰였다. 각각의 교체 조건 혹은 분포 조건을 (예)와 같이 설명하시오. [4점] 〈2007〉

(가) ① 어린 百ᄇᆡᆨ姓셩이 니르고져 ᄒᆞᇙ 배 이셔도 ᄆᆞᄎᆞᆷ내 <u>제</u> ᄠᅳ들 시러 펴디 몯ᄒᆞᇙ 노미 하니라 훈민정음 언해)
② 淨쪙飯뻔王왕이 깃그샤 부텻 소ᄂᆞᆯ 손ᅀᅩ 자ᄇᆞ샤 ᄌᆞ<u>걋</u> 가ᄉᆞ매 다히시고 (월인석보 10:9)

(나) ① ᄉᆡ<u>미</u> 기픈 므른 ᄀᆞᄆᆞ래 아니 그츨ᄊᆡ (용비어천가 2장)
② 二百戶ᄅᆞᆯ 어느 <u>뉘</u> 請ᄒᆞ니 (용비어천가 18장)
③ 블근 <u>새</u> 그를 므러 寢室 이페 안ᄌᆞ니 (용비어천가 7장)

(다) ① 金금으로 ᄧᅡ<u>해</u> ᄉᆡ로ᄆᆞᆯ ᄢᅳᆷ 업게 ᄒᆞ면 (석보상절 6 : 24)
② 굴허에 ᄆᆞᄅᆞᆯ 디내샤 도ᄌᆞ기 다 도라가니 (용비어천가 48장)

③ 野人ㅅ 서리예 가샤 野人이 골외어늘 (용비어천가 4장)

(라) ① 뎌 즁아 닐웨 ᄒᆞ마 다ᄃᆞᆮ거다 (석보상절 24 : 15)

② 길헤 艱간難난ᄒᆞᆫ 사ᄅᆞᆷ 보아ᄃᆞᆫ 다 布봉施싱ᄒᆞ더라 (석보상절 6 : 15)

대 상	교체 조건 혹은 분포 조건
(예)관형격 조사	관형격 조사 'ᄋᆡ'와 '의'는 선행 체언 모음과의 모음 조화에 따라 선택되었는데, 'ᄋᆡ'는 양성 모음 뒤에, '의'는 음성 모음 뒤에 쓰였다.
(가) 재귀 대명사	
(나) 주격 조사	
(다) 부사격 조사	
(라) 선어말 어미	

10. 다음 이야기에 관여하는 사람들이 다른 사람들에 대해 '높임의 의도'를 가지고 있는지 판단하고, 그 근거가 되는 어절을 각각 하나만 찾아 쓰시오. [4점] 〈2008〉

〈자료 해설〉 아래는 아들 '나후라(羅睺羅)'를 출가시켜 데려오라는 '부텨(세존)'의 명을 받고 가비라국에 온 '목련(目連)'과 '부텨'의 아내이자 '나후라'의 어머니인 '야수(耶輸)' 사이에 일어난 일을 서술한 이야기의 일부이다.

耶輸ㅣ 부텻 使者 왯다 드르시고 靑衣를 브려 긔별 아라오라 ᄒᆞ시니 …… 耶輸ㅣ 그 긔별 드르시고 …… (耶輸ㅣ) 門돌ᄒᆞᆯ 다 구디 ᄌᆞᆷ겨 뒷더시니 目連이 耶輸ㅅ 宮의 가 보니 門ᄋᆞᆯ 다 ᄌᆞᄆᆞ고 유무 드륧 사ᄅᆞᆷ도 업거늘 즉자히 神通力으로 樓 우희 ᄂᆞ라 올아 耶輸ㅅ 알ᄑᆡ 가 셔니 耶輸ㅣ 보시고 …… (耶輸ㅣ) 니러 절ᄒᆞ시고 안ᄌᆞ쇼셔 ᄒᆞ시고 世尊ㅅ 安否 묻ᄌᆞᆸ고 니ᄅᆞ샤ᄃᆡ 므스므라 오시니잇고 〈석보상절 6:2~3〉

	높임의 의도	근거 어절
예 서술자가 야수에게	있음	드르시고
야수가 청의에게		
야수가 목련에게		
서술자가 부텨에게		
서술자가 목련에게		

11. 다음 각 예문에서 밑줄 친 부분의 현대 국어 대응형을 쓰고 이 부분에 포함되어 있는 조사와 그것이 표시하는 의미를 예와 같이 쓰시오. [3점] 〈2008〉

(가) 諸子ㅣ <u>아비의</u> 便安히 안ᄌᆞᆫ ᄃᆞᆯ 알오 〈법화경언해 2:138〉

(나) 變은 <u>常例예셔</u> 다ᄅᆞᆯ 씨오 〈월인석보 1:15〉

(다) 나실 나래 <u>하ᄂᆞᆯ로셔</u> 셜흔두 가짓 祥瑞 ᄂᆞ리며 〈석보상절 6:17〉

(라) 므스 거스로 <u>道</u>ᄅᆞᆯ 사마료 〈월인석보 9:22〉

(마) ᄆᆞᆳ <u>盜賊에</u> 도라갈 길히 업스니 〈두시언해 8:13〉

예 (가)	아비의	아버지가
	의: 관형사절 서술어의 주체	
(나)	常例예셔	
(다)	하ᄂᆞᆯ로셔	
(라)	道ᄅᆞᆯ	
(마)	盜賊에	

12. 다음은 중세 국어의 'ㅐ'와 'ㅔ'가 이중 모음이었던 사실에 대하여 탐구 학습한 내용이다. 탐구 과정에 따라 분석 내용 (2)와 (3)에 준하여 (1)에 들어갈 내용을 서술하시오. 〈2014〉

학생의 질문	중세 국어에서 'ㅐ'와 'ㅔ'는 왜 이중 모음인가요?

교사의 지도 방안	중세 국어에서 'ㅐ', 'ㅔ'로 끝나는 단어들에 조사나 어미가 결합할 때 어떠한 형태 교체를 보이는지 주목하게 한다.
교사의 수집 자료	(1) 내해 <u>ᄃᆞ리</u> 업도다. 梁ᄋᆞᆫ <u>드리라</u> 　<u>불휘</u> 기픈 남ᄀᆞᆫ, 根은 <u>불휘라</u> 　妖怪ᄅᆞᄫᆡᆫ <u>새</u> 오거나, 影은 <u>그르메라</u> (2) <u>ᄉᆞᅀᅵ예</u>, ᄡᅡ해 <u>디여</u> 　사ᄉᆞᄆᆡ <u>ᄇᆡ예</u>, <u>여희여</u> 　<u>막대예</u> 샹커나, ᄡᅡ해 <u>업데여</u> (3) ᄑᆞ를 <u>ᄉᆞᆯ오</u> 안ᄶᅥ니 　香ᄋᆞᆯ 무티면 香이 <u>ᄇᆡ오</u> 　몸 아래 블 <u>내오</u>. 히미 <u>세오</u>

분석 내용	(1) ______________________________ ______________________________ (2) 부사격 조사 {에} 및 어미 {-어}와의 결합에서 체언 또는 용언 어간이 단모음 '이'(ᄉᆞᅀᅵ, 디-) 또는 반모음 'ㅣ'(ᄇᆡ, 여희-)로 끝나는 경우, 조사와 어미의 형태는 반모음 'ㅣ'가 더해진 '예'와 '-여'로 나타난다. '막대'와 '업데-'도 이와 같은 양상을 보인다. (3) 어미 {-고}와의 결합에서 용언 어간이 'ㄹ'(ᄉᆞᆯ-) 또는 반모음 'ㅣ'(ᄇᆡ-)로 끝나는 경우, 어미의 형태는 'ㄱ'이 탈락된(또는 약화된) '-오'로 나타난다. '내-'와 '세-'도 이와 같은 양상을 보인다.

결론	중세 국어의 조사 및 어ㅏ 미 관련 형태 교체에서 공통적으로 'ㅐ'와 'ㅔ'가 반모음 'ㅣ'를 가진 이둥 모음들과 함께 행동한다는 사실을 통해 당시 'ㅐ'와 'ㅔ'는 반모음 'ㅣ'를 가진 하향 이중 모음이었음을 알 수 있다.

제5장

남북의 언어

[성취 기준]

1. [9국04-09] 통일 시대의 국어에 관심을 가지는 태도를 지닌다.

5.1. 남북한 언어 분화의 국어사적 의의

이원적 언어 중심지의 형성: 신라의 삼국 통일 이후 하나의 언어를 지향하던 우리말은 남북이 분단된 이후 각 진영의 언어 정책에 따라 독자적인 발전을 하게 되었다.

북한의 문화어 제정: 김일성의 교시 “조선어의 민족적 특성을 옳게 살려나갈데 대하여”(1966년 5월 14일 언어학자들과의 간담회)에서 평양말을 중심으로 다듬어진 북한의 공통어를 “문화어”로 부를 것을 주장.

북한이 평양말을 중심으로 한 ‘문화어’를 제정한 사건이 갖는 국어사적 의의: 북한이 평양말을 북한의 공통어로 정하게 됨에 따라 신라의 삼국 통일 이후 이루어졌던 한반도의 단일 공통어는 둘로 나뉘어지게 되었다. 이는 국어사에서 신라의 삼국 통일만큼 중요한 의미를 지닌다(고영근, 1989).

5.2. 남북한 언어의 공통점과 차이점

5.2.1. 남북한의 언어 정책

※ 북한의 언어 정책은 ‘언어가 혁명과 건설의 힘 있는 무기’라는 마르크스-레닌의 유물론적 언어관에 근거하며 김일성의 주체 언어 이론이 이를 뒷받침하고 있다.

	남한	북한
언어 정책 (조오현 외, 2002:11-12)	다양한 정책이 제시되고, 정책 방향이 바뀌기도 함. 〈국어기본법(2005)〉	김일성의 교시와 김정일의 언어 이론에 따라 일관되게 추진된다.
	민간 단체에 의해 주도됨 ⇨ 〈국립국어연구원〉	관 주도
	언어는 표현과 이해의 수단	언어는 혁명의 도구
	새말의 형성에 국가의 개입 없음	새말에 대해 국가가 통제
	학자에 따라 규범주의 언어관과 현실주의 언어관이 다름	규범주의 언어관
한자 교육	1,800자	3,000자(1949년 폐지, 1966년 부활)
어휘 정리 (말 다듬기)	국어순화운동 - 권장.	고유어 중심의 어휘 정리, 방언의 적극 수용
표준어	표준어(서울말)	문화어(평양말): 사회주의적 이념이나 사회주의 사회의 일반적인 또는 북한 특유의 제도와 풍물을 가리키는 어휘가 매우 많다(남기심·김하수, 1989:82- 99).
사전 뜻풀이	어휘 내적인 의미를 중심으로 풀이	해당 어휘의 역사적·사회적 요인을 대단히 중요하게 다루면서 어휘 내적인 의미는 부차적으로 다룬다.

※ 김일성의 언어관이 가장 잘 나타난 것이 '말 다듬기' 이며, 이로 인해 남북한의 어휘가 상당히 달라지게 되었다. 문화어가 보여주는 특성은 제도상의 차이가 어휘론 또는 조어법에 영향을 미친 결과다.

[남북한 사전의 뜻풀이]

ㄱ. 동무 (남) ㉠ 늘 친하게 어울려 노는 사람. ㉡ 뜻을 같이 하고 가깝게 지내는 벗.

(북) ㉠ 〈로동계급의 혁명위업을 이룩하기 위하여 혁명대오에서 함께 싸우는 사람〉을 친하게 이르는 말. ㉡ 같이 어울리며 사귀는 사람.

ㄴ. 세포 (남) ㉠ 생물체의 기본적 구성 단위. ㉡ 어떠한 단체. 특히 공산당 조직의 최소 구성 단위.

(북) ㉠ 당원들을 교양하고 당원들의 사상을 단련하여 그들의 일상생활을 지도하는 기본조직. ㉡ 일정한 조직이나 집단에서 기층 단위로 되는 조직. ㉢ 생물체의 구조상으로나 기능상으로나 기초가 되는 단위.

ㄷ. 어버이 (남) 아버지와 어머니를 아울러 이르는 말.

(북) ① 《아버지와 어머니》를 아울러 이르는 말. ② 《인민대중에게 가장 고귀한 정치적 생명을 안겨주시고 친부모도 미치지 못할 뜨거운 사랑과 두터운 배려를 베풀어주시

는 분》을 끝없이 흠모하는 마음으로 친근하게 높이여 이르는 말.

5.2.2. 남북한 어휘의 차이

1. 남북한의 맞춤법 규정에 따라 달라진 어휘

(예) 여성 - 녀성, 임시 - 림시, 깃발 - 기발, 드디어 -드디여, 헤엄 - 헤염, 눈썹 - 눈섭, 올바르다 - 옳바르다, 넓두리 - 넉두리, 널따랗다 - 넓다랗다

2. 한자어 독음법에 의한 차이(앞이 남한의 독음이고 뒤가 북한의 독음이다.)

(예) 개전(改悛) - 개준, 객담(喀痰) - 각담, 갹출(醵出) - 거출, 왜곡(歪曲) - 외곡 오류(誤謬) - 오유, 발췌(拔萃) - 발취, 표지(標識) - 표식, 항문(肛門) - 홍문

3. 북한 지역의 방언이 문화어로 포함됨으로써 달라진 어휘. 괄호 안이 북한어.

※ 방언에서 3,100여 개의 좋은 말을 찾아내어 문화어로 받아들였다(김병제, 1980:9).

(예) 채소(남새), 계집아이(에미나이), 아직(상기), 다듬잇돌(방치돌), 부서지다(마사지다), 가깝다(가찹다), 보충(봉창), 대야(소래), 가장자리(여가리), 애처롭다(아츠럽다), 곧(인차), 달걀(닭알), 몹시(되우)

4. 말 다듬기 과정에서 달라진 어휘. 괄호 안이 다듬기 전의 어휘.[1)]

(예) 뿌리가르기(분근), 갈라캐기(분리채굴), 고루깎기(평삭), 안바다(내해), 바깥힘(외력), 옆나들길(측면통로), 왼쪽지기(좌익수), 잔짐(소화물), 껴울림(공명), 제돌림식(자연순환식)

5.2.3. 북한의 어문 규범

남북한의 맞춤법 규정은 양쪽이 다 조선어 학회(한글학회)에서 제정한 「한글 맞춤법 통일안」(1933)을 바탕으로 이루어졌다. 따라서 형태음소주의를 지향하고 있어서 총론은

1) 이런 어휘 중 일부는 남한에서 국어 순화 과정에서 동일한 형태의 고유 어휘로 바뀐 경우가 꽤 있다. 똑같은 형태로 순화되거나 다듬어진 어휘의 예는 다음과 같다. (예) 골라내기(선별), 나누기(제법), 제곱(자승), 가운데귀(중이), 혼자말(독백), 홑눈(단안), 내리닮기(순행 동화), 찾아보기(색인), 여러해살이(다년생)

같고 각론에서 약간의 차이를 보인다.

(1) 남북한 맞춤법의 차이: 북한의 「맞춤법」에 따라 살펴본다(박갑수. 1996)

※ 두음 법칙의 미적용, 사잇소리 현상의 미반영, 띄어쓰기 방식의 차이, 러시아어 기원의 외래어(多)

---

① 의문형 어미를 「-ㄹ가」로 적는 것.(제6항)

② 말줄기의 모음이 「ㅣ,ㅐ,ㅔ,ㅚ,ㅟ,ㅢ」인 경우 줄기 「하」와 마찬가지로 어미를 「-여/-였」으로 적는 것.(제11항)

③ 본딴말에 뒤붙이 「이」가 붙어서 명사를 이루는 것의 어원을 밝히지 않는 것.(제23항)

④ 한자말은 소리마디마다 해당 한자음대로 적는 것을 원칙으로 한 것.(제25항)[2]

⑤ 한자말에서 모음 「ㅖ」가 들어 있는 소리마디로 「계,례,혜,예」만을 인정한 것.(제26항)

⑥ 품사가 서로 다른 경우에만 띄어 쓰고(조선말 띄여쓰기 규범 제2항), "두개이상의 말마디가 결합되어 하나의 뜻을 나타내는 덩이로 된것은 품사가 다르거나 토가 끼여도" 붙여 쓴다(조선말 띄어쓰기 규범 제3항).

이 밖에 남쪽의 「한글 맞춤법」에 의해 차이가 드러나는 것이 있다.

---

① 모음이나 「ㄴ」 받침 뒤에 이어지는 「렬, 률」을 「열, 율」로 적는것.(제11항)

② 부사에 「-이」가 붙어서 같은 부사가 되는 경우 원형을 밝혀 적는 것.(제25항)

③ 「이(齒,蝨)」가 합성어나 이에 준하는 말에서 「니」, 또는 「리」로 소리 날 때에 「니」로 적는 것.(제27항)

④ 합성어에서 사이시옷을 받치어 적는 것.(제30항)

⑤ 접미사 「꾼」을 된소리로 적는 것.(제54항)

※ ①③④는 음운론적 조건에 따른 변이형태를 인정해 표기가 달라진 것이다.

(2) 북한의 문법 체계

① 품사; 8품사[명사, 수사, 대명사, 동사, 형용사, 관형사, 부사, 감동사(감탄사)]

---

2) 북한은 두음 법칙을 따르지 않고 있다. '문화어 발음법' 제5항: 《ㄹ》은 모든 모음앞에서 《ㄹ》로 발음하는 것을 원칙으로 한다, 제6항: 《ㄴ》은 모든 모음앞에서 《ㄴ》으로 발음하는것을 원칙으로 한다.

② 토 = {조사, 어미}

ㄱ. 체언토: 격토(격조사), 도움토(보조사), 복수토(복수 접미사)

ㄴ. 용언토: 맺음토(종결 어미), 이음토(연결 어미), 꾸밈토(부사성어미), 얹음토(관형사형 어미), 존경토, 시간토, 상토(능동, 피동, 사동)

ㄷ. 바꿈토(전성 어미): -이다, -음, -기

③ 문장의 성분: 세움말(주어), 풀이말(서술어), 보탬말(목적어), 들음말(인용어), 꾸밈말(부사어), 얹음말(관형어), 부름말(호격 독립어), 끼움말(문두 화법 부사), 느낌말(감탄사), 이음말(접속부사), 보임말(독립어)

④ 문장의 종류: 알림문(평서문), 물음문, 추김문, 시킴문, 느낌문

5.2.4. 남북한 언어 통일을 위하여

1. 표준어와 문화어의 차이는 의사소통의 어려움이 있을 정도의 이질화를 보이고 있지는 않다. 양 진영이 추구하는 정치 이념과 경제 체제 그리고 문화의 차이에 의해 나타나는 어휘의 차이가 가장 두드러진다.
2. 남북한 사전 뜻풀이가 차이를 보이는 이유를 북한어를 중심으로 살펴보면 두 가지 이유 때문으로 생각된다. 하나는 북한의 뜻풀이는 어휘의 내적 의미보다는 자신들의 체제를 유지하거나 옹호하기 위한 혹은 남한 사회에 대한 비판을 위한 의도적인 면이 반영되어 있기 때문이다. 다른 하나는 북한 지역의 방언이 갖는 어휘의 의미가 뜻풀이에 반영되었기 때문이다. 그러나 의도적이거나 남한의 체제를 비판하는 뜻풀이는 주로 정치와 경제 분야의 어휘에 치중되어 있고, 그것들의 배열이 첫 번째보다는 두 번째나 그 이하의 경우가 더 많다.
3. 남북한이 서로 다른 단어를 사용하는 경우, 통일 후에 이들은 어떻게 통일할 것인가가 문제가 된다. 가장 좋은 해결 방법은 이 둘을 모두 표준어로 인정하고 언중들의 선택에 맡기는 것이다. 언어는 생명이 있는 유기체와 같아서 적자생존의 법칙이 작용하고 있다. 따라서 서로 경쟁을 하다가 그것들 중 어떤 것 하나가 살아남는다면 그것을 표준어로 인정하고 만일 둘이 모두 비슷한 정도의 세력을 얻었다면 복수표준어로 인정하면 될 것이다.
4. 남북한 언어의 완전한 통일을 위해서는 ① 어문 규범과 전문 분야의 용어를 통일하

고, ② 남북한의 방언을 함께 조사하여 남북한이 함께 쓰는 국어사전을 만들어야 하며, ③ 각종 언어 관련 사업과 언어 정책을 공동으로 수립하고 추진하는 단계로 나아가야 한다(임지룡 외, 2010:326).

5. 의사소통은 심리적인 요인에 의해서도 영향을 받는다.[3] 무엇보다 남북한의 언어적 차이를 극복하기 위해서는 서로에 대한 이해와 인정(認定)이 선행되어야 하고, 느긋한 태도로 인내심을 가지고 기다리면서 교육을 통해 시간을 조금이라도 단축하려는 노력이 있어야 할 것이다(조창규, 2006ㄴ:176).

---

3) Chambers & Trudgill(1986:5)은 상호 의사소통 정도는 聽者들이 다른 언어를 받아들이는 정도나 교육 정도, 이해하려는 의욕과 같은 다른 요인에 의해 결정되는 것으로 생각된다고 하면서 다음과 같은 예를 들고 있다. 아프리카의 A라는 부족은 B라는 다른 부족의 언어를 이해할 수 있게 되어야 한다고 주장하는 반면, B라는 부족은 A 부족의 언어를 이해할 필요가 없다고 주장한다. 그런데 더 크고 강력한 A 부족과 B 부족은 실제로 같은 민족이었고 동일한 언어를 사용하고 있었기 때문에 A 부족이 B 부족의 영토를 합병시키기를 원했다. B 부족이 A 부족의 언어를 이해하는 데 실패한 것은 이러한 A 부족의 영토 합병계획에 대한 저항의 일부였다.

제6장

국어와 규범

[성취 기준]

1. 표준 발음법의 원리와 규정을 이해하고 정확하게 발음한다.
2. 각 지역 방언의 특징을 이해하고 상황에 맞게 효과적으로 발음한다.
3. 한글 맞춤법의 원리와 표준어 규정을 이해하고, 단어를 올바르게 사용한다.
4. 국어의 로마자 표기법과 외래어 표기법의 원리와 규정을 탐구하고 정확하게 사용한다.
5. 정확한 문장 구성 방법을 이해하고 담화 표지 및 문장 부호를 효과적으로 사용한다.
6. 잘못된 어법이나 번역체 등에 의한 문장의 오용 현상을 비판적으로 이해하고 자율적으로 교정한다.
7. 표준 화법과 언어 예절에 맞게 담화를 효과적으로 구성한다.

※ 규범 학습은 원리 학습이 중요하므로 현대 정서법의 표의주의 표기법 원리를 확실히 이해하도록 하여야 한다.

6.1. 표준어

제1장 총칙

제1항 표준어는 교양 있는 사람들이 두루 쓰는 현대 서울말로 정함을 원칙으로 한다.

제2항 외래어는 따로 사정한다.

제2장 발음 변화에 따른 표준어 규정

제5항 어원에서 멀어진 형태로 굳어져서 널리 쓰이는 것은, 그것을 표준어로 삼는다.

강낭-콩/*강남-콩, 고삿/*고샅, 사글-세/*삭월-세, 울력-성당/*위력-성당

제8항 양성 모음이 음성 모음으로 바뀌어 굳어진 다음 단어는 음성 모음 형태를 표준어로 삼는다.

깡충 - 깡충/*깡총 - 깡총, - 둥이/*- 동이, 발가 숭이/*발가 송이, 보퉁이/*보통이, 봉죽/*봉족, 아서/*앗아, 아서라/*앗아라, 오뚝 - 이/*오똑 - 이, 주추/*주초

제12항 '웃 -' 및 '윗 -'은 명사 '위'에 맞추어 '윗 -'으로 통일한다.

다만 1. 된소리나 거센소리 앞에서는 '위 -'로 한다. (위쪽, 위층)

다만 2. '아래, 위'의 대립이 없는 단어는 '웃 -'으로 발음되는 형태를 표준어로 삼는다. (웃국, 웃기, 웃돈, 웃비, 웃어른, 웃옷, 웃거름, 웃아귀, 웃돌다)

제14항 준말이 널리 쓰이고 본말이 잘 쓰이지 않는 경우에는, 준말만을 표준어로 삼는다.

귀찮다/*귀치 않다, 김/*기음, 똬리/*또아리, 무/*무우, 미다/*무이다, 뱀/*배암, 빔/*비음, 온갖/*온가지, 장사치/*장사아치

제15항 준말이 쓰이고 있더라도, 본말이 널리 쓰이고 있으면 본말을 표준어로 삼는다.

귀이개, 낌새

제16항 준말과 본말이 다 같이 널리 쓰이면서 준말의 효용이 뚜렷이 인정되는 것은, 두 가지를 다 표준어로 삼는다.

거짓부리-거짓불, 노을-놀, 막대기-막대, 이기죽거리다-이죽거리다, 찌꺼기-찌끼

제3장 어휘 선택의 변화에 따른 표준어 규정

제20항 사어(死語)가 되어 쓰이지 않게 된 단어는 고어로 처리하고, 현재 널리 사용되는 단어를 표준어로 삼는다.

난봉/*봉, 설거지하다/*설겆다, 애달프다/*애닯다, 오동나무/*머귀나무, 자두/*오얏

제21항 고유어 계열의 단어가 널리 쓰이고 그에 대응되는 한자어 계열의 단어가 용도를 잃게 된 것은, 고유어 계열의 단어만을 표준어로 삼는다.

가루약/*말약, 구들장/*방돌, 까막눈/*맹눈, 흰죽/*백죽

제22항 고유어 계열의 단어가 생명력을 잃고 그에 대응되는 한자어 계열의 단어가 널리 쓰이면, 한자어 계열의 단어를 표준어로 삼는다.

개다리소반/*개다리밥상, 겸상/*맞상, 고봉밥/*높은밥, 단벌/*홑벌, 민망스럽다/면구스럽다, 부항단지/*뜸단지, 수삼/*무삼, 심돋우개/*불돋우개, 양 파/*둥근파, 어질병/*어질머리, 제석/*젯돗, 총각무/*알무/*알타리무, 칫솔/*잇솔

제23항 방언이던 단어가 표준어보다 더 널리 쓰이게 된 것은, 그것을 표준어로 삼는

다. 이 경우, 원래의 표준어는 그대로 표준어로 남겨 두는 것을 원칙으로 한다.

멍게/우렁쉥이, 물방개/선두리, 애순/어린순

第24항 방언이던 단어가 널리 쓰이게 됨에 따라 표준어이던 단어가 안 쓰이게 된 것은, 방언이던 단어를 표준어로 삼는다.

귀밑머리/*귓밑머리, 까뭉개다/*까무느다, 막상/*마기, 빈대떡/*빈자떡, 생인손/*생안손, 역겹다/*역스럽다, 코주부/*코보

第26항 한 가지 의미를 나타내는 형태 몇 가지가 널리 쓰이며 표준어 규정에 맞으면, 그 모두를 표준어로 삼는다.

가뭄/가물, 가엾다/가엽다, -거리다/-대다, 것/해, 게을러-빠지다/게을러-터지다, 귀퉁-머리/귀퉁-배기, 깃-저고리/배내-옷/배냇-저고리, 꼬까/때때/고까, 넝쿨/덩굴, -다마다/-고말고, 닭의-장/닭-장, 만큼/만치, 버들-강아지/버들-개지, 벌레/버러지, 보-조개/볼-우물, 부침개-질/부침-질/지짐-질, 서럽다/섧다, 아래-위/위-아래, 아무튼/어떻든/어쨌든/하여튼/여하튼, 어이-없다/어처구니-없다, 언덕-바지/언덕-배기, 여쭈다/여쭙다, 여태/입때, 욕심-꾸러기/욕심-쟁이, 우레/천둥, -이에요/-이어요, 차차/차츰

[추가된 표준어]

현재 표준어	추가된 표준어	뜻 차이
~기에	~길래	**~길래:** '~기에'의 구어적 표현.
괴발개발	개발새발	**'괴발개발'**은 '고양이의 발과 개의 발'이라는 뜻임. **'개발새발'**은 '개의 발과 새의 발'이라는 뜻임.
날개	나래	**'나래'**는 '날개'의 문학적 표현.
냄새	내음	**'내음'**은 향기롭거나 나쁘지 않은 냄새로 제한됨.
눈초리	눈꼬리	**눈초리:** 어떤 대상을 바라볼 때 눈에 나타나는 표정. '매서운 눈초리' **눈꼬리:** 눈의 귀 쪽으로 째진 부분.
뜰	뜨락	**'뜨락'**에는 추상적 공간을 비유하는 뜻이 있음.
먹을거리	먹거리	**먹거리:** 사람이 살아가기 위하여 먹는 음식을 통틀어 이름.
메우다	메꾸다	**'메꾸다'**에 '무료한 시간을 적당히 또는 그럭저럭 흘러가게 하다.'라는 뜻이 있음
손자(孫子)	손주	**손자:** 아들 또는 딸의 아들. **손주:** 손자와 손녀를 아울러 이르는 말.
어수룩하다	어리숙하다	**'어수룩하다'**는 '순박함/순진함'의 뜻이 강한 반면에, **'어리숙하다'**는 '어리석음'의 뜻이 강함.
연방	연신	**'연신'**이 반복성을 강조한다면, **'연방'**은 연속성을 강조.
횡허케	휭하니	**횡허케:** '휭하니'의 예스러운 표현.

자음 또는 모음의 차이로 인한 어감 및 뜻 차이 존재					
현재 표준어	**추가된 표준어**	**현재 표준어**	**추가된 표준어**	**현재 표준어**	**추가된 표준어**
거치적거리다	걸리적거리다	바동바동	바둥바둥	오순도순	오손도손
끼적거리다	끄적거리다	새치름하다	새초롬하다	찌뿌듯하다	찌뿌둥하다
두루뭉술하다	두리뭉실하다	아옹다옹	아웅다웅	치근거리다	추근거리다
맨송맨송	맨숭맨숭/ 맹숭맹숭	야멸치다	야멸차다		

복수 표준어(뜻 차이 없음)					
현재 표준어	**추가된 표준어**	**현재 표준어**	**추가된 표준어**	**현재 표준어**	**추가된 표준어**
간질이다	간지럽히다	복사뼈	복숭아뼈	토담	흙담
남우세스럽다	남사스럽다	세간	세간살이	태껸	택견
목물	등물	쌉사래하다	쌉싸름하다	품세	품새
만날	맨날	고운대	토란대	자장면	짜장면
묏자리	묫자리	허섭스레기	허접쓰레기		

6.2. 한글 맞춤법

6.2.1. 표기법의 두 원리

1. 표의적 표기법(= 형태음소적 표기법): 한 형태소가 환경에 따라 모습을 달리 하더라도 그것을 표기에 반영하지 않는다. 형태소 원래의 모습을 밝혀 적는다. 실질 형태소와 형식 형태소가 구분 표기 되기 때문에 분철표기 된다. 현대 국어의 표기법.
2. 표음적 표기법(= 음소적 표기법): 한 형태소가 환경에 따라 모습을 달리 하면 그것을 표기에 반영한다. 발음되는 대로 표기하는 방식으로 실질 형태소와 형식 형태소가 구분 표기 되지 않기 때문에 연철표기된다. 결과적으로 음절이 표기에 반영된다. 중세 국어 표기법.

※ 표의주의 표기법과 표음주의 표기법의 장단점

표의주의: (장점) 어법대로 원형을 밝혀 적으므로 독서할 때 인지 효과가 높다.
(단점) 원형을 적다 보니 발음과 괴리를 보이는 표기가 많다.

표음주의: (장점) 소리대로 적으므로 쓰기에 편하다.
(단점) 동일 단어라도 환경에 따라 달리 적으므로 독해에 어려움이 있다.

6.2.2. 한글 맞춤법의 원리

1. 표기 원칙: 표준어를 소리대로 적되, 어법에 맞도록 함.
 (1) 표준어를 표기 대상으로 한다.
 (2) 소리대로 적는다(표음적 표기): 표준어의 발음 형태대로 적는다. 한글은 음소 문자이며 표음문자이므로 소리대로 적는 것이 원칙이다.
  ① 표음적 표기를 하든 표의적 표기를 하든 차이가 없다면 소리대로 적는다.
   (예) 구름, 하늘, 눈물, 놀다, 달리다
  ② 실질 형태소의 의미가 변했거나 그 형태가 가변적인 불규칙적인 교체는 소리대로 적는다.
   (예) 드러나다, 노름; 이어, 추워
  ③ 형식 형태소는 변이 형태를 인정하여 소리 나는 대로 적는다
   (예) 소-가/말이, 먹-어/막-아.
 (3) 어법에 맞도록 적는다(표의적 표기): 실질 형태소와 형식 형태소를 구분하여 적어서 뜻을 파악하기 쉽도록 한다. 체언과 조사, 용언의 어간과 어미가 구분 표기(분철 표기)되므로, 표기에 음절이 반영되지 않는다.
  ① 실질 형태소의 본 모양을 밝혀 적는다. (예) [받] ~ [반만] ~ [바치] ~ [바튼]: 실질 형태소(어간)의 본 모양이 '밭'이므로 '밭'이라는 형태를 고정시킴.
  ② 실질 형태소의 의미가 유지되는 것과 그 형태가 고정된 규칙적 교체는 원래의 형태를 밝혀 적는다. (예) 돌아가다, 들어가다; 잡아, 웃어
2. 독서 효과는 높으나 발음과 표기가 달라 어려운 표기법이다.

6.2.3. 띄어쓰기의 원리

1. 띄어쓰기 원칙: 문장의 각 단어는 띄어 씀.
2. 띄어쓰기의 예외(허용 규정)
 (1) 조사는 단어이기는 하지만 형식 형태소이므로 앞말에 붙여 쓴다. 독서의 능률을 높이기 위함.
 (2) 1음절의 단어가 연속될 때는 붙여 쓸 수 있다. (예) 그때 그곳, 한잎 두잎

(3) 본용언 보조 용언은 붙여 쓸 수 있다. (예) 잡아버렸다, 올성싶다

(4) 단위를 나타내는 명사가 순서, 연월일, 시각을 나타낼 때나 아라비아숫자 뒤에서는 붙여 쓸 수 있다. (예) 2013년, 제3장

(5) 성명을 제외한 고유 명사는 단위별로 띄어 쓸 수 있다. (예) 원광대학교 사범대학

(6) 전문용어는 모두 붙여 쓸 수 있다. (예) 형식 형태소, 만성골수성관절염

참고 문헌

강신항(1991), 현대 국어 어휘 사용의 양상, 태학사.

강신항(1991), 훈민정음연구(증보판), 성균관대학교 출판부.

고영근(1989), 국어형태론연구, 서울대출판부.

고영근(1989), 북한의 언어 정책, 『북한의 말과 글』, 을유문화사.

고영근(1993), 형태소란 도대체 무엇인가?, 『형태』, 국어학강좌3, 태학사.

고영근(1997), 표준 중세 국어 문법론(개정판), 집문당.

고영근(1999), 텍스트 이론-언어문학 통합론의 이론과 실제, 아르케.

고영근 · 구본관(2008), 우리말 문법론, 집문당.

교육과학기술부(2008), 중학교 교육과정 해설(Ⅱ): 국어, 도덕, 사회. 교육인적자원부 고시 2007-79.

교육과학기술부(2008), 고등학교 교육과정 해설(2): 국어, 교육인적자원부 고시 2007-79.

교육과학기술부(2009), 고등학교 교육과정 해설: 교육과학기술부 고시 2009-41호.

교육인적자원부(2002.ㄱ), 고등학교『문법』교사용 지도서(서울대학교 국어교육 연구소), 두산동아.

교육인적자원부(2002.ㄴ), 고등학교『문법』, 두산동아

교육인적자원부(2006), 고등학교 교사용 지도서 국어(상), 서울대학교 국어교육연구소.

교육인적자원부(2006), 고등학교 교사용 지도서 국어(하), 서울대학교 국어교육연구소.

구본관 · 박재현 · 이선웅 · 이진호 · 황선엽(2015), 한국어 문법 총론Ⅰ, 집문당.

구본관 · 박재현, 이선웅, 이진호(2016), 한국어 문법 총론Ⅱ, 집문당.

김계곤(1971), 현대 국어의 임자씨의 합성법 -사이시옷으로 표기된 합성 임자씨-, 한글학회 50돌 기념 논문집. 한글학회.

김계곤(2000), 남북한 한글 맞춤법, 교육한글 13, 한글학회. 23~41.

김광해(1992), 문법과 탐구학습, 선청어문20, 서울대 국어교육과

김광해(1993), 국어 어휘론 개설, 집문당.

김광해(1995), 어휘연구의 실제와 응용』, 집문당.

김광해(1997), 국어지식 교육론, 서울대 출판부.

김광해 · 권재일 · 임지룡 · 김무림 · 임칠성(2004), 국어지식탐구, 박이정.
김동소(1998), 한국어 변천사, 형설출판사.
김성규 · 구본관 · 최동주 · 조남호 · 이현희(1996), 국어의 시대별 변천 · 실태 연구1 - 중세 국어-, 국립국어연구원.
김영석 · 이상억(1992), 현대 형태론. 학연사.
김영송(1988), 훈민정음의 모음 체계, 전남대 어연총서 1. 한신문화사.
김완진(1963), 국어 모음 체계의 신고찰. 진단학보 24.
김완진(1967), 음운사, 한국문화사대계 5. 고대민족문화연구소.
김완진(1971), 음운 현상과 형태론적 제약, 학술원 논문집 10.
김완진(1972.ㄱ), 다시 β〉 w 를 찾아서, 어학연구 8-1. 서울대 어학연구소.
김완진(1980), 국어음운체계의 연구, 일조각. (초판 1971)
김완진(1985), 모음 조화의 예외에 대한 연구, 한국문화 6.
김완진(1985), 향가 해독법 연구, 서울대학교 출판부.
김종훈 · 김태곤 · 박영섭(1985), 은어 비속어 직업어, 집문당.
김진우(1988), 언어와 심리, 한신문화사.
김진우(2004), 언어 -이론과 응용-, 깁더본, 탑출판사.
남기심 · 김하수(1989), 북한의 문화어,『북한의 말과 글』, 을유문화사.
남기심 · 고영근(2009), 표준 국어문법론(개정판), 탑출판사.
남광우(1980), 보정 고어사전, 일조각. (보정 초판 1971)
도수희(1971), 각자 병서 연구, 한글학회 50돌 기념 논문집. 한글학회.
문교부 고시 · 문화부 공고 · 문화체육부 고시(1988), 국어 어문 규정집, 대한교과서주식회사.
민현식(1995), 문자론과 차자법, 국어사와 차자표기, 남풍현 선생 회갑기념논총.
민현식(2000), 국어교육을 위한 응용국어학 연구, 서울대 출판부.
민현식(2003), 관용 표현의 유형과 구조,『이석규 교수 환갑기념 논문집』, http://plaza.snu.ac.kr/~minhs
민현식(2004), 국어 정서법 연구(수정판), 태학사.
박갑수(1998), 통일을 대비한 국어교육의 현황과 대책, 국어교육연구 5, 서울대 국어교육연구소.
박경자 · 강복남 · 장복명(1994), 언어교수학, 박영사.
박영목 · 이인제(1998), 통일에 대비한 국어교육 방안 연구, 이중언학 15, 이중언어학회.
박창원(1984), 중세 국어의 음절말 자음체계, 국어학 13. 국어학회.

배주채(1996), 국어음운론 개설, 신구문화사.

배희임(1988), 국어피동연구, 민족문화연구총서 36. 고대민족문화연구소.

서상규·한영균(1999), 국어정보학 입문, 태학사.

서유경(2002), 인터넷 매체와 국어교육, 역락.

송철의(1992), 국어의 파생어형성 연구, 국어학총서 18. 국어학회. 태학사.

안병희(1978), 15세기 국어의 활용어간에 대한 형태론적 연구, 국어학연구총서 II. 탑출판사

안병희·이광호(1996), 중세 국어문법론, 학연사.

안병희·윤용선·이호권(2007), 중세 국어연습, 한국방송통신대학교출판부.

오정란(1988), 경음의 국어사적 연구, 한신문화사.

유창돈(1975), 이조 국어사 연구, 삼우사.

유창돈(1987) 이조어사전, 연세대 출판부. (초판 1964)

이관규(2005), 국어 교육을 위한 국어 문법론, 집문당.

이기문(1962), 중세 국어의 특수어간 교체에 대하여, 진단학보 23.

이기문(1971), 모음 조화 이론, 어학연구 7-2. 서울대 어학연구소.

이기문(1971), 한국어 형성사, 한국문화사대계 9, 언어.문학사(상), 고려대 민족문화연구소.

이기문(1977), 국어음운사연구(재판), 국어학총서 3. 탑출판사. (초판: 1972)

이기문(1978), 16세기 국어의 연구, 국어학연구선서 3. 탑출판사.

이기문(1998), 국어사개설, 신정판. 태학사. (1972. 개정 초판)

이기문·김진우·이상억(2002), 국어음운론, 학연사.

이병근(1988), 훈민정음의 초.종성체계, 전남대 어연총서 1. 한신문화사.

이상억(1986), 모음 조화 및 이중 모음, 국어학신연구 II. 탑출판사.

이석주·이주행·박경현·민현식·이은희·고창수(2002), 대중 매체와 언어, 역락.

이숭녕(1971), 한국어 발달사(하), 〈어휘사〉, 한국문화사대계9, 언어·문학사(상), 고려대 민족문화연구소.

이영옥·안승신·이영숙(1982), 한국 어린이의 언어 발달 연구, 재단법인 언어교육.

이익섭(1987), 음절말 표기 'ㅅ'과 'ㄷ'의 사적 고찰, 성곡논총 18.

이익섭(1986), 국어학개설(개정판), 학연사.

이익섭·채완(2009), 국어문법론 강의, 학연사.

이종철(2003), 관용적 어휘소의 응결성과 응집성 양상, 국어교육 110, 한국국어교육연구학회.

이주행(2005), 한국어 사회방언과 지역방언의 이해, 한국문화사.

이진호(2014), 국어 음운론 강의(개정판), 삼경문화사.

이창덕 외(2000), 삶과 화법, 박이정.

임동훈(2003), 한글 맞춤법 100제, 국립국어연구원.

임성규(2008), 교사를 위한 국어 맞춤법 길라잡이, 교육과학사.

임지룡(1989), 국어 대립어의 의미 상관체계, 형설출판사.

임지룡(1992), 국어의미론, 탑출판사.

임지룡(1997), 인지의미론, 탑출판사.

임지룡 · 임칠성 · 심영택 · 이문규 · 권재일(2010), 문법 교육론, 역락.

임칠성(2008), 국어과 수업에 대한 반성적 고찰, 국어교육학연구 33, 국어교육학회.

전규태(1984), 논주 고려가요, 정음사.

전수태(1989), 북한의 낱말 풀이, 『북한의 말과 글』, 을유문화사, 345-376.

정연찬(1987), 欲字初發聲을 다시 생각해 본다, 국어학 16. 국어학회.

정호성(1999), 『표준국어대사전』 수록 정보의 통계적 분석, 새국어생활 10.1호, 국립국어연구원.

조명한(1985), 언어심리학 -언어와 사고의 인지심리학-, 민음사.

조오현 · 김용경 · 박동근(2002), 남북한 언어의 이해, 역락.

조재수(2000), 남북한 표준말의 차이와 공동 표준말 가꾸기, 교육한글 13, 한글학회. 55~89.

조창규(1994), 15세기 국어의 ㄱ-탈락, ㄷ→ㄹ교체, 이-역행 동화, 어학연구 30 · 3, 서울대 어학연구소.

조창규(2006ㄱ), 국어교과서의 관용표현에 대한 연구, 배달말 38, 배달말학회. pp.61~86

조창규(2006ㄴ), 국어 어휘교육론, 도서출판 정음.

조창규(2012), 국어 음운 변동의 교육 방법, 한국언어문학 83, 한국언어문학회.

조창규(2020), 문제 해결을 위한 학교 문법 탐색, 광일사.

조창규(2019), 중세 · 근대 국어의 이해, 역락.

조창규 · 최형기(2015), 교사를 위한 국어 어문 규정 강의, 태학사.

주경희(2002), 속담의 교훈성에 대하여, 국어교육 108, 한국국어교육연구학회.

최세화(1982), 15세기 국어의 중모음연구, 아세아문화사.

최전승 · 최재희 · 윤평현 · 배주채(1999), 국어학의 이해, 태학사.

최형기(1990), 국어 시제 형태소 '-었-', '-더-', '-겠-'의 의미 연구, 원광대 박사논문.

최형기(1995), 국어 문형 연구(2) - 문장 성분의 중출을 중심으로-, 언어학 3, 대한 언어학회.

최형기(2000), 국어 보어에 관한 연구, 언어학 8.3, 대한언어학회.

최형기(2011), 품사 통용을 이용한 국어 품사 교육 방안, 언어학 19.3, 대한언어학회.

한국교육과정평가원, 국어과 교수・학습 방법, 교수학습센터, http://www.kice.re.kr

한국교육과정평가원(1996-2012), 중등교사 신규임용 후보자 선정 경쟁시험(국어).

한영균(1991), 움라우트의 음운사적 해석에 대하여, 주시경학보 8. 탑출판사.

한재영・박지영・현윤호・권순희・박기영・이선웅(2008), 한국어 문법 교육, 태학사.

허　웅(1964), 치음고, 국어국문학 27. 국어국문학회.

허　웅(1966), 서기 15세기 국어를 대상으로 한 조어법의 서술방법과 몇 가지 문제점, 동아문화 6.

허　웅(1975), 우리 옛말본-15세기 국어 형태론-, 샘문화사.

허　웅(1985), 국어음운학-우리말 소리의 오늘・어제-, 샘문화사.

허　웅(1986), 용비어천가, 정음사.

허　웅(1989), 16세기 우리 옛말본, 샘문화사.

허　웅(1992), 15・16세기 우리 옛말본의 역사, 탑출판사.

Aitchson, J.(1993), 심리언어학-머리속 어휘사전의 신비를 찾아서, 임지룡・윤희수 옮김. 경북대출판부.

Chambers & Trudgill(1980), 방언학 개설, 이상규・서보월・백두현 역(1986), 경북대 출판부.

Serēbrennikow(1973), 언어의 사회적 분화, 최선 역(1981), 방언5, 한국정신문화연구원.

찾아보기

[ㄱ]

[ㄴ]

[ㄷ]

[ㄹ]

[ㅁ]

[ㅂ]

[ㅅ]

[ㅇ]

[ㅈ]